MARIA LÚCIA DE ARRUDA ARANHA

História da Educação e da Pedagogia

GERAL E BRASIL

4ª edição

2020

© MARIA LÚCIA DE ARRUDA ARANHA, 2020

COORDENAÇÃO EDITORIAL: Ana Claudia Fernandes
EDIÇÃO: Ana Patrícia Nicolette, Leonardo Canuto de Barros
ASSISTÊNCIA EDITORIAL: Lisabeth Bansi, Patrícia Capano Sanchez
COORDENAÇÃO DE EDIÇÃO DE ARTE: Camila Fiorenza
PROJETO GRÁFICO E CAPA: Isabela Jordani
DIAGRAMAÇÃO: Cristina Uetake, Michele Figueredo
IMAGEM DE CAPA: © laverock/Shutterstock
CARTOGRAFIA: Anderson A. Pimentel
COORDENAÇÃO DE REVISÃO: Elaine C. del Nero
REVISÃO: Palavra Certa, Renata Palermo
COORDENAÇÃO DE ICONOGRAFIA: Luciano Baneza Gabarron
PESQUISA ICONOGRÁFICA: Cristina Mota, Maria Marques
COORDENAÇÃO DE *BUREAU*: Rubens M. Rodrigues
TRATAMENTO DE IMAGENS: Marina M. Buzzinaro
PRÉ-IMPRESSÃO: Marcio Hideyuki Kamoto
COORDENAÇÃO DE PRODUÇÃO INDUSTRIAL: Wendell Jim C. Monteiro
IMPRESSÃO E ACABAMENTO: PlenaPrint
LOTE: 289614 / 289615

Dados Internacionais de Catalogação na Publicação (CIP)
(Câmara Brasileira do Livro, SP, Brasil)

Aranha, Maria Lúcia de Arruda
  História da educação e da pedagogia: geral e
Brasil / Maria Lúcia de Arruda Aranha. - 4. ed. -
São Paulo: Moderna, 2020.

  ISBN 978-85-16-11461-9

  1. Educação - História 2. Educação - Aspectos sociais
3. Pedagogia I. Título.

20-34319   CDD-370.09

Índice para catálogo sistemático:
1. Educação: História 370.09
Maria Alice Ferreira - Bibliotecária - CRB-8/7964

REPRODUÇÃO PROIBIDA. ART. 184 DO CÓDIGO PENAL E LEI Nº 9.610, DE 19 DE FEVEREIRO DE 1998.

Todos os direitos reservados
EDITORA MODERNA LTDA.
Rua Padre Adelino, 758 - Belenzinho
São Paulo - SP - Brasil - CEP 03303-904
Vendas e atendimento: Tel. (11) 2790-1300
www.modernaliteratura.com.br
2020
Impresso no Brasil

Agradecimentos

Agradeço à Maristela Petrili e à Lisabeth Bansi, por terem facilitado generosamente os trâmites da produção desta obra.

Sou grata a Ana Claudia Fernandes e sua equipe, em especial a Leonardo Canuto de Barros, que, além de revisor e editor desta 4ª edição, foi responsável por contribuições enriquecedoras, sem me esquecer de Ana Patricia Nicolette, que se juntou a nós no andamento final deste trabalho.

Por fim, mas não por último, agradeço à Carlota Boto, professora da Faculdade de Educação da USP, pelas atenciosas discussões que levaram à reedição deste livro.

Apresentação

A 4ª edição deste livro é constituída de uma introdução – que analisa o conceito de história e a importância da história da educação e da pedagogia – e mais nove capítulos que abrangem desde a Antiguidade grega até a atualidade. Diante da necessidade de ampliar o conteúdo de períodos mais recentes optamos por excluir os dois primeiros capítulos, um a respeito da educação difusa em comunidades tribais e outro sobre a educação tradicionalista na Antiguidade oriental, além do capítulo final e do Índice de nomes.

Em todos os capítulos permanece o "Contexto histórico", embora tenha sido desfeita a separação antes adotada entre os tópicos "Educação" e "Pedagogia", para apresentá-los de maneira mais entrosada, sempre que possível. A partir do capítulo 4, a Parte II é destinada à educação brasileira, mas, em razão do grande volume de eventos e de teorias nos tempos atuais, os dois últimos capítulos abordam separadamente a educação geral e a do Brasil.

As seções de atividades passaram por revisões e acréscimos, ao passo que as leituras complementares têm apenas a referência bibliográfica para possíveis acessos. A sessão "Sugestão para seminários" é uma novidade desta 4ª edição, apresentando propostas que poderão ser adaptadas pelo professor conforme o interesse pedagógico ou o nível de competência já adquirida pela classe ou mesmo por alunos interessados em pesquisa.

Antes de finalizar, lembramos aos estudantes de pedagogia interessados em docência e pesquisa que a metodologia pedagógica é um saber fundamentado em princípios e técnicas *cientificamente* estabelecidos, responsáveis pelo caráter *intencional* e *coerente* do conhecimento pedagógico, o que exclui de sua prática aqueles cuja visão de mundo não ultrapassa o senso comum no que diz respeito às práticas e teorias de ensino.

Reforçamos que o espaço da escola se diferencia do núcleo familiar por ser público e laico e, portanto, encontra-se aberto à multiplicidade do mundo e ao diálogo entre diferentes. Sob esse aspecto, a escola é o *locus* de aprendizagem da cidadania. Tornar-se cidadão pressupõe o pensar político e ético – dimensões vitais de nossa humanidade –, para que sua participação seja ativa, respeitosa dos bens coletivos e sabedora de seus direitos pessoais. Obviamente, dessa tarefa se incumbirá a escola na qual mestres atuam sem proselitismo e com sua autonomia resguardada, o que favorece aos alunos o exercício paulatino do pensamento livre.

Na esperança de dias melhores para a educação brasileira, convidamos o leitor a se perguntar durante a leitura deste livro: por que entre nós muitas das reformas de ensino não se interessaram por valorizar a formação e a carreira de professores? Por que ainda hoje não alcançamos a educação universal, projeto que contrasta com o enorme contingente de crianças e jovens fora da escola? Por que, ao contrário de outros países, não conseguimos implantar um sistema nacional de educação no Brasil?

Sumário

Introdução
HISTÓRIA E HISTÓRIA DA EDUCAÇÃO, 12

A historicidade humana, 14

História da história, 14

Concepções de história, 14

Outras concepções de história, 15

A história no século XX, 17

História da educação, 20

+ Atividades, 23

+ Sugestão para seminários, 25

Cap. 1
ANTIGUIDADE GREGA: A *PAIDEIA*, 26

Contexto histórico, 28

A civilização micênica, 28

Homero, "educador da Grécia", 28

Período arcaico: uma nova ordem humana, 29

Formação integral: a *paideia*, 34

Dois modelos de educação: Esparta e Atenas, 35

    Educação espartana, 35

    Educação ateniense, 36

Período clássico, 38

    Educação no período clássico, 39

    A filosofia no período clássico de Atenas, 40

Sofistas: a arte da persuasão, 40

Sócrates e o método, 41

    Etapas do método socrático, 42

A Academia de Platão, 43

    Ética platônica: teoria da alma, 45

    O Estado ideal platônico, 46

    A educação platônica, 47

Isócrates e a retórica, 48

Realismo aristotélico, 49

A metafísica, 50

Pedagogia e ética, 50

Pedagogia e política, 51

Período helenístico, 53

Educação no período helenístico, 54

Escolas estoicas e epicuristas, 55

Escola de Alexandria, 58

    + Atividades, 59

    + Sugestão para seminários, 62

Cap. 2
ANTIGUIDADE ROMANA: A *HUMANITAS*, 63

Contexto histórico, 65

Primeiros tempos, 65

Realeza, 65

República, 66

Império, 67

Educação romana, 69

Educação na Realeza, 69

República: educação encíclica, 70

O ideal de *humanitas*, 72

Cícero: filosofia e retórica, 73

Império: educação superior, 75

A cultura clássica romana, 75

Cursos profissionais, 76

Pensadores romanos: de Sêneca a Plotino, 77

Os casos de Plutarco e de Quintiliano, 79

Decadência do Império e herança latina no Ocidente, 79

+ Atividades, 81

+ Sugestão para seminários, 83

Cap. 3

IDADE MÉDIA: A EDUCAÇÃO MEDIADA PELA FÉ, 84

Contexto histórico, 86

Império Bizantino, 86

Expansão da civilização islâmica, 87

A Europa cristã, 88

Educação na Alta Idade Média, 89

Educação bizantina, 89

Educação islâmica, 90

Paideia cristianizada: primeiros tempos, 92

Escolas monacais, 94

A Patrística, 95

Agostinho: teologia e síntese filosófica, 96

A educação na Baixa Idade Média, 98

Os servos da gleba, 98

Renascimento carolíngio, 99

Renascimento das cidades: escolas seculares, 102

Escolástica: o auge da "filosofia cristã", 105

Universidades: um novo modelo de mestre, 107

Tomás de Aquino: apogeu da Escolástica, 109

A crise da Escolástica, 111

Conclusão, 113

+ Atividades, 114

+ Sugestão para seminários, 116

Cap. 4

RENASCIMENTO E HUMANISMO, 118

PARTE I – Renascença europeia, 120

Ascensão da burguesia, 120

Secularização do pensamento: o humanismo, 122

Educação leiga, 123

Vittorino da Feltre, 124

Reforma e Contrarreforma, 125

Educação religiosa reformada, 126

Reação católica: Contrarreforma, 127

Companhia de Jesus: o colégio dos jesuítas, 128

O ensino do *Ratio Studiorum*, 129

A pedagogia da Contrarreforma, 131

Polêmica sobre o ensino jesuítico, 132

A pedagogia humanista, 134

Erasmo de Rotterdam, 135

Rabelais, 136

Montaigne, 136

Utopias renascentistas, 137

Vives: o mestre humanista, 138

Conclusão, 139

+ Atividades, 140

PARTE II – Brasil: catequese e início da colonização, 142

Contexto histórico, 142

A situação de Portugal e sua relação com o Brasil, 142

A chegada dos jesuítas no Brasil, 144

Fase heroica: a catequese, 145

As missões, 146

Período de consolidação: a instrução da elite, 147

Outras ordens religiosas, 148

Conclusão, 149

+ Atividades, 150

+ Sugestão para seminários, 151

Cap. 5
SÉCULO XVII: A PEDAGOGIA REALISTA, 153

PARTE I – O século do método, 155

Contexto histórico, 155

Fortalecimento da burguesia, 155

Do absolutismo às ideias liberais, 156

Hobbes e o poder absoluto do Estado, 157

Locke e a política liberal, 158

Novos métodos: ciência, filosofia e pedagogia, 159

Revolução Científica: o método da ciência, 159

O problema do conhecimento: racionalismo e empirismo, 162

Pedagogia realista, 163

Comênio: fundador da didática moderna, 164

Locke: a formação do "gentil-homem", 165

Educação religiosa, 167

Educação pública, 169

La Salle e a educação popular, 169

Modernidade: novas formas disciplinares, 170

Avaliação de um século contraditório, 172

+ Atividades, 172

+ Sugestão para seminários, 174

PARTE II – O Brasil do século XVII, 175

Contexto histórico, 175

Fortalecimento das missões, 176

Os jesuítas e a educação da elite, 178

A cultura silenciada, 179

Aprendizagem de ofícios, 180

Conclusão, 180

+ Atividades, 181

+ Sugestão para seminários, 182

Cap. 6
SÉCULO DAS LUZES: O IDEAL LIBERAL DE EDUCAÇÃO, 184

PARTE I – A pedagogia liberal e laica, 186

Contexto histórico: as revoluções burguesas, 186

Ilustração: o Século das Luzes, 187

O ideal da educação liberal e laica, 189

Ensino iluminista: Rousseau e a soberania inalienável, 191

Estado de natureza e contrato social, 191

Rousseau: pedagogia, 193

Naturalismo e educação negativa, 193

O preceptor: a dialética "liberdade e obediência", 194

Avaliando as críticas a Rousseau, 195

Basedow e o filantropismo, 196

Kant e a pedagogia idealista, 196

Ética kantiana, 197

Educação e liberdade, 199

Despotismo esclarecido, 200

Portugal e a reforma pombalina, 201

Pedagogia em Portugal, 202

Conclusão, 204

+ Atividades, 205

+ Sugestão para seminários, 207

PARTE II – O Brasil na era pombalina, 208
Contexto histórico, 208
Aldeias missioneiras, 210
Reforma pombalina no Brasil, 211

Ensino profissionalizante, 214
Conclusão, 214
+ Atividades, 215
+ Sugestão para seminários, 216

Cap. 7
SÉCULO XIX: O SÉCULO DA PEDAGOGIA, 218

PARTE I – Organização da educação pública, 220
Contexto histórico, 220
Características gerais do período, 221
Ideário do século XIX, 222
O conceito de *Bildung*, 222
Organização escolar alemã, 223
Hegel: idealismo dialético, 224
Idealismo: pedagogia e neo-humanismo, 225
Humboldt: a reconstrução do ensino secundário, 226
Pestalozzi: reformulação da escola elementar, 226
Froebel: jardins de infância, 227
Herbart: o rigor do método, 228
França: em defesa da educação pública, 231
Positivismo e ciência, 232
Inglaterra: criação de *public schools*, 234
Utilitarismo: felicidade para todos?, 234
Ensino mútuo ou monitorial, 236
Ideias socialistas, 237
Socialismo utópico, 237
Marx e Engels: materialismo e dialética, 238
Socialismo e educação, 240
Estados Unidos da América, 241

Educação e cultura: a crítica de Nietzsche, 242
Conclusão, 244
+ Atividades, 245
+ Sugestão para seminários, 247
PARTE II – Brasil: de colônia a Império, 249
Contexto histórico, 249
A vinda da família real, 250
Brasil Império: esboço introdutório, 250
Educação no período joanino, 251
Política educacional: primeiras providências, 252
Ecletismo espiritualista: a política de conciliação, 253
Brasil Império: Lei de 1827, 254
Ensino superior, 255
Método monitorial, 256
Descentralização do ensino, 257
Reforma Couto Ferraz, 257
Reforma Leôncio de Carvalho, 1879, 258
Método intuitivo, 259
Escolas particulares no final do século, 260
Formação de professores, 261
Cursos profissionalizantes, 263
Educação da mulher, 264
Conclusão, 266
+ Atividades, 266
+ Sugestão para seminários, 269

Cap. 8
EDUCAÇÃO PARA A DEMOCRACIA, 270

Contexto histórico, 273

A propósito de ciências e pedagogia, 276

Tendências naturalista e humanista das ciências, 277

A ciência sociológica, 278

Émile Durkheim, 278

Durkheim e a educação, 279

Psicologia experimental, 280

Psicologia comportamental: Skinner, 281

Tecnicismo: tecnocracia na organização escolar, 283

Tendências humanistas: influência da fenomenologia, 285

Psicologia da forma: *Gestalt*, 285

Freud: fundador da psicanálise, 287

Sartre e o existencialismo, 290

Pragmatismo: representantes, 291

Dewey e a escola progressiva, 293

Pedagogia da Escola Nova, 295

Montessori e Decroly, 296

Escola do trabalho: Kerschensteiner e Freinet, 297

Avaliação do escolanovismo, 298

Educação socialista na União Soviética, 299

Outros países socialistas, 301

Pedagogos socialistas, 301

Pistrak e Makarenko, 302

Gramsci: os intelectuais orgânicos, 303

Totalitarismo: um desvio de poder, 305

A banalidade do mal, 308

Confronto de ideologias, 309

Paris: maio de 1968, 310

Tendências pedagógicas não diretivas, 312

Carl Rogers, 313

Neill: a Escola Summerhill, 313

Ivan Illich: sociedade sem escolas, 314

Educação anarquista, 315

Avaliação da educação não diretiva, 316

Escola de Frankfurt: teoria crítica, 317

Habermas: racionalidade e ação comunicativa, 318

Teorias crítico-reprodutivistas, 320

Teorias progressistas, 322

Teorias construtivistas, 323

Piaget: epistemologia genética, 324

Vygotski: pensamento e linguagem, 327

Emilia Ferreiro: a psicogênese da escrita, 329

Kohlberg e a educação de valores, 330

Níveis da moralidade segundo Kohlberg, 330

Morin e o pensamento complexo, 333

Perrenoud e a construção de competências, 335

Neopragmatismo: Richard Rorty, 336

Rorty e a pedagogia, 338

Pós-modernidade, 339

Foucault: verdade e poder, 340

Gilles Deleuze: a educação e a diferença, 342

Reflexões sobre o século XXI: novos temas para a pedagogia, 344

Novos tempos, nova escola?, 345

+ Atividades, 345

+ Sugestão para seminários, 347

Cap. 9
BRASIL: A EDUCAÇÃO CONTEMPORÂNEA, 349

Contexto histórico, 351
Período da Primeira República, 352
Educação e pedagogia na Primeira República, 354
  Projeto positivista, 354
  Experiências anarquistas, 356
  Organização da escola republicana, 357
A Era Vargas, 359
Principais repercussões do Estado Novo na educação, 361
  Reforma Francisco Campos, 361
  As primeiras universidades, 362
  Reforma Capanema, 364
  Ensino profissional, 365
Pedagogia no Estado Novo: o escolanovismo, 366
  Atuação da ala católica, 367
  Manifesto dos Pioneiros da Educação Nova, 368
Expansão do ensino, 369
Pedagogo e educador: Anísio Teixeira, 369
  Trajetória de Anísio Teixeira, 370
  Escola progressiva: oportunidade para a prática da democracia, 372
  República liberal (1945-1964), 373
Importância do ISEB, 375
Lei de Diretrizes e Bases de 1961, 376
  Retomada do escolanovismo, 378
Outras tentativas de renovação do ensino público, 380
Movimentos de educação popular, 381
Paulo Freire: a trajetória de um educador, 383
  Pedagogia do oprimido, 384
  Concepção problematizadora da educação, 385
  Método Paulo Freire, 386

Contribuição original do educador à pedagogia, 387
Ditadura militar, 388
Controle da ditadura sobre a educação, 390
Reforma tecnicista e acordos entre Estados Unidos e Brasil, 391
  Pressupostos teóricos do tecnicismo, 393
Reforma universitária de 1968, 394
Reforma do 1º e do 2º graus de 1971, 395
  A experiência do Mobral, 396
Reformas de ensino da ditadura: avaliação, 396
Outras tendências pedagógicas durante a ditadura, 398
Transição democrática, 399
Redemocratização: a Nova República, 401
Iniciativas oficiais pós-ditadura, 403
  Formação para o magistério: os Cefams, 404
A experiência dos Cieps, 404
Constituição de 1988, 406
1996: a nova LDB, 407
  Comentários sobre a LDB, 408
Pedagogia histórico-crítica: Dermeval Saviani, 410
  Apropriação do saber elaborado, 411
  A escola na sociedade de classes, 411
  Objeções e dicotomias, 413
Teóricos do construtivismo, 413
Educação e neoliberalismo, 415
Transição para o novo governo Bolsonaro, 416
  Reforma do Ensino Médio e outras críticas, 417
Democracia e inclusão, 419
  "Pedagogia da escravidão", 421
Reflexões finais, 423
  + Atividades, 424
  + Sugestão para seminários, 427

Introdução: história e história da educação

Escultura representando o historiador Heródoto.

Apresentando
o capítulo

Este capítulo introdutório pretende dar elementos de discussão sobre o conceito de *história*, começando pelo exame de diversas concepções, metodologias e técnicas de pesquisa, passando por teorias cíclicas, morais, orientações dialéticas, materialistas, positivistas, culturais, até as pós-modernas. Em todo esse percurso, acirrado na contemporaneidade, um dos assuntos privilegiados da história tem sido o de confronto entre objetividade e subjetividade, que, afinal de contas, perpassa por todas as disciplinas humanas, diante do exame de sua possível cientificidade.

A história da educação, ramo relativamente recente, acompanhou os percalços vividos por historiadores desde o final do século XIX, no esforço de reconhecimento da importância da nova área. No Brasil, os dois aspectos de pesquisa e ensino tiveram tímido início a partir das décadas de 1930 e 1940, com a criação das primeiras universidades, para se fortalecerem apenas no final da década de 1970, com a ampliação das pesquisas e do necessário aprimoramento da organização do campo educacional, condições para estabelecer o sistema nacional da educação brasileira, ainda por se fazer.

A HISTORICIDADE HUMANA

A historicidade é uma característica dos seres humanos, na medida em que podemos compreender melhor nossa vida presente por meio da memória do passado e, a partir desse resgate, elaborar um projeto de futuro. Por isso, nossas ações e pensamentos mudam no curso do tempo, à medida que enfrentamos problemas pessoais, sendo alguns deles oferecidos pelas circunstâncias do próprio ambiente onde nascemos. Do mesmo modo, a experiência coletiva sofre transformações culturais: cada geração assimila a herança cultural dos antepassados e estabelece projetos de mudança.

O presente não se esgota nas ações realizadas. Pensar o passado, portanto, não constitui um exercício de saudosismo, de mera curiosidade ou de erudição: o passado não está morto, porque nele se fundam as raízes do presente. Não nos compreendemos fora da prática social, porque esta, por sua vez, encontra-se mergulhada em um contexto histórico-social concreto.

HISTÓRIA DA HISTÓRIA

O interesse pela história também não foi o mesmo ao longo do tempo. A história resultou do desejo de reconstituir a memória do passado pela recuperação não só de grandes acontecimentos, porque o historiador é o intérprete desses vestígios humanos, que não se reduzem apenas às personalidades mais destacadas nas narrativas de grandes eventos, já que as fontes históricas podem decorrer das mais diversas naturezas. Além disso, a preservação da memória nem sempre foi do mesmo tipo, pois os traços deixados no tempo foram analisados com base em métodos diferentes, tendo também variado conforme a cultura e o momento vividos.

CONCEPÇÕES DE HISTÓRIA

Para as comunidades mais remotas, lembrar o passado significava relatar os "primórdios", os tempos de origem, isto é, quando os deuses realizaram seus feitos extraordinários. Nesse caso, fazer história seria recontar mitos, eventos sagrados "reatualizados" em rituais por meio da imitação dos gestos divinos.

À medida que as sociedades se tornavam mais complexas, o relato oral perpetuava pela tradição os feitos dos antepassados, cujas atitudes poderiam ser tomadas como exemplos de ações que suscitariam a proteção ou a ira dos deuses. Por exemplo, na Grécia antiga do segundo milênio a.C., predominava o pensamento mítico, como nos revelam as epopeias de Homero. No século IX ou VIII a.C., o poeta Homero – cuja existência real é uma incógnita – relatava oralmente a Guerra de Troia (século XII a.C.) na epopeia *Ilíada*; um outro grande poema homérico, a *Odisseia*, aborda o retorno do herói mítico Ulisses a Ítaca, sua ilha de origem. Nessas narrativas, cada herói encontra-se sob a proteção de um dos deuses do Olimpo; portanto, não há propriamente história, mas constante intervenção divina no destino humano. Assim, a deusa Atena protege Ulisses, enquanto Agamémnon, rei de Micenas, justifica do mesmo modo um desvario momentâneo, ao acusar Zeus de ser protetor de Troia. Como se percebe, o destino (a *moira*) comandava as ações humanas.

Heródoto de Halicarnasso, grego nascido na Jônia no século V a.C., é considerado o "pai" da história por ter descrito eventos humanos extraordinários, a fim de garantir a memória sem aderir ao mito. Em sua obra *Histórias*, do grego *historiê* – que significa "investigação" –, debruçou-se sobre o testemunho de pessoas que participaram dos acontecimentos.

Assim começa seu livro, em que Heródoto se refere a si mesmo na terceira pessoa:

> Heródoto de Halicarnasso apresenta aqui os resultados de sua investigação (*historiê*), para que o tempo não apague os trabalhos dos homens e para que as grandes proezas, praticadas pelos gregos ou pelos bárbaros, não sejam esquecidas; e, em particular, ele mostra o motivo do conflito que opôs esses dois povos.↓

Posteriormente, prevaleceu entre os historiadores o viés da "história mestra da vida", por ter sempre algo a ensinar com os feitos de figuras exemplares, traduzindo modelos de conduta política, moral ou religiosa. Apesar das novidades interpretativas, na Antiguidade e na Idade Média permaneceu a visão de um mundo estático em que se buscava o universal, além de não estar garantida à história o *status* de ciência (episteme), por ser vista como forma menor de retórica destituída de rigor e, segundo alguns, aberta demais à imaginação, sempre capaz de se sobrepor aos fatos.

▶ HERÓDOTO. In: BURGUIÈRE, André (Org.). *Dicionário das ciências históricas*. Rio de Janeiro: Imago, 1993. p. 378.

Outra tendência das teorias na Antiguidade foi a *concepção cíclica de história*, elaborada pelo historiador grego Políbio (século II a.C.). Após a conquista da Grécia, Políbio foi deportado para Roma, onde escreveu a obra *História*, que trata da ascensão do Império Romano em direção a seu apogeu, apoiando-se em criterioso estudo sobre as constituições em geral, do qual resultou sua teoria das formas de governo. Políbio descartou as interpretações de Platão e Aristóteles, embora se aproximasse sob alguns aspectos da versão platônica, para identificar seis formas de governo – três boas e três más –, que se sucedem umas às outras, constituindo um ciclo, repetido ininterruptamente: quando um bom regime como a *monarquia* se corrompe com a *tirania*, a *aristocracia*, constituída pelos "melhores", toma o poder, mas com o tempo degenera em *oligarquia*; a revolta do povo funda então a *democracia* (governo do povo), que, por sua vez, deturpa-se para a *oclocracia* (governo das massas), dando início a um novo ciclo.

Trata-se de uma concepção fatalista, por situar a história como predeterminada em cada ciclo, de modo que o germe da corrupção encontra-se em cada uma das seis constituições, boas ou más.

OUTRAS CONCEPÇÕES DE HISTÓRIA

Na modernidade, período marcado pela ruptura com a tradição aristocrática do Antigo Regime, foram levadas a efeito as revoluções burguesas, no mesmo bojo em que valores do feudalismo eram substituídos aos poucos pelo impacto da Revolução Industrial. Por sua vez, consolidadas as novas ciências, responsáveis pelo incremento de variadas tecnologias, descortinavam-se alterações sociais e políticas jamais suspeitadas. O estudo da história revigorou-se no Iluminismo do século XVIII, quando a concepção cíclica da história foi substituída pela descrição linear dos fatos no tempo, conforme relações de causa e efeito.

No século XIX, o filósofo alemão Georg W. F. Hegel (1770-1831) inovou ao introduzir a noção de que a razão é histórica, ou seja, a verdade é construída no tempo. Trata-se da *filosofia do devir*, do ser como processo, movimento, vir a ser. Desse ponto de vista, para dar conta da dinâmica do real, surgiu a necessidade de criar uma nova lógica que não se fundasse no princípio de identidade – que é estático –, mas no princípio de contradição. A nova lógica é a *dialética*. Ou seja, a história não é a simples acumulação e justaposição de fatos acontecidos no tempo, mas resulta de um processo cujo motor interno é a *contradição dialética*, movimento da história que ocorre em três etapas – tese, antítese e síntese – em que a *tese* é a afirmação, a *antítese* é a negação da tese, e a *síntese* é a superação da contradição entre tese e antítese. Esta, por sua vez, gera uma nova tese, que será negada pela antítese, e assim por diante. Como se vê, a maneira dialética de abordar a realidade considera as coisas na sua dependência recíproca e não linear.

Karl Marx (1818-1883) e Friedrich Engels (1820-1895) apropriaram-se da dialética hegeliana, mas contrapuseram ao idealismo do antecessor a *concepção materialista da história*, que consiste na aplicação dos princípios do *materialismo dialético* ao campo da história. Como o próprio nome indica, o *materialismo histórico* é a explicação da história por meio de sua *infraestrutura* (fatores materiais, ou seja, econômicos e técnicos), portanto a história não se explica pela *superestrutura* (o caráter *político-ideológico* de uma sociedade, isto é, a forma como os indivíduos se organizam por meio de crenças religiosas, leis, literatura, artes, filosofia, concepções de ciência), pois essas expressões culturais refletem as ideias e os valores da classe dominante e, desse modo, tornam-se instrumentos de dominação.

Somente assim Marx e Engels compreendem o embate das forças contraditórias entre proprietários e não proprietários – e entre estes últimos e os seus meios e objetos de trabalho –, a fim de identificar o conflito de interesses antagônicos entre senhor × escravo (na Antiguidade), senhor feudal × servo (na Idade Média), capitalista × proletário (a partir da Idade Moderna).

Sem perder de vista nosso foco, lembramos que Marx examina a educação do ponto de vista dos interesses da classe dominante, o que explicaria a ideologia da exclusão de não proprietários ao acesso pleno à cultura. Nesse sentido, a chamada história oficial silencia o pobre, o negro, a mulher e também os excluídos da escola, porque as interpretações encontram-se vinculadas a valores e interesses dos ocupantes do poder e são elaboradas pelos detentores do saber oficial.

Em outra vertente, está a concepção positivista, iniciada um pouco antes pelo fundador da sociologia, Auguste Comte (1798-1857). Os historiadores positivistas não mais se orientavam pelo passado como um modelo a seguir, mas acolheram a noção de *pro-*

gresso, compreendido por Comte como "aperfeiçoamento da humanidade", conforme descreveu nos estados históricos diferentes e sucessivos, o teológico e o metafísico, que o espírito humano teria passado até chegar ao "estado positivo", caracterizado pelo rigor do conhecimento científico. A história seria, então, a realização no tempo daquilo que já existe em forma embrionária e que se desenvolveria até alcançar seu ponto máximo.

A visão cientificista do positivismo reduz de certo modo as ciências humanas ao modelo do método das ciências da natureza, introduzindo nelas a noção de determinismo, que percebe a liberdade como ilusória. Embora Comte não tivesse se dedicado propriamente ao estudo da história, a corrente positivista inspirou historiadores do final do século XIX e do início do século XX, para os quais a reconstituição do "fato histórico" seria feita por meio de técnicas cientificamente objetivas, decorrentes da crítica rigorosa de documentos. Decorre dessa exigência o recurso a ciências auxiliares que garantam a autenticidade das fontes e que tenham instrumentos para datá-las com precisão.

Uma obra representativa do positivismo foi a *Introdução aos estudos históricos*, de Charles-Victor Langlois e Charles Seignobos, cuja orientação principal era: "a história não passa da aplicação de documentos". Posteriormente, foram criticados por tentarem fazer uma história com "ideias descarnadas", ao mesmo tempo que a noção positivista de progresso era rejeitada, sobretudo pela convicção de que a história realizaria algo já existente em estado latente, em germe, bastando aos atores sociais a atualização do processo. Essa crítica decorreu da constatação de que o positivismo carrega uma ilusão, ao não perceber que o "progresso" traz no seu bojo a violência e, portanto, a barbárie, isto é, o retorno a formas anteriores ao processo civilizatório, forças que convivem dentro dessa própria civilização.

A HISTÓRIA NO SÉCULO XX

A fundação da revista francesa *Annales*, em 1929, teve como principais organizadores os franceses Marc Bloch (1886-1944) e Lucien Febvre (1878-1956), que marcaram significativamente o período de formação da revista até a Segunda Guerra Mundial. Com eles começou o movimento da *Escola dos Annales*, do qual participaram diversas gerações de historiadores em busca de intercâmbio da história com diversas ciências sociais e psicológicas, que ampliaram o campo da pesquisa histórica, ao mesmo tempo que abriram fecundo debate teórico-metodológico para a renovação dos estudos historiográficos. Aglutinaram-se tendências diferentes, algumas delas aparentemente inconciliáveis, mas que coexistiram, mesmo porque o termo "Escola" não deve supor a orientação monolítica de um método ou de uma teoria específica, mas um estímulo a inovações com várias matrizes teórico-metodológicas, desde seu início até hoje.

A Escola colocou-se inicialmente em oposição ao positivismo: diante da busca da objetividade científica, seus seguidores reconheciam o caráter subjetivo do historiador, filho de seu tempo, para admitir que a história é uma ciência em construção; contra a história dos fatos, eles privilegiam a vida, os costumes que se firmam na longa duração; evitam a história como narrativa dos grandes acontecimentos (a breve duração), para encontrar a história como problema; não se prendem apenas a alguns aspectos, como os econômicos, visando abranger diversas expressões da vida social.

Nos anos 1960, a revista contou com a contribuição de Fernand Braudel – vale lembrar que, ainda jovem, ele ocupou a cadeira de professor de história da civilização na Universidade de São Paulo (USP), entre 1935 e 1937; nos anos de 1970, Jacques Le Goff deu impulso à Nova História, ampliando o campo de indagações, com destaque para a *História das mentalidades*, tendência que conquistou o grande público, por privilegiar temas antropológicos, como as antigas formas de vida e atitudes coletivas: família, festas, rituais de nascimento, infância, sexualidade, casamento, morte etc. Na mesma linha, os também medievalistas Georges Duby e Philippe Ariès abordaram aspectos da vida cotidiana.

Contudo, Le Goff adverte não se tratar de simples relatos de casos esparsos, marginais e anedóticos resumidos a uma história puramente descritiva. E completa nesses dois parágrafos:

> O cotidiano só tem valor histórico e científico no seio de uma análise dos sistemas históricos, que contribuem para explicar seu funcionamento.
>
> No seio do cotidiano há uma realidade que se manifesta de forma completamente diferente do que acontece nas outras perspectivas da história: a memória. A grande história é dividida por comemorações, a história do cotidiano revela-nos o sentimento de duração, nas coletividades e nos indivíduos, o sentimento daquilo que muda, bem como o daquilo que permanece, por conseguinte, a própria percepção da história. Cabe ao historiador fazer desse dado, o vivido cotidiano da história, um objeto científico.→

▶ LE GOFF, Jacques. *Magazine Littéraire*, 1986. p. 78-79. (Tradução nossa)

Na década de 1970, teve lugar a Nova História Cultural, que prosseguiu a oposição à tendência positivista, ainda da vertente da Escola dos Annales e de correntes marxistas, as quais se difundiram para novos campos de investigação, como o econômico, o mental, o social e o político, examinando-os a partir da produção cultural. Historiadores passaram, então, a estudar as classes populares (operários, criados, mulheres).

Desse modo, na historiografia marxista ocorreu uma renovação com os britânicos Eric Hobsbawm (1917-2012) e Edward P. Thompson (1924-1993), que, além de análises com base na infraestrutura e na luta de classes, incluíram outros aspectos culturais do cotidiano relevantes para compreender a construção da consciência de classe, como podemos ver na publicação de *A formação da classe operária inglesa*, em 1963, de Thompson. De maneira semelhante, o brasileiro Edgar Salvadori de Decca deu voz aos perdedores, na obra *1930 – O silêncio dos vencidos*, publicada em 1981.

O que se percebe é que a historiografia contemporânea faz articulações entre a macro e a micro-história, estabelecendo ligações entre a história econômica e o papel dos indivíduos, atuando em segmentos até então pouco estudados.

PÓS-MODERNIDADE

O francês Jean-François Lyotard (1924-1998) tematizou a questão da pós-modernidade na obra *A condição pós-moderna* (1979). Para ele, o pós-moderno representa a desconfiança diante das grandes narrativas, que se dizem capazes de explicar a realidade de modo absoluto e universal. Tinha sido esse o sonho de Descartes e de todas as teorias radicais, globalizantes, como as construídas por Hegel, Marx, Freud e até pelas grandes religiões. Contrariando-os, a pós-modernidade aceita o fragmentário, o descontínuo, o caótico.

Assim explica Henry A. Giroux:

> Para Lyotard, o pós-moderno é definido pela difusão, em todas as sociedades ocidentais, dos computadores, do conhecimento científico, da tecnologia avançada e dos textos eletrônicos, cada um dos quais acentua e privilegia a diversidade, a localidade, a especificidade e o contingente, em contraste com as narrativas totalizantes da era anterior. De acordo com Lyotard, as inovações técnicas, científicas e artísticas estão criando um mundo no qual os indivíduos devem traçar seu próprio caminho sem o auxílio de referentes fixos ou dos arrimos filosóficos tradicionais. [...] Em seu lugar, o pós-modernismo surge como um referente para designar um mundo sem estabilidade, um mundo no qual o conhecimento está constantemente mudando e no qual o significado não pode mais ser ancorado numa visão **teleológica**↪ da história.↪

Para a professora Zequera, um elemento de discordância entre algumas tendências pós-modernas está na concordância de que:

> [...] segundo essas teorias, a historiografia deve ser entendida como um gênero puramente literário, com uma linguagem que conserva uma estrutura sintática em si mesma. O texto não guarda relação com o mundo exterior, não faz referência à realidade, nem depende de seu autor. Isso não é apenas válido para o texto literário, mas também para o texto histórico-científico.↵

▶ ZEQUERA, Luz Helena Toro. *História da educação em debate*: as tendências teórico-metodológicas na América Latina. Campinas: Alínea, 2007. p. 55.

No cenário atual da historiografia continuam as discussões metodológicas, o que nos leva a reconhecer que mais importante do que saber o que o historiador estuda é perguntar-se como ele o estuda, porque em toda seleção de fatos existem sempre pressupostos teóricos, como uma orientação metodológica e uma filosofia da história subjacentes à interpretação.

▶ **Teleológico**, do grego *telos*, "fim", é o que se refere à finalidade, o que deriva seu sentido dos fins que o definem. Não confundir com o termo "teológico", cujo significado está associado ao estudo de Deus.

▶ GIROUX, Henry A. O pós-modernismo e o discurso da crítica educacional. In: SILVA, Tomaz Tadeu da (Org.). *Teoria educacional crítica em tempos pós-modernos*. Porto Alegre: Artes Médicas, 1993. p. 44.

Diante de um livro de história, portanto, chamamos a atenção para dois aspectos:
- ▶ a diversidade metodológica não significa fragilidade da história como ciência, mas, ao contrário, esforço para definir caminhos de uma investigação rigorosa;
- ▶ vale conhecer a orientação epistemológica em que se fundamenta o pesquisador, para melhor compreender a interpretação das fontes consultadas e nos posicionar criticamente.

HISTÓRIA DA EDUCAÇÃO

O fenômeno educacional desenrola-se no tempo e igualmente faz parte da história. Muito além de simplesmente emprestar o nome à disciplina história da educação, essa teoria constitui uma abordagem científica de um importante recorte da realidade.

A pedagogia tem enfrentado debates diante da dificuldade de sua conceituação, até porque essa definição varia com o tempo, porquanto depende de tendências muitas vezes divergentes entre si – e que podem, ainda, variar num mesmo período. Assim, o conceito de pedagogia tem sido definido, dependendo das divergências entre historiadores, como: ciência da educação, arte de educar, técnica de educação, filosofia da educação, teologia da educação, teoria da educação.

Dermeval Saviani, professor na Universidade de Campinas (Unicamp), sistematizou essa questão e, em uma de suas obras, justifica sua escolha, definindo pedagogia como:

> [...] *teoria geral da educação*, isto é, como sistematização *a posteriori* da educação. [...] Enquanto sistematização *a posteriori* da educação, a pedagogia é uma teoria construída a partir e em função das exigências da realidade educacional (realidade-processo e realidade-produto).→

▶ SAVIANI, Dermeval. *Educação*: do senso comum à consciência filosófica. 19. ed. Campinas: Autores Associados, 2013. p. 70-71. (Coleção Educação Contemporânea.)

Portanto, a pedagogia é uma sistematização *a posteriori* da educação no sentido de que a teoria se apoia na realidade educacional específica de seu tempo, isto é, o educador precisa ter "uma aguda consciência da realidade em que vai atuar". Saviani completa um pouco adiante que, "a partir da consciência histórica e da reflexão filosófica, podemos perceber as necessidades da realidade, o que nos possibilita estabelecer objetivos para nossa ação educativa". A fim de estabelecer seus objetivos, a pedagogia surge como ciência, isto é, um saber capaz de se fundamentar em princípios e técnicas cientificamente estabelecidos que darão suporte à metodologia, o que torna o conhecimento pedagógico intencional e coerente.

Estudar a educação e suas teorias no contexto histórico em que surgiram, para observar a concomitância entre suas crises e as do sistema social, não significa, porém, que essa sincronia deva ser entendida como simples paralelismo entre educação e fatos político-sociais. Na verdade, as questões de educação são engendradas nas relações estabelecidas em diversos segmentos da sociedade, pois a educação não constitui um fenômeno neutro, já que sofre os efeitos dos jogos de poder, por se encontrar imersa na política. Por isso mesmo, só se investiga a educação em seu desenvolvimento no interior de determinada sociedade.

Estudos sobre história da educação enfrentam as mesmas dificuldades metodológicas já mencionadas a respeito da história geral, com o agravante de que as pesquisas no campo específico da pedagogia são recentes, pois apenas no século XIX historiadores se interessaram por uma história sistemática e exclusiva da educação para permitir que ela deixasse de ser "apêndice" da história geral.

Ainda assim, conhece-se mais intensamente a história da pedagogia ou de doutrinas pedagógicas do que propriamente das práticas efetivas de educação. Neste último caso, alguns graus de ensino (como o médio e o superior) preservaram documentação mais abundante do que, por exemplo, o fundamental e o profissional, o que traz dificuldades para sua reconstituição ou interpretação. A situação é mais complexa no Brasil porque, até há bem pouco tempo, a ausência de historiadores da educação de destaque apresentava enormes lacunas a serem preenchidas.

O professor Casemiro dos Reis Filho afirmou:

> Com efeito, a *síntese histórica* da evolução educacional só poderá ser elaborada depois de realizados *estudos analíticos* capazes de aprofundar o conhecimento da realidade educacional, tal como foi sendo constituída. Só então, a história da educação brasileira poderá adquirir a função pedagógica de contribuir para a formação da consciência crítica do educador brasileiro.↪

▶ REIS FILHO, Casemiro dos. *A educação e a ilusão liberal*. São Paulo: Cortez; Autores Associados, 1981. p. 2.

Outra dificuldade decorre da criação relativamente recente de cursos específicos de educação. As escolas normais (de magistério) criadas no século XIX eram poucas, além de contarem com baixa procura de alunos, enquanto a disciplina de história da educação nem constava do currículo, quando muito, ofereciam-se história geral e do Brasil, desfocadas do fenômeno exclusivo da educação.

Nesses cursos, a atenção maior centrava-se em matérias de cultura geral, descuidando-se das que poderiam propiciar a formação profissional. Apenas a partir das reformas de 1930 a disciplina de história da educação foi incluída no currículo dos cursos de magistério, embora associada, por muito tempo, à filosofia da educação em cursos de nível médio e superior (magistério e pedagogia), sem merecer a autonomia e o estatuto de ciência já conferidos a disciplinas como psicologia, sociologia e biologia. Além disso, sofria frequentemente com o viés pragmático que enfatizava a missão de interpretar o passado para construir o futuro, com forte caráter doutrinário moral e religioso, em razão da participação significativa de padres, seminaristas e cristãos em geral.

Com a implantação de universidades, nas décadas de 1930 e 1940, as faculdades de educação ofereceram oportunidades para pesquisa e elaboração de monografias e teses. Apesar disso, nem sempre se dispensou à história da educação o número de aulas suficiente para a complexidade da disciplina.

O período da ditadura civil-militar (1964-1985) foi danoso até mesmo para a educação brasileira, com o fechamento de escolas experimentais e centros de pesquisa, além de escolher grupos de forte orientação ideológica para prepararem a lei de reforma do ensino superior em 1968, Lei n. 5.540, e a do curso secundário profissionalizante em 1971, Lei n. 5.692, como veremos no último capítulo.

No entanto, ao mesmo tempo, houve o benefício de favorecer a criação de cursos de pós-graduação responsáveis pela fermentação intelectual que resultou em inúmeras teses, entre as quais as focadas em educação. Educadores aglutinaram-se em centros e associações de pesquisa, seja nas universidades, seja pela iniciativa particular.

A ampliação das discussões de temas educacionais com a criação de centros regionais e congressos nacionais resultou em incremento da produção científica, sobretudo durante as décadas de 1980 e 1990, com acolhimento do mercado editorial, disposto a publicar essas teses e a elaborar coletâneas desses pronunciamentos.

Na obra *Aberturas para a história da educação*, Dermeval Saviani organizou cronologicamente diversos pronunciamentos em diferentes oportunidades, ao longo do período de 1998 a 2013. Em um deles, afirma:

> O estágio atual da história da educação brasileira pode ser considerado como tendo completado o processo de formação do campo. A área encontra-se consolidada e com perspectivas, ao menos aparentemente, bastante promissoras de desenvolvimento. Sua consolidação apoia-se num tripé formado pelo ensino, a pesquisa e a organização do campo. Esses três elementos articulam-se e interdependem entre si, de modo que constituem o movimento da disciplina em seu conjunto, cimentando um bloco dotado de razoável coesão. Não obstante, na trajetória brasileira, esses elementos manifestaram-se precisamente na ordem em que foram aqui dispostos: primeiro o ensino, depois a pesquisa e, por fim, a organização do campo.→

▶ SAVIANI, Dermeval. Estágio atual e uma nova perspectiva para a história da educação. In: *Aberturas para a história da educação*: do debate teórico-metodológico ao debate sobre a construção do sistema nacional de educação no Brasil. 3. ed. Campinas: Autores Associados, 2010. p. 233.

Neste capítulo introdutório, sinalizamos duas das três funções desse tripé: a de ensino e a de pesquisa, que ocorreram em momentos diferentes. A primeira refere-se à história da educação como disciplina de um curso (para cuja proposta desenvolvemos os capítulos subsequentes deste livro), a fim de que os envolvidos com o projeto de educar as novas gerações possam analisar o caminho já percorrido e estabelecer metas de implementação do processo, da maneira mais intencional possível, atentos para as mudanças necessárias. Outra função, bem distinta, mas inegavelmente fruto daquela, é a da história da educação como atividade científica de busca e interpretação das fontes, para melhor conhecer nosso passado e nosso presente, o que constitui uma tarefa contínua.

Por fim, para que essas duas funções da história da educação exerçam fecunda influência na política educacional – sobretudo em situações críticas de reformas educativas, depois transformadas em leis – e a fim de defender a implantação de uma educação pública democrática, universal e de qualidade, falta referirmos ao aprimoramento da organização do campo educacional, o que começou a ocorrer ainda no final da década de 1970 com a fundação da ANPEd (Associação Nacional de Pós-Graduação e Pesquisa em Educação), do CEDES (Centro de Estudos "Educação e Sociedade") e da ANDE (Associação Nacional de Educação).

Diversas revistas divulgavam os trabalhos do campo da história da educação, bem como Grupos de Trabalho (GTs) que se espalharam pelos diversos estados brasileiros, muitos deles estimulados pelo Grupo de Estudos e Pesquisas "História, Sociedade e Educação no Brasil" (HISTEDBR), criado em 1986 na Unicamp, além de sociedades de educação, como a Sociedade Brasileira de História da Educação (SBHE), em 1999. Entremeando essas atividades, congressos organizados com regularidade estabeleciam conexões entre estados brasileiros, países latino-americanos e ibéricos.

Resta ainda mais uma observação, talvez a mais importante delas, porque as antecede: a da necessidade de estabelecer o *sistema nacional da educação brasileira*, prometido na Constituição de 1988, mas que, apesar de sua urgência, ainda está por se fazer.

SUGESTÕES DE LEITURA

BURGUIÈRE, André (Org.). Verbete Annales (Escola dos). In: *Dicionário das ciências históricas*. Rio de Janeiro: Imago, 1993. p. 53-54.

REIS FILHO, Casemiro dos. *A educação e a ilusão liberal*. São Paulo: Cortez; Autores Associados, 1981. p. 1-3. (Coleção Educação Contemporânea)

ATIVIDADES

1. Apoiando-se nas teorias de Marx e Engels, explique por que a história não se explica pelo discurso hegemônico presente na superestrutura de uma sociedade.

2. Explique por que a pós-modernidade rompe com os grandes sistemas concebidos de Descartes a Hegel. Posicione-se a respeito.

3. Explique por que se conhece mais intensamente a história da pedagogia ou de doutrinas pedagógicas do que propriamente a história das práticas efetivas de educação.

4. Com base no texto, responda às questões.

   A renovação do olhar que investiga e interpreta temas e questões educacionais tem sido redimensionada pela incorporação de fontes antes inimaginadas. Desequilibrando a objetividade pretensamente contida nos documentos escritos e nas fontes oficiais, estes novos mananciais de apreensão do específico educacional estão permitindo o deslocamento do olhar do pesquisador para a amplitude de processos individuais e coletivos, racionais e subjetivos, ao incluir no repertório da pesquisa novas fontes como a fotografia, a iconografia, as plantas arquitetônicas, o material escolar, o resgate da memória por meio de fontes orais, sermões, relatos de viajantes e correspondências, os diários íntimos e as escritas autobiográficas, ao lado de outros produtos culturais como a literatura e a imprensa pedagógica.

   XAVIER, Libânia Nacif. *História da história não ensinada na escola*: a história da educação. In: Monteiro, Ana Maria; Gasparello, Arlette; Magalhães, Marcelo (Org.). *Ensino de HIstória*: sujeitos, saberes e práticas. Rio de Janeiro: MauadX/FAPERJ, 2007, v. 1, p. 91-105.

   a) Que crítica um historiador positivista faria a esse texto?

   b) E como seria a crítica de um marxista dos primeiros tempos a esse mesmo diagnóstico?

   c) De que tendência historiográfica essas palavras mais se aproximam?

   d) Como você se posiciona a respeito?

5. Posicione-se a respeito do texto a seguir, com vistas a discutir um possível aprisionamento do historiador ao passado, aprisionamento que o submete ao silêncio quando o assunto é engajar-se em fatos vividos no presente.

[...] deve parecer estranho para muitos o interesse do historiador por temas da atualidade ou sua tentativa de engajamento nas opções abertas pelo momento político atual. Assombro bastante justificável já que em nossas searas se tornou lugar comum assumir a ideia de objetividade científica como uma questão de distanciamento entre sujeito e objeto. Por isso, engajar-se ou sujar as mãos na atualidade não só desprestigia como também desvaloriza aquilo que conhecemos como o *métier* do historiador, pois o objeto de sua análise deve estar distante no tempo, entendido como cronologia.

Nesse sentido, a aventura humana só pode ser objeto de análise do historiador se estiver distanciada no tempo, no passado e, nessa perspectiva, inerte. Sob essa postura, o passado – aventura humana acabada – permite o distanciamento para a análise e assim torna-se passível de reconstrução. Tal perspectiva cria a imagem de um indivíduo que nunca tem nada a dizer com relação ao presente, ao mesmo tempo que, nesse procedimento, ele transforma o passado numa dimensão acessível apenas ao saber especializado e impõe, permanentemente, *temas e fatos* que se tornam indispensáveis para o conhecimento e para a ação no presente.

DE DECCA, Edgar Salvadori.
1930 – O silêncio dos vencidos:
memória, história e revolução.
São Paulo: Brasiliense, 2004. p. 42.

6. Com base no texto a seguir, explique em que consiste a diferença entre educação assistemática e educação sistematizada, levando em conta sobretudo o fator "intencionalidade".

Levando-se em conta a estrutura do homem [...], verifica-se que a educação, enquanto fenômeno, se apresenta como uma comunicação entre pessoas livres em graus diferentes de maturação humana, numa situação histórica determinada: e o sentido dessa comunicação, a sua finalidade é o próprio homem, quer dizer, a sua promoção. A educação, assim considerada, é encontrada em todas as sociedades: de maneira simples e homogênea, nas comunidades primitivas; de modo complexo e diversificado, nas sociedades atuais. Aparece de forma difusa e indiferenciada em todos os setores da sociedade: as pessoas se comunicam tendo em vista objetivos que não o de educar e, no entanto, educam e se educam. Trata-se, aí, da educação assistemática: ocorre uma atividade educacional, mas ao nível da consciência irrefletida, ou seja, concomitantemente a uma outra atividade, esta sim, desenvolvida de modo intencional. Quando educar passa a ser objeto explícito de atenção, desenvolvendo-se uma ação educativa intencional, então tem-se a educação sistematizada.

SAVIANI, Dermeval. *Educação brasileira*:
estrutura e sistema. 8. ed. Campinas:
Autores Associados, 2000. p. 83-84.

SUGESTÃO PARA SEMINÁRIOS

Esta sugestão consiste na elaboração de seminários. Pode-se escolher trabalhar exclusivamente um dos textos ou articulá-lo com os demais, ressaltando suas similaridades e divergências. Para a melhor compreensão de cada assunto, vale proceder com fichamento de texto, pesquisas e consulta a outras fontes, análise crítica e elaboração de uma pequena dissertação que sistematize a leitura e as conclusões obtidas.

A seguir, uma lista com três significativos textos de apoio ajuda a problematizar uma tópica cada vez mais recorrente: de onde parte o discurso ou a epistemologia (conhecimento) dominante; se o caráter hegemônico desse discurso é legítimo ou não; se deve ser combatido ou não e em que circunstâncias. O primeiro deles é um texto clássico que trata da relação entre a produção de ideias e a atividade material exercida pelo responsável por essa produção. Os dois últimos atualizam o debate tendo como pano de fundo a violenta, desigual e preconceituosa sociedade brasileira, mesmo que as teorias mencionadas possam ser amplificadas para outros contextos.

1. MARX, Karl; ENGELS, Friedrich. A ideologia em geral e em particular a ideologia alemã. In: *A ideologia alemã*. São Paulo: Martins Fontes, 1998. p. 7-21.
2. RIBEIRO, Djamila. O que é lugar de fala? In: *O que é lugar de fala?* Belo Horizonte: Letramento, 2017. p. 55-79.
3. BOSCO, Francisco. Da cultura à política. In: *A vítima tem sempre razão?* São Paulo: Todavia, 2017. p. 33-54.

CAP. 1

Escultura representando Sócrates.

Antiguidade grega: a *paideia*

Apresentando o capítulo

Na Antiguidade, a Grécia não formava uma unidade política, mas se compunha de diversas unidades políticas autônomas, constituídas pelas cidades-Estado (pólis). Apesar dessa autonomia, o caldeamento inicial de diversos povos convergiu para formar uma mesma civilização, pois as diferentes cidades tinham, em comum, o idioma e a religião, além de similaridades nas instituições sociais e políticas.

Os gregos se distinguiam dos demais povos, denominando sua terra de *Hellás* (ou *Hélade*), a si mesmos de *helenos* e aos estrangeiros, pejorativamente, de *bárbaros*. Apenas após a dominação romana essa região recebeu a designação latina de *Graii*, da qual derivou *Graecia* (que se lê "Grécia").

> ▶ Cf. HARVEY, Paul. *Dicionário Oxford de literatura clássica, grega e latina*. Rio da Janeiro: Jorge Zahar, 1987. p.252.

A fim de traçar um panorama acerca da contribuição histórica dos gregos antigos no que se refere à educação e à pedagogia, este capítulo destacará desde a importância primeira da crença nos deuses, transmitida ao período homérico; no percurso, tratará também dos períodos arcaico e clássico, quando a pólis concentrava a preocupação de boa parte dos pensadores gregos; e culminará no período helenístico, quando a crise das cidades-Estado alterou a direção das reflexões gregas, levadas, então, do campo político para o ético.

O pensamento pedagógico permeou a produção filosófica desde a constituição das cidades e a concomitante formação da consciência de si, como ocorreu no tempo dos sofistas e de Sócrates, quando inauguraram o confronto entre a retórica e a reflexão filosófica, que fecundou o conceito nascente da *paideia*. Vejamos como se constituiu esse povo de marcante influência na civilização ocidental até os tempos presentes.

CONTEXTO HISTÓRICO

No boxe a seguir, sintetizamos uma cronologia que vai desde o século XX a.C. até o século II a.C.; portanto, desde a formação da cultura grega até o início do período helenístico.

PERIODIZAÇÃO DA HISTÓRIA DA GRÉCIA ANTIGA

- Séculos XX a XII a.C.: Civilização micênica.
- Séculos XII a VIII a.C.: Período homérico.
- Séculos VIII a VI a.C.: Período arcaico.
- Séculos V e IV a.C.: Período clássico.
- Séculos III e II a.C.: Período helenístico grego.

A CIVILIZAÇÃO MICÊNICA

A civilização grega micênica desenvolveu-se por volta do século XX a.C. (entre 2000 e 1900 a.C.), quando invasores de origem indo-europeia ocuparam a Península Balcânica, entre o Mar Tirreno e a Ásia Menor. O período leva esse nome pela importância da cidade de Micenas, onde se estabeleceram vários povos, sobretudo aqueus.

Com o tempo, a figura do guerreiro adquiriu importância cada vez maior, ao formar a aristocracia militar governada por Agamêmnon, que, de acordo com relatos míticos, teria partido de Micenas em 1250 acompanhado por Aquiles e Ulisses para sitiar e conquistar Troia, no litoral da Ásia Menor. No final daquele mesmo século, a invasão dos bárbaros dórios mergulhou a Grécia em um período obscuro até o século IX a.C. Muitos aqueus fugiram para a Ásia Menor (onde é a atual Turquia) e fundaram colônias que mais tarde prosperaram pelo comércio.

Em razão do terreno acidentado, a nova civilização espalhou-se por diversas regiões autônomas, mas manteve o idioma comum, a mesma religião, além de similaridades nas instituições sociais e políticas. A religião dos gregos era politeísta e os deuses, habitantes do monte Olimpo, imortais, embora se comportassem como homens: ora benevolentes, ora invejosos e vingativos.

HOMERO, "EDUCADOR DA GRÉCIA"

O período *homérico* (séculos XII a VIII a.C.) teve essa designação porque, talvez no século IX ou VIII a.C., teria vivido Homero, provável autor das epopeias *Ilíada* e *Odisseia*, nas quais teria dado forma poética aos mitos gregos, transmitidos oralmente por cantores ambulantes – aedos e rapsodos – que os recitavam de cor em praça pública. A *Ilíada* foi a primeira epopeia e trata da Guerra de Troia (em grego, *Ílion*), enquanto a *Odisseia* relata o retorno de Ulisses (em grego, *Odisseus*) à ilha de Ítaca, após a Guerra de Troia. Não se pode afirmar com certeza se Homero realmente existiu, além de que alguns estudiosos atribuem aquelas obras a vários autores de diferentes épocas, em razão de alterações de estilo na comparação entre os dois poemas.

As epopeias desempenharam um papel pedagógico significativo, não só por narrarem episódios da história grega como pela transmissão de valores culturais mediante o relato das realizações de deuses e antepassados. Por expressarem uma concepção de vida, desde cedo as crianças eram estimuladas a memorizar passagens desses poemas. As ações heroicas relatadas nas epopeias mostravam a constante intervenção dos deuses, ora para auxiliar o protegido, ora para perseguir o inimigo. Nessas histórias, o indivíduo é presa do destino, concebido como imutável. O herói vivia, desse modo, na dependência dos deuses e do destino, faltando a ele a noção de vontade pessoal, de liberdade, restrição que não o diminuía diante das pessoas comuns: ao contrário, ter sido escolhido pelos deuses era sinal de reconhecimento e indicativo da posse das virtudes do *guerreiro belo e bom*, manifestadas por coragem e força, sobretudo no campo de batalha, embora igualmente presentes na assembleia de guerreiros, pela persuasão do discurso. A esses atributos acrescentam-se virtudes como prudência, lealdade, hospitalidade, assim como honra, glória e desafio à morte. Eram esses os valores de uma sociedade aristocrática que justificava os privilégios de uma linhagem nobre, de origem divina.

Examinando a educação nesse período, sabe-se que o menino nobre permanecia em casa até os 7 anos, quando era enviado ao palácio de outro nobre a fim de aprender o ideal cavalheiresco como escudeiro. Também era costume contratar preceptores para a educação com base no afeto e nos exemplos. São clássicas as figuras de Fênix, preceptor de Aquiles, e Mentor, mestre de Telêmaco. Contrapondo Ulisses, "mestre da palavra", a Ájax, "homem de ação", o mestre Fênix recordava ao jovem Aquiles o fim para que foi educado: "Para ambas as coisas: proferir palavras e realizar ações", ou seja, para participar da assembleia dos nobres e atuar nas guerras.

A influência cultural das epopeias na educação estendeu-se ainda no período arcaico e também na época clássica. Durante séculos as figuras paradigmáticas de Telêmaco e Aquiles, por exemplo, serviram de modelo de "excelência moral e física" para os jovens gregos. Apesar de Platão apresentar restrições à poesia mítica de Homero, o filósofo não deixou de denominá-lo "o educador da Grécia".

PERÍODO ARCAICO: UMA NOVA ORDEM HUMANA

Com a formação das cidades-Estado (pólis), ocorreram grandes alterações sociais e políticas, bem como o incremento do comércio e a expansão da colonização grega. Nesse mesmo período, teria vivido Hesíodo (por volta do final do século VIII e princípio do VII a.C). Na sua obra *Teogonia*, relatou as origens do mundo e dos deuses, em que as forças emergentes da natureza vão se transformando nas próprias divindades. De acordo com a narrativa, no princípio surgiu o Caos, dando origem às divindades primordiais:

Gaia ou Geia (Terra) e Eros (Amor); Gaia e Eros se uniram e geraram os gigantes, ciclopes e titãs. A teogonia é também uma cosmogonia, na medida em que narra como todas as coisas surgiram do Caos para compor a ordem do Cosmo.

Ainda que suas obras refletissem o interesse pela crença em mitos, Hesíodo inovou com particularidades que tendiam a superar a poesia impessoal e coletiva das epopeias, por serem indicativas do período arcaico, que então se iniciava. De fato, em sua obra *Os trabalhos e os dias*, ele ressalta os valores não mais da civilização heróica de Homero, em que a principal virtude é a coragem do guerreiro, mas a da moralidade de uma civilização agrícola. Assim Hesíodo elege a justiça como a virtude principal: "o melhor dos homens é aquele que tudo pondera e examina e que, finalmente, é justo". Por isso exorta seu irmão Perses, que se desviara dessa meta:

> Procura um prazer justo, dando-se ao trabalho numa medida equilibrada. Os teus celeiros se encherão, assim, com as provisões que cada ano te proporcionar. O trabalho não é vergonha; a ociosidade, sim, essa que o é. Se labutares, o ocioso te invejará pelos teus ganhos, aos quais se seguem respeito e consideração. O trabalho é a única coisa justa na tua condição; basta desviares a atenção da cobiça dos bens alheios e dirigi-la para o teu próprio trabalho, cuidando de o manter, como te aconselho.↪

▶ HESÍODO. O trabalho e os dias. Apud: JAEGER, Werner. *Paideia*. São Paulo: Herder, s.d. p. 93-94.

O período arcaico se destaca ainda por outras novidades, tais como a reintrodução da escrita, a utilização da moeda, a lei escrita por legisladores, a formação de cidades-Estado (pólis) e o aparecimento dos primeiros filósofos, responsáveis por uma nova visão do mundo e do indivíduo. As características que então se esboçavam, conforme analisadas pelo helenista francês Jean-Pierre Vernant (1914-2007), são apresentadas na sequência.

A) A ESCRITA REDESCOBERTA

A *escrita* já existira na Grécia no período micênico, restrita aos escribas, mas desapareceu com a invasão dórica. Ao ressurgir no final do século IX ou VIII a.C., por influência do alfabeto fenício, gerou uma nova idade mental, por permitir maior abstração, propiciar o confronto das ideias e estimular o espírito crítico, o que levou à sua dessacralização, pois, ao desligar-se do sagrado, a escrita deixou também de ser privilégio burocrático de poderosos. Jean-Paul Vernant confirma:

▶ VERNANT, Jean-Pierre. *As origens do pensamento grego*. 2. ed. Rio de Janeiro; São Paulo: Difel, 1977. p. 36.

> [...] é a escrita que vai fornecer, no plano propriamente intelectual, o meio de uma cultura comum e permitir uma completa divulgação de conhecimentos previamente reservados ou interditos. Tomada pelos fenícios e modificada por uma transcrição mais precisa dos sons gregos, a escrita poderá satisfazer a essa função de publicidade porque ela própria se tornou, quase com o mesmo direito da língua falada, o bem comum de todos os cidadãos.↩

B) A MOEDA COMO CONVENÇÃO HUMANA

A economia grega era pré-monetária na época da aristocracia rural, porque a riqueza estava atrelada a terras e rebanhos. As relações sociais, impregnadas de caráter sobrenatural, permaneciam fortemente marcadas pela posição social de pessoas que se julgavam superiores em razão da origem divina de seus ancestrais. No entanto, o desenvolvimento do comércio marítimo favoreceu a expansão do mundo grego e a colonização da Magna Grécia (sul da Península Itálica e Sicília) e da Jônia (hoje litoral da Turquia). A moeda, surgida por volta do século VII a.C., facilitou os negócios e enriqueceu os comerciantes, o que acelerou a substituição de valores aristocráticos por princípios da nova classe em ascensão.

Além desse efeito político de democratização de um valor, a moeda sobrepunha aos símbolos sagrados o caráter racional de sua concepção: a moeda é uma convenção humana, noção abstrata que estabelece a medida comum entre valores diferentes.

C) A LEI ESCRITA E A REFORMA DA LEGISLAÇÃO

Até então, a justiça dependera da interpretação da vontade divina ou da arbitrariedade dos reis, mas os legisladores Drácon, Sólon e Clístenes sinalizaram uma nova era, porque, com a lei escrita, a norma se tornava comum a todos e sujeita à discussão e à modificação.

As reformas da legislação fundaram a pólis sobre nova base, porque, ao expressar o ideal igualitário da democracia nascente, a unificação do corpo social enfraqueceu a hierarquia do poder aristocrático das famílias.

D) O CIDADÃO DA PÓLIS

O nascimento da pólis (cidade-Estado grega), na passagem do século VIII para o século VII a.C., foi um acontecimento decisivo. Na pólis, destacavam-se dois locais importantes: a *acrópole* e a *ágora*. A acrópole constituía a parte elevada na qual era construído o templo e também servia de ponto de defesa da cidade. A ágora, ao pé da acrópole, era a praça central destinada às trocas comerciais, onde os cidadãos se reuniam para resolver problemas legais e debater assuntos da cidade.

O fato de ter como centro a ágora, espaço onde eram debatidos os assuntos de interesse comum, favorecia o aprimoramento do discurso político. Elaborava-se, desse modo, o novo ideal de justiça, pelo qual todo cidadão tinha direito ao poder. A noção de justiça assumia caráter político, e não apenas moral, por não se referir apenas ao indivíduo e aos interesses da tradição familiar, mas à sua atuação na comunidade.

Vernant ainda afirma:

> Os que compõem a cidade, por mais diferentes que sejam por sua origem, sua classe, sua função, aparecem de uma certa maneira "semelhantes" uns aos outros. Esta semelhança cria a unidade da pólis. [...] O vínculo do homem com o homem vai tomar assim, no esquema da cidade, a forma de uma relação recíproca, reversível, substituindo as relações hierárquicas de submissão e de domínio.→

▶ VERNANT, Jean-Pierre. *As origens do pensamento grego*. 2. ed. Rio de Janeiro; São Paulo: Difel, 1977. p. 42.

Desse modo garantia-se a *isonomia* (a igualdade perante a lei) e a *isegoria* (a igualdade do direito à palavra na assembleia). De fato, a pólis se construiu pela autonomia da palavra, não mais a palavra mágica dos mitos, enunciada pelos deuses, mas a palavra humana do conflito, da discussão, da argumentação e do consenso. Expressar-se por meio do debate fez nascer a política, que permite ao indivíduo tecer seu destino em praça pública. Da instauração da ordem humana surgiu o *cidadão da pólis*, figura inexistente em sociedades tradicionais e aristocracias rurais.

AS PÓLIS GREGAS

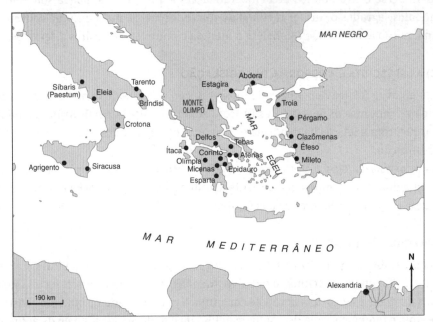

Fonte: ABRÃO, Bernadete Siqueira *et al. Enciclopédia do estudante.* História da filosofia: da Antiguidade aos pensadores do século XXI. São Paulo: Moderna, 2008. p. 17. v. 12.

E) CONSOLIDAÇÃO DA DEMOCRACIA

Os regimes oligárquicos ainda não haviam desaparecido, mas algumas das cidades-Estado gregas já consolidavam os ideais democráticos, inspiradas no modelo de Atenas. O apogeu da *democracia* ateniense ocorreu no século V a.C., durante o governo de Péricles, mas vale lembrar que a maior parte da população se achava excluída do processo político: grupos de escravos, mulheres e estrangeiros (metecos); mesmo que estes últimos fossem prósperos comerciantes, não eram admitidos como cidadãos. O que importa enfatizar, porém, é a mutação do ideal político e uma concepção inovadora de poder, a *democracia*. O conceito de *cidadania* nasce da aspiração à igualdade perante a lei e ao igual direito à palavra na assembleia.

F) NASCIMENTO DA FILOSOFIA

Finalmente, uma das consequências dessas novidades do período arcaico foi o surgimento da figura dos filósofos nas colônias gregas da Ásia Menor e da Magna Grécia, mais tarde designados como *pré-socráticos*, por serem antecessores do período clássico da filosofia grega, como veremos adiante.

De acordo com as transformações ocorridas no período arcaico, a filosofia surgiu na Grécia não como um "milagre", tampouco como um acontecimento repentino, mas resultou de uma longa preparação decorrente de transformações econômicas, políticas e sociais, entre elas a fundação das primeiras pólis. A abertura para a discussão facilitou o exercício da reflexão e da divergência de ideias, terreno fértil para o nascimento da filosofia. É nesse sentido que Vernant afirmou que "a filosofia é filha da cidade".

Até então as explicações sobre a origem e a ordem do mundo tinham por base os mitos transmitidos por Homero e Hesíodo, que constituíam teogonias e cosmogonias. Já naquele momento mais recente, em vez de explicar a ordem cósmica pela interferência divina, os filósofos buscavam respostas por si mesmos, por meio da razão. Portanto, as questões tornaram-se cosmológicas: o sufixo *lógos* denota o predomínio da razão, da explicação argumentativa.

Mais tarde, no período clássico, a historiografia definiu os diversos momentos da história da filosofia com base na figura emblemática de Sócrates e, sob esse olhar, os primeiros filósofos que surgiram na Jônia e Magna Grécia passaram a ser conhecidos como *pré-socráticos*.

Perdeu-se grande parte das obras dos primeiros filósofos, restando-nos apenas fragmentos e comentários de seus pósteros, reunidos pela **doxografia**[1]. O centro de suas investigações filosóficas era a natureza, por isso são conhecidos como naturalistas – ou filósofos da *physis* (termo grego para "mundo físico", "natureza"). Sabemos também que geralmente escreviam em prosa, abandonando a forma poética dos relatos míticos, como ocorria nas epopeias.

> ▶ **Doxografia:** do grego *doxa*, "opinião", e *gráphein*, "escrever"; doxólogos são aqueles que coletam, compilam e comentam textos filosóficos.

A principal indagação dos filósofos pré-socráticos era o *movimento*. Para os gregos, o conceito de movimento tem um sentido bem amplo, podendo significar mudança de lugar, aumento, diminuição, enfim, qualquer alteração substancial quando algo é gerado ou se deteriora. Sob a multiplicidade das coisas, eles buscavam a identidade, ou seja, um *princípio original e racional* (em grego, *arkhé*). Nesse contexto, o termo *princípio* pode ser entendido como "origem" ou "fundamento".

Observe como a filosofia nasce de um problema, de uma indagação nova, que procura ir além do já sabido. Por isso, existe uma ruptura entre mito e filosofia, porque o mito é uma narrativa cujo conteúdo não se questiona, enquanto a filosofia problematiza e convida à discussão. A filosofia rejeita explicações apoiadas no sobrenatural. Mais ainda, busca a coerência interna e a definição rigorosa dos conceitos, organizando-os em um pensamento abstrato.

Dissemos que todos os pré-socráticos buscavam o princípio de todas as coisas, mas que, por pensarem de modo autônomo, divergiam entre si a respeito do que seria tal princípio. Os mais antigos filósofos foram Pitágoras e Tales; o primeiro nasceu na ilha de Samos, perto da costa da Turquia, mas mudou-se para Crotona, na Magna Grécia, enquanto Tales é natural de Mileto, na Jônia.

FORMAÇÃO INTEGRAL: A *PAIDEIA*

O grau de consciência de si alcançado pelos gregos antigos propiciou uma nova concepção de cultura e do lugar ocupado pelo indivíduo na sociedade, com repercussões no ensino e nas teorias educacionais. De fato, os gregos voltavam-se para uma formação apoiada na construção consciente, permitindo ao indivíduo ser "constituído de modo correto e sem falha, nas mãos, nos pés e no espírito", como disse o helenista Werner Jaeger, replicando a fala de um antigo poeta. A educação grega desde seus primórdios centrava-se na formação integral – corpo e espírito –, embora, de fato, a ênfase se deslocasse ora para o preparo militar ou esportivo, ora para o debate intelectual, conforme a época e o lugar.

A ênfase na formação integral deu origem ao conceito de *paideia*, conceito de complexa definição. A palavra teria sido cunhada por volta do século V a.C., para exprimir o ideal de *formação constante* que abrange ao mesmo tempo educação, desenvolvimento e cultura. De início significava apenas educação dos meninos (*pais*, *paidós*, "criança"), mas com o tempo adquiriu nuances que a tornaram intraduzível, atingindo seu ápice entre os sofistas e Sócrates, já muito distante da antiga *paideia* aristocrática dos tempos homéricos.

O helenista Werner Jaeger afirma em sua principal obra, denominada *Paideia*:

> Não se pode evitar o emprego de expressões modernas como *civilização*, *cultura*, *tradição*, *literatura* ou *educação*; nenhuma delas, porém, coincide realmente com o que os gregos entendiam por *paideia*. Cada um daqueles termos se limita a exprimir um aspecto daquele conceito global e, para abranger o campo total do conceito grego, teríamos de empregá-los todos de uma só vez.→

▶ JAEGER, Werner. Introdução. In: *Paideia*. São Paulo: Herder, s.d.

O apogeu da *paideia* ocorreu no período clássico, quando se fortaleceu o uso da razão autônoma, da inteligência crítica e a atuação da personalidade livre, capaz de estabelecer uma lei humana e não mais divina. Surgia, pois, a necessidade de elaborar teoricamente o ideal de formação, não do herói, submetido ao destino, mas do cidadão, que deixa de ser apenas o depositário do saber da comunidade, para se tornar aquele que elabora a cultura da cidade. A ênfase no passado foi deslocada para o futuro: ninguém se acha preso a um destino traçado, mas é capaz de projeto.

A palavra *paidagogos*,↳ que inicialmente nomeava o escravo que conduzia a criança, com o tempo teve seu sentido ampliado para designar qualquer teoria sobre educação. Ao discutir os fins da *paideia*, os gregos esboçaram as primeiras linhas conscientes da ação pedagógica e assim influenciaram por séculos a cultura ocidental. As questões "*O que* é melhor ensinar?", "*Como* é melhor ensinar?" e "*Para que* ensinar?" enriqueceram as reflexões dos filósofos e marcaram diversas tendências. Vale observar que até hoje essas perguntas são fundamentais para a pedagogia.

> ▶ *Paidagogos* significa literalmente "aquele que conduz a criança": do grego *pais*, *paidós*, "criança", e *agogós*, "que conduz".

DOIS MODELOS DE EDUCAÇÃO: ESPARTA E ATENAS

O modo de educar variou entre as pólis, em razão de serem autônomas politicamente. Por questões didáticas, escolhemos dois modelos radicalmente diferentes: o de Esparta, cidade militarizada, e o de Atenas, representante do ideal democrático. A respeito das diferenças entre elas, o historiador da educação Franco Cambi comenta:

> Até seus ideais e modelos educativos se caracterizavam de maneira oposta pela perspectiva militar de formação de cidadãos-guerreiros, homogêneos à ideologia de uma sociedade fechada e compacta, ou por um tipo de formação cultural e aberta, que valorizava o indivíduo e suas capacidades de construção do próprio mundo interior e social. Esparta e Atenas deram vida a dois ideais de educação: um baseado no conformismo e no estatismo, outro na concepção de *paideia*, de formação humana livre e nutrida de experiências diversas, sociais mas também culturais e antropológicas.→

> ▶ CAMBI, Franco. *História da pedagogia*. São Paulo: Editora Unesp, 1999. p. 82.

EDUCAÇÃO ESPARTANA

Esparta era uma importante cidade-Estado situada no Sudeste da península do Peloponeso. Após a fase heroica, ao contrário das demais cidades gregas, continuou privilegiando as atividades guerreiras e uma educação severa, orientada para a formação militar.

Por volta de 600 a.C., o legislador Licurgo (cuja existência real é objeto de questionamento) organizou o Estado e a educação. De início, os costumes não eram tão rudes, e o preparo militar entremeava-se com a formação esportiva e a musical. Com o tempo – sobretudo no século IV a.C., quando Esparta derrotou Atenas –, o rigor da educação assemelhava-se à vida de caserna.

Os cuidados com o corpo tinham por base uma política de eugenia – prática de melhoramento da espécie –, que recomendava tanto o fortalecimento das mulheres para gerarem filhos robustos e sadios quanto o abandono de crianças deficientes ou frágeis demais.

As crianças permaneciam com a família até os 7 anos, idade em que o Estado assumia a educação pública e obrigatória, quando passavam a viver em comunidades constituídas por grupos de acordo com a faixa etária e supervisionados pelos que se distinguiam no desempenho das tarefas exigidas. A tarefa de educar era confiada ao *pedônomo*, literalmente um legislador para a infância, atividade sempre realizada em grupo e nunca individualmente. Como os demais gregos, os espartanos estudavam música, canto e dança coletiva.

Até os 12 anos predominavam atividades lúdicas, para depois aumentar o rigor da aprendizagem em que a educação física tornava verdadeiro treino militar, ocasião em que os jovens aprendiam a suportar a fome, o frio, a dormir com desconforto e a vestir-se de forma despojada. A educação moral valorizava a obediência, a aceitação dos castigos, o respeito aos mais velhos, privilegiando sempre a vida comunitária. Sob esses aspectos, as organizações da juventude espartana eram similares às de Estados totalitários do século XX.

Os espartanos, apesar de terem vivido períodos culturalmente mais ricos, não eram dados a refinamentos intelectuais, como os atenienses, nem apreciavam debates e longos discursos. Aliás, a palavra *laconismo*, que significa "maneira breve, concisa, de falar ou escrever", deriva de Lacônia (ou Lacedemônia), região onde viviam os espartanos e se localizava a capital Esparta.

De toda a Grécia, eram as cidades da Lacônia as que ofereciam maior atenção às mulheres, treinadas para atividades físicas, como exercícios de salto, lançamento de disco, corrida, dança. Por ocasião das festividades, exibiam nos jogos públicos toda a força e o vigor de corpos bem treinados.

EDUCAÇÃO ATENIENSE

Para o historiador grego Tucídides (século V a.C.), Atenas foi "a escola de toda a Grécia". De fato, a concepção ateniense de Estado fez surgir a figura do cidadão da pólis. Ao lado dos cuidados com a educação física, destacava-se a formação intelectual, para atuar de modo participativo nos destinos da cidade. Com a ascensão da classe dos comerciantes, em oposição à antiga aristocracia, impôs-se outra forma de exercício de poder e, portanto, outro tipo de educação.

No final do século VI a.C., já terminando o período arcaico, o ensino não era obrigatório nem gratuito, por resultar da iniciativa particular, embora o Estado já demonstrasse algum interesse. A educação tinha início aos 7 anos. A criança do sexo feminino permanecia no *gineceu*, local da casa onde as mulheres se dedicavam aos afazeres domésticos, menos importantes em um mundo essencialmente masculino.

O menino, porém, desligava-se da autoridade materna para iniciar a alfabetização e a educação física e musical, sempre acompanhado por um escravo, que o levava à **palestra→**, para praticar exercícios físicos, sob a orientação do *pedótriba* (instrutor físico). Ali era iniciado na famosa competição de jogos que constituíam as cinco modalidades do pentatlo (corrida, salto a distância, lançamento de disco, de dardo e luta), atividade aprimorada na fase adulta para a formação do

▶ **Palestra:** de *palaistra*, "lugar onde se luta"; palaio, "eu luto". Na cidade de São Paulo, o antigo nome do clube de futebol Palmeiras era Palestra Itália.

atleta que participa de competições. Assim fortalecia-se o corpo ao mesmo tempo que se aprendia o domínio de si mesmo, já que a educação física nunca se reduziu à mera destreza corporal, por vir acompanhada de orientação moral e estética.

Para a educação musical, bastante valorizada, o pedagogo conduzia a criança ao *citarista* (ou professor de cítara). A aprendizagem de música (a arte das musas), com amplo significado, abrangia a educação artística em geral. Assim, qualquer jovem bem-educado aprendia a tocar lira ou outros instrumentos, como cítara e flauta. O canto, sobretudo coral, e a declamação de poesias eram geralmente acompanhados por instrumento musical. A dança, expressão corporal abrangente, incluía o exercício físico e a música.

Durante muito tempo, o ensino elementar de leitura e escrita mereceu menor atenção e cuidado do que as práticas esportivas e musicais. O mestre de letras era geralmente uma pessoa simples e mal paga, sem o prestígio do instrutor físico. À medida que crescia a exigência de formação intelectual mais apurada, delinearam-se três níveis de educação: elementar, secundária e superior.

O gramático (*grammata*, literalmente "letra"), também chamado didáscalo (do grego *didasko*, "eu ensino"), reunia, em qualquer canto – sala, tenda, esquina ou praça pública –, um grupo de alunos para lhes ensinar leitura e escrita. Os métodos usados dificultavam a aprendizagem, por acentuarem recursos como silabação, repetição, memorização e declamação. Geralmente as crianças aprendiam de cor os poemas de Homero e de Hesíodo, as fábulas de Esopo e de outros autores. Escreviam em tabuinhas enceradas e faziam os cálculos com o auxílio dos dedos e do ábaco, instrumento de contar constituído de pequenas bolas enfiadas em varetas.

A educação elementar completava-se por volta dos 13 anos. As crianças mais pobres saíam em busca de trabalho, enquanto as de família rica eram encaminhadas ao *ginásio* para prosseguirem os estudos. O termo *ginásio* tem diversos sentidos: inicialmente designava o local para a cultura física onde, com frequência, os gregos se apresentavam despidos (daí sua origem etimológica: *gimnos*, "nu"). Com o tempo, as atividades musicais se direcionaram para discussões literárias, abrindo espaço para assuntos gerais, como matemática, geometria e astronomia, sobretudo sob a influência dos filósofos. Com a criação de bibliotecas e salas de estudo, o ginásio adquiriu feição mais próxima do conceito de local de educação secundária.

Dos 16 aos 18 anos, a educação assumia uma dimensão cívica de preparação militar, instituição que se desenvolveu por volta do século IV a.C. e é conhecida como *efebia* (do grego *efebo*, "jovem", "adolescente"). Após a abolição do serviço militar em Atenas, a efebia constituiu a escola em que se ensinavam filosofia e literatura.

Apenas com os sofistas (século V a.C.) teve início uma espécie de educação superior, ao mesmo tempo que se dedicaram à didática, cuidando de ampliar as disciplinas de estudo, e à profissionalização dos mestres. Sócrates, Platão e Aristóteles também ministraram educação superior. Enquanto Sócrates se reunia informalmente na praça pública, Platão utilizou um dos ginásios de Atenas, a Academia, assim denominada por estar situada nos jardins do herói ateniense Academo. Mais tarde seu discípulo Aristóteles ensinou em outro ginásio, o Liceu, onde havia um bosque consagrado a Apolo Lykeion, já no período clássico. Também em Atenas, Isócrates abriu uma escola muito concorrida por valorizar a retórica. Por causa disso, estabeleceu-se uma polêmica com Platão, seu contemporâneo, como veremos.

É preciso compreender as mudanças com base nas novas exigências da vida na pólis, pois a política precisava de cidadãos que soubessem convencer pela palavra. A educação formal atendia aos filhos da elite, excluindo os demais. Para o legislador Sólon, as crianças aprenderiam de início a nadar e ler, depois aprenderiam música, equitação e caça, caso a família tivesse posses, para então dedicar-se à filosofia. Já as crianças pobres deveriam exercitar-se na agricultura ou em uma atividade artesanal qualquer.

Portanto, como aprendiam os ofícios no próprio mundo do trabalho, o ensino profissional não despertava interesse, exceto no caso da arquitetura e da medicina, assumidas como artes nobres. A medicina, profissão altamente valorizada entre os gregos, apoiava-se nos ensinamentos de Hipócrates (460-377 a.C.), acrescidos de inúmeras observações, que tornaram a medicina parte integrante da cultura geral grega, ao lado dos preceitos éticos e das regras de conduta.

De acordo com Werner Jaeger, esse prestígio decorria da relação da medicina com a *paideia*, ou seja, o médico era equiparado ao pedótriba, ao músico e ao poeta. Se a saúde fazia parte do ideal grego de educação, conclui-se que ginastas e médicos concebiam a cultura física em sua dimensão espiritual.

PERÍODO CLÁSSICO

O *período clássico* (séculos V e IV a.C.) representou o apogeu da civilização grega. A esplêndida produção nas artes, na literatura e na filosofia delineou definitivamente o que viria a ser a herança cultural do mundo ocidental. Antes de dar exemplos desse esplendor, vejamos quais foram as conquistas que levaram Atenas a essa proeminência.

Quando os colonos gregos se instalaram nas costas da atual Turquia, essa parte da Ásia Menor era dominada pelos persas (atual Irã). A partir de 499 a.C., desencadearam-se desavenças na região, uma vez que as cidades jônicas queriam se libertar, enquanto os persas não desejavam perder o controle do comércio marítimo no Mar Egeu. As Guerras médicas (Guerras Greco-Persas ou ainda Guerras Medas) ocorreram inicialmente apenas em território da Ásia Menor, com o rei Dario I à frente dos persas; posteriormente, avançaram em direção à própria Grécia, desde que Atenas resolveu também guerrear, saindo vencedora na Batalha de Maratona, em 490 a.C. Os persas ainda retornaram dez anos depois, com Xerxes, filho de Dario. Após inúmeras batalhas, nas quais os atenienses se fortaleceram com a participação de diversas cidades que formaram a Confederação de Delos, saíram vencedores em 448 a.C.

Após essas vitórias, Atenas viveu seu período áureo, frequentemente designado como "Século de Péricles", já que o auge da cultura ateniense coincidiu com o governo democrático de tal estadista (461 a 429 a.C.). Tratava-se, no entanto, de uma "democracia escravista", em que apenas os homens livres eram cidadãos. Baseando-se em estimativas, se em Atenas houvesse cerca de meio milhão de habitantes, seriam 300 mil escravos e 50 mil metecos (estrangeiros); excluídos estes, além de mulheres e crianças, apenas os 10% restantes teriam o direito de decidir por todos. Em todas as atividades artesanais, o braço escravo "libertava" o cidadão para que ele pudesse se dedicar às funções teóricas, políticas e de lazer, consideradas mais dignas.

Durante esse período, a cultura grega foi enriquecida pelos festivais de teatro, que encenavam grandes tragédias gregas, como as de Sófocles e Eurípedes, cujos textos atravessaram o tempo e moldaram o pensamento ocidental. Vale dizer que o século V a.C. foi um tempo de pujança também para a arquitetura (Hipodamo), a escultura (Fídias) e a história (Heródoto). A filosofia, do mesmo modo, seria beneficiada ao encontrar em Sócrates e nos sofistas suas grandes manifestações.

A decadência de Atenas se iniciaria com a hostilidade fomentada contra sua hegemonia política e econômica. Esparta, unida às cidades de Corinto, Mégara e Tebas, formaria a Confederação do Peloponeso e entraria em confronto com Atenas, para sair vencedora quase três décadas depois de iniciada a Guerra do Peloponeso (431 a.C.). A derrota ateniense foi sucedida pelo governo dos Trinta Tiranos, ampliando a instabilidade política já deflagrada. Com a fragilidade das cidades-Estado gregas, desunidas e esgotadas por décadas de batalha, o território helênico acabou sendo invadido pelo exército macedônico. As campanhas de dominação da Grécia foram mantidas pelo sucessor de Filipe da Macedônia, Alexandre Magno.

EDUCAÇÃO NO PERÍODO CLÁSSICO

No período clássico, sobretudo em Atenas, a instituição escolar já se encontrava estabelecida. Mesmo que a ampliação de oferta escolar representasse uma "democratização" da cultura, a educação permanecia elitizada, atendendo principalmente a jovens de famílias tradicionais da antiga nobreza ou pertencentes a famílias de comerciantes enriquecidos. Aliás, na sociedade escravagista grega, o chamado *ócio digno* significava a disponibilidade de gozar do tempo livre, privilégio daqueles que não precisavam cuidar da própria subsistência, atribuição dos escravos. A palavra ócio não se confunde com o significado atual de "nada fazer", mas se referia ao ocupar-se com as funções nobres de pensar, governar, guerrear. Não por acaso, a palavra grega para escola (*scholé*) significava inicialmente "o lugar do ócio".

A educação física, antes predominantemente guerreira, militar, passou a orientar-se sobretudo para os esportes. O hipismo, por exemplo, constituía um esporte elegante e restrito a poucos, por ser de manutenção cara. Com o tempo, o atletismo ampliou a participação do público frequentador dos ginásios. Nas escolas, voltadas mais para a formação esportiva que para a intelectual, o ensino das letras e dos cálculos demorou um pouco para se difundir. Por volta do século V a.C., porém, já se tornara bem mais frequente. A inversão total do polo predominante na educação – da formação física para a espiritual – ocorreu bem depois no ensino superior, devido à influência dos filósofos.

Como característica comum às cidades gregas, a transmissão da cultura não era prerrogativa apenas da família ou das escolas nascentes, sendo as tradições também aprendidas em inúmeras atividades coletivas. Convém destacar, nessa "comunidade pedagógica", a importância do teatro, acessível ao povo, que assistia às tragédias e comédias, bem como dos festivais pan-helênicos, que congregavam visitantes de todas as partes do mundo grego. Dentre os mais concorridos, destacavam-se a cada quatro anos os *jogos olímpicos*, realizados na cidade de Olímpia, e que reuniam desde o século VIII a.C. as cidades gregas. Eram educativos também os banquetes e as reuniões na ágora. Essa praça pública, no coração da cidade, servia ao mesmo tempo para o mercado e para as assembleias políticas.

A FILOSOFIA NO PERÍODO CLÁSSICO DE ATENAS

Para compreender melhor essa nova forma de pensar, lembramos que a divisão clássica da filosofia grega está centralizada na figura de Sócrates, daí a denominação dada aos três períodos da história da filosofia antiga.

Já abordamos o período pré-socrático (século VI a.C.) no tópico sobre o período arcaico, ao tratarmos do nascimento da filosofia. Os séculos V e IV a.C. representam o momento áureo da filosofia grega antiga, centrada em Sócrates, mas também em debates com os sofistas, seus contemporâneos, e posteriormente em Platão e Aristóteles. Veremos, no final do capítulo, o período pós-socrático, já em pleno helenismo.

SOFISTAS: A ARTE DA PERSUASÃO

Comecemos pelo período clássico, que nos interessa justamente pelo tipo diferente de educação prestes a tomar forma. Os novos mestres eram os sofistas, sábios itinerantes de todas as partes do mundo grego e que então se encontravam em Atenas. Os mais famosos foram: Protágoras de Abdera (485-410 a.C.), Górgias de Leôncio (485-380 a.C.), Hípias de Élis (443-399 a.C.), Trasímaco (459-400 a.C.), Pródico (465-395 a.C.) e Hipódamos (498-408 a.C.).

A palavra *sofista*, etimologicamente, vem de *sophos*, que significa "sábio", ou melhor, "professor de sabedoria". Pejorativamente passou a designar quem emprega sofismas, ou seja, quem usa de raciocínio capcioso, de má-fé, com intenção de enganar. Deve-se a imagem caricatural às críticas de Sócrates e Platão à atitude intelectual dos sofistas e ao costume de cobrarem muito bem por suas aulas. No entanto, geralmente os sofistas pertenciam à classe média e, por não serem suficientemente ricos, não podiam se dar ao luxo do "ócio digno".

A visão pejorativa dos sofistas perdurou por longo tempo, até que no século XIX uma nova historiografia veio reabilitá-los, realçando suas principais contribuições. Segundo Werner Jaeger (1888-1961), historiador da filosofia, os sofistas exerceram influência muito forte no seu tempo, vinculando-se à tradição educativa dos poetas Homero e Hesíodo. Foi notável a contribuição deles para a sistematização do ensino pela elaboração de um currículo de estudos: gramática (da qual são os iniciadores), **retórica**→ e **dialética**→. Na tradição dos pitagóricos, desenvolveram a aritmética, a geometria, a astronomia e a música. Ficou assim constituída a tradicional divisão das sete artes liberais, denominação que ressalta o fato de se destinarem a homens livres, desobrigados das tarefas manuais. Esse currículo será mais bem organizado no período helenístico e na Idade Média.

▶ **Retórica:** arte da oratória; técnica de argumentar de maneira persuasiva.

▶ **Dialética:** conceito com diversos significados; no contexto dos sofistas, habilidade para discutir e argumentar.

Além disso, os sofistas elaboraram o ideal teórico da democracia, valorizado pelos comerciantes em ascensão, cujos interesses se contrapunham aos da aristocracia rural. Nessas circunstâncias, a exigência que os sofistas satisfazem na Grécia de seu tempo é de ordem essencialmente prática, voltada para a vida, pois iniciavam os jovens na arte da retórica, instrumento indispensável para que os cidadãos participassem da assembleia democrática.

Se os sofistas foram acusados pelos seus detratores de pronunciar discursos vazios, essa fama se deve a alguns deles que davam excessiva atenção ao aspecto formal da exposição e da defesa das ideias. E também porque em geral os sofistas estavam convencidos de que a persuasão é instrumento por excelência do cidadão na cidade democrática. Os melhores deles, no entanto, buscavam aperfeiçoar os instrumentos da razão, ou seja, a coerência e o rigor da argumentação. Não bastava dizer o que se considerava verdadeiro, era preciso demonstrá-lo pelo raciocínio. Pode-se dizer que aí se encontra o embrião da lógica, mais tarde desenvolvida por Aristóteles.

Das obras dos sofistas só nos restaram fragmentos, além dos comentários – tendenciosos, vale reforçar – dos filósofos de seu tempo. Como se percebe, a sofística prenunciou a luta pedagógica que movimentaria o século seguinte com o duelo entre a filosofia e a retórica, como veremos.

SÓCRATES E O MÉTODO

Sócrates (c. 469-399 a.C.) é uma figura emblemática na história da filosofia. Apesar de, no seu tempo, muitos o terem confundido com os sofistas, na verdade a eles se opôs de maneira tenaz, como já dissemos. Nada deixou escrito, mas suas ideias foram divulgadas por Xenofonte e Platão, dois de seus discípulos. Nos diálogos de Platão, Sócrates sempre figura como o principal interlocutor. Já o comediógrafo Aristófanes o ridiculariza na peça *As nuvens*, ao incluí-lo entre os sofistas.

Geralmente seus diálogos tratam de questões morais, como a virtude, a coragem, a piedade, a amizade, o amor, a beleza etc. Quando Sócrates inicia as discussões, percebe que os interlocutores, julgando saber do assunto, se perdem em aspectos superficiais e contingentes, como fatos e exemplos, mantendo-se no nível empírico da simples opinião (*doxa*). Sócrates assume uma postura mais radical e procura definir rigorosamente aquilo de que se fala, pois não basta descrever as diversas virtudes, mas saber a essência delas. Por exemplo, diante dos atos de coragem, é preciso descobrir *o que é* a coragem. Com isso Sócrates chega à *definição do conceito*.

Tratava-se de uma figura controvertida, a começar por ser de origem humilde e viver com dificuldades financeiras, apesar de se recusar a cobrar pelas aulas e criticar os sofistas por considerá-los mercenários. Com base no pressuposto "Só sei que nada sei", que consiste justamente na sabedoria de reconhecer a própria ignorância, Sócrates inicia a busca pelo saber. Ele costumava conversar com todos, fossem velhos ou moços, fossem nobres ou escravos, mas os métodos de indagação de Sócrates provocavam os poderosos de seu tempo, ao se verem contestados por aquele hábil indagador. Desse modo, criou inimigos que o levaram ao tribunal sob a acusação de não crer nos deuses da cidade e de corromper a mocidade; e, por essa razão, foi condenado à morte.

No diálogo de Platão *Defesa de Sócrates*, o filósofo acusado se refere às calúnias de que foi vítima. Em certa passagem, ele lembra quando esteve em Delfos, no Templo de Apolo, em que as pessoas consultavam o oráculo para saber sobre assuntos religiosos, políticos ou, ainda, sobre o futuro. Lá, seu amigo Querofonte, ao indagar à **pítia**↵ se havia alguém mais sábio do que seu mestre Sócrates, ouviu uma resposta negativa. Surpreendido com a resposta recebida, Sócrates resolveu investigar por si próprio quem se dizia sábio. Sua fala é assim relatada por Platão:

> ▶ Pítia: ou pitonisa; sacerdotisa do deus Apolo que, em Delfos, pronunciava os oráculos.

Fui ter com um dos que passam por sábios, porquanto, se havia lugar, era ali que, para rebater o oráculo, mostraria ao deus: "Eis aqui um mais sábio que eu, quanto tu disseste que eu o era!". Submeti a exame essa pessoa – é escusado dizer o seu nome: era um dos políticos. Eis, atenienses, a impressão que me ficou do exame e da conversa que tive com ele; achei que ele passava por sábio aos olhos de muita gente, principalmente aos seus próprios, mas não o era. Meti-me, então, a explicar-lhe que supunha ser sábio, mas não o era. A consequência foi tornar-me odiado dele e de muitos dos circunstantes. Ao retirar-me, ia concluindo de mim para comigo: "Mais sábio do que esse homem eu sou; é bem provável que nenhum de nós saiba nada de bom, mas ele supõe saber alguma coisa e não sabe, enquanto eu, se não sei, tampouco suponho saber. Parece que sou um nadinha mais sábio que ele exatamente em não supor que saiba o que não sei". Daí fui ter com outro, um dos que passam por ainda mais sábios e tive a mesmíssima impressão; também ali me tornei odiado dele e de muitos outros.↳

▶ PLATÃO. *Defesa de Sócrates*. São Paulo: Abril Cultural, 1972. p. 15. v. 2. (Coleção Os Pensadores.)

ETAPAS DO MÉTODO SOCRÁTICO

Na verdade, Sócrates estava introduzindo uma novidade na discussão filosófica por meio de seu método, constituído de duas etapas, a ironia e a maiêutica.

A *ironia*, termo que em grego significa "perguntar, fingindo ignorar", é a fase "destrutiva". Diante do oponente, que se diz conhecedor de determinado assunto, Sócrates afirma inicialmente nada saber. Com hábeis perguntas, desmonta as certezas até que o outro reconheça a própria ignorância ou desista da discussão.

A *maiêutica* (em grego, "parto") foi assim denominada em homenagem à sua mãe, que era parteira: enquanto ela fazia parto de corpos, Sócrates "dava à luz" novas ideias. Em diálogo com seu interlocutor, após destruir o saber meramente opinativo, dava início à procura da definição do conceito, de modo que o conhecimento saísse "de dentro" de cada um. Esse processo está bem ilustrado nos diálogos de Platão, e é bom lembrar que, no final, nem sempre se chegava a uma conclusão definitiva.

Não faltaram pessoas para advertir Sócrates dos perigos que enfrentaria, caso continuasse com seus diálogos. É o que se vê no diálogo *Mênon*, em que Platão descreve a discussão entre Sócrates e Mênon – um jovem aristocrata – sobre "o que é virtude" e "se ela pode ser ensinada". Em dado momento, Mênon lhe diz:

> E, no entanto, sim, miríades de vezes, sobre a virtude, pronunciei numerosos discursos para multidões, e muito bem, como pelo menos parecia. Realmente, parece-me teres tomado uma boa resolução, não embarcando em alguma viagem marítima, e não te ausentando daqui. Pois se, como estrangeiro, fizesses coisas desse tipo em outra cidade, rapidamente serias levado ao tribunal como feiticeiro.→

▶ PLATÃO. *Mênon*. Rio de Janeiro; São Paulo: PUC-RJ; Loyola, 2001. p. 47.

Curiosamente, além dessa advertência de Mênon, ao final desse mesmo diálogo, surgiu Ânito – mais tarde um dos políticos que o condenaram –, e que em seguida se retira, irritado com as perguntas de Sócrates, aconselhando-o a "ter mais cuidado" para "não fazer mais mal aos homens do que bem".

Todo o esforço de Sócrates, no entanto, não visa a um objetivo puramente intelectual. O que o filósofo pretende, usando a máxima "Conhece-te a ti mesmo", é o reto conhecimento das virtudes humanas, a fim de se poder levar uma vida igualmente reta. A filosofia favorece, portanto, a vida moral, porque conhecer o bem e praticá-lo são para Sócrates a mesma coisa, assim como a maldade provém da ignorância, já que ninguém é mau voluntariamente. Chamamos de *intelectualismo ético* a teoria socrática que identifica o sábio e o virtuoso.

Derivam dessa concepção diversas consequências para a educação, tais como: o conhecimento tem por fim tornar possível a vida moral; o processo para adquirir o saber é o diálogo; nenhum conhecimento pode ser dado dogmaticamente, mas como condição para desenvolver a capacidade de pensar; toda educação é essencialmente ativa e, por ser auto-educação, leva ao conhecimento de si mesmo; a análise radical do conteúdo das discussões, retirado do cotidiano, provoca o questionamento do modo de vida de cada um e, em última instância, da própria cidade.

A ACADEMIA DE PLATÃO

Nascido de família aristocrática, Platão (c. 428-347 a.C.) era na verdade o apelido de Arístocles de Atenas, talvez porque tivesse ombros largos ou o corpo meio quadrado. Conheceu o esplendor da democracia ateniense que, no entanto, já entrava em seu período de decadência quando, em 404 a.C., a aristocracia assumiu o poder. A derrota de Atenas na guerra contra Esparta, a condenação e morte de seu mestre Sócrates e as convulsões sociais que agitaram a cidade foram fatos que acentuaram em Platão o descrédito na democracia.

Após esses eventos dolorosos, o jovem filósofo viajou por vários lugares e tentou, em vão, aplicar seu projeto político no governo de Siracusa, na Sicília. Inicialmente bem recebido, após sérias desavenças foi vendido como escravo. Reconhecido e libertado por um rico armador, não desistiu de seu projeto político, retornando duas vezes à Sicília. Embora mais cauteloso, não obteve sucesso, e a amargura dessas tentativas frustradas transparece em *Leis*, sua última obra. Por fim, retornou a Atenas, onde fundou a Academia, assim denominada por estar situada nos jardins do herói ateniense Academo.

Os diálogos platônicos abrangem várias áreas da filosofia nascente, constituindo a primeira filosofia sistemática do pensamento ocidental. Nota-se a influência socrática nos primeiros diálogos, passando depois a elaborar suas próprias teorias.

Para compreender a proposta pedagógica de Platão é preciso associá-la a seu pensamento filosófico, que deriva, sobretudo, da teoria do conhecimento. Costumava citar mitos e alegorias, no intuito de tornar mais concreta a exposição e preparar o terreno para a exposição abstrata de suas ideias.

Comecemos pela *alegoria da caverna*, que consta do livro VII de *A República*. Conforme descrição de Platão, pessoas estão acorrentadas desde a infância em uma caverna, de modo a enxergar apenas a parede ao fundo, na qual são projetadas sombras, que elas pensam ser a realidade. Trata-se, entretanto, da sombra de marionetes, empunhadas por pessoas atrás de um muro, que também esconde uma fogueira. Se um dos indivíduos conseguisse se soltar das correntes para contemplar à luz do dia os *verdadeiros objetos*, ao regressar à caverna seus antigos companheiros não acreditariam em suas palavras e o tomariam por louco.

Pode-se fazer a análise dessa alegoria sob dois pontos de vista: o *epistemológico* (relativo ao conhecimento) e o *político* (que, por sua vez, desdobrará implicações pedagógicas).

Quanto à dimensão epistemológica, a alegoria da caverna é a metáfora que serve de apoio para Platão expor a **dialética**↵dos graus do conhecimento. Sair das sombras para a visão do Sol representa a passagem dos graus inferiores do conhecimento aos superiores: na *teoria das ideias*, Platão distingue o *mundo sensível*, o dos fenômenos, do *mundo inteligível*, o das ideias.

▶ **Dialética:** no sentido comum, "discussão", "diálogo". Para Platão, é o método que consiste em distinguir as diferenças e contradições para descobrir a essência. Por essa alegoria, Platão distingue opinião (*doxa*) de ciência (*episteme*).

O mundo sensível, percebido pelos sentidos, é o local da multiplicidade, do movimento; é ilusório, pura sombra do verdadeiro mundo. Por exemplo, mesmo que existam inúmeras abelhas dos mais variados tipos, a ideia de abelha deve ser una, imutável, a verdadeira realidade.

O mundo inteligível é alcançado pela dialética ascendente, que fará a alma elevar-se das coisas múltiplas e mutáveis às ideias unas e imutáveis. As ideias gerais são hierarquizadas, e no topo delas está a ideia de Bem, a mais elevada em perfeição e a mais geral de todas – na alegoria, corresponde à metáfora do Sol. Os seres em geral não existem senão enquanto participam do Bem. E o Bem supremo é também a Suprema Beleza: o Deus de Platão. Conclui-se dessa interpretação epistemológica o *idealismo* de Platão: conforme sua teoria do conhecimento, as ideias são mais reais que as próprias coisas.

Portanto, quanto à dimensão epistemológica, Platão compara o acorrentado ao indivíduo comum, dominado pelos sentidos e pelas paixões, capaz de alcançar apenas um conhecimento imperfeito da realidade, restrito ao *mundo dos fenômenos*, no qual as coisas são meras aparências e estão em constante fluxo. A esse conhecimento Platão chamou de *doxa*, "opinião".

Quem se liberta dos grilhões é o filósofo, capaz de passar do conhecimento opinativo para o científico e que por isso tem a obrigação de orientar os demais. Eis aí *a dimensão política e pedagógica da alegoria*, decorrente da pergunta: "Como influenciar aqueles que não veem?". Cabe ao sábio dirigi-los, sendo-lhe reservada a elevada função da ação política. Ao apresentar sua proposta de governo-modelo, Platão imagina uma cidade *utópica*, a *Calípolis* ("Cidade Bela"), na qual eliminam-se a propriedade e a família, e todas as crianças recebem educação do Estado.

Como é possível ultrapassar o mundo das aparências ilusórias? Platão pressupõe que o puro espírito já teria contemplado o mundo das ideias, mas tudo esquece quando se degrada ao se tornar prisioneiro do corpo, considerado o "túmulo da alma". Pela *teoria da reminiscência*, o filósofo explica como os sentidos despertam na alma as lembranças adormecidas. Em outras palavras, conhecer é lembrar.

De acordo com a teoria da reminiscência, todo conhecimento consiste no esforço para superar as dificuldades que os sentidos – simples *ocasião*, e não *causa* do conhecimento – interpõem para alcançar a verdade. Portanto, educar não é levar o conhecimento de fora para dentro, mas despertar no indivíduo o que ele já sabe, proporcionando ao corpo e à alma a realização do bem e da beleza que eles possuem e não tiveram ocasião de manifestar.

ÉTICA PLATÔNICA: TEORIA DA ALMA

Como vimos na descrição da alegoria da caverna, Platão distingue o conhecimento sensível do intelectual, este último superior ao primeiro. Do mesmo modo, há uma nítida separação entre corpo (material) e alma (espiritual), dando origem à teoria do *dualismo psicofísico*.

A alma compõe-se de duas partes: a *alma superior*, que é intelectiva, e a *alma do corpo*, ou *alma inferior*, que é irracional. Por sua vez, a alma do corpo também é composta pela alma irascível (impulsiva, localizada no peito e sede de coragem) e pela alma apetitiva (concupiscível, centrada no ventre e sede do desejo intenso de bens ou gozos materiais, inclusive o apetite sexual).

Escravizada pelo sensível, a alma inferior conduz à opinião e, consequentemente, ao erro, perturbando o conhecimento verdadeiro. Justamente aqui surge a ligação com a ética. O corpo é também ocasião de corrupção e decadência moral, caso a alma superior não saiba controlar as paixões e os desejos. Portanto, todo esforço moral humano consiste no domínio da alma superior sobre a inferior. A ênfase posta no papel da razão para dominar as paixões explica como, para Platão, a felicidade está ligada à atividade do sábio, aquele que é capaz de levar uma vida virtuosa e racional.

O ESTADO IDEAL PLATÔNICO

Platão baseia-se no princípio de que as pessoas ocupam lugares e funções diversas na sociedade por serem de naturezas diferentes. Propõe então que o Estado, e não a família, assuma a educação das crianças até os 7 anos, a fim de evitar a cobiça e os interesses decorrentes de laços afetivos e relações humanas inadequadas. O Estado orientaria para que não se consumassem casamentos entre desiguais, com o objetivo de alcançar melhores condições de reprodução – o que denota uma preocupação com a eugenia – e, ao mesmo tempo, criar instituições para a educação coletiva das crianças.

A educação deve ser ministrada de acordo com as diferenças que certamente existem entre as pessoas, a fim de ocuparem suas posições na sociedade, o que é feito por meio de seguidas seleções. Platão tem em vista preparar e encaminhar indivíduos para exercerem funções fundamentais da vida coletiva em três classes de atividades: as de atendimento às necessidades materiais de subsistência (camponeses, artesãos, comerciantes), as de guarda e defesa da cidade (guerreiros) e as de governantes. Observe que cada classe corresponde a uma das três partes da alma: a apetitiva, a irascível e a racional.

Todos seriam educados da mesma maneira até os 20 anos, e após a identificação do tipo de alma ocorreria a primeira seleção: aqueles que possuem "alma de bronze" dedicam-se à agricultura, ao artesanato e ao comércio. Os demais continuariam os estudos por mais dez anos, até a segunda seleção: aqueles que têm "alma de prata" são destinados à guarda do Estado, à defesa da cidade. Os mais notáveis, que sobraram das seleções anteriores, por terem a "alma de ouro", são instruídos na arte de pensar a dois, ou seja, na arte de dialogar. Estudam filosofia, fonte de toda verdade, que eleva a alma até o conhecimento mais puro.

Aos 50 anos, aqueles que passaram com sucesso pela série de provas são admitidos no corpo supremo de magistrados. Cabe a eles o governo da cidade, por serem os únicos a ter a ciência da política. Como homens mais sábios, sua função é a de manter a cidade coesa. Também seriam os mais justos, uma vez que justo é aquele que conhece a justiça. Como virtude principal, a justiça constitui a condição de exercício das outras virtudes.

Para Platão, a *política* é a arte de governar pessoas com o seu consentimento; e o *político* é aquele que conhece a difícil arte de governar. Portanto, só poderia ser chefe quem conhece a ciência política. Decorre desse raciocínio que a democracia é um regime inadequado, porque a igualdade só é possível na repartição dos bens, mas nunca no igual direito ao poder. Para o Estado ser bem governado, é preciso que "os filósofos se tornem reis, ou que os reis se tornem filósofos". Desse modo, Platão propõe um modelo aristocrático de poder, não de uma aristocracia da riqueza, mas daquela em que o poder é confiado aos mais sábios; ou seja, defende uma ***sofocracia***.

▶ **Sofocracia:** do grego *sophós*, "sábio", e *kratía*, "poder"; designa o governo executado pelos sábios.

A EDUCAÇÃO PLATÔNICA

Note-se que Platão desenvolve ideias avançadas para seu tempo: o Estado assume a educação; a educação da mulher é semelhante à do homem e ela pode ser escolhida inclusive para o serviço militar; os estágios superiores dependem do mérito de cada um e não da riqueza; a educação intelectual é valorizada e coroada pelo estudo das ciências (com especial destaque para a matemática) e pela dialética, processo que eleva a alma das aparências sensíveis às ideias.

Que consequências resultam dessas teorias para definir um ideal de educação?

Primeiramente, a educação física proporciona ao corpo uma saúde perfeita, permitindo que a alma ultrapasse o mundo dos sentidos e se concentre melhor na contemplação das ideias, caso contrário, a fraqueza física torna-se empecilho à vida superior do espírito. Do mesmo modo, o amor sensível se subordina ao amor intelectual. No diálogo *O banquete*, Platão nos faz ver que, se na juventude predomina a admiração pela beleza física, o adulto amadurecido é capaz de descobrir que a verdadeira beleza é espiritual.

> O *amor platônico* é o amor em que não mais predominam a sensibilidade e as paixões, mas o prazer intelectual e espiritual. No entanto, isso não significa que Platão desprezasse o prazer erótico: no diálogo *Fedro*, ele mostra como o amor sensual pode se tornar *amor de sabedoria*.

Essa transposição pode ser favorecida com a educação do corpo e do espírito pela ginástica. Do mesmo modo, a música, entendida no amplo sentido de formação literária e artística, permite que crianças aprendam ritmo e harmonia, condição para alcançar a harmonia da alma.

Platão recomenda ainda o ensino de geometria. Conforme uma tradição antiga, parece que na entrada da Academia se destacava a inscrição: "Não entre aqui quem não souber geometria". A aritmética, a geometria e a astronomia, formando o currículo de base científica, não têm, no entanto, o objetivo de formar especialistas, mas preparar para a mais elevada atividade humana, o filosofar.

Contrariando a educação tradicional, que se apoiava nos textos das epopeias, sobretudo as de Homero, Platão recomendava que a poesia fosse excluída do ensino porque, ao imitar a realidade, o poeta cria um mundo de mera aparência, afastando-nos do conhecimento verdadeiro, e estimula as paixões e os instintos. Por isso Platão defende a aprendizagem da resistência racional à dor, ao sofrimento, para não sucumbirmos à vida dos sentimentos.

Numa breve conclusão sobre Platão, podemos ressaltar que ele se contrapõe a diversas tendências de seu tempo. Por exemplo, a sofocracia é uma concepção que contraria o ideal da democracia ateniense, embora nessa época a cidade já tivesse sofrido uma série de reveses políticos. Como veremos a seguir, ao defender a formação científico-filosófica, Platão perdeu em popularidade para o educador Isócrates, que representa a tendência literário-retórica. Apesar desses insucessos, a influência de Platão estendeu-se no helenismo sob a forma de neoplatonismo e foi adaptado à doutrina cristã. Até hoje vigoram muitas de suas ideias sobre a relação corpo-alma, com a crença na superioridade do espírito sobre os sentidos, embora em diversos momentos houvesse filósofos que propuseram a superação dessa dicotomia, como Espinosa no século XVII e variadas tendências do século XX.

ISÓCRATES E A RETÓRICA

Isócrates (436-338 a.C.), contemporâneo de Platão e, de certa forma, seu opositor, defendeu posições que agitaram as discussões sobre educação na antiga Atenas. Discípulo do sofista Górgias e de Sócrates, fundou uma escola de nível superior, na qual formou várias gerações durante 55 anos. Pouco restou da abundante produção de discursos, na maior parte destinados aos exercícios didáticos para as aulas de retórica, a "arte de bem dizer", mas também discursos forenses encomendados.

Vimos que a retórica se tornou importante instrumento para a cidade democrática, nas ocasiões em que cidadãos tentavam convencer seus iguais nas assembleias do povo ou nos tribunais. Sabemos também como Sócrates e Platão criticaram os sofistas – muitas vezes injustamente – por se ocuparem com um palavreado vazio e formal.

Embora o bem falar (ou escrever) não possa ser desprezado, para Platão, no entanto, adquire um papel secundário, pois, antes de aprender retórica para convencer um oponente, é preciso esforçar-se por conhecer a verdade, porque só o conhecimento dará estrutura orgânica e ordenação lógica ao discurso. Caso contrário, este se torna mero amontoado de banalidades e equívocos.

Em contraposição, Isócrates criticava Platão por ser excessivamente intelectualista, e seus ensinamentos restritos a um público elitista. Duvidava até de ser possível alcançar a *episteme*, meta do projeto platônico. Mais práticos, os retóricos menosprezavam os filósofos, acusando-os de se dedicarem a discussões estéreis, inúteis, distanciadas da vida cotidiana. Para Isócrates, seria melhor contentar-se com a opinião razoável, típica do bom senso.

A importância de Isócrates deveu-se ao fato de centrar sua atenção na linguagem, descobrindo formas para facilitar a aprendizagem do discurso. Assim como o corpo necessita de exercício, para treinar o espírito destacava as vantagens da repetição, além de diversas técnicas de desdobramento do discurso. Ensinava como reunir material de pesquisa, distinguindo as partes que compõem a peça oratória, e formulava regras para orientar as maneiras de apresentação, o processo de refutação de teses, as sentenças e a ironia. Para ilustrar um bom discurso, sugeria ainda o recurso à história, fecunda em exemplos de conduta moral e de decisões políticas. Muitas vezes Isócrates criticou os sofistas, quando priorizavam a eloquência em detrimento da formação moral, cívica e patriótica.

A história nos mostra que a atuação dos retóricos no tempo da Grécia clássica foi mais marcante do que a dos filósofos, como Platão, cuja influência só se faria sentir posteriormente. Naquele momento, a ênfase às questões de linguagem e literatura orientou a educação de maneira definitiva. A propósito, o filósofo e orador romano Cícero diz que Isócrates "ensinou a Grécia a falar".

REALISMO ARISTOTÉLICO

Aristóteles (c. 384-322 a.C.) nasceu em Estagira, na Macedônia – por isso, às vezes, recebe a designação de estagirita. Em Atenas, desde os 17 anos, frequentou a Academia de Platão por duas décadas. Após a morte de seu mestre, em 347 a.C., decepcionou-se ao não ser escolhido como sucessor por ser estrangeiro. De volta à Macedônia em 343 a.C., atendeu ao pedido do rei Felipe II para ser preceptor de seu filho, o futuro imperador Alexandre, o Grande. Retornando a Atenas, em 335 a.C., fundou sua própria escola, o Liceu, em uma dependência chamada *peripatos*, daí o fato de sua filosofia ser conhecida como *peripatética*. Segundo hipótese corrente, Aristóteles daria suas aulas andando pelos jardins da escola, no *peripatos* (de *peri*, "ao redor", e *pateo*, "passear"). Já a helenista Maria Helena da Rocha Pereira discorda dessa interpretação, afirmando que *peripatos* significa "passeio coberto", como costumava existir naqueles edifícios.

Aristóteles elaborou um sistema filosófico original, que abrangia os mais diversos aspectos do saber de seu tempo. Além da metafísica, merece destaque a questão da metodologia, embora desde Sócrates e os sofistas esses temas já fossem explorados, mas deve-se a Aristóteles a organização rigorosa do *Organon*, ou "órgão", "instrumento de pensar", que mais tarde recebeu a denominação de *Lógica*, que trata da compreensão rigorosa dos processos de análise e síntese, indução, dedução e analogia, importante também para fortalecer o método lógico de ensinar.

Por ser filho de médico, herdou o gosto pela observação, classificando cerca de 540 espécies de animais, o que revela a valorização da investigação científica. Além de seu interesse pela zoologia, merece destaque a reflexão sobre física e astronomia. Como intelectual completo e professor, sua obra é permeada por referências à educação, sobretudo quando aborda política e ética. Aliás, dedica a seu filho a *Ética a Nicômaco*. Vejamos algumas linhas do pensamento aristotélico, para melhor compreendermos suas ideias pedagógicas.

A METAFÍSICA

Aprendemos que, para Platão, as coisas concretas, em constante movimento, são simples aparências, sombras da verdadeira realidade do mundo das ideias, do mundo imóvel dos conceitos. Aristóteles critica o idealismo do mestre e desenvolve uma teoria realista, em que a imutabilidade do conceito e o movimento das coisas podem ser compreendidos com base nas coisas mesmas, recusando, portanto, o artifício do mundo das ideias.

Para explicar o ser, Aristóteles usa dois elementos indissociáveis: a *matéria* e a *forma*, em que a matéria é pura passividade, contendo as virtualidades da forma em potência, enquanto a forma é o princípio inteligível, a essência comum aos indivíduos de uma mesma espécie, pela qual cada um é o que é. Para fins didáticos, vale fazer uma analogia simplista com uma estátua, em que a matéria é o mármore e a forma seria a ideia que o escultor realiza e pela qual individualiza e determina a matéria.

Apoiado na noção de matéria e forma, Aristóteles explica o devir (ou movimento): todo ser tende a atualizar a forma que tem em si como potência, a atingir a perfeição que lhe é própria e o fim a que se destina. Assim, a semente do carvalho, enterrada, tende a se desenvolver e se transformar no carvalho que era em potência. O movimento é, pois, a passagem da potência para o ato. A teoria do movimento leva à distinção entre as causas possíveis dos seres.

Voltando ao exemplo da estátua, para haver transformação, atuam várias delas: a *causa material* é o mármore; a *causa eficiente* é o escultor; a *causa formal* é a forma que a estátua adquire; e a *causa final* é o motivo ou a razão por que uma matéria adquire determinada forma, ou seja, a finalidade da estátua.

PEDAGOGIA E ÉTICA

A teoria aristotélica do movimento e das causas leva à conclusão de que toda educação tem por base o fato de que o ser humano se encontra em constante devir e que a finalidade da educação seria ajudá-lo a alcançar a plenitude e a realização de seu ser, ao atualizar as forças que tem em potência.

No terreno da educação, não mais se discute como os seres são, mas como podem vir a ser, portanto nos adentramos no campo da ética, área da filosofia que trata da ação humana tendo em vista o bem, como apresentaremos a seguir.

Na obra *Ética a Nicômaco*, Aristóteles reflete sobre o fim último de todas as atividades humanas, uma vez que tudo o que fazemos visa alcançar um bem – ou o que nos parece ser um bem. Ao examinar os bens desejáveis, como os prazeres, a riqueza, a honra, a fama, observa que eles não são fruídos por si mesmos, mas visam sempre a outra coisa. Pergunta-se então qual seria o sumo bem, aquele que é um fim em si mesmo, e não um meio para o que quer que seja, e o encontra no conceito de "boa vida", de "vida feliz" (em grego, *eudaimonía*). Por isso, a filosofia moral de Aristóteles é uma eudemonia.

Os prazeres mencionados (riqueza, honra etc.) não constituem condições necessárias para nos conduzirem à felicidade, porque apenas as ações mais próximas daquilo que é essencialmente peculiar ao ser humano podem nos tornar felizes. E o que mais o caracteriza é a atividade da alma que segue um princípio racional, ou seja, o exercício da inteligência não apenas prática, mas teórica.

Assim como Platão, Aristóteles reservava ao filósofo o exercício mais complexo da racionalidade, mas reconhece que as pessoas comuns também aspiram ao saber e se deleitam com ele, satisfeitas por esclarecer dúvidas ou compreender melhor algo que antes lhes parecia confuso. A vida humana, porém, não se resume ao intelecto e encontra sua expressão na ação, em uma atividade bem realizada. Para Aristóteles, o bem é a atividade exercida de acordo com sua excelência ou virtude.

A função própria de um homem é a atividade de sua alma em conformidade com um princípio racional. Aristóteles dá o exemplo de um tocador de lira e um bom tocador de lira: embora genericamente ambos tenham a mesma função, um bom tocador de lira realiza sua função com excelência. É por isso que a vida moral não se resume a um só ato moral, mas à repetição do agir moral. Em outras palavras, o agir virtuoso não é ocasional e fortuito, mas um hábito, fundado no desejo e na capacidade de perseverar no bem. Do mesmo modo, a felicidade pressupõe uma vida inteira e não se reduz a um só momento.

A moral não é uma ciência exata, pois depende de elementos irracionais da alma, como os afetos fortes das paixões humanas, a fim de submetê-los à ordem da razão. A propósito, Aristóteles desenvolveu a teoria da mediania – ou *justo meio* –, pela qual toda virtude é boa quando é controlada em seu excesso e em sua falta. Em outras palavras, agir virtuosamente é encontrar a mediania entre dois extremos, que são chamados "vícios". Vejamos alguns exemplos: a virtude da coragem torna-se excessiva quando é temeridade (audácia excessiva) e deficiente quando é covardia; "gastar dinheiro" pode significar a virtude da generosidade, da prodigalidade, ao passo que seus extremos são a dissipação ou a avareza; a virtude da temperança é o meio-termo entre voluptuosidade e insensibilidade; no trato com os outros, a virtude é a afabilidade, ao passo que seus extremos são a subserviência e a grosseria.

Por fim, para Aristóteles, a amizade é o coroamento da vida virtuosa, possível apenas entre os prudentes e justos, já que a amizade pressupõe a justiça, a generosidade, a benevolência, a reciprocidade dos sentimentos. Amar a si e aos amigos de maneira generosa e desinteressada é, para Aristóteles, o que há de mais necessário para viver.

PEDAGOGIA E POLÍTICA

Aristóteles elaborou uma filosofia política original, recusando o autoritarismo da utopia platônica por considerá-la impraticável e inumana. Fez críticas à sofocracia, por atribuir poder ilimitado a apenas uma parte do corpo social, os mais sábios, alegando que a exclusão hierarquiza demais a sociedade. Não aceitou que a família fosse dissolvida nem que a justiça, virtude por excelência do cidadão, pudesse desvincular-se da amizade, da *philía*.

Já vimos na ética aristotélica a existência de um vínculo entre justiça e amizade, consideradas do ponto de vista da ética e da política, seja quando se refere às relações dos indivíduos, seja dos cidadãos na comunidade. Aliás, para Aristóteles o termo *philía*, embora se traduza por "amizade", assume sentido mais amplo quando se refere à cidade: significa a concordância entre pessoas com ideias semelhantes e interesses comuns, que resulta na camaradagem, no companheirismo. Daí a importância da educação na formação ética dos indivíduos, por prepará-los para a vida em comunidade.

A amizade não se separa da justiça. Essas duas virtudes relacionam-se e se complementam, fundamentando a unidade que deve existir na cidade. Se a cidade é a associação de iguais, a justiça é o que garante o princípio da igualdade. Justo é o que se apodera da parte que lhe cabe, é o que distribui o que é devido a cada um. Repete-se, no plano da comunidade, a importância da *justiça distributiva* e da *justiça comutativa* (ou corretiva), que serve na vida individual, embora, no caso das cidades, deva-se impedir a má distribuição de riquezas e oportunidades e, dependendo do caso, punir comportamentos injustos.

A justiça liga-se intimamente ao império da lei, pela qual a razão prevalece sobre as paixões cegas. Retomando a tradição grega, a lei é, para Aristóteles, o princípio que rege a ação dos cidadãos, é a expressão política da ordem natural, sejam elas as leis escritas, sejam as não escritas, trazidas pelo costume.

Na obra *Política*, Aristóteles discute o que se pode entender por *cidadania*. Assim ele afirma:

> Um cidadão integral pode ser definido por nada mais nem nada menos que pelo direito de administrar justiça e exercer funções públicas; algumas destas, todavia, são limitadas quanto ao tempo de exercício, de tal modo que não podem de forma alguma ser exercidas duas vezes pela mesma pessoa, ou somente podem sê-lo depois de certos intervalos de tempo prefixados; para outros encargos não há limitações de tempo no exercício de funções públicas (por exemplo, os jurados e os membros da assembleia popular).→

▸ ARISTÓTELES. *Política*. 3. ed. Brasília: Editora UnB, 1997. p. 78.

Aristóteles adverte que há outros tipos de cidadania, dependendo da constituição vigente na cidade, e que essa definição se aplica à cidadania em uma democracia constitucional (ou politeia, do grego *politeía*).

Ainda que na Atenas democrática os artesãos estivessem entre os cidadãos, caso fossem homens livres e nativos da cidade, Aristóteles prefere excluir da cidadania a classe dos artesãos, comerciantes e trabalhadores braçais em geral. Em primeiro lugar, porque a ocupação não lhes permite o tempo de ócio necessário para participar do governo; em segundo lugar, porque, reforçando o desprezo que os antigos tinham pelo trabalho manual, esse tipo de atividade embruteceria a alma, tornando quem o exerce incapaz da prática de uma virtude esclarecida.

Recomendava apenas que o tratamento do senhor ao escravo não fosse cruel; até os laços afetivos eram valorizados, como nas antigas famílias dos tempos homéricos, quando os escravos pertenciam ao lar.

Assim explica Aristóteles:

> Três coisas fazem os homens bons e dotados de qualidades morais, e as três são a natureza, o hábito e a razão. [...] Os outros animais vivem de um modo geral levados pela natureza, embora em pequena proporção alguns sejam guiados também pelos hábitos; o homem, todavia, usa também a razão para viver, por ser o único dotado de razão; logo, nele estas três coisas devem harmonizar-se entre si, pois muitas vezes os homens agem contrariamente aos seus hábitos e à natureza por causa da razão, se se convencem de que é melhor conduzir-se de certa maneira. Já definimos as qualidades que os homens devem ter por natureza para serem mais facilmente guiados pelas mãos do legislador; o restante é obra da educação, pois os homens aprendem algumas coisas pelo hábito e outras por ouvi-las dos mestres.↳

▶ ARISTÓTELES. *A política*. 3.ed. São Paulo: Editora Universidade de Brasília, 1997. p. 250-251.

A repercussão do pensamento aristotélico não ocorreu de imediato na Grécia de seu tempo. Sabe-se que seus trabalhos foram levados para a Ásia Menor por volta de 287 a.C. e teriam se perdido por cerca de duzentos anos, até reaparecerem na biblioteca de Alexandria, onde foram classificados e posteriormente levados para Roma.

Durante a Idade Média, a obra de Aristóteles permaneceu desconhecida por muito tempo. No século VI, Boécio (c. 480-525) traduziu para o latim diversos escritos, embora apenas alguns sobre lógica tenham se preservado, para sua obra readquirir prestígio no século XII com traduções dos árabes, atingindo seu apogeu no século seguinte, incorporada pela filosofia Escolástica, com seu paganismo adaptado às crenças cristãs. Daí até os nossos tempos, sempre foi marcante sua influência na filosofia ocidental.

PERÍODO HELENÍSTICO

O *período helenístico* (séculos III e II a.C.) registrou uma profunda alteração política. Como vimos, a Grécia nunca constituiu uma unidade e as cidades-Estado ora se rivalizavam em poder e influência, ora se uniam contra um inimigo comum, como no caso da ameaça persa. Ainda na época clássica, as desavenças entre as poderosas cidades de Esparta e Atenas culminaram em guerra, da qual Atenas saiu derrotada. Dessa situação aproveitou-se o rei Filipe da Macedônia para conquistar as cidades gregas, também convulsionadas por conflitos internos. Mais tarde, seu filho Alexandre expandiu suas conquistas pela Ásia e África, formando um império.

> O termo *helênico* refere-se à Grécia antiga (Hélade) ou a seu habitante; já helenístico ou helenista são termos relativos à história, cultura ou arte gregas depois de Alexandre, o Grande.

Mesmo que a Grécia tenha sido dominada, não podemos falar em destruição da civilização grega. Nos séculos seguintes, não haveria cidade importante do Oriente, da África e do mundo romano em expansão que não tivesse teatros, banhos públicos, ginásios e bibliotecas inspirados na cultura helênica.

O próprio Alexandre teve como mestre o filósofo Aristóteles e amava a cultura grega. Após a morte precoce de Alexandre, o Grande, em 323 a.C., o império se fragmentou, e por volta dos séculos II e I a.C. os romanos não só se apropriaram desses territórios, como assimilaram as expressões culturais da civilização grega. A fusão da tradição grega com a oriental, resultante das conquistas alexandrinas, deu origem ao que se chama *cultura helenística*.

Certos historiadores compartilhavam a ideia de que o helenismo representou um longo momento de decadência em relação ao esplendor da filosofia grega clássica, enquanto outros estudiosos desfizeram essa ótica depreciativa, para identificá-lo a um novo modo de ver o mundo e a si mesmo. De fato, o helenismo ampliou o espaço restrito da pólis grega, trazendo uma perspectiva cosmopolita que valoriza outros tipos de solidariedade. Assim dizem os historiadores da filosofia Giovanni Reale (1931-2014) e Dario Antiseri (1940):

> O ideal da pólis é substituído pelo ideal "cosmopolita" (o mundo inteiro é uma pólis), e o homem-citadino é substituído pelo homem-indivíduo; a contraposição grego-bárbaro em larga medida é superada pela concepção do homem em uma dimensão de igualitarismo universal.→

▶ REALE, Giovanni; ANTISERI, Dario. *História da filosofia*: filosofia pagã antiga. 3. ed. São Paulo: Paulus, 2007. p. 249. v. 1.

EDUCAÇÃO NO PERÍODO HELENÍSTICO

No período helenístico, a antiga *paideia* torna-se *enciclopédia*, embora o historiador Henri-Irénée Marrou resista a usar esse termo, datado apenas no século XVI, preferindo a expressão "cultura geral" – cujo sentido é menos nobre, pois assimila a semântica de "educação corrente, comumente transmitida". À medida que se ampliavam os estudos teóricos, restringia-se o tempo dedicado a exercícios físicos. Nos grupos superiores, predominava o saber erudito, distanciado do cotidiano, e questões metafísicas e políticas foram substituídas por temas de lógica, ética e física.

Vimos que Aristóteles defendia a participação do Estado na educação; no entanto, do ponto de vista efetivo, no tempo em que ele viveu essas medidas foram implantadas apenas em Esparta e Creta, que cumpriam essa exigência em virtude de suas tendências militaristas.

Diferentemente, no período helenístico tornou-se comum a instrução pública, com regulamentação oficial. É bem verdade que, por se tratar de iniciativa municipal, e mantida a tradição de autonomia das cidades, era difícil a uniformidade de decisões com relação ao calendário e ao conteúdo. Cabia ao Estado cuidar dos estudos dos 7 aos 19 ou 20 anos, anotando-se inclusive a presença feminina na frequência às escolas primárias e secundárias em algumas cidades, como em Pérgamo.

Por volta dos 17-18 anos, os rapazes tornam-se efebos (do grego *ephebos*, "adolescente"). A instituição da efebia geralmente era focada, desde o século V a.C., na formação militar e cívica, com preparação moral e religiosa para o adequado exercício dos direitos e deveres do cidadão, variando a intensidade de uma ou outra conforme o lugar. No período helenista as cidades geralmente seguiam o modelo de Atenas e não o de Esparta, este mais rigidamente militarista. Após a conquista macedônica, a efebia foi paulatinamente se degenerando.

Ao lado do ensino elementar, orientado pelo gramático, notou-se o desenvolvimento do nível secundário, ampliando-se a função de *retor*, ou mestre de retórica, tão defendida por Isócrates no período anterior. O conteúdo abrangente do programa tornou-se cada vez mais caracterizado pelas chamadas *sete artes liberais*: as três disciplinas humanísticas (gramática, retórica e dialética) e as quatro científicas (aritmética, música, geometria e astronomia). A esse conteúdo acrescentou-se o aperfeiçoamento do estudo de filosofia e, posteriormente, o de teologia, já na era cristã.

Espalharam-se inúmeras escolas filosóficas, e da junção de algumas (entre as quais a Academia e o Liceu) formou-se a Universidade de Atenas, centro de fermentação intelectual que perdurou até o período de dominação romana. No final do capítulo, trataremos também da Escola de Alexandria.

ESCOLAS ESTOICAS E EPICURISTAS

Inicialmente, o período grego do helenismo manteve seu epicentro em Atenas. A insegurança das guerras da conquista macedônica e o contato com o pensamento oriental mudaram o centro das reflexões filosóficas, fazendo surgir um novo tipo de intelectual da filosofia. A ênfase foi deslocada da metafísica e da política para questões de física, lógica e ética, sobretudo no que dizia respeito à realização subjetiva e pessoal. Na impossibilidade de controlar o que se acha fora de si, o indivíduo procura a serenidade interior. Representam essa tendência as escolas filosóficas do epicurismo, estoicismo, cinismo e ceticismo, que abordaram principalmente as já referidas questões.

Das discussões realizadas em suas escolas, participavam não só assíduos discípulos, mas também ouvintes ocasionais, até porque, de acordo com a nova concepção de filosofia, esse tipo de reflexão deveria ser acessível, visto que a todos interessariam questões sobre a "saúde do espírito" e a busca da felicidade, com ênfase na discussão sobre a melhor maneira de viver, tanto na alegria como no infortúnio. Vejamos as principais tendências do helenismo grego: epicurismo, estoicismo, cinismo e ceticismo.

Epicuro (c. 341-270 a.C.) nasceu na ilha de Samos, no litoral da atual Turquia e, depois de ensinar em vários lugares, chegou a Atenas e conseguiu instalar sua escola por ser filho de grego imigrante. Reservou um local afastado onde reunia seus seguidores no Jardim – o que justifica denominar os epicuristas como "filósofos do Jardim" – frequentado por todo tipo de pessoas, inclusive mulheres e escravos, sem preconceito e preservando a igualdade. Lá, viveu conforme as regras de sua filosofia até os 71 anos, falecendo após suportar com serenidade dores decorrentes de doença renal.

Para os epicuristas, também conhecidos como hedonistas (do grego *hedoné*, "prazer"), o bem encontra-se no prazer. De acordo com o senso comum, a civilização contemporânea seria adepta do hedonismo, porém em um sentido muito distante do pensamento de Epicuro de Samos, que desprezava os prazeres ligados aos anseios por riqueza, poder, fama ou movidos pela sensualidade desregrada.

A visão errônea sobre o epicurismo, como muitas vezes chegou até nós, revelava-se também desde a época em que Epicuro viveu, sobretudo em razão de calúnias, divulgação de falsas cartas a ele atribuídas, além de críticas exacerbadas de adeptos do estoicismo, tendência que será abordada em seguida. Os epicuristas incomodavam também em razão de aspectos materialistas de sua física, o que desencadeava suspeitas de ateísmo, temores que se intensificaram desde o final do helenismo. Por isso, quando o cristianismo se fortaleceu, o estoicismo encontrou maior aceitação entre os adeptos da nova crença, ao mesmo tempo que a filosofia epicurista sofria forte rejeição.

Aqueles que leram seus escritos autênticos, porém, sabem que Epicuro não era ateu e ensinava que os deuses são felizes em virtude de sua serenidade. Aos humanos também interessa a imperturbabilidade para atingirem a sabedoria prática, a qual permite distinguir os prazeres que podem ser fruídos sem provocar dor ou perturbação. O prazer supremo se encontra na ausência de dor do corpo (aponia) e na ausência de perturbação da alma (ataraxia), condições para se alcançar a felicidade (eudemonia). Ferrenho crítico de mitos e superstições, Epicuro seguia o materialismo típico do atomismo de Demócrito e considerava que a alma, de natureza material (corpórea), desapareceria com a morte.

O principal representante do estoicismo foi Zenão (c. 334-262 a.C.), nascido em Cítio, ilha de Chipre. Não podia comprar uma casa em virtude de não ser cidadão ateniense e, por isso, se reunia com os discípulos no pórtico de prédios que formavam uma galeria com colunas (em grego, *stoa*). Por esse motivo, ficaram conhecidos como estoicos (*stoikós*) ou *filósofos do pórtico*. Cleanto e Crisipo sucederam a Zenão.

O estoicismo apresenta semelhanças com o epicurismo, como a defesa do materialismo, a negação da transcendência divina e a concepção da filosofia como "arte de viver", mas contrapõe-se àquela tendência por desprezar qualquer tipo de prazer. Para alcançar a serenidade (ataraxia), não basta moderar as paixões, mas eliminá-las, pois só provocam sofrimento. Se o sábio vive de acordo com a natureza e a razão, não é o prazer que trará felicidade, mas a virtude. É assim que se torna possível atingir a *apatia* – a ausência de paixão.

Outras divergências separam as duas escolas. Ao deus distante dos epicuristas, os estoicos contrapuseram uma concepção panteísta, em que a natureza se encontra impregnada da razão divina. Deus também é corpo, mas é o mais puro dos corpos, perfeito e inteligente e por ele se dá o ordenamento do mundo, submetido ao destino. Para o indivíduo, isso não significa sucumbir inerte às forças externas, mas procurar entender em que consiste viver conforme a natureza.

Como é próprio do ser humano viver racionalmente, cabe à razão substituir o instinto pela vontade, a fim de alcançar a harmonia de vida e, portanto, a sabedoria. Para os estoicos, a melhor maneira de conservar o seu ser consiste na aceitação serena do destino. Ao afirmarem que o homem é livre, desde que queira apenas aquilo que o destino permite: portanto, a verdadeira liberdade estaria em querer o que o destino quer. Esse tema será retomado no próximo capítulo, quando tratarmos do estoico Sêneca.

Os estoicos foram importantes em estudo de lógica, porque trataram de questões de que Aristóteles não se ocupara, ao preferirem os silogismos hipotéticos e disjuntivos e o estudo das proposições, temas que vieram a se desenvolver mais amplamente apenas na atualidade, com o enfoque da lógica proposicional.

O termo *cinismo* atualmente adquiriu sentido pejorativo, atribuído ao indivíduo sem escrúpulos, hipócrita, sarcástico, despudorado. Não é bem esse o significado do movimento que teve início com Antístenes (c. 445-365 a.C.), discípulo de Sócrates. Antístenes foi seguido por Diógenes de Sinope (c. 400-323 a.C.), que viveu em Atenas e tornou-se o representante mais famoso do movimento.

A palavra que denomina esse movimento deriva do grego *kyón* e do latim *cyno*, "cão". Variam as hipóteses sobre a procedência desse título. Conforme alguns, talvez se deva ao fato de a escola funcionar no Ginásio Cinosargo (em grego, *Kynosarges*, "o cão ágil"). Ou então, porque os cínicos desejassem viver de forma simples e sem pudores, como um cão: tudo que é natural poderia ser feito em público, o que causava escândalo. Foram eles que mais próximo chegaram do afrontamento aos costumes, em razão do desprezo pelas riquezas, honras e convenções, consideradas futilidades. Como os demais filósofos helenistas, também os cínicos buscavam um novo modo de vida que levasse à felicidade.

O grande representante do ceticismo foi Pirro de Élida (c. 360-270 a.C.). Ao acompanhar o imperador macedônio Alexandre Magno em suas expedições de conquista, Pirro teve a oportunidade de conhecer povos com valores e crenças diferentes. Como geralmente fazem os céticos, confrontou diversas convicções, bem como filosofias contraditórias, abstendo-se, no entanto, de aderir a qualquer certeza. Para ele, a atitude coerente do sábio é a suspensão do juízo (*epoché*) e, como consequência prática, a aceitação serena do fato de não poder discernir o verdadeiro do falso.

Além do aspecto epistemológico, essa postura tem um caráter ético. Como tudo é incerto e fugaz, aqueles que se prendem a verdades indiscutíveis estão fadados à infelicidade. Embora Pirro fosse crítico do epicurismo e do estoicismo, ele tinha em comum com aquelas escolas a questão da busca da felicidade por meio da imperturbabilidade (ataraxia). Mais adiante, no período latino, veremos a continuidade do movimento cético com Sexto Empírico.

As tendências estoicas e epicuristas que caracterizam a filosofia helenística acha-vam-se em consonância com uma concepção de educação muito diferente daquela do período clássico. Nos novos tempos, diminuiu o interesse pela educação física, ao passo que a razão adquiria primazia no controle dos sentidos e das paixões. O pensamento helenístico, sobretudo o estoicismo, aproximou-se das religiões do Oriente e, mais tar-de, das concepções cristãs predominantemente ascéticas. As filosofias epicuristas e, em especial, as estoicas (nas suas tendências ecléticas) marcaram o pensamento romano nas figuras de Cícero, Sêneca, Epicteto e Marco Aurélio.

ESCOLA DE ALEXANDRIA

Ao mesmo tempo que epicuristas e estoicos viveram na Grécia, outro foco importante de estudos superiores surgiu na Alexandria, cidade do Norte da África fundada na foz do rio Nilo pelo imperador Alexandre, o Grande, em 331 a.C., e que se transformou em centro fecundo de pesquisa, constituído por escola, museu e biblioteca, por onde pas-saram muitos sábios. No centro de estudos de Alexandria destacou-se a contribuição de Euclides, que, de 320 a 260 a.C., fundou e dirigiu a escola de matemática. Com a obra *Elementos*, sistematizou o conhecimento teórico, dando-lhe os fundamentos ao estabe-lecer os princípios da geometria, os conceitos primitivos e os postulados.

Outra ciência desenvolvida no centro cultural de Alexandria foi a mecânica, que teve suas bases estabelecidas por Arquimedes (287-212 a.C.), nascido na Sicília, e que teria passado um tempo em Alexandria. A fama de Arquimedes nos remete a acontecimentos interessantes, embora muitos deles envoltos em lendas. Para defen-der Siracusa, quando assediada pelos romanos, Arquimedes teria construído engenhos mecânicos (catapultas) para lançar pedras e também incendiado navios por meio de um sistema de lentes de grande alcance. Os artefatos de Arquimedes passaram da di-mensão puramente técnica ou prática para a especulação teórica e científica ao estabe-lecer o princípio da hidrostática (lei do empuxo), um dos princípios fundamentais da mecânica, além de ter formulado a lei de equilíbrio das alavancas.

Já no século II, o matemático, geômetra e astrônomo Cláudio Ptolomeu (c. 90-168 d.C.) foi uma das últimas grandes personalidades de Alexandria. Sua obra *Almagesto* representa o mais importante referencial da astronomia geocêntrica da Antiguidade, que exerceu influência durante toda a Idade Média até ser contestada por Copérnico e Galileu.

Galeno (século II), nascido em Pérgamo, na Jônia, destacou-se em ciências médi-cas, aperfeiçoando seus estudos na Escola de Alexandria. Após atuar em diversos lo-cais, foi convidado, em 168, a acompanhar como médico pessoal o imperador romano Marco Aurélio em expedição contra os germânicos.

A biblioteca de Alexandria, famosa pela coleção de manuscritos gregos, hebreus, egípcios e orientais, era bem equipada, com funcionários para organizar os documen-tos e realizar cópias. É de lastimar a destruição desse tesouro no século VII, quando a região foi conquistada pelos árabes. Assim comenta o historiador Paul Monroe:

Com a queda de Alexandria para o poder maometano (640), cessou toda essa atividade intelectual. Algum interesse, porém, foi transferido aos árabes, para renascer, mais tarde, na ciência e filosofia sarracenas, em Bagdá e Córdova. A biblioteca foi destruída pelo primeiro califa, fornecendo, segundo dizem, combustível para 4.000 banhos públicos, por um período de 6 meses.→

▶ MONROE, Paul. *História da educação*. São Paulo: Companhia Editora Nacional, 1984. p. 75-76.

Na Grécia, por volta do século VI a.C., para registrar a escrita, utilizavam-se o rolo de papiro, também conhecido por *byblos* (daí *bíblion*, "livro", e biblioteca). O papiro é uma planta do vale do Nilo com que os egípcios fabricavam uma tira comprida de mais ou menos quarenta centímetros de altura e cerca de seis a nove metros de comprimento. Sobre ela escrevia-se com pena de junco fino em colunas sucessivas na direção em que era enrolada (sua maior dimensão). Não se deixavam espaços entre as palavras, nem se usavam sinais de pontuação. No século IV a.C., já era considerável o número de livros e Aristóteles se destacava por possuir uma grande coleção. No século III a.C., foi usada pele de animal para a escrita, o pergaminho, assim chamado por ser originário de Pérgamo, cidade da Ásia Menor. Uma das mais famosas bibliotecas da Antiguidade foi a de Alexandria, que chegou a possuir 700 mil volumes.[1]

▶ Adaptado de HARVEY, Paul. *Dicionário Oxford de literatura clássica, grega e latina*. Rio de Janeiro: Jorge Zahar, 1987. p. 309.

SUGESTÕES DE LEITURA

PLATÃO. *A República (Livro VII)*. 2. ed. São Paulo: Difel, 1973. p. 110-111. v. 2.

WOLFF, Francis. *Aristóteles e a política*. 2. ed. São Paulo: Discurso Editorial, 2001. p. 7-9. (Coleção Clássicos e Comentadores)

ATIVIDADES

1. De que forma o aparecimento da escrita, da moeda, da lei escrita e o nascimento da pólis contribuíram para a superação do mundo mítico? Que papel o filósofo desempenhou nesse processo?

2. Explique a afirmação do sofista Protágoras: "O homem é a medida de todas as coisas", situando-a no mundo grego do período arcaico. Estabeleça também comparações com o período heroico.

3. Com base na citação de Henri-Irénée Marrou, atenda às questões.

   Com a prática do atletismo, era todo o velho ideal homérico do "valor", da emulação, da façanha, que passava dos Cavalheiros ao Demos. A adoção de um modo de vida civil e não mais militar havia, com efeito, transposto e reduzido esse ideal heroico tão-só ao mero plano da competição esportiva.

MARROU, Henri Irénée. A antiga educação ateniense. In: *História da educação na Antiguidade*. São Paulo: EPU; Edusp, 1973. p. 71.

a) Com a expressão "passar dos Cavalheiros ao Demos", Marrou quer indicar a mudança de uma educação aristocrática para outra mais democrática. Explique o que caracteriza uma e outra.

b) O termo *valor* aí referido é tradução do conceito de virtude. Explique que alterações sofreu o significado desse conceito em razão da mudança social ocorrida naquele período.

4. Com base na citação a seguir, que se refere a uma fala de Sócrates no diálogo *Mênon*, responda às questões.

Eu – responde Sócrates – sou semelhante ao torpedo [peixe-elétrico], quando aturdido, posso produzir nos outros o mesmo aturdimento, pois não se trata de que eu esteja certo e semeie dúvidas na cabeça alheia, mas de que, por estar eu mesmo mais cheio de dúvidas do que qualquer pessoa, faço duvidar também os outros.

PLATÃO. Mênon. *Apud*: MONDOLFO, Rodolfo. *Sócrates*. São Paulo: Mestre Jou, 1972. p. 57.

a) Em que consiste o método socrático?

b) Em que medida a afirmação de Sócrates ainda hoje pode ter valor para a educação?

5. Com base na citação de Werner Jaeger, responda às questões.

Os sofistas tinham comparado a cultura ao cultivo da terra, comparação que Platão recolhe. Quem se interessar pela verdadeira semente e a quiser ver transformada em fruto não plantará um jardinzinho de Adônis nem se alegrará ao ver nascer ao cabo de oito dias o que semeou; achará prazer, sim, na arte da verdadeira agricultura e alegrar-se-á ao ver a sua semente dar fruto ao fim de oito meses de trabalho constante e esforçado. É à formação dialética do espírito que Platão aplica a imagem da plantação e da sementeira. Quem se interessar pela verdadeira cultura do espírito não se contentará com os escassos frutos temporãos cultivados como desfastio no horto retórico, mas terá a necessária paciência para deixar amadurecer os frutos da autêntica cultura filosófica do espírito. [...] [Mas] para a massa da gente "culta" era a retórica o caminho mais largo e mais cômodo.

JAEGER, Werner. *Paideia*: a formação do homem grego. São Paulo: Martins Fontes, 1995. p. 1.273.

a) Situe os termos da polêmica entre Platão e Isócrates.

b) Embora Platão não negue a importância da retórica, por que ela é secundária para ele?

c) Por que Jaeger usa a palavra *culta* entre aspas?

d) Analisando o discurso de políticos atuais, de que maneira a mesma discussão poderia ser recolocada?

6. Com base no trecho a seguir, discuta as noções de bem e mal apontadas por Émile Bréhier.

O ensino de Sócrates consiste, com efeito, em examinar e pôr à prova não os conceitos, mas os próprios homens, e levá-los a compreender o que eles são. [...] Sua ironia timbra em mostrar-lhes que a tarefa é difícil e que acreditam, erroneamente, que se conhecem intimamente. Finalmente, a doutrina, se é que ele a tem, é que essa tarefa é necessária, porque ninguém é mau voluntariamente, e todo mal deriva da ignorância de si que se toma por conhecimento. O único conhecimento reivindicado por Sócrates é o de saber que nada sabe.
Uma conversação de tal natureza transforma o ouvinte; o contato de Sócrates [...] paralisa e embaraça; leva a refletir sobre si mesmo, a imprimir à atenção uma direção incomum: os temperamentais, como Alcibíades, sabem que encontrarão junto dele todo o bem de que são capazes, mas fogem porque receiam essa influência poderosa, que os leva a se censurarem. É sobretudo a esses jovens, muitos quase crianças, que ele tenta imprimir sua orientação. Se a imputação de corruptor da juventude foi-lhe atribuída, é porque abalava os preconceitos que os jovens haviam recebido da educação familiar. [...] O efeito do exame que Sócrates impõe ao ouvinte no sentido de agir é, com efeito, fazer com que ele perca a falsa tranquilidade, pô-lo em desacordo com suas próprias ideias e propor-lhe, como benefício, o esforço pessoal para reencontrar essa concordância. Sócrates não exercita, portanto, outra técnica que a da maiêutica, a arte obstetra da mãe Fenareta. Extrai das almas o que trazem em si, sem outra pretensão que a de introduzir o bem que elas não trazem senão em germe.

BRÉHIER, Émile. *História da filosofia*. São Paulo: Mestre Jou, 1977. p. 81-82. v. 1.

7. Com base nos fragmentos a seguir, comente a educação igualitária proposta pelos filósofos do Jardim.

O Jardim é, antes de tudo, verdadeira e institucionalmente, uma "escola nova": já não é um centro aberto de livre investigação e de ensino sem ortodoxia, como foram a Academia de Platão e o Liceu de Aristóteles, mas uma comunidade de vida completa, agrupando nos mesmos lugares homens, mulheres, crianças, adultos, jovens e velhos. [...] A comunidade funda-se no aprendizado da doutrina do mestre, sobre sua ascendência sobre a existência de todos, sobre uma organização amigável, mas hierarquizada e um tanto conventual.

BRUNSCHWIG, Jacques. Epicuro. Apud: CHAUI, Marilena. *Introdução à história da filosofia*: as escolas helenísticas. São Paulo: Companhia das Letras, 2010. p. 82-83. v. 2.

Como observa o historiador da filosofia Giovanni Reale, o discurso proveniente do Jardim afirma que a realidade pode ser perfeitamente conhecida pela razão humana, que tal conhecimento é inseparável da felicidade, entendida como como paz de espírito ou serenidade (ausência de perturbação e dor) e que para alcançá-la o homem precisa apenas de si mesmo, não precisando da cidade, das instituições, da nobreza, das riquezas e nem mesmo dos deuses: o homem é perfeitamente autárquico.

CHAUI, Marilena. *Introdução à história da filosofia*: as escolas helenísticas. São Paulo: Companhia das Letras, 2010. p. 84. v. 2.

SUGESTÃO PARA SEMINÁRIOS

Esta sugestão consiste na elaboração de seminários. Pode-se escolher trabalhar exclusivamente um dos textos ou articulá-lo com os demais, ressaltando suas similaridades e divergências. Para a melhor compreensão de cada assunto, vale proceder com fichamento de texto, pesquisas e consulta a outras fontes, análise crítica e elaboração de uma pequena dissertação que sistematize a leitura e as conclusões obtidas.

Para abordarmos a vida na pólis, apresentamos a seguir um texto de Jean-Pierre Vernant, que mostra a centralidade da *palavra* (ou do discurso) na transformação da vida social e das relações humanas com o advento da cidade-Estado. O segundo texto trata de segmentos que foram apartados da noção de democracia na cidade grega durante a Antiguidade, conforme dois critérios de exclusão: o exterior (estrangeiros e bárbaros) e o interior (mulheres, metecos e escravos). O terceiro texto mostra como a conotação política impressa na ideia de pólis foi sufocada em nossas cidades contemporâneas em benefício do poder econômico. Os três textos, reunidos, ajudam a pensar em como o exercício do direito à palavra expressa o horizonte democrático, e se estamos hoje próximos ou distantes de vivermos em uma democracia.

1. VERNANT, Jean-Pierre. O universo espiritual da pólis. In: *As origens do pensamento grego*. Rio de Janeiro: Difel, 2002. p. 53-72

2. LORAUX, Nicole. A democracia em confronto com o estrangeiro (Atenas, Paris). In: CASSIN, Barbara; LORAUX, Nicole; PESCHANSKI, Catherine. *Gregos, bárbaros, estrangeiros*: a cidade e seus outros. Rio de Janeiro: Editora 34, 1993. p. 11-33.

3. HARVEY, David. O direito à cidade. Disponível em <http://mod.lk/3sxfh>. Acesso em: 30 jan. 2019.

CAP.
2

Busto representando
Sêneca (4 a.C. - 65 d.C.).

Antiguidade romana: a *humanitas*

Apresentando
o capítulo

Neste capítulo, veremos como o Império de Roma se expandiu, abrangendo toda a Europa, Norte da África, parte da Ásia e Oriente Médio. Ao mesmo tempo que espalhou a língua latina e os costumes romanos, transmitiu a cultura grega. Foi tão significativo esse processo que até hoje sentimos a influência greco-romana na civilização ocidental.

Do ponto de vista pedagógico, Roma constituiu diferentes particularidades conforme o período em que se encontrava, fosse durante a Realeza, fosse durante a República ou o Império. Apesar de suas singularidades, a educação romana esteve muito fundida à cultura helenística; no caso do período republicano, por exemplo, destacaram-se a educação encíclica, legada pelos gregos, e o ideal de *humanitas*, muito próximo ao que se entendia na Grécia por *paideia*.

CONTEXTO HISTÓRICO

No boxe a seguir, sintetizamos uma cronologia que vai desde o século VIII a.C. ao século V d.C., portanto, desde a fundação de Roma até a queda do Império Romano do Ocidente.

> **PERÍODOS DA HISTÓRIA ROMANA**
> * **Realeza (de 753 a 509 a.C.):** da fundação de Roma à queda do último rei.
> * **República (de 509 a 27 a.C.):** inicialmente, prevaleceu a luta entre patrícios e plebeus; posteriormente, o expansionismo militar.
> * **Império (de 27 a.C. a 476 d.C.):** da instauração do Império à sua queda, com a invasão dos bárbaros.

PRIMEIROS TEMPOS

A história dos romanos remonta ao segundo milênio a.C., quando os *italiotas* ou *itálicos*, povos de provável origem indo-europeia, ocuparam a parte centro-sul da península. Subdividiam-se em povos com costumes, língua e desenvolvimento diferentes, dedicando-se alguns ao pastoreio, outros à agricultura. No período arcaico, viviam em regime gentílico, estruturado em torno dos *gens*, grupos de famílias unidas por laços de consanguinidade e religião e em que não há propriedade privada da terra. Os membros do clã rendiam culto aos antepassados e aceitavam a autoridade máxima do *paterfamilias*, que detinha o "direito de vida e de morte". Ocupavam as colinas do Lácio, onde mais tarde fundaram, às margens do Rio Tibre, a cidade de Roma, provavelmente em 753 a.C., em circunstâncias envoltas em lendas.

A noroeste do Láscio, a Etrúria (situada no território da atual Toscana) era a região mais adiantada e já havia introduzido a escrita. Ao sul da Península Itálica, naquele mesmo século, colonos gregos se estabeleceram na região, que passou a se chamar Magna Grécia.

REALEZA

O período da monarquia teve início com a fundação de Roma, em 753 a. C., na região do Lácio (*Latium*, por ser a língua do povo que falava latim). Com o incremento da cultura de cereais, a economia deixou de depender apenas do pastoreio e, mais tarde, o comércio transformou Roma em *urbs*, "cidade". A substituição da posse comum da terra pela propriedade privada provocou a divisão de classes: de um lado, a aristocracia de nascimento, representada pelos *patrícios*; de outro, a maioria da população constituída de *plebeus*, como camponeses, artesãos e comerciantes, geralmente homens livres mas sem direitos políticos.

Entre os plebeus, havia os *clientes*, assim chamados por dependerem de uma família patrícia que lhes oferecia proteção jurídica em troca de prestação de serviços. Embora nessa época o número de escravos fosse reduzido, o sistema se encontrava em vias de crescimento.

Sabe-se pouco a respeito dos reis desse período, apenas que os três últimos deles eram etruscos e realizaram construções importantes, como a muralha que protegia Roma, até que o último dos Tarquínios foi banido em decorrência de lutas com os patrícios.

REPÚBLICA

Com a queda do último rei etrusco teve início a República, em 509 a.C., representando os interesses dos patrícios, únicos com acesso a cargos políticos. O poder executivo era formado por dois cônsules eleitos e o Senado, principal órgão da República, composto por membros vitalícios.

Com o enriquecimento de algumas camadas da plebe – sobretudo as que se dedicavam ao comércio –, intensificaram-se as lutas pela igualdade de direitos políticos e civis. Os plebeus obtiveram diversas conquistas nos séculos V e IV a.C., como a criação do Tribunato da Plebe, a permissão do casamento misto e a publicação da Lei das Doze Tábuas em 451 a.C., cuja importância decorria de ter sido o primeiro código escrito romano.

Devem-se as mudanças ao surgimento de uma nova aristocracia – não mais determinada pelo nascimento, mas pela riqueza –, que aspirava a ocupar altos cargos públicos. Enquanto isso, os plebeus pobres continuavam à margem do processo político, com prejuízo de sua situação econômica em virtude do incremento da importação de escravos estrangeiros após as guerras de conquista. Pequenos agricultores perdiam suas terras e desvalorizava-se o trabalho manual dos artesãos, equiparado ao serviço de escravos.

A política expansionista dos romanos começou no século V a.C., e já no século III a.C. toda a península itálica se encontrava em poder dos romanos. Após as três Guerras Púnicas, contra os cartagineses nos séculos III e II a.C., as mais diversas regiões aos poucos foram ocupadas por romanos, até que, no século I a.C., o mar Mediterrâneo tornou-se conhecido como *Mare Nostrum* (Nosso Mar).

Evidentemente, muitas transformações decorreram da expansão romana. Com o estímulo às relações comerciais, nasceram grandes fortunas, ampliando-se consideravelmente a escravidão, fator importante para a economia da Roma antiga. Geralmente, os escravos eram prisioneiros de guerra ou plebeus que perdiam a liberdade em razão de dívidas. Muitos escravos públicos, pertencentes ao Estado, trabalhavam em construções monumentais, como palácios e aquedutos, ou em serviços de urbanização, como calçamento de estradas. Outros, de propriedade particular, atuavam no campo ou na cidade, inclusive na função de preceptores, quando instruídos. Em alguns casos, os escravos conseguiam a liberdade, chamada *manumissão*, com frequência para recompensar serviços prestados. Entre diversas revoltas de escravos nos séculos II e I a.C., a mais famosa foi a de Espártaco (c. 109-71 a.C.).

A expansão militar alterou profundamente as tradições romanas. A Grécia, anexada pelos romanos após 146 a.C., já se encontrava no período helenístico, caracterizado pelo contato com diversos povos, desde o Egito até a Índia. A influência estrangeira aos poucos se fez sentir no luxo dos costumes e em governos cada vez mais personalistas, à imagem do despotismo oriental.

O contato com os diferentes povos, sobretudo os gregos, foi responsável pela helenização de Roma, pela influência na educação, nas artes, na religião e na própria língua latina. Veremos adiante qual foi o papel de Cícero na construção da nova visão do mundo romano.

IMPÉRIO

Júlio César, militar vitorioso na guerra de conquista da Gália e membro do Primeiro Triunvirato, ao retornar a Roma conquistou o poder absoluto como ditador, o que demonstrava a fragilidade da República. Após seu assassinato em 44 a.C. por vários republicanos, seguiu-se um período conturbado, até que Caio Otávio, seu herdeiro por testamento, recebeu do Senado o título de Augustus (majestoso, venerável, sagrado) e governou de 27 a.C. a 14 d.C., dando início à era dos Imperadores.

No Século de Augusto, conhecido pelo grande desenvolvimento cultural e urbano, construíram-se templos, aquedutos, termas, portos, estradas e edifícios públicos, abriram-se mercados, expandindo o comércio, e grandes latifúndios se especializaram em alguns produtos. Por sua vez, o escravismo manteve-se como base do processo econômico. Houve incentivo às artes e aos grandes poetas latinos, como Virgílio, Horácio e Ovídio, além de estímulo às contribuições de Tito Lívio, historiador de Roma, e Quintiliano, que está entre os oradores responsáveis pela educação. Esses – e muitos outros –, sob nítida influência helenística, produziram obras de grande repercussão nos séculos seguintes.

Ao atingir sua extensão máxima no início do século II d.C., o Império necessitava de uma complicada máquina burocrática, o que aumentou o contingente de funcionários do governo, sobretudo para arrecadar impostos das províncias. Frente à complexidade das questões de justiça, aperfeiçoou-se a instituição do direito romano.

IMPÉRIO ROMANO EM SUA MÁXIMA EXTENSÃO
(ÉPOCA DE TRAJANO, SÉCULO II)

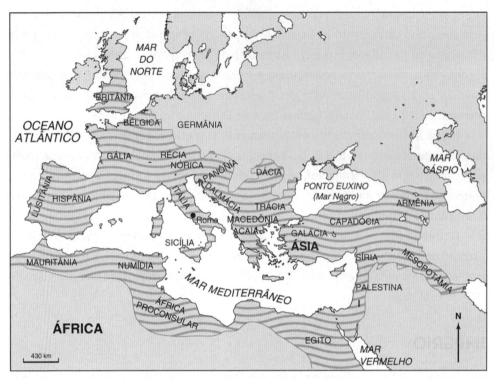

Fonte: DUBY, Georges. *Atlas historique mondial.* Paris: Larousse, 2003. p. 27.

O surgimento e a expansão do cristianismo constituíram eventos importantes no final do Império e na Idade Média, em virtude de sua proeminência no cotidiano. Jesus teria nascido na época de Augusto – portanto, início do Império –, na Judeia, sul da Palestina, território então ocupado pelos romanos. De lá, a doutrina cristã disseminou-se por obra dos *evangelistas*, como eram chamados os seguidores de Cristo que proclamavam o evangelho (ou seja, a "boa nova") com o intuito de converter pagãos à nova crença. Por muito tempo, a doutrina cristã foi vista como subversiva pelos romanos, porque a nova crença monoteísta rejeitava os deuses pagãos e, portanto, se negava a render culto ao divino imperador, além de ter como adeptos principalmente pobres e escravos.

A perseguição aos cristãos iniciou-se com o imperador Nero em 64, repetindo-se periodicamente até que Constantino permitiu a liberdade de culto em 313. No final do século IV, o cristianismo tornou-se religião oficial, após modificações tidas como necessárias. Com a adesão da elite, a religião assumiu cada vez mais a estrutura hierarquizada típica do Império, com representantes em toda sua extensão. Dessa maneira, quando o Império Romano não mais conseguia manter a centralização e se fragmentou, a Igreja surgiu como polo aglutinador.

Desde o século II, notava-se a decadência do Império sob diversos aspectos: desmantelamento da máquina burocrática; lutas pelo poder, cada vez mais personalista; altos impostos; corrupção; esvaziamento de cofres públicos e dissipação dos costumes, afrouxados pelo luxo.

No século seguinte, com o cessar das guerras de expansão e a crise do escravismo, lentamente surgia o sistema de colonato, em que agricultores livres permaneciam presos à terra, pagando os proprietários com parte do que cultivavam ou produziam. O declínio do comércio e do artesanato levou à ruralização da economia, ao mesmo tempo que bárbaros se infiltravam pelas fronteiras como colonos ou soldados.

Em 395, o Império Romano dividiu-se em Ocidental, com sede em Roma, e Oriental, estabelecido em Constantinopla (antiga Bizâncio e atual Istambul), até que, no início do século V, hordas de guerreiros de diversas origens invadiram o Império, fragmentando-o. Em 476, a Itália caiu em poder de Odoacro, rei dos hérulos, mas o Império Bizantino, por sua vez, sobreviveu ao colapso e durou mil anos, até o final da Idade Média.

EDUCAÇÃO ROMANA

Nos próximos tópicos, distinguiremos três fases na educação romana, intercalando em cada uma delas os pensadores que se destacaram:

- ▶ educação latina original, de natureza patriarcal;
- ▶ influência do helenismo, inicialmente criticada por defensores da tradição;
- ▶ fusão entre a cultura romana e a helenística, composta por elementos orientais, mas com nítida supremacia de valores gregos.

EDUCAÇÃO NA REALEZA

Na educação arcaica, nos primórdios de Roma, os aristocráticos patrícios (proprietários rurais e guerreiros) recebiam uma educação que visava à perpetuação de valores da nobreza de sangue e do culto aos ancestrais. Trata-se da valorização da família, que não era *nuclear* como a nossa, composta de mãe, pai e filhos, mas *extensa*, por incluir filhos casados, escravos e clientes, sobre os quais o *paterfamilias* exercia poder de proprietário, juiz e chefe religioso.

Até os 7 anos, as crianças permaneciam sob os cuidados da mãe ou de outra matrona, "mulher respeitável", reconhecidas como a *materfamilias*, capaz não só de nutrir, mas também de preparar moralmente, conforme a tradição. Depois dessa idade, as meninas permaneciam no lar e aprendiam serviços domésticos, para ser boas esposas e mães. Como não havia escolas, cabia ao pai ensinar o menino a ler e a escrever e transmitir conhecimentos da prática diária: aprendia a cuidar da terra, atividade que, de início, colocava lado a lado o senhor e o escravo. Mais do que propriamente ao esporte desinteressado, os exercícios físicos visavam à preparação do guerreiro, por isso se ocupavam com corridas, lutas, natação, manejo de armas e equitação.

Aos 15-16 anos, o menino acompanhava o pai ao foro, praça central em torno da qual eram erguidos os principais monumentos da cidade e que servia para o comércio e assuntos públicos. A importância dessa passagem para a vida adulta era marcada por uma solenidade em que o jovem trocava sua vestimenta por outra toga viril, dedicando-se durante um ano ao "aprendizado da vida pública" (*tirocinium fori*). Quando o pai não pudesse desempenhar pessoalmente essas tarefas – o que às vezes acontecia em razão de guerras –, nesse caso, um parente, político experiente ou mesmo um escravo instruído assumia seu lugar. Concluída essa fase, o jovem entrava para o exército e sua preparação cívica continuava em processo, também estimulada por patronos.

Assim explica o historiador Henri-Irénée Marrou:

> O primeiro ano [do exército], servia-se nas fileiras: parecia bom que um futuro chefe houvesse antes de tudo aprendido a obedecer. [...] Mas, de fato, os jovens nobres não eram tratados absolutamente como simples conscritos: padrinhos eram encarregados de dirigi-los e protegê-los. Bem rápido, aliás, saíam das fileiras para servirem como oficiais do Estado-Maior, (*tribuni militum*), ou por serem eleitos pelo povo para tal posto ou por serem nomeados para ele pelo general comandante.↓

A educação do jovem visava preparar para a função militar ou política, sempre apoiada nos valores morais constituídos – conforme continua explicando Marrou –, pelo "ideal da cidade antiga, feito de sacrifício, de renúncia, de devotamento total da pessoa à comunidade, ao Estado".

▶ MARROU, Henri-Irénée. *História da educação na Antiguidade*. São Paulo: EPU; Edusp. 1973. p. 364-365.

A partir do século IV a.C., foram criadas escolas elementares particulares, que se disseminaram no século seguinte. Eram as escolas do *ludi magister* (*ludus, ludi,* "jogo", "divertimento"; *magister,* "mestre"), nas quais se aprendia demoradamente a ler, escrever e contar, dos 7 aos 12 anos. Provavelmente esse tipo de escola fora inspirado pelos etruscos. Os mestres eram muito simples e mal pagos, e, para desempenhar seu ofício, ajeitavam-se em qualquer espaço: uma tenda, a entrada de um templo ou de um edifício público. As crianças escreviam com estiletes em tabuinhas enceradas, aprendendo tudo de cor, quase sempre ameaçadas por castigo.

REPÚBLICA: EDUCAÇÃO ENCÍCLICA

Na época da República (509 a 27 a.C.), o desenvolvimento do comércio, o enriquecimento de uma certa camada de plebeus e o início da expansão territorial romana tornaram a sociedade emergente mais complexa, o que exigiu outras maneiras de educar.

Vale lembrar que, do mesmo modo que na sociedade grega, a aristocracia romana dedicava-se ao "ócio digno", destinando a si mesma atividades exclusivamente intelectuais, políticas e culturais. Por consequência, os educadores orientavam-se pelo modelo adequado à elite dirigente a fim de formar o indivíduo racional, capaz de pensar de modo correto e de se expressar de forma convincente.

Por volta dos séculos III e II a.C., as incursões militares e o avanço do comércio colocaram os romanos em contato com povos helênicos e com o esplendor de sua cultura. A fusão dessas culturas trouxe um elemento novo, o bilinguismo, por isso desde cedo as crianças aprendiam latim e grego. Às vezes, o ensino era trilíngue, situação em que às duas línguas principais acrescentava-se a língua local. A esse respeito, o poeta Quinto Horácio (65-8 a.C.) afirmou: "A Grécia conquistada conquistou por sua vez seu selvagem vencedor e trouxe a civilização ao rude Lácio".

> O helenismo grego teve início no século IV a.C., após os macedônios conquistarem a Grécia na batalha de Queroneia, em 338 a.C., para depois Alexandre Magno incluir no seu império a Pérsia, a Índia e o Norte da África. Por seu turno, Roma entrou em territórios da própria Grécia em 146 a.C. e no século II d.C. alcançou sua máxima extensão, que incluía a Europa, o Norte da África e o Oriente Médio.

De acordo com a tradição helenística, o indivíduo livre devia ter uma educação encíclica: como vimos no capítulo sobre a Grécia, educação encíclica significa literalmente "educação geral" e consiste na ampla gama de conhecimentos exigidos para a formação da pessoa culta.

As novidades trazidas pelo helenismo assustavam os mais conservadores, como Marco Pórcio Catão, o Antigo (234-149 a.C.), crítico da influência grega, por julgá-la deformadora da tradição romana. Escreveu dois livros sobre educação que contribuíram como verdadeira teoria pedagógica em defesa do retorno às raízes romanas, obras que posteriormente se perderam.

Um século depois, Marco Terêncio Varrão (116-27 a.C.) representou a transição pela qual os romanos terminam por aceitar a contribuição grega. Seu trabalho, sobretudo prático, resultou em extensa produção de livros, uma verdadeira enciclopédia didática, em que discute o ensino de gramática, muito utilizada para trabalhos de pensadores posteriores. Compôs também sátiras com máximas edificantes, voltadas para orientar o jovem na virtude.

No período da República, em virtude da absorção de ideais gregos, deu-se a aplicação da educação secundária por volta do século III a.C., ainda doméstica, sem intervenção dos governos. A questão inicial, porém, encontrava-se na necessidade de dispor de obras importantes para realizar os trabalhos que, na Grécia, apoiavam-se em grandes poemas épicos e que em Roma ainda inexistiam.

A situação começou a mudar com Lívio Andrônico (282-204 a.C.), grego de origem pouco segura, que teria sido um escravo muito instruído e preceptor dos filhos de uma importante família romana. Em agradecimento, seu senhor lhe concedeu a liberdade, tendo-a aproveitado para continuar lecionando e traduzir obras gregas, como a Odisseia de Homero. Também compôs poemas épicos que se perderam, embora deles se tenha conhecimento por relatos de Horácio e Cícero.

Depois, outros professores viriam a utilizar textos traduzidos por Lívio Andrônico, já no período áureo do governo de Augusto, quando a literatura latina adquiriu maior peso, podendo sustentar uma educação mais criativa, com grandes autores latinos, como veremos.

Afora essa questão, nas escolas dos *gramáticos*, os jovens de 12 a 16 anos – quando já dispunham de bom conhecimento da língua – entravam em contato com os clássicos gregos para ampliar os conhecimentos literários, ao mesmo tempo que estudavam as chamadas *disciplinas reais*, como geografia, aritmética, geometria e astronomia. Iniciavam-se também na arte de bem escrever e bem falar. Algumas famílias mais ricas enviavam seus filhos a Atenas para aprimorarem o conhecimento da língua e da cultura gregas.

A educação física merecia a atenção dos romanos, porém menos voltada para o esporte e mais para as artes marciais. Em vez de frequentar ginásios, eles lutavam nos circos e anfiteatros. Tratava-se, afinal, de preparar soldados.

Em todas as épocas, no entanto, resguardaram-se alguns aspectos da antiga educação, a saber, o papel da família representado pela onipotência paterna – mas não destituída de afeto – e pela ação efetiva da mulher, de que é exemplo o célebre tipo da "mãe romana".

O IDEAL DE *HUMANITAS*

A cultura universalizada, expressa no conceito de *humanitas* – no sentido literal de humanidade e, mais propriamente, de educação, de cultura do espírito –, equivale à *paideia* grega. Distingue-se desta, no entanto, por se tratar, em Roma, de uma cultura predominantemente humanística e sobretudo cosmopolita e universal, na busca daquilo que caracterizaria o ser humano em todos os tempos e lugares.

Agora, vejamos algumas diferenças. A pedagogia grega apresentava duas vertentes: uma que destacava a visão filosófica sistematizada, inspirada em Platão, e outra com predomínio da retórica, como queria a escola grega de Isócrates. Contudo, a pedagogia dos filósofos exigia que o próprio aluno, nos estágios superiores, se dedicasse à filosofia no seu sentido mais amplo, incluindo sobretudo a metafísica, o que representava alto grau de dificuldade, por se tratar da parte nuclear da filosofia, responsável por investigar as causas mais fundamentais do ser.

Em Roma, no entanto, a reflexão filosófica não mereceu atenção de modo sistemático. O retor Quintiliano e outros pedagogos encaravam a filosofia até com certa descrença e, quando a ela recorriam, preferiam assuntos éticos e morais, influenciados por pensadores estoicos e epicuristas do período helenístico. Trata-se de uma postura mais pragmática, voltada para o cotidiano, adotada pelos romanos, mais interessados na ação política do que na contemplação e teorização do mundo, o que fez prevalecer a retórica sobre a filosofia. A tendência que tornava a trama do discurso mais literária que filosófica acentuou-se no período de declínio, trazendo riscos de formalismo oco e palavreado vazio. De fato, com o tempo, descuidou-se da formação científica e artística, prevalecendo uma cultura de letrados, mais voltados às minúcias das regras gramaticais, em questões filológicas e artifícios que proporcionavam maior brilho em conversações.

CÍCERO: FILOSOFIA E RETÓRICA

Marco Túlio Cícero (106-43 a.C.), advogado e senador de Roma, entremeou múltiplas atividades e escreveu uma extensa obra, que abordou diversos temas relacionados à política, filosofia, retórica, pedagogia, entre outros, exercendo grande influência não só em sua época como também na posteridade. Do ponto de vista filosófico, sua obra não era propriamente original, caracterizava-se pelo ecletismo, isto é, absorveu diversas influências de ideias do platonismo, do epicurismo e do estoicismo. Recusou o ceticismo e qualquer dogmatismo, ao considerar possível alcançar algum tipo de conhecimento por meio da discussão e de eventual consenso, conforme afirmou:

> Defenda cada qual o que pensa, pois os juízos são livres. Nós manteremos nossa posição e, não constrangidos pelas leis de nenhuma escola particular a que forçosamente obedeceríamos, sempre buscaremos, em filosofia, o que, em cada coisa, é o mais provável.→

▶ CÍCERO. Tusculanas. In: CHAUI, Marilena. *Introdução à história da filosofia*: as escolas helenísticas. São Paulo: Companhia das Letras, 2010. p. 228. v. 2.

Apoiado em vasta erudição e larga experiência com o grego, escolheu o latim em sua escrita, tendo criado conceitos mais apropriados para a tradução de textos gregos, o que ampliou significativamente o vocabulário latino. Homem culto, ao contrário de outros, Cícero valorizava a fundamentação filosófica do discurso. Famoso pela oratória brilhante e contundente, mais de uma vez interferiu nos rumos da política, como nos mostram quatro peças oratórias contra Lúcio Sérgio Catilina, que organizou uma sublevação para derrubar a República Romana. Esses discursos, reunidos como *Catilinárias*, posteriormente foram usados por longo tempo para ensinar a arte da argumentação. A intensa atividade política de Cícero desagradava a alguns e culminou com seu assassinato em 43 a.C.

Como filósofo, refletiu a respeito da política nas obras *Sobre a República* e *Sobre as leis*, que tratam de política republicana; em discussões sobre moral, tendeu para o pensamento estoico, com adaptações típicas de seu ecletismo. Reconheceu a importância da autoconservação – o amor de si –, destacando um aspecto que seria característico da cultura romana, a realização da *humanitas*, o ideal romano de educação, entendida como predominantemente humanística, cosmopolita e universal.

Escreveu três livros importantes sobre retórica (*De oratore, Topica e Partitiones oratoriae*) – o primeiro sobre oratória, outro sobre os diversos tipos de oratória, conforme os destinatários da fala, e o último sobre as divisões da arte retórica –, além de reforçar a importância do orador diante do ideal educativo tendo em vista a implantação da *humanitas* romana.

Para ele, a educação integral do orador requer cultura geral, formação jurídica, aprendizagem da argumentação filosófica, bem como habilidades literárias e até teatrais, igualmente importantes para o exercício da persuasão. Ele via a oratória como uma arte com importante função social, porém não valorizava apenas o ideal do sábio, muitas vezes inalcançável, para defender a formação de qualquer indivíduo virtuoso como ser moral e político.

Conforme diz Franco Cambi, Cícero voltava-se para o modelo de *humanitas* como objetivo da educação liberal:

> A retórica prepara, assim, para a oratória e pode ser aprendida mediante um curso escolar que se realiza estudando as formas da retórica mas também a dicção e a pronúncia. Um bom curso de oratória deve realizar-se através da leitura de textos, a composição de discursos e a participação na prática processual, com particular atenção ao estilo.
>
> Na figura ideal do *orator* realiza-se aquele modelo de *humanitas* que é o escopo da educação liberal, produto da cultura desinteressada e da participação na vida pública e que se exprime pelo domínio da palavra. Este é certamente um modelo bastante próximo das posições de Isócrates e em parte de Platão, [...] mesmo se o *orator* se delineia como o homem eticamente mais completo. [...] Quanto às observações sobre a vida dos jovens, sobre a prática da escola, sobre a educação familiar, Cícero é sempre um intérprete atento, capaz de penetrar na psicologia juvenil, e pai bastante solícito para a formação dos filhos, mas também capaz de compreender suas qualidades e limites, revelando com eles um tipo de relação não tradicional: não autoritário, de dedicação, de participação efetiva. ↵

▶ CAMBI, Franco. *História da pedagogia*. São Paulo: Editora Unesp, 1999. p. 109-110.

Especialista em estudos clássicos, a professora portuguesa Maria Helena da Rocha Pereira completa nossa exposição sobre Cícero:

> [...] o bom escritor – o *orator* – deve aprender história. Que a sua preparação necessitava ser demorada e vasta, abrangendo praticamente todos os ramos do saber, já o vimos na seção anterior, ao tratar de *Do orador*. O orador precisa ainda melhor as várias matérias que devem pertencer ao curriculum: a dialética, a filosofia em geral, a física, o direito e, finalmente, a história. Porque, [Cícero] conclui, numa frase lapidar, que bem merece ainda hoje ser meditada: "ignorar o que se passou antes de uma pessoa ter nascido é ser sempre criança". ↵

▶ PEREIRA, Maria Helena da Rocha. *Estudos de história da cultura clássica*: cultura romana. 2. ed. Lisboa: Fundação Calouste Gulbenkian, 1989. p. 141. v. 2.

A influência de Cícero não se restringiu à Antiguidade: chegou a ser um dos principais modelos de pedagogos renascentistas. O *ciceronismo* foi tão intenso naquele período que o francês Rabelais, crítico do ensino tradicional, considerava-o apenas um modismo.

IMPÉRIO: EDUCAÇÃO SUPERIOR

Embora de início o Estado pouco tivesse interferido na educação, permanecendo mais ou menos distante dessas atividades restritas à iniciativa particular, no Império assumiu outro papel, passando aos poucos a oferecer subvenção, depois a exercer o controle por meio da legislação e, por fim, tomando para si a inteira responsabilidade. Desde o século I a.C., o Estado estimulava a criação de escolas municipais em todo o Império e o próprio César concedeu o direito de cidadania aos mestres de artes liberais.

No século I d.C., o imperador Vespasiano liberou de impostos os professores do ensino secundário (ou de gramática) e superior e instituiu o pagamento a alguns cursos de retórica, de que se beneficiara o mestre Quintiliano. Pouco tempo depois, Trajano mandou alimentar os estudantes pobres e, mais tarde, outros imperadores legislaram sobre a exigência de que escolas particulares definissem o valor a ser pago aos professores, com a devida pontualidade.

Coube a Juliano (ano de 362) praticamente oficializar toda nomeação de professor, como prerrogativa do Estado. É bem verdade que esse imperador, também chamado de o Apóstata, pretendia evitar a expansão do cristianismo – que naquela época já se mostrava significativa – e, com essa medida, impedir a contratação de professores cristãos.

Com o tempo, a retórica exigia o aprofundamento do conteúdo e da forma do discurso. Surgiu então a necessidade de um terceiro grau de educação, representado pela escola do *retor* (professor de retórica). Diferentemente do tratamento dado ao *ludi magister* e aos gramáticos, os retores eram mais respeitados e bem pagos.

Ao criarem inúmeras bibliotecas, os romanos se apropriaram de manuscritos que encontravam nas regiões conquistadas. Durante o Império ainda floresciam o museu de Alexandria, o Círculo de Pérgamo e a Universidade de Atenas. Em Roma, no século II, Adriano fundou o Ateneu, no Capitólio, espaço para discussão e cultura. As distantes províncias da Espanha, Gália e África receberam estímulo imperial para criarem escolas em que estudaram homens da categoria de Sêneca, Quintiliano e, posteriormente, Marciano Capella e Santo Agostinho.

A CULTURA CLÁSSICA ROMANA

Frequentadas pela elite, as escolas superiores preparavam os jovens que se destacariam na vida pública em assembleias e tribunas. Estudavam política, direito, filosofia e retórica, sem esquecer as disciplinas reais, próprias de um saber encíclico. Acrescentava-se a essa formação uma viagem de estudos à Grécia.

Compondo a cultura clássica romana, vale destacar, ainda, a larga produção de poemas épicos e sátiras, muitas vezes patrocinados por Caio Mecenas no século I a.C., como foi o caso dos incentivos conferidos aos poetas Virgílio, Propércio e Horácio. Esse influente conselheiro reuniu um grupo de artistas e intelectuais em torno da figura do imperador Augusto, sustentando com sua ajuda uma vasta contribuição artística para

Roma. Afora bens materiais e prestígio social, os patrocinados recebiam também proteção política. Mais tarde, no Renascimento, essa prática de estimulo às artes viria a ser designada como mecenato.

AS ESCOLAS DE DIREITO

Além dos cursos de filosofia e retórica, a que já nos referimos, e da criação de cátedras de medicina, matemática e mecânica, as escolas de direito se intensificaram nesse período, até porque a continuidade dos estudos era exigida no caso de se aspirar a posições mais altas, como cargos próprios da justiça e da administração superior.

Se durante a República um jurista aprendia o ofício de maneira informal, bastando acompanhar com frequência o trabalho dos tribunais, no Império os pretores eram magistrados especiais que julgavam os processos. Diante das conquistas romanas, surgiram cargos de pretores peregrinos, assim chamados por se dirigirem às comunidades submetidas e proceder a julgamentos levando em conta o direito de diversos povos, o que deu origem ao *direito das gentes*.

O crescente número de situações conflituosas exigiu, para facilitar o exame dos casos, que os juristas compilassem editos dos pretores, resoluções do Senado, decisões dos governadores provinciais e ordenações judiciais dos imperadores. Esse abundante material reunido propiciou o aperfeiçoamento do *direito romano* e, por consequência, a exigência de formação sistemática por quatro ou cinco anos, em razão da complexidade da nova ciência do direito, aplicada em grandes centros de estudo como Roma e Constantinopla.

CURSOS PROFISSIONAIS

É curiosa a procura de cursos de estenografia (ou taquigrafia), um sistema de notação rápida, cuja origem remonta talvez ao século IV a.C. – portanto ainda na República – e seu uso corrente aparece bem disseminado no tempo de Cícero. Esse recurso era exigido cada vez mais na atividade dos *notários* – hoje conhecidos como tabeliães –, inicialmente apenas secretários incumbidos de fazer anotações ao acompanhar os magistrados e os altos funcionários em suas atividades. Em seguida, suas funções adquiriram maior responsabilidade e poder.

Existiam ainda outros tipos de escolas técnicas profissionalizantes, voltadas às artes e ofícios. Segundo Franco Cambi, diferentemente do desprezo com que os gregos tratavam os escravos, em Roma desde cedo o trabalho braçal, fosse na agricultura ou no artesanato, manteve seu valor no correr no tempo. Por isso, geralmente essas atividades eram realizadas por homens livres ou libertos; inicialmente nas oficinas e, depois, com o apoio de escolas de formação profissional visando a especialização, sobretudo no Império, para o aprimoramento do artesanato de luxo. Nesses agrupamentos de mestres e alunos, já se encontrava o embrião das corporações.

Assim se constitui o pedagógio (em latim, *paedagogium*), voltado para vários tipos de ensino, não só para artesãos, mas para o aprendizado de diversos ofícios, como da medicina e do exército – neste caso, a fim formar o soldado "adestrado para o ofício das armas e o espírito de corporação". Havia ainda para o sacerdote, "preparando-o para um papel mediador social do sagrado, treinando-o para a leitura dos sinais dos deuses – auspícios – presentes no rito e em outros eventos, sacrifícios etc.".↵

PENSADORES ROMANOS: DE SÊNECA A PLOTINO

▶ CAMBI, Franco. *História da pedagogia*. São Paulo: Editora Unesp, 1999. p. 116.

Dissemos que a reflexão filosófica grega atraiu alguns intelectuais romanos, em razão da influência helenística, sobretudo dos sistemas epicurista e estoico, que floresceram no século III a.C. na Grécia, conforme vimos no capítulo 1. Por longo tempo foi marcante essa influência, sobretudo porque muitos jovens romanos eram enviados à Grécia para estudar, bem como gregos se dirigiam a Roma, inclusive aqueles mais cultos que, embora tenham se tornado escravos em razão da conquista, serviam de preceptores de jovens romanos. Comecemos pela influência estoica, com Sêneca, Epicteto e Marco Aurélio.

O estoicismo teve vida mais longa e suas ideias de certa maneira persistiram no período da Roma imperial, influenciando diversos pensadores, até aqueles que seguiam outras orientações e aproveitavam algumas de suas diretrizes, como Cícero, que já examinamos no período da República, mesclando-o em seu ecletismo. Entre os filósofos que preservaram os ideais estoicos, destaca-se o trio estabelecido em Roma representado por Sêneca, Epicteto e Marco Aurélio, todos do século I d.C., já no período imperial.

Lucius Sêneca (c. 4 a.C-65 d.C.) nasceu em Córdoba, na Espanha, e educou-se em Roma. Para ele, a educação deve preparar para o ideal estoico de vida, com base no domínio dos apetites pessoais, e por isso enfatiza a formação moral em detrimento do ensino de retórica, tradicionalmente valorizada, embora ele mesmo fosse excelente orador. Entre sua produção intelectual fecunda, destacam-se *Da brevidade da vida, Da tranquilidade da alma* e todos os trabalhos voltados para a orientação da conduta estoica pela virtude e controle de si. Próximo da morte, escreveu *Cartas a Lucílio*.

Preceptor de Nero, entrou para o Senado, onde sofreu grandes reveses, sendo acusado de conspiração e punido com o exílio. Ao obter perdão, tornou-se conselheiro do imperador. Aposentado, sofreu injusta acusação de participar de um complô malogrado para assassinar Nero, que o condenou a cometer suicídio.

Na sua vida conturbada, aplicou as regras estoicas para suportar a adversidade e compreendê-la como resultado do destino, diante do qual só resta aceitar, não de modo inerte, mas movido pela vontade que sabe como agir em cada situação, porquanto guiada pela razão. Para exemplificar, Sêneca faz referência à fragilidade de nossa vontade em confronto com o destino: "O destino guia quem o aceita e arrasta quem o rejeita".

Aberto a outras influências, via a filosofia como instrumento capaz de orientar o indivíduo para o bem viver, que não se encontra no gozo dos prazeres, mas sim no domínio das paixões, já que a felicidade consiste na tranquilidade da alma. Por isso a educação deve ser prática e vivificada pelo exemplo. Ocupou-se também com a psicologia como instrumento para a preservação da individualidade.

O estoico Epicteto (c. 50-130) nasceu na Ásia Menor e foi levado para Roma como escravo, onde se tornou professor de filosofia. Escolhido por quem o comprou, seu nome significa, em grego, "adquirido", "agregado". Pouco se sabe de sua infância, nem como chegou a Roma, onde recebeu a manumissão e abriu uma escola, até ser exilado em razão de um edito do imperador Domiciano, pelo qual expulsou todos os filósofos por considerá-los "perturbadores da ordem e inimigos do Estado". Seguiu então para uma cidade do oeste da Grécia, onde abriu uma nova escola, pela qual circularam alunos importantes. Seu principal discípulo e depois historiógrafo, Flávio Arriano, incumbiu-se de reunir suas aulas no livro *Conversações*.

Marco Aurélio (121-180), também conhecido como Marco Aurélio Antonino, nasceu em Roma e era filho de um pretor (magistrado da justiça na antiga Roma). Quando seu pai faleceu, foi adotado pelo imperador Adriano, de quem recebeu uma educação primorosa, inclusive com professores de filosofia estoica e, entre as leituras, obras de Epicteto. Quando eleito cônsul, casou-se com a filha de Antonino Pio, o novo imperador, chegando a sucedê-lo em 161, após a morte do governante.

Viveu de acordo com aspirações estoicas de busca de serenidade diante de condições adversas, pois, como imperador, recebeu um reinado com dificuldades, permeado de guerras contra partos, gauleses, germanos e outros povos bárbaros, até falecer em 180, após contrair tifo em região próxima a Viena. Mesmo nas campanhas de guerra conseguia tempo para "escrever para si mesmo" reflexões de natureza estoica que depois foram reunidas na obra *Meditações*.

Há ainda outras tendências nos séculos seguintes, como a do ceticismo, representado por Sexto Empírico (século III), grego que atuou em Alexandria e em Roma, um dos principais céticos que sofreram a influência pirrônica – tendência relativa a Pirro de Élida (c. 365-275 a.C.), fundador do ceticismo no período do helenismo grego.

Destacou-se também Plotino (c. 204-270), filósofo oriundo de família romana que nasceu no Egito e frequentou a escola de Alexandria, onde teve contato com o platonismo e escreveu tratados a respeito. Uma vez em Roma, reuniu seus escritos na obra ***Enéades***↓, que constitui a primeira grande síntese filosófica após Platão e Aristóteles, obra de difícil compreensão em que reúne influências do platonismo, do pitagorismo, de pensamentos orientais, elaborando, porém, novos conceitos e releituras próprias.

> ▶ ***Enéades***, do grego *ennéa*, "nove": a obra era constituída por seis livros, cada um deles com nove capítulos.

A obra de Plotino ainda era pagã, mas já havia em Alexandria, desde o século II, uma escola catequética de inspiração cristã, que começava pela integração da cultura grega com a mensagem de Cristo, preparando terreno para a filosofia Patrística, como veremos no próximo capítulo.

Os pensadores de que trataremos ainda no tópico a seguir não eram propriamente filósofos, mas educadores.

OS CASOS DE PLUTARCO E DE QUINTILIANO

Plutarco (c. 45-125), de origem grega e formação filosófica eclética, ensinou muito tempo em Roma. Reconhecia a importância da música e da beleza, bem como a formação do caráter. Dentre suas obras destaca-se *Vidas paralelas*, em que reúne valores gregos e romanos numa comparação biográfica de figuras importantes das duas nacionalidades, a grega e a romana, como, por exemplo, Péricles e Fábio Máximo, Demóstenes e Cícero, e assim por diante.

Na sequência, o grande representante da educação romana, Marco Flávio Quintiliano (35-96), nascido na Espanha e educado em Roma. Como um dos mais respeitados pedagogos romanos e titular da cátedra de retórica instituída pelo imperador Vespasiano, recebia pagamento diretamente do governo. Lecionou durante vinte anos e sua obra *A educação do orador* (*Institutio oratoriae*) adquiriu enorme aceitação, estendendo a fama além de seu tempo.

Orador famoso como Cícero, mas, ao contrário deste, Quintiliano distanciou-se da filosofia, preferindo focar na formação do orador e no estudo das artes liberais. Valorizava a psicologia como instrumento para conhecer a individualidade do aluno, sem se prender a discussões teóricas, procurando fazer observações técnicas e indicações práticas. Para ele, os cuidados com a criança começam na primeira infância, desde a escolha de uma boa ama, prosseguindo na iniciação às letras, ocasião em que sugeria o ensino simultâneo de leitura e escrita, criticando as formas vigentes por dificultarem a aprendizagem. Recomendava alternar trabalho e recreação para que a atividade escolar fosse menos árdua e mais proveitosa, além de valorizar a aprendizagem em grupo, por favorecer a emulação, de natureza altamente saudável e estimulante. Na mesma linha de atuação, os castigos seriam evitados caso o mestre tivesse uma boa formação moral e disposição para compreender a individualidade de cada um.

O ideal da formação encíclica, além da oratória, indicava o estudo da gramática, a fim de alcançar a clareza, a correção, a elegância; e, ao valorizar os clássicos, como Homero e Virgílio, reconhecia na literatura não só o aspecto estético, mas o espiritual e o ético. Incluiu no seu projeto a matemática, a música e a geometria, além dos exercícios físicos, desde que realizados sem exagero.

Apoiado em Aristóteles, analisava os dados físicos, psicológicos e morais que compõem a figura do orador, destacando a instrução geral e os exercícios, capazes de tornar a aprendizagem uma segunda natureza. A repercussão do trabalho de Quintiliano não se restringiu a seu tempo, retornando com vigor na época da Renascença.

DECADÊNCIA DO IMPÉRIO E HERANÇA LATINA NO OCIDENTE

A crescente desagregação do Império Romano levou o imperador Constantino, em 330, a transferir a sede do governo de Roma para a cidade de Bizâncio, nome posteriormente substituído por Constantinopla (atualmente, Istambul). Quando o Império Romano foi dividido em duas partes – Oriente e Ocidente –, o Império do Oriente (ou

Bizantino) desenvolveu intensa vida cultural e religiosa durante todo o período subsequente. No início da Idade Média, essa cidade seria local de efervescência intelectual, acolhendo inúmeros copistas que aprimoraram cuidadosas técnicas de reprodução de obras clássicas.

Outro aspecto digno de nota no período de decadência foi a crescente importância da educação cristã, que, inicialmente de culto proibido, em seguida manteve-se restrita ao âmbito doméstico, para então se expandir, tornando-se religião oficial. Os cristãos repudiavam a cultura pagã e controlavam a literatura que entendiam ser ofensiva aos valores evangélicos, embora intelectuais romanos continuassem defendendo a tradição, até que no século IV tornou-se impossível o confronto entre os dois modelos culturais, sinalizando a entrada na Idade Média. Surgiram então os teólogos, que adaptaram os textos clássicos pagãos à verdade revelada, assuntos que serão objeto do próximo capítulo.

Não é simples destacar em poucas linhas os pontos importantes da longa história da Antiguidade romana, se a considerarmos desde seus primórdios no século VIII a.C. até a tomada do Império do Ocidente pelos bárbaros, no século V d.C. Neste capítulo, acompanhamos em breves passos o desenrolar de uma educação inicialmente rural, militar e rude, até os requintes da formação encíclica, já amalgamada com a cultura grega, embora literária e com ênfase na retórica. Do ponto de vista da educação efetivamente dada, por se tratar de uma sociedade escravista, mantiveram-se os privilégios da formação intelectual da elite dominante. Certamente por esse motivo os modelos foram tão importantes para os antigos.

Sobre as ressonâncias da cultura latina na Idade Moderna, destacamos, entre outras, a persistência do latim – língua dos intelectuais medievais, como Agostinho de Hipona e Tomás de Aquino –, apesar do nascimento das línguas vernaculares europeias, sobretudo as neolatinas, sob diferentes formações de acordo com as regiões. Essa persistência ainda se notava no século XVII, quando filósofos como Descartes, Espinosa e outros escreviam suas obras em latim clássico – diferente do latim vulgar –, mesmo que já houvesse exemplos contrários, como Dante Alighieri, que escreveu *A divina comédia* no italiano de Florença, publicada no início do século XIV.

O latim também foi a língua do cristianismo, que manteve seu uso até meados do século XX em cerimônias religiosas, como a missa cristã, ao passo que no Vaticano ainda é uma das línguas oficiais. Na contemporaneidade, o latim encontra-se, ademais, na nomenclatura da biologia, da paleontologia e de outras ciências, servindo para nomear gêneros e espécies. Além da língua, o Direito foi uma importante inovação romana, que mantém sua influência para além da terminologia jurídica, usada até hoje por profissionais da área.

Resta lembrar que, se a nossa tradição ocidental é herdeira da cultura greco-romana, também vale atentar para a advertência do historiador Marrou, quando critica aqueles que engrandecem a Grécia e menosprezam a pouca "originalidade" de Roma. Diz ele:

[...] para o historiador, a criação original não é o único título com que uma civilização possa glorificar-se. Sua grandeza histórica, a importância do seu papel na humanidade medem-se não apenas por seus valores intrínsecos, mas também por sua extensão, por sua radicação no tempo e no espaço.↪

▶ MARROU, Henri-Irénée. *História da educação na Antiguidade*. São Paulo: EPU; Edusp, 1973. p. 449.

SUGESTÕES DE LEITURA

MARROU, Henri-Irénée. *História da educação na Antiguidade*. São Paulo: EPU; Edusp, 1973. p. 443-445.

QUINTILIANO. Institutio oratoria. In: ROSA, Maria da Glória de. *A história da educação através dos textos*. São Paulo: Cultrix, s.d. p. 76 e 78.

ATIVIDADES

1. "A Grécia vencida conquistou por sua vez o rude vencedor e levou a civilização ao bárbaro Lácio" (Horácio). Explique quem foi Horácio, o que é o Lácio e qual o significado da frase.

2. "As armas não tinham conseguido submetê-los a não ser parcialmente; foi a educação que os domou" (Plutarco). Explique o significado da frase, a propósito da expansão romana.

3. Em que sentido uma sociedade de economia escravista orienta o teor das concepções pedagógicas?

4. Comente a importância da educação pública no Império.

5. Lívio Andrônico, um grego de Tarento, cidade da Magna Grécia, foi levado para Roma como escravo depois de sua cidade ter sido conquistada em 272 a.C. Com base na história desse grego, analise a tendência da educação romana após a conquista da Grécia.

6. *Mens sana in corpore sano*, "Mente sã em corpo são", eis a famosa máxima do poeta Juvenal. Faça uma pesquisa sobre o significado dessa máxima para os povos da Antiguidade greco-romana. Em seguida, levante dados da história atual, para observar o lugar que a educação física passou a ocupar. Por fim, reflita sobre a valorização do corpo, a partir de 1960 e durante as décadas seguintes, com a sua exacerbação na década de 2010. Discuta com seu grupo em que medida esse processo significa um desequilíbrio dos dois polos inseparáveis contidos naquela máxima.

7. Com base nos fragmentos a seguir, explique como o modelo de *humanitas* se realiza no ideal de *orator*. Em seguida, comente a proximidade entre o conceito de *humanitas* e o de *paideia*.

No *De oratore*, publicado em 55 a.C., Cícero desenvolve plenamente sua concepção educativa. O verdadeiro orador é o homem ideal que reúne em si capacidade de palavra, riqueza de cultura e capacidade de participar da vida social e política, como protagonista. É o homem da *pólis* grega, reativado e universalizado pelo culto da *humanitas*, que se completa com o estudo das artes liberais, das *humanae litterae* e da retórica em particular.

CAMBI, Franco. *História da pedagogia*. São Paulo: Editora Unesp, 1999. p. 109.

O que eu quero é formar não mão de obra para tribunais, nem uma voz mercenária, e nem – para poupar termos desagradáveis – um advogado de muita utilidade nos litígios, enfim, desse tipo que o vulgo chama de causídico, mas sim um homem que, além de preeminente por seus dons naturais, ainda tenha cingido com entendimento profundo os tantos nobilíssimos saberes, enfim, um presente dado à humanidade, o qual jamais fora conhecido desde os tempos mais remotos, ser único e perfeito em todos os sentidos, que concebe as coisas mais sublimes e fala da maneira mais sublime.

QUINTILIANO. Institutio oratoria. Apud: VASCON-CELOS, Beatriz Avila. Quatro princípios de educação oratória segundo Quintiliano. In: *Phaos*, São Paulo, n. 2, 2002. p. 206. Disponível em: <http://mod.lk/aroyp>. Acesso em: 29 jan. 2019.

8. Quintiliano considerava as impressões da infância como as que se guarda com maior tenacidade; comparava-as com a primeira cor que tinge uma lã branca e não desaparece mesmo após lavagens. A importância atribuída pelo pensador à infância o tornou um desta-

cado pedagogo. Com base nisso e no que foi discutido neste capítulo, comente o trecho a seguir.

O desejo de fertilizar os talentos de seus alunos conduz Quintiliano ainda a uma postura pedagógica que busca adaptar o ensino às aptidões naturais do discípulo. Caso o aluno seja tímido, deve-se-lhe desenvolver a ousadia. Se temerário, deve-se-lhe impor freios. O ensino (*ars/doctrina*) deve agir sobre a natureza (*natura/ingenium*), preenchendo aquilo que falta e tirando o que sobra. É a imagem do escultor trabalhando no mármore a usada por Quintiliano para simbolizar a relação *doctrina* (a mão que molda) e *natura* (o material que é moldado). [...]
O princípio do respeito à natureza do aluno rege também os métodos de avaliação escolar. Nesse item, como em tantos outros, Quintiliano segue o princípio da moderação. Não deseja professores permissivos nem demasiadamente entusiasmados com o sucesso dos discípulos. Deve-se felicitar quando há mérito, mas sempre moderadamente, ele afirma. Por outro lado, critica veementemente professores que abusam de sua autoridade, infligindo castigos violentos e reprimindo com hostilidade. Acredita que uma severidade excessiva na correção dos erros desanima os jovens, pois que eles perdem as esperanças, sofrem e no fim acabam pegando aversão ao estudo. Que o professor, devendo ser amável,

tenha sempre uma palavra de ânimo para o discípulo.

VASCONCELOS, Beatriz Avila. Quatro princípios de educação oratória segundo Quintiliano. In: *Phaos*, São Paulo, n. 2, 2002. p. 210-211. Disponível em: <http://mod.lk/aroyp>. Acesso em: 29 jan. 2019.

SUGESTÃO PARA SEMINÁRIOS

Esta sugestão consiste na elaboração de seminários. Pode-se escolher trabalhar exclusivamente um dos textos ou articulá-lo com os demais, ressaltando suas similaridades e divergências. Para a melhor compreensão de cada assunto, vale proceder com fichamento de texto, pesquisas e consulta a outras fontes, análise crítica e elaboração de uma pequena dissertação que sistematize a leitura e as conclusões obtidas.

No primeiro dos textos que sugerimos para os seminários, Barbara Cassin problematiza a frase "Pode-se simular a filosofia, não a eloquência", de Quintiliano, lembrando a descrença deste pela filosofia e o privilégio concedido à oratória. No segundo texto, o professor João Feres Júnior discute o conceito de interesse público confrontado ao tema da corrupção, que permeia todo o livro, e recupera a fórmula do direito romano *id quod interest* ("aquilo em que um toma parte"). Por fim, no terceiro texto, Max Weber comenta o conceito de demagogia, o qual, herdado da Antiguidade, preserva certa ligação com a oratória mesmo na Idade Moderna. O autor comenta, ainda, a relação entre a imprensa e o comando político, tratados sobre o viés demagógico.

1. CASSIN, Barbara. *A máscara e a efetividade, ou* Philosophia enim simulari potest, eloquentia non potest. In: *Discurso*, São Paulo, n. 21, 1993. p. 121-169. Disponível em: <http://mod.lk/ihbpb>. Acesso em: 29 jan. 2018.
2. FERES JÚNIOR, João. Interesse público. In: AVRITZER, Leonardo; BIGNOTTO, Newton; GUIMARÃES, Juarez; STARLING, Heloisa Maria Murgel (Orgs.). *Corrupção*: ensaios e críticas. 2. ed. Belo Horizonte: Editora UFMG, 2012. p. 87-93.
3. WEBER, Max. *A política como vocação*. Brasília: Editora UnB, 2003. p. 44-60.

CAP. 3

Idade Média: a educação mediada pela fé

Escultura representando Pedro Abelardo (c. 1853).

Apresentando o capítulo

A Idade Média abarca um período de mil anos, desde a queda do Império Romano (476) até a tomada de Constantinopla pelos turcos (1453). Esse longo espaço de tempo dificulta a descrição de suas principais características sem incorrer no risco de simplificação. Não convém considerar tal período como intelectual e culturalmente obscuro, apesar de retrocessos em diversos setores, dependendo da época e do lugar de que tratamos. Denominações como "a grande noite de mil anos" ou "idade das trevas" resultaram da visão pessimista e tendenciosa que o Renascimento elaborou a respeito da Idade Média, pois, entremeando perdas, houve vários momentos de expressão de uma rica produção cultural, às vezes bastante heterogênea.

No Ocidente, a cultura medieval é um amálgama de elementos greco-romanos, germânicos, cristãos, tendo em vista que na Antiguidade tardia os povos de origem germânica dividiram o Império Romano em diversos reinos, o que acarretou um estágio de retração econômica, social e cultural. No Oriente, por outro lado, as civilizações de Bizâncio e do islã conseguiram fecundar de forma brilhante a primeira fase da Idade Média, mantendo a cultura viva e efervescente, além de se tornarem guardiães da tradição greco-romana.

CONTEXTO HISTÓRICO

No boxe a seguir, sintetizamos uma cronologia para identificar os principais marcos desse período.

> **BREVE CRONOLOGIA DO PERÍODO**
>
> - Divisão do Império Romano em Império do Ocidente e Império do Oriente (395).
> - Império Romano do Oriente ou Império Bizantino (395 a 1453).
> - **Idade Média:** da queda do Império Romano do Ocidente (476) à tomada de Constantinopla pelos turcos (1453).
> - **Expansão islâmica:** iniciada no século VII, estendeu-se em direção ao Norte da África e à Península Ibérica, retrocedendo quando foi reconquistado o último reduto islâmico na Europa, em Granada, Espanha (1492).

IMPÉRIO BIZANTINO

Enquanto o antigo Império Romano do Ocidente se fragmentava em inúmeros reinos bárbaros, o Império Romano do Oriente, ou Bizantino, conseguiu manter uma estrutura relativamente duradoura por um milênio, até o final do século XV, quando sua capital, Constantinopla, foi tomada pelos turcos. No início, após a separação, prevaleceu a tradição romana, com o uso do latim, e o papa de Roma ainda dispondo de autoridade para decidir sobre questões da religião cristã. Com a estrutura administrativa herdada da tradição romana, a civilização bizantina manteve-se econômica e culturalmente adiantada, ao passo que o Ocidente decaía.

Outra diferença marcante entre Roma e Bizâncio diz respeito à religião, pois, se na primeira a Igreja se impôs sobre a política secular, na segunda o imperador assumiu características sacerdotais, tomando decisões importantes, como a escolha do patriarca, chefe espiritual bizantino, que antes zelava pela separação dessas funções. Com essa alteração, em várias ocasiões, o imperador interferiu na escolha de papas, patriarcas e outros representantes eclesiásticos, inclusive em decisões significativas como a levada a cabo em 730, quando o imperador Leão III deu início ao movimento iconoclasta, decidindo pela proibição de imagens de santos com o argumento de estimularem a idolatria.

No século V, o imperador Justiniano foi responsável pela grande revisão e sistematização do direito romano. Durante esse governo, o Império Bizantino alcançou sua máxima extensão, abrangendo Grécia, Ásia Menor, Oriente Médio, algumas regiões da

Itália, Norte da África e sul da Espanha. No século X, deu-se um grande progresso no comércio de sedas, especiarias, peles e escravos. Mercadores de várias nacionalidades e religiões, fossem judeus ou muçulmanos, vindos de Veneza, Grécia ou Rússia, tornavam Constantinopla um grande centro de negócios.

Com o tempo, falaram mais alto as raízes gregas, com a retomada da língua helênica, e as asiáticas, com a orientalização de Bizâncio em razão do contato com povos da Ásia. Como os imperadores haviam assumido decisões no campo religioso, as divergências com o papado culminaram em 1054 com a criação da Igreja Cristã Ordodoxa Grega, acontecimento conhecido como *Cisma do Oriente*↳, pelo qual as duas Igrejas se separaram e os bizantinos recusaram a autoridade do papa de Roma, escolhendo o seu entre sírios e gregos.

> ▶ **Cisma:** cisão, separação, dissidência (religiosa, política ou literária). Além do Cisma do Oriente, ocorreu o Cisma do Ocidente, quando foram eleitos dois papas, um em Roma e o outro em Avinhão, na França (1378 a 1417).

EXPANSÃO DA CIVILIZAÇÃO ISLÂMICA

Na Península Arábica, viviam tribos em constante conflito, ocasionando grandes prejuízos para o comércio, até que no século VII, o profeta Maomé fundou a religião islâmica, ou muçulmana, e unificou as tribos árabes por meio de pregação, mas sem desprezar a ação guerreira. O islamismo é uma religião monoteísta e seu livro sagrado, o *Alcorão*, traz a palavra de Alá, que orienta a conduta moral e religiosa dos fiéis. Destaque-se que o governo instaurado por Maomé era teocrático por predominar o poder religioso sobre o Estado.

Os califas, seus seguidores, expandiram o islamismo por diversas regiões do Oriente Médio e, depois, em todo o Norte da África, para então alcançar Portugal e Espanha, no início do século VIII. A Espanha era um reino dominado pelos visigodos, bárbaros de origem germânica, e que naquele momento se encontravam enfraquecidos internamente, além de não contarem com o apreço da população nativa, circunstância favorável à conquista islâmica do novo território. Do Norte da África, os muçulmanos entraram pelo estreito de Gibraltar e foram conquistando o território com relativa rapidez, até se estabelecerem em Córdoba, escolhida em 756 como capital do império hispano-muçulmano de Al-Andaluz – hoje, Andaluzia.

Vale dizer que o saneamento financeiro e a integração sociocultural entre cristãos, árabes e judeus ocorreram em razão da reforma monetária e da política de tolerância religiosa no convívio das três religiões: cristianismo, islamismo e judaísmo. A reconquista cristã se deu no período entre o século XI e o XV, na medida em que os reis cristãos do norte da Península Ibérica pressionaram pouco a pouco os invasores até expulsá-los de seu último reduto, o Reino de Granada, em 1492.

A civilização islâmica, além da cultura árabe original, assimilou elementos dos povos vencidos, tornando muito rica a sua influência nos locais onde se instalou, pois os árabes eram conhecedores de filosofia, ciência e literatura dos gregos antigos, além de traduzirem inúmeras obras clássicas, algumas delas depois assimiladas pelos cristãos inicialmente por essa via.

O enfraquecimento do poder islâmico começou à leste, a partir do século XIII, com as incursões dos mongóis e mais tarde dos turcos, enquanto na Europa a reconquista cristã os expulsou lentamente da Península Ibérica, até a queda do Reino de Granada, no século XV. Justamente nas regiões do sul de Portugal e Espanha, em que os mouros permaneceram por mais tempo, encontramos até hoje os sinais fecundos dessa passagem.

A EUROPA CRISTÃ

No Ocidente europeu, a história da Idade Média divide-se em dois períodos: a *Alta Idade Média*, de 476 ao século X, e a *Baixa Idade Média*, que se estendeu até o século XV. O período da Alta Idade Média, marcado pelas invasões bárbaras e a formação dos primeiros reinos germânicos, caracterizou-se pela desagregação da antiga ordem, que forçou o despovoamento das cidades, com a perda de sua importância e a insegurança dos novos tempos, provocando um acentuado processo de ruralização até o século IX.

Na virada do Ano Mil teve início a Baixa Idade Média, caracterizada pelo renascimento das cidades e do comércio, bem como o ressurgimento das artes e de lutas sociais e religiosas. Na primeira fase, todos procuravam proteção ao lado do castelo do senhor, e a sociedade se tornou agrária, autossuficiente na atividade agrícola e no artesanato caseiro. O direito romano entrou em desuso, o comércio local retringiu-se, predominando os negócios à base de trocas e houve, assim, forte retração da circulação de moedas. A prática escravista perdeu força, substituída pelo trabalho de servos, que, embora livres, dependiam de seus senhores. Aos poucos, configurava-se o *feudalismo*, sistema que não se desenvolveu ao mesmo tempo nem apresentou práticas uniformes do mesmo modo em todos os lugares.

Em geral a sociedade medieval compunha-se de três estamentos diferentes: a nobreza que guerreia, o clero que reza e o povo que trabalha. No mundo feudal, a condição social era determinada pela relação com a terra, e por isso os proprietários (nobreza e clero) tinham poder e liberdade. Por sua vez, no outro extremo, os servos da gleba, que nada possuíam, estavam impossibilitados de abandonar as terras de seu senhor, sendo obrigados a lhe prestar serviços.

Essencialmente aristocrática, a sociedade estabeleceu laços de *suserania* e *vassalagem* que entremeavam as relações entre os senhores de terras. A nobreza e o clero estavam no alto da pirâmide, ao passo que a pequena nobreza, constituída de duques, marqueses, condes, viscondes, barões e cavaleiros, disputava entre si. Com o passar do tempo, alguns senhores conseguiram até se tornar mais poderosos que os reis, que tiveram seu poder fragilizado em virtude da divisão dos territórios, da crescente autonomia dos senhores locais e da supremacia do papa.

Apesar das instabilidades e turbulências do início da Idade Média, a herança cultural greco-latina permaneceu resguardada nos mosteiros, tornando os monges os principais letrados, pois a maioria das pessoas durante esse período não sabia ler, o que permite compreender a influência da Igreja como elemento agregador não só no controle da educação, como no acolhimento de princípios morais, políticos e jurídicos da sociedade medieval.

Além de espiritual, o poder da Igreja tornou-se efetivamente político no momento em que os chefes de reinos bárbaros compreenderam a importância da conversão ao cristianismo. Não deixa de ser significativa a cerimônia de coroação do rei franco Carlos Magno pelo papa Leão III, no ano 800, o que consolidou o Império Carolíngio, estendido dos Pirineus à metade norte da Itália. Após esse período, conhecido como *renascimento carolíngio*, outra fragmentação provocou novo período de retração cultural.

No decorrer da Baixa Idade Média, a partir do século XI, a atividade da burguesia comercial em ascensão reavivou as cidades do ponto de vista econômico, político e cultural, culminando com a criação das universidades. Nesse estado de coisas, a burguesia começava a se opor ao poder dos senhores feudais, do mesmo modo que as heresias ameaçavam a ortodoxia religiosa. Tão grande era o temor provocado pelas contestações que a Igreja conservadora resolveu instalar a *Inquisição* ou *Santo Ofício*, cujos tribunais se espalharam a partir do século XII, inicialmente na França e depois por boa parte da Europa, para apurar os "desvios da fé". Ordens religiosas, sobretudo a dos dominicanos, assumiram o trabalho de manter a ortodoxia religiosa, com censura e rigor, determinando a queima de seus livros e a punição de dissidentes, muitas vezes com a pena de morte.

No período final da Idade Média, o embate entre os reis e o papa evidenciava o ideal de secularização do poder em oposição à política intervencionista da Igreja, e anunciava esforços de formação das monarquias nacionais. No seio da sociedade, a contradição entre os habitantes da cidade (os burgueses) e os nobres senhores deu início aos primeiros tempos do capitalismo.

EDUCAÇÃO NA ALTA IDADE MÉDIA

Começaremos com a educação de bizantinos e árabes, para depois nos concentrarmos na tradição europeia cristã, responsável por exercer uma influência mais significativa no Ocidente. Na primeira fase da Idade Média, o Império Bizantino e a civilização islâmica mantiveram intensa atividade cultural, conservando a literatura clássica e inovando sobre a tradição. Consequentemente, a atividade educativa nesses locais também foi mais rica naquele período.

EDUCAÇÃO BIZANTINA

O Império Bizantino, como na Europa Ocidental, deu continuidade à vida religiosa cristã, mantendo a preocupação com as heresias, porém, de acordo com explicação do historiador francês Henri-Irénée Marrou, a civilização bizantina, embora "tão profundamente cristã, que dá tanta importância às questões propriamente religiosas e especialmente à teologia, continuou obstinadamente fiel às tradições do humanismo antigo".↲

▶ MARROU, Henri-Irénée. *História da educação na Antiguidade*. São Paulo: EPU; Edusp, 1973. p. 518-519.

Resta pouca documentação sobre o ensino primário e secundário em Bizâncio, mas é certo que não predominava o ensino religioso nas escolas, pois os clássicos pagãos eram lidos sem restrição, característica que distingue fortemente as escolas bizantinas daquelas do Ocidente cristão, como veremos. A meta da educação continuava semelhante à estabelecida na Antiguidade, com foco na formação humanista e na preparação de funcionários capacitados para a administração do Estado.

Sobre as escolas superiores existem informações mais detalhadas, com destaque para a Universidade de Constantinopla, importante centro cultural fundado em 425 e mantido até 1453. Embora sofresse saques no início do século XIII e em 1453, aquela universidade acolheu milhares de obras clássicas da Biblioteca Imperial, além do que havia sobrado da Biblioteca de Alexandria. Somando-se a isso, orientou estudos fecundos de filosofia e ciências, bem como garantiu a sistematização do direito romano na época de Justiniano (483-565), levada a efeito pelos seus juristas.

A importância dessa realização decorreu de cuidadosa compilação de textos jurídicos romanos, já publicada anteriormente, em 438, e depois revogada por Justiniano para sua ampliação, ao introduzir leis imperiais bizantinas, extratos de jurisconsultos romanos e orientações didáticas para o ensino de direito, as quais constituíram o *Corpus Juris Civilis*, cuja influência é sentida até hoje nos códigos jurídicos de grande parte da Europa e da América.

Nos estudos religiosos, realizados à parte na escola monástica, prevalecia o interesse espiritual e ascético, hostil mesmo ao humanismo pagão, ao passo que na escola patriarcal – em que os professores eram nomeados pelo patriarca –, mesmo que a formação religiosa fosse bastante vigorosa, o ensino não se restringia a ela, abrindo-se também à tradição clássica, interessada em elaborar de forma original o humanismo cristão.

Após a conquista turca, o antigo Império entrou em declínio, porém, segundo Marrou, tal como ocorrera com o Ocidente no início da Idade Média, a Igreja grega reagiu do mesmo modo: "em cada aldeia, à sombra da igreja, o padre reúne as crianças e empenha-se, o mais possível, em ensiná-las a ler – o **saltério**↲ e os demais livros litúrgicos –, de modo a 'preparar para si um sucessor competente'".↲

EDUCAÇÃO ISLÂMICA

Em período anterior ao de sua fixação na Europa, os árabes se beneficiaram do renascimento cultural ocorrido no século VIII em Bagdá (Mesopotâmia), intensificado no século seguinte com a criação da Casa da Sabedoria, centro de estudos que agregou um

▶ **Saltério:** coleção de salmos do Antigo Testamento; também designa um instrumento de cordas.

▶ MARROU, Henri-Irénée. *História da educação na Antiguidade*. São Paulo: EPU; Edusp, 1973. p. 521.

corpo de sábios e tradutores de obras científicas vindas da China e da Índia. Esses literatos árabes também entraram em contato com os núcleos de cultura de origem grega e cristã instalados no Oriente, sobretudo na Pérsia, e que mantinham a herança de Alexandria e da Grécia clássica. Os árabes traduziram ainda Platão, Aristóteles e Plotino, criaram observatórios astronômicos, além de intensificarem os estudos de óptica, geografia, geologia, agronomia, matemática e meteorologia.

Na astronomia, aperfeiçoaram os métodos trigonométricos para o cálculo das órbitas dos planetas, chegando a desenvolver o conceito de seno e introduziram no Ocidente os algarismos arábicos – adaptados dos algarismos hindus –, como também foram os criadores da álgebra. Na medicina, divulgaram obras de Hipócrates e de Galeno, realizando um trabalho original de organização desses conhecimentos. Na alquimia, aceleraram a passagem do ocultismo para o estudo racional e cuidadoso de minerais e metais por meio da sistematização de fatos observados durante várias gerações e de trabalhos de observação e experiências.

Os árabes destacaram-se igualmente nos estudos da alquimia; e o maior entre os estudiosos foi Jabir ibn Hayyan (c. 721-815), nascido na Pérsia (atual Irã); leitor de obras do período alexandrino, mesclava-as com elementos místicos do pitagorismo e alegorias persas. Esse amálgama de crenças sofreu críticas de alguns, que preferiam apenas admirar os resultados práticos dessas pesquisas, indicativas do que seria, posteriormente, a ciência da química. Nesse sentido, ao se estabelecerem na Europa dominada por bárbaros, os árabes traziam uma cultura mais refinada do que a vigente.

Retomando a importância da cultura árabe naquele momento histórico, realçamos uma influência muito forte na produção filosófica, pois, enquanto os cristãos medievais dispunham da obra de Platão mas tinham acesso restrito à de Aristóteles, os árabes já haviam traduzido a maior parte da obra deste filósofo grego, o que permitiu ser interpretada por diversos comentadores. Lembrando a Casa da Sabedoria, destacada no tópico anterior, além da influência na ciência, havia sábios liberais e influentes, como Abu Yusuf Al-Kindi (801-873), chamado o "primeiro filósofo árabe", que se debruçou sobre as obras clássicas de Platão e Aristóteles, além de Plotino, já do período helenístico, com sua filosofia neoplatônica. Al-Kindi não se ocupou apenas de filosofia, envolvendo-se com vários ramos da ciência. O interesse por Aristóteles manteve-se no século XI com o persa Ibn Sina (Avicena), e a tradução de suas obras para o latim foi recebida com entusiasmo pelos cristãos, desde Tomás de Aquino (1225-1274) a Duns Scot (c. 1266-1308).

Embora também se recorresse a preceptores particulares, por volta do século X, os árabes criaram inúmeras escolas primárias para ensinar leitura, escrita e a recitar o *Alcorão* de cor, com o objetivo de conhecer a palavra de Alá e, por meio dela, ser educado moralmente. Durante a influência árabe, as cidades de Córdoba, Toledo, Granada e Sevilha, na atual Espanha, tornaram-se grandes centros irradiadores de cultura.

No século XII, o foco cultural deslocou-se do Oriente para o mundo muçulmano ocidental, no Marrocos e na Espanha, onde despontou a figura de Abu'l Walid Muhammad Ibn Ruchd (1126-1198), ou Averróis, como ficou conhecido na língua latina. Nasceu em Córdoba, viveu em Sevilha e no Marrocos, onde faleceu. Em Córdoba, recebeu educação religiosa tradicional do *Alcorão*, seguida por formação jurídica e médica, tendo ocupado cargos importantes. Ao frequentar a corte de Abu Yaqub, conhecedor de Platão e Aristóteles, já traduzidos para o árabe, o sultão incumbiu Averróis de tornar aqueles textos mais compreensíveis, desafio que o transformou no principal comentador de Aristóteles de sua época, permitindo aos teólogos do Ocidente cristão entrarem em contato com mais obras do filósofo grego. Além dessa atividade filosófica, exerceu a medicina na corte, sendo confirmado nessas funções por Al-Mansur, príncipe que sucedeu a Abu Yaqub em 1184.

Averróis conservou a mente aberta na discussão dos embates entre fé e razão e admitia a eternidade do mundo – diferentemente da crença cristã na criação divina –, além de negar a imortalidade da alma. Por outro lado, sua confiança na razão era total e ilimitada, o que contrariava a concepção islâmica vigente de subordinação da razão às verdades da fé. De acordo com sua "doutrina da dupla verdade", a verdade filosófica não precisa coincidir com a verdade teológica. O filósofo caiu em desgraça onze anos depois, quando Al-Mansur intensificou a Guerra Santa contra os cristãos, ocasião em que o filósofo não demonstrou entusiasmo pela empreitada e, por esse motivo, foi condenado por "impiedade religiosa", passando a sofrer a fase de perseguição e exílio que o atingiu e a outros sábios. Os novos tempos indicavam a mudança de orientação responsável pela restrição da liberdade de pensamento, até então em vigor na cultura árabe.

A tradição árabe exerceu indiscutível influência no desenvolvimento da ciência e da filosofia, inclusive no Ocidente, entre os séculos VIII e XII. Depois disso, a tensão que sempre existira entre pensamento racional e fé religiosa pendeu para esta última, o que prejudicaria a pesquisa científica independente, retraindo a valiosa contribuição árabe.

PAIDEIA CRISTIANIZADA: PRIMEIROS TEMPOS

No longo período de mil anos da Idade Média ocidental, as civilizações bizantina e islâmica floresceram culturalmente, ao passo que o Ocidente cristão mergulhou em fases de retração e obscuridade. Um dos motivos para tanto consiste na continuidade cultural bem-sucedida nos dois casos citados, ao contrário das regiões de influência marcadamente cristã; nestas últimas, além de precisarem ultrapassar um período de forte rejeição por parte de uma sociedade pagã, foi necessária uma atividade longa e árdua de incorporação da herança greco-romana, despojada dos elementos considerados contrários à fé cristã.

Examinemos agora algumas diferenças fundamentais entre a mentalidade pagã e a cristã. A religião grega era politeísta e, apesar de os filósofos clássicos terem refletido sobre um princípio ordenador de todas as coisas, tratava-se de um reconhecimento puramente intelectual. Por exemplo, para Platão (c. 428-347 a.C.), quem ordena o caos é o Demiurgo; Aristóteles (c. 384-322 a.C.) recorre ao Primeiro Motor Imóvel; e Plotino (c. 204-270) analisa o princípio transcendente do Uno. Assim, ao reconhecerem algum princípio ordenador, os três filósofos antecipam de certo modo aspectos da orientação monoteísta, embora a religião grega vigente permanecesse politeísta. Ainda mais, até nas teorias filosóficas não havia o conceito de criação – os gregos aceitavam a eternidade da matéria –, tampouco o de providência, pois descreviam o divino como indiferente ao destino humano. Pensando em outro fator de diferenciação da cultura politeísta, vale destacar que para os gregos a lei moral deriva da própria natureza, ao passo que para os cristãos a lei é um mandamento divino e sua desobediência constitui pecado. Além disso, o cristianismo refere-se à "ressurreição dos mortos", pela qual, no fim dos tempos, corpo e alma teriam vida eterna no paraíso ou no inferno, como recompensa ou condenação por seus atos.

Foi nesse ambiente que surgiu o cristianismo, como uma das poucas religiões monoteístas da Antiguidade: além dele, o judaísmo, que o antecedeu, e o islamismo, que o sucedeu. A religião cristã surgiu em uma comunidade judaica e de lá se difundiu, inicialmente enfrentando perseguições e martírios. Como Jesus de Galileia, seu fundador, era judeu, a nova religião incorporou as leis judaicas, que constituem o que os cristãos passaram a chamar de Antigo Testamento, por anteceder o Novo Testamento, reservado para manter vivas as palavras de Jesus, inicialmente transmitidas de forma oral pelos evangelistas e escritas apenas tardiamente. As duas obras constituem a *Bíblia* cristã, na qual se encontram as verdades canônicas, isto é, verdades que contêm a "regra" em que o crente deve se apoiar, com a convicção de que decorreriam da revelação divina.

Era inevitável que os cristãos temessem a influência negativa da produção intelectual da Antiguidade sobre os fiéis, ao mesmo tempo que não se podia rejeitar, em bloco, a fecunda herança cultural. A solução encontrada foi a lenta adaptação do legado greco-romano à fé cristã. Aos poucos, os mosteiros enriqueceram suas bibliotecas com o trabalho cuidadoso e paciente de monges copistas, de tradutores experientes, que vertiam para o latim textos selecionados da literatura e filosofia gregas, à medida que bibliotecários meticulosos controlavam as leituras permitidas ou proibidas, a fim de disseminar e preservar a fé do rebanho, obedecendo a ordens superiores.

Cientes de que apenas isso não seria suficiente para prevenir os desvios da fé, ao mesmo tempo estudiosos adaptavam o pensamento grego ao novo modelo de humanidade adequado à concepção de vida cristã. O ponto de partida era sempre a verdade revelada por Deus, a autoridade indiscutível do texto sagrado a que se adere pela graça da fé. Na luta contra os pagãos e no trabalho de conversão, buscava-se demonstrar que a fé não contrariava a razão: seria este o projeto para apresentar a razão como instrumento da fé, o que exigiu uma reflexão sistematizada, conhecida como *filosofia cristã* – expressão que provocou intensas discussões –, estendida por dois grandes períodos.

- ▶ *Patrística*: filosofia dos Padres da Igreja, do século II ao V (portanto, ainda no período da Antiguidade).
- ▶ *Escolástica*: filosofia das escolas cristãs ou dos doutores da Igreja, do século IX ao XIV.

ESCOLAS MONACAIS

Após a queda do Império, embora sejam raros os documentos que comprovem a existência de educação regular depois do século V, supõe-se que escolas romanas leigas e pagãs continuassem funcionando precariamente em algumas cidades, com o clássico programa das sete artes liberais. Trata-se de uma hipótese possível em razão de os bárbaros invasores terem conservado a organização administrativa do Império, o que exigia pessoal instruído, pelo menos iniciados nas letras latinas.

Porém, com a decadência da sociedade merovíngia, da dinastia franca, também essas escolas teriam entrado em desagregação, dando lugar a escolas cristãs, ao lado de mosteiros e catedrais. Como consequência, os funcionários leigos do Estado passaram a ser substituídos por religiosos, os únicos que sabiam ler e escrever.

O monaquismo foi um movimento religioso que se formou lentamente com a vida solitária dos monges e com o tempo exerceu considerável influência na cultura da Alta Idade Média. Etimologicamente, as palavras *mosteiro* (*monasterion*) e *monge* (*monachós*), do mesmo radical grego *monos*, "só", "solitário", significava o religioso à procura de perfeição na solidão e no afastamento da vida mundana. Em todos os tempos, religiões como o judaísmo, o hinduísmo e o budismo nos deram exemplos dessa forma de busca espiritual, como os famosos monges do Egito e do Tibete, que viviam absolutamente segregados em florestas, cavernas ou desertos, ao passo que outros se reuniam em mosteiros situados em lugares desabitados, recolhendo-se em celas separadas.

Com a decadência do Império Romano, aumentou o número daqueles que, desgostosos com o afrouxamento dos costumes, refugiavam-se nos desertos como eremitas (ou ermitões) e, partindo da crença de que o corpo é ocasião de pecado, repudiavam os prazeres sensuais, abstendo-se de sexo, além de jejuar com frequência, alimentar-se frugalmente e dedicar seu tempo às orações. Para vencer as paixões e atingir a mais pura espiritualidade, submetiam-se a mortificações, como o uso do flagelo, e por isso eram chamados de ***ascetas***↵

▶ **Asceta:** pessoa que se dedica ao ascetismo, doutrina moral que preconiza privações e mortificações para alcançar o domínio de si.

Ao se juntar nos mosteiros, os ascetas intensificaram a vida comunitária. Embora no século VI já existissem alguns mosteiros, a Abadia de Monte Cassino, na Itália, foi considerada a primeira em importância na Idade Média, fundada em 529 por Bento de Núrsia, posteriormente canonizado pela Igreja Católica. Na nova Ordem Beneditina, os monges submetiam-se à Regra, assumindo o rigor da disciplina e aceitando a hierarquia daquele núcleo que precisava adquirir autonomia, por isso todos deveriam se dedicar ao trabalho intelectual e ao manual, o que pode ser resumido na expressão *Ora et labora*, "Ora e trabalha".

Criar escolas não era o objetivo principal dos mosteiros, mas a atividade pedagógica tornou-se inevitável diante da necessidade de instruir os novos irmãos, o que levou à criação de escolas monacais, instaladas nos mosteiros, nas quais se dedicavam ao estudo das sete artes liberais para aprender latim e humanidades (portanto, as disciplinas do *trivium*). Os melhores alunos coroavam a aprendizagem com o *quadrivium*, especialmente filosofia e teologia, dos quais podiam usufruir alguns deles pertencentes a classes menos favorecidas, dependendo do empenho. Havia também, em alguns mosteiros, a instrução para receber as meninas "dedicadas a Deus", a partir dos 7 anos, geralmente órfãs, para aprenderem a ler e a escrever.

Os mosteiros assumiram o monopólio da ciência, tornando-se o principal reduto da cultura medieval. Preservavam em suas bibliotecas os tesouros da cultura greco-latina, além de traduzirem obras para o latim e adaptarem outras reinterpretadas à luz do cristianismo, à medida que monges copistas, pacientemente, multiplicavam os textos clássicos.

A PATRÍSTICA

Os primeiros religiosos a elaborarem a doutrina cristã foram chamados *Padres da Igreja*, daí derivando a denominação de Patrística, na qual distinguem-se dois momentos importantes:

> - do século II ao IV, com os primeiros Padres da Igreja.
> - nos séculos IV e V, o auge da Patrística, com Agostinho de Hipona.

A Patrística teve início no período decadente do Império Romano, com os Padres da Igreja, cujo trabalho se caracterizava pela intenção apologética, isto é, pela defesa argumentativa da fé e da conversão dos pagãos. A exposição da doutrina religiosa buscava harmonizar fé e razão, a fim de compreender a natureza de Deus e da alma e os valores da vida moral. Esses estudiosos são conhecidos pelo enciclopedismo de seu saber, em razão da amplitude das leituras de obras clássicas e do trabalho de criação de obras que justificassem a nova crença. A maior parte desses teólogos foi canonizada pela Igreja Católica.

As fontes de consulta variavam bastante, dependendo do que havia de disponível, como peças do orador romano Cícero e de Plotino, um filósofo neoplatônico. As teorias estoicas foram bem-aceitas ainda na época do Império Romano e fecundaram as ideias ascéticas do período medieval, com ênfase no controle das paixões, tendo em vista a vida futura, quando, de acordo com os teólogos, os seres humanos poderiam ser felizes. Os apologistas se debruçaram sobre inúmeros temas, mas grande parte dos assuntos tratados se contrapunha à concepção grega de um deus indiferente. Afirmavam a certeza da ligação de Deus com sua criatura, o que levou à discussão sobre a natureza divina e da alma, sobre a vida futura, o confronto entre o bem e o mal e a noção de pecado, a fim de reorientar o comportamento moral humano conforme a ideia de salvação. De acordo com essa perspectiva, os valores seriam transcendentes, porque resultam de doação divina, o que torna o cristão um ser que teme o castigo divino.

Os mais antigos apologistas foram gregos, entre os quais se destacou Justino (século II), que viveu na cidade de Antioquia, região da atual Síria. Ainda no período helenístico, outro foco de estudo surgiu em Alexandria, com a Escola Catequética. Fundada por volta de 180 por um estoico convertido, teve como aluno Clemente de Alexandria (c. 150-215), responsável por teorizar a respeito da harmonia entre fé e filosofia. Para ele, embora a fé seja o fundamento, o cristão aprofunda o conteúdo de sua fé por meio da razão, que serve para combater os argumentos daqueles contrários à expansão do cristianismo. Sua obra continuou com o discípulo Orígenes (c. 185-254), que o sucedeu na direção da Escola.

Entre os apologistas latinos, destacou-se Tertuliano de Cartago (c. 155-240), teólogo conhecido por sua intransigência e fervor na defesa da fé, a ponto de desprezar a filosofia, referindo-se a ela como a "mãe de todas as heresias". Em outras palavras, Tertuliano não pretendia conciliar razão e fé, porque esta última deveria bastar.

Jerônimo (347-420), nascido na província romana de Dalmácia, levou uma vida ascética como ermitão e depois teria catequizado e traduzido a *Bíblia* do hebraico para o latim, edição conhecida como Vulgata.

Marciano Capella (360-428), africano de nascimento, em *As núpcias de Mercúrio e da Filologia* elaborou uma alegoria na qual se unem em matrimônio o deus Mercúrio (representando a eloquência) e a Filologia (representando o amor à razão e aos conhecimentos) para defender a aliança entre saber e eloquência, pois cada um é estéril sem o outro. Assistem ao matrimônio as sete ninfas: a gramática, a retórica, a dialética – que constituíam o *trivium* – e a geometria, a aritmética, a astronomia e a música (*quadrivium*), representando as sete artes liberais, objetivos do ensino medieval.

Boécio (c. 480-524) destacou-se por traduzir e comentar obras da filosofia grega, introduzindo os tratados lógicos de Aristóteles que serviriam de base para todo o ensino de argumentação na Idade Média.

Mais tarde, Cassiodoro (490-583), nascido no sul da Itália, preparou manuais práticos para a iniciação de monges à literatura antiga e recolheu inúmeros documentos religiosos e pagãos para formar uma vasta biblioteca, trabalho que teve continuidade com os monges beneditinos.

Isidoro de Sevilha (c. 560-636) condensou, em vinte livros, os mais diversos aspectos das artes liberais e de manuais da Antiguidade, adequados à perspectiva cristã.

Na Inglaterra, destacou-se a sabedoria de Beda, o Venerável (673-735), grande teólogo e pedagogo, que atuou no mosteiro de Yarrow, onde fez escola. Após sua morte, foi substituído pelo discípulo Egberto, que, por sua vez, foi o mestre de Alcuíno (735-804), convidado por Carlos Magno para organizar as escolas do Império Carolíngio, como veremos adiante.

AGOSTINHO: TEOLOGIA E SÍNTESE FILOSÓFICA

O principal representante da Patrística foi Aurélio Agostinho (354-430), posteriormente canonizado pela Igreja. Durante muito tempo, Agostinho deu aulas de retórica em Tagaste, sua cidade natal (hoje Souk Ahras, na Argélia, Norte da África), vindo a ser bispo de Hipona, para depois, em Roma e Milão, entrar em contato com a filosofia neoplatônica.

Na juventude, interessou-se pela religião dos maniqueus, o que despertou sua curiosidade pelas questões sobre o bem e o mal e sobre a natureza de Deus. Famoso orador, foi para Roma, onde ministrou aulas de retórica, ocasião em que conheceu o bispo Ambrósio (c. 337-397), responsável por aproximá-lo das Escrituras cristãs e abandonar o **maniqueísmo**↳; crença posteriormente combatida como heresia. Decorre daí seu interesse ao desenvolver uma teoria para explicar a natureza do mal.

Agostinho produziu obra vasta, com destaque para *Confissões*, *De magistro* (*Do mestre*), *A cidade de Deus* e *Sobre a Trindade*, muitas delas voltadas ao combate às heresias. Em seu livro *Confissões*, ele relata a luta interna que culminou em sua conversão ao cristianismo. Pode-se dizer que foi a primeira obra autobiográfica, diferente de tudo que fora escrito até então, porque, ao descrever sua trajetória, volta-se para o "homem interior", o que representou um movimento de elaboração da noção de subjetividade como dimensão que se opõe à exterioridade do mundo. Desse modo, Agostinho descobre a noção de *pessoa* e cria a metafísica da interioridade, ou seja, o problema para ele é o indivíduo concreto, o que era uma novidade na filosofia.

> ▶ **Maniqueísmo:** no contexto, movimento religioso iniciado pelo sacerdote persa Mani, no século III, com a intenção de aperfeiçoar a doutrina cristã e que se constituiu com base em elementos gnósticos, cristãos e orientais, admitindo a existência de dois princípios antagônicos, o bem e o mal.

O confronto entre matéria e espírito, corpo e alma constituiu um ponto novo e fundamental na doutrina cristã. Agostinho adaptou o platonismo à fé católica e aceitou a dicotomia platônica entre "mundo sensível" e "mundo das ideias", substituindo este último pelas ideias divinas. Do mesmo modo, adaptou ao cristianismo a teoria da reminiscência, que em Platão significava a contemplação das essências no mundo das ideias antes da vida presente, e desenvolveu a *teoria da iluminação*, segundo a qual possuímos as verdades eternas porque as recebemos de Deus: como o Sol, Deus ilumina a razão e torna possível o pensar correto. O saber, portanto, não é transmitido pelo mestre ao aluno, já que a posse da verdade é uma experiência que não vem do exterior, mas de dentro de cada um, o que é possível porque "Cristo habita no homem interior". Toda educação é, desse modo, uma autoeducação, possibilitada pela iluminação divina. Para o teólogo e filósofo Agostinho, a aliança entre fé e razão significava, na verdade, reconhecer a razão como *auxiliar* da fé e, portanto, a ela subordinada. Agostinho sintetiza essa tendência com a expressão latina *"Credo ut intelligam"* ("Creio para que possa entender").

Os escritos de Agostinho sobre ética se apoiam em leituras diversas, muitas delas nas obras do romano Cícero e do estoico Sêneca (4 a.C.-65 d.C.). Além disso, a vivência pessoal dos conflitos de uma consciência atormentada pela noção do pecado fez Agostinho exaltar o poder da vontade. Em sua obra *Sobre a livre escolha da vontade*, foi o primeiro a usar o conceito de *livre-arbítrio* como faculdade da razão e da vontade ao explicar que, por mais que desejasse continuar desfrutando os prazeres mundanos, a vontade de mudar deveria prevalecer. Como cristão, porém, Agostinho realçava o poder da graça divina, que auxilia a escolher o bem e a rejeitar o mal. Nesse sentido, a vontade humana não é tão autônoma quanto o desejado e conclui que a ajuda divina é fundamental, porque quem a despreza será vencido pelo pecado. Agostinho destacou o poder do amor como caridade – amor a Deus e ao próximo, porque conhecemos pelo amor, porque "não se entra na verdade senão pela caridade".

A propósito, explica o filósofo espanhol Julián Marías (1914-2005):

O amor bom, isto é, a caridade em seu sentido mais próprio, é o ponto central da ética agostiniana. Por isso, sua expressão mais densa e concisa é o famoso imperativo *ama e faz o que quiseres*.↵

▶ MARÍAS, Julián. *História da filosofia*. São Paulo: Martins Fontes, 2004. p. 129.

Não podemos esquecer que a obra *A cidade de Deus*, que trata da teologia e da filosofia da história, foi escrita quando o Império Romano desmoronava diante das invasões bárbaras. Nesse período, a religião cristã ainda não era aceita. Seus adeptos sofriam perseguições e muitos atribuíam a decadência política de Roma às novas crenças. Assim, nessa obra, Agostinho refuta as críticas mais comuns e prega a importância da conversão dos pagãos ao cristianismo. Ao discutir as relações entre política e religião, refere-se às duas cidades, a "cidade de Deus" e a "cidade terrena". À cidade terrena cabe zelar pelo bem-estar das pessoas e pela garantia de justiça. A cidade de Deus, ao contrário do que se poderia pensar, não é apenas o reino de Deus que se sucede à vida terrena, porque as duas cidades não estão apartadas, mas constituem dois planos de existência na vida de cada um.

No final de sua vida, Agostinho presenciou a invasão dos vândalos, depois de terem devastado a Espanha, passado pela África e sitiado Hipona. Durante vários séculos o pensamento agostiniano forneceu elementos importantes para o trabalho de conciliação entre fé e razão. O Império Romano chegava a seus estertores: em 476, Roma caiu em poder de Odoacro, rei dos hérulos, evento que marca o início da Idade Média.

A EDUCAÇÃO NA BAIXA IDADE MÉDIA

De início, trataremos de como as sociedades se organizavam durante a Baixa Idade Média, destacando as transformações pelas quais passaram, sobretudo com o renascimento das cidades. Veremos, em seguida, como as mudanças interferiram na educação, alterando não só o espaço onde se davam as práticas pedagógicas, mas também o perfil dos mestres e do público a que eram destinadas, constituindo até mesmo um campo de disputa entre os reis e a Igreja.

OS SERVOS DA GLEBA

Na Idade Média, predominava uma sociedade relativamente estática, hierarquizada, e por isso mesmo convencida de que Deus determinara a cada um o seu lugar, fosse religioso, nobre ou camponês. Vimos que, de acordo com o ideário medieval, a sociedade dividida aparentemente se orientava para fins comuns: alguns rezam para obter a salvação de todos, outros combatem para todos defender, e a maioria trabalha para o sustento de todos, por isso não seria necessário ensinar as letras a camponeses, bastando formá-los cristãos. A ação da Igreja era eficaz nesse propósito, mais tarde, com as imponentes catedrais góticas que exaltavam a espiritualidade, embelezadas por inúmeros vitrais e afrescos com temas religiosos, além de livros muito ilustrados para a compreensão de analfabetos.

Exerceram grande importância as peregrinações e as festas dos santos. No calendário anual, inúmeros dias santos de guarda interrompiam o trabalho para que o fiel assistisse às cerimônias religiosas, ocasião de imprescindível participação de oradores sacros. Aliás, as ordens mendicantes, como a dos dominicanos e a dos franciscanos, eram famosas por seus pregadores de discurso fácil e inflamado, que pintavam com tintas fortes a recompensa divina e o castigo dos infernos.

No entanto, o que alcançava o povo de modo mais direto eram a poesia, a música e o teatro, com predominância de temas religiosos. As canções populares e a literatura lendária contavam as histórias de santos e ensinavam a devoção e o comportamento cristão ideal, conforme nos diz Franco Cambi:

> Mas a palavra age também através do teatro, que potencializa ainda mais as palavras com a imagem. Já o teatro que nasce dos adros das igrejas com representações sacras é um teatro explicitamente educativo: confirma a fé, que ele dramatiza, elementariza e reduz aos princípios essenciais, tornando-os facilmente perceptíveis e comunicativos. O *Combate entre a alma e o corpo*, uma das peças mais difundidas na Idade Média, exacerba e confirma o dualismo dramático da antropologia cristã e a sua visão da vida como sublimação heroica. Ao lado do sacro, existe também o teatro popular: a comédia, a farsa, a *sotie* (ou farsa dos loucos), que encontram espaço sobretudo no Carnaval, que exaltam os temas censurados pela cultura oficial (o ventre, o sexo, a fome, o engano etc.) e os potencializam de forma paródica.↳

▶ CAMBI, Franco. *História da pedagogia*. São Paulo: Editora Unesp, 1999. p. 179.

RENASCIMENTO CAROLÍNGIO

A partir do século VIII, com as conquistas árabes, os europeus perderam o acesso ao mar Mediterrâneo, o que fez o comércio declinar ainda mais, provocando regressão econômica e intensificando o processo de feudalização. As pessoas se desinteressaram de aprender a ler e a escrever e mesmo na Igreja muitos padres descuidavam-se da formação intelectual. Apesar desses fatores, cada vez mais o Estado precisava do clero culto em atividades administrativas.

No final do século VIII e começo do IX, teve início o chamado **renascimento carolíngio**↳. Carlos Magno, antes rei dos francos e depois imperador de um vasto território – incluindo, além de seu reino, as terras da atual Espanha, Germânia e a metade setentrional da Itália – trouxe para sua corte em Aix-la-Chapelle (atual cidade de Aachem, na Alemanha) vários intelectuais proeminentes. Entre eles, o frade anglo-saxão Alcuíno (735-804), sábio conhecedor das artes liberais da Antiguidade tardia e

▶ **Carolíngio:** derivado do termo latino *Carolus*, nome do Imperador Carlos Magno, principal representante do período.

que estavam sendo utilizadas para a leitura e compreensão das Escrituras. O objetivo do imperador era reformar a vida eclesiástica e, consequentemente, o sistema de ensino, empreendimento ao qual se dedicou Alcuíno, com especial atenção aos estudos de gramática, disciplina que trata das palavras e dos enunciados.

A propósito, uma lei de Carlos Magno determinava o seguinte:

> Visto que nas sagradas páginas estejam contidas figuras de retórica, expressões figuradas e outras coisas semelhantes a estas, ninguém duvida que, ao ler tais coisas, capta tanto mais rapidamente o sentido espiritual, quanto foi antes instruído de modo mais completo no magistério das letras.↵

Esse "renascimento" não tem similitude com a laicidade da Renascença do século XVI, por ser profundamente clerical, no sentido de interessar mais ao clero e não à nobreza, que continuou analfabeta, nem ao povo. Exemplo disso é o uso comum do latim vulgar, mesclado à língua vernácula regional, ao passo que o latim clássico é restaurado apenas para o clero, ao mesmo tempo que se realizava sua reforma intelectual.

▶ NASCIMENTO, Carlos Arthur Ribeiro do. *O que é filosofia medieval*. São Paulo: Brasiliense, 1992. p. 20-22. (Coleção Primeiros Passos.)

A escola *palatina* (assim chamada porque funcionava ao lado do palácio) tornou-se sede de um novo movimento de difusão dos estudos que visava à reestruturação e fundação de escolas *monacais*, de escolas *catedrais* (ao lado das igrejas, nas cidades) e de escolas *paroquiais*, de nível elementar. O conteúdo do ensino era o estudo clássico das sete artes liberais – as artes do indivíduo livre, distintas das artes mecânicas do servo –, cujas disciplinas começaram a ser delimitadas desde os tempos dos sofistas gregos, na Antiguidade. Na Idade Média, elas constituíram o *trivium* e o *quadrivium*. Como vimos, Marciano Capella escrevera um livro sobre esse assunto, e daí em diante a divisão das sete artes serviu para esboçar um programa de ensino, justamente adotado com as reformas de Alcuíno.

No *trivium* (três vias), constavam as disciplinas de gramática, retórica e dialética, estudadas no ensino médio, em que a gramática incluía o estudo das letras e da literatura; nas aulas de retórica, além da arte do bem falar, ensinava-se história; a dialética tratava da lógica, ou arte de raciocinar.

O *quadrivium* (quatro vias), constituído por geometria, aritmética, astronomia e música, destinado ao ensino superior, geralmente contava com um número inferior de estudantes. A geometria incluía eventualmente a geografia, a aritmética estudava a lei dos números, a astronomia tratava da física e a música aplicava as leis dos sons e da harmonia do mundo. O *quadrivium* também era conhecido como o conjunto das artes reais, no sentido de terem por objeto o conhecimento da realidade. Uma ressalva deve ser feita com relação ao conceito de artes reais: se a ciência antiga tinha a intenção de entender a realidade, certamente o fazia de forma incipiente, porque a física aristotélica era qualitativa, a astronomia muitas vezes se enredava na astrologia, o estudo da geometria entremeava discussões sobre formas perfeitas.

O teor dessas discussões sofreria modificações sensíveis no século XVII, com a revolução científica levada a efeito por Galileu, embora no final da Idade Média os monges franciscanos da Universidade de Oxford tivessem antecipado muitos dos princípios da nova ciência, como veremos no final do tópico sobre as universidades.

FORMAÇÃO MILITAR: A EDUCAÇÃO DO CAVALEIRO

Até o século X, os senhores costumavam recrutar soldados entre os homens livres, que compunham principalmente a infantaria. Com o desmoronamento da autoridade monárquica centralizada e a fragmentação dos reinos em inúmeros ducados e condados, tornou-se costume recorrer ao cavaleiro, soldado que possuía cavalo e roupa adequada, além da caríssima armadura, e era habilidoso no manejo das armas.

No século XI, vários acontecimentos transformaram o modo de vida medieval: o renascimento comercial, o florescimento das cidades, o surgimento da classe burguesa, as Cruzadas e a consolidação da instituição da cavalaria, que era fundamentalmente uma instituição da nobreza, embora entre os cavaleiros houvesse aventureiros de todo tipo e camponeses enriquecidos. Segundo o costume, o filho primogênito herdava as terras, por isso, com frequência, seus irmãos encaminhavam-se para o clero ou para a cavalaria.

A aprendizagem das armas obedecia a severo ritual que culminava com a cerimônia de sagração. Na primeira etapa, dos 7 aos 15 anos, o menino servia como *pajem* em outro castelo, onde convivia com as damas, aprendia música, poesia, jogos de salão, a falar bem, exercitava-se nos esportes e adquiria maneiras corteses: a cortesia era o viver "cortês", significando a maneira adequada de se comportar na corte. A segunda etapa começava quando o jovem se tornava escudeiro, pondo-se a serviço de um cavaleiro, ocasião em que aprendia a montar a cavalo, adestrava-se no manejo das armas, exercitava-se em caçadas e torneios nas liças, com o objetivo de preparar-se para as guerras, tão comuns naquela época. Ao mesmo tempo que as atividades físicas mereciam cuidados, a continuidade da educação social introduzia o rapaz em assuntos políticos e até rudimentos de conquista amorosa. Aprendia ainda a arte de cantores e jograis, além de poesia trovadoresca, que exaltava a beleza feminina. Aos 21 anos, após rigorosas provas de valentia e destemor, o escudeiro era sagrado cavaleiro em cerimônia de grande pompa civil e religiosa. Como vemos, a educação do cavaleiro não visava à atividade intelectual – muitos deles nem sequer sabiam ler ou escrever –, mas distinguiam-se pelas habilidades da caça e da guerra, bem como pela formação espiritual, com foco nas principais virtudes do cavaleiro: honra, fidelidade, coragem, fé e cortesia.

Um código de honra envolvia os cavaleiros, submetidos a severa disciplina moral. A aura de defensores, de desamparados, mulheres, velhos e crianças alimentou durante muito tempo a criação anônima dos famosos romances de cavalaria, entre os quais se destaca o poema épico *A canção de Rolando*, que tomava por base acontecimentos do século VIII, como as lutas contra os mouros. O *Poema do Cid*, de autor incerto, relata a história de D. Rodrigo, el Cid, que teria vivido no século XI.

RENASCIMENTO DAS CIDADES: ESCOLAS SECULARES

Após o florescimento do período carolíngio, outras invasões bárbaras assolaram a Europa, provocando novo retrocesso. Com o fim dessas incursões, as Cruzadas liberaram a navegação no Mediterrâneo, alterando o panorama econômico e social, com a consequência principal do renascimento das cidades e o surgimento da burguesia. A palavra *burgo* inicialmente significava "castelo, casa nobre, fortaleza ou mosteiro", incluindo as cercanias. Com o tempo, os burgos transformaram-se em cidades, abrigando em seus arredores os servos libertos dedicados ao comércio e que passaram a ser chamados de burgueses.

Por volta do século XI, o comércio ressurgiu, as moedas voltaram a circular, os negociantes formaram ligas de proteção, montaram feiras em diversas regiões da Europa e passaram a depender de banqueiros, uma atividade novíssima nascida com aqueles que eram capazes de fazer a avaliação de moedas em circulação, oriundas dos mais diversos reinos. As cidades cresceram graças ao comércio florescente, favorecendo as lutas contra o poder dos senhores feudais, levando as vilas a se libertarem, transformando-se em *comunas* ou *cidades livres*.

Essas mudanças repercutiram em todos os setores da sociedade. Onde só existia o poder do nobre e do clero, contrapôs-se o do burguês. Assim comenta o historiador francês Jacques Le Goff:

> Com frequência, tem-se a impressão de que os clérigos detêm na Idade Média o monopólio da cultura. O ensino, o pensamento, as ciências e as artes seriam feitos por eles, para eles, ou pelo menos sob sua inspiração e controle. Imagem falsa, a ser amplamente corrigida. A influência da Igreja sobre a cultura só foi quase total durante a Alta Idade Média. A partir da revolução comercial e do desenvolvimento urbano, as coisas mudam. Por mais fortes que continuem a ser os interesses religiosos, por mais poderosa que seja a alta hierarquia eclesiástica, grupos sociais antigos ou novos têm outras preocupações, têm sede de conhecimentos práticos ou teóricos diferentes dos religiosos, criam para si instrumentos de saber e meios de expressão próprios.↵

▶ LE GOFF, Jacques. *Mercadores e banqueiros da Idade Média*. São Paulo: Martins Fontes, 1991. p. 103 (Universidade hoje.).

As modificações provocaram a exigência de um novo modelo de educação com o surgimento de escolas seculares: *secular* significa "do século, do mundo" e, portanto, adjetiva qualquer atividade não religiosa. Até então, a educação era privilégio dos clérigos, ou, no caso da formação de leigos, as escolas monacais e catedrais restringiam-se à instrução religiosa. Com o desenvolvimento do comércio, as necessidades eram outras, e os burgueses procuraram uma educação que atendesse aos objetivos da vida prática. Por volta do século XII, surgiram pequenas escolas nas cidades mais importantes, com professores leigos nomeados pela autoridade municipal. Le Goff observa que essa conquista se realizou a despeito de forte resistência da Igreja, que continuou monopolizando o ensino superior e uma parte do "secundário", ao passo que as cidades tomavam para si o ensino primário, no qual os filhos da burguesia comerciante aprendiam o necessário para a futura profissão. Caso não houvesse escolas, eram os próprios burgueses que contratavam preceptores orientados para a educação desejada. Vejamos alguns desses interesses.

O latim foi substituído pela língua vulgar, com o comerciante obrigado a conhecer outra que era requerida como de maior importância, dependendo das feiras e dos principais centros de trocas, como a princípio predominou o francês, depois o italiano ou ainda o baixo-alemão. Não faltavam dicionários para auxiliar esse processo. Em vez dos tradicionais *trivium* e *quadrivium*, foram enfatizadas outras noções, como a escrita comercial clara e rápida para a redação de documentos. O cálculo era um instrumento indispensável, com o recurso do ábaco e de manuais de aritmética e a recepção dos conhecimentos sobre o zero e sobre os algarismos indo-arábicos. Era reconhecida a importância dos conhecimentos de geografia em um tempo de grande mobilidade mercantil entre os diversos povos, aumentando a curiosidade de obras como o *Livro das maravilhas*, de Marco Polo, e até de livros de aventura, além de outros sobre cartografia. A historiografia ganhou enorme interesse, contribuindo para que fossem conhecidos dados econômicos sobre a produção de cada região, além, é claro, de manuais de comércio. Até a medição do tempo sofreu mudanças com o elevado interesse pelos relógios no século XIV. As escolas seculares, portanto, prefiguravam uma revolução, no sentido de contestar o ensino religioso, muito formal, para contrapor a ele uma proposta ativa, voltada aos interesses da classe burguesa em ascensão.

FORMAÇÃO DAS CORPORAÇÕES DE OFÍCIOS

Nas cidades, os servos libertos se ocupavam com diversos ofícios: alfaiate, ferreiro, boticário, sapateiro, tecelão, marceneiro etc. Com o incremento do comércio, expandiu-se o campo de algumas das atividades antes reduzidas ao necessário para o consumo da própria comunidade. As técnicas foram aperfeiçoadas, especialmente quando as Cruzadas proporcionaram maior contato com o Oriente. Mais exigente, a sociedade medieval começava a se interessar por luxo e conforto.

As corporações de ofício (ou grêmios) organizavam-se de maneira a exigir a regulamentação rigorosa de tudo que podia ser produzido. Na cidade, essas corporações determinavam, para cada profissão, o material a ser usado, o processo de fabricação, o preço do produto, o horário de trabalho e as condições de aprendizagem. Para alguém possuir uma oficina, precisava dispor de economias e provar ser capaz de produzir uma obra-prima em sua especialidade, só então seria aprovado; pagava, pois, uma taxa a fim de receber o título de mestre e a licença para montar o negócio. Os aprendizes viviam na casa do mestre sem pagamento, alimentados por ele até o momento de se submeterem a um exame para se tornarem companheiros ou oficiais, passo importante se quisessem trabalhar por conta própria, empregando-se mediante remuneração. Às vezes viajavam para outras terras, onde tomavam contato com novos processos de trabalho, até se submeterem a exame e abrir uma oficina.

As corporações não ofereciam, entretanto, a mobilidade que esta descrição parece sugerir. Com o passar do tempo, as taxas eram tão altas que apenas filhos dos mestres tinham acesso às provas de ofício, delas ficando excluídos os mais pobres. Além de que, em cada corporação havia a preocupação de guardar segredo de seus procedimentos, repassados apenas para os filhos ou os escolhidos. Por exemplo, ninguém tinha acesso à combinação de cores que assumiram os vitrais azuis da Catedral de Chartres, na França.

Culturalmente, o mercador foi, portanto, um elemento importante para a laicização da sociedade, em razão da mentalidade pragmática, que proporcionou o enriquecimento de comerciantes e mercadores, uma vez que eles transgrediam a tradição religiosa que combatia o empréstimo a juros e a própria riqueza. Vale destacar que, enquanto na Alta Idade Média a produção artística era orientada pela nobreza e pelo clero, na sequência entre os mercadores surgiram mecenas que patrocinaram o trabalho de inúmeros artistas que mais tarde fecundaram o Renascimento nos séculos XV e XVI.

EDUCAÇÃO DAS MULHERES

Na Alta Idade Média, não havia interesse de oferecer às mulheres o acesso à educação formal, caso pertencessem a famílias mais pobres, pois trabalhavam duramente ao lado do marido e, como ele, permaneciam analfabetas. As meninas nobres só aprendiam alguma coisa quando recebiam aulas em seu próprio castelo, situação em que estudavam música, religião e rudimentos das artes liberais, além de aprender trabalhos manuais femininos. Embora alguns teóricos fossem hostis à educação feminina, outros a estimulavam, por verem a mulher como depositária dos valores da vida doméstica. Mesmo nesse caso, subentendia-se que essa formação levava em consideração os fins maiores de casamento e maternidade.

Desde o século VI, os mosteiros começaram a receber meninas de 6 ou 7 anos, geralmente órfãs, para serem educadas e consagradas a Deus. Aprendiam a ler, a escrever, ocupavam-se com as artes da miniatura e às vezes eram escolhidas como copistas de manuscritos. Algumas delas chegaram a se distinguir no estudo de latim, grego, filosofia e teologia. Somente mais tarde o ensino foi estendido às meninas externas, como se sabe de monjas saxônias levadas à Alemanha que educaram filhas de nobres.

Os beneditinos ocuparam-se especialmente com a educação da mulher, criando escolas não só para as internas como para as que não fariam os votos, também admitidas na Ordem. No século XII, portanto já na Baixa Idade Média, em um mosteiro da Alemanha, Hildegard de Bingen, uma de suas mais brilhantes alunas, destacou-se como escritora e conselheira de reis e príncipes. Reconhecida pelo saber e religiosidade, foi posteriormente canonizada pela Igreja católica.

As meninas de outros segmentos sociais, como as da burguesia, tiveram acesso à educação apenas quando surgiram as escolas seculares, à medida que as cidades se emancipavam. Nas comunas (cidades livres) havia educação feminina não claustral, em escolas dirigidas por professores seculares, para ensinar leitura, escrita, rudimentos de cálculo e catecismo. Logo esse ensino deslocou-se para os castelos da nobreza, como relata Francisco Larroyo:

As mulheres jovens e bem-educadas sabiam recitar ou cantar poesias líricas ou épicas com acompanhamento da cítara ou da harpa. A jovem dama instruída não devia limitar-se a ser hábil nos primorosos labores manuais; era-lhe habitual também o conhecimento da leitura e da escrita, do canto e da música; também o de algum idioma estrangeiro.

Não só por sua beleza, mas também por sua cultura as damas nobres eram [...] centros de atração na vida: inspiravam os trovadores e protegiam as letras. Em suas residências frequentemente se encontravam livros de cânticos dos trovadores, cuidadosamente escritos e pintados, e, junto a eles, tomos de pergaminho em cujas folhas figuravam os cantos dos *Niebelungen*, o *Parsifal*, de Wolfram, e o *Tristão*, de Godofredo.↳

▶ LARROYO, Francisco. *História geral da pedagogia*. São Paulo: Mestre Jou, 1982. p. 322.

ESCOLÁSTICA: O AUGE DA "FILOSOFIA CRISTÃ"

As primeiras ideias da Escolástica surgiram no século IX, alcançando o apogeu no século XIII e no XIV, quando já se mostravam decadentes até o Renascimento. Chama-se Escolástica por ser a filosofia ensinada nas escolas catedrais e monacais e, mais tarde, nas universidades. *Scholasticus* era o professor de artes liberais e mais tarde também professor de filosofia e teologia, oficialmente chamado *magister*.

Os parâmetros da educação na Idade Média fundavam-se na concepção do ser humano como criatura divina, de passagem pela Terra e que deveria cuidar, em primeiro lugar, da salvação da alma e da vida eterna. Para manter a coesão da Igreja, recomendava-se sempre respeitar o *princípio da autoridade*, procurando consultar os grandes sábios e intérpretes autorizados pela Igreja a respeito da leitura dos clássicos e dos textos sagrados, a fim de evitar a pluralidade de interpretações e possíveis contradições entre fé e razão.

Após o trabalho enciclopédico dos primeiros sábios cristãos, alguns deles em período anterior à Idade Média, a Escolástica deu início à sistematização da doutrina, recorrendo cada vez mais ao esforço continuado de estabelecer a concordância entre fé e razão por meio do método dedutivo-silogístico. Além de Anselmo de Cantuária (1033-1109), considerado o "Pai da Escolástica", foi importante o trabalho de Pedro Abelardo (1079-1142), que divulgou o método dialético, importante técnica para o enfrentamento dos opositores em debates. Um exemplo de seu trabalho foi a obra *Sic et non* (*Sim e não*), na qual reuniu inúmeras questões teológicas para expor em seguida textos da *Bíblia* ou de obras dos Padres da Igreja, a fim de apresentar o pró e o contra de cada sentença. Na sequência, deixava nítido onde havia aparentes contradições para resolvê-las por meio de deduções. Derivou daí o sucesso de suas aulas, bastante concorridas.

Pedro Lombardo (1100-1164), discípulo de Abelardo, escreveu as *Sentenças*, seguindo o referido método, obra muito usada em aulas, seguindo os procedimentos didáticos inicialmente em dois momentos: a *lectio*, a leitura, em que o mestre detém a palavra, seguida pela *disputatio*, a livre discussão entre ele e os discípulos. Entre outros inúmeros degraus, destacamos alguns: a *quaestio*, uma discussão para esclarecer dificuldades do texto; e questões *quodlibet* (questões livremente propostas) direcionadas ao catedrático com a finalidade mais solene de provocar uma disputa intelectual. Esses procedimentos serviram de base para a elaboração técnica das *sumas medievais*.

Assim explica o historiador da filosofia Johannes Hirschberger:

> A técnica das discussões dos *prós* e *contras* e a solução da questão subsequente ao debate constituíram a estrutura das *sumas medievais*. Assim, por exemplo, na *Summa Theológica* de São Tomás, primeiro se apresentam os argumentos contrários (*objectiones*) à solução da tese; com a expressão **sed**↪ *contra* expõe-se, de ordinário apoiada numa autoridade, o ponto de vista oposto. O tema é então tratado, em si mesmo, na parte principal do artigo (*corpus articuli*). Daí resultam as respostas aos argumentos em contrário, aduzidos do princípio.→

▶ **Sed**: do latim, significa "mas", "porém".

▶ HIRSCHBERGER, Johannes. *História da filosofia na Idade Média*. São Paulo: Herder, 1959. p. 80.

A QUESTÃO DOS UNIVERSAIS

A *questão dos universais* foi uma temática predominante nos séculos XI e XII, tornando-se recorrente até o século XIV. Vimos que Boécio traduziu o *Organon* de Aristóteles, uma contribuição inestimável para os filósofos medievais, entre outros motivos, por ser uma pessoa culta que levantou vários assuntos de importância, especialmente os comentários sobre os universais.

O que são *universais*? O *universal* é o conceito, a ideia, a essência comum a todas as coisas. Por exemplo, o conceito de ser humano, animal, casa, bola, cadeira, círculo. Em outros termos, as perguntas eram as seguintes: os gêneros e as espécies têm existência separada dos objetos sensíveis? Ou seja: este cão existe, mas a espécie "canina" e o gênero "animal" teriam existência real? Seriam *realidades, ideias* ou apenas *palavras*?

As principais soluções apresentadas foram: realismo, realismo moderado, nominalismo e conceptualismo.

▶ Para os *realistas*, como Santo Anselmo (século XI) e Guilherme de Champeaux (século XII), o universal tem realidade objetiva (são *res*, ou seja, "coisa", em latim). Essa posição é claramente influenciada pela teoria das ideias de Platão.

▶ O *realismo moderado* é representado no século XIII por Tomás de Aquino (1225-1274). Como aristotélico, afirma que os universais só existem formalmente no espírito, embora tenham fundamento nas coisas.

▶ Para os *nominalistas*, como Roscelino (século XI), o universal é apenas o que é expresso em um nome. Ou seja, os universais são *palavras*, sem nenhuma realidade específica correspondente. No século XIV, a tendência nominalista reapareceu em nuances diferentes com o inglês Guilherme de Ockham (c. 1285--1347), franciscano que representa a reação à filosofia aristotélico-tomista.

▶ A posição do *conceptualismo* é intermediária, entre o realismo e o nominalismo, e teve como principal defensor Pedro Abelardo (século XII). Para ele, os universais são conceitos, entidades mentais, que existem somente no espírito.

As divergências sobre os universais podem ser analisadas valendo-se das contradições e fissuras da cultura medieval. O que nos interessa analisar, porém, é o significado dessas oposições, desvelando as duas forças que começavam a minar a compreensão mística do mundo medieval. Nesse aspecto, os realistas são os partidários da tradição e, por isso, valorizavam o universal, a autoridade, a verdade eterna representada pela fé. Por isso mesmo, justificava-se uma pedagogia perene, assentada em valores eternos e imutáveis, já que as diferenças individuais não tinham tanta importância. Por sua vez, para os nominalistas, o individual é mais real, o que indica o deslocamento do critério de verdade e autoridade da fé para a razão humana. Naquele momento histórico do final da Idade Média, o nominalismo representou o racionalismo burguês em oposição às forças feudais que desejava superar.

Muitas vezes a disputa entre realistas e nominalistas inflamava-se, em virtude da eloquência dos opositores. A tendência nominalista reapareceu no século XIV com Guilherme de Ockham, representando uma reação ao tomismo que de certo modo antecipava o espírito renascentista ao valorizar a observação e a experimentação no estudo das ciências da natureza.

> A questão dos universais não é um problema restrito à Idade Média. Os filósofos empiristas da Idade Moderna – por exemplo, Thomas Hobbes, David Hume e Étienne Bonnot de Condillac – são nominalistas, por concluírem que as ideias não existem em si, pois só é possível conhecer algo por meio da experiência. Nas atuais filosofias contemporâneas, como na filosofia da linguagem, o que é posto em discussão é a relação entre linguagem e realidade.

UNIVERSIDADES: UM NOVO MODELO DE MESTRE

Embora na Alta Idade Média predominasse um misticismo de certa forma sereno, na Baixa Idade Média, com a urbanização, a sociedade tornou-se mais complexa e as heresias aumentaram, prenunciando rupturas na unidade secular da Igreja. As universidades seriam o foco, por excelência, dessa fermentação intelectual, que atraía inclusive os fiéis no gosto pelo racional cada vez mais evidente.

As universidades surgidas na Idade Média representaram um modelo novo e original de educação superior, que exerceu – e ainda exerce – importante papel no desenvolvimento da cultura. A palavra *universidade* (*universitas*) não significava, inicialmente, um estabelecimento de ensino, mas designava qualquer assembleia corporativa, seja de marceneiros, seja de curtidores, seja de sapateiros. No caso que nos interessa aqui, tratava-se da "universidade de mestres e estudantes", que surgiram no século XII das escolas de mestres livres que, agregadas, deram origem inicialmente à faculdade das artes, com a função propedêutica de preparar alunos para os cursos de teologia, medicina e jurisprudência, a fim de atender às solicitações de uma sociedade cada vez mais complexa.

No século seguinte, as universidades já estavam constituídas em geral com mestres clérigos não ordenados, instalados de início nas escolas existentes, mas que aos poucos ficavam independentes, mudando de uma cidade para outra, como itinerantes. Com o tempo, em razão da necessidade de organizar melhor o trabalho disperso de mestres independentes, a Igreja passou a estabelecer regras, proibições e privilégios. Como em qualquer corporação, havia a exigência de provas para obter títulos de bacharel, licenciado e doutor. Alguns mestres famosos atraíam inúmeros alunos, como Pedro Abelardo, famoso pelo discurso caloroso e pelas polêmicas enfrentadas em debates acadêmicos na Universidade de Paris e também na conturbada vida pessoal.

UNIVERSIDADES EUROPEIAS (ATÉ O SÉCULO XIV)

Fonte: *Atlas historique*: de l'apparition de l'homme sur la Terre à l'ère atomique. Paris: Perrin, 1987. p. 176.

A universidade mais antiga de que se tem notícia talvez seja a de Salerno, na Itália, que oferecia o curso de medicina desde o século X. Em 1088, foi criada a Universidade de Bolonha, na Itália, especializada em direito, e, no século seguinte, a de teologia, em Paris. Em 1224, a Universidade de Nápoles atendia alunos de teologia, direito, medicina e filosofia. Na Inglaterra, destacam-se as universidades de Cambridge e Oxford, esta última com predominante interesse pelos estudos científicos de matemática, física e astronomia. Outras foram criadas em Montpellier, Salamanca e Roma. Nos territórios germânicos, as universidades de Praga, Viena, Heidelberg e Colônia só apareceram no final do século XIV. Ao longo da Idade Média foram fundadas mais de oitenta na Europa Ocidental, sem nos esquecermos da já citada Universidade de Constantinopla, prematuramente no século V.

Na Universidade de Oxford, constituída por frades franciscanos, foi criado um centro de estudos, a Escola de Oxford, que representou uma renovação da filosofia e das ciências medievais. Os principais representantes, Robert Grosseteste (c. 1175-1253) e Roger Bacon (1214-1294) estimularam a mentalidade científica experimental na primeira metade do século XIII. Como professor em diversas universidades, Grosseteste ensinou matemática e ciência natural e escreveu textos sobre astronomia, som e óptica, campo em que desenvolveu uma teoria original sobre a luz. Estimulou a pesquisa, classificou as ciências e esboçou os passos do procedimento científico, como observação, levantamento de hipóteses e confirmação. Roger Bacon, seu discípulo em Oxford, foi seguidor entusiasmado do mestre, dando continuidade às suas preleções e experimentos, especialmente no campo da óptica. Crítico severo daqueles que colocavam obstáculos às novas experiências, acusava-os de apoiar-se em hábitos antigos, de falta de instrução e de encobrirem a ignorância ao aparecerem como sábios. Participou de diversos conflitos com frei Boaventura, superior da sua ordem, em virtude de pesquisas que desenvolvia em alquimia e astrologia, tidas como "novidades perigosas". Com crescente impopularidade entre os frades, Bacon foi preso por alguns anos. Mais tarde, como veremos adiante, Guilherme de Ockham (c. 1285-1347) continuou essa orientação divergente da tradição medieval ao recusar as abstrações metafísicas e, por isso, foi perseguido, além de outras posições que assumira contra a Escolástica. Voltaremos ao assunto no final do capítulo.

À medida que aumentava a importância da universidade, os reis e a Igreja disputavam seu controle; e, no século XIII, muitas cátedras ficaram a cargo da ordem mendicante dos dominicanos. Inicialmente a lógica aristotélica determinava as regras do bem pensar, mas com o passar do tempo todas as obras de Aristóteles foram traduzidas para o latim. Como veremos no próximo tópico, a Escolástica atingiu o auge naquele século, especialmente com a produção do monge Tomás de Aquino.

TOMÁS DE AQUINO: APOGEU DA ESCOLÁSTICA

O monge dominicano Tomás de Aquino (1225-1274) nasceu na Itália e foi canonizado pela Igreja Católica. Depois de passar por Nápoles e Colônia (atual Alemanha), ensinou em Paris, onde teve contato com o pensamento de Aristóteles por meio das traduções árabes utilizadas por Avicena e Averróis (1126-1198), a quem ele chamava de "o Comentador", e que serviram de base para as versões latinas, o que mereceu repúdio de teólogos cristãos, por verem nelas interpretações incorretas e perigosas para a religião. Os chamados "averroístas" foram duramente criticados, até que surgiram outras traduções consideradas confiáveis, realizadas por teólogos cristãos para o latim, diretamente do grego e de acordo com as Escrituras.

Desse modo, realizou a mais fecunda síntese do aristotelismo, adequando-o à fé cristã. Sua obra principal, a *Suma teológica*, foi fundamental para caracterizar a Escolástica e por isso mesmo se tornou a expressão máxima da então chamada *filosofia aristotélico-tomista*. Escreveu também a *Suma contra os gentios*, *Questões disputadas sobre a alma* e *De Magistro*, obra homônima à de Agostinho. O filósofo era, ainda, conhecido como "Doutor Angélico" e "Aquinate".

Embora continuasse a valorizar a fé como instrumento de conhecimento, Tomás de Aquino não desconsiderou a importância do "conhecimento natural". De maneira semelhante a Aristóteles, Aquino reconheceu a participação dos sentidos e do intelecto: o conhecimento começa pelo contato com as coisas concretas, passa pelos sentidos internos da fantasia ou imaginação até a apreensão de formas abstratas. Desse modo, o conhecimento processa um salto qualitativo desde a apreensão da imagem, que é concreta e particular, até a elaboração da ideia, abstrata e universal.

Sobre pedagogia, escreveu *De Magistro*, obra homônima à de Agostinho de Hipona, da qual retoma muitos conceitos, como se observa na sua afirmação: "Parece que só Deus ensina e deve ser chamado Mestre". Para Aquino, a educação é uma ação que torna realidade aquilo que é potencial. Assim, nada mais é do que a atualização das potencialidades da criança, processo que o próprio educando desenvolve com o auxílio do mestre. A ideia de atualização das potencialidades sustenta-se também na teoria aristotélica da matéria e da forma, dois princípios indissociáveis. Apesar da importância da vontade humana nesse processo, o ensino depende das Santas Escrituras e da graça da Providência divina, em virtude de nossa natureza corrompida. A educação não é mais do que um meio para atingir o ideal da verdade e do bem, pela superação das dificuldades interpostas por tentações do pecado.

A ideia de um princípio divino ordenador do mundo é o cerne do pensamento tomista. Ao apresentar a quinta (e última) das famosas provas da existência de Deus, o Aquinate argumenta que a ordem e a finalidade no Universo dependem do desígnio de uma inteligência ordenadora. Se no mundo tudo tende para um fim, de maneira que se realize o que é melhor, é porque existe um ser inteligente capaz de ordenar todas as coisas, que é Deus. Desse modo, todas as criaturas de Deus só podem aspirar a Ele. A semente do carvalho aspira à perfeição de sua forma, o animal busca realizar seu instinto. O ser humano, no entanto, por possuir a inteligência, deve aprender a discernir, entre os diversos bens, aquele que é o Bem supremo. Nesse momento, está sujeito ao erro (e ao pecado), quando escolhe um bem menor, como o prazer sensual, por exemplo.

Para Tomás de Aquino, o Bem objetivo capaz de oferecer ao ser humano a felicidade perfeita é Deus; e é por meio da razão, amparada pela revelação divina, que se pode encontrar o caminho de uma vida feliz. Como se vê, a metafísica de Tomás de Aquino desemboca na ética, que por sua vez fornece os elementos para uma pedagogia, como instrumento para realizar o que pede a natureza humana.

> O pensamento de Tomás de Aquino ressurgiu no século XIX por obra do papa Leão XIII. O neotomismo representa o esforço de restauração da "filosofia cristã". No Brasil, durante o período colonial, os jesuítas ensinavam o tomismo e, em 1908, foi fundada no Mosteiro de São Bento, em São Paulo, a Faculdade Livre de Filosofia e Letras, na qual ministraram aulas filósofos belgas seguidores da tendência neotomista.

A CRISE DA ESCOLÁSTICA

É certo que a recuperação do aristotelismo se revelou recurso fecundo no tempo de Tomás de Aquino. No final da Idade Média, porém, a Escolástica padecia com o autoritarismo de seus seguidores, o que provocou nefastas consequências para o pensamento filosófico e científico. Posturas dogmáticas, contrárias à reflexão, obstruíam as pesquisas e a livre investigação. O *princípio da autoridade*, ou seja, a aceitação cega das afirmações contidas nos textos bíblicos e nos livros dos grandes pensadores, sobretudo Aristóteles, impedia qualquer inovação. Os tribunais da Inquisição, ao julgarem os chamados "desvios da fé", recorriam à delação anônima, ao julgamento sem advogados, à tortura.

Conforme o caso, os livros eram colocados no *Index* (Índice), lista das obras proibidas, ou, quando aprovados, recebiam a chancela *nihil obstat* ("nada obsta", "nada contra"). Se a acusação fosse muito grave, instaurava-se o julgamento do autor. As condenações e penas incluíam a prisão perpétua e a morte, geralmente na fogueira. No entanto, paralelamente às elaborações teóricas que justificavam o poder religioso sobre o poder secular, a sociedade medieval transformava-se, gerando anseios de laicização, isto é, de assumir uma orientação não religiosa.

TEÓRICOS PRÉ-RENASCENTISTAS

No final da Idade Média, alguns pensadores, depois classificados como pré-renascentistas, elaboraram novas ideias que, embora não provocassem alterações imediatas, deram início à lenta e profunda transformação do pensamento filosófico. A amplitude dessas discussões abrangia desde a questão das relações entre fé e razão, a separação entre o poder civil e o religioso – com a valorização do poder do Estado em detrimento do poder pontifício –, até a superação da concepção de ciência predominante na Antiguidade.

Figura importante do período de transição, Guilherme de Ockham, frade franciscano inglês, ensinou na mesma Universidade de Oxford, cujas instalações, como vimos, já abrigaram pensadores críticos da Escolástica e interessados nas experiências da natureza. Ockham, ao fazer a defesa do nominalismo, na questão dos universais, demonstrava a ruptura com a concepção tradicional, apegada ao realismo da metafísica de Aristóteles e Tomás de Aquino. Por afirmar que o universal não é real, mas apenas um termo de alcance lógico, provocou o que se pode chamar de uma "dissolução da síntese da Escolástica". Ockham critica o mundo das ideias de Platão e as noções aristotélicas de substância e de causa eficiente, o que significa também criticar o próprio tomismo, filosofia que costumou relacionar Deus e o mundo que se busca conhecer. Separar o plano da razão e o da fé não significa desprezar a existência de Deus, mas recusar a pretensão da razão de demonstrar verdades que só devem ser acessíveis pela fé.

Do ponto de vista político, Guilherme de Ockham era contra a interferência da Igreja em assuntos seculares e defendia a autonomia do poder civil em relação ao poder religioso. Suspeito de heresia, Ockham refugiou-se no palácio do imperador Ludovico da Baviera, que, segundo consta, lhe teria dito: "Tu defendes minha espada, eu defendo tua pena (de escrever)".

No contexto político italiano, Dante Alighieri (1265-1321) e Marsílio de Pádua (1275-1342), deram uma contribuição importante para aquele momento. Mais conhecido como autor de *A divina comédia*, Dante também escreveu *A monarquia*, obra em que introduziu teses naturalistas e propôs a eliminação do papel mediador do papa no poder. Ao desvencilhar a autoridade temporal e política da autoridade do papa e da Igreja, Dante admitia que o governante deveria depender diretamente de Deus.

Marsílio de Pádua era italiano e foi reitor da Universidade de Paris, mas precisou fugir para a Alemanha por causa das polêmicas contra a interferência do poder papal na política secular. Marsílio desenvolveu suas ideias na obra *Defensor da paz*, na qual apresenta a convicção de que o poder de escolher seus governantes cabe ao povo, fazendo uso apenas de sua razão e experiência. O Estado deveria ser o resultado de uma construção humana, distinta dos valores religiosos. Mais que isso, era a Igreja que deveria se subordinar ao Estado. Marsílio foi precursor das ideias republicanas, que defendem a soberania popular e o estado de direito, separando o que é de Deus e o que é dos homens.

Esses pensadores do declínio da Idade Média prenunciavam as novas expressões de poder civil que se sobrepunham ao poder eclesiástico: o particularismo nacional predominando sobre o universalismo da Igreja. O conjunto desses fatos e teorias contribuiu para a valorização dos poderes seculares. A noção de Estado soberano surgia no centro da formação das monarquias nacionais e se fortalecia com a aliança entre a burguesia e os reis. De qualquer maneira, é bem verdade que a partir do século XIV iniciava-se o "outono da Idade Média", com o refluxo da expansão demográfica em virtude da fome e das pestes – como a "peste negra" –, eventos agigantados com a Guerra dos Cem Anos (1337-1453) entre Inglaterra e França. Ao mesmo tempo, porém, que já estavam sendo gestados os novos tempos de crítica à visão de mundo cristão-medieval, na direção de um humanismo com valores laicos, mundanos, mais voltados para o indivíduo e para a política, como diz o historiador Franco Cambi:

> Também do ponto de vista educativo, as propostas mais significativas do século já estão *além* da Idade Média: com Dante Alighieri (1265-1321), com quem o **vulgar**↓ se afirma como língua artística [...]; a ideia de Estado se laiciza em *Monarquia* (1312); a pedagogia vem dramatizada na *Divina Comédia*, que fixa um itinerário de purificação espiritual através de uma viagem ideal alimentada por uma profunda paixão pelo homem; com o já lembrado Petrarca e a sua redescoberta dos antigos, postos como modelos (literários, mas também éticos), a sua exaltação da disciplina moral e a sua oposição à Escolástica.↳

▶ **Vulgar:** o autor refere-se à língua vulgar, a italiana, falada em Florença, e não ao latim, até então usado por intelectuais como língua culta; Dante Alighieri projetou o italiano como veículo próprio da literatura.

▶ CAMBI, Franco. *História da pedagogia.* São Paulo: Ed. Unesp, 1999. p. 192.

CONCLUSÃO

No retrospecto do pensamento medieval, não se encontram propriamente pedagogos, no sentido estrito da palavra. Aqueles que refletiam sobre questões pedagógicas foram movidos por outros interesses, como a interpretação dos textos sagrados, a preservação dos princípios religiosos, o combate à heresia e a conversão dos infiéis. A educação surgia como instrumento para um fim maior, a salvação da alma e a vida eterna. Predominava, portanto, a visão teocêntrica, a de Deus como fundamento de toda a ação pedagógica e finalidade da formação do cristão. O modelo de humanidade que se delineou correspondia a uma essência a ser atingida para a maior glória de Deus. Apoiado em ideais ascéticos, o ser humano deveria manter-se distante dos prazeres e das preocupações terrenas, com o objetivo de atingir a mais alta espiritualidade.

Quanto às técnicas de ensinar, a maneira de pensar rigorosa e formal determinou cada vez mais os passos do trabalho escolar. Paul Monroe critica esse costume que prevaleceu durante séculos, já que a ideia de organizar o estudo conforme o desenvolvimento mental do estudante surgiu muito tempo depois:

> A matéria era apresentada à criança para que a assimilasse na ordem em que só poderia ser compreendida pelas inteligências amadurecidas.↳

▶ MONROE, Paulo. *História da educação.* 16. ed. São Paulo: Nacional, 1984. p. 123.

No final da Idade Média, com a expansão do comércio e por influência da burguesia, sopraram novos ventos, orientando os rumos da ciência, da literatura, da educação. Realismo, secularização do pensamento e retomada da cultura greco-latina anunciavam o período humanista renascentista que se aproximava. No entanto, analisadas as contradições do período medieval, resta lembrar que a herança cultural medieval chegou a nós, na medida em que o humanismo clássico (a *paideia* grega), transformado pelo cristianismo, foi apropriado pelos jesuítas, primeiros formadores da educação no Brasil.

SUGESTÕES DE LEITURA

ARAUJO, Inácio. Do egípcio, *O destino* convida Ocidente a aceitar o desconhecido. *Folha de S.Paulo*, São Paulo, 14 ago. 1998. Ilustrada. Disponível em: <http://mod.lk/dxewu>. Acesso em: 30 jan. 2019.

CLAUSSE, Arnould. A Idade Média. In: DEBESSE, Maurice; MIALARET, Gaston (Orgs.). *Tratado das ciências pedagógicas*: história da pedagogia. São Paulo: Companhia Editora Nacional; Edusp, 1977. p. 170-172. v. 2.

ATIVIDADES

1. Leia a citação de Marrou e comente os fatos a que se refere.

Por mais espantoso que possa parecer, existe, desde logo, todo um setor em que, para falar com propriedade, a escola antiga jamais teve fim: no Oriente grego, a educação bizantina prolonga, sem solução de continuidade, a educação clássica. Isso não passa, aliás, de um aspecto particular do fato fundamental: não há hiato, nem mesmo diferenciação, entre a civilização do Baixo Império Romano e a Alta Idade Média bizantina.

MARROU, Henri-Irénée. *História da educação na Antiguidade*. São Paulo: EPU; Edusp. 1973. p. 517.

2. Durante a Idade Média, *clérigo* e *letrado* poderiam até ser considerados sinônimos. Justifique a afirma-

ção, analise as implicações para o fortalecimento da Igreja e explique as repercussões na educação.

3. Com base na citação de Arnould Clausse, responda às questões propostas.

Claustro, castelo, cidade: essa trilogia dominará doravante a paisagem cultural e se traduzirá em três tipos de humanidade: o clérigo, o cavaleiro, o burguês.

CLAUSSE, Arnould. A Idade Média. In: DEBESSE, Maurice; MIALARET, Gaston (Orgs.) *Tratado das ciências pedagógicas*: história da pedagogia. São Paulo: Companhia Editora Nacional; Edusp, 1977. p. 143. v. 2.

a) Identifique a que nova fase na história da Idade Média se refere o autor.

b) Analise que repercussão essas mudanças tiveram na educação.

4. Comente o fragmento a seguir partindo do seguinte tema: "Universidade, uma filha da cidade".

Até o século XI, a vida intelectual está confinada nas escolas ditas "monásticas", onde a cultura do silêncio favorece a prática das letras. A revolução comunal do século XII consagra o triunfo de uma outra forma de escolarização, a das escolas "capitulares" e "episcopais", cujo organismo é a cidade e cujo centro é a catedral. Abertas a novas classes de "letrados", não mais obrigados pela regra da obediência monástica, essas "escolas catedrais" arriscam-se nas artes da linguagem; primeiro na gramática (Orléans, Chartres), depois na "dialética". Urbanizada, a cultura se difunde, ao mesmo tempo que a figura do "escolar" (*scholasticus*) e depois a do "mestre" atrai e concentra um auditório. Enfim, Paris, terra do exílio (*terra aliena*) de toda a cristandade, fixa definitivamente uns e outros, enquanto Oxford emerge lentamente. A universidade nasce desse reagrupamento (*consortium*).

DE LIBERA, Alain. *A filosofia medieval*. Rio de Janeiro: Jorge Zahar, 1990. p. 22.

5. Contraponha a importância da cultura islâmica ao período da Alta Idade Média cristã. Em seguida, identifique o país que corresponde atualmente à capital Bagdá e discuta com seus colegas como o atual desprezo que muitos manifestam pela cultura árabe resulta de preconceitos que ignoram a contribuição histórica civilizatória daquele povo.

6. Leia a citação de Alcuíno e responda às questões.

Nossa Atenas, enobrecida pelo ensinamento de Cristo, ultrapassa todas as atividades eruditas da Academia pagã. Esta se apoiava unicamente nos ensinamentos de Platão e tirava a glória da prática das sete artes liberais; a nossa, enriquecida, ademais, pelas sete plenitudes do Espírito Santo, deve ultrapassar em glória toda a sabedoria humana.

ALCUÍNO. Apud: CLAUSSE, Arnould. A Idade Média. In: DEBESSE, Maurice; MIALARET, Gaston (Orgs.) *Tratado das ciências pedagógicas*: história da pedagogia. São Paulo: Companhia Editora Nacional; Edusp, 1977. p.115. v. 2.

a) Ao mencionar a "nossa Atenas", Alcuíno refere-se à Academia fundada na corte de Aix-la-Chapelle. Explique as características desse empreendimento e sua importância para a educação.

b) Analise como esse trecho ilustra a maneira pela qual os pensadores medievais assimilaram a cultura grega e quais foram suas limitações, considerando o aspecto religioso do projeto.

7 Quais são as forças sociais e políticas antagônicas subjacentes à oposição entre realistas e nominalistas na questão dos universais?

8. Faça uma pesquisa sobre o Santo Ofício (Inquisição) e seu papel na Idade Média. Analise também o resíduo desse aspecto inquisitorial na produção cultural e na educação atual, tanto do ponto de vista de fundamentalismos religiosos como de políticas autocráticas, por exemplo, com atuações nas artes e na pedagogia.

9. Com base no texto a seguir, comente como a infância era concebida durante a Idade Média e como esse imaginário repercutia nas concepções pedagógicas do período.

Na Idade Média, de fato, as "cenas interiores" da família são "muito raras" na iconografia, também nas representações de eventos íntimos como o parto (por exemplo, nas representações do nascimento da Virgem). E faltam representações de grupo da família. Tudo isso enfatiza como a família medieval é um organismo pouco estruturado, em estreita contiguidade e continuidade com toda a vida social, na qual os problemas educativos também têm escassa estruturação e pouca centralidade: a família cria os filhos, destina-os a um papel na sociedade, controla-os de modo autoritário, mas não os reveste de cuidados e de projetos, não os põe no centro da vida familiar, entrelaçando-os num tecido educativo minucioso e orgânico (como ocorrerá na família burguesa moderna).

As crianças na Idade Média têm um papel social mínimo, sendo muitas vezes consideradas no mesmo nível que os animais (sobretudo pela altíssima mortalidade infantil, que impedia um forte investimento afetivo desde o nascimento), mas não na sua especificidade psicológica e física, a tal ponto que são geralmente representadas como "pequenos homens", tanto na vestimenta quanto na participação na vida social. Até os seus brinquedos são os mesmos dos adultos e só com a Época Moderna é que se irá delineando uma separação. As festas religiosas, sazonais, civis também acolhiam como espectadores e protagonistas, sem censuras. E até mesmo os eventos dolorosos não excluíam a infância: morria-se em público, também na presença de menores.

CAMBI, Franco. *História da pedagogia*. São Paulo: Editora Unesp, 1999. p. 176-177.

SUGESTÃO PARA SEMINÁRIOS

Esta sugestão consiste na elaboração de seminários. Pode-se escolher trabalhar exclusivamente um dos textos ou articulá-lo com os demais, ressaltando suas similaridades e divergências. Para a melhor compreensão de cada assunto, vale proceder com fichamento de texto, pesquisas e consulta a outras fontes, análise crítica e elaboração de uma pequena dissertação que sistematize a leitura e as conclusões obtidas.

Um assunto em comum atravessa os textos elencados a seguir: a universidade. No primeiro deles, é realizada uma investigação a respeito da base sobre a qual se fundou esse tipo de ensino, que nos remete à Baixa Idade Média e ao processo de urbanização correlativo. No segundo, o filósofo Adorno descreve os efeitos perniciosos da profissionalização e da especialização dentro da universidade à sua época.

No terceiro texto, a professora Olgária Matos traça um percurso do ensino universitário que vai do moderno ao pós-moderno, destacando o perigo sobre o qual padecem, hoje, as instituições de ensino superior, submetidas aos interesses econômicos.

1. DE LIBERA, Alain. O cenário pedagógico: das escolas às universidades. In: *A filosofia medieval*. Rio de Janeiro: Jorge Zahar, 1990. p. 21-25.

2. ADORNO, Theodor. A filosofia e os professores. In: *Educação e emancipação*. São Paulo: Paz e Terra, 1995. p. 51-74.

3. MATOS, Olgária. O crepúsculo dos sábios. In: O *Estado de São Paulo*, 15 nov. 2009. Disponível em: <http://mod.lk/oh8b4>. Acesso em: 29 jan. 2019.

CAP. 4
Renascimento e humanismo

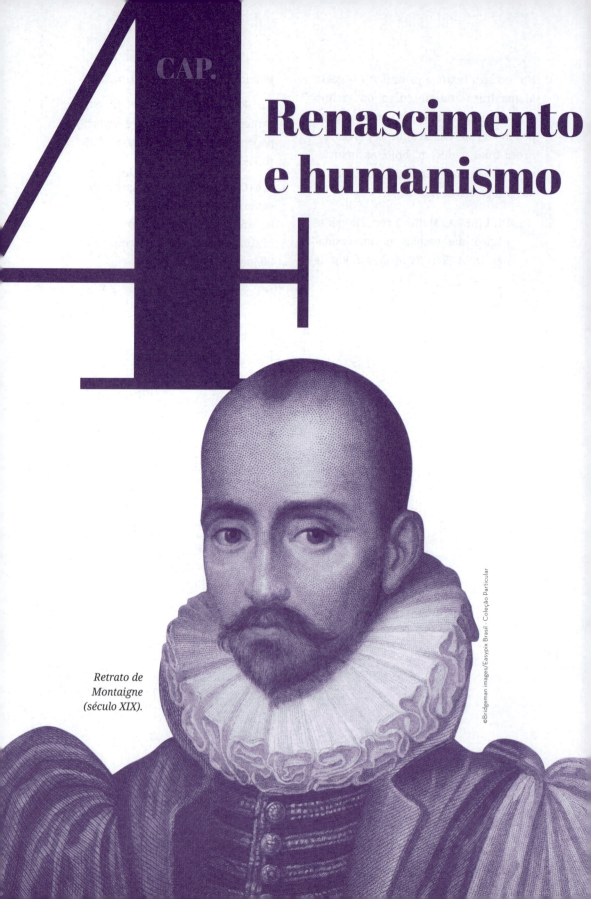

Retrato de Montaigne (século XIX).

Apresentando o capítulo

A Renascença (ou Renascimento), período compreendido entre os séculos XV e XVI, propiciou a retomada dos valores greco-romanos, desencadeando o movimento conhecido como *humanismo*, um renovado interesse pelo humano, em contraposição às concepções predominantemente teológicas da Idade Média. Embora a Renascença não fosse irreligiosa, havia um esforço para superar o teocentrismo medieval por meio da ênfase em valores mais terrenos, antropocêntricos.

Na primeira parte deste capítulo, examinaremos o que foi a Renascença europeia e sua influência na educação e na reflexão pedagógica. Na segunda parte, encontramos o Brasil recém-descoberto pelos portugueses, em que padres jesuítas davam início à catequese de indígenas e à educação de filhos de colonos, examinadas no contexto dos interesses políticos, econômicos e religiosos de Portugal.

Renascença europeia

CONTEXTO HISTÓRICO

No boxe a seguir, destacamos as principais datas e eventos significativos da Renascença europeia, que abrangeu os séculos XV e XVI.

> **BREVE CRONOLOGIA DO PERÍODO**
> - **1328-1453:** Guerra dos Cem Anos.
> - **c. 1439:** Johannes Gutenberg inventou a prensa de tipos móveis.
> - **1492:** Descobrimento da América por Cristóvão Colombo.
> - **1500:** Descobrimento do Brasil por Pedro Álvares Cabral.
> - **1517:** Reforma protestante: Martinho Lutero publica suas 57 teses.
> - **1543:** Teoria heliocêntrica de Nicolau Copérnico.
> - **1545:** Concílio de Trento: Contrarreforma.
> - **1545:** Fundação da Companhia de Jesus.
> - **1545:** Andreas Vesalius, "pai" da anatomia moderna, publica *De humani corporis fabrica* com ilustrações.

ASCENSÃO DA BURGUESIA

Transformações econômicas significativas vinham ocorrendo desde o final da Idade Média, com o desenvolvimento das atividades artesanais e comerciais dos burgueses, surgidos de antigos servos libertos. No século XVI, a Revolução Comercial caracterizou-se pela acentuada decadência do feudalismo, cuja riqueza se apoiava na posse de terras e na agricultura, abrindo caminho para a instalação da nova economia do sistema capitalista. Contrapondo-se aos senhores da nobreza feudal, os burgueses aliaram-se aos reis, que, por sua vez, desejavam fortalecer o poder central em oposição a duques e barões. Essa união levou à consolidação dos Estados nacionais, por meio da configuração de monarquias absolutistas. Ao mesmo tempo, o fortalecimento do rei se fez concomitante aos poderes efetivos distribuídos pela sociedade, mediante um sistema de controle de instituições – como escolas, prisões e exército –, que reforçam o consenso na sociedade que então desponta, delineando a nova concepção de mundo, laica e racionalista. Não haveria como negar uma igual revolução na educação e na pedagogia, mesmo porque se alteravam os fins da educação, em face do ser humano que se propunha formar, como de fato ocorreu com a institucionalização dos colégios.

Uma explicação possível para justificar a mudança ocorrida é que a nova classe comerciante se impôs pela valorização do trabalho em oposição ao ócio da aristocracia. Não por acaso, o Renascimento é o período das grandes invenções e viagens ultramarinas, decorrentes da necessidade de ampliar e facilitar os negócios burgueses. Por exemplo, ao destruir as fortalezas do castelo, a pólvora fragilizou ainda mais a nobreza feudal; a imprensa e o papel ampliaram a difusão da cultura; a bússola e o aperfeiçoamento de navios permitiram aumentar as distâncias com maior segurança: o caminho para as Índias e a conquista da América no século XV alargaram o horizonte geográfico e comercial, trazendo a promessa de mais riqueza.

Na cronologia que abre esta Parte I, destacamos o descobrimento da América e do Brasil, porém os navegantes europeus passaram por várias outras regiões, o que aumentou a consciência de que havia um Novo Mundo, além das áreas já conhecidas da Ásia, África e da própria Europa, transformando definitivamente a fisionomia do mundo. Acrescente-se a essa descoberta, a teoria heliocêntrica, também impactante, inicialmente elaborada por Nicolau Copérnico e aperfeiçoada no século seguinte por Galileu Galilei. Conforme a nova teoria, a Terra é "deslocada" do centro do Universo para se tornar um planeta como os outros ao redor do Sol, desconstruindo a teoria geocêntrica, aceita durante mais de vinte séculos.

Essas descobertas não só fortaleceram a razão e o exame crítico, características do pensamento renascentista, como estimularam certa desconfiança **cética**↓ a respeito de verdades fortalecidas pelo aristotelismo e posteriormente reafirmadas por teóricos cristãos medievais, o que é explicitado pelo comentário do filósofo francês Michel de Montaigne (1533-1592), a quem voltaremos mais adiante:

> ▶ **Cético:** referente ao ceticismo, doutrina segundo a qual não se pode conhecer com certeza; os céticos concluem pela suspensão do juízo e pela dúvida permanente.

> Temos, portanto, quando se apresenta uma nova doutrina, razões de sobra para desconfiar e lembrar que antes prevalecia a doutrina oposta. Assim como esta foi derrubada pela recente, no futuro uma terceira substituirá provavelmente a segunda. Antes que os princípios de Aristóteles tenham tido crédito, outros existiram que também davam satisfação à razão humana. [...]

Ptolomeu, que foi personagem de realce, determinara os limites de nosso mundo; os filósofos antigos pensavam nada ignorar a esse respeito acerca do que existia, salvo algumas ilhas longínquas que podiam ter escapado às suas investigações; e, há mil anos, fora agir como os pirrônicos pôr em dúvida o que então ensinava a cosmografia e as opiniões aceitas por todos; referir-se à existência de antípodas era heresia. E eis que neste século [XVI] se descobre um continente de enorme extensão, não uma ilha, mas uma região quase igual em superfície às que conhecíamos. Os geógrafos de nosso tempo não deixam de afirmar que agora tudo é conhecido [...]. Pergunto então se, visto que Ptolomeu se enganou outrora acerca do que constituía o ponto de partida de seu raciocínio, não seria tolice acreditar hoje resolutamente nas ideias de seus sucessores, e se não é provável que esse grande corpo denominado o "mundo" seja bem diferente do que julgamos?

MONTAIGNE, Michel de. Apologia de Raymond Sebond. In: *Ensaios*.
São Paulo: Editora 34, 2016. p. 560-561.

SECULARIZAÇÃO DO PENSAMENTO: O HUMANISMO

Durante o Renascimento prevaleceu a tendência um tanto exagerada, e até injusta, de atribuir os epítetos de "Idade das trevas" ou "Grande noite de mil anos" à totalidade da Idade Média. Como vimos no capítulo anterior, essa crítica depreciativa não correspondia àquela realidade; no entanto, entendeu-se posteriormente a oposição dos renascentistas ao período que os precedeu como decorrente de forte recusa dos valores medievais, para melhor se afirmarem os ideais dos novos tempos.

No contexto de crítica à tradição medieval, a educação tentava apoiar-se em bases naturais, não religiosas, a fim de se tornar um instrumento adequado para a difusão dos valores burgueses. No capítulo anterior já abordamos o tema das escolas seculares, que expressaram a preocupação de preparar os filhos para um ensino mais prático, prendendo-se apenas ao clássico *trivium* e *quadrivium*. Do mesmo modo, o olhar humano desviava-se do céu para a terra, ocupando-se mais com as questões do cotidiano. A curiosidade, aguçada para a observação direta dos fatos, redobrou o interesse pelo corpo e pela natureza circundante. Nos estudos de medicina, ampliaram-se os conhecimentos de anatomia com a dissecação de cadáveres humanos, realizada pelo belga Andreas Vesalius, prática até então proibida pela Igreja.

A tendência à mudança transparece igualmente em outros setores da cultura, como na literatura política, cujo principal representante foi o florentino Nicolau Maquiavel (1469-1527), tendo este investigado as bases de uma nova ciência política descomprometida com a moral cristã e, portanto, laica, secularizada, responsável por inaugurar a concepção moderna de política.

O retorno às fontes da cultura greco-latina sem a intermediação de comentadores medievais era um procedimento que visava também à secularização do saber, para torná-lo mais profano, desvestido da parcialidade religiosa, e que representou a tentativa de formar o espírito do indivíduo culto mundano, "cortês" (no sentido de frequentador da corte), o *gentil-homem*. Em *O cortesão*, livro publicado em 1528 e muito conhecido na época, o italiano Baldassare Castiglione (1478-1529) elaborou a síntese do modelo de cortesia do cavaleiro medieval e do ideal da cultura literária tipicamente humanista. A crítica ao ascetismo medieval revela-se na busca de prazeres e alegrias do mundo, desde o luxo na corte, o gosto pela indumentária cuidadosa, até os amenos deleites da vida familiar.

Nas artes em geral (pintura, arquitetura, escultura e literatura) ocorreu criação intensa, e a Itália se destacou como centro irradiador da nova produção cultural. Embora a temática religiosa não fosse abandonada por completo, o *naturalismo* e o recurso da *perspectiva* denotavam um novo interesse pela representação do mundo de modo mais humanista. Pintores, arquitetos e escultores produziram vasta obra ainda hoje admirada, passando a assinar suas criações e saindo do anonimato. Destacaram-se os italianos Leonardo da Vinci, Botticelli, Michelangelo, Rafael Sanzio, o arquiteto e pintor Filippo Brunelleschi, além de Albrecht Dürer, na Alemanha e, nos Países Baixos, Jan van Eyck.

Nas letras, o latim ainda era aceito como língua culta e ensinada nas escolas; entretanto, lentamente foi cedendo lugar às *línguas vernáculas*, próprias de cada país, como italiano, francês, alemão e inglês. Destacam-se, na Itália, ainda nos *Trecento* (século XIV), o poeta Dante Alighieri (1265-1321), autor da *Divina comédia*, que, ao escrever seu poema na língua italiana e não em latim, introduziu uma novidade. Do mesmo modo, opôs-se à tradição com o texto político *A monarquia*, por elaborar teses naturalistas sobre a capacidade humana de cada um se guiar pela razão, além de defender a autoridade do rei independente do poder do papa e da Igreja. Pouco depois, Francesco Petrarca (1304-1374), igualmente poeta italiano, descreveu o drama humano entremeado de paixões e desejos. Já no Renascimento, no século XVI, destacou-se na Inglaterra o escritor William Shakespeare; na Espanha, Miguel de Cervantes; na França, François Rabelais, entre outros autores de obras representativas dos novos tempos.

A produção intelectual do Renascimento, seja na literatura, seja na filosofia, demonstrava interesse em superar as contradições entre o pensamento religioso medieval e o anseio de secularização da burguesia. Por fim, acentuou-se na Renascença a busca da individualidade, caracterizada pela confiança no poder da razão para estabelecer os próprios caminhos. O espírito de liberdade e crítica opunha-se ao princípio da autoridade.

EDUCAÇÃO LEIGA

Embora presente em teoria, o ideal de secularização do humanismo renascentista nem sempre se cumpria, tendo em vista que a implantação da maioria dos colégios continuava por conta de ordens religiosas, apesar da iniciativa de particulares leigos com a criação de escolas mais bem adaptadas ao espírito do humanismo. Na Alemanha, surgiram as *Fürstenschulen*, "escolas para príncipes"; o mesmo esforço de renovação notava-se na França, nos Países Baixos e na Inglaterra.

VITTORINO DA FELTRE

Muitas das escolas leigas proliferaram na Itália, com destaque para o trabalho de **Vittorino da Feltre**↳ (c.1378-1446), o primeiro grande mestre de feitio humanista. Convidado para ser o preceptor dos filhos de um marquês, em Mântua, Itália, aí fundou uma escola, a Casa Giocosa, com a divisa "Vinde, meninos, aqui se ensina, não se atormenta". O nome da escola reflete o novo espírito: *giocosa*, em italiano, é o adjetivo de *gioco*, "jogo". Feltre cuidou não só de recreação e exercício físico, como igualmente do desenvolvimento de sociabilidade e autodomínio, oferecendo cursos de equitação, natação, esgrima, música, canto, pintura e jogos em geral. A formação intelectual voltava-se para o ideal renascentista da mais ampla cultura humanística, com atenção especial ao ensino de grego e latim. Embora objeto de cuidado, a disciplina pretendia ser menos rude e intolerante do que na escola medieval.

▶ Vittorino dos Ramboldi (ou Rambaldoni), nascido em Feltre.

Vittorino continuava ensinando as disciplinas do *trivium* e do *quadrivium*, mas aplicando métodos novos, tendo por objetivo a formação integral do aluno, com destaque para o ensino gradual, que respeita o estágio do amadurecimento de cada um, sua individualidade e seu desenvolvimento psíquico, de modo a despertar o interesse e ensinar a pensar. Nada deixou escrito, mas a prática em sua escola ficou conhecida em toda Europa. Recebeu visitantes interessados em conhecer a novidade de seus métodos didáticos, tendo recebido a patente de Universidade do imperador Segismundo, do Sacro-Império Romano Germânico, em 1433.

Franco Cambi destaca "a personalidade do 'mestre' que deve estar bem consciente da sua alta missão e amparado por um intenso amor religioso pela infância e pela juventude" e completa:

> Vittorino é o educador mais significativo do Renascimento por interpretar de maneira coerente e profunda suas duas grandes descobertas: primeiro, a mais corrente no seu tempo, da renovação cultural operada através de uma leitura histórico-filológica dos clássicos, e, segundo, a mais original e menos habitual, da autonomia e especificidade da vida infantil, caracterizada pela espontaneidade e pelo instinto do jogo.→

▶ CAMBI, Franco. *História da pedagogia*. São Paulo: Editora Unesp, 1999. p. 239.

Para explicar o que entendemos por "leitura histórico-filológica" dos clássicos, começamos por analisar etimologicamente a palavra *filologia*, constituída pelos termos gregos *philo*, que significa "amigo", e *logos* "palavra", mas também "letras", "literatura". Como ciência hoje estabelecida, diz respeito ao estudo científico de textos e ao estabelecimento de sua autenticidade através da comparação de manuscritos e edições. Portanto, fazer uma análise filológica é buscar o significado das palavras no seu nascedouro histórico, o que, no caso dos renascentistas, implica um retorno aos textos gregos expurgados das modificações realizadas até a Idade Média e também de interpretações alegóricas desse período – como sabemos, comprometidas com a religiosidade –, para identificar o significado a partir da época e do lugar em que o texto foi escrito. Mais ainda, para "conversar" com eles e encontrar modelos que possam ser revividos e aproveitados, não exatamente como eram, mas como inspiração para criar modelos novos de pensamento e ação adequados ao período vivido.

Outra novidade a que se refere a citação consiste na "descoberta da infância", fenômeno que o historiador da "história das mentalidades" Philippe Ariès analisa em *História social da criança e da família*, obra na qual examina a alteração dos comportamentos e dos modos de se vestir e de outros costumes. Nesse caso, ao longo dos séculos XII e XIII, tanto os adultos como as crianças usavam o traje longo – um tipo de vestido ou túnica –, que aos poucos foi sendo trocado na Renascença por calças justas, ao passo que as crianças se distinguiam dos adultos por continuarem a usar túnicas. No entanto, por volta do século XVI, tem início a busca de um traje próprio para elas, o que variava conforme o lugar e a época. Mais importante do que a divisória das roupas, firmava-se o reconhecimento da especificidade da criança, a ser tratada como tal e merecedora de afeto e formação intelectual especializada.

Na mesma linha de propostas culturais alternativas, surgiram na Renascença as academias, instituições privadas com a intenção de suprir as falhas das universidades, oferecendo oportunidades de acesso à cultura desinteressada, algumas de caráter exclusivamente literário, outras filosóficas, mas apenas no século XVII surgiram as primeiras academias científicas, não por acaso, na época em que ocorreu o chamado Renascimento Científico, como veremos no próximo capítulo.

REFORMA E CONTRARREFORMA

O espírito inovador do Renascimento manifestou-se também na crítica à estrutura autoritária da Igreja, centrada no poder papal. Interesses políticos nacionalistas e de natureza econômica sustentavam os movimentos de ruptura representados pelo luteranismo, pelo calvinismo e pelo anglicanismo. Embora a Idade Média se caracterizasse pela unidade da fé, esse consenso esteve ameaçado inúmeras vezes: no século XI, o Cisma Grego resultou na separação entre as igrejas Romana e Ortodoxa; desde o século XII, as heresias se disseminaram por toda a Europa, quando então foi criada a Inquisição (ou Santo Ofício), como instrumento de combate aos desvios da fé; no século XIV, por ocasião do Grande Cisma, elegeram-se dois papas, um em Avinhão, na França, e outro em Roma.

As causas dessas discordâncias não eram apenas de natureza religiosa. Ventos novos de rebeldia surgiram nas cidades no período em que os servos se libertaram dos senhores feudais e restrições econômicas eram impostas aos mercadores, como a condenação ao empréstimo a juros feita pela Igreja. Além disso, a rejeição à teoria da supremacia da autoridade papal posicionou-se para negar o universalismo da Igreja, que contrariava o nascente ideal nacionalista, expresso no fortalecimento do poder dos reis e na formação das monarquias nacionais.

A crise maior da Igreja, no entanto, deu-se no século XVI, com a Reforma Protestante. Contrariando as restrições feitas pelos católicos aos negócios e a condenação ao empréstimo a juros, os protestantes viam no enriquecimento um sinal do favorecimento divino. Martinho Lutero (1483-1546) recebeu a adesão dos nobres, interessados no confisco dos bens do clero, ao passo que João Calvino (1509-1564) obteve apoio da rica burguesia. Portanto, as divergências não eram apenas religiosas, mas sinalizavam as alterações sociais e econômicas, que mergulharam a Europa em sanguinolentas lutas.

> Um dos tristes episódios de intolerância religiosa, ocorrido na França do século XVI, foi a "Noite de São Bartolomeu", com o confronto entre seguidores de crenças cristãs de diferentes orientações que culminou no massacre de protestantes huguenotes por católicos.

EDUCAÇÃO RELIGIOSA REFORMADA

A Reforma Protestante criticava a Igreja medieval, propondo o retorno às origens pela consulta direta ao texto bíblico, sem a intermediação dos padres, conforme era estabelecido pela tradição cristã católica. No plano religioso, surgia a característica humanista de defesa da personalidade autônoma, que repudiava a hierarquia e estabelecia o vínculo direto entre Deus e o fiel. Ao dar iguais condições de leitura e interpretação da *Bíblia* a todos, a educação tornou-se importante instrumento para a divulgação da Reforma.

Ao contrário da tendência elitista predominante, Martinho Lutero e seu colaborador Filipe Melanchthon (1497-1560) se esforçaram no propósito de implantar a escola primária para todos. Havia, é bem verdade, uma nítida distinção nessa proposta: para as camadas trabalhadoras, oferecia-se a educação primária elementar, ao passo que às privilegiadas era reservado o ensino secundário e o curso superior. Apesar disso, Lutero defendeu a obrigatoriedade do ensino, instando os pais a assumirem esse dever e instigando o poder público municipal a exigir esse cumprimento. Portanto, a educação universal e pública, que incluía a educação feminina, passaria a ser competência do Estado. De acordo com o espírito humanista, criticava o recurso a castigos, bem como o verbalismo da Escolástica. Propôs jogos, exercícios físicos, música – seus corais eram famosos –, valorizou os conteúdos literários e recomendava o estudo de história e das matemáticas.

A educação proposta pelos protestantes sofreu também a contribuição de João Calvino, nascido Jean Cauvin, teólogo francês que começou atuando no seu país, mas precisou fugir, após perseguições religiosas, dirigindo-se para Genebra, Suíça, onde exerceu influência determinante para o reconhecimento e a expansão de sua crença, em razão de seu dom de oratória e do tratado de teologia *Institutio religionis christianae* (Instituição da religião cristã), traduzido em várias línguas. Sua doutrina, também conhecida como presbiteriana, estendeu-se à Alemanha, Holanda e Bélgica, entre os puritanos da Inglaterra e Escócia e, mais tarde, nas colônias inglesas da América do Norte.

Vale destacar alguns fatores que Calvino e Lutero têm em comum: a *Bíblia* como principal livro do crente; a extinção da hierarquia eclesiástica, pois o contato do fiel com Deus é feito sem a intermediação de padres; e a abolição do culto às imagens. A principal diferença encontra-se na interpretação da doutrina de predestinação, porque para o luteranismo apenas a fé salva, ao passo que para os calvinistas as pessoas já nascem predestinadas à salvação – Deus escolhe quem quer salvar –, e um sinal de ter sido eleito por Deus são suas próprias obras. Além disso, Calvino atuou politicamente quando, ao assumir o governo da cidade de Genebra, desenvolveu um programa de reformas sociais e religiosas. Criou inúmeras escolas primárias e um colégio universitário, a Academia, destinado à formação dos ministros do culto calvinista.

REAÇÃO CATÓLICA: CONTRARREFORMA

Na tentativa de recuperar o poder perdido desde a reforma luterana, a Igreja Católica desencadeou forte reação à expansão da crença protestante, conhecida como Contrarreforma. Diretrizes tomadas no Concílio de Trento (1545-1563) reafirmaram a supremacia papal e os princípios da fé, estimularam a criação de ordens religiosas e de seminários para a formação de padres, além de favorecerem a atuação vigorosa sobre os fiéis a fim de instruí-los para o culto por meio de estudos bíblicos. No entanto, à diferença dos reformistas que pregavam a leitura pessoal dos textos sagrados, a renovação católica reforça o controle dos jovens pela educação orientada para a obediência. A Inquisição tornou-se mais atuante, principalmente em Portugal e Espanha.

A disposição dos fiéis à obediência e à submissão à autoridade é relatada por Franco Cambi:

> As disposições para o acesso aos sacramentos, a redação de diversos catecismos entre os quais o romano de Pio V, publicado em 1566 em cumprimento das deliberações conciliares, a aprovação de um Índice dos livros proibidos são algumas das providências dirigidas a tal objetivo. O hábito e a obediência são indicados como o meio e o fim da educação que, segundo as afirmações de um estudioso católico do nosso tempo, "assume as características de renúncia como melhor forma de preparação para a vida adulta, exprimindo-se na família como submissão ao pai e aos usos e costumes por ele impostos, na escola como veneração da *auctoritas magistri* [autoridade do mestre], nos colégios como obediência, geralmente 'cega',

e em todas as relações sociais como aceitação da ordem estabelecida". Nessa obra de educação destinada a preservar a infância da corrupção moral da sociedade, grande destaque é atribuído à família.

▶ CAMBI, Franco. *História da pedagogia*. São Paulo: Editora Unesp, 1999. p. 257.

O procedimento que se mostrou mais eficaz e generalizado foi o de criação de instituições escolares, que se diziam herdeiras do humanismo clássico, porém sem a efetiva libertação humana proposta pela tradição clássica, em virtude da rigidez implantada nos colégios. São exemplos dessa expansão: a congregação das ursulinas, dedicada à educação de moças; a dos religiosos somascos, voltados para as crianças órfãs, a fim de superarem maus hábitos e vícios trazidos de sua vida anterior; de orientação semelhante, participavam os padres oratorianos, dedicados a jovens pobres; além de outras ordens de diversas origens. No entanto, foi a Companhia de Jesus a ordem que, ao atuar em escala mundial, lançou os fundamentos da escola moderna, laica e estatal, como constataremos adiante.

COMPANHIA DE JESUS: O COLÉGIO DOS JESUÍTAS

Daremos maior atenção ao colégio dos jesuítas em razão da influência exercida não só na concepção da escola tradicional europeia como também na formação brasileira, como veremos na segunda parte deste capítulo, embora outras ordens tenham dado sua contribuição.

Inácio de Loyola (1491-1556), militar espanhol basco, ao se recuperar de um ferimento em batalha, viu-se envolvido por súbito ardor religioso e resolveu colocar-se a serviço da defesa da fé, tornando-se verdadeiro "soldado de Cristo". Fundou a Companhia de Jesus, daí o nome *jesuítas* atribuído a seus seguidores. Criada em 1534 e oficialmente aprovada pelo papa Paulo III em 1540, a Ordem vinculava-se diretamente à autoridade papal, distanciando-se, portanto, da hierarquia comum da Igreja. Por não se retirar em conventos, seus adeptos eram chamados *padres seculares*, isto é, que se misturam aos fiéis no mundo, no século, como se costuma dizer.

A Ordem estabelecia rígida disciplina militar e tinha como objetivo inicial a propagação missionária da fé, a luta contra os infiéis e os heréticos, espalhando-se pelo mundo, desde a Europa, assolada pelas heresias, até a Ásia, a África e a América. Logo descobriram que, diante da intolerância dos adultos, era mais segura e duradoura a conquista das almas jovens, e o instrumento adequado para a tarefa seria a criação e multiplicação de escolas. Reside nesse projeto o traço marcante da influência dos jesuítas, a ação pedagógica que formou inúmeras gerações de estudantes, durante mais de duzentos anos (de 1540 a 1773). Para se ter uma ideia da extensão desse trabalho, em 1579 a Ordem possuía 144 colégios, número que chegou a 669 em 1749.

A eficiência da pedagogia dos jesuítas resultou da uniformidade de ação e do cuidado com o preparo rigoroso do mestre. Em 1551 foi fundado o Colégio Romano, como unidade centralizadora que servia para formar professores e receber os relatórios de experiências realizadas em todas as partes do mundo, procedimento que facilitou a posterior consulta de rico material historiográfico. Também em Roma, o Colégio Germânico especializou-se no preparo de padres para as missões na Alemanha.

O resultado das experiências regularmente avaliadas, codificadas e reformuladas adquiriu forma definitiva no documento *Ratio Studiorum* (a expressão latina *Ratio atque Institutio Studiorum* significa "Organização e plano de estudos"), publicado em 1599 pelo padre Claudio Acquaviva. Obra cuidadosa – com regras práticas sobre a ação pedagógica, a organização administrativa e outros assuntos – destinava-se a toda a hierarquia, desde o provincial, o reitor e o prefeito dos estudos até o mais simples professor, sem se esquecer do aluno, do bedel e do corretor.

No final do século XVII, o padre Joseph Jouvency preparou o então mais completo manual de normas gerais e informações bibliográficas necessárias ao magistério, reduzindo os riscos decorrentes do arbítrio e da iniciativa de mestres mais jovens. Como garantia da unidade de pensamento e ação, farta correspondência entre os membros da Companhia mantinha contínua comunicação. O ideal de universalidade na atuação, no entanto, não se confundia com rigidez. Sob vigilância constante, certa flexibilidade aos costumes do lugar onde a Ordem se implantava facilitou a obra missionária, permitindo maior eficiência.

O ENSINO DO *RATIO STUDIORUM*

Os alunos dos colégios jesuítas eram distribuídos em classes, observando-se a idade e o grau de instrução. O rigor da aula era acompanhado pela constante fixação pela memória dentro e fora das classes, o que era mais fácil orientar nos internatos. Mesmo no caso de externato, ou no período de férias, eram fortes as recomendações de ocuparem-se com estudos continuados. As práticas e conteúdos apresentados de acordo com as regras codificadas no *Ratio Studiorum* aplicavam-se nos seguintes cursos:

a) *Studia inferiora*:
   - letras humanas, de grau médio, com duração de três anos e constituído por gramática, humanidades e retórica, formava o alicerce de toda a estrutura do ensino, apoiada na literatura clássica greco-latina;
   - filosofia e ciências (ou curso de artes), também com duração de três anos, visava formar o filósofo e oferecia as disciplinas de lógica, introdução às ciências, cosmologia, psicologia, física (aristotélica), metafísica e filosofia moral.

b) *Studia superiora*:
   - teologia e ciências sagradas, com duração de quatro anos, coroavam os estudos e visavam à formação do padre.

Nas classes de gramática, o latim era ensinado até o perfeito domínio da língua porque, embora no dia a dia as pessoas usassem a língua materna, persistia o costume de filósofos e cientistas escreverem em latim, o que permitia ultrapassar as fronteiras das diversas nacionalidades e promover a universalização da cultura. Os jesuítas tornaram obrigatório seu uso até na mais trivial conversação, de modo que os alunos pudessem assimilá-lo com a familiaridade da língua vernácula. Num colégio em Paris no século XVII, pensaríamos estar em Roma de antes de Cristo: conversação exclusiva em latim e análise de autores latinos.

Os alunos estudavam as principais obras greco-latinas e aperfeiçoavam a capacidade de expressão e estilo, ainda bastante presos a padrões clássicos. Voltados para o melhor da formação humanística, os jesuítas usavam textos de Cícero, Sêneca, Ovídio, Virgílio, Esopo, Plauto, Píndaro e outros. Como esses autores eram pagãos, procuravam adequá-los aos ideais cristãos, fazendo resumos, adaptações e até suprimindo trechos "perigosos para a fé". Proibiam as obras contemporâneas, sobretudo contos e romances, por serem "instrumentos de perversão moral e dissipação intelectual". Esse programa atendia ao ideal de eloquência latina do século XVI e, segundo o jesuíta e filósofo brasileiro padre Leonel Franca (1893-1948), "a gramática visa a expressão clara e correta; as humanidades, a expressão bela e elegante; a retórica, a expressão enérgica e convincente"↳

Os jesuítas mostravam-se bastante exigentes com a didática, recomendando a repetição dos exercícios para facilitar a memorização. Nessa atividade eram auxiliados pelos melhores alunos, chamados **decuriões**↳ responsáveis por nove colegas, de quem tomavam as lições de cor, recolhiam os exercícios e marcavam em um caderno os erros e as faltas diversas. Aos sábados as classes inferiores repetiam as lições da semana toda: vem daí a expressão *sabatina*, usada durante muito tempo para indicar a avaliação dos alunos. Para as classes mais adiantadas, organizavam torneios de erudição.

> ▶ FRANCA, Leonel. *O método pedagógico dos jesuítas: o Ratio Studiorum*. Rio de Janeiro: Agir, 1952. p. 80.

> ▶ **Decurião:** no exército romano, uma decúria era um corpo de cavalaria e infantaria composto de dez soldados e que tinha por chefe o decurião.

Outra característica do ensino jesuítico era a emulação, ou seja, o estímulo à competição entre os indivíduos e as classes. Por exemplo, os alunos recebiam títulos de imperador, ditador, cônsul, tribuno, senador, cavaleiro, decurião e edil. Para incentivá-los, as classes se dividiam em duas facções: os romanos e os cartagineses. Aos alunos que mais se destacavam eram reservados prêmios em solenidades pomposas, das quais participavam as famílias, as autoridades eclesiásticas e civis, a fim de dar-lhes brilho especial. Montavam peças de teatro, com os devidos cuidados na seleção dos textos, desde simples diálogos até comédias e tragédias clássicas, sem deixar de privilegiar dramas litúrgicos. Os melhores estudantes expunham sua produção intelectual nas academias.

Os jesuítas tornaram-se famosos pelo empenho em institucionalizar o colégio como local por excelência de formação religiosa, intelectual e moral de crianças e jovens. Para atingir esses objetivos, instauraram rígida disciplina, aplicada nos internatos criados para garantir proteção e vigilância. Além de controlar a admissão dos alunos, concediam férias bem curtas para evitar que o contato com a família afrouxasse os hábitos morais adquiridos. Mesmo nos externatos, o olhar dos mestres seguia os alunos, exigindo o afastamento da vida mundana e recriminando as famílias que não assumissem o encargo dessa vigilância. A obediência, considerada virtude não só de alunos, como também de padres, submetia todos à rígida disciplina de trabalho, sem inovações personalistas.

Talvez em virtude do rigor da organização, as sanções não se tornavam muito constantes, mas eram aplicadas sempre que necessário, cabendo ao mestre castigar apenas com palavras e admoestações. Quando não bastassem, ou a falta fosse muito grave, as punições físicas ficavam a cargo de um "corretor", pessoa alheia aos quadros da Companhia e contratada só para esse serviço. Com o intuito de contrabalançar a disciplina, os jesuítas estimulavam as atividades recreativas, por proporcionarem ambiente mais alegre e vida mais saudável.

A PEDAGOGIA DA CONTRARREFORMA

Os cristãos católicos adeptos da Contrarreforma foram resistentes às novas ideias que se delineavam no Renascimento, especialmente no que diz respeito à reforma religiosa. Para eles, a intenção era estudar, sim, os antigos autores greco-romanos, mas de acordo com um olhar religioso que pudesse adaptá-los às verdades eternas da fé. Por isso estudavam Platão e Aristóteles sob o viés cristianizado de Agostinho e Tomás de Aquino.

Como vimos em capítulos anteriores, a pedagogia que transparecia naqueles filósofos, tanto da Antiguidade como da Idade Média, apoiava-se em uma visão essencialista, que atribuía à educação o objetivo de desenvolver as potencialidades do ser humano. O filósofo polonês Bogdan Suchodolski (1903-1992) refere-se a toda pedagogia antiga como essencialista, porque tinha por função realizar o que o ser humano deve vir a ser, partindo de uma concepção de essência humana universal. No Renascimento, embora continuasse a perspectiva essencialista, que só mudaria a partir de Rousseau (século XVIII), já se tinha a percepção mais aguda de problemas que, hoje, chamaríamos de existenciais, numa recusa à submissão a valores eternos e a dogmas tradicionais.

Essa perspectiva aristotélico-tomista foi retomada pelos jesuítas. Não que muitos deles ignorassem as novidades da ciência e da filosofia de seu tempo, uma vez que a Companhia preparava com cuidado os futuros mestres. Achavam importante, porém, evitar os conhecimentos que pudessem levar a desvios pelo livre-pensar dos humanistas. Lembrando que essa postura interessava sobretudo aos reinos de Portugal e Espanha. Sobre isso comenta o professor português António Gomes Ferreira:

> Afinal, os poderes estavam interessados nessa interpretação autoritária do saber e a escola jesuítica não tinha pátria porque o latim era a sua língua, o catolicismo a sua ideologia e a Escolástica a sua compreensão do mundo.↪

Nem todas as orientações religiosas, no entanto, distanciaram-se de igual modo do humanismo renascentista. Uma exceção foi a Congregação do Oratório, que, no século XVII, sem renegar o aristotelismo, buscava conciliá-lo com ideias da pedagogia humanista. Outra tendência é representada pelos

▶ FERREIRA, António Gomes. A educação no Portugal Barroco: séculos XVI a XVIII. In: STEPHANOU, Maria; BASTOS, Maria Helena Camara (Orgs.). *Histórias e memórias da educação no Brasil.* Petrópolis: Vozes, 2005. p. 62. v. 1.

franciscanos, que, desde a Idade Média na Escola de Oxford, Inglaterra, demostraram interesse pelas ciências experimentais e pela atuação social. Voltaremos a eles na segunda parte deste capítulo.

POLÊMICA SOBRE O ENSINO JESUÍTICO

É difícil encontrar análises desapaixonadas da obra jesuítica, por ter despertado tanto ardorosos defensores como críticos severos. Não se pode negar sua influência na formação do *honnête homme* da época barroca. Essa expressão francesa de difícil tradução significa de modo amplo o gentil-homem, culto e polido, conforme as exigências daquela sociedade aristocrática. O ideal do *honnête homme*, porém, vinculava-se a um humanismo desencarnado, voltado para as belas-letras e o "saber por saber" de letrados e eruditos. Esses aspectos deixavam de ter sentido em um mundo no qual a revolução nas ciências e nas técnicas requeria um indivíduo prático, cujo saber visava à transformação. Não mais se justificava o desprezo ao espírito crítico, à pesquisa e à experimentação. Ao contrário, os jesuítas eram considerados excessivamente dogmáticos, autoritários e por demais comprometidos com a Inquisição.

Na paixão do debate, a Companhia de Jesus foi acusada de decadente e ultrapassada. Afinal, o ensino universalista e muito formal distanciava os alunos do mundo, tornando-o ineficaz para a vida prática. Nos cursos de filosofia e ciências, os jesuítas mostraram-se conservadores por retornarem à filosofia escolástica, baseando-se em textos de Aristóteles e Tomás de Aquino, deixando à parte toda a controvérsia do pensamento filosófico moderno: ignoraram Descartes – um de seus ilustres ex-alunos – e recusavam-se a incorporar as descobertas científicas de Galileu, Kepler e Newton, ocorridas no século XVII.

Para seus detratores, o ensino jesuítico teria sido responsável pela separação entre escola e vida, porque, no afã de retomada dos clássicos, não transmitia aos alunos as inovações de seu tempo; não dava muita importância à história e à geografia, e a matemática – essa "ciência vã" – também sofreu restrições, excluída do primeiro ciclo e pouquíssimo estudada nas classes mais adiantadas. Ocupava-se mais com exercícios de erudição e retórica, e a maneira de analisar os textos não propiciava o desenvolvimento do espírito crítico.

A Companhia de Jesus, também foi acusada de ter enriquecido e de exercer poder político sobre os governos, voltando-se para suas próprias conveniências. Reflexo disso é a decisão do marquês de Pombal, primeiro-ministro de Portugal, que expulsou os jesuítas do reino e de seus domínios (inclusive do Brasil) em 1759. O mesmo aconteceu mais tarde em outros países, até que finalmente em 1773 o papa Clemente XIV extinguiu a Companhia de Jesus. Restabelecida em 1814, continuou a sofrer inúmeras perseguições durante o século XIX.

Em estudos mais recentes, no entanto, procura-se examinar a atuação dos jesuítas no contexto histórico da época em que viveram, respeitando o entendimento que então prevalecia sobre as relações entre Igreja e Estado. Caso contrário, corremos o risco de preconceito anacrônico, ao julgá-los conforme valores laicos contemporâneos. Examinemos esse outro olhar. O que encontramos na Europa daquele tempo foi o movimento da Reforma, que introduziu o protestantismo em diversos países. Não por acaso, essas nações encaminharam-se para a economia mercantil e capitalista, dando os primeiros passos para a atividade manufatureira que iria fortalecer o capitalismo industrial nascente, ao passo que Portugal e Espanha mantiveram-se católicos e no campo econômico não se prepararam para a industrialização. Não só: seus reis eram cristãos e estavam convictos de serem responsáveis pela salvação de seu povo. A respeito dessa prerrogativa do rei, o professor José Maria de Paiva diz:

> Não só a prática do culto e a conversão do gentio estavam sob seus cuidados, mas a própria administração do religioso era da sua esfera. Por isso, a ele cabia cobrar e administrar os dízimos, apresentar e sustentar diretamente os bispos, os cabidos, os vigários, como também organizar a política de distribuição dos benefícios eclesiásticos, das ordens religiosas, das confrarias, das irmandades, e garantir seu ordenamento jurídico. [...] A Igreja estava, pois, *funcionalmente* incorporada ao Reino. [...] Chamo novamente a atenção do leitor para que não atribua a religiosidade da educação ao fato de serem padres seus promotores. Insisto: era toda a sociedade portuguesa que assim percebia.↳

▶ PAIVA, José Maria de. Igreja e educação no Brasil colonial. In: STEPHANOU, Maria Stephanou; BASTOS, Maria Helena Camara (Orgs.). *Histórias e memórias da educação no Brasil*. Petrópolis: Vozes, 2005. p. 79, 80 e 85. v. 1.

Além disso, apenas na contemporaneidade os estudos de etnologia nos alertaram para o respeito às diferenças que existem entre povos e culturas, e só a partir desse conhecimento é que mudou a disposição para aceitá-los, sem avaliá-los como inferiores: atualmente a educação visa atender às demandas pluriétnicas e manter-se multicultural. Na mentalidade quinhentista, porém, tanto reino como Igreja atuavam no sentido de homogeneizar as diferenças, nivelando a todos pelo que se considerava verdadeiro e superior (a cultura cristã europeia). O antropólogo brasileiro Luiz Felipe Baêta Neves, a propósito da catequese dos indígenas, comenta:

> A Companhia de Jesus foi fundada para difundir a Palavra especialmente a povos que não A conheciam – e por meio de uma socialização prolongada. Dirigem-se a homens que não são, portanto, iguais a si – e quer transformá-los para incorporá-los à cristandade. Duas diferenças primeiras: não são padres e não são cristãos. Uma semelhança: são *homens*. É esta semelhança somada àquelas diferenças que dão a possibilidade e o sentido do plano catequético. A catequese é, então, um esforço para acentuar a semelhança e apagar as diferenças↳

▶ NEVES, Luiz Felipe Baêta. *O combate dos soldados de Cristo na terra dos papagaios*: colonialismo e repressão cultural. Rio de Janeiro: Forense Universitária, 1978. p. 45.

Desse modo, os jesuítas queriam converter o outro, o não cristão – seja indígena, seja infiel ou herege –, em cristão, para tornar os homens o mais iguais possível.

A PEDAGOGIA HUMANISTA

É impressionante o interesse pela educação no Renascimento, se comparado à Idade Média, especialmente ao se constatar a proliferação de colégios e manuais para alunos e professores. Educar tornava-se questão de moda e uma exigência, conforme a nova concepção de ser humano. Os mais ricos ou os da alta nobreza continuavam a ser educados por preceptores em seus próprios castelos, ao passo que a pequena nobreza e a burguesia também queriam educar seus filhos e os encaminhavam para a escola, na esperança de prepará-los melhor para a liderança e a administração da política e dos negócios, uma atenção maior para o ensino prático, por exemplo, como cuidar da escrita comercial própria para a redação de documentos, introduzi-los aos conhecimentos contábeis indispensáveis, além da aprendizagem de outras línguas, no contato intenso entre diversos países, em que as feiras se tornavam famosos locais de troca, como vimos seu início no capítulo anterior. Desse modo, as escolas seculares – e muitas vezes os preceptores – evitavam o modelo das escolas religiosas, muito formais, contrapondo a elas uma proposta voltada para os interesses da classe burguesa em ascensão. Já os interesses pela educação de segmentos populares, em geral, não eram levados em consideração, restringindo-se à aprendizagem de ofícios, a não ser nas propostas das religiões protestantes.

Outro aspecto notável do século XVI até o XVIII, além da instalação de colégios, foi um fenômeno correlato ao surgimento da nova imagem da infância e da família. Durante a Idade Média era comum misturarem-se adultos e crianças de diversas idades no mesmo grupo de estudos, sem a separação em graus de aprendizagem, ao passo que a partir do Renascimento certos cuidados começaram a ser tomados, assumindo contornos mais nítidos no século XVII. Para proteger as crianças de "más influências", propôs-se diferente hierarquização, submetendo-as a uma severa disciplina, inclusive a castigos corporais. A meta da escola não se restringia à transmissão de conhecimentos, mas à formação moral, como vimos com relação à disciplina ao tratar das escolas jesuíticas.

O regime de estudo era de certo modo rigoroso e extenso. Os programas continuavam a se apoiar nos clássicos *trivium* e *quadrivium*, persistindo, portanto, a educação formal de gramática e retórica, como na Idade Média, sem abandonar a ênfase no estudo do latim, com frequente descaso pela língua materna, sistema de ensino duramente criticado pelos humanistas, especialmente por Erasmo e Montaigne. As universidades continuavam em decadência, impermeáveis às novidades. Em 1452, ao se reestruturar a Universidade de Paris, a Faculdade de Artes tornou-se propedêutica às outras três (filosofia, medicina e leis), lançando-se desse modo a semente do curso colegial, o que favoreceu a separação mais nítida dos dois níveis de ensino.

Não se pode negar existir um forte esboço humanista sobre a arte de ensinar, definindo as linhas principais de um ideal pedagógico diferente do herdado da Idade Média. Tais traços, bastante provocadores, aparecem em inúmeros fragmentos de reflexão pedagógica como partes de uma produção filosófica mais ampla; esse foi o caso de Erasmo, Rabelais e Montaigne, ou ainda o exemplo das utopias de Tomás Morus e

Campanella. Quanto a Juan Luis Vives, em sua curta vida, deixou o humanismo transparecer exclusivamente nas atividades educativas e na reflexão pedagógica.

ERASMO DE ROTTERDAM

O holandês Erasmo de Rotterdam (1467-1536) foi um dos principais expoentes do novo pensamento renascentista, considerado por muitos um representante do pré-Iluminismo. Cristão pertencente à Ordem dos Agostinianos, criticou severamente a Igreja corrupta e autoritária e apoiou alguns pronunciamentos de Lutero sem, no entanto, aderir à Reforma. Erasmo representou a corrente erudita da Renascença, ao buscar nos clássicos as fontes da sabedoria grega.

Muito interessado na questão educativa, distinguem-se nele dois tipos de atuação, um deles extremamente crítico, em que trata com ironia a produção intelectual medieval e zomba do formalismo das universidades, reduto de escolásticos, e outro tipo de intelectual interessado em apresentar linhas de comportamento adequadas aos novos tempos.

Embora não desprezasse a ciência, sua atenção voltava-se especialmente para questões literárias e estéticas. No seu famoso *Elogio da loucura*, critica a hipocrisia e a tolice humanas e todas as formas de tirania e superstições, ao mesmo tempo que reflete sobre a necessidade das paixões, de uma "loucura sábia" responsável pelo amor e pelo prazer. Criticou também o fenômeno do *ciceronismo*, pelo qual o entusiasmo renascentista devotado ao orador romano resvalava em equívocos. Denunciava que muitos usavam sem pesquisa textos apócrifos, que lhe eram atribuídos, além de se esquecerem do verdadeiro sentido da importância de Cícero, como reconhecia o próprio Erasmo sobre esses ciceronistas:

> Eis o que se havia de imitar em Cícero, e para imitá-lo, teríamos de identificar-nos com a época em que vivemos, como ele se identificou com a sua, para adequar nossa linguagem às circunstâncias. Tudo mais é extemporâneo, carece da oportunidade de que os pensamentos de Cícero sempre se revestiam e que sua palavra tornava interessante. [...] Para imitar Cícero é necessário aprender a falar de maneira conveniente sobre o assunto que se considera, o que supõe havê-lo estudado profundamente; identificar-se com este assunto, procurando que, quanto se diga, provenha do coração.↪

▶ ERASMO. Elogio da loucura. Apud: LARROYO, Francisco. *História geral da pedagogia*. São Paulo: Mestre Jou, 1982. p. 358. v. 1.

Por outro lado, além de crítico severo de seu tempo, escreveu livros sobre educação, como *Colóquios familiares*, e sobre pedagogia, o *De ratione studii* (Fundamentos do aprender), em que desenvolve o ideal humanista da educação. Entremeando reflexões sobre a sociedade de seu tempo, Erasmo defendia o respeito ao amadurecimento da criança e por isso criticava a educação vigente, excessivamente severa, recomendando acompanhar com cuidado os diversos graus de aprendizagem, além de abandonar práticas de castigos corporais. Ao contrário, seria bom mesmo que as crianças aprendessem se divertindo, sem preocupação com resultados imediatos.

RABELAIS

François Rabelais (c. 1494-1553), frade e médico francês, levou uma vida cheia de percalços e perseguições, em razão de sua pena afiada e da crítica mordaz. Frequentou diversos cursos nas universidades, aprendeu várias línguas, formou-se em medicina e representa a corrente enciclopédica da Renascença que buscava resgatar o saber greco-latino, com igual cuidado pelos recentes estudos da ciência que então nascia. Como os demais humanistas de seu tempo, criticou a tradição escolástica, mas o fez de maneira irônica e saborosa, como a pena de Erasmo, amigo com que manteve contato intenso por cartas. Suas obras foram várias vezes condenadas e proibidas na Universidade de Sorbonne, o que o obrigou a fugir às ameaças da Inquisição.

Muitos o identificaram a um epicurista devasso, embora outros o descrevessem como um cristão que também não desprezava os prazeres da vida. Inicialmente esteve no convento dos franciscanos, para depois ser acolhido pelos beneditinos, de sistema mais aberto e com regras menos severas, tornando-se padre secular no final da vida. Rabelais não escreveu uma obra propriamente pedagógica, mas nos dois romances satíricos *Pantagruel* e *Gargântua* transparecem suas ideias a respeito da educação. Trata-se de escritos divertidos, em que tudo é exagerado, a começar pelos próprios personagens, gigantes que tinham um apetite descomunal: ainda hoje, usa-se a expressão "apetite pantagruélico" para designar os que comem e bebem em demasia. Também eram extensos os títulos de suas obras: "Os horríveis e espantosos feitos e proezas do mui afamado Pantagruel" e "A vida inestimável do grande Gargântua, pai de Pantagruel".

Ao iniciar sua educação, relata Rabelais, o preceptor de Pantagruel deu-lhe de beber o líquido de uma planta chamada heléboro "para que esquecesse de tudo o quanto havia aprendido com os seus antigos preceptores", simbolizando a necessidade de expurgar toda lembrança da tradição para abrir-se ao novo ensino e aproveitá-lo melhor. No entanto, não teve sucesso com uma sequência de preceptores que nada lhe ensinavam a não ser tolices, tornando-o cada vez mais estúpido, o que ia contra as expectativas quanto à formação de Pantagruel.

Apesar da sede insaciável de conhecimentos – manifesta ao recomendar uma aprendizagem enciclopédica –, Rabelais criticava o ensino livresco e estimulava a educação do corpo e do espírito. Ao contrário dos que o acusavam de imoralidade, defendia uma ética de acordo com as exigências da natureza e da vida, por isso mesmo seria melhor se o aluno aprendesse com alegria, porque "o riso é próprio do homem".

MONTAIGNE

Michel de Montaigne (1533-1592) pertencia a uma família francesa da burguesia que, enriquecida com a posse de terras e propriedades, conseguira um título de nobreza. A educação do menino foi cuidadosa: acompanhado por preceptores desde o berço, aprendeu latim antes da língua vernácula.

Montaigne lia com facilidade as obras latinas e escreveu uma série imensa de fragmentos, reunidos em um gênero novo, o *ensaio*, que bem representa a tendência subjetivista renascentista. Ao descrever a si próprio e refletir sobre suas experiências, traça o perfil da natureza humana, apresentando um indivíduo que tem interrogações, dúvidas e contradições, o que encaminha seu pensamento para um certo ceticismo. Ele próprio reconhece seu olhar diferente:

> A vida íntima do homem do povo é de resto um assunto filosófico e moral tão interessante quanto a do indivíduo mais brilhante; deparamos em qualquer homem com o Homem. Tratam os escritores em geral de assuntos estranhos à sua personalidade; fugindo à regra – e é a primeira vez que isso se verifica – falo de mim mesmo, de Michel de Montaigne, e não do gramático, poeta ou jurisconsulto, mas do homem. Se o mundo se queixar de que só fale de mim, eu me queixarei de que ele não pense somente em si.↪

▶ MONTAIGNE, Michel de. Do arrependimento. *Ensaios*. São Paulo: Editora 34, 2016. p. 760.

No seu alentado livro *Ensaios*, e mesmo sem produzir obra propriamente pedagógica, Montaigne dedicou alguns capítulos especificamente à educação, entremeando em outros muitas observações críticas sobre esse tema. Adverte a respeito do ensino livresco e do pedantismo dos falsos sábios, valoriza a educação integral e elogia seu pai por ter sabido escolher os preceptores para educá-lo com docilidade e sem castigos. Para Montaigne, a educação tem por finalidade preparar um espírito ágil e crítico, valores importantes para a formação do gentil-homem. Contra a tradição da Escolástica decadente, criticou a "ciência puramente livresca" e estimulou as pessoas a pensarem por si mesmas, recorrendo à analogia das abelhas que, após sugar todo tipo de flores, transforma as diferentes substâncias em mel, sua "obra própria".

Em um período de sangrentas lutas religiosas, criticou os fanatismos responsáveis pela violência. Montaigne denunciou com agudeza e ironia os costumes de seu tempo, a hipocrisia e as superstições e assumiu uma postura cética diante do lento desmoronar de verdades absolutas cultivadas à sua época. A desconfiança de Montaigne a respeito do conhecimento humano, fragilizado diante de mudanças cruciais, permite-nos compreender como os pensadores renascentistas já assinalavam a importância de outro tipo de investigação filosófica e científica. Não por acaso, no século seguinte, outros filósofos inauguraram a nova teoria do conhecimento e a metafísica, que iriam se opor às teorias aristotélico-tomistas.

UTOPIAS RENASCENTISTAS

Uma *utopia* é um lugar imaginário. O termo designa uma sociedade ideal ou um ideal de vida proposto. No sentido pejorativo, significa algo irrealizável, sonho de visionários. No Renascimento, as utopias criaram um tipo de reflexão presente para tentar compreender as transformações da época e projetar outros mundos possíveis – que embora não existam, poderiam vir a existir –, como uma sociedade justa que expulsasse a tirania e o egoísmo, inaugurando uma nova política e uma nova educação.

Tomás Morus (1478-1535), arcebispo de Canterbury e chanceler do rei Henrique VIII, da Inglaterra, no final de sua vida entrou em conflito com o rei, o que o levou a ser julgado e condenado à pena capital por decapitação. Tornou-se conhecido com a obra *Utopia, ou O tratado da melhor forma de governo*, em que critica o absolutismo monárquico e imagina uma sociedade mais justa, livre do abuso de poder e da desigualdade social. Severo crítico do fanatismo religioso, Tomás Morus propôs em sua obra um tipo de culto ecumênico, em que as diversas crenças conviveriam em absoluta tolerância. Defendia a paz contra as guerras movidas por ambição de dinheiro ou conquista de poder.

O dominicano italiano Tommaso Campanella (1568-1639) envolveu-se com política e, na tentativa de criar um mundo melhor, esteve preso por mais de duas décadas. Em 1602, escreveu *A cidade do Sol*, também uma utopia, uma "república filosófica", espécie de "comunismo" em que todos vivem em comunidade de bens, sem a posse de propriedades.

O gosto pelas utopias no Renascimento pode ser compreendido ressaltando-se a valorização da razão como instrumento capaz de organizar a Cidade Ideal, igualitária e voltada para a felicidade de cada indivíduo, exemplo do ideal humanista típico daquele período. Ao contrário de seus antecessores, que procuravam repetir o passado, os utopistas examinam o que não deu certo e imaginam um futuro de esperanças, sobretudo em virtude da ação humana auxiliada pela técnica e pela ciência.

VIVES: O MESTRE HUMANISTA

Juan Luis Vives (1492-1540), humanista espanhol, participou do convívio de Erasmo e Tomás Morus. Embora nascido e educado na Espanha e uma passagem de estudo por Paris, sua atividade pedagógica ocorreu na Inglaterra, para onde foi quando a princesa espanhola Catarina de Aragão tornou-se a primeira esposa do rei Henrique VIII. A convite do rei, Vives tornou-se preceptor de sua filha Maria, futura rainha Maria Tudor. Além disso, lecionou no colégio Corpus Christi da Universidade de Oxford e proferiu cursos públicos, com a assistência cativa de nobres da corte e dos próprios reis. Quando Henrique VIII divorciou-se de Catarina em 1533, Vives tomou o partido da Rainha e, após passar algumas semanas preso, mudou-se para os Países Baixos, onde ficou até falecer precocemente com 48 anos.

Vives tornou-se conhecido pela sistematização da pedagogia com copiosa obra pedagógica em que se destaca como principal trabalho o *Tratado do ensino*. Escreveu inclusive sobre a educação da mulher, mesmo considerando fundamental sua presença no lar, como mostra sua obra *Instrução da mulher cristã*, muito lida à época. Maurice Debesse confirma a importância dessa obra:

Com Erasmo, e antes de Fénelon, Vives é partidário convicto da educação das mulheres. "É pela falta de instrução", escreve, "que geralmente as mulheres se comprazem no luxo e nas frivolidades, são arrogantes quando a fortuna lhes sorri e se deixam abater tolamente na adversidade e na infelicidade." Donde seu programa de educação feminina, do qual o humanismo não está ausente, mas com o auxílio de uma pedagogia de tom bastante moderno. Na base, "o lar". Para desenvolver suas faculdades, a moça aprenderá latim, história da Antiguidade, ciências naturais, trabalhos manuais. Serão dados, às jovens mães, noções de higiene e conselhos para a alimentação das criancinhas. ↳

▶ DEBESSE, Maurice. Renascença. In: DEBESSE, Maurice e MIALARET, Gaston (Orgs.). *Tratado das ciências pedagógicas*. São Paulo: Companhia Editora Nacional; Edusp. 1974. p. 244. v. 2.

Embora vinculado às ideias aristotélico-tomistas, Vives revelou-se homem de seu tempo ao recomendar o cuidado com o corpo e a atenção com o aspecto psicológico no ensino. Acompanhando as mudanças do pensamento científico, valorizava os métodos **indutivos**↳ e experimentais, reconhecia a importância da observação dos fatos e a ação como meio de aprendizagem. Além disso, ao lado do latim, insistia na necessidade do adequado estudo da língua materna.

▶ A **indução** é um tipo de argumentação pela qual chegamos a proposições universais, a partir de diversos dados singulares coletados. Ao contrário, os pensadores medievais valorizavam a *dedução*, um tipo de argumentação em que a conclusão é inferida necessariamente das proposições que a antecedem; portanto, não se diz mais na conclusão do que já está dito nelas.

CONCLUSÃO

O Renascimento foi um período de contradições típico de épocas de transição. A classe burguesa, enriquecida, assumia padrões aristocráticos e aspirava a uma educação que permitisse formar o homem de negócios, ao mesmo tempo capaz de conhecer as letras greco-latinas e de dedicar-se aos luxos e prazeres da vida. Por outro lado, as escolas religiosas multiplicavam-se na Europa e no resto do mundo colonizado. Essa sociedade, embora rejeitasse a autoridade dogmática da cultura eclesiástica medieval, manteve-se ainda fortemente hierarquizada: excluía dos propósitos educacionais a grande massa popular, com exceção de reformadores protestantes, que agiam motivados também pela divulgação religiosa.

No entanto, há elementos suficientes para identificar as próximas linhas que tomaria a pedagogia daí em diante, como argumenta Franco Cambi:

O humanismo [...] inicia uma série de processos epocais em pedagogia: oferece-nos um novo ideal formativo e um novo curso de estudos, faz pensar a infância de maneira nova, coloca-nos diante do princípio animador (e antinômico) de toda a pedagogia moderna. É bem verdade que os séculos seguintes enriquecem e sofisticam o modelo com contribuições políticas e filosóficas, com ulteriores desenvolvimentos e comparações, mas um *iter*→ e um núcleo já estão traçados, um novo "código genético" da cultura pedagógica já está instaurado, uma aventura educativa carregada de futuro foi posta em marcha.↳

▶ *Iter*: termo latino que significa "caminho", "desenvolvimento".

▶ CAMBI, Franco. *História da pedagogia*. São Paulo: Editora Unesp, 1999. p. 252.

SUGESTÕES DE LEITURA

FRANCA, Leonel. *O método pedagógico dos jesuítas*: o *Ratio Studiorum*. Rio de Janeiro: Agir, 1952. p. 145, 146,175 e 186.

SUCHODOLSKI, Bogdan. *A pedagogia e as grandes correntes pedagógicas*: a pedagogia da essência e a pedagogia da existência. Lisboa: Livros Horizonte. 3. ed. 1984. p. 18-19; 20-22.

ATIVIDADES

1. Dê exemplos de aspectos do humanismo renascentista que representam o esforço de secularização do pensamento.

2. Por que protestantes e católicos, no século XVI, passaram a se interessar pela ação pedagógica? Compare as duas orientações em suas linhas principais, indicando as coincidências e as diferenças.

3. Analise de que perspectiva a pedagogia dos jesuítas atende às expectativas do novo homem renascentista e como também a elas se opõe.

4. Quais são os focos comuns sobre a educação de Vives, Erasmo, Rabelais e Montaigne?

5. Leia os comentários de Montaigne e atenda às questões.

Tudo se submeterá ao exame da criança e nada se lhe enfiará na cabeça por simples autoridade e crédito. Que nenhum princípio, de Aristóteles, dos estoicos ou dos epicuristas, seja seu princípio. Apresentem-se-lhe todos em sua diversidade e que ela escolha se puder. E se não o puder fique na dúvida, pois só os loucos têm certeza absoluta em sua opinião.

[...] As abelhas libam flores de toda espécie, mas depois fazem o mel que é unicamente seu e não do tomilho ou da manjerona. Da mesma forma os elementos tirados de outrem, ele os terá de transformar e misturar para com eles fazer obra própria, isto é, para forjar sua inteligência. Educação, trabalho e estudo não visam senão a formá-la. Que ponha de lado tudo aquilo de que se socorreu e mostre apenas o que produziu. [...] Quem jamais perguntou a seu discípulo que opinião tem da retórica, da gramática ou de tal ou qual sentença de Cícero? Metem-nas em sua memória bem-arranjadinhas, como oráculos que devem ser repetidos ao pé da letra. Saber de cor não é saber: é conservar o que se entregou à memória para guardar. Do que sabemos efetivamente, dispomos sem olhar para o modelo, sem voltar os olhos para o livro.

MONTAIGNE, Michel de. Da educação das crianças. In: *Ensaios*. São Paulo: Editora 34, 2016. p. 187-188.

a) Sob que aspectos a educação proposta pelos jesuítas seria oposta às posições de Montaigne?

b) Em que medida na educação contemporânea encontramos características tanto da *Ratio Studiorum* como de elementos da crítica de Montaigne?

6. Leia o texto a seguir, identifique marcas de uma educação renascentista e comente-as.

Há lá sacerdotes de exímia santidade, e que, por isso mesmo, são poucos. Assim, não há mais que treze em cada cidade, de acordo com o número de templos – a não ser quando os utopienses vão à guerra. Nesse caso, sete entre os sacerdotes acompanham o exército, e sete outros os substituem. [...] É considerado um grande opróbrio para qualquer utopiense ser chamado pelos sacerdotes e ser repreendido por uma vida pouco digna. [...]

A infância e a juventude são educadas por tais sacerdotes, que se preocupam mais com as letras do que com os costumes e virtudes, pois usam de todo engenho para instilar desde cedo nos espíritos ainda tenros e dóceis das crianças as opiniões boas e úteis à conservação da república – princípios que, quando se assentam fundo nas crianças, acompanham os homens por toda a vida e que são de grande utilidade para a segurança da república, que só é derrubada pelos vícios que nascem das opiniões perversas.

> MORE, Thomas. *Utopia*. Belo Horizonte: Autêntica, 2017. p. 191.

7. Tendo como base o fragmento a seguir, comente a posição de Rabelais acerca da tradição escolástica.

O seu ideal [de Rabelais] de humanidade e de sociedade é representado pela *Abadia de Thélème*. Diante da recusa por parte de um frade da direção de um convento, Rabelais desenha o ambiente ideal de uma abadia, cuja regra está em nítida oposição à de um lugar religioso comum. Nesta, homens e mulheres se reúnem livremente sem qualquer obrigação de voto, dedicando-se ao jogo, ao gozo das belezas, ao estudo, ao amor e seguindo a regra do "Faça o que quiser". Em consequência justamente dessa liberdade "não havia nenhum e nenhuma entre eles que não soubesse ler, escrever, cantar, tocar harmoniosos instrumentos, falar cinco ou seis línguas, e compor tanto em prosa como em versos". O ingresso à abadia é proibido aos "hipócritas beatos", aos "escritores e advogados", aos "sórdidos usurários" e, inversamente, consentido aos "jovens cavaleiros de bons costumes e dotados de grande coração", "às nobres e belas damas" e àqueles que "o Evangelho santo difundem no mundo, para grande despeito dos que gostariam de pô-los de lado", como fazem os teólogos e os curiais.

> CAMBI, Franco. *História da pedagogia*. São Paulo: Editora Unesp, 1999. p. 267.

PARTE II

Brasil: catequese e início da colonização

CONTEXTO HISTÓRICO

No boxe a seguir, destacamos algumas fases e eventos marcantes da educação no Brasil Colônia, do século XVI à primeira década do XVIII.

> **CRONOLOGIA DA EDUCAÇÃO NO BRASIL COLÔNIA**
> - **Fase heroica:** de 1549 a 1570 – catequese.
> - **Fase de consolidação:** de 1570 a 1759 – expansão do ensino secundário nos colégios.
> - **Reformas pombalinas:** de 1749 a 1808 – instrução pública.

A SITUAÇÃO DE PORTUGAL E SUA RELAÇÃO COM O BRASIL

A história do Brasil no século XVI não pode ser desvinculada dos acontecimentos da Europa, já que a colonização resultou da necessidade de expansão comercial da burguesia enriquecida com a Revolução Comercial. As colônias valiam não só por proporcionarem a ampliação do comércio, como também por fornecer produtos tropicais e metais preciosos para as metrópoles. No caso do Brasil, a colonização assumiu aspectos que dependeram da posição de Portugal e Espanha no quadro do desenvolvimento econômico e cultural europeu.

Como vimos na primeira parte, enquanto França e Inglaterra incentivaram as manufaturas, a burguesia portuguesa permaneceu atrelada aos interesses do absolutismo real, que ainda refletiam a consciência medieval. De fato, desde o século XV, diferentemente dos demais países, Portugal tinha suas fronteiras definidas, o que prolongou o poder centralizado, impedindo a autonomia econômica. O interesse comum de ampliação dos territórios colonizados estimulou a expansão ultramarina, fazendo com que a Coroa portuguesa investisse mais nesses empreendimentos, o que, a longo prazo, tornou o país refém daqueles que haviam protegido a expansão do mercado, como França, Holanda e especialmente Inglaterra.

Por se tratar de um país católico, que resistiu ao movimento protestante com a Contrarreforma e a Inquisição, Portugal condenava os juros, o que restringiu a acumulação de capital e retardou a implantação do capitalismo. Por outro lado, mantinha os privilégios da nobreza, que onerava os cofres públicos e dificultava a aliança do rei com a burguesia. Além disso, ao passo que a Europa renascentista se preparava para o livre-pensar a ser consolidado no Iluminismo do século XVIII, Portugal permanecia cioso da herança cultural clássico-medieval, preservando o latim, a filosofia e a literatura cristãs.

Por levar mais tempo para encontrar metais no Brasil, de início os portugueses restringiram-se à extração do pau-brasil e a algumas expedições exploratórias. A partir de 1530 teve início a colonização, com o sistema de capitanias hereditárias e a monocultura da cana-de-açúcar – formas de economia pré-capitalistas com grandes proprietários de terra –, o que resultou em novo descompasso entre os ventos da modernidade que exorcizavam a tradição medieval na Europa. A economia colonial expandiu-se em torno do engenho de açúcar, recorrendo ao trabalho escravo, inicialmente de nativos e, depois, de negros africanos. *Latifúndio, escravatura, monocultura*, eis as características da estrutura econômica colonial que explicam o caráter patriarcal da sociedade, centrada no poder do senhor de engenho.

Convém não esquecer que o Brasil era uma colônia de economia agrícola, em que o lucro se destinava aos comerciantes na metrópole, o que caracteriza uma economia de *modelo agrário-exportador dependente* – modelo referente ao desenvolvimento econômico do Brasil pré-industrial, em que o país era dependente (não hegemônico) e exportava apenas matéria-prima. No entanto, ainda que Portugal tivesse o monopólio da produção de açúcar brasileiro, não havia refinarias naquele país e sim na Holanda, Inglaterra e França.

Nesse contexto, a educação não constituía meta prioritária, já que o desempenho de funções na agricultura não exigia formação especial. Apesar disso, as metrópoles europeias enviaram religiosos para o trabalho missionário e pedagógico, com a finalidade principal de converter o gentio e impedir que os colonos se desviassem da fé católica, conforme orientações da Contrarreforma. A intenção dos missionários, porém, não se reduzia simplesmente a difundir a religião. A Igreja portuguesa, submetida ao poder real, constituía instrumento importante para garantir a unidade política, já que uniformizava a fé e a consciência facilitando sobremaneira a dominação metropolitana. Nessas circunstâncias, a educação assumia papel de agente colonizador.

De acordo com a historiografia tradicional, no Brasil foram os jesuítas que obtiveram resultado significativo, não só por estarem em maior número e de desempenho mais efetivo, mas também por se empenharem na atividade pedagógica, para eles de importância primordial, embora estudos recentes tenham mostrado a relevância de outras ordens religiosas, como as de franciscanos, carmelitas e beneditinos, que não deixaram o mesmo volume de documentação da Companhia de Jesus.

A CHEGADA DOS JESUÍTAS NO BRASIL

Para melhor compreender a ação dos jesuítas no Brasil, convém rever a primeira parte deste capítulo, em que analisamos a Companhia de Jesus em seu contexto histórico. Vimos que, após a Reforma, o Concílio de Trento empreendeu a Contrarreforma, destinada a impedir a propagação da dissidência religiosa representada pela religião protestante. Quando o primeiro governador-geral, Tomé de Sousa, chegou ao Brasil em 1549, veio acompanhado por diversos jesuítas encabeçados por Manuel da Nóbrega. Apenas quinze dias depois, os missionários já faziam funcionar, na recém-fundada cidade de Salvador, uma escola "de ler e escrever", dando início ao processo de criação de escolas elementares, secundárias, seminários e missões, espalhados pelo Brasil até o ano de 1759, ocasião em que os jesuítas foram expulsos pelo marquês de Pombal.

Nesse período de 210 anos, os jesuítas promoveram massivamente a catequese de indígenas, a educação dos filhos dos colonos, a formação de novos sacerdotes e da elite intelectual, além do controle da fé e da moral dos habitantes da nova terra. Era difícil a empreitada de instalar um sistema de educação em terra estranha e de povo tribal. De um lado, os indígenas de língua e costumes desconhecidos e, de outro, os colonizadores portugueses, que para cá vieram sem suas mulheres e famílias, muito rudes e aventureiros, com hábitos criticados pelos religiosos. Embora os jesuítas recebessem formação rigorosa e orientação segura do *Ratio Studiorum* (rever primeira parte deste capítulo), enfrentaram sérios desafios para se adaptar às exigências locais. Vale lembrar, nesses casos, a sua conhecida flexibilidade para adaptar-se aos novos costumes.

Ao se deslocar da Bahia para o Sul, fundaram o Colégio de São Vicente, no litoral, depois transferido para Piratininga, no planalto, onde, a partir do Colégio, em 1554, surgiu a cidade de São Paulo. Vale lembrar que este colégio chamava-se Santo Inácio e funcionava mais como uma "casa de meninos". Com espírito empreendedor, o padre Manuel da Nóbrega organizou as estruturas do ensino, atento às condições novíssimas aqui encontradas. O primeiro jesuíta a aprender a língua dos indígenas foi Aspilcueta Navarro, também pioneiro na penetração nos sertões em missão evangelizadora. A essas duas figuras veio se juntar, em 1553, o noviço José de Anchieta, de apenas 19 anos, que mais tarde se destacaria no trabalho apostólico.

Fernando de Azevedo, historiador brasileiro da educação, refere-se a essa "trindade esplêndida – Nóbrega, o político, Navarro, o pioneiro, e Anchieta, o santo" – como símbolo da "atividade extraordinária dos jesuítas no século XVI, a fase mais bela e heroica da história da Companhia de Jesus"→.

▶ AZEVEDO, Fernando de. *A cultura brasileira*. 7. ed. São Paulo: Edusp, 2010. p. 543.

FASE HEROICA: A CATEQUESE

A fase heroica da missão jesuítica durou dos anos de 1549 a 1570, data da morte do padre Nóbrega. Nesse período, os padres aprenderam a língua tupi-guarani e elaboraram textos para a catequese, ficando a cargo de Anchieta a organização de uma gramática tupi.

Diante das críticas e das defesas da ação catequética dos jesuítas no Novo Mundo, nunca é demais lembrar que, embora a etnologia contemporânea tenha uma compreensão diferente sobre o contato de culturas tão diversas, aqui enfocaremos essa ação a partir do conceito que dela tinham os próprios missionários. Desse modo, retomemos o impacto sentido por europeus ao conhecer povos tão "rudes", "sem lei" e "sem fé". Muitos chegavam a pensar na impossibilidade de conseguir algum sucesso no processo "civilizatório" dos nativos, enquanto para outros, incluindo aí os missionários, os indígenas seriam como filhos menores, uma "folha em branco" sobre a qual poderiam inculcar os valores da civilização cristã europeia. Nesse sentido, convictos de que o cristianismo representava uma vocação humana universal que implica integração e unidade, lançaram-se com empenho na incorporação territorial e espiritual dessas etnias, na esperança de acentuar as semelhanças – todos eram seres humanos – e apagar as diferenças.

Sem o anacronismo de criticar uma concepção com teorias posteriores, vale destacar o trabalho do antropólogo Franz Boas (1858-1942) ao realizar pesquisas de campo de povos tribais que o levaram a defender a especificidade de cada cultura, rejeitando, portanto, teorias que tinham por base as noções de progresso, evolução e superioridade como parâmetros para avaliar o estágio de uma cultura. Esse conceito teve importância para a crítica ao *eurocentrismo*, pelo qual os costumes de outros povos eram interpretados com base no modelo de valores europeus. Por decorrência, a desvalorização dos demais povos, tidos como "exóticos" e "inferiores", justificava indevidamente a imposição dos próprios valores como "civilizados".

Começaram por tentar a conquista do chefe da tribo e a "desmascarar" o pajé, mas logo perceberam que a ação mais eficaz seria atuar sobre os filhos dos indígenas, os curumins (também columins ou culumins), alunos prediletos, porque sobre eles ainda não se sentia de maneira arraigada a influência do pajé. Inicialmente os curumins aprendiam a ler e a escrever ao lado dos filhos dos colonos. Anchieta usava diversos recursos para atrair a atenção das crianças: teatro, música, poesia, diálogos em verso. Aos poucos, pelo teatro e dança, os meninos aprendiam a moral e a religião cristã. O sociólogo brasileiro contemporâneo Gilberto Freyre, na obra *Casa-grande e senzala*, diz que os primeiros missionários substituíam as "cantigas lascivas", entoadas pelos indígenas, por hinos à Virgem e cantos devotos, condenavam a poligamia, pregando a forma cristã de casamento. Dessa maneira, iniciaram a aculturação dos jovens e um abalo no sistema comunal primitivo.

Tornara-se tão comum falar na "língua geral" – mistura de tupi, português e latim – que os padres a usavam no púlpito, para se fazer entender, até que as autoridades passaram a exigir exclusividade para a língua portuguesa, temerosas de que a nativa predominasse.

O fato é que o indígena se encontrava à mercê de três interesses, que ora se complementavam, ora se chocavam: a metrópole desejava integrá-lo ao processo colonizador; o jesuíta queria convertê-lo ao cristianismo e aos valores europeus; e o colono preferia usá-lo como escravo para o trabalho.

AS MISSÕES

Após um período de *pregação* em que permaneciam um tempo nas tribos e realizavam batismos e casamentos, os religiosos seguiam para outro local, porém logo descobriram que as conversões não se consolidavam, além de se tratar de empreitada perigosa. Para que a ação missionária se concretizasse com menos riscos e as conversões se fortalecessem, foram criadas *missões*, situadas no sertão, longe dos colonos ávidos de escravos. As principais instalaram-se ao norte do México, na orla da floresta Amazônica e no interior da América do Sul, nas quais se firmaram missionários jesuítas portugueses e espanhóis. Além destas, os religiosos constituíram outras no território brasileiro de norte a sul, sendo que as primeiras surgiram na Bahia.

Vejamos as mudanças propostas pelos missionários para europeizar e cristianizar os nativos. Surpreenderam-se de início com o fato de cem a duzentas pessoas viverem na mesma oca, sem divisões que preservassem a intimidade das famílias nem repartição de funções e tarefas, porque ali dentro tudo se fazia. Por isso, os jesuítas deslocaram os nativos para outras áreas, nas quais criaram as aldeias reunindo várias etnias, designadas por eles, de modo homogêneo, como o "gentio". Ali foram construídas casas, onde se alocava cada família, a unidade social. Luiz Felipe Baêta Neves assim relata: "Na aldeia cada coisa deve ter seu *lugar* e sua *hora*. Há um local para o trabalho, outro para o descanso, outro para o culto, outro para a família" →

▶ BAÊTA NEVES, Luiz Felipe. *O combate dos soldados de Cristo na terra dos papagaios*: colonialismo e repressão cultural. Rio de Janeiro: Forense Universitária, 1978. p. 130.

Mudaram as práticas nômades, vistas como bárbaras, e estabeleceram um sistema agrícola restrito a áreas determinadas, onde se fazia a divisão de tarefas e observavam-se os "momentos de semear, podar, colher, queimar". Desse modo, os missionários convenciam-se de prestarem um serviço civilizatório ao retirar os nativos da "ociosidade", da "preguiça", da "indisciplina" e da "desorganização". Introduziram regras de higiene, maneiras de comer, condenaram a antropofagia, a embriaguez, o adultério. Lutaram também contra a nudez, suprimindo aos poucos os adornos "deformadores", definindo uma "geografia do corpo" segundo a qual havia partes que poderiam ser mostradas e outras a serem cobertas. Por julgarem que os nativos viviam a "infância da humanidade", os jesuítas se achavam no direito de agirem como "pais", devendo, portanto, corrigir e proteger. Trouxeram para cá o uso de sanções violentas, hábito europeu naqueles tempos, e as penalidades variavam conforme a gravidade da culpa, usando-se o açoite, o tronco e até mutilações, cuja execução devia ser pública e exemplar.

As missões prosperaram de modo significativo. Além da atividade agrícola, conforme o lugar havia criação de gado, artesanato, fabricação de instrumentos musicais, construção de templos, tudo administrado pelos padres, sem intervenção externa. Porém, a segregação de tribos inteiras nas missões, esse "ambiente de estufa", fragilizava ainda mais os indígenas, porque o confinamento facilitava aos colonos capturar tribos inteiras. Durante o século XVII, os bandeirantes realizaram diversas expedições de apresamento e destruíram muitas povoações, inclusive as dirigidas por jesuítas espanhóis.

Após a expulsão dos jesuítas (século XVIII), desmoronou-se a estrutura criada pelos padres, e os indígenas aculturados não conseguiram mais subsistir moral e economicamente.

PERÍODO DE CONSOLIDAÇÃO: A INSTRUÇÃO DA ELITE

Vimos que as primeiras escolas reuniam os filhos de indígenas e de colonos, embora a tendência da educação jesuítica que se confirmou fosse separar os "catequizados" e os "instruídos". A ação sobre os indígenas resumiu-se então em cristianizar e pacificar, tornando-os dóceis para o trabalho nas aldeias, ao passo que, para os filhos dos colonos, a educação poderia se estender além da escola elementar de ler e escrever, o que de fato ocorreu a partir de 1573.

Para enfrentar o senhor da casa-grande, os jesuítas conquistavam seus elementos passivos: a mulher e a criança. Educando o menino, conseguiam manter viva a religiosidade da família. Era tradição das famílias portuguesas orientar os filhos para diferentes carreiras. O primogênito herdava o patrimônio do pai e continuava seu trabalho no engenho; o segundo, destinado para as letras, frequentava o colégio, muitas vezes concluindo os estudos na Europa; o terceiro encaminhava-se para a vida religiosa. Os jesuítas agiam sobre os dois últimos, porque, mesmo quando os filhos não eram enviados aos colégios, recebiam educação na própria casa-grande, ficavam aos cuidados de capelães e tios-padres. Outro modo de ação cumpria-se no confessionário, ocasião em que o padre ouvia os pecados e assim modelava o pensar dos colonos. Em casos extremos, negar a absolvição de pecados revelados no confessionário era uma maneira de pressionar a mudança de comportamentos considerados imorais ou ímpios.

No campo da educação propriamente dita, desde o século XVI os jesuítas montaram a estrutura dos três cursos a serem seguidos após a aprendizagem de "ler, escrever e contar" nos colégios: a) letras humanas, b) filosofia e ciência (ou artes), c) teologia e ciências sagradas – cursos destinados respectivamente à formação do humanista, do filósofo e do teólogo.

No curso de humanidades, de grau médio, ensinavam latim e gramática para os meninos brancos e mamelucos (mestiços de branco e indígena). Em alguns colégios, como o de Todos os Santos, na Bahia, e o de São Sebastião, no Rio de Janeiro, eram oferecidos também outros dois cursos, de artes e de teologia, mas já de grau superior.

Terminado o curso de artes, apresentavam-se ao jovem duas alternativas:

- ▶ estudar teologia, opção que ajudava a manter viva a obra dos jesuítas no tempo, formando-se padre ou mestre;
- ▶ preparar-se para as carreiras profanas de profissões liberais, como direito, filosofia e medicina; nesse caso, encaminhava-se para uma das diversas faculdades europeias – os brasileiros procuravam sobretudo a Universidade de Coimbra, em Portugal.

Para esse programa, os jesuítas foram apoiados oficialmente pela Coroa, que também lhes concedia generosas doações de terras, pois o governo de Portugal reconhecia a importância da educação como meio de domínio político e, portanto, não intervinha nos planos dos jesuítas.

OUTRAS ORDENS RELIGIOSAS

Embora tenha sido costume enfatizar-se a ação dos jesuítas na educação da colônia, outras ordens aqui estiveram com o mesmo propósito. A pouca informação sobre outras ordens deve-se a diversos motivos. Já comentamos o fato de que a Companhia de Jesus deixou abundante documentação, porque os padres deviam prestar contas frequentes aos seus superiores e suas cartas permaneceram como registros importantes, inclusive pela imprensa. Acresce o fato de que os jesuítas não só atuavam nas missões, convertendo os indígenas, como também nas cidades e junto aos engenhos de açúcar, ocupando-se, portanto, com a educação da elite.

A pouca visibilidade dos franciscanos, por exemplo, decorria de procurarem "os povoados dependentes da caridade dos filhos de São Francisco", com menor visibilidade de sua atuação. Além disso, privilegiavam os cursos das primeiras letras e só voltaram a atenção ao ensino secundário no século XVIII, após a expulsão dos jesuítas.

O professor Luiz Fernando Conde Sangenis↪ressaltou a importância da atuação franciscana, muitas vezes silenciada pela historiografia, o que o levou a uma alentada pesquisa sobre a participação da ordem na área da educação desde a Idade Média e em várias regiões brasileiras, "contribuindo decisivamente na formação da nossa cultura". O professor esclarece que em 1585 foi criada a Custódia de Santo Antônio do Brasil, em Olinda,

▶ SANGENIS, Luiz Fernando Conde. Franciscanos na educação brasileira. In: STEPHANOU, Maria; BASTOS, Maria Helena Camara (Orgs.). *Histórias e memórias da educação no Brasil*. Petrópolis: Vozes, 2005. p. 93-107. v. 1.

onde, no ano seguinte, franciscanos recém-chegados fundaram um internato para os curumins, a fim de ensinar o catecismo, bem como a ler, escrever e contar. Depois se estenderam pelo Rio Grande do Norte, Alagoas, Paraíba, Grão-Pará e Maranhão. Na região Sul, realizavam missões-volantes, sem estabelecer residência permanente nas aldeias. Adiantando um pouco o que veremos em outros capítulos, Sangenis explica que os franciscanos também se dedicaram ao ensino superior, fundando em 1608 o convento-universidade de Santo Antônio, já em pleno funcionamento em 1650 com as Cadeiras de Altos Estudos de Teologia e Filosofia, antecipando, portanto, a instituição dos cursos superiores ocorrida no Brasil somente no século XIX.

Além dos franciscanos, frades de outras ordens religiosas, como as de carmelitas, oratorianos e capuchinhos, atuaram na área de educação; no entanto, sem a relevância que representou a influência dos inacianos, como confirma o professor Dermeval Saviani:

> [...] essas diferentes congregações religiosas operaram de forma dispersa e intermitente, sem apoio e proteção oficial, dispondo de parcos recursos humanos e materiais e contando apenas com o apoio das comunidades e, eventualmente, das autoridades locais. Diferentemente, os jesuítas vieram em consequência de determinação do rei de Portugal, sendo apoiados tanto pela Coroa portuguesa como pelas autoridades da colônia. Nessas circunstâncias, puderam proceder de forma mais orgânica, vindo a exercer virtualmente o monopólio da educação nos dois primeiros séculos da colonização.↪

▶ SAVIANI, Dermeval. *História das ideias pedagógicas no Brasil*. 3. ed. São Paulo: Autores Associados, 2010. p. 41. (Coleção Memória da Educação.)

CONCLUSÃO

Por mais que tenham sido admiráveis a coragem, o empenho e a boa-fé desses missionários, hoje, à luz dos estudos de antropologia, é inevitável admitir que a desintegração da cultura indígena iniciou com eles. Lembrando os versos irreverentes de Oswald de Andrade – em que o poeta lamenta o fato de o descobrimento do Brasil não ter sido em um dia de sol, para que os indígenas despissem os portugueses –, os padres vestiram literalmente os indígenas, para que se envergonhassem da nudez. Também os "vestiram" simbolicamente de outros valores, de cultura diferente: impuseram-lhes outra língua, outro Deus, outra moral e até outra estética.

Convém, no entanto, considerar a advertência feita na primeira parte deste capítulo a respeito da percepção que os europeus tinham naquela época sobre os povos "selvagens" e o intuito de homogeneização que comandava todo o processo educacional. Para eles, civilizar os povos era fazer o possível para igualá-los aos "melhores", por isso desenvolveram um processo de silenciamento das culturas tidas como "estranhas". Pela atuação constante até o século XVIII, não só entre os nativos, mas sobretudo na sociedade colonial, podemos dizer que os jesuítas imprimiram de modo marcante o ideário católico na concepção de mundo dos brasileiros e consequentemente introduziram a tradição religiosa do ensino que perdurou até a República.

Voltaremos a analisar a influência da Companhia de Jesus no capítulo 6, "Século das Luzes", por ocasião de sua expulsão das terras brasileiras.

SUGESTÃO DE LEITURA

ZENUN, Katsue Hamada; ADISSI, Valeria Maria Alves. *Ser índio hoje*: a tensão territorial. 2. ed. São Paulo: Loyola, 1999. p. 70-71.

ATIVIDADES

1. Que interesses econômicos e religiosos da metrópole justificaram a colonização? Como a ação catequética dos jesuítas contribuiu para o alcance dessas metas?

2. Por que a educação não se tornou assunto prioritário no Brasil colonial?

3. Quais foram as influências exercidas pelos jesuítas sobre os colonos? E em que medida foram importantes para a constituição da cultura brasileira?

4. Com base na citação, responda às questões a seguir.

O colégio [dos jesuítas] estava, com efeito, situado numa sociedade *religiosa*, que se concretizava em hábitos e valores, práticas e devoções, instituições e organização. [...] Assim, toda a vida social era permeada de simbolismos cristãos, desde o nascimento de uma criança, com o batizado, até a morte, com o viático, com confissão, unção dos enfermos, bênção do corpo na Igreja, enterro acompanhado do clero, com cânticos e orações, cemitério religioso etc. As repartições públicas traziam o crucifixo ou imagens de santos. Às ruas se encontravam oratórios. O calendário era balizado pela liturgia. O clero tinha destaque em qualquer cerimônia. As festas do lugar tinham a marca religiosa, a procissão se fazendo o ato de exibição social por excelência. O *público* estava impregnado de *sagrado* e a "Igreja" estava por toda parte presente.

PAIVA, José Maria. Igreja e educação no Brasil colonial. In: STEPHANOU, Maria; BASTOS, Maria Helena Camara (Orgs.). *Histórias e memórias da educação no Brasil*. Petrópolis: Vozes, 2005. p. 88-89. v. 1.

a) Explique qual era a relação entre a Igreja e a sociedade em Portugal, no século XVI, e como essa ligação se prolongou até recentemente no Brasil.

b) Discuta com seu grupo como ainda hoje se colocam questões desse tipo mesmo nos Estados laicos, por exemplo, quando se instala um crucifixo em sala de aula de escola pública.

5. Leia o trecho da carta de Américo Vespúcio e responda às questões a seguir.

Esta terra é povoada de gentes completamente nuas, tanto os homens quanto as mulheres. Trabalhei muito para estudar suas vidas pois durante 27 dias dormi e vivi em meio a eles. Não tem lei nem fé alguma, vivem de acordo com a natureza e não conhecem a imortalidade da alma. Não possuem nada que lhes seja próprio e tudo entre eles é comum; não têm fronteiras entre províncias e reinos, não têm reis e não obedecem a ninguém.

VESPÚCIO, Américo. Apud: STEPHANOU, Maria; BASTOS, Maria Helena Camara (Orgs.). *Histórias e memórias da educação no Brasil*. Petrópolis: Vozes, 2004. p. 35. v. 1.

a) Explique como a avaliação de Américo Vespúcio era opinião corrente na Europa do século XVI.

b) Como poderíamos hoje, com os conhecimentos da etnologia contemporânea, contradizer o navegador?

6. Com base na citação a seguir, comente a ação dos jesuítas no Brasil e o tipo de humanismo por eles adotado.

Humanistas por excelência e os maiores de seu tempo, concentraram todo o seu esforço, do ponto de vista intelectual, em desenvolver, nos seus discípulos, as atividades literárias e acadêmicas que correspondiam, de resto, aos ideais de "homem culto" em Portugal, onde, como em toda a península ibérica, se encastelara o espírito da Idade Média e a educação, dominada pelo clero, não visava por essa época senão formar letrados e eruditos. O apego ao dogma e à autoridade, a tradição escolástica e literária, o desinteresse quase total pela ciência e a repugnância pelas atividades técnicas e artísticas tinham forçosamente de caracterizar, na Colônia, toda a educação modelada pela da Metrópole, que se manteve fechada e irredutível ao espírito crítico e de análise, à pesquisa e à experimentação e, portanto, a essa "mentalidade audaciosa que no século XVI desabrochou para no XVII se firmar: um século de luz para a restante Europa e um século de treva para Portugal". Não que tivesse desertado da "restante Europa", além dos Pirineus, a velha mentalidade escolástica – a mesma que imperava, sem contraste, na península –; mas com ela, e em luta aberta, já coexistia essa mentalidade revolucionária, que brotou do espírito crítico, da liberdade de investigação e dos métodos experimentais e rasgava vigorosamente o caminho entre as forças ainda vivas da tradição.

AZEVEDO, Fernando de. *A cultura brasileira*. 7. ed. São Paulo: Edusp, 2010. p. 554.

7. Faça uma pesquisa para avaliar criticamente o processo de genocídio e extermínio da cultura indígena. São possíveis linhas de trabalho:

▸ pesquisa em livros de história;

▸ consulta de notícias em jornais e revistas sobre a política indigenista do governo atual e dos anteriores;

▸ levantamento de estudos feitos por antropólogos sobre o processo de aculturação;

▸ análise de artigos de leis de proteção de povos indígenas.

SUGESTÃO PARA SEMINÁRIOS

Esta sugestão consiste na elaboração de seminários. Pode-se escolher trabalhar exclusivamente um dos textos ou articulá-lo com os demais, ressaltando suas similaridades e divergências. Para a melhor compreensão de cada assunto, vale proceder com fichamento de texto, pesquisas e consulta a outras fontes, análise crítica e elaboração de uma pequena dissertação que sistematize a leitura e as conclusões obtidas.

No caso desta sugestão, em específico, tentaremos contemplar alguns dos conteúdos estudados nas duas partes do capítulo.

No primeiro dos textos a seguir, o antropólogo argentino Néstor García Canclini mostra como a colonização praticada na América Latina retardou o processo de modernização nessa região do continente. Para ele, a formação da figura do sujeito letrado foi-nos por muito tempo negada em razão de um elevado índice de analfabetismo mantido até meados do século XX, acrescido de um mercado editorial inexpressivo. Isso nos faz perguntar sobre que tipo de humanismo seria possível deste lado do Atlântico. No segundo texto, o crítico literário uruguaio Ángel Rama mostra como o espírito letrado esteve até o século XIX, na América Latina, a serviço de um projeto colonizador, operando na condição de aparelho burocrático. O terceiro texto trata da corrupção como um fenômeno que perpassa a estrutura burocrática do Brasil colonial. Os três artigos, em conjunto, podem favorecer uma discussão a respeito de como o saber está na base de relações de poder.

1. CANCLINI, Néstor García. Contradições latino-americanas: modernismo sem modernização? In: *Culturas híbridas*: estratégias para entrar e sair da modernidade. 4. ed. São Paulo: Edusp, 2015. p. 67-97.

2. RAMA, Ángel. A cidade letrada. In: *A cidade das letras*. São Paulo: Boitempo, 2015.

3. FIGUEIREDO, Luciano Raposo. A corrupção no Brasil Colônia. In: AVRITZER, Leonardo; BIGNOTTO, Newton; GUIMARÃES, Juarez; STARLING, Heloisa Maria Murgel (Orgs.). *Corrupção*: ensaios e críticas. 2. ed. Belo Horizonte: Editora UFMG, 2012. p. 174-182.

Século XVII: a pedagogia realista

CAP. 5

Retrato de Fénelon, de Joseph Vivien. Óleo sobre tela, 80 × 63 cm, 1713 (detalhe).

Apresentando o capítulo

Os historiadores costumam denominar Idade Moderna o período que se inicia no século XV e se estende até 1789, data da Revolução Francesa, quando então começa a Idade Contemporânea. Portanto, o século XVII encontra-se em plena Idade Moderna, no momento em que ocorrem os desdobramentos dos caminhos abertos no Renascimento e que, ao tomarem corpo, configuram os novos tempos.

Na primeira parte deste capítulo, veremos as grandes alterações ocorridas na Europa em virtude da Revolução Comercial e que sinalizam a ascensão da burguesia, cujos anseios se esboçavam nas teorias política e econômica do liberalismo nascente. Inaugurava-se, então, um novo paradigma para o pensamento e a ação da modernidade: não por acaso, o século XVII é o "século do método", que, ao fecundar a ciência e a filosofia, repercutiu em teorias pedagógicas.

Na segunda parte, veremos a defasagem entre os acontecimentos da Europa e os do Brasil colonial, que permanecia na fase pré-capitalista. Na educação, predominou a educação jesuítica, com ênfase no ensino secundário para a formação da elite, além do florescimento de missões no interior do país.

PARTE I

O século do método

CONTEXTO HISTÓRICO

No boxe a seguir, são destacados alguns eventos europeus significativos para a compreensão dos caminhos percorridos pela pedagogia no século XVII.

> **BREVE CRONOLOGIA DO PERÍODO**
> - **1618-1648:** Guerra dos Trinta Anos.
> - **1642-1649:** Revolução Puritana, guerra civil inglesa.
> - Hegemonia marítima da Inglaterra e da Holanda.
> - Revolução Científica.
> - **1688-1689:** Revolução Gloriosa, ocorrida na Inglaterra.

FORTALECIMENTO DA BURGUESIA

No século XVII ainda persistiam contradições decorrentes do processo que desmantelava a ordem feudal, propiciando a ascensão da burguesia, com o consequente desenvolvimento do capitalismo, ao mesmo tempo que permaneciam elementos da antiga ordem a serem desfeitos apenas no século seguinte. Intensificando-se o comércio, a colonização assumia características empresariais, passo a passo com a Europa, inundada por riquezas extraídas das colônias da América e de outras partes do mundo.

O crescimento das manufaturas alterou as condições de trabalho. Os artesãos de produção doméstica perderam seus instrumentos de trabalho para os capitalistas e, reunidos nos galpões onde nasceriam as futuras fábricas, passaram a receber salário por produzirem manufaturas. A nova ordem econômica consolidou-se com o mercantilismo, sistema de controle da economia pelo Estado, que resultou da aliança entre reis e burgueses, financiadores da monarquia absoluta necessitada das forças do exército e da marinha. Não por acaso, esse foi o século em que se formaram as Companhias das Índias Orientais em cada um dos países que lançaram suas frotas nos mares, como Inglaterra, França e, sobretudo, Holanda, aumentando seus impérios coloniais. Em contrapartida, os reis ofereciam vantagens como incentivos e concessão de monopólios, favorecendo a acumulação de capital.

Politicamente, ainda predominava o absolutismo real, fundamentado no "direito divino dos reis", teoria que estava em seus limites finais, como era possível constatar por conflitos entre nobreza e Parlamento em diversos países europeus. Questões econômicas muitas vezes embaraçavam-se com desavenças religiosas entre protestantes e católicos e mesmo entre orientações diferentes do protestantismo, tendo como pano de fundo as novas regras do capitalismo nascente. A Guerra dos Trinta Anos, iniciada na Alemanha, se espalhou para outras nações em momentos diferentes de enfrentamento e refluxo.

Na Revolução Puritana, guerra civil inglesa (1642-1649), confrontaram-se as forças do Parlamento comandadas por Oliver Cromwell (1599-1658) e as do rei absolutista Carlos I, terminando com a decapitação do rei. Do ponto de vista econômico, entre os valores em pauta destacava-se o repúdio ao controle estatal da economia. Durante o governo de Cromwell, a Inglaterra alcançou a hegemonia do comércio marítimo, superando os holandeses. No final do século, em 1688, a Revolução Gloriosa liquidou o absolutismo e instaurou a monarquia constitucional na Inglaterra.

Na França, o absolutismo foi representado por Luís XIV, o Rei Sol, cujo epíteto revela o desejo de estar à frente de uma monarquia desse teor. Em seu longo governo, fortaleceu o exército, reorganizou as finanças do reino e enfrentou diversos conflitos com países vizinhos e ainda uma guerra civil, a Fronda.

DO ABSOLUTISMO ÀS IDEIAS LIBERAIS

Vimos que no século XVII o absolutismo real enfrentava inúmeros movimentos de oposição, apoiados em ideias liberais nascentes. No plano político, a *teoria do direito divino dos reis* recebia críticas cada vez mais intensas, revelando a tendência do pensamento à laicização e a outro tipo de representação política. As teorias jusnaturalistas foram importantes no processo de oposição ao absolutismo por defenderem uma lei universal ditada pela razão humana, distinta do direito positivo, isto é, das leis produzidas por legisladores dependendo do lugar e do tempo e que, portanto, deveriam estar adequadas ao direito natural. Na Idade Moderna, o conceito de jusnaturalismo caracterizou-se pela laicidade, desvencilhando-se de preceitos religiosos, o que enfraqueceu o direito divino dos reis.

Thomas Hobbes (1588-1679), John Locke (1632-1704) e Jean-Jacques Rousseau (1712-1778) foram pensadores significativos para a elaboração da vertente teórica derivada do jusnaturalismo: o *contrato social*. Com base na hipótese do *estado de natureza*, em que o indivíduo viveria como dono exclusivo de si e de seus poderes, os contratualistas se perguntavam sobre o motivo que teria levado as pessoas a se submeterem a um Estado. Buscavam, desse modo, explicar a origem do Estado, ressaltando que, nesse contexto, o termo "origem" não significa "começo", no sentido cronológico, mas no sentido lógico, ou seja, como "razão de ser" ou princípio, na tentativa de encontrar o fundamento do Estado. Ao se perguntarem sobre qual seria a base legal do Estado que lhe confere legitimidade de poder, esses filósofos afirmavam tratar-se da *representatividade* e do *consenso*.

Vejamos como Hobbes e Locke, partindo da hipótese do pacto social como origem do Estado ou da sociedade civil, chegaram a diferentes conclusões.

HOBBES E O PODER ABSOLUTO DO ESTADO

Thomas Hobbes, inglês de família modesta, conviveu com pessoas da nobreza, recebendo apoio e condições de ampliação de sua cultura. Como veremos, dedicou-se, entre outros assuntos, ao problema do conhecimento representando a tendência empirista. Neste tópico, trataremos de sua contribuição para o pensamento político, analisado nas obras *De cive* e *Leviatã*. Vale lembrar que Hobbes viveu em um século turbulento, abalado por desavenças entre o Parlamento e os reis, bem como por guerras civis, incluindo um fato tão relevante quanto a decapitação de um monarca.

Para Hobbes, é de anarquia a situação de indivíduos deixados a si próprios, como se caracteriza o estado de natureza, o que gera insegurança, angústia e medo, porque, onde predominam interesses egoístas, cada um torna-se lobo para outro lobo. As disputas provocam a guerra de todos contra todos, com graves prejuízos para a indústria, a agricultura, a navegação, o desenvolvimento da ciência e o conforto dos indivíduos. Na sequência do raciocínio, Hobbes pondera que o indivíduo reconhece a necessidade de renunciar à liberdade total, contentando-se com a mesma liberdade de que os outros dispõem. A renúncia à liberdade só tem sentido com a transferência do poder por meio de um *contrato social*, um pacto pelo qual todos abdicam de sua vontade em favor de "um homem ou de uma assembleia de homens, como representantes de suas pessoas".

O poder do soberano deve ser absoluto, isto é, total e ilimitado. Cabe a ele julgar sobre o bem e o mal, o justo e o injusto, não podendo ninguém discordar, pois tudo o que o soberano faz é investido da autoridade consentida pelos súditos. Por isso, é contraditório dizer que o governante abusa do poder: não há abuso quando o poder autorizado pelo pacto é ilimitado.

Vale aqui desfazer o mal-entendido de identificar Hobbes como defensor do absolutismo real. Para o filósofo, o Estado tanto pode ser monárquico, quando constituído por apenas um governante, como formado por alguns ou muitos, por exemplo, uma assembleia. O importante é que, uma vez instituído, não seja contestado. Ser absoluto significa estar "absolvido" de qualquer constrangimento, portanto, o indivíduo abdica da liberdade ao dar plenos poderes ao Estado a fim de proteger sua própria vida e a propriedade individual. O poder do Estado é exercido pela força, pois só a iminência do castigo atemoriza os indivíduos.

É o soberano que prescreve leis, escolhe conselheiros, julga, recompensa e pune, faz a guerra ou a paz e ainda pode censurar as opiniões e doutrinas contrárias a esta. Quando, afinal, o próprio Hobbes pergunta se não é muito miserável a condição de súdito diante de tantas restrições, conclui que nada se compara à condição dissoluta de indivíduos sem senhor ou às misérias da guerra civil.

LOCKE E A POLÍTICA LIBERAL

O filósofo inglês John Locke era também médico e descendia de burgueses comerciantes. Refugiado na Holanda, após envolver-se com acusados de conspirar contra a Coroa, retornou à Inglaterra no mesmo navio em que viajava Guilherme de Orange, responsável pela consolidação da monarquia parlamentar inglesa.

Locke ocupou-se também com epistemologia, representando a tendência empirista na discussão sobre a teoria do conhecimento, conforme veremos no próximo tópico sobre problemas do conhecimento. Do ponto de vista da teoria política, suas ideias, expressas na obra *Dois tratados sobre o governo civil*, fecundaram os fundamentos do liberalismo nascente e incentivaram as revoluções liberais ocorridas nas Américas e na Europa.

Assim como Hobbes, Locke considerou as dificuldades de viver em estado de natureza, o que exige a aceitação comum de um contrato social para constituir a *sociedade civil*, pois, de acordo com a teoria contratualista, apenas o pacto torna legítimo o poder do Estado. Diferentemente de Hobbes, Locke não descreve o estado de natureza como um ambiente de guerra e egoísmo, porém, para ele, os riscos das paixões e da parcialidade são muito grandes no estado de natureza e podem desestabilizar as relações entre os indivíduos. Por isso, visando à segurança e à tranquilidade necessárias ao gozo da propriedade, todos consentem em instituir o corpo político. Como jusnaturalista, Locke estava convencido de que os direitos naturais humanos subsistem para limitar o poder do Estado. Em última instância, justificava até mesmo o direito à insurreição, caso o governante traísse a confiança nele depositada.

O caráter liberal da política de Locke revela-se na distinção que estabeleceu entre público e privado, âmbitos que devem ser regidos por leis diferentes. Assim, o poder político não deve, em tese, ser determinado por condições de nascimento, bem como cabe ao Estado garantir e tutelar o livre exercício da propriedade, da palavra e da iniciativa econômica. Um aspecto progressista do pensamento liberal é a concepção *parlamentar* do poder político, que não depende do arbítrio dos indivíduos, mas das instituições políticas. Nesse sentido, o Poder Legislativo é o poder supremo, ao qual devem subordinar-se todas as demais instituições.

Representante de ideais burgueses, Locke enfatizou a preservação da propriedade – entendida, em sentido amplo, como "tudo o que pertence" a cada indivíduo, ou seja, sua vida, sua liberdade e seus bens. Portanto, mesmo quem não possui bens seria proprietário de seu corpo, de sua vida, de seu trabalho (e, portanto, dos frutos dele), o que pressupõe a recusa de qualquer tipo de escravidão. Essa concepção de liberdade, entretanto, não é ampla no sentido de seu alcance, pois apenas os que possuem riqueza significativa poderiam ter plena cidadania, com direito a votar e ser votados. Ressalta-se, desse modo, o elitismo que persistia na raiz do liberalismo, já que a igualdade defendida era de natureza abstrata, geral e puramente formal. Se apenas os mais ricos gozam de plena cidadania, não existe possibilidade de igualdade real.

Jean-Jacques Rousseau também foi contratualista, mas elaborou uma teoria mais democrática em que o povo é soberano, como veremos no próximo capítulo.

NOVOS MÉTODOS: CIÊNCIA, FILOSOFIA E PEDAGOGIA

Desde o Renascimento, muitos contrapunham a capacidade da razão humana de discernir, distinguir e comparar ao critério da fé e da revelação. A tendência antropocêntrica, que resgatava a dimensão humana sob todos os aspectos, favorecia a mentalidade crítica e a possibilidade de negar o dogmatismo apoiado no princípio da autoridade, para avançar, ao contrário, no questionamento tanto de interpretações religiosas como da filosofia aristotélico-tomista, ainda vigente. Essa atitude polêmica com a tradição estimulou a laicização do saber e a luta contra os preconceitos e a intolerância.

Entre vários campos fecundados pelos novos métodos encontramos: a Revolução Científica, iniciada por Galileu Galilei (1564-1642); os métodos filosóficos decorrentes do problema do conhecimento levantado por Descartes, Bacon e Locke; e o método na pedagogia, com Comênio, que pretendia vivificar a educação com novas orientações educacionais para se aprender a partir das próprias coisas, e não de abstrações. Todos esses projetos tinham por base indagações sobre o *método*, isto é, colocavam em discussão os procedimentos da razão para investigar a verdade, antes de se permitir teorizar sobre qualquer tema. As novas orientações ocorreram como revoluções culturais em vários setores, como examinaremos na sequência.

REVOLUÇÃO CIENTÍFICA: O MÉTODO DA CIÊNCIA

Ao opor à ciência contemplativa um saber ativo, o indivíduo não mais se contentava em apenas "saber por saber", como simples espectador da harmonia do mundo, mas desejava "saber para transformar". Com o crescimento da nova classe de comerciantes, surgiu a necessidade de novos instrumentos e estes, por sua vez, revolucionaram a ciência, que passou a ser constituída em outro patamar de rigor de observação e de medida.

Nesse ambiente, ocorreu a Revolução Científica, cujo pilar foi, entre outros pensadores e cientistas, Galileu Galilei, que defendeu a teoria heliocêntrica de espaço infinito, em detrimento da teoria geocêntrica de mundo finito, contribuindo, assim, para alterar o modo como se concebia o Universo.

Diferentemente do discurso formal da física aristotélico-tomista, Galileu valorizou a experiência e o testemunho dos sentidos, desde que fortemente ancorados no novo método, resultado do feliz encontro da experimentação com a matemática, da ciência com a técnica, procedimentos esses que não provocaram uma simples evolução na ciência, mas uma verdadeira ruptura com a tradição, decorrente da nascente linguagem científica e da ascensão de um novo paradigma. Além de descobrir a nova ordem astronômica, Galileu foi responsável pelo nascimento de mais uma ciência, a física, com características fundamentalmente diferentes da tradição aristotélica. Para observar as manchas solares, aperfeiçoou as lentes da luneta trazida dos Países Baixos e, para estudar a queda dos corpos, utilizou um plano inclinado e concluiu suas experimentações físicas por meio de leis apoiadas na matemática.

A Revolução Científica pode ser compreendida como expressão da ordem burguesa. Os inventos e as descobertas são inseparáveis da nova ciência, já que, para o crescimento da indústria, a burguesia necessitava de uma ciência que investigasse as forças da natureza: queria dominá-las, usando-as em seu benefício. A ciência deixa de ser um saber contemplativo para que, afinal, indissoluvelmente ligada à técnica, servisse à nova classe. Como resultado dessa interdependência entre ciência e técnica, a ação humana sobre a natureza foi ampliada. Chama-se *ideal baconiano* a concepção do filósofo Francis Bacon (1561-1626), para quem o "conhecimento é poder": o poder de controle científico sobre a natureza.

> No século XX, o "ideal baconiano" começou a ser criticado diante dos malefícios decorrentes do desrespeito à natureza, que agravam o desequilíbrio ecológico e comprometem a sobrevivência de vários seres vivos. A ação tecnológica exercida sobre a natureza deveria estar vinculada ao exame cuidadoso dos fins a que se destina, como propôs Max Horkheimer (1895–1973) com a crítica direcionada à redução da racionalidade a uma função meramente instrumental, na obra *Eclipse da razão*.

Vale lembrar, porém, que não foi fácil o reconhecimento público da descoberta de Galileu, em virtude da Inquisição, que condenou o cientista à prisão domiciliar. Habituados com a astronomia copernicana, talvez não sejamos capazes de avaliar com toda a grandeza o impacto dessas transformações sobre os indivíduos da época, que por séculos haviam se acostumado ao sistema ptolomaico. Pois, desde o século II da era cristã, a teoria geocêntrica aristotélica fora retomada por Cláudio Ptolomeu, até que, no século XVI, o monge Nicolau Copérnico defendeu o heliocentrismo como hipótese, prevalecendo a explicação ptolomaica durante o período.

A título de exemplos, vejamos algumas descobertas e invenções importantes do século XVII. Johannes Kepler formulou as três leis fundamentais da mecânica celeste, o que favoreceu a descoberta da gravitação universal por Isaac Newton; William Harvey estudou a circulação do sangue; Robert Hooke, cientista estudioso de mecânica, realizou várias descobertas importantes, além de aperfeiçoar instrumentos como o barômetro, o higrômetro e o microscópio; o filósofo e matemático Blaise Pascal, ainda jovem, inventou a máquina de calcular, que fazia operações de soma e subtração, para ajudar o trabalho de seu pai, o matemático Étienne Pascal.

É interessante observar o contraste entre a condenação de Galileu, em 1633, e o fato de Newton ter sido sagrado cavaleiro pelo governo inglês, em 1705, honraria até então nunca concedida a um estudioso das ciências. Que revolução ocorrera em tão pouco tempo para se exaltar um cientista de tal maneira? Em primeiro lugar, a visão religiosa do mundo viu-se ameaçada pela nova ciência, na qual não havia lugar para a causalidade divina. Ao separar *razão* e *fé*, Galileu buscou a verdade científica independentemente das verdades reveladas, o que não significa pregar o ateísmo, mas reconhecer que a fé não era um elemento a se considerar na nova ciência.

Outro impacto decorreu da *descentralização do cosmo*. Essa subversão da ordem provocou inevitável ansiedade, porque a Terra se transformava em simples planeta na imensidão do espaço infinito. Também o lugar do ser humano no mundo era questionado. Ficavam excluídas da ciência todas as considerações a respeito do valor, da perfeição, do sentido e do fim. Em outras palavras, as causas formais e finais (ou teleológicas), tão caras à filosofia antiga, não mais serviam para explicar os fenômenos, pois apenas as *causas eficientes* interessavam à nova ciência.

A mudança na orientação dos governos em relação às pesquisas científicas justificava-se por numerosas conquistas no campo das ciências, obtidas tanto na formulação de leis naturais do ponto de vista teórico como em sua aplicação em tecnologia. Homens de negócio não ficaram de fora, passando a investir na atividade científica. Foram, então, criados os observatórios de Paris (1667) e de Greenwich (1675), com a intenção prática de ajudar a navegação e o comércio ultramarino. Por outro lado, proliferaram as academias de ciências voltadas para o estudo mais teórico na Itália, Inglaterra, França e Alemanha. Em razão da decadência das universidades (exceto as da Alemanha), cientistas se associavam a academias científicas para trocar experiências e publicações. Tornaram-se importantes a Academia de Ciências – fundada na França por Luís XIV, por sugestão de seu ministro Colbert, e da qual participaram Descartes, Pascal e Newton – e, ainda no mesmo século, a Real Sociedade de Londres e a Academia de Berlim.

O PROBLEMA DO CONHECIMENTO: RACIONALISMO E EMPIRISMO

Vimos que Galileu introduziu o novo método científico, responsável por colocar em xeque a física aristotélica, quebrando o modelo de compreensão do mundo que prevalecera até aquele momento. O receio de novos enganos levou os filósofos a levantar o *problema do conhecimento*, o que os obrigou a revisar a metafísica aristotélico-tomista. Vale destacar que na Antiguidade e na Idade Média não havia propriamente uma *teoria do conhecimento*, pois filósofos antigos e medievais ocuparam-se, sobretudo, com o *problema do ser*, perguntando-se: "Existe alguma coisa?", "Isto que existe, o que é?". Com exceção dos céticos, entretanto, não questionavam a capacidade humana de conhecer, justamente o tema que se tornaria o principal dos filósofos da modernidade, cujas investigações centravam-se em outro tipo de perguntas: "O que é possível conhecer?", "Qual é a origem do conhecimento?", "Qual é o critério de certeza para saber se o conhecimento é verdadeiro?".

Essas questões epistemológicas, isto é, relativas ao conhecimento, deram origem a duas correntes filosóficas, uma com ênfase na razão e outra voltada para os sentidos: o racionalismo e o empirismo.

- ▶ O *racionalismo* engloba as doutrinas que enfatizam o papel da razão no processo do conhecimento. Na Idade Moderna, destacam-se como racionalistas: René Descartes (1596-1650), seu principal representante, Baruch Espinosa (1632-1677) e Gottfried Leibniz (1646-1716).

- ▶ O *empirismo* é a tendência filosófica que enfatiza o papel da experiência sensível no processo do conhecimento. Destacam-se no período moderno: Francis Bacon, John Locke e, no século seguinte, George Berkeley (1685-1753) e David Hume (1711-1776).

René Descartes é considerado o "pai" da filosofia moderna porque, ao tomar a *consciência* como ponto de partida, abriu caminho para a discussão sobre ciência e ética, sobretudo ao enfatizar a capacidade humana de construir o próprio conhecimento. O propósito inicial de Descartes era encontrar um método tão seguro que o conduzisse à verdade indubitável. Procurou-o, então, no ideal matemático caracterizado pela evidência, pelo pensamento dedutivo e que se expressa por "longas correntes de raciocínio". Em outras palavras, o conhecimento da matemática é inteiramente dominado pela inteligência – e não pelos sentidos – e apoiado na ordem e na medida, o que lhe permite estabelecer cadeias de razões para deduzir uma coisa de outra.

Ao procurar uma nova maneira de pensar filosoficamente, realizou uma mudança metodológica, expressa nas obras *Discurso do método* e *Meditações metafísicas*. Analisando o processo pelo qual a razão atinge a verdade, recorreu à hipótese da *dúvida metódica*. Começou duvidando de tudo: do senso comum, dos argumentos de autoridade, do testemunho dos sentidos, das informações da consciência, das verdades deduzidas pelo raciocínio, da realidade do mundo exterior e do próprio corpo. Só interrompe a cadeia de dúvidas diante de seu próprio ser que duvida. Se duvido, penso: "Penso, logo existo" (*Cogito, ergo sum*).

A partir da capacidade ordenadora do conhecimento pelo sujeito que conhece, Descartes introduz uma grande modificação no pensamento moderno, qual seja, a de que basta aceitar a autonomia do pensamento, porque a razão bem dirigida é suficiente para encontrar a verdade, nos afastando de dogmas. A certeza é possível porque o espírito humano já possui ideias gerais claras e distintas, que não derivam do particular, mas são *inatas* (porque inerentes à capacidade de pensar) e, portanto, não sujeitas a erros. A primeira ideia inata é o *cogito*, pelo qual nos descobrimos como seres pensantes; depois, são inatas também as ideias de infinitude e de perfeição (por isso podemos ter a ideia de Deus), as ideias de extensão e de movimento, constitutivas do mundo físico.

O racionalismo de Descartes prioriza a razão, na consciência, como ponto de partida de todo conhecimento, ao passo que Bacon e Locke desenvolvem a concepção empirista. Francis Bacon valoriza a indução e insiste na necessidade da experiência, denunciando o caráter estéril da lógica aristotélica, predominantemente dedutivista.

Na mesma linha de Bacon, Locke afirma que nada está no espírito que não tenha passado primeiro pelos sentidos. Aliás, a palavra *empirismo* vem do grego *empeiria*, que significa "experiência". Portanto, ao contrário do racionalismo, o empirismo enfatiza o papel da experiência sensível no processo do conhecimento, o que não significa depreciar a razão, mas privilegiar a experiência, subordinando a ela o trabalho posterior da razão. Por isso mesmo, Locke critica a teoria das ideias inatas de Descartes, afirmando que a alma é como uma *tábula rasa* (tábua sem inscrições), pois o conhecimento começa apenas *após a experiência sensível*. Para tanto, porém, deve conduzir-se com método, estabelecendo regras de evidência que nos levem a descobrir ideias inatas, ou seja, as que são inerentes à capacidade de pensar, para apenas depois se ocupar com ideias que vêm de fora ou que são inventadas.

PEDAGOGIA REALISTA

Qual a influência das ideias racionalistas e empiristas na pedagogia? Ainda hoje, mesmo quando o professor não teoriza a respeito do processo do conhecimento, trabalha com pressupostos filosóficos em que pode predominar uma ou outra tendência. No século XVII, essas ideias, associadas à Revolução Científica, influenciaram os pedagogos, cada vez mais interessados pelo método e pelo realismo em educação. A ênfase maior estava na busca de métodos diferentes, a fim de tornar a educação mais agradável e ao mesmo tempo eficaz na vida prática.

Ser realista (do latim *res*, "coisa") significa privilegiar a experiência, as coisas do mundo e dar atenção aos problemas da época em que se vive. Por isso, cada vez mais os autores usavam o vernáculo: nas escolas, apesar de persistir o ideal enciclopédico do período anterior, a língua materna se sobrepunha ao latim e a educação física era também valorizada. A pedagogia realista recusava a educação antiga, excessivamente formal e retórica, preferindo o rigor das ciências da natureza, a fim de superar a tendência literária e estética própria do humanismo renascentista. Por considerar que a educação deveria voltar-se para a compreensão das coisas e não apenas das palavras, a pedagogia moderna exigiu outro tipo de didática. No trabalho de instauração dessa escola se empenharam educadores leigos e religiosos.

COMÊNIO: FUNDADOR DA DIDÁTICA MODERNA

A escola da Idade Moderna, em consonância com seu tempo, propunha-se uma tarefa: se há método para conhecer corretamente, deverá haver algum para ensinar de forma mais rápida e segura. Esse foi o empenho de toda a vida de João Amós Comênio (1592-1670), nascido na Morávia, região que pertencia ao antigo reino da Boêmia, atual República Tcheca. Sua família era de protestantes pertencentes à Igreja dos Irmãos Morávios, e ele próprio frequentou cursos de teologia e foi ordenado sacerdote. Completou sua educação na Universidade de Heidelberg, na Alemanha. Em razão de lutas político-religiosas em seu país e nos demais por onde passou, foi obrigado a mudar-se constantemente, circulando por diversas cidades europeias até exilar-se na Holanda, onde atuou pelo restante de sua vida.

Reconhecido com justiça como o "pai" da didática moderna, trabalhou em sala de aula como professor, além de escritor fecundo de temas pedagógicos, tendo produzido obra sistemática, com destaque para seu principal livro, *Didática magna*, no qual sugestivamente um dos capítulos tem o longo título de "Como se deve ensinar e aprender com segurança, para que seja impossível não obter bons resultados", enquanto outro trata das "Bases para a rapidez do ensino, com economia de tempo e fadiga".

Atingir o ideal da *pansofia* (do grego *pan*, "tudo", e *sophia*, "sabedoria": sabedoria universal), no entanto, não representava para ele erudição vazia. Pensava ser possível criar um inventário metódico dos conhecimentos universais, de modo que o aluno alcançasse um saber geral e integrado, ainda que simplificado, desde o ensino elementar. Nos outros graus, o aprofundamento possibilitaria a análise crítica e a invenção, pois a educação permitiria ao aluno pensar por si mesmo, não como "simples espectador, mas ator". Só assim haveria progresso intelectual, moral e espiritual capaz de aproximar o indivíduo de Deus. O complemento de sua pansofia é a aspiração democrática do ensino, ao qual todos teriam acesso, homens ou mulheres, ricos ou pobres, inteligentes ou ineptos. Com essas poucas referências, percebemos o caráter inovador do pensamento de Comênio, de sabor muito atual.

Comênio pretendia tornar a aprendizagem eficaz e atraente mediante cuidadosa organização de tarefas. Ele próprio se empenhava na elaboração de manuais – uma novidade para a época – e minuciosamente detalhava o procedimento do mestre, segundo gradações de dificuldade e com ritmo adequado à capacidade de assimilação dos alunos. O ponto de partida da aprendizagem é sempre o conhecido, indo do simples para o complexo, do concreto para o abstrato. O verdadeiro estudo inicia nas próprias coisas, no "livro da natureza", o que representa viva oposição ao ensino retórico dos escolásticos. A experiência sensível, como fonte de todo conhecimento, exige a educação dos sentidos. No livro *O mundo ilustrado* (*Orbis pictus*), Comênio elaborou um texto em que cada passo se relaciona com figuras. Desse modo, o ensino devia ser feito pela ação e estar voltado para a ação: "Só fazendo, aprendemos a fazer".

Além de tudo, é importante não ensinar o que tem valor apenas para a escola, e sim o que serve para a vida. A utilidade a que se refere Comênio faz da pessoa um ser moral, por isso as escolas são "oficinas da humanidade", uma verdadeira iniciação à vida. Não por acaso, a religiosidade desempenhava papel marcante na visão de mundo desse educador e pastor protestante.

Franco Cambi comenta a importância de Comênio:

> No plano estritamente pedagógico, são hoje considerados motivos basilares do seu pensamento o estreito vínculo entre os problemas da educação e as problemáticas gerais do homem, a centralidade da educação no quadro do desenvolvimento social, a existência de um método universal de ensino baseado em processos harmônicos da natureza, o conceito de uma instrução para toda a vida e aberta a todos, a concepção unitária do saber e o empenho por uma educação para a paz e a concórdia entre os povos. Todos esses motivos fazem de Comênio um grande inovador e antecipador de problemas e soluções que são próprios da modernidade.↓

LOCKE: A FORMAÇÃO DO "GENTIL-HOMEM"

▶ CAMBI, Franco. *História da pedagogia*. São Paulo: Editora Unesp, 1999. p. 283-284.

O filósofo inglês John Locke exerceu significativa influência nos séculos seguintes em virtude de suas concepções sobre o liberalismo, a teoria empirista do conhecimento e também merece destaque sua teoria pedagógica, expressa em *Pensamentos sobre educação*. Na prática, Locke exerceu a função de preceptor do filho do conde de Shaftesbury.

Ao criticar o inatismo de Descartes, Locke admite que a mente é um papel branco em que nada está escrito, daí enfatizar a importância da educação para proporcionar experiências fecundas que auxiliem no uso correto da razão. Lamentando a ênfase no ensino de latim e o descaso pela língua vernácula e pelo cálculo, sua pedagogia realista recusa a retórica e os excessos do estudo de lógica, valorizando as disciplinas de história, geografia, geometria e ciências naturais. Como médico e de saúde frágil, elenca inúmeros conselhos para o fortalecimento do corpo, o aumento da resistência e do autodomínio, o que se alcançaria com um bom curso de educação física. Para ele, semelhantemente ao exercício físico, o jogo constitui excelente desafio diante da possibilidade de superar os próprios limites.

Representante de interesses burgueses, valorizou o estudo de contabilidade e escrituração comercial, numa preparação mais ampla para a vida prática. Recomendava a aprendizagem de algum ofício, como jardinagem ou carpintaria – sem que isso significasse exaltar o trabalho manual propriamente –, em razão da necessidade de desenvolver uma atividade qualquer, de acordo com a perspectiva da escola ativa. Como veremos, apenas no século XIX, por influência de ideias socialistas, o trabalho assumiria função de maior destaque na educação.

Locke mostra-se severo quando se trata de pensar a educação para uma criança em idade mais tenra, com o propósito de submetê-la à vontade dos adultos e de tornar-lhe o "espírito dócil e obediente", contrastando essa austeridade com a recomendação de uma educação alegre, em que o educador nada deva impor. Ao mesmo tempo, adverte serem os castigos ineficazes, tecendo considerações sobre como punir crianças. A respeito desse tema, o pedagogo francês contemporâneo Georges Snyders comenta:

> Não se trata, naturalmente, de tachar Locke de contradição e, menos ainda, de incoerência. Tentamos mostrar: Locke encarna um momento de transição que conserva, em grande parte, os valores antigos, ao mesmo tempo que descobre novos pontos de vista; e o que há de característico é que uns se justapõem aos outros, sem que já se sintam as oposições que, no correr da história da pedagogia, não tardarão em estalar.

▶ SNYDERS, Georges. A pedagogia em França nos séculos XVII e XVIII. In: DEBESSE, M. ; MIALARET, G. (Orgs.). *Tratado das ciências pedagógicas*. São Paulo: Companhia Editora Nacional, 1974. p. 331. v. 2.

Para Locke, os fins da educação concentram-se no caráter, muito mais importante que a formação intelectual restrita, embora esta não devesse absolutamente ser descuidada. Propõe o tríplice desenvolvimento físico, moral e intelectual, característico do *gentleman* – o homem civil bem-educado. Por isso, aconselha escolher com cuidado preceptores que cuidem da educação da criança dentro de casa, evitando-se a escola, onde ela poderia não ser bem acompanhada nem vigiada nos menores passos.

Percebe-se aí, nitidamente, o dualismo que persistiria nos séculos subsequentes, caracterizado por destinar à classe dominante uma formação diferente e superior à ministrada ao povo em geral. Ao contrário de Comênio, Locke não defende a universalização da educação, pois as formações do segmento de onde sairão os governantes e daqueles que serão governados deveriam ser diferentes, configurando-se mais uma vez o caráter elitista de sua pedagogia.

FÉNELON: A EDUCAÇÃO FEMININA

Aberta a discussão sobre a liberdade individual e o papel da educação para alcançá-la, tornou-se quase inevitável abordar a formação da mulher. No Renascimento, Erasmo já aconselhara maior cuidado com a educação feminina, que mereceu de Juan Luis Vives uma obra especial. Sem exageros, é bem verdade, pois a perspectiva dessa educação não via a mulher como pessoa autônoma, mas como apêndice em um mundo essencialmente masculino.

No século XVII, Comênio também tratou do assunto, mas foi o bispo francês François Fénelon (1651-1715) que o retomou em *Da educação das meninas*. Como preceptor de um dos netos do absolutista Luís XIV, conhecido como Rei Sol, Fénelon viveu tempos na corte, o que lhe permitiu observar com atenção a superficialidade e a frivolidade das mulheres, geralmente muito dadas a mexericos e ações tolas. A maioria era semianalfabeta e algumas, precariamente instruídas, tinham a intolerável afetação que resulta da cultura mal digerida. Para Fénelon, esses defeitos advinham da falsa educação, daí o empenho em estabelecer novas diretrizes da educação feminina. Recomendava uma educação alegre, com base mais no prazer que no esforço, para que as moças adquirissem instrução geral: gramática, poesia, história e leitura selecionada de obras clássicas e religiosas.

A formação intelectual da mulher, no entanto, não era absolutamente prioritária, por isso alguns cuidados precisariam ser tomados. Só as moças de tendências excepcionais seriam encorajadas a continuar os estudos, enquanto às demais reservava-se a educação religiosa e moral, para enriquecer a vida doméstica de mães e esposas. De fato, o papel da mulher no lar só poderia ser bem desempenhado se ela fosse preparada para exercê-lo.

Na mesma época, em 1686, como alternativa secularizada aos conventos femininos, excessivamente rigorosos na disciplina moral e negligentes na formação intelectual, Madame de Maintenon, mulher de Luís XIV, fundou o Colégio de Saint-Cyr, para meninas que ingressariam entre 7 e 12 anos e permaneceriam internadas até os 20. Após seis anos de atividade, mesmo perdendo as características liberais, mantinha-se como uma das mais importantes escolas francesas para moças até a Revolução Francesa, em 1789.

Os pensadores que tratavam desse assunto expressavam, na verdade, as exigências que já se faziam sentir naquele século com relação à constituição da família nuclear burguesa e o concomitante interesse pela mulher e pela infância, como veremos no tópico "Modernidade: novas formas disciplinares".

EDUCAÇÃO RELIGIOSA

No século XVII, os esforços para institucionalizar a escola, iniciados no século anterior, aperfeiçoaram-se com a legislação que contemplou tópicos sobre obrigatoriedade, programas, níveis de escolarização e métodos. Veremos a seguir como esses esforços se deram na Companhia de Jesus, na Congregação do Oratório e nas escolas jansenistas.

A Companhia de Jesus continuava atuante e entraria no século seguinte com mais de seiscentos colégios espalhados pelo mundo. Como vimos no capítulo anterior, com base no *Ratio atque Institutio Studiorum* implementaram uma atividade pedagógica planejada solidamente, que deu elementos para o nascimento do modelo de colégio. Apesar de organizados e competentes, os jesuítas representavam o ensino tradicional mais conservador por tomarem por base a Escolástica medieval e a ciência aristotélica, além de enfatizarem o ensino do latim e da retórica. Fixaram-se predominantemente no ensino secundário e na formação de uma elite letrada oriunda de camadas sociais superiores. Não que recusassem alunos de classes menos favorecidas, mas alguns mecanismos de aceitação de certo modo dificultavam a admissão dos demais. Por exemplo, Carlota Boto assinala que:

> Embora o ensino fosse declarado gratuito, havia um articulado sistema de doações por parte dos familiares, que assegurava uma intermitente arrecadação de subsídios para os colégios. O documento do *Ratio* indicava claramente que nin-

guém poderia ser vetado à porta do colégio por ser de origem humilde. Contudo, para receber novos alunos, só seriam aceitas crianças que viessem acompanhadas por pais ou responsáveis. Seriam admitidos no colégio apenas aqueles que fossem filhos de pessoas conhecidas ou de cuja família se pudessem obter facilmente informações. A seleção à entrada vinha ainda acompanhada por uma prova. Sendo assim, observa-se claramente uma clivagem social muito nítida na porta de entrada da escola.

▶ BOTO, Carlota. *A liturgia escolar na Idade Moderna*. Campinas: Papirus. 2017. p. 213.

Outras escolas religiosas adequaram-se mais rapidamente ao espírito moderno, como as da Congregação do Oratório e as dos jansenistas, ambos os movimentos opositores constantes do sistema jesuítico, e que seriam seus substitutos em decorrência da dissolução da Companhia de Jesus pelo papa, no século XVIII. A ordem dos oratorianos, fundada em 1614, acolheu as novas ciências e a filosofia cartesiana, ensinava o francês e outras línguas modernas, além do latim, estudava história e geografia com o uso de mapas, encorajava a curiosidade científica e utilizava um sistema disciplinar mais brando.

Os jansenistas constituíram outro grupo religioso que também se opôs ferrenhamente aos jesuítas. Reuniam-se na abadia de Port-Royal, perto de Paris, e a partir de 1646, sob a direção de Saint-Cyran, os chamados "solitários de Port-Royal" organizaram as famosas "pequenas escolas", que em pouco tempo assumiram um importante papel na formação de líderes para a Igreja e o Estado. Inspirados por Cornélio Jansênio (1585-1638), filósofo e teólogo holandês, retomaram os temas agostinianos da graça e do pecado e admitiam uma natureza humana intrinsecamente má. Desejosos de promover a reforma moral e espiritual na Igreja Católica, julgavam que a finalidade da educação era impedir o desenvolvimento da natureza corruptível. Por isso, o número de alunos em cada classe deveria ser pequeno, para permitir a vigilância constante e segura.

Mais interessados na filosofia de Descartes, os jansenistas valorizavam a racionalidade, pois a exigência de rigor e de clareza de ideias seria forte aliada no combate às paixões. De acordo com o método cartesiano, os jansenistas só passavam para o desconhecido por meio do já conhecido e nada ensinavam que não pudesse ser compreendido pela mente em formação da criança. Usavam com frequência ilustrações e mapas. Aplicavam o método fonético na aprendizagem da leitura, ensinando as crianças a conhecer as letras somente pela sua pronúncia real, e não com os nomes pelos quais são designadas. No currículo, o ensino do francês precedia o do latim. Criticavam o verbalismo, a memorização e a erudição estéril, em franca oposição aos métodos dos jesuítas. Escreveram na língua vernácula manuais de lógica, conhecida por lógica de Port-Royal.

É bem verdade que, para eles, também a razão nada era sem a fé, sem a graça divina. Entre seus seguidores, destacou-se o filósofo e matemático Blaise Pascal (1623--1662), que escreveu em seus *Pensamentos*:

É o coração que sente Deus, e não a razão. Eis o que é a fé. Deus sensível ao coração, não à razão.

A fé é um dom de Deus; não imaginais que a consideramos um dom do raciocínio. ↓

EDUCAÇÃO PÚBLICA

▶ PASCAL, Blaise. *Pensamentos*. São Paulo: Abril Cultural, 1973. p. 111-112. (Coleção Os Pensadores).

Vimos que, no Renascimento, por inspiração da Reforma, as escolas da Alemanha buscavam a universalização do ensino elementar como instrumento para propagar a fé religiosa. No século XVII, ainda persistia aquela tendência, em oposição ao ensino dos jesuítas, tradicionalmente centrado no nível secundário e mais elitista.

Embora a Guerra dos Trinta Anos (1618-1648) dificultasse a implantação da educação pública, na Europa os alemães foram os que alcançaram melhores resultados. Em 1619, o Ducado de Weimar regulamentou a obrigatoriedade escolar para todas as crianças de 6 a 12 anos. Em 1642, o duque de Gotha estabeleceu leis para a educação primária obrigatória, definindo os graus, as horas de trabalho, os exames regulares e a inspeção. Em outras localidades, surgiram organizações semelhantes, inclusive voltadas para a formação de mestres. Na França, destacou-se o trabalho do abade Charles Démia (1636-1689), autor de um livro que defendia a educação popular. Sob sua influência e direção, foram fundadas diversas escolas gratuitas para crianças pobres e um seminário para a formação de mestres.

Na opinião do pedagogo francês Gabriel Compayré (1843-1913), essas escolas visavam à instrução religiosa, disciplinar e de trabalhos manuais, de tal modo que "vinham a ser agências de informação ou lugares de mercado em que as pessoas abonadas pudessem ir buscar servidores domésticos ou empregados comerciais ou industriais" ↓.

De fato, a implantação das escolas ocorreu justamente na cidade francesa de Lyon, importante centro fabril e mercantil – necessitada, pois, de mão de obra com certa instrução – e palco de frequentes revoltas operárias, o que, segundo muitos, exigia maior ação disciplinar.

▶ COMPAYRÉ, Gabriel. Apud: PONCE, Aníbal. *Educação e luta de classes*. 7. ed. São Paulo: Cortez; Autores Associados, 1986. p. 124-125.

LA SALLE E A EDUCAÇÃO POPULAR

Sabemos que desde a Reforma, luteranos e calvinistas eram os mais interessados na preparação de escolas elementares, com especial cuidado pela educação popular. Até o século XVIII, porém, encontravam-se raras escolas católicas com projetos semelhantes. A exceção foi a dos Irmãos das Escolas Cristãs, liderados por João Batista de La Salle (1651-1719), nascido em Reims, na França. Após cursar Teologia em Paris e concluir seu mestrado em Artes, abriu em sua cidade natal a primeira escola em 1679, auxiliado por professores leigos (portanto, sem o voto de sacerdócio), e juntos formaram o Instituto dos Irmãos das Escolas Cristãs em 1684. As obras de La Salle espalharam-se nos séculos seguintes pelo mundo e foram responsáveis pela ampliação da área de ação pedagógica tanto para o ensino secundário e superior quanto para a formação de professores.

O próprio La Salle inicialmente dedicou-se à formação pedagógica dos mestres e para tanto preparou o *Guia das escolas cristãs*, com orientações necessárias para seu bom desempenho, de modo a estimular os alunos e orientá-los em conjunto nas salas de aula, seguindo a estrutura das escolas nas quais ele foi o mentor principal. Por volta de 1700, havia escolas lassalianas em vinte cidades francesas, num total de 9 mil alunos, com ensino gratuito, primordialmente voltadas para filhos de lavradores, de funcionários públicos e de negociantes, com oferta de ensino elementar, que consistia em ler, escrever, calcular, aprender o catecismo e as boas maneiras, além de reforçar o ensino da língua materna, deixando o latim para estudos posteriores.

Jean Hébrard, historiador da cultura, ressalta que a escola lassaniana também pretendia oferecer instrumentos que servissem a futuros artesãos e mercadores, defendendo a importância de prepará-los para redigir correspondências, livros-caixa, escrituras bancárias e para desenhar manufaturas. Diante da necessidade de se usar material escolar como o papel, a pena de ganso e a tinta, bastante dispendiosos, os professores da instituição introduziram a inovação do quadro-negro, facilitador em função da possibilidade de ser apagado logo após o uso e de todos os alunos poderem nele se exercitar.

Com respeito à disciplina, estimulava-se que o professor agisse pela razão e nunca por impulso, pois a ideia era civilizar e racionalizar a punição, podendo recorrer à repreensão ou a castigos como penitência, palmatória, chicote e até a expulsão da escola. Por outro lado, os que agiam de acordo com as normas poderiam ser premiados. Assim relata Carlota Boto:

> A escola dava prêmios para os alunos, e esses prêmios seriam de três ordens: por **piedade**↲ por capacidade e por assiduidade. Note-se que os prêmios mais importantes seriam aqueles dados pela piedade do aluno. Em seguida, por ordem de importância, vinham os prêmios por assiduidade. Os prêmios menos importantes, portanto, eram exatamente aqueles dados pela capacidade. Nesse sentido, percebe-se a tripla vocação da escola: moralizar, civilizar e instruir.↲

▶ **Piedade:** o termo é usado aqui no sentido original de devoção, religiosidade.

▶ BOTO, Carlota. *A liturgia escolar na Idade Moderna*. Campinas: Papirus, 2017. p. 271.

A escola moderna, que se configurava apoiada em procedimentos sequenciais, graduados e hierarquizados, desejava também evitar que as crianças pobres continuassem na rua, de certo modo evitando futuras desordens e ações criminosas, ou seja, além de instruir, a organização visava civilizar. Com o tempo, incluíram-se alunos vindos de segmentos de famílias mais abastadas, que procuravam a escola por seu bem avaliado ensino.

MODERNIDADE: NOVAS FORMAS DISCIPLINARES

Na modernidade, percebe-se ainda que surgiam novos temas entre aqueles usuais da discussão pedagógica. Um deles é o desabrochar de outro conceito de família, decorrente do olhar diferenciado para as representações da mulher e da infância, com procedimentos que avançariam no século seguinte. Ao lado da escola, da Igreja e das manufaturas, a família se torna o lugar do cuidado, das boas maneiras e da formação moral, o que pressupôs o controle do comportamento por meio da imposição de severa disciplina. Já nos referimos à educação feminina, ainda incipiente, que contara com defensores importantes como Erasmo, Comênio e Fénelon, mas que tomava corpo em virtude do interesse da melhor formação da mulher no lar.

Indicativos da mudança social com relação à infância, além de escolas institucionalizadas para regrar o comportamento infantil, havia quem preferisse contratar preceptores, pela restrição ao ambiente doméstico, evitando o distanciamento de crianças do olhar vigilante dos pais. Ainda em casa, o relato de contos de fada, com livros ilustrados, foi comprovado pela intensa produção do francês Charles Perrault (1628-1703), um dos primeiros a obter sucesso com *A bela adormecida*, *Cinderela*, *Pequeno Polegar*, *Barba Azul*, seguidos por abundante publicação nos séculos seguintes. Na mesma linha, seriam retomadas as fábulas de Esopo e Fedro, autores da Grécia antiga, o que estimulou a criação de outras, como as inúmeras publicadas por Jean de La Fontaine (1621-1695), entre as quais, *A raposa e as uvas*, *O lobo e o cordeiro* e *A cigarra e a formiga*, com explícito interesse no ensino moral.

Para adultos, uma série de livros e manuais continuava a ensinar civilidade, prevalecendo a formação do *gentleman*, do cortesão, do modelo de uma nobreza aburguesada e também de um burguês que desejava ser fidalgo. O dramaturgo Molière (1622-1673) foi crítico dos costumes e ironizava os burgueses novos ricos que imitavam os hábitos da nobreza – a maneira de se vestir, o gosto pelas artes e armas etc.

Por outro lado, instituições fechadas surgiram para instalar a nova ordem, fosse para a segurança, como os quartéis, fosse para educar, como as escolas, ou para marginalizar os "diferentes" – vagabundos recolhidos em asilos, loucos em hospícios, prisioneiros em prisões, como analisou o filósofo francês Michel Foucault (1926-1984) na obra *Vigiar e punir*.

Franco Cambi ressalta estudos contemporâneos sobre a criação das formas de disciplinamento de comportamentos nos séculos XVII e XVIII:

> [...] autores como Foucault e Elias↪ destacaram, de um lado, a institucionalização da sociedade operada no século XVII, processo que submeteu a controle todo aspecto da vida social, eliminando toda forma de marginalidade (seja dos loucos, dos delinquentes, dos doentes etc.), e, de outro, a formação de uma "sociedade civil" com regras e comportamentos definidos e legitimados, que operam como vínculos educativos e vêm estruturar a organização da vida pessoal, sobretudo nas relações sociais, a partir dos gestos, das linguagens etc. Outros historiadores, porém – como Trevor-Roper –, puseram às claras a contraditoriedade do século, seu caráter de época ambígua e trágica, saturada de conflitos, de violência, de sem-razão.↪

▶ Sociólogo alemão Norbert Elias (1897-1990).

▶ CAMBI, Franco. *História da pedagogia*. São Paulo: Editora Unesp, 1999. p. 278.

AVALIAÇÃO DE UM SÉCULO CONTRADITÓRIO

No século XVII, a Europa ainda se debatia na contradição de uma visão aristocrática da nobreza feudal diante de um mundo que se construía conforme valores burgueses, contradição que, portanto, se refletiu na educação. Por isso, ainda era cedo para se falar em educação universal, como pensava Comênio.

Se por um lado existia a aspiração a uma pedagogia realista e, em alguns casos, até universal, estendida a todos, por outro, para além das discussões de filósofos e teóricos da educação, de maneira geral as escolas continuavam ministrando um ensino conservador, predominantemente nas mãos de jesuítas e de outras ordens religiosas. Na realidade, esboçava-se na educação o dualismo escolar, que iria se manifestar claramente no século seguinte, ao se destinar um tipo de escola para a elite e outro para o povo.

Apesar de tudo, é possível reconhecer o nascimento da *escola tradicional*, que se consolidaria no século XIX, sobretudo com Johann Friedrich Herbart (1776-1841). Essa base aparece, por exemplo, nas atenções de Comênio com o método, a organização do conhecimento, o emprego racional do tempo de estudo, a noção de programa, o cuidado com o material didático e a valorização do mestre como guia do processo de aprendizagem.

SUGESTÃO DE LEITURA

COMÊNIO, João Amós. *Didática magna*: tratado da arte universal de ensinar tudo a todos. Lisboa: Calouste Gulbenkian, 1966. p. 139, 140, 143; 145; 305, 306,307; 455. Ou simplesmente: cap. IX; cap. XX (itens 1 a 9); cap. XXII.

ATIVIDADES

1. Redija um pequeno texto relacionando o surgimento da burguesia, a economia capitalista, a Revolução Científica e as mudanças na educação.

2. Explique a origem do interesse por questões de método, no século XVII, e sua relação com a busca do realismo na pedagogia.

3. Comente como a educação física era vista na educação medieval e como passou a ser considerada na Idade Moderna.

4. Relacione a filosofia política de Locke com sua pedagogia liberal. Discuta por que a pedagogia de Locke pode ser considerada elitista.

5. No trecho a seguir, Michel Foucault descreve a feição educativa atribuída à pena pública no século XVIII, um resquício dos suplícios praticados no XVII. Comente a influência exercida pelas noções de punição e correção sobre o que se concebia por educação.

[...] que os castigos sejam uma escola mais que uma festa; um livro sempre aberto mais que uma cerimônia. A duração que torna o castigo eficaz para o culpado também é útil para os espectadores. Estes devem poder consultar a cada instante o léxico permanente do crime e do castigo. Pena secreta, pena perdida pela metade. Seria necessário que as crianças pudessem vir aos lugares onde é executada; lá fariam suas aulas cívicas. E os homens feitos lá reaprenderiam periodicamente as leis. Concebamos os lugares de castigos como um Jardim de Leis que as famílias visitariam aos domingos.

FOUCAULT, Michel. *Vigiar e punir*: história da violência nas prisões: Petrópolis: Vozes, 1987. p. 92.

6. Com base no fragmento a seguir, comente como a formação de professores pode apoiar o protagonismo do aluno.

A quarta razão por que os alunos se ausentam é por terem pouca afeição ao mestre, que não é atraente, não sabe como conquistá-los; que tem exterior fechado e rude; que os afugenta, grita com eles ou bate neles facilmente; e que, em toda circunstância, os únicos recursos a que apela são o rigor, a dureza e os castigos. O que faz com que os alunos não queiram mais vir à escola.

LA SALLE, João Batista de. In: *Obras completas de São João Batista de La Salle*. Canoas: Unilasalle, 2012. p. 195. v. 3.

7. Leia o texto a seguir e, com base nele, atenda às questões.

A educação das meninas é hoje assaz descuidada, pois o costume e materno capricho são quem nela decidem quase sempre. Supõem muitas pessoas que este sexo carece de pouca doutrina, mas o ensino dos meninos avalia-se negócio principal relativamente ao bem público, e posto que nela se

cometam menos erros que nos das meninas, corre como persuasão que grandes talentos são necessários para convenientemente desempenhá-lo. Habilíssimos sujeitos se apurarão em dar regras concernentes a essa matéria. Não vemos nós milhares de mestres e colégios? Não vemos gastarem horrorosas somas em impressões de livros, em científicas pesquisas, em métodos linguísticos na escolha de professores? Pois todos esses preparativos contêm amiúde mais aparência que solidez; todavia corroboram a alta ideia que o público forma acerca da educação dos meninos. Quanto às meninas, não lhes revela serem sapientes, a curiosidade torna-as vãs e afetadas; basta saibam, quando esposas, governar suas casas e obedecer a seus maridos sem discorrerem. Nem o mesmo público deixa de expor exemplos, nos quais prove ter a ciência volvido ridículas muitas mulheres: eis porque as meninas abandonadas vão ao dispor de mães ignorantes e indiscretas.

FÉNELON, François. Da educação das meninas. In: BASTOS, Maria Helena Camara. Da educação das meninas por Fénelon (1852). *História da educação*, Porto Alegre, v. 16. n. 36, p. 156, jan./abr. 2012.

a) A respeito da educação feminina, em que Fénelon inova em seu tempo?

b) Sob que aspectos, atualmente, a justificativa sobre a necessidade da educação da mulher já se baseia em razões diferentes daquelas defendidas por Fénelon?

SUGESTÃO PARA SEMINÁRIOS

Esta sugestão consiste na elaboração de seminários. Pode-se escolher trabalhar exclusivamente um dos textos ou articulá-lo com os demais, ressaltando suas similaridades e divergências. Para a melhor compreensão de cada assunto, vale proceder com fichamento de texto, pesquisas e consulta a outras fontes, análise crítica e elaboração de uma pequena dissertação que sistematize a leitura e as conclusões obtidas.

No primeiro texto, o sociólogo Émile Durkheim sublinha que os tipos reguladores da educação dependem das sociedades nas quais são aplicados, variando conforme as ideias e os costumes que são produtos da vida em comum, e não de acordo com o empenho individual. Em seguida, apresentamos o texto *Da educação das meninas*, de François Fenélon, cujo pensamento, inovador para a época, reivindicava a importância de se pensar a educação das mulheres, embora esse interesse se mantivesse centrado em beneficiar a ordem da família nuclear burguesa, ainda subordinada ao arbítrio da figura masculina. No último texto, Angela Davis relata a luta das mulheres negras para ter acesso à educação nos Estados Unidos. Apesar de abordar acontecimentos dos séculos XVIII e XIX, a filósofa alerta para resquícios do sistema escravagista nas sociedades de hoje, como o racismo, o encarceramento em massa do povo negro etc. Todos esses textos podem ser trabalhados tendo como cerne o tema "Educação e ideologia".

1. DURKHEIM, Émile. Educação e sociologia. In: FILLOUX, Jean-Claude. *Émile Durkeim*. Recife: Fundação Joaquim Nabuco; Massangana, 2010. p. 39-45. Disponível em: <http://mod.lk/5lhqx>. Acesso em: 4 set. 2018.

2. FÉNELON, François. Da educação das meninas. In: BASTOS, Maria Helena Camara. Da educação das meninas por Fénelon (1852). *História da educação*. Porto Alegre, v. 16. n. 36, p. 156-186, jan./abr. 2012.

3. DAVIS, Angela. Educação e libertação: a perspectiva das mulheres negras. In: *Mulheres, raça e classe*. São Paulo: Boitempo, 2016. p. 107-116.

O Brasil do século XVII

CONTEXTO HISTÓRICO

> **BREVE CRONOLOGIA DO PERÍODO**
> - Entradas e bandeiras.
> - **1580-1640:** Portugal sob domínio espanhol.
> - **1630-1654:** Holandeses em Pernambuco.
> - **1684:** Revolta de Beckman.
> - **1694:** Morte de Zumbi (Quilombo dos Palmares).

No século XVI, os países europeus davam continuidade à política absolutista e ao mercantilismo. De 1580 a 1640, Portugal esteve sob domínio espanhol, período em que teve início sua decadência política e econômica, com a perda de colônias na África e na Ásia, represália de países contra os quais a Espanha estava em guerra. Como colônia mais importante, o Brasil sofreu com o enrijecimento da política mercantilista e a exclusividade do monopólio comercial, passando a ser vigiado mais atentamente. Além disso, Portugal dependia cada vez mais da Inglaterra, potência em ascensão.

Ao contrário da Europa, em que o capitalismo florescia pela expansão do comércio e a instalação de manufaturas, o Brasil permanecia na fase pré-capitalista. O modelo econômico da colônia era *agrário-exportador dependente*, com base na produção de cana-de-açúcar e emprego de mão de obra escrava, em que a matéria-prima, enviada a Portugal, era revendida a outros países. Com frequência, no período de dominação espanhola, o Brasil sofria ataques de inimigos da Espanha, como franceses, ingleses e holandeses. A mais importante e duradoura dessas invasões foi a dos holandeses, em Pernambuco (1630-1654), conforme veremos adiante.

No interior da colônia, prosseguia a expansão territorial levada a efeito pelos bandeirantes, para além do Tratado de Tordesilhas. Aventureiros que saíam em busca de metais preciosos e apresamento de indígenas, com o propósito de empregá-los como mão de obra escrava, às vezes capturavam tribos inteiras, sobretudo nas missões, onde os jesuítas promoviam a aculturação de indígenas e os protegiam, na medida do possível, da cobiça de colonos.

A intensificação do controle de Portugal sobre o Brasil provocou os primeiros conflitos nativistas – como a Revolta de Beckman no Maranhão em 1684 –, em virtude do acirramento da contradição entre interesses da metrópole e da colônia, uma vez que as restrições ao comércio prejudicavam os colonos brasileiros. Foram muitos os embates contra os jesuítas, por conta da proteção dada aos indígenas, até que colonos enriquecidos começassem a substituir indígenas por escravos africanos.

Quanto às contradições internas, ocorreram conflitos entre senhores de engenho de açúcar e escravos negros. Um dos mais importantes núcleos de resistência foi o Quilombo dos Palmares (1630-1694). Liderado na fase final por Zumbi, chegou a abrigar cerca de 30 mil escravos, que se refugiavam nas matas da Serra da Barriga, no atual estado de Alagoas, para escapar da condição a eles imposta e opor resistência ao sistema escravagista. Outros quilombos se formaram em Minas Gerais, província enriquecida pela descoberta de ouro e pedras preciosas, no final do século XVII. Com a contribuição mineira, o eixo econômico da colônia começava, então, a se deslocar do Nordeste em direção ao Sudeste.

FORTALECIMENTO DAS MISSÕES

Desde o século XVI e durante o XVII, o modelo de catequese dos indígenas alterava-se com o confinamento em *reduções* ou *missões*, povoamentos com organização bem complexa, que incluía conversão religiosa, educação e trabalho. As missões da Amazônia e, ao sul, as da região do Rio da Prata foram as mais destacadas, ao passo que na Amazônia as missões dos carmelitas e dos franciscanos instalaram-se na margem esquerda do Rio Amazonas, e na margem direita, para o sul, acomodaram-se os jesuítas. Entre estes, a atuação do Padre Antônio Vieira ficou na história em virtude de sua eloquência, muito evidente nos *Sermões*, verdadeiras peças literárias representativas do período barroco.

> *O Sermão da Sexagésima* – o termo "sexagésima", na liturgia católica, designa o domingo datado aproximadamente de sessenta dias antes da Páscoa – é um dos mais conhecidos de Padre Vieira. Escrito em 1655, defende a importância do discurso argumentativo, capaz de converter os ímpios à religião católica, ou resgatar os cristãos que debandaram para as religiões protestantes; valia também no Brasil, onde atuou na conversão de indígenas.

A luta de Vieira contra os colonos que escravizavam os nativos foi cheia de percalços, desde a primeira vez em que esse missionário, conselheiro do rei português D. João IV, chegou ao Brasil, em 1653, com a tarefa de evangelizar, erguer igrejas e realizar missões entre indígenas do Maranhão. Vencido pelos colonos, por duas vezes precisou se retirar, retornando em 1680, ao recuperar seu prestígio. A essa altura, as missões jesuíticas já eram bastante ativas, com criação de gado e plantações de cana, algodão e cacau.

No Sul, povoamentos conhecidos como Sete Povos das Missões inicialmente formavam *reduções*, assim chamadas porque os indígenas eram "reduzidos" à Igreja e à sociedade civil. Sua história chegou a nós envolta em muitas lendas sobre a República Guarani, que, segundo alguns, se caracterizaria por um comunismo teocrático. Esparsas em regiões do Paraná, Rio Grande do Sul, Paraguai, Argentina e Uruguai, em alguns locais predominavam reduções de jesuítas espanhóis e em outros de portugueses, lembrando que, pelo Tratado de Tordesilhas, essa região pertenceria aos espanhóis. Acossados pelos bandeirantes, que aprisionavam os indígenas ou os massacravam, recuaram para a margem esquerda do Rio Uruguai, instalando-se aí nas Sete Missões.

Os Sete Povos (tradução do termo espanhol *pueblo*, que significa "aldeia") eram as seguintes missões: São Francisco de Borja, São Nicolau, São Luiz Gonzaga, São Miguel, São Lourenço, São João Batista e Santo Ângelo. As ruínas que restaram dessas missões tornaram-se locais de turismo, e a igreja matriz de São Miguel foi declarada pela Unesco patrimônio histórico-cultural da humanidade.

De qualquer modo, sabe-se que os jesuítas conseguiram tornar essas missões autossuficientes, ensinando os indígenas não só a ler e escrever, mas a se especializar em diversas artes e ofícios mecânicos, além, é claro, de submetê-los à conversão religiosa. Os indígenas aprendiam as práticas agrícolas e de criação de gado, bem como a fabrição de instrumentos musicais, artigos em couro, embarcações, sinos, relógios, cerâmica, tecelagem etc. A aldeia organizava-se em torno de rigorosa administração, fortalecida durante os séculos XVII e XVIII e sustentada por invejável infraestrutura. Além da igreja, havia hospital, asilo, escola, casas etc.

O auge do desenvolvimento dessas missões ocorreu no século XVIII, quando as discussões diplomáticas entre Portugal e Espanha sobre as fronteiras daquelas regiões do Rio da Prata se tornaram agudas, uma vez que os portugueses haviam desobedecido à divisão proposta pelo Tratado de Tordesilhas. A decisão final deu à Espanha a Colônia do Sacramento, ficando com Portugal as Sete Missões, sob a condição de os espanhóis transferirem os indígenas dessas aldeias para a parte ocidental do Rio Uruguai, o que significava abandonar tudo o que haviam construído, além de se exporem à gana dos colonos. Lutaram bravamente nas chamadas "guerras guaraníticas", até sucumbirem à nova ordem. Quanto à destruição das Sete Missões, costuma-se avaliar que, entre os motivos de seu desmantelamento, está a dissolução de suas "características comunizantes", como apontou o antropólogo Darcy Ribeiro. Muitos foram escravizados, dispersados para outras regiões ou refugiados nas matas.

OS JESUÍTAS E A EDUCAÇÃO DA ELITE

No século XVII, o ensino no Brasil não apresentou grandes diferenças com relação ao do século anterior. O ensino jesuítico manteve a escola conservadora, alheia à revolução intelectual representada pelo racionalismo cartesiano e pela Revolução Científica. Centrada no nível secundário, a educação visava à formação humanística, privilegiando o estudo do latim, dos clássicos e da religião. Não faziam parte do currículo escolar as ciências físicas ou naturais, bem como a técnica ou as artes.

A educação interessava apenas a poucos elementos da classe dirigente e, ainda assim, como ornamento e erudição. Era literária, abstrata – além de dogmática –, afastada dos interesses materiais, utilitários, e até estranha, por tentar trazer o espírito europeu urbano para um ambiente agreste e rural. Com o tempo, a educação atendia a um segmento novo, o da pequena burguesia urbana que aspirava à ascensão social.

Fernando de Azevedo comenta:

> Entre as três instituições sociais que mais serviram de canais de ascensão, a família patriarcal, a Igreja e a escola, estas duas últimas, que constituíram um contrapeso à influência da casa-grande, estavam praticamente nas mãos da Companhia; quase toda a mocidade, de brancos e mestiços, tinha de passar pelo molde do ensino jesuítico, manipulado pelos padres, em seus colégios e seminários, segundo os princípios da famosa ordenação escolar, e distribuída para as funções eclesiásticas, a magistratura e as letras.↪

▶ AZEVEDO, Fernando de. *A cultura brasileira*. 7. ed. São Paulo: Edusp, 2010. p. 561.

A única saída dos brasileiros que desejavam seguir carreiras profanas, como as profissões liberais, era o estudo na metrópole, mesmo porque o Colégio da Bahia teve negado o pedido de equiparação à Universidade de Évora (Portugal), em 1675. A maioria dos estudantes dirigia-se para a Universidade de Coimbra, também confiada a jesuítas, a fim de estudar ciências teológicas ou jurídicas. Outros escolhiam Montpellier, na França, para especialização em medicina.

Embora recebessem educação padronizada, os brasileiros entravam em contato com outros estilos de vida e traziam as aspirações da civilização urbana mais avançada vislumbrada no Velho Mundo para contrapor ao modo de vida rural e patriarcal da colônia. Esses elementos de diferenciação fizeram germinar ideais políticos e sociais reveladores da insatisfação com o *status quo*. As universidades europeias, sobretudo as portuguesas, ao reunir os estudantes, desempenharam papel importante no alargamento de horizontes, inclusive favorecendo o nascente sentimento nativista, cujas primeiras manifestações surgiram no século XVII, intensificando-se no século seguinte.

Outro foco de alteração no panorama da tradição colonial ocorreu com a chegada dos holandeses por volta de 1630, até que invadiram Pernambuco em 1637, ocasião em que Maurício de Nassau, jovem nobre alemão que trabalhava para a Companhia das

Índias Ocidentais, recebeu a incumbência de criar uma colônia holandesa no Nordeste do Brasil, em razão do interesse na produção dos engenhos de açúcar da região. Após uma tentativa fracassada na Bahia, instalaram-se inicialmente em Olinda e Recife, cidade que se tornou a capital, expandindo suas conquistas em direção a Sergipe ao Sul e, ao Norte, nos atuais estados da Paraíba, do Rio Grande do Norte e do Ceará. Nessa ocasião, a cidade de Recife entrou em breve florescência, uma vez que Nassau remodelou a cidade, construiu palácios, pontes, canais, lojas, oficinas e instaurou um clima de tolerância religiosa. Construiu zoológico, observatório astronômico, jardim botânico e cercou-se de intelectuais, arquitetos e artistas, tendo trazido em sua comitiva mestres da pintura flamenga como Frans Post e Albert Eckhout.

Como governador dessa região, Nassau era bastante apreciado pela população, em virtude de seu trato civilizado e humanista, até que problemas relativos à cobrança de impostos acirraram as reclamações dos senhores de engenho. Além disso, o fato de os invasores serem protestantes em uma nação católica desafiava os interesses portugueses, fazendo com que Nassau se afastasse da Companhia e voltasse à Europa. Em seguida, estourou a Insurreição Pernambucana em 1645, da qual participaram donos de engenho, negros e indígenas, até a vitória em 1654. Naquele momento e naquele local talvez tivesse se desenvolvido uma cultura diferente da jesuítica.

A CULTURA SILENCIADA

No século XVII, os núcleos urbanos ainda eram pobres e dependentes das atividades do campo, onde se concentrava a maior parte da população. Por se tratar de sociedade agrária e escravista, não havia interesse na educação elementar, resultando dessa política a grande massa de iletrados. As mulheres estavam excluídas do ensino, do mesmo modo que os negros, cujos filhos nunca despertaram o interesse dos padres, diferentemente do que acontecera com os curumins. Apenas os mulatos, um pouco mais tarde, começaram a reivindicar espaços na educação, diante da importância que se dava aos graus acadêmicos para a classificação social, fazendo aumentar a procura da escola por parte de mestiços, o que provocou, em 1689, um incidente conhecido como "questão dos moços pardos": os colégios dos jesuítas haviam proibido a matrícula de mestiços "por serem muitos e provocarem arruaças", mas tiveram de renunciar à decisão discriminatória, tendo em vista os subsídios que recebiam, por serem escolas públicas↳

A visão etnocêntrica que motivava a educação europeia na colônia fez com que sempre se desprezasse a cultura popular, influenciada por indígenas e negros e que permaneceu marginal, condenada à expectativa de homogeneização, uma vez que a cultura erudita e europeizada era o modelo a ser seguido. Mais ainda, os colonizadores de início concebiam os indígenas como seres inacabados, que mereciam o "aperfeiçoa-

▶ RIBEIRO, Maria Luísa S. *História da educação brasileira*: a organização escolar. 17. ed. Campinas: Autores Associados, 2001. p. 24.

mento" pela educação. E depois, na medida em que os temiam, os segregavam como "ferozes" e "inferiores", o que justificaria sua submissão à força. Menosprezo semelhante ocorria com os saberes, a religião e a música da cultura negra, em que pese a influência exercida por essas culturas, recusa que até hoje tem promovido a exclusão explícita desses segmentos da educação formal.

APRENDIZAGEM DE OFÍCIOS

Segmentos subalternos preparavam-se para a sociabilidade e para o trabalho por meio da educação informal, como diz Luiz Antônio Cunha:

> A aprendizagem dos ofícios, tanto para os escravos quanto para os homens livres, era desenvolvida no próprio ambiente de trabalho sem padrões ou regulamentações, sem atribuições de tarefas para os aprendizes. [...] Os aprendizes não eram necessariamente crianças e adolescentes, mas os indivíduos que eventualmente demonstrassem disposições para a aprendizagem. [...]

> Nos colégios e nas residências da Europa, os jesuítas contratavam trabalhadores externos para o desempenho dos ofícios mecânicos, tendo apenas um irmão coadjutor para dirigi-los. No Brasil, entretanto, a raridade de artesãos fez com que os padres trouxessem irmãos oficiais para praticarem aqui suas especialidades, como também, e principalmente, para ensinarem seus misteres a escravos, homens livres, fossem negros, mestiços e índios.↪

▶ CUNHA, Luiz Antônio. *O ensino de ofícios artesanais e manufatureiros no Brasil escravocrata*. São Paulo; Brasília: Editora Unesp; Flacso, 2000. p. 32.

Apesar do empenho, persistiu no Brasil um certo desprezo pelo trabalho manual, sempre visto como "trabalho desqualificado" por ser ofício de escravos, indígenas e pessoas sem posses.

CONCLUSÃO

Um olhar crítico sobre o Brasil do século XVII nos revela o profundo fosso entre a vida da colônia e a da metrópole, em virtude de intenções de exploração portuguesa no Brasil. Por isso, manteve-se a economia agrária dependente, fundada na escravidão e à margem das mudanças implantadas na Europa.

No campo da educação, na Europa prevalecia o confronto entre o ideal da pedagogia realista e a educação conservadora, ao passo que no Brasil a atuação da Igreja permaneceu muito mais forte e duradoura. Segundo Fernando de Azevedo, esse ensino promoveu a uniformização do pensamento brasileiro "do Norte e do Sul, do litoral e do planalto", impondo a religiosidade cristã sobre as contribuições do judeu, do indígena e do negro. Se o catolicismo difundido pela Companhia de Jesus foi o "cimento da nossa unidade", de acordo com a visão contemporânea, democratizar a educação não significa homogeneizar culturas nem neutralizar as diferenças.

SUGESTÃO DE LEITURA

MATTOS, Luiz Alves de. *Primórdios da educação no Brasil*: o período heroico (1549 a 1570). Rio de Janeiro: Gráfica Editora Aurora, 1958. p. 296-297.

ATIVIDADES

1. O colonialismo foi um modo encontrado pelo capitalismo europeu para crescer. Quais as vantagens obtidas pelas metrópoles nas colônias? Discuta quais foram as repercussões desse processo no interesse pela educação e as sequelas deixadas.

2. Compare a continuidade e a mudança na atuação dos jesuítas no século XVI e no XVII quanto aos seguintes pontos: missões; educação secundária; aprendizagem de ofícios; na sociedade.

3. Com base no trecho a seguir, responda às questões.

A forma em que se exprimiam oradores, cronistas e poetas era, como continuaria a ser por muito tempo, a da língua culta falada na metrópole, na sua pureza vocabular e sintática, e com as qualidades ou vícios de estilo variáveis com os gostos individuais e as moedas literárias. Tanto os sermões do padre Antônio Vieira, com a sua magnífica eloquência, como as sátiras de Gregório de Matos, apelidado o "boca de inferno", pelas suas invectivas e pelos seus remoques contra tudo e contra todos, dirigiam-se a um público de classe, mais preparado para compreendê-los, semelhante ao público escolhido de Lisboa, de Coimbra ou do Porto. É que essas classes mais cultas se prezavam de falar e escrever o português da metrópole – língua oficial que se procurava resguardar, por todas as formas, das contaminações indígenas e africanas, enquanto o tupi, chamado língua geral, [...] era a que mais se usava geralmente nas relações comuns.

AZEVEDO, Fernando de. *A cultura brasileira*. 7. ed. São Paulo: Edusp, 2010. p. 355.

a) Em oposição à *língua culta*, tínhamos a *língua geral*. Discorra sobre o assunto, consultando o capítulo anterior para relembrar do que se trata.

a) Comente a semelhança entre a referida produção literária e a educação da elite no Brasil colonial. Posicione-se a respeito.

4. Comente o fragmento a seguir, explicando o modo como a sociedade colonial compreendia o trabalho manual e o intelectual. Destaque como a tradição escravista pode ter contribuído para essa avaliação e aponte razões para considerar a informação intelectual da elite como "ornamento".

A ausência quase completa de indústrias, a rotina da monocultura e da exploração industrial do açúcar e o caráter elementar das atividades de comércio, não criando necessidades de especialização profissional, nem exigindo trabalho tecnológico de mais alto nível, contribuíram, como outros fatores, para desvalorizar as funções manuais e mecânicas, exercidas por artesões, escravos e libertos. O que interessava nessa sociedade de estrutura elementar era, de fato, um tipo de cultura que favorecesse o acesso da elite intelectual, se não à nobreza, ao menos aos chamados cargos nobres, criando uma nova aristocracia – a dos bacharéis e a dos doutores. Para essas funções nobres, como a magistratura e o canonicato, que exigiam um *minimum* de especialização intelectual, bastava a cultura literária e abstrata, transmitida nos colégios de padres, por métodos que se baseavam não sobre a ação e o concreto, mas sobre a leitura, o comércio e a especulação. [...] O título de bachareal e de doutor mantinha-se como um sinal de classe, e às mãos dos filhos do senhor de engenho ou do burguês dos sobrados continuavam a repugnar as calosidades do trabalho.

AZEVEDO, Fernando de. *A cultura brasileira*. 7. ed. São Paulo: Edusp, 2010. p. 310-311.

5. Redija uma dissertação relacionando as seguintes passagens:

A força militar, a sujeição ao trabalho servil e as doenças epidêmicas trazidas pelos europeus provocaram o maior genocídio da história da humanidade: no primeiro século da conquista, a população originária da América foi reduzida em cerca de 90% – dos cerca de 80 milhões de habitantes do momento da chegada de Colombo, no início do século XVII restavam não mais que 8 milhões!

DEL ROIO, Marcos. A sujeição das culturas e a reinvenção do subalterno. *Cadernos do Ifan*, Bragança Paulista, n. 4, p. 18, 1993.

Diariamente, neste povoado reducional, ouve-se o som metálico do sino, chamando os indígenas para a catequese, a missa ou para o trabalho comunitário. [...] É neste espaço urbano que poderiam ser abandonadas as atitudes e os padrões culturais julgados impróprios, e substituídos pelas normas comportamentais julgadas como ideais na organização política, econômica ou cultural. Para atingir esses objetivos, era necessária a Redução, ou seja, que os indígenas fossem reduzidos à Igreja e à vida civil (*ad ecclesiam et vitam civilem esset reducti*). Para uma perfeita cristianização, era necessário inicialmente reduzi-los ao novo espaço urbano, pois só ali seriam levados a viver "politicamente" como na antiga cidade-estado (pólis), remediando assim a "irracionalidade" de andarem dispersos pelos montes e matas, vivendo como "feras" e adorando "falsos ídolos".

KERN, Arno Alvarez. Cultura europeia e indígena no Rio da Prata nos séculos XVI/XVIII. *Estudos Ibero-Americanos*, Porto Alegre, v. 19, n. 2, p. 13, dez. 1993.

SUGESTÃO PARA SEMINÁRIOS

Esta sugestão consiste na elaboração de seminários. Pode-se escolher trabalhar exclusivamente um dos textos ou articulá-lo com os demais, ressaltando suas similaridades e divergências. Para a melhor compreensão de cada assunto, vale proceder com fichamento de texto, pesquisas e consulta a outras fontes, análise crítica e elaboração de uma pequena dissertação que sistematize a leitura e as conclusões obtidas.

Michel de Montaigne, no ensaio "Dos canibais", mostra como as acusações de barbárie seriam mais convenientes às ações dos colonizadores europeus do que às dos povos do Novo Mundo. O segundo texto, do brasilianista Frank Lestringant, é um comentário sobre o ensaio de Montaigne, à luz da centralidade dada pelo filósofo francês aos Tupinambá. No terceiro texto, discute-se o processo de "indianização" escolar no Brasil, em que o espaço de formação indígena deixa de ser ocupado por modelos civilizatórios ou catequéticos. A categoria ressignificada de "escola indígena" – com infraestrutura adequada, professores oriundos das sociedades tradicionais, ensino bilíngue e material didático específico – abre caminho para o diálogo intercultural, tornando-se até mesmo uma estratégia de defesa dos interesses indígenas diante da sociedade como um todo e, nesse sentido, uma possibilidade de assegurar os direitos e a sobrevivência cultural desses povos.

1. MONTAIGNE, Michel de. Dos canibais. In: *Ensaios*. São Paulo: Editora 34, 2016. p. 234-245.
2. LESTRINGANT, Frank. O Brasil de Montaigne. *Revista de Antropologia*, São Paulo, v. 49, n. 2, p. 515-556, 2006. Disponível em: <http://mod.lk/ing7l>. Acesso em: 29 jan. 2019.
3. BERGAMASCHI, Maria Aparecida; MEDEIROS, Juliana Schneider. História, memória e tradição na educação escolar indígena: o caso de uma escola Kaingang. *Revista Brasileira de História*, São Paulo, v. 30, n. 60, p. 55-75, 2010. Disponível em: <http://mod.lk/t50yy>. Acesso em: 29 jan. 2019.

CAP. 6
Século das Luzes: o ideal liberal de educação

Retrato de Rousseau, de J. E. Lacretelle. 36,7 × 46 cm (detalhe)..

Apresentando o capítulo

O século XVIII, ou Século das Luzes, caracterizou-se pela fermentação intelectual decorrente da profícua atuação de pensadores iluministas. Nesse período, ocorreram severos abalos políticos na Europa em razão do confronto entre a aristocracia do Antigo Regime e a burguesia emergente, enquanto nas colônias americanas se intensificavam os movimentos de independência das metrópoles. No campo da educação, a tendência liberal e laica fortalecia-se na busca de novos caminhos para a aprendizagem e a autonomia do educando. Em várias nações europeias, incluindo Portugal, permanecia o absolutismo "esclarecido", que orientou a atuação na reforma do ensino em meio a inúmeras contradições relacionadas à difusão das ideias iluministas. As ressonâncias dessa influência chegaram ao Brasil apesar do cerrado controle da metrópole, que, além da divulgação das "ideias estrangeiradas", proibia também a instalação da imprensa e a abertura de universidades na colônia.

A pedagogia liberal e laica

CONTEXTO HISTÓRICO: AS REVOLUÇÕES BURGUESAS

No boxe a seguir, destacamos as principais datas e eventos significativos do Século das Luzes.

BREVE CRONOLOGIA DO PERÍODO
- **Segunda metade do século XVIII:** Início da Primeira Revolução Industrial, com o aperfeiçoamento da máquina a vapor.
- **1756-1763:** Guerra dos Sete Anos, entre França e Inglaterra.
- **1773:** Dissolução da Companhia de Jesus.
- **1776:** Independência dos Estados Unidos.
- **1789:** Revolução Francesa.
- **1799-1815:** Napoleão Bonaparte toma o poder na França.

Grandes transformações abalaram a Europa no século XVIII. A burguesia ocupara, até então, posição secundária na estrutura da sociedade aristocrática, na qual os privilegiados pertenciam ao clero e à nobreza, esta sustentada por pensões governamentais capazes de garantir a vida parasitária na corte. Além da isenção de impostos, os nobres gozavam o benefício de serem julgados por leis próprias, ao passo que a burguesia, enriquecida pelos resultados da Revolução Comercial, encontrava-se onerada com a carga tributária e, apesar de alçada economicamente pela aliança com a realeza absolutista, ressentia-se do mercantilismo, cada vez mais um entrave à sua iniciativa.

Na segunda metade do século XVIII, a entrada da máquina a vapor nas fábricas marcou o início da Revolução Industrial, alterando definitivamente o panorama socioeconômico com a mecanização da indústria. Tornou-se inevitável que a burguesia, já detentora do poder econômico e sentindo-se espoliada pela nobreza, reivindicasse para si o poder político.

Na Inglaterra, já em 1688, a Revolução Gloriosa destronara os Stuarts absolutistas e, no século XVIII, explodiram as revoluções burguesas. As ideias liberais de Locke espalharam-se pela Europa e também pelo Novo Mundo, onde ocorreram movimentos de emancipação, alguns bem-sucedidos, como a Independência dos Estados Unidos (1776), outros violentamente reprimidos, como as Conjurações Mineira (1789) e Baiana (1798) no Brasil.

O grande acontecimento europeu foi a Revolução Francesa (1789), que culminou com a deposição dos Bourbons. Contra os privilégios hereditários da nobreza, os burgueses defendiam os princípios de "igualdade, liberdade e fraternidade".

ILUSTRAÇÃO: O SÉCULO DAS LUZES

O século XVIII é o período conhecido como Século das Luzes, em razão do desenvolvimento do Iluminismo, também designado Ilustração ou *Aufklärung* (em alemão, "Esclarecimento"), época de fortalecimento da esperança na reorganização do mundo humano por meio das luzes da razão.

Desde o Renascimento, desenrolava-se a luta contra o princípio da autoridade e a busca pelo reconhecimento de poderes humanos capazes de se orientar por si mesmos, dispensando a tutela religiosa. Livre de qualquer controle externo, sabendo-se capaz de encontrar soluções para seus problemas com base em princípios racionais, o ser humano estendeu o uso da razão a todos os domínios: político, econômico, moral e, inclusive, religioso.

A filosofia do Iluminismo também sofreu a influência da Revolução Científica levada a efeito por Galileu no século XVII. O método experimental recém-descoberto aliou-se à técnica, expediente que deu origem às chamadas *ciências modernas*. Posteriormente, a ciência seria responsável pelo aperfeiçoamento da tecnologia, o que provocou no ser humano o desejo de melhor conhecer a natureza a fim de dominá-la. No Século das Luzes, o indivíduo se descobre confiante, artífice do futuro, e não mais se contenta em contemplar a harmonia da natureza, preferindo conhecê-la para dominá-la. Era, portanto, uma natureza dessacralizada, ou seja, desvinculada da religião, que reaparecia em todos os campos de discussão no século XVIII.

Vejamos as principais tendências do período.

▶ Na economia, o liberalismo representava aspirações da burguesia desejosa de gerenciar seus negócios, sem a intervenção do Estado mercantilista. De acordo com os teóricos François Quesnay (1694-1774) e depois Adam Smith (1723-1790), a distribuição de riquezas segue leis "naturais". A expressão *Laissez faire, laissez passer, le monde va de lui même* ("Deixe fazer, deixe passar, o mundo caminha por si mesmo") configura o pensamento liberal de um Estado não intervencionista.

▶ Na política, as ideias liberais opunham-se ao absolutismo. As teorias contratualistas, desde o século anterior elaboradas por Locke e outros, garantiam que a legitimidade do poder resultasse do pacto entre indivíduos. No século XVIII, Rousseau retomou a discussão do contrato social numa perspectiva menos elitista e mais democrática, como veremos.

▶ Na moral também se buscavam formas laicas, que permitissem a naturalização do comportamento humano, fundamentadas na defesa da autonomia do sujeito e na recusa da heteronomia. Assim, Rousseau visava evitar os preconceitos que corrompem a vida moral, ao mesmo tempo que os enciclopedistas Diderot e Helvétius recuperaram a importância das paixões como vivificadoras do mundo moral.

▶ Na religião, o deísmo é uma tentativa de introduzir a "religião natural", sem lugar para dogmas e fanatismos. Os filósofos deístas não aceitavam a revelação divina nem rituais do culto, admitindo que Deus era apenas o Primeiro Motor, o Criador do Universo, o Supremo Relojoeiro.

> Em 1719, o escritor inglês Daniel Defoe publicou o romance *Robinson Crusoe*, no qual descreve os 28 anos que o náufrago, personagem-título da obra, passou em uma ilha. Pode-se interpretar o sucesso da sobrevivência do personagem por sua capacidade de recriar as condições de vida de um cidadão europeu naquilo que seria um ambiente inóspito, demonstrando possuir habilidades e inteligência – o que expressa uma qualidade desejável do individualismo presente nas teorias político-econômicas liberalistas. Além disso, a relação de superioridade que Crusoe estabelece com um nativo reproduz ideias comuns no período a respeito do homem "civilizado".

Na França, a *Enciclopédia*, obra de fôlego, considerada um marco do movimento iluminista, revela o crescente interesse pelas artes e ofícios naquela época, o que representa a valorização do artesão e do trabalho, como indica seu subtítulo "Dicionário razoado das ciências, das artes e dos ofícios". Organizada por Denis Diderot e Jean D'Alembert, a *Enciclopédia* contou com mais de cem colaboradores, entre eles figuras importantes como Voltaire, Rousseau, Condorcet, D'Holbach e Montesquieu. Nesse grande projeto, destaca-se a esperança depositada nos benefícios do progresso da técnica e no poder da razão de combater o fanatismo, a intolerância (inclusive religiosa), a escravidão, a tortura e a guerra.

Na Inglaterra, os principais representantes do Iluminismo foram Isaac Newton e Thomas Reid, herdeiros de John Locke e David Hume. Na Alemanha, o movimento teve como participantes Christian Wolff, Gotthold Lessing e Alexander Baumgarten, embora o filósofo por excelência desse período tenha sido Immanuel Kant, com uma obra sistemática que marcaria a filosofia posterior.

O IDEAL DA EDUCAÇÃO LIBERAL E LAICA

No contexto histórico do Iluminismo, não fazia mais sentido atrelar a educação à religião, como nas escolas confessionais, nem aos interesses de uma classe, como queria a aristocracia. A escola deveria ser leiga (não religiosa), livre (independente de privilégios de classe) e, portanto, universal. Esses pressupostos sugerem a defesa de algumas ideias, nem sempre postas em prática, por exemplo:

- ▸ educação ao encargo do Estado;
- ▸ obrigatoriedade e gratuidade do ensino elementar;
- ▸ nacionalismo, ou seja, recusa do universalismo jesuítico;
- ▸ ênfase nas línguas vernáculas, em detrimento do latim;
- ▸ orientação prática, voltada para as ciências, técnicas e ofícios, sem privilegiar estudos humanísticos, como anteriormente.

Nesse novo contexto, embora na primeira metade do século XVIII, a influência dos jesuítas continuasse presente, com seus colégios espalhados pelo mundo, as críticas à Companhia de Jesus tornaram-se cada vez mais fortes, com denúncias contundentes ao dogmatismo escolástico decadente, acusada de repercutir práticas da sociedade medieval que impediam o progresso da educação e da ciência na busca do conhecimento laico. Governantes de algumas nações e filósofos como Descartes, Bacon e Locke não lhe pouparam críticas de toda natureza, em que pese o fato de essas considerações ultrapassarem limites estritamente pedagógicos, tendo também conotação política e econômica. Tal fermentação cultural e social daria origem a uma nova era histórica que requeria a formação do ser humano burguês. A situação culminou com a extinção da Companhia de Jesus pelo papa Clemente XIV em 1773, medida que já havia sido imposta em Portugal e no Brasil pelo marquês de Pombal, como veremos adiante.

Contudo, era crítica a situação do ensino na Europa, apesar das discussões avançadas sobre o ideal liberal da educação. Havia queixas com relação ao conteúdo excessivamente literário e pouco científico, à insuficiência das escolas e aos mestres sem qualificação adequada e, consequentemente, mal pagos, que muitas vezes permaneciam nessa profissão até arrumar outra atividade com salário melhor. Em virtude da inexperiência e da formação deficitária, não conseguiam disciplinar as classes nem ensinar de maneira adequada, abusando de castigos corporais. Quase inexistiam escolas elementares e as de nível secundário eram antiquadas e serviam a segmentos privilegiados. Enredadas no sistema medieval de corporações, as universidades mantinham o ensino escolástico, alheias ao movimento iluminista. Restavam as academias, em que os futuros dirigentes estudavam matérias mais utilitárias, como arte militar, fortificações, balística, e praticavam esgrima e equitação, esportes considerados nobres. Vários projetos para estender a educação a todos os cidadãos não foram suficientes para superar o dualismo escolar, pelo qual destinava-se um modelo inferior de escola para o povo e outro melhor para a burguesia, procedimento aceito com tranquilidade, sem o temor de ferir o preceito de igualdade, tão caro aos ideais revolucionários.

Um dos aspectos marcantes do Iluminismo, período muito rico em reflexões pedagógicas, foi a política educacional voltada para o esforço de tornar a escola leiga e sob responsabilidade do Estado, posição defendida pelo francês La Chalotais no *Ensaio de educação nacional*. Também era esse o empenho do marquês de Condorcet↓ e de Louis-Michel Le Peletier, autores de projetos apresentados à Assembleia Legislativa francesa.

> ▶ O nome do marquês de Condorcet era Marie Jean Antoine Nicolas Caritat.

Após a Revolução Francesa, em consonância com as aspirações iluministas, o marquês de Condorcet, eleito deputado da Assembleia Legislativa francesa, defendia os ideais da educação popular, ao lado do também político Le Peletier. Em 1792, redigiram o Plano de Instrução Pública (conhecido como *Rapport*), com a intenção de estender a todos os cidadãos a instrução pública e gratuita e o saber técnico necessário à profissionalização. O plano não foi aprovado, mas inspirou outros projetos. Em 1793, Le Peletier já havia sido morto como vingança de defensores do rei Luís XVI, que fora guilhotinado, mas Robespierre, então deputado, leu na tribuna o plano pedagógico que ele deixara para os revolucionários da Convenção francesa, com a proposta de criar casas de educação nacional onde as crianças recebessem educação integral, inteiramente a encargo do Estado. O Plano Nacional de Educação dava realce ao sistema de educação nacional como mola mestra do novo regime político e social. As ideias de educação universal reapareceriam com mais força nos séculos seguintes.

Os filósofos enciclopedistas, apesar de não serem propriamente educadores, encaravam o ensino como veículo importante das luzes da razão e do combate às superstições e ao obscurantismo religioso, defendendo, portanto, a propagação das "luzes". No entanto, muitos deles mantiveram um viés aristocrático por acreditarem na capacidade de bem usar a razão como atributo exclusivo da elite intelectual, não desejando que as luzes alcançassem as classes desfavorecidas. Talvez tais posições possam ser compreendidas como expressão do ideal liberal, mas voltado para os interesses da alta burguesia, temerosa de que a educação das massas provocasse o desequilíbrio na ordem que então se estabelecia. Assim Voltaire dizia em uma carta ao imperador da Prússia:

> Vossa Majestade prestará um serviço imortal à humanidade se conseguir destruir essa infame superstição [a religião cristã], não digo na canalha, indigna de ser esclarecida e para a qual todos os jugos são bons, mas na gente de peso.↓

Ao contrário, Diderot, um dos mais ativos organizadores da *Enciclopédia*, defendia posição mais democrática. Escrevendo à imperatriz Catarina da Rússia, aconselhava a universalização da instrução:

> ▶ VOLTAIRE. Apud: PONCE, Aníbal. *Educação e luta de classes*. 7. ed. São Paulo: Cortez; Autores Associados, 1986. p. 133.

É bom que todos saibam ler, escrever e contar, desde o primeiro-ministro ao mais humilde dos camponeses. [...] Porque é mais difícil explorar um camponês que sabe ler do que um analfabeto.↪

> ▶ DIDEROT, Denis. Apud: PONCE, Aníbal. *Educação e luta de classes*. 7. ed. São Paulo: Cortez; Autores Associados, 1986. p. 133.

Apesar da boa vontade de Diderot, em sua fala como um todo transparece a noção de que os indivíduos estão destinados a diferentes funções, de modo que, ao final, cada um fosse preparado para o lugar social que já lhe estaria reservado por sua classe de origem.

ENSINO ILUMINISTA: ROUSSEAU E A SOBERANIA INALIENÁVEL

Com relação à exposição das teorias pedagógicas do período, deixamos de abordar neste capítulo a teoria pedagógica e o ensino do suíço Johann Pestalozzi (1746-1827). Embora seu nascimento date da segunda metade do século XVIII, ele representa melhor as características do século XIX, além de ter exercido marcante influência naquele período. Comecemos, então, abordando a pedagogia de Rousseau, outro suíço de nascimento que abandonou sua terra ainda jovem para viver na França.

Jean-Jacques Rousseau (1712-1778), natural de Genebra, na Suíça, abandonou sua terra natal aos 16 anos. Levou vida conturbada, andando por diversos lugares, ora por espírito de aventura, ora em virtude de perseguições religiosas. Em Paris, onde fixou residência, adquiriu fama ao participar de um concurso para a Academia de Dijon sobre o tema "O restabelecimento das ciências e das artes contribuiu para aprimorar os costumes?". Contra as expectativas do pleno alvorecer da razão e das luzes, Rousseau obteve o primeiro lugar ao argumentar pela negativa, o que provocou polêmicas e críticas, ao mesmo tempo garantindo visibilidade e sucesso ao filósofo. Conviveu com enciclopedistas, tornando-se muito amigo de Diderot. Divergia dos demais em muitos pontos e enfrentou inúmeras desavenças com Voltaire, que não lhe poupou comentários ferinos.

De certo modo, deu continuidade à tendência de crítica ao absolutismo real iniciada no século anterior, fundamentando sua teoria política no pacto social que legitima o poder. Ao criar a novidade do conceito de *vontade geral*, distinguiu-se por significativa diferença dos demais. Entre suas obras, destacam-se: *Discurso sobre a origem da desigualdade entre os homens* e *Do contrato social* – ambos sobre política –, *Emílio, ou Da educação* (1762) e *A nova Heloísa*.

ESTADO DE NATUREZA E CONTRATO SOCIAL

Do mesmo modo que os contratualistas do século XVII, Thomas Hobbes e John Locke, Rousseau examinou o estado de natureza e o pacto social. Porém, o fez de maneira mais otimista: os indivíduos viveriam inicialmente sadios, cuidando de sua própria sobrevivência, mas, ao surgir a propriedade, uns passaram a trabalhar para outros, gerando escravidão e desigualdade, que corrompeu o indivíduo, esmagado pela violência das relações sociais. Esse homem hipotético do início é designado por Rousseau como "bom selvagem". O pacto social, portanto, foi enganoso por colocar as pessoas sob grilhões; desse modo, ele considera a possibilidade de outro contrato verdadeiro e legítimo, pelo qual o povo estivesse reunido sob uma só vontade. Para ser legítimo, o contrato social tem origem no consentimento necessariamente unânime no qual cada associado se aliena totalmente ao abdicar sem reservas de todos os seus direitos em favor da comunidade. E, como todos abdicam igualmente, na verdade cada um nada perde: "A obediência à lei que se estatuiu a si mesma é liberdade". Isso significa que o contrato não retira a soberania do povo porque o Estado criado não está separado do próprio povo. Sob certo aspecto, essa teoria é inovadora por distinguir os conceitos de *soberano* e *governo*, atribuindo ao povo a *soberania inalienável*: manifestada pelo Legislativo, a soberania do povo pertence apenas a ele e não pode ser representada.

> ROUSSEAU, Jean-Jacques. *Do contrato social*. São Paulo: Abril Cutural, 1973. p. 43. (Coleção Os Pensadores).

Rousseau preconiza a participação de todos os cidadãos nas deliberações legislativas que dizem respeito à comunidade. Distingue também dois tipos de existência política no corpo social: como soberano, o povo é ativo e considerado *cidadão*, mas, ao exercer igualmente a soberania passiva, assume a qualidade de *súdito*. Então, o mesmo indivíduo é cidadão quando faz a lei e é súdito quando a ela obedece e se submete. Na qualidade de povo incorporado, o soberano define a vontade geral, cuja expressão é a lei. O que vem a ser a *vontade geral*? Visando à clareza, é melhor que, antes de responder, distingamos a *pessoa pública* (cidadão ou súdito) da *pessoa privada*.

> A pessoa privada tem uma vontade individual que geralmente visa ao interesse egoísta e à gestão de bens particulares; portanto, se somarmos as decisões baseadas em *benefícios individuais*, teremos a *vontade de todos* (ou *vontade da maioria*).

> A pessoa pública é o indivíduo particular que também pertence ao espaço público, participando de um corpo coletivo com *interesses comuns*, expressos pela *vontade geral*.

Convém notar que nem sempre o interesse da pessoa privada coincide com o interesse da pessoa pública, pois o que beneficia a pessoa privada pode ser prejudicial ao coletivo. A vontade de todos, portanto, não se confunde com a vontade geral, pois o somatório de interesses privados tem outra natureza que a do interesse comum. Encontra-se aí o cerne do pensamento de Rousseau, aquilo que o faz reconhecer na pessoa um ser superior capaz de autonomia e liberdade, ao mesmo tempo que se submete a uma lei, erguida acima de si, mas por si mesmo. A pessoa dá o livre consentimento à lei por considerá-la válida e necessária, como salienta:

> Aquele que recusar obedecer à vontade geral a tanto será constrangido por todo um corpo, o que não significa senão que o forçarão a ser livre, pois é essa a condição que, entregando cada cidadão à pátria, o garante contra qualquer dependência pessoal.

> ROUSSEAU, Jean-Jacques. *Do contrato social*. São Paulo: Abril Cutural, 1973. p. 42. (Coleção Os Pensadores).

Singular, a concepção política de Rousseau não representa precisamente a tradição liberal, por ultrapassar o elitismo de

Locke ao propor uma visão mais democrática de poder, o que, sem dúvida, empolgou políticos como Robespierre (1758-1794) e até leitores como o jovem Karl Marx (1818-1883). Alguns aspectos do pensamento de Rousseau são bastante avançados, como a denúncia da violência dos que abusam do poder conferido pela propriedade e a sua concepção mais igualitária de poder, com base na *soberania popular* e no conceito-chave de *vontade geral*.

ROUSSEAU: PEDAGOGIA

O filósofo genebrino, além de ocupar lugar de destaque na filosofia política – suas obras antecipam o ideário da Revolução Francesa –, criou uma teoria da educação que não se restringe apenas ao século XVIII: seu pensamento constitui um marco na pedagogia contemporânea. Diferentemente de Locke, o pensamento pedagógico de Rousseau não se separa de sua concepção política, mais democrática do que a teoria do filósofo inglês.

O cidadão, ativo e soberano, capaz de autonomia e liberdade, é ao mesmo tempo um súdito, porque se submete à lei que ele próprio ajudou a erigir. Liberdade e obediência são polos que devem se completar na vida da pessoa em sociedade. Por aí já podemos antever a importância que Rousseau deposita na educação.

NATURALISMO E EDUCAÇÃO NEGATIVA

Costuma-se dizer que Rousseau provocou uma revolução copernicana na pedagogia: assim como Copérnico inverteu o modelo astronômico, retirando a Terra do centro, Rousseau centralizou os interesses pedagógicos no aluno e não no professor, como sempre foi, para ressaltar a especificidade da criança, que não devia ser vista como "adulto em miniatura". Até então, os fins da educação encontravam-se na formação do indivíduo para Deus ou para a vida em sociedade, mas Rousseau queria o ser humano integral educado para si mesmo, como destacado no trecho a seguir:

> Viver é o ofício que lhe quero ensinar. Saindo de minhas mãos, ele não será, concordo, nem magistrado, nem soldado, nem padre; será primeiramente um homem.↓

Na obra *Emílio*, ele relata de forma romanceada a educação de um jovem acompanhado por um preceptor ideal e afastado da sociedade corruptora. O projeto de uma "educação conforme a natureza", entretanto, não significa um retorno à vida selvagem ou primitiva, e sim a busca da verdadeira natureza, que corresponde à vocação humana.

▶ ROUSSEAU, Jean-Jacques. *Emílio, ou Da educação*. São Paulo: Difel, 1968. p. 15.

Vejamos os possíveis sentidos do conceito de *natureza* empregados por Rousseau, a fim de entender o que significa para ele a *pedagogia naturalista*. Ao criticar o regime feudal e os costumes da aristocracia, ele preconiza uma educação afastada do artificialismo das convenções sociais, pois, da mesma maneira que o cidadão elabora as leis da sociedade democrática, também a educação deve buscar a espontaneidade original, livre da escravidão aos hábitos exteriores, a fim de que o indivíduo seja dono de si mesmo e aja por interesses naturais e não por constrangimento exterior e artificial.

A educação natural consiste em recusar o intelectualismo excessivo, que leva fatalmente ao predomínio do ensino formal e livresco, embora o indivíduo não se reduza à dimensão intelectual. A natureza da pessoa não pode definir-se apenas por razão e reflexão, porque antes dos 15 anos, a "idade da razão", já existe uma "razão sensitiva": os sentidos, as emoções, os instintos e os sentimentos antecedem o pensar elaborado, e essas disposições primeiras são mais dignas de confiança do que os hábitos de pensamento inculcados pela sociedade. Amante da natureza, Rousseau quer retomar o contato com animais, plantas e fenômenos físicos dos quais o indivíduo urbano frequentemente se distancia: "As coisas! as coisas! Nunca repetirei bastante que damos muito poder às palavras". Desse modo, ele valoriza a experiência, a educação ativa voltada para a vida, para a ação, cujo principal motor é a curiosidade.

Além de naturalista, a educação preconizada por Rousseau é também de início *negativa*, já que, desconfiado da sociedade constituída, Rousseau teme a educação que põe a criança em contato com vícios e hipocrisia, como afirma:

> Se o homem é bom por natureza, segue-se que permanece assim enquanto nada de estranho o altere. [...] A educação primeira deve portanto ser puramente negativa. Ela consiste não em ensinar a virtude ou a verdade, mas em preservar o coração do vício e o espírito do erro. [...] Sem preconceitos, sem hábitos, nada teria ele em si que pudesse contrariar o resultado de vossos cuidados. Logo ele se tornaria, em vossas mãos, o mais sensato dos homens; e começando por nada fazer, teríeis feito um prodígio de educação".↪

▶ ROUSSEAU, Jean-Jacques. *Emílio, ou Da educação*. São Paulo: Difel, 1968. p. 80.

Rousseau desvalorizava o conhecimento transmitido, no sentido de preferir que a criança aprendesse a pensar por meio do desenvolvimento interno e natural, e não em um processo que viria de fora para dentro.

O PRECEPTOR: A DIALÉTICA "LIBERDADE E OBEDIÊNCIA"

Na pedagogia rousseauniana, é delicada a função do professor, pois, se não deve impor o saber à criança, tampouco pode deixá-la no puro espontaneísmo. Afinal, ela precisa aprender a lidar com os próprios desejos e a conhecer os limites para se tornar um indivíduo adulto dono de si mesmo. Semelhante ao processo de formação da cidadania, em que o cidadão se submete à vontade geral, também a criança descobrirá por si própria as leis das coisas e das relações interpessoais. Começa, então, a *educação indireta*. Por exemplo, se Emílio quebra a vidraça, deixam-no dormir sob o vento. Se a quebra de novo, é colocado em um quarto sem janelas, dizendo secamente, mas sem raiva: "as janelas são minhas; aí foram colocadas por meus cuidados; quero garanti-las".↪

▶ ROUSSEAU, Jean-Jacques. *Emílio, ou Da educação*. São Paulo: Difel, 1968. p. 88.

O professor e pedagogo Franco Cambi observa que as aparentes posições antagônicas das duas propostas levaram alguns teóricos a admitir certa incoerência do filósofo, ao passo que outros argumentam de maneira diversa, e conclui que:

> [...] talvez, mais próximos da verdade estejam aqueles intérpretes que viram nessa contradição a consciência precisa da complexidade-**antinomicidade**↪presente em todo ato educativo, necessária e estruturalmente dividido (e de modo tal que não é possível recompor, já que estamos diante de uma "lei" profunda da educação) entre antinomia e heteronomia, entre autoridade e liberdade.↪

▶ **Antinomicidade:** característica da antinomia, uma contradição entre duas proposições igualmente lógicas ou coerentes.

▶ CAMBI, Franco. *História da pedagogia*. São Paulo: Unesp, 1999. p. 352-353.

Enquanto sucumbe ao impulso, Emílio é escravo de seu desejo e, quando reconhece que existem leis, sozinho as descobre: a liberdade é, pois, a obediência à lei por ele mesmo aceita. Assim, o aluno vê-se diante dos atos e de suas consequências. Aprendendo a controlar-se no mundo físico e nas relações com as pessoas, aos 15 anos começa para o jovem a educação moral propriamente dita. De posse da verdadeira razão, só então ele poderá observar as pessoas e suas paixões e dar início à instrução religiosa, porque falar precocemente de Deus com a criança apenas lhe ensina a idolatria. Rousseau defende a religião natural, como a do deísmo iluminista, e por isso foi ameaçado de prisão, precisando sair de Paris para se refugiar na Suíça.

AVALIANDO AS CRÍTICAS A ROUSSEAU

Não resta dúvida quanto ao caráter inovador das ideias de Rousseau, porém muitos lhe dirigem críticas e reservas. Acusam-no de propor uma educação elitista, já que Emílio é acompanhado por preceptor, procedimento próprio dos ricos. Outros se referem à separação entre aluno e sociedade: neste caso, o filósofo estaria defendendo uma educação individualista.

Mesmo se admitíssemos a procedência de algumas críticas, convém não esquecer que Rousseau recorre à abstração metodológica de uma relação ideal, hipotética – semelhante à do contrato social – a fim de formular a teoria pedagógica. Ou seja, perguntar como seria possível a educação natural de Emílio em uma sociedade corrompida significa tratar do mesmo problema da política, conforme vimos a respeito dos contratualistas ao se perguntarem sobre o *estado de natureza* – o qual, bem sabemos, não se referia a uma situação histórica existente no tempo, mas a uma hipótese para sustentar a argumentação sobre o pacto original. Do mesmo modo, Rousseau também não estaria propondo um ensino centrado apenas na relação professor-aluno. Além disso, o fim do ensino não é educar o solitário Emílio, mas inseri-lo na sociedade. Compreende-se o artifício de Rousseau por viver sob o liberalismo, concebendo a sociedade como uma justaposição de indivíduos, e apenas mais tarde as teorias socialistas fariam a crítica ao individualismo.

Ainda que fundadas as avaliações sobre o caráter a-histórico dessa hipótese, o otimismo exagerado da ação da natureza e o reduzido papel do preceptor, lembramos que Rousseau é um opositor da educação de seu tempo, extremamente autoritária, interessada em adaptar e adestrar a criança e que, ao contrário dele, se apoiava na concepção de uma natureza humana má.

Por fim, pode-se ainda criticar a posição de Rousseau com relação à mulher, que, segundo ele, deve ser educada para servir aos homens. Não seria um anacronismo da parte de quem critica, afirmando ser essa a concepção corrente no tempo do filósofo, visto que, já naquele período, alguns teóricos como Comênio e Condorcet teciam considerações sobre a maior participação da mulher na sociedade.

BASEDOW E O FILANTROPISMO

Johann Bernard Basedow (1724-1790) nasceu em Hamburgo, Alemanha. Seguidor de Rousseau, admitia que a educação tem por fim dar condições para o indivíduo ser feliz, por isso a aprendizagem deve ser prática, agradável e estimular a atividade racional e a intuição, mais do que a memória. Seu interesse pela pedagogia foi despertado após a leitura de *Emílio*, assumindo posição antagônica aos colégios dos jesuítas, pois apresentava a intenção de "educar conforme a natureza".

Em Dessau, deu início a um importante movimento pedagógico conhecido como **filantropismo**↓. Fundou, em 1773, uma instituição educativa, o *Filantropino*, na qual as atividades escolares permitiam igual destaque para a educação física, realizada de preferência ao ar livre, com provas de corrida, saltos, natação, patinação, canto, tiro ao alvo, marchas, excursões a pé, além de novas variedades de exercícios e diversos aparelhos de ginástica como balanço, escadas e barras, que seus colaboradores adaptaram para adequá-los às idades dos alunos. No século XIX, algumas escolas, inspiradas nessas atividades, aproximaram a educação física das artes bélicas.

▶ **Filantropia:** do grego *philos*, "amigo", e *antropos*, "homem"; significa amor à humanidade.

Embora não tenha permanecido muito tempo na direção da escola, Basedow inspirou a fundação de colégios semelhantes em outros locais, o que ajudou a tornar o ensino alemão menos antiquado.

KANT E A PEDAGOGIA IDEALISTA

Immanuel Kant (1724-1804) nasceu em Königsberg, na Prússia Oriental. Construiu um dos mais importantes sistemas filosóficos no século XVIII, de marcante influência na história do pensamento, com obras como a *Crítica da razão pura*, na qual desenvolve a crítica do conhecimento, *Crítica da razão prática* e *Fundamentos da metafísica dos costumes*, nas quais analisa a moralidade. O livro *Sobre pedagogia* resultou de anotações de aulas ministradas em alguns períodos na Universidade de Königsberg, mas a importância atribuída por Kant à educação encontra-se fundamentada em suas obras anteriormente citadas.

A filosofia kantiana é chamada *criticismo* porque, diante da pergunta "Qual é o verdadeiro valor dos nossos conhecimentos e o que é conhecimento?", Kant coloca a razão em um tribunal para julgar o que pode ser conhecido legitimamente e que tipo de conhecimento é infundado. De acordo com o próprio Kant, a leitura da obra de David Hume o despertou do "sono dogmático" em que estavam mergulhados os filósofos que não questionavam se as ideias da razão correspondem mesmo à realidade.

Além disso, Kant pretendia superar a dicotomia **racionalismo-empirismo**↓: condenou os empiristas (tudo que conhecemos vem dos sentidos), e não concordava com os racionalistas (tudo quanto pensamos vem de nós). Do mesmo modo, não aceitava o ceticismo de Hume. Para superar

▶ Consultar o capítulo 5, "Século XVII: a pedagogia realista".

a contradição entre racionalistas e empiristas, Kant admite que o conhecimento resulta de algo que recebemos da experiência (*a posteriori*), e de algo que já existe em nós mesmos (*a priori*) e, portanto, anterior a qualquer experiência. O que vem de fora é a matéria do conhecimento: nisso concorda com os empiristas. Com os racionalistas, admite que a razão não é uma "folha em branco", pois o que vem de nós é a *forma* do conhecimento.

Qual é, então, a diferença entre a teoria do conhecimento de Kant e a dos filósofos que o antecedem? É o fato de que matéria e forma *atuam ao mesmo tempo*, isto é, para conhecer as coisas, precisamos da experiência sensível (matéria), mas essa experiência nada será se não for organizada por formas da sensibilidade e do entendimento, que, por sua vez, são *a priori* a *condição da própria experiência*.

ÉTICA KANTIANA

Após escrever a *Crítica da razão pura* e concluir pela impossibilidade de conhecer as realidades metafísicas, como a existência de Deus, a imortalidade da alma, a liberdade humana, entre outras, na obra seguinte, a *Crítica da razão prática*, Kant analisa o mundo ético e recupera algumas dessas questões como postulados, ou seja, como pressupostos que permitem explicar a lei moral e seu exercício. Enquanto a razão pura ocupa-se apenas das ideias, a razão prática volta-se para a ação moral, que só é possível porque os seres humanos podem agir mediante ato de vontade e autodeterminação.

Por isso, entre os seres vivos, apenas o ser humano é capaz de vida moral, porque seus atos resultam do exercício de sua vontade e são avaliados por ele mesmo como "bons" ou "maus". O que caracteriza uma "vontade boa" é que ela aparece como um mandamento, um imperativo. Para agir racionalmente, o ser humano precisa de princípios, que são dados pela nossa "consciência moral". Analisando esses princípios, Kant recorreu ao conceito de *imperativo*. Na linguagem comum, um imperativo pode ser entendido como um mandamento, uma ordem qualquer: "Faça!", "Retire-se!". Ou, então, como algo que se impõe como um dever: "Respeitar as pessoas é um imperativo para mim". Filosoficamente, o conceito de imperativo significa para Kant um enunciado que declara *o que deve ser*. O filósofo o especifica sob dois aspectos:

▶ *Imperativo hipotético* – ordena uma ação como meio de alcançar qualquer outra coisa que se queira, ou seja, a ação é boa porque possibilita alcançar outra coisa além dela. Trata-se de agir tendo em vista benefícios como sentir prazer, adquirir coisas, alcançar a felicidade, ter sucesso etc. Por exemplo: "Seja bom, se quiser ser amado!"; "Não roube se não quiser ir para a prisão"; "Não minta, para não perder a credibilidade".

▶ *Imperativo categórico* – visa a uma ação como necessária por si mesma, ou seja, a ação é boa em si e não por ter como objetivo outra coisa. Portanto, é assim chamado por ser incondicionado, absoluto, voltado para a realização da ação tendo em vista o dever. Por exemplo: "Seja bom!"; "Não roube!"; "Não minta."

Para Kant, a vontade humana é verdadeiramente moral apenas quando regida por imperativos categóricos, admitindo que a norma se enraíza na própria natureza da razão. Assim, se aceitarmos o roubo, haverá uma contradição caso elevemos essa máxima pessoal ao nível universal, porque, se todos podem roubar, não há como manter a posse do que foi furtado. Portanto, as concepções éticas que norteiam a ação moral não se baseiam em condicionantes – imperativos hipotéticos –, como alcançar o céu, ser feliz ou evitar a dor, a prisão ou qualquer outro interesse. Pelo imperativo categórico, o agir moralmente se funda com exclusividade na razão. Não se trata, contudo, de descoberta subjetiva, porque visa à universalidade. Nas palavras de Kant, "Age apenas segundo uma máxima tal que possas ao mesmo tempo querer que ela se torne lei universal".↵

▶ KANT, Immanuel. *Fundamentação da metafísica dos costumes*. São Paulo: Abril Cultural, 1980. p. 129. (Coleção Os Pensadores.)

A ação moral é autônoma porque o ser humano é o único ser capaz de se determinar segundo leis que a própria razão estabelece, e não conforme leis dadas externamente, como ocorre na heteronomia. Porém, para que a vida moral autônoma seja possível, é preciso ter como pressuposto a liberdade da vontade. Desse modo, os valores morais não estão "fora de nós", porque somos portadores de uma *vontade livre* e cabe a cada um reconhecer seu dever. Nesse aspecto, apesar de ser uma pessoa religiosa, ao afirmar nossa autonomia Kant rejeita as instâncias externas de mandamentos religiosos, leis ou convenções sociais.

Todo imperativo impõe-se como dever, como exigência livremente assumida pelo sujeito que se autodetermina. A *ideia de autonomia* e de universalidade da lei moral leva a outro conceito: o da dignidade humana e, portanto, do ser humano como fim e não como meio para o que quer que seja. Kant distingue as coisas que têm preço e as que têm dignidade: as que têm preço podem ser trocadas por um valor equivalente, mas as que têm dignidade valem por si mesmas e estão acima de qualquer preço. Portanto, apenas os seres humanos — e qualquer um deles — têm dignidade. Ele afirma:

> Age de tal maneira que uses a humanidade, tanto na tua pessoa como na pessoa de qualquer outro, sempre e simultaneamente como fim e nunca simplesmente como meio.↳

Ao acentuar o caráter pessoal da liberdade, Kant elaborou as categorias da moral iluminista racional e laica. Sua teoria, porém, sofreu críticas de filósofos posteriores em virtude do formalismo, por se fundar na razão universal e abstrata. Para

▶ KANT, Immanuel. *Fundamentação da metafísica dos costumes*. São Paulo: Abril Cultural, 1980. p. 135. (Coleção Os Pensadores.)

superar essa limitação, desde o final do século XIX, filósofos orientam-se no sentido de analisar o sujeito concreto da ação moral.

EDUCAÇÃO E LIBERDADE

A moral formal, constituída pelo postulado da liberdade e da autonomia, exige a aprendizagem do controle do desejo pela disciplina, a fim de que a pessoa atinja seu próprio governo e seja capaz de autodeterminação. Percebemos então o elo entre os pressupostos da filosofia kantiana e sua concepção pedagógica, cabendo à educação desenvolver a faculdade da razão para formar o caráter moral:

> O homem não pode tornar-se um verdadeiro homem senão pela educação. Ele é aquilo que a educação dele faz. Note-se que ele só pode receber essa educação de outros homens, os quais a receberam igualmente de outros. Portanto, a falta de disciplina e de instrução em certos homens os torna mestres muitos ruins de seus educandos.↪

À semelhança de Rousseau e de Basedow, dos quais sofreu influência, Kant destaca os aspectos morais sobre os intelectuais na formação dos jovens, como explica:

▶ KANT, Immanuel. *Sobre a pedagogia*. Piracicaba: Editora Unimep, 1996. p. 15.

> Entretanto, não é suficiente treinar as crianças; urge que aprendam a pensar. Devem-se observar os princípios dos quais todas as ações derivam. Fica, portanto, claro quantas coisas uma verdadeira educação requer! Mas, na educação privada, o quarto ponto [o da moralização] – que é o mais importante – é, de modo geral, descuidado, pois que ensinamos às crianças aquilo que julgamos essencial e deixamos a moral para o pregador [orador religioso]. Mas, como é infinitamente importante ensinar às crianças a odiar o vício por virtude, não pela simples razão de que Deus o proibiu, mas porque é desprezível por si mesmo!↪

▶ KANT, Immanuel. *Sobre a pedagogia*. Piracicaba: Editora Unimep, 1996. p. 29.

O importante para Kant é que a educação não adestre a criança à obediência passiva, mas a oriente a agir de modo a submeter a si mesma a uma disciplina, por meio da obediência voluntária, tornando-a capaz de reconhecer que as exigências são razoáveis e não meros caprichos momentâneos. Ainda quando ocorre coerção, esta tem por finalidade propiciar a liberdade do sujeito moral. Em última análise, cabe a cada um proceder à sua própria formação. Ao unir educação e liberdade, Kant redefine a relação pedagógica, reforçando a iniciativa do aluno, que deve aprender a "pensar por si mesmo". O mesmo princípio de conduta moral vale para o saber, que deve ser igualmente um ato de liberdade, porque nenhuma verdade vem de fora – não é transmitida nem deve ser imposta –, mas é construída pelo sujeito.

Coerente com o conceito de autonomia do pensar e do agir, Kant destaca a liberdade de credo e valoriza a tolerância religiosa. Embora tenha sido educado sob severa disciplina do *pietismo*, movimento religioso originário da Igreja Luterana, preocupa-se

– à semelhança de Rousseau – com os riscos de superstições inculcadas desde cedo nas crianças. A pessoa moralmente livre é um fim em si mesmo, e não meio para coisa alguma, para ninguém, nem mesmo para Deus. Com essas afirmações, Kant mostra-se mais uma vez um representante do Iluminismo, ao buscar os fundamentos de uma educação laica.

Os princípios kantianos foram reexaminados no século XX por diversos autores na área da moral e da educação, como Jean Piaget, Lawrence Kohlberg e Jürgen Habermas, teóricos que seguiram rumos diferentes, mas utilizaram amplamente os parâmetros do filósofo alemão.

DESPOTISMO ESCLARECIDO

A Ilustração marcou presença em países como Prússia, Áustria, Rússia e Portugal, nos quais persistia o absolutismo, então chamado de *despotismo esclarecido* – ou *absolutismo ilustrado* –, porque os reis se faziam cercar por pensadores e adotavam o discurso dos filósofos iluministas, procurando criar a imagem de racionalidade e tolerância, o que dissimulava o caráter absoluto do poder.

Para o absolutismo clássico do século XVII, a legitimidade do poder real fundava-se no direito divino dos reis – premissa que fora rechaçada pela política liberal dos pensadores contratualistas –, ao passo que os déspotas esclarecidos mantiveram o absolutismo, pelo menos na aparência, mas desvestido de seu fundamento religioso, embora não de maneira homogênea. O que se defendia era o poder absoluto fundado no direito natural e, portanto, constituinte de um Estado leigo, secularizado, disposto a intervir em diversas áreas, inclusive na educação, até então privilégio das instituições religiosas ou de preceptores particulares. Nesse sentido, pregava-se a modernização do país, que seria alcançada pelo progresso científico e pela difusão do saber dos pensadores modernos.

Como a unificação alemã ocorreria apenas no século XIX, a situação da educação era um pouco diferente nos diversos estados que compunham a Alemanha, destacando-se a Prússia, na qual o imperador Frederico II (1712-1786), o Grande, reorganizou o exército, ao passo que, por outro lado, foi patrono das artes, atuando ele mesmo como compositor e violinista, além de autor de livros e poemas. O imperador se confessava admirador dos enciclopedistas franceses: durante muito tempo trocou cartas com Voltaire e o recebeu como hóspede por cerca de três anos em Sanssouci, o castelo de verão construído a pequena distância de Berlim, a pedido do próprio imperador, em estilo próximo ao rococó francês.

Reconhecendo a necessidade de investir em educação, inicialmente Frederico I e, em seguida, Frederico II demonstraram clara intenção de alcançar os fins políticos de engrandecimento do Estado pela educação, começando por tornar obrigatório o ensino primário. A rede de escolas elementares foi significativamente ampliada com a *Volkschule*, a "escola popular", destinada às crianças dos 5 aos 13-14 anos, em que famílias mais pobres tinham suas despesas pagas pelo governo. A especial atenção para o método e o conteúdo do ensino contou com a participação de seguidores da pedagogia de Johann Basedow. Em 1763, o Estado assumiu o controle da educação, ao nomear inspetores e instituir um exame no final do curso secundário para o acesso à universidade.

Além das escolas populares elementares e das tradicionais, foi criada a *Realschule*, "escola das coisas", ou seja, orientada para a formação prática, com ensino técnico e científico, onde se ensinavam trabalhos manuais, mecânica, matemáticas e ciências naturais. A essas iniciativas acrescentou-se a escola normal para formar professores, completando um conjunto de medidas que deram à Alemanha o mérito de iniciar o processo de oposição ao ensino tradicional e exclusivo de humanidades.

A Áustria teve também seus déspotas esclarecidos, como a imperatriz Maria Tereza (1717-1780), responsável pela reorganização do ensino em todo Império com a criação das *Trivialschulen*, "escolas comuns", destinadas a filhos de camponeses, com ensino de leitura e escrita, cálculo e religião durante um ou dois anos; das *Hauptschulen*, "escolas principais" em que, além do ensino comum, estudava-se latim, desenho, história, agricultura; e das *Normalschulen*, "escolas normais", com quatro anos para a formação de professores.

PORTUGAL E A REFORMA POMBALINA

Em Portugal, as mudanças na educação ocorreram no tempo do rei D. José I, por meio da atuação de seu primeiro-ministro Sebastião José de Carvalho e Melo (1699-1782), o marquês de Pombal. No período de sua influência sobre o rei, de 1750 a 1777, promoveu reformas importantes para incrementar a produção nacional, incentivar as manufaturas e desenvolver o comércio colonial, além de ter se empenhado na reconstrução de Lisboa, devastada pelo terremoto de 1755.

A interferência pombalina na escolarização se deu em várias frentes, a começar pela expulsão dos jesuítas de Portugal no ano de 1759 e, por consequência, do Brasil (antecipando a decisão do papa Clemente XIV, que a extinguiu em 1773). Naquele mesmo ano instituiu a educação leiga, com responsabilidade total do Estado, fazendo com que Portugal se tornasse pioneiro nessa intenção, pois a estatização do ensino ocorreu na Prússia somente em 1763 e, na Saxônia, em 1773. Na França, ainda na década de 1790 – portanto, após a Revolução Francesa –, ainda continuavam os debates na Assembleia Legislativa.

Como veremos no próximo tópico, "Pedagogia em Portugal", as ideias iluministas penetraram em Portugal levadas por portugueses denominados "estrangeirados" pelo fato de residirem no exterior – entre eles o futuro marquês de Pombal. Segundo Dermeval Saviani, eles

> [...] defendiam o desenvolvimento cultural do Império português pela difusão das novas ideias de base empirista e utilitarista; pelo "derramamento das luzes da razão" nos mais variados setores da vida portuguesa; mas voltaram-se especial-

mente para a educação que precisaria ser libertada do monopólio jesuítico, cujo ensino se mantinha, conforme entendiam, preso a Aristóteles e avesso aos métodos modernos de fazer ciência.

▶ SAVIANI, Dermeval. *História das ideias pedagógicas no Brasil*. 3. ed. Campinas: Autores Associados, 2010. p. 80. (Coleção Memória da Educação.)

Pombal instituiu as aulas régias – "régias" no sentido de resultarem da vontade do rei, do Estado, e não da Igreja, inicialmente estruturando os chamados *Estudos Menores*, que correspondiam à atual educação básica. A segunda fase começou em 1772 com a Reforma dos Estudos Maiores, com a reestruturação da Universidade de Coimbra e a introdução do estudo de ciências empíricas, distinguindo dois tipos diferentes de cursos que visavam atender, um deles à burguesia mercantil, e o outro aos nobres, dada a importância do conhecimento dos interesses mercantilistas da Coroa.

Afastada a Companhia de Jesus, assumiu a educação a Ordem do Oratório – que recebera proteção do rei em 1740 –, por ser reconhecida pela visão mais avançada, aberta às ideias iluministas. Na reformulação do ensino de filosofia e letras, optou-se pela língua moderna (em detrimento do latim), pelas matemáticas e ciências da natureza e procedeu-se à atualização dos estudos jurídicos. Instituiu-se o *subsídio literário*, imposto destinado a financiar as reformas projetadas, o que valia igualmente para o Brasil. Dessa forma, os professores eram selecionados e pagos pelo Estado, tornando-se funcionários públicos. Embora a escola fosse leiga em sua administração, o ensino da religião católica continuava obrigatório, mantendo-se severo controle da Inquisição sobre a bibliografia utilizada.

Apesar da intenção de espalhar "as luzes", Pombal rejeitava os pejorativamente denominados "abomináveis princípios franceses", em especial as ideias republicanas que solapavam o Antigo Regime e outras teorias perigosas à religião. É preciso lembrar que o despotismo esclarecido queria modernizar o país, mas também preservar a monarquia absolutista e a religiosidade. Desse modo, obras de Hobbes, Diderot, Rousseau, Voltaire, La Fontaine, Espinosa etc. eram sumariamente queimadas em grandes fogueiras em Lisboa, uma vez que esses pensadores representariam o risco de "contaminar" o país com ideias de deísmo, ateísmo e materialismo, além de serem críticos do absolutismo.

PEDAGOGIA EM PORTUGAL

Já vimos o que significou a reforma do ensino em Portugal, sob a orientação do marquês de Pombal. Trataremos agora de lembrar alguns teóricos que refletiram sobre os novos rumos da pedagogia naquele país, não propriamente para se dedicarem exclusivamente a essa temática, porque o interesse pela educação decorria do desejo de implantar ideias iluministas nas novas gerações. Por serem portugueses que passaram a morar no exterior – geralmente em razão de desavenças e perseguições, especialmente da Inquisição –, esses intelectuais se tornaram conhecidos como "estrangeirados".

D. Luís da Cunha (1662-1740) viveu no tempo de D. João V, a quem serviu como diplomata em várias capitais da Europa, como Londres, Madri e Paris, onde sofreu influência de ideias iluministas. Comparando a estagnação de Portugal com aqueles países em que a economia se desenvolvia, D. Luís analisou suas causas em *Testamento político*, dedicado ao príncipe herdeiro, o futuro D. José, acusando a ação intolerante da Inquisição que perseguia judeus e hereges, ao mesmo tempo que afastava indivíduos produtivos. Além disso, D. Luís reconhecia que os protestantes eram mais avançados do que os conservadores católicos.

António Nunes Ribeiro Sanches (1699-1783), médico renomado, atuou na corte da Rússia e conviveu com iluministas em Paris, ocasião em que Diderot o convidou para participar da *Enciclopédia*, além de corresponder-se com a elite intelectual europeia. Com a atenção voltada para aspectos da medicina social, escreveu *Método para aprender e estudar a medicina* e, na área da pedagogia, elaborou *Cartas sobre a educação da mocidade*. Ribeiro Sanches era cristão-novo (judeu cristianizado) e criticou acerbamente a intolerância religiosa que impedia a prosperidade de Portugal, bem como denunciou a atuação compacta da Companhia de Jesus, com seu "poder excessivo e pernicioso".

Ribeiro Sanches defendia o ensino público, totalmente administrado pelo Estado, porém com uma particularidade: em nenhum momento se negou a frisar que seria melhor excluir os mais pobres de qualquer tipo de educação. Em *Cartas sobre a educação da mocidade*, ele se pergunta "que filho de pastor quereria ter aquele ofício de seu pai, se à idade de doze anos soubesse ler e escrever?", para concluir que "e esta é a origem por que os filhos dos lavradores fogem de casa de seus pais: o remédio seria abolir todas as escolas em semelhantes lugares".↳

Formado em direito, Luís António Verney (1713-1792), padre da Congregação dos Oratorianos, viveu na Itália, onde escreveu *O verdadeiro método de estudar* na língua materna e, para evitar represálias, sob pseudônimo. A professora Carlota Boto assim resume suas propostas:

> ▶ SANCHES, António Nunes Ribeiro. Apud SAVIANI, Dermeval. *História das ideias pedagógicas no Brasil*. 3. ed. Campinas: Autores Associados, 2010. p. 102. (Coleção Memória da Educação.)

> Verney – como D. Luís da Cunha e Ribeiro Sanches – irá atentar para os grandes óbices colocados à sociedade portuguesa pela ação da Companhia de Jesus e pela tradição inquisitorial de intolerância religiosa. Sob tal perspectiva, ele sugere: secularização dos tribunais da Inquisição pelo poder real; ampliação da defesa dos réus; restrição da tortura; abolição de autos de fé públicos; rejeição da crença na possibilidade de pactos demoníacos. Verney manifestará, sob tal aspecto, nítidas preocupações quanto à necessidade de restrição da fiscalização eclesiástica a propósito da censura de livros.↳

Com respeito à educação, ao sugerir a formação de indivíduos para a pátria e para a religião, Carlota Boto prossegue:

> ▶ BOTO, Carlota. Iluminismo e educação em Portugal: o legado do século XVIII ao XIX. In: STEPHANOU, Maria; BASTOS, Maria Helena Camara (Orgs.). *Histórias e memórias da educação no Brasil*. Petrópolis: Vozes, 2004. p. 165. v. 1.

> Essa conjugação entre intentos civis e religiosos parece ser [...] a tônica predominante da Ilustração portuguesa. Não se

pode confundir, então, as severas críticas imputadas ao clero com apressadas e impróprias inferências acerca do **cariz laico**↪ do movimento iluminista em Portugal. Já à partida, demarca-se o território do discurso pedagógico, pontuando a diferença em relação à metodologia do ensino jesuítico que acentuava, desde o princípio do aprendizado, o latim como linguagem fundadora. A proposta de Verney, ao contrário, salienta o valor básico da gramática nacional: a língua de origem, como referência de comunicação verbal, deve constituir o princípio dos estudos da gramática. Ao criticar os castigos corporais, os exercícios de memória e as práticas afetadas da conversação em latim, Verney aborda temas relativos ao aprendizado da retórica, de suas regras e a questões de estilo como veículos privilegiados de expressão do discurso.↪

▶ **Cariz laico:** aparência secularizada, não religiosa.

▶ BOTO, Carlota. Iluminismo e educação em Portugal: o legado do século XVIII ao XIX. In: STEPHANOU, Maria; BASTOS, Maria Helena Camara (Orgs.). *Histórias e memórias da educação no Brasil.* Petrópolis: Vozes, 2004. p. 165. v. 1.

A esse propósito, Verney critica severamente a estética barroca e teoriza sobre o neoclássico. Além dessas discussões, ele preconiza a educação da mulher, para que ela aprenda bem a língua e se ocupe com atividades distanciadas da frivolidade habitual, mesmo porque as futuras mães são as primeiras educadoras. Embora nem sempre essas ideias fossem levadas a efeito na prática, muitas delas mereceram a atenção do governo ao promulgar leis que esboçaram mudanças a serem cumpridas ao longo do século seguinte.

CONCLUSÃO

As mudanças nas relações entre os seres humanos – sociais, políticas, econômicas – exigem transformações da educação, em vista de diferentes metas a serem alcançadas. Desde o Renascimento, lutava-se contra a visão de mundo feudal, aristocrática e religiosa, à qual se opunha a perspectiva burguesa, liberal e leiga. Como vimos, esse movimento se fez em meio a ambiguidades e contradições, e muitas vezes a educação ministrada de fato desmentiu as aspirações teóricas. Apesar disso, ideias eram aos poucos incorporadas, alimentando novos sonhos de mudança.

O Século das Luzes expressou, no pensamento controvertido de Rousseau, anseios que animariam as reflexões pedagógicas no período subsequente. Atacando o ideal de pessoa "bem-educada", de cortesão ou de gentil-homem, Rousseau propôs o desenvolvimento livre e espontâneo, respeitando a existência concreta da criança. Como afirma Bogdan Suchodolski:

> Deste modo, a pedagogia rousseauniana foi a primeira tentativa radical e apaixonada de oposição fundamental à pedagogia da essência e de criação de perspectivas para uma pedagogia da existência.↪

▶ SUCHODOLSKI, Bogdan. *A pedagogia e as grandes correntes filosóficas.* 3. ed. Lisboa: Livros Horizonte, 1984. p. 40.

Nesse sentido, essas ideias influenciaram as mais diferentes correntes, sobretudo de tendências não diretivas do século XX.

O pensamento de Kant igualmente se inseriu no movimento de crítica à educação dogmática, aberto pela Ilustração. Embora não concebesse as normas e os modelos conforme a própria existência concreta e variável, mas a partir de um sujeito universal, nem por isso o filósofo admitiu o modelo tradicional de ideal, que se imporia exteriormente ao indivíduo. Para ele, são as leis inflexíveis e universais da razão pura e da razão prática que constroem o conhecimento e a lei moral, o que representa a valorização definitiva do sujeito como ser autônomo e livre, para o qual tanto o conhecimento como a conduta são obras suas. Por fim, as ideias pedagógicas dos "estrangeirados" levaram para Portugal os sopros do Iluminismo europeu, que forneceram o substrato teórico para importantes reformas no ensino.

SUGESTÕES DE LEITURA

ROUSSEAU, Jean-Jacques. *Emílio, ou Da educação*. São Paulo: Difel, 1968. p. 17, 59, 75, 78, 80 e 81.

KANT, Immanuel. *Sobre a pedagogia*. Piracicaba: Unimep, 1999. p. 80-81.

ATIVIDADES

1. Analise semelhanças e diferenças de iniciativas educacionais entre a atuação de diversos países e a de Portugal. Comente em que medida as diferenças decorreram do sistema político português em vigor.

2. Analise a concepção pedagógica de Rousseau como um marco na história da educação a fim de discutir se ocorreram ressonâncias atuais desse pensamento.

3. Leia a citação de Rousseau e responda às questões.

[...] considerai primeiramente que, querendo formar um homem da natureza, nem por isso se trata de fazer dele um selvagem, de jogá-lo no fundo da floresta; mas que, entregue ao turbilhão social, basta que não se deixe arrastar pelas paixões nem pelas opiniões dos homens; que veja com seus olhos, que sinta com seu coração; que nenhuma autoridade o governe a não ser sua própria razão.

ROUSSEAU, Jean-Jacques. *Emílio, ou Da educação*. São Paulo: Difel, 1968. p. 291.

a) Sob que aspecto Rousseau se revela um pensador iluminista e como já expressa também uma crítica ao racionalismo do Século das Luzes?

a) De que maneira essa concepção repercutiu em sua pedagogia?

4. Com base no pensamento de Kant, responda à questão por ele mesmo formulada.

Um dos grandes problemas da educação é o seguinte: de que modo unir a submissão sob uma coerção legal com a faculdade de se servir de sua liberdade? Pois a coerção é necessária! Mas como posso eu cultivar a liberdade sob a coerção?

KANT, Immanuel. *Réflexions sur l'éducation*. Paris: Vrin, 1993. p. 87. (Tradução nossa.)

5. Com base na citação de Kant, responda às questões propostas.

O Esclarecimento é a saída do homem da condição de menoridade autoimposta. Menoridade é a incapacidade de servir-se de seu entendimento sem a orientação de um outro. Essa menoridade é autoimposta quando a sua causa reside na carência não de entendimento, mas de decisão e coragem em fazer uso de seu próprio entendimento sem a orientação alheia. *Sapere aude*! Tem coragem em servir-te de teu próprio entendimento! Este é o mote do Esclarecimento.

KANT, Immanuel. Que é Esclarecimento? In: MARCONDES, Danilo. *Textos básicos de ética*: de Platão a Foucault. Rio de Janeiro: Jorge Zahar, 2007. p. 95.

a) Por que o ser humano é responsável por sua menoridade?

b) Que transformação esse raciocínio trouxe para a educação?

6. Com base na citação de Gaetano Filangieri (1753-1788), jurista e pensador iluminista italiano, atenda às questões.

A educação pública exige, para ser universal, que todos os indivíduos da sociedade participem dela, mas cada um de acordo com as circunstâncias e com o seu destino. Assim, o colono deve ser instruído para ser colono, e não para ser magistrado. Assim, o artesão deve receber na infância uma instrução que possa afastá-lo do vício e conduzi-lo à virtude, ao amor à Pátria, ao respeito às leis, uma instrução que possa facilitar-lhe o progresso na sua arte, mas nunca uma instrução que possibilite a direção dos negócios da Pátria e a administração do governo. Em resumo, para ser universal, a educação pública deve ser tal, que todas as classes, todas as ordens do Estado dela participem, mas não uma educação em que todas as classes tenham a mesma parte.

FILANGIERI, Gaetano. Apud: PONCE, Aníbal, *Educação e luta de classes*. 7. ed. São Paulo: Cortez; Autores Associados, 1986. p. 137-138.

a) Embora Filangieri se refira ao ideal de educação pública e universal, identifique as severas restrições que são por ele interpostas à sua implantação.

b) Como poderíamos analisar o caráter elitista do pensamento do autor?

7. Comente o trecho a seguir focando na menção a Basedow.

De Locke a Diderot, de Condillac a Rousseau, de Genovesi a Kant, de Basedow a Pestalozzi (ao primeiro Pestalozzi) toma corpo na Europa uma nova pedagogia teoricamente mais livre, socialmente mais ativa, praticamente mais articulada e eficaz, construída segundo modelos ideais novos (burgueses: dar vida a um sujeito-indivíduo e recolocá-lo, construtiva e ao mesmo tempo criticamente, na sociedade) e orientada sobretudo para fins sociais e civis.

CAMBI, Franco. *História da pedagogia*. São Paulo: Editora Unesp, 1999. p. 330.

SUGESTÃO PARA SEMINÁRIOS

Esta sugestão consiste na elaboração de seminários. Pode-se escolher trabalhar exclusivamente um dos textos ou articulá-lo com os demais, ressaltando suas similaridades e divergências. Para a melhor compreensão de cada assunto, vale proceder com fichamento de texto, pesquisas e consulta a outras fontes, análise crítica e elaboração de uma pequena dissertação que sistematize a leitura e as conclusões obtidas.

No primeiro texto, o professor Luiz Roberto Salinas Fortes indaga se no projeto iluminista de controle por meio da razão já não estaria o germe do autoritarismo promovido no século XX. A segunda sugestão de texto é um relato pessoal do mesmo autor sobre sua experiência brutal como prisioneiro da ditadura civil-militar brasileira. O ensaio que sugerimos por último se baseia em um escrito de Merleau-Ponty intitulado "A guerra aconteceu", texto produzido a partir da experiência da Segunda Guerra e que defende uma ideia por vezes esquecida:

a liberdade tem certidão de nascimento, com registro no tempo e no espaço. Tanto para Merleau-Ponty como para Claude Lefort, a liberdade não é um dom fornecido pela natureza, mas campo de disputa entre diferentes interesses humanos, o que em várias circunstâncias históricas parece ser ignorado. Esse percurso pode nos ajudar a refletir, de um lado, acerca de momentos em que luzes são lançadas sobre os acontecimentos e, de outro, acerca de episódios marcados pelo obscurantismo.

1. FORTES, Luiz Roberto Salinas. A emancipação difícil. In: *O Iluminismo e os reis filósofos*. 3. ed. São Paulo: Brasiliense, 1985. p. 82-89.

2. FORTES, Luiz Roberto Salinas. *Retrato calado*. São Paulo: Cosac Naify, 2012.

3. LEFORT, Claude. A guerra aconteceu? Quando filosofia e política são abandonadas à sua miséria. In: PEILLON, Vincent. *Elogio do político*: uma introdução ao século XXI. São Paulo: Sesc, 2018. p. 45-62.

O Brasil na era pombalina

CONTEXTO HISTÓRICO

No boxe a seguir, destacamos as principais datas e eventos significativos do Brasil colônia no século XVIII.

> **BREVE CRONOLOGIA DO PERÍODO**
> - **Final do século XVII a meados do XVIII:** produção aurífera nas Minas Gerais.
> - **1720:** Revolta de Filipe dos Santos em Vila Rica.
> - **1747:** Destruição de oficina tipográfica no Rio de Janeiro.
> - **1755:** Terremoto devasta Lisboa.
> - **1759:** Expulsão dos jesuítas de Portugal e do Brasil.
> - **1772:** Implantação do ensino público oficial.
> - **1776:** Independência dos Estados Unidos da América.
> - **1785:** Proibição das atividades manufatureiras no Brasil.
> - **1789:** Conjuração Mineira.
> - **1798:** Conjuração Baiana.

Vimos na primeira parte deste capítulo que, no século XVIII, a Europa enfrentava a crise do Antigo Regime, em que os ideais liberais se opunham ao absolutismo e ao mercantilismo, situação que culminaria nas revoluções burguesas. A Inglaterra, antecipando as alterações políticas e econômicas, surgiu como grande potência transformadora da economia europeia, dando início ao capitalismo industrial.

Portugal, que até então tivera um poderio decorrente das colônias de além-mar, achava-se em franco declínio e se submetia a tratados comerciais lesivos para si e para a colônia, em troca de proteção da Inglaterra. O Tratado de Methuen, por exemplo, obrigava os portugueses a comprar a produção dos lanifícios ingleses, o que impedia o desenvolvimento de sua indústria manufatureira e também afetava a colônia, porque as riquezas naturais daqui eram levadas à Inglaterra para pagamento de dívidas. Mesmo quando o país tentava superar o atraso pelo fortalecimento do Estado, expresso pelo despotismo esclarecido do rei D. José I, não se conseguia acompanhar as transformações das forças produtivas na Europa. O gestor da reorganização administrativa e econômica do país foi o primeiro-ministro Sebastião José de Carvalho e Melo, marquês de Pombal, que procurou modernizar o reino a fim de manter o absolutismo real. Para tanto, combateu qualquer forma de oposição.

E no Brasil, o que estava ocorrendo? As plantações de cana-de-açúcar do Nordeste sofreram rude golpe com a concorrência estrangeira. Com a descoberta das minas de ouro, porém, o centro econômico deslocou-se para o sul de Minas Gerais e região Sul. O período de produção aurífera estendeu-se do final do século XVII até meados do século XVIII. Durante o predomínio da cultura canavieira, a estrutura social teve por base a classe dominante dos senhores de engenho, cujo poder se fundava na propriedade da terra e na exploração agrícola por meio de trabalho escravo. A mineração, por outro lado, gerou uma organização social diferente, estimulada pelo processo de urbanização, que foi responsável pelo crescimento da população nas cidades, dando início a uma pequena burguesia dedicada ao comércio interno. A administração mais complexa da cidade exigia a expansão dos quadros do setor terciário, como lojas, armazéns, hospedarias etc. De acordo com Nelson Werneck Sodré:

> [...] a população da colônia, do início para o fim do século XVIII [passou] de 300.000 habitantes para 3.300.000, na maior parte concentrados nos altiplanos das Gerais.↓

Novos ventos sopravam na cidade, reunindo gente de toda parte, desejosa de enriquecimento, notando-se mesmo certa mobilidade social. Valores mais flexíveis opunham-se à rigidez dos padrões da aristocracia agrária, tornando compreensível a eclosão cultural na sociedade das Gerais, que nos legou o barroco das igrejas, a música sacra, os poetas da Arcádia Mineira. A esse propósito, acrescenta Werneck Sodré:

▶ SODRÉ, Nelson Werneck. *Síntese de história da cultura brasileira*. Rio de Janeiro: Civilização Brasileira, 1970. p. 21.

> Nas Minas Gerais, precisamente quando a mineração declina, surgem a **torêutica** ↓,
> a escultura e a arquitetura religiosa, que fixarão os nomes de alguns artistas excepcionais, todos eles de origem popular, particularmente dois: Valentim da Fonseca e Silva – o grande Mestre Valentim –, desenhista e entalhador; e Antônio Francisco Lisboa – o Aleijadinho –, artista plástico de mérito inconfundível. E é ainda nas Minas Gerais que aparece um grupo de poetas que, por ali terem vivido na época e até juntos participado de acontecimentos políticos, deram motivo à

▶ **Torêutica:** arte de cinzelar metais, marfim ou madeira. O cinzel é um instrumento de metal com uma das extremidades cortante.

qualificação do conjunto como "Escola Mineira". O documento político desses poetas são as *Cartas chilenas*; o documento literário é a *Marília de Dirceu*, de Tomás Antônio Gonzaga.↪

No entanto, quando a extração do ouro se retraiu sensivelmente, aumentou a opressão do reino com a temível "derrama", uma forma de cobrança de impostos instituída por Pombal, pela qual, sob proteção de tropas, se exigia que a arrecadação de uma cidade atingisse um mínimo estabelecido. Esse procedimento arbitrário e violento gerou um ambiente de tensão, ampliado pelo desagrado com diversas outras medidas, como a criação das companhias para controlar o monopólio do comércio e a proibição de qualquer atividade manufatureira no Brasil (alvará de 1785, de D. Maria I, a Louca). Outro fator de descontentamento decorria da crescente centralização político-administrativa, que distanciava ainda mais a colônia da metrópole.

> ▶ SODRÉ, Nelson Werneck. *Síntese de história da cultura brasileira*. Rio de Janeiro: Civilização Brasileira, 1970. p. 30.

Não por acaso, também explodiram na região movimentos contra a opressão colonial: em 1720, a Revolta de Filipe dos Santos foi reprimida de forma violenta em Vila Rica. Posteriormente, em 1789, a Conjuração Mineira reivindicava reformas, porém, mais do que isso, contestava o pacto colonial, embora não conseguisse impor a nova ordem. De modo semelhante, foi sufocado um movimento ainda mais radical, a Conjuração Baiana, em 1798.

ALDEIAS MISSIONEIRAS

Nos capítulos anteriores, examinamos a atuação dos jesuítas durante os séculos XVI e XVII, sobretudo nas missões, cujo auge ocorreu na primeira metade do século XVIII, como vimos na segunda parte do capítulo anterior, no tópico "Fortalecimento das missões".

De acordo com o historiador Arno Alvarez Kern, o propósito principal dos missionários era evangelizar pela pregação e elevar os povos indígenas da "barbárie" à civilização, pois, aos olhos deles, apenas assim o indígena se transformaria em um "homem completo", impedindo ao mesmo tempo sua escravização pelos colonos. Hoje reconhecemos a complexidade desse processo, ao consultar os documentos históricos e os vestígios arqueológicos em escavações na região:

> Talvez o maior impacto tenha sido provocado pelas tecnologias introduzidas pouco a pouco na sociedade indígena. A elaboração de um artesanato rico e variado foi sempre uma característica dos indígenas chiquitos e guaranis, principalmente na confecção de recipientes cerâmicos com decoração plástica e pinturas, ou mesmo no trabalho com fibras vegetais. São exemplos desta atividade os tecidos em algodão e a produção de cestaria. Os indígenas continuavam a elaborar artefatos em madeira, em osso ou a lascar a pedra para fazer pontas de flechas ou polir as suas lâminas e machados. Ao lado dessas atividades, passaram a fazer uso de artefatos de ferro e, posteriormente à elaboração da metalurgia. [...] De grande importância

foram igualmente as modificações baseadas nas normas de conduta europeias e cristãs, e que terminaram alterando a visão de mundo dos indígenas. Podemos citar em primeiro lugar as regras do casamento monogâmico, pois terminava pouco a pouco com a poligamia dos caciques guaranis.→

Em que pesem as dificuldades e contradições ocorridas nesse longo processo de transculturação, muitas vezes entremeado por sincretismos religiosos, vale destacar que naquele período os indígenas se mantiveram livres do genocídio e da miscigenação, embora seja preciso reconhecer que perderam muito de sua cultura tradicional, especialmente quando a expulsão dos jesuítas de terras brasileiras os deixou à própria sorte.

▶ KERN, Arno Álvarez. A educação do outro: jesuítas e guaranis nas missões coloniais platinas. In: STEPHANOU, Maria; BASTOS, Maria Helena Camara (Orgs.). *Histórias e memórias da educação no Brasil*. Petrópolis: Vozes, 2004. p. 115-116. v. 1.

No século XVIII recrudesceram as dissidências entre Portugal e Espanha sobre as fronteiras das Sete Missões, na região do Prata, permeada pelas "guerras guaraníticas".

José Basílio da Gama (1740–1795) era um noviço no Colégio dos Jesuítas no Rio de Janeiro quando ocorreu a expulsão dessa Ordem, o que motivou sua ida para Roma, tornando-se poeta arcadista. Protegido pelo marquês de Pombal, escreveu o poema épico *O Uraguai* (1769), no qual descreve a bravura dos nativos guaranis para manter as terras missioneiras diante do interesse de portugueses e espanhóis em tomar posse delas, na região que corresponde ao atual estado de Rio Grande do Sul. No início do poema, além de outras dedicatórias, o autor homenageia o conde de Oeiras, futuro marquês de Pombal, ao passo que no relato das lutas tece críticas aos jesuítas, apresentados como vilões.

REFORMA POMBALINA NO BRASIL

Além da atuação nas missões, os jesuítas exerceram influência na educação dos filhos de colonos, com foco voltado para o ensino médio, já que o governo de Portugal não permitia a criação de universidades na colônia e impunha outras medidas cerceadoras de nossa emancipação intelectual, como a destruição de uma oficina tipográfica, conforme se lê no seguinte relato:

Por iniciativa da Academia dos Seletos e de seu presidente – um jesuíta, o padre Francisco de Faria –, fundou-se no Rio de Janeiro, no século XVIII, a primeira oficina tipográfica, destruída mais tarde por ordem do governo português (Carta Régia de 6 de julho de 1747), que [segundo Moreira de Azevedo] "mandou sequestrar e remeter para Portugal as letras de imprensa, proibindo que se imprimissem livros, obras ou papéis avulsos e cominando a pena de prisão para o reino".↓

Ao mesmo tempo, crescia a animosidade contra a Companhia de Jesus. O governo temia seu poder econômico e político, exercido maciçamente sobre todas as camadas sociais ao mode-

> ▸ AZEVEDO, Fernando de. *A cultura brasileira*. 7. ed. São Paulo: Edusp, 2010. p. 566.

lar-lhes a consciência e o comportamento. Além disso, desde os tempos do padre Manoel da Nóbrega, a Coroa se comprometera a destinar à Companhia uma taxa especial de 10% da arrecadação dos impostos, além da doação de terras. Com todos esses benefícios, sem contar a produção agrária das missões, altamente lucrativa, a Companhia tornara-se então muito rica.

Entre as muitas alegações políticas às intromissões dos jesuítas, Pombal atribuiu à Companhia o interesse de formar um "império temporal cristão" na região das missões, referindo-se à resistência indígena dos Sete Povos diante da determinação de transferir seus núcleos, prescrição estabelecida pelo governo português. Por ocasião do decreto de expulsão dos jesuítas, em 1759 – antecipando, portanto, a decisão similar do papa –, apenas na colônia a Companhia possuía "25 residências, 36 missões e 17 colégios e seminários, sem contar os seminários menores e as escolas de ler e escrever, instaladas em quase todas as aldeias e povoações onde existiam casas da Companhia"↳

De acordo com a historiografia tradicional, o marquês de Pombal não conseguira de imediato introduzir as inovações de sua reforma no Brasil após ter desmantelado a estrutura je-

> ▸ AZEVEDO, Fernando de. *A cultura brasileira*. 7. ed. São Paulo: Edusp, 2010. p. 585.

suítica, abandonando os indígenas entregues à sua própria sorte, o que teria provocado o retrocesso de todo o sistema educacional brasileiro. Essa interpretação pessimista prevaleceu ao ser divulgada na importante obra de Fernando de Azevedo – *A cultura brasileira* –, na qual ele afirma que "a ação reconstrutora de Pombal não atingiu senão de raspão a vida escolar da colônia" e que, após a expulsão dos jesuítas, teria havido "meio século de decadência e transição".

Embora seja correto admitir o protagonismo dos padres jesuítas na educação da colônia, é possível reconhecer não serem os únicos educadores, pois, como já foi dito, outras ordens de franciscanos, beneditinos, carmelitas, oratorianos atuavam especialmente no ensino primário. Com essa estrutura já montada, esses religiosos assumiram os cursos secundários, até então preferidos pelos jesuítas. Assim completa Luiz Fernando Conde Sangenis:

> A atividade educacional dos franciscanos também se estendeu aos graus superiores de ensino. Apesar de vivermos tão agarrados à cidade do Rio de Janeiro, somos tomados de espanto ao conhecer a história do convento-universidade de Santo Antônio, no Rio de Janeiro. Fundado em 1608, no morro de Santo Antônio, já em 1650 funcionavam no convento duas Cadeiras de Altos Estudos de Teologia e Filo-

sofia. Em 1776 já eram treze as Cadeiras. Dizia-se que os estudos ombreavam, pela seriedade, com os de Coimbra e do Porto, e que seus egressos eram disputados por outros colégios e outras cidades como professores de requintado gabarito.↓

Estudos mais recentes descobriram na colônia um movimento mais rico, embebido por ideias iluministas. As ideias "afrancesadas" que já circulavam em Portugal por meio de publicações dos intelectuais "estrangeirados" também tiveram sua divulgação no Brasil, não só

▶ SANGENIS, Luiz Fernando Conde. Fransciscanos na educação brasileira. In: STEPHANOU, Maria; BASTOS, Maria Helena Camara (Orgs.). *Histórias e memórias da educação no Brasil*. Petrópolis: Vozes, 2004. p. 101. v. 1.

pela atuação dos formados pela Universidade de Coimbra, mas pela difusão entre nós de obras iluministas, tanto as recomendadas por Pombal como as que foram por ele condenadas.

Conforme descrição da professora Maria Lucia Spedo Hilsdorf:

> [...] mesmo sem imprensa na colônia, as ideias circulavam em panfletos e cópias manuscritas, em cadernos de notas, em textos embarcados clandestinamente e vendidos com muita rapidez para os interessados. [...] Roberto Ventura confirma que a circulação das ideias "afrancesadas" ultrapassava o âmbito das elites esclarecidas, pois foram encontrados cadernos com cópias manuscritas de autores franceses proibidos, como Rousseau, entre os participantes da Inconfidência Baiana de 1798, a chamada "Conjuração dos Alfaiates", que teve grande embasamento e participação das camadas populares.↪

As ideias iluministas também foram divulgadas por lojas maçônicas e academias literárias, inúmeras delas espalhadas na colônia. Por fim, muitos desses intelectuais

▶ HILSDORF, Maria Lucia Spedo. *História da educação brasileira*: leituras. São Paulo: Pioneira Thomson Learning, 2005. p. 31.

conhecedores de bibliografia atualizada eram professores de aulas régias, sobretudo de disciplinas como ciência moderna, filosofia, matemática e retórica.

De qualquer modo, várias medidas antecederam as primeiras providências mais efetivas, levadas a cabo só a partir de 1772, quando a Coroa nomeou professores, estabeleceu planos de estudo e inspeção. O curso de humanidades, típico do ensino jesuítico, foi modificado para o sistema de *aulas régias* de disciplinas isoladas, conforme ocorrera na metrópole, assunto explicado na primeira parte deste capítulo. Assim como em Portugal, houve a implantação do *ensino público oficial* com o pagamento dos professores por meio de impostos conhecidos como "subsídio literário", que, segundo Sérgio Buarque de Holanda, "nem sempre foram aplicados na manutenção das aulas".

As vantagens proclamadas pelo ensino reformado decorriam da intenção de oferecer aulas de línguas modernas, como o francês, além de desenho, aritmética, geometria e ciências naturais, no espírito dos novos tempos e contra o dogmatismo da tradição jesuítica.

No final do século XVIII, em 1798, o bispo Azeredo Coutinho abriu o Seminário de Olinda, em Pernambuco, sob a inspiração das ideias iluministas que absorvera como aluno da Universidade de Coimbra. Nesse Seminário, destinado à formação de padres e educadores, deu-se destaque ao ensino das ciências, das línguas vivas e da literatura moderna. Cuidou-se também de uma nova metodologia de ensino, distinta daquela tradicional baseada em castigos físicos e na memorização.

É interessante lembrar que não podemos imaginar alunos assistindo a aulas em prédios escolares, como hoje, porque os lugares de estudo eram improvisados. Além da educação doméstica, em que os mais abastados pagavam preceptores para seus filhos, reuniam-se as crianças nas igrejas, em salas das prefeituras e de lojas maçônicas ou na casa dos professores, que podiam ser nomeados pelo governo ou contratados por particulares. Ademais, outras ordens religiosas continuaram atentas à educação, tais como carmelitas, beneditinos e franciscanos, estes últimos bem informados sobre as ideias iluministas.

ENSINO PROFISSIONALIZANTE

Vimos no capítulo anterior (segunda parte, tópico *Aprendizagem de ofícios*) que a mentalidade escravocrata desprezava a atividade manual, considerada "trabalho desqualificado", e por isso os artesãos aprendiam o ofício pela educação informal, sem a intenção de lhes destinar escolas.

Na primeira metade do século XVIII, a Companhia de Jesus dispunha de algumas oficinas em que mestres jesuítas, muitos deles vindos do exterior, ensinavam os ofícios mais necessários. Depois, com o desenvolvimento da economia e a intensificação da urbanização, aumentou a demanda de artesãos. Foram criadas várias lojas de ofícios – no final do século XVIII havia 631 delas –, dando continuidade ao mesmo sistema de corporações existente na metrópole, nas quais os mestres registravam os aprendizes, que, depois de quatro anos ou mais, recebiam o certificado de oficiais, após exame devidamente supervisionado. De acordo com Luiz Antônio Cunha:

> A intensificação das atividades econômicas, o crescimento das vilas e núcleos urbanos, ao longo do litoral, e a necessidade de defesa da colônia fizeram aumentar a importância, nas cidades, da burocracia do Estado (a administração, o Exército, a Justiça). Gerou-se, assim, uma nova demanda de artesãos de todos os tipos para a construção, reparação de equipamentos e prestação de serviços aos funcionários do Estado, comerciantes e seus empregados. [...] Instalaram-se olarias, caieiras para a fabricação de cal a partir das ostras de sambaquis, cerâmicas para a fabricação de ladrilhos, e artefatos domésticos (moringas e louças), curtumes e oficinas para a fabricação dos mais diferentes produtos necessários às atividades de cultivo, da mineração, transporte, comércio, construção de edifícios rurais e urbanos, e artefatos para a vida cotidiana nas fazendas e cidades.↓

▶ CUNHA, Luiz Antônio. *O ensino de ofícios artesanais e manufatureiros no Brasil escravocrata*. São Paulo: Editora Unesp, 2000. p. 51.

CONCLUSÃO

No século XVIII, permanecia grande o contraste entre a Europa e o Brasil. Apesar das grandes transformações no Velho Mundo – sociais (ascensão da burguesia), econômicas (liberalismo) e políticas (revoluções para destituir reis absolutistas) –, o Brasil continuava com a aristocracia agrária escravista, a economia agroexportadora dependente e submissão à política colonial de opressão.

As consequências para a cultura e a educação são previsíveis e já foram analisadas. Persistia o panorama do analfabetismo e do ensino precário, restrito a poucos, uma vez que a atuação mais eficaz dos jesuítas se fez sobre a burguesia e na formação das classes dirigentes, além de exercerem o papel de missionários entre os indígenas. Uma sociedade exclusivamente agrária, que não exigia especialização e em que o trabalho manual estava a cargo de escravos, permitiu a formação de uma elite intelectual cujo saber universal e abstrato voltava-se mais para o bacharelismo, a burocracia e as profissões liberais. Resultou daí um ensino predominantemente clássico, por valorizar a literatura e a retórica e desprezar as ciências e a atividade manual. Durante o longo período do Brasil colônia, aumentou o fosso entre os letrados e a maioria da população analfabeta.

Essa tradição de três séculos acentuou o gosto pelo "anel de doutor", a pose e o discurso empolado, como relata Gilberto Freyre:

> Daí a tendência para a oratória, que ficou no brasileiro, perturbando-o tanto no esforço de pensar como no de analisar as coisas. Mesmo ocupando-se de assuntos que peçam a maior sobriedade verbal, a precisão de preferência ao efeito literário, o tom de conversa em vez do discurso, a maior pureza possível de objetividade, o brasileiro insensivelmente levanta a voz e arredonda a frase. Efeito de muito latim de frade; de muita retórica de padre.↪

▶ FREYRE, Gilberto. *Sobrados e mocambos*. São Paulo: Nacional, 1936. p. 269.

Embora a reforma pombalina não tivesse repercutido de imediato na colônia, foram lançadas as sementes de um novo processo que iria amadurecer aos poucos a partir do século seguinte.

SUGESTÃO DE LEITURA

SILVA, Maria Beatriz Nizza da. A educação da mulher e da criança no Brasil colônia. In: STEPHANOU, Maria; BASTOS, Maria Helena Camara. (Orgs.). *Histórias e memórias da educação no Brasil*. Petrópolis: Vozes, 2004. p. 131-135. v. 1.

ATIVIDADES

1. Considerando que o eixo econômico deixou o Nordeste para prosperar na região aurífera de Minas Gerais, explique quais foram as alterações econômicas e como repercutiram na demanda de educação.

2. Com base nos elementos vistos no capítulo sobre a nova organização social nas Minas Gerais, explique o que possibilitou as expressões artísticas a que Nelson Werneck Sodré se refere.

3. Com base no trecho a seguir, levante as metas da reforma pombalina no Brasil e identifique as contradições do despotismo esclarecido ao

tentar introduzir ideias iluministas em Portugal e quais foram as precauções a esse respeito com relação ao Brasil.

Um dos colaboradores mais próximos de Pombal na área da reforma educacional e eclesiástica, Amônio Ribeiro dos Santos, durante um período de autocrítica após a morte de Pombal, resumiu o paradoxo do autoritarismo e do Iluminismo de Pombal do seguinte modo: "Pombal quis civilizar a nação e, ao mesmo tempo, escravizá-la. Quis difundir a luz das ciências filosóficas e, ao mesmo tempo, elevar o poder real do despotismo. Esse paradoxo, comum entre os absolutistas europeus do século XVIII mas que encontra talvez o seu exemplo mais extremo em Portugal, é o tema deste livro".

> MAXWEEL, Kenneth. *Marquês de Pombal*: paradoxo do Iluminismo. Rio de Janeiro: Paz e Terra, 1996. p. 1-2.

4. Partindo da leitura da passagem a seguir, comente o que de moderno acontecia na cultura brasileira em meados do século XVIII.

[...] ocorreu no Brasil uma pequena Época das Luzes, que se encaminhou para a independência política e as teorias da emancipação intelectual [...]. Historicamente, ela se liga no pombalismo, muito propício ao Brasil e aos brasileiros, e exemplo do ideal setecentista de bom governo, desabusado e reformador. Para uma colônia habituada à tirania e carência de liberdade, pouco pesaria o despotismo de Pombal [...]. Algo moderno parecia acontecer; e os escritores do Brasil se destacam no ciclo do pombalismo literário, com o *Uraguai*, de Basílio da Gama, justificando a luta contra os jesuítas; *O desertor*, de Silva Alvarenga, celebrando a reforma da universidade; *O reino da estupidez*, de Francisco de Melo Franco, atacando a reação do tempo de D. Maria I. Isto, sem contar uma série de poemas ilustrados de Cláudio Manuel da Costa e Alvarenga Peixoto, formulando a teoria do bom governo, apelando para as grandes obras públicas, louvando o governante capaz: Pombal, Gomes Freire de Andrada, Luís Diogo Lobo da Silva.

> CANDIDO, Antonio. *Literatura e sociedade*. Rio de Janeiro: Ouro sobre Azul, 2006. p. 104.

5. Consulte livros de literatura sobre o Brasil colonial para fazer um levantamento da produção do arcadismo mineiro e identifique:

a) elementos estranhos à realidade brasileira e que resultam do neoclassicismo presente no arcadismo;

b) o nascente sentimento nativista.

SUGESTÃO PARA SEMINÁRIOS

Esta sugestão consiste na elaboração de seminários. Pode-se escolher trabalhar exclusivamente um dos textos ou articulá-lo com os demais, ressaltando suas similaridades e divergências. Para a melhor compreensão de cada assunto, vale proceder com fichamento de texto, pesquisas e consulta a outras fontes, análise crítica e elaboração de uma pequena dissertação que sistematize a leitura e as conclusões obtidas.

O primeiro dos textos listados a seguir, escrito pelo historiador José Murilo de Carvalho, traça um panorama da educação superior no Brasil do século XVIII, considerada um elemento de unificação ideológica da elite imperial, e menciona o tipo de Iluminismo ao qual marquês de Pombal se filiou. No segundo texto, o sociólogo e crítico literário Antonio Candido pontua a influência da cultura ilustrada na sociedade letrada brasileira de meados do século XVIII. O último texto, do sociólogo Fernando de Azevedo, analisa o sentido da educação colonial brasileira, levando em conta sobretudo o período histórico sublinhado pelos outros dois escritos.

1. CARVALHO, José Murilo de. Unificação da elite: uma ilha de letrados. In: *A construção da ordem*: a elite política imperial. Rio de Janeiro: Civilização Brasileira, 2008. p. 65-92.
2. CANDIDO, Antonio. Letras e ideias no período colonial. In: *Literatura e sociedade.* Rio de Janeiro: Ouro sobre Azul, 2006. p. 99-116.
3. AZEVEDO, Fernando de. O sentido da educação colonial. In: *A cultura brasileira.* 7. ed. São Paulo: Edusp, 2010. p. 539-594.

CAP. 7
Século XIX: o século da pedagogia

Fotografia de Marie Pape-Carpantier, c. 1877.

Apresentando o capítulo

No século XIX, entramos no período considerado a história contemporânea. A vitória da burguesia sobre a nobreza do Antigo Regime não impedia o receio diante da classe proletária que se instituía, ao mesmo tempo que expressava novas demandas de direitos.

Decorrente do capitalismo industrial, o fenômeno da urbanização acelerada dos grandes centros criou forte expectativa com respeito à educação, pois a complexidade do trabalho exigia melhor qualificação de mão de obra. Vimos que, desde o século XVII, Comênio preconizava "ensinar tudo a todos", embora o projeto de universalização do ensino começasse a se concretizar apenas no século XIX, com a intervenção cada vez maior do Estado para estabelecer a escola elementar universal, laica, gratuita e obrigatória. Ao mesmo tempo intensificava-se a discussão sobre metodologia de ensino.

Na Parte I deste capítulo, veremos como se instalava esse projeto na Europa e nos Estados Unidos, enquanto na segunda parte examinaremos a situação do Brasil, que passava de Colônia a Império, com dificuldades inerentes à situação, sobretudo pelo fato de ainda persistir o modelo de economia agrário-comercial, pois as tentativas de industrialização começariam a despontar apenas no final daquele século. Ainda existiam sérios problemas de escolarização e, na grande massa da população, constituída de escravos e pessoas do campo, permanecia alta a taxa de analfabetismo.

PARTE I

Organização da educação pública

CONTEXTO HISTÓRICO

> **BREVE CRONOLOGIA DO PERÍODO**
> **1815:** Congresso de Viena.
> **1830-1848:** Levantes populares na Europa.
> **1832:** *Reform Act* na Inglaterra.
> **1848:** Congresso de Viena e publicação do *Manifesto Comunista*.
> **Segunda metade do século XIX:** Conquistas trabalhistas dos operários ingleses.
> **1870:** Unificação da Itália e da Alemanha.
> **1871:** Comuna de Paris.
> **Fim do século XIX e início do século XX:** Neocolonialismo.

A Revolução Industrial começara a alterar a fisionomia do mundo do trabalho no século anterior, porém as mudanças foram percebidas de modo mais nítido no século XIX. Novas máquinas a vapor modificaram profundamente as relações de produção com a passagem da manufatura para a produção em grande escala e com a divisão do trabalho no sistema fabril.

As novas técnicas agrícolas e a aplicação de conhecimentos científicos ampliaram a produtividade, além de provocar uma revolução nos transportes, como no caso dos navios a vapor e da construção de rodovias e ferrovias. Fontes de energia derivadas do petróleo e da eletricidade substituíram o carvão, acentuando o deslocamento da população do campo para as cidades, que passaram a concentrar grande massa trabalhadora.

Do ponto de vista político, se na primeira metade do século XIX os burgueses ainda lutavam contra as forças reacionárias da nobreza desejosa de restauração, a partir de 1848 eles se instalaram no poder em toda a Europa. O liberalismo democrático configurou-se diante de novas exigências de igualdade, que consistiam em estender a liberdade a um número cada vez maior de pessoas, por meio da legislação e de garantias jurídicas.

Reivindicações de igualdade manifestaram-se das mais variadas maneiras, como na defesa do sufrágio universal contra o voto censitário – que excluía os não proprietários das esferas de decisão –; nas pressões para reformas eleitorais; na exigência de liberdade de imprensa; e na implantação da escola elementar universal, leiga, gratuita e obrigatória, objetivo que alcançou sucesso na Europa e nos Estados Unidos.

Após 1870, o aumento da produção alterou o capitalismo liberal, substituindo a livre concorrência pelo moderno capitalismo de monopólios, com a formação de trustes poderosos e eficientes no campo empresarial, bem como o forte monopólio de bancos.

Em busca de matéria-prima e visando garantir mercado para a absorção de excedentes da indústria, o capitalismo expandiu-se dando início ao imperialismo neocolonialista. Nessa fase, países como Inglaterra, França, Bélgica, Itália e Alemanha retalharam a África e a Ásia em colônias.

O contraste entre riqueza e pobreza era cruel nesse século em que a jornada de trabalho se estendia de 14 a 16 horas, incluindo mão de obra infantil e feminina. Para enfrentar essas dificuldades, o proletariado fortaleceu-se como classe revolucionária, opondo aos interesses burgueses suas próprias reivindicações. Organizados em sindicatos e influenciados por ideias socialistas e anarquistas, os proletários reivindicavam salários mais dignos e melhores condições de trabalho e moradia.

Na onda do nacionalismo do século XIX, a Europa presenciou a unificação da Alemanha e a da Itália, ambas em 1870. Na América, as colônias espanholas e portuguesa (Brasil) tornaram-se independentes.

CARACTERÍSTICAS GERAIS DO PERÍODO

Enquanto as famílias ricas matriculavam seus filhos em escolas tradicionais religiosas, o Estado se esforçava para oferecer ensino gratuito aos pobres. À medida que ocorria a urbanização e a industrialização dos grandes centros, buscava-se o "controle do corpo infantil", a fim de evitar problemas sociais. Além da exigência de educação para todos nem sempre efetivada, tornava-se preocupante o fenômeno de crianças na rua, fato que sensibilizou o escritor inglês Charles Dickens.↵

Apesar das críticas de religiosos à educação laica, lentamente os governos conseguiam intervir inclusive em escolas particulares, mediante legislação que buscava uniformizar o calendário escolar, o controle do tempo, o

▶ Charles Dickens é autor do célebre romance *Oliver Twist,* que narra as desventuras de um garoto órfão em meio à delinquência criada pelas condições precárias da Inglaterra da primeira metade do século XIX.

currículo, os procedimentos, criando assim os "sistemas educativos nacionais". Nesse período, verificou-se nítida separação entre pedagogos e educadores propriamente ditos, que exerciam seu mister nas salas de aula, dando início a uma grande expansão da rede escolar, não só em número de escolas, mas também na ampliação da escola elementar, da rede secundária e superior, além da novidade da pré-escola.

A reorganização da rede secundária manteve a dicotomia entre elite e trabalhadores, destinando-se a formação clássica e propedêutica à burguesia, ao passo que aos trabalhadores da indústria e do comércio reservou-se a instrução técnica. Para o ensino universitário, ampliado e reformulado, as escolas politécnicas visavam atender às necessidades decorrentes do avanço da tecnologia. Iniciados por Friedrich Froebel (1782-1852), surgiram os "jardins da infância". O interesse pela educação estendeu-se às escolas normais, denominação genérica dada aos cursos de preparação para o magistério.

Os cuidados com a metodologia, que se acentuavam desde a Idade Moderna, tomaram contornos mais rigorosos em virtude das novas ciências humanas, sobretudo da psicologia.

Ao lado da expansão da rede escolar, outro objetivo dos educadores era formar a consciência nacional e patriótica do cidadão. Até aquele momento, a educação tivera um caráter geral e universal; entretanto, a maior ênfase dada à formação cívica ocorria certamente em razão das tendências nacionalistas da época.

IDEÁRIO DO SÉCULO XIX

Além de sofrer influência das alterações econômicas e sociais, o pensamento pedagógico do século XIX precisa ser compreendido com base no estágio em que se encontravam naquele momento a filosofia e as ciências, bem como dependia da revolução cultural caracterizada pelos ideais românticos, os quais se opunham de certa forma ao racionalismo iluminista. Se na Ilustração a razão era tudo, para os românticos ela é apenas um dos aspectos da força espiritual humana, que se compõe também de imaginação, incerteza e contradição.

Nascido na Alemanha, o romantismo estético espalhou-se depois pelo restante da Europa, exaltando os sentimentos, a individualidade, a espiritualidade, a vida nos seus aspectos de paixão, tragédia, heroísmo e mistério. Ao mesmo tempo, influenciou a exploração de temas como povo, história, nação, ou seja, o conjunto dos indivíduos unidos pela mesma língua e por laços comuns de origem, crença e tradição.

O CONCEITO DE *BILDUNG*

O romantismo alemão alargou a noção de *Bildung*, conceito complexo que representa mais do que o simples significado literal de "formação humana". A *Bildung* corresponde à ampla visão de um desenvolvimento espiritual por meio da cultura.

Para o historiador da educação Franco Cambi,

[...] [a *Bildung*] aponta na direção de um ideal de homem integral, capaz de conciliar dentro de si sensibilidade e razão, de desenvolver a si próprio em plena liberdade interior e de organizar-se, mediante uma viva relação com a cultura, como personalidade harmônica.↪

▶ CAMBI, Franco. *História da pedagogia*. São Paulo: Editora Unesp, 1999. p. 430.

Para examinar a influência da filosofia na pedagogia, lembramos que no século anterior Immanuel Kant (1724-1804) desenvolvera uma importante reflexão a respeito das possibilidades e limites da razão para conhecer a realidade, o que firmou o caráter idealista de sua teoria. Como essas ideias repercutiram na definição do projeto educacional voltado para a construção de um agir e de um pensar autônomos, seria natural e esperado que continuassem como objeto de análise.

Os filósofos do século XIX interpretaram de muitas formas o pensamento kantiano. Por questões didáticas, destacaremos apenas três das principais tendências: positivismo, idealismo e materialismo.

- ▶ O *idealismo* (Johann G. Fichte, Friedrich Schelling e Georg W. F. Hegel) destacou a capacidade que Kant atribuía à razão de impor formas *a priori* ao conteúdo dado pela experiência.

- ▶ O *positivismo* (Auguste Comte) levou às últimas consequências as críticas kantianas à metafísica ao afirmar que não cabe ao filósofo teorizar sobre "ideias sem conteúdo". Assim, o trabalho da filosofia reduz-se à mera síntese das diversas ciências particulares.

- ▶ O *materialismo* (Ludwig Feuerbach), crítico do idealismo, influenciou a vertente socialista, representada sobretudo por Karl Marx e Friedrich Engels.

ORGANIZAÇÃO ESCOLAR ALEMÃ

Desde a época de Lutero (século XVI) a Alemanha dera atenção à educação elementar. Porém, a derrota infligida por Napoleão aos alemães, no começo do século XIX, prejudicou bastante a organização escolar, cuja reconstrução coube ao ministro da Prússia, Wilhelm von Humboldt (1767-1835), filósofo e linguista. Suas reformas enfatizaram a integração dos graus de ensino, visando a uma escola unificada, aberta e acessível a todos.

A reformulação da escola elementar sofreu influência do suíço-alemão Johann Heinrich Pestalozzi (1746-1827), ao passo que a secundária manteve o caráter nitidamente humanista e erudito. O coroamento do processo completou-se com a criação da Universidade de Berlim em 1810, símbolo da nova cultura germânica. Como já citamos, grandes pensadores, como Johann Gottlieb Fichte e Friedrich Schleiermacher, dela fizeram parte, imprimindo-lhe forte tendência para a discussão filosófica e a cultura geral.

Os principais pedagogos cujas ideias fertilizaram o século XIX foram, além do suíço-alemão Pestalozzi, os alemães Friedrich Froebel e Johann F. Herbart, este último responsável por desenvolver a pedagogia como ciência ao buscar maior rigor de método. Além deles, no final do século, os filósofos Wilhelm Dilthey e Friedrich Nietzsche anteciparam a crítica à escola tradicional.

Vejamos mais detalhadamente algumas dessas contribuições, seja na reflexão antecipatória, seja em ações efetivadas.

HEGEL: IDEALISMO DIALÉTICO

Em filosofia, o conceito de *idealismo* não se confunde com o sentido comum do termo, que identifica a atitude de pessoas com um grande ideal moral ou intelectual. Do ponto de vista da teoria do conhecimento, *idealismo* é o nome genérico de diversos sistemas filosóficos segundo os quais o ser ou a realidade são determinados pela consciência: são as ideias que produzem a realidade, porque "ser" significa "ser dado na consciência".

Georg W. F. Hegel (1770-1831), o mais importante dos pensadores idealistas do século XIX, criticou a filosofia transcendental de Kant por ser muito abstrata e alheia às etapas da formação da autoconsciência do indivíduo e deste na sua cultura. Atribuiu sentidos radicalmente novos a conceitos tradicionais do pensamento ocidental, como *ser*, *lógica*, *absoluto* e *dialética*, o que tornou a filosofia hegeliana às vezes hermética, de difícil interpretação. Por exemplo: o conceito de *ser* não é o *ser* da metafísica tradicional, mas designa uma realidade em processo, uma estrutura dinâmica, pela qual nenhum conceito é examinado por si mesmo, mas sempre em relação a seu contrário: ser-nada, corpo-mente, liberdade-determinismo, universal-particular, Estado-indivíduo.

Hegel introduziu a noção nova de que a razão é histórica, ou seja, a verdade é construída no tempo. Trata-se de uma *filosofia do devir*, do ser como processo, como movimento, como vir a ser. Desse ponto de vista, para dar conta da dinâmica do real, surgiu a necessidade de criar uma nova lógica que não se fundasse no princípio de identidade – que é estático –, mas no princípio de contradição. A nova lógica é a dialética.

> ▶ Dialética, do grego *dialektiké*, de *lego*, "falar", e dia, "através de", "por meio de". Entre os gregos, significa "diálogo", "arte da discussão". Em Hegel, corresponde a um movimento racional que nos permite superar alguma contradição.

Em sua principal obra, *Fenomenologia do Espírito*, o termo *fenomenologia* remete à noção de *fenômeno* como aquilo que nos aparece, que se manifesta, na medida em que é um objeto distinto de si, porque nele descobrimos a contradição, a qual, por sua vez, será superada em um terceiro momento. Por isso, na *filosofia do devir*, a racionalidade "é o próprio tecido do real e do pensamento", enquanto o mundo é a manifestação da ideia. Por esse movimento, a razão passa por todos os graus, desde a natureza inorgânica, a natureza viva, a vida humana individual, a social até as mais altas manifestações da cultura.

Da abordagem dialética deriva um novo conceito de razão e de história: se os filósofos anteriores estavam preocupados em afirmar ou rejeitar a capacidade da razão para alcançar a verdade eterna e imutável, Hegel argumentava que a razão é histórica, em que o presente é visto como resultado de longo e dramático processo. Portanto, a história não se faz linearmente, como acumulação e justaposição de fatos no tempo, mas por verdadeiro engendramento, cujo motor interno é a contradição.

Hegel atribui uma importância muito grande ao Estado quando afirma que, em determinado momento do processo de sua formação, ao superar a contradição entre o privado e o público, ele realiza uma das mais altas sínteses do Espírito objetivo, o que permite a superação da subjetividade egoísta, a fim de vivermos melhor em sociedade.

Para Hegel, a educação é um meio de espiritualização humana, cabendo ao Estado incentivar esse processo. De acordo com o Iluminismo, a educação é um aperfeiçoamento linear em direção à formação do indivíduo; em contrapartida, Hegel aplica a dialética para entendê-la. Em *Princípios de filosofia do direito*, argumenta que a educação envolve a superação da natureza e a conversão da ética na segunda natureza do indivíduo.

Assim explica Michael Inwood, estudioso de Hegel:

> [...] o ensimesmamento da criança é interrompido por sua percepção consciente de um mundo externo, o qual, no começo estranho, se torna cada vez mais familiar com sua crescente exploração. Suas inclinações naturais são submetidas às normas éticas e sociais, as quais, estranhas e repressivas no início, acabam por tornar-se uma segunda natureza. [...] O jovem perde a satisfação ingênua da criança com o seu meio social e rebela-se contra ele; irá reconciliar-se finalmente com ele num contentamento mais ponderado e reflexivo. A ruptura da unidade primitiva é frequentemente impiedosa e difícil, e requer esforço e disciplina. Mas o produto final, o homem culto, embora tenha absorvido plenamente a cultura de sua sociedade, tem mais independência de pensamento e de ação do que a criança ou o jovem, em virtude do seu estoque de "concepções universais".↳

> ▶ INWOOD, Michael. *Dicionário Hegel*. Rio de Janeiro: Jorge Zahar, 1997. p. 87. (Dicionários de filósofos.)

IDEALISMO: PEDAGOGIA E NEO-HUMANISMO

Contemporâneo de Hegel e já conhecido anteriormente nos meios intelectuais europeus, o filósofo idealista Johann Gottlieb Fichte (1762-1814) valorizava sobremaneira a educação. Ele partiu da ideia de que a natureza humana não nos é dada: a humanização ocorre na medida em que nos afirmamos como sujeitos capazes de consciência de si e de atividade livre. A educação, portanto, não se restringe a formar "alguma coisa no homem", mas a formar o "homem ele mesmo".

Envolvido com as questões políticas de seu tempo, após a derrota infligida pelos franceses aos prussianos, nos famosos e inflamados *Discursos à nação alemã*, Fichte destaca a educação como indispensável para o renascimento e a grandeza da Alemanha. Para ele, era tarefa do Estado instaurar a escola nacional e unificada.

À parte Fichte, os filósofos Friedrich Schleiermacher e Wilhelm von Humboldt, além dos poetas Wolfgang von Goethe e Friedrich Schiller, representam a pedagogia do neo-humanismo, sustentada sobre o conceito de *Bildung*.

HUMBOLDT: A RECONSTRUÇÃO DO ENSINO SECUNDÁRIO

Wilhelm von Humboldt defendia o direito de todos à escola de formação geral e argumentava que a procura por escolas profissionais deveria depender apenas da vontade de cada um, e não decorrer necessariamente da situação de pobreza. No entanto, apesar de seus esforços, não tornou essa possibilidade uma realidade. Ainda assim, era boa a oferta de escolas profissionais destinadas a preparar para as tarefas de oficina, comércio e agricultura. Os patrões eram obrigados a facilitar o horário de trabalho para que operários frequentassem os cursos.

Esse período culminou com a unificação dos Estados alemães em 1870, sob a liderança da Prússia. Até o final do século XIX, inúmeras e efetivas reformas conduziram a Alemanha a um ensino secundário eficiente, rigoroso e disciplinado, com baixo nível de analfabetismo e invejável posição de progresso técnico e administrativo.

É bem verdade que se tratava de uma escola excessivamente autoritária e disciplinar, que mereceu a crítica de defensores da liberdade e da autonomia na educação, mas sem efeito naquele momento.

PESTALOZZI: REFORMULAÇÃO DA ESCOLA ELEMENTAR

Johann Heinrich Pestalozzi, suíço-alemão nascido em Zurique, atraiu a atenção do mundo como mestre, diretor e fundador de escolas. Suas obras principais são *Leonardo e Gertrudes* (1781) e *Gertrudes instrui seus filhos* (1801).

Estudioso de Jean-Jacques Rousseau e de Johann Bernhard Basedow, Pestalozzi sempre se interessou pela educação elementar, sobretudo de crianças pobres. Em 1774, fundou em Neuhof uma escola de órfãos, mendigos e pequenos ladrões. Com avançada concepção pedagógica, que aliava formação geral e profissional, tentou reeducá-los recorrendo a trabalhos de fiação e tecelagem. A experiência durou apenas cinco anos, porque o jovem educador não conseguiu mantê-la financeiramente.

Em 1799, em um castelo perto de Berna, fundou um internato, depois transferido para Yverdon, onde funcionou de 1805 até 1825. De toda a parte, estudiosos e autoridades vinham conhecer esse trabalho.

Pestalozzi é considerado um dos defensores da escola popular extensiva a todos. Reconhecia firmemente a função social do ensino, não restrita à formação do gentil-homem, como no século anterior. Além disso, ao povo não se reserva apenas a simples instrução, mas a formação completa, pela qual cada um é levado à plenitude de seu ser.

Como bom discípulo de Rousseau, estava convencido da inocência e bondade humanas. Por isso, é tarefa do mestre compreender o espírito infantil, a fim de estimular o desenvolvimento espontâneo do aluno, atitude que o distancia do ensino dogmático e autoritário. A psicologia proposta por Pestalozzi era ainda incipiente e ingênua, mesmo porque em seu tempo essa disciplina ainda não tinha se constituído como ciência, embora sua tentativa indicasse uma direção que seria constante na pedagogia daí em diante.

Para Pestalozzi, o indivíduo é um todo cujas partes devem ser cultivadas: a unidade espírito-coração-mão corresponde ao importante desenvolvimento da tríplice atividade conhecer-querer-agir, por meio da qual se dá o aprimoramento da inteligência, da moral e da técnica. Daí a importância dos métodos para a organização do trabalho manual e intelectual: segundo ele, deve-se partir sempre da vivência intuitiva, para só depois introduzir os conceitos. Em depoimento, um aluno de Pestalozzi descreve o procedimento da passagem da experiência concreta para a abstrata:

> Para os primeiros elementos de geografia éramos levados ao ar livre. Começavam por conduzir nossos passos na direção de um vale afastado, perto de Yverdon, ao longo do qual flui o Büron. Devíamos olhar para esse vale como um todo em suas diversas partes, até que tivéssemos dele uma impressão exata e completa. Então nos era dito, a cada um de nós, que devíamos cavar certa quantidade de barro, que havia em camadas de um lado do vale, e, com isso, enchíamos grandes folhas de papel, trazidas para esse fim.
> Quando chegávamos à escola, éramos postos ao redor de grandes mesas, que eram divididas, e cada criança devia, com o barro, construir, na parte que lhe fora destinada, um modelo do vale que havíamos recentemente observado... Então, e somente então, olhávamos para o mapa, pois só agora havíamos adquirido a capacidade de interpretá-lo corretamente.↵

▶ EBY, Frederick. *História da educação moderna*: teoria, organização e prática educacionais. Rio de Janeiro; Porto Alegre; São Paulo: Globo, 1962. p. 394.

A criança tem potencialidades inatas, a serem desenvolvidas até a maturidade, tal como a semente que se transforma em árvore. Semelhante a um jardineiro, o professor não pode forçar o aluno, mas ministrar a instrução "de acordo com o grau do poder crescente da criança". Ou seja, o método para educar funda-se em um princípio simples: seguir a natureza.

A família constitui a base de toda educação por ser o lugar do afeto e do trabalho comum. Também é positiva a experiência religiosa íntima e não confessional, que diz respeito à pessoa e, portanto, não se submete a dogmas nem a seitas. Em outras palavras, despertar o sentimento religioso na criança não significa fazê-la memorizar o catecismo.

Pestalozzi exerceu profunda influência em vários países da Europa, e suas ideias chegaram até os Estados Unidos.

FROEBEL: JARDINS DE INFÂNCIA

Friedrich Froebel nasceu na Turíngia, região da Alemanha. Aprendeu com os filósofos idealistas e, no campo da pedagogia, seguiu muitas ideias de Pestalozzi. Uma visão mística marca seu pensamento e obra.

A principal contribuição pedagógica de Froebel resulta da atenção para com as crianças na fase anterior ao ensino elementar, ou seja, a educação da primeira infância. Pioneiro, fundou os *Kindergarten* (jardins de infância), em alusão ao jardineiro que cuida da planta desde pequenina para que cresça bem, pressupondo que os primeiros anos são básicos para a formação humana.

Froebel privilegiava a atividade lúdica por perceber o significado funcional do jogo e do brinquedo para o desenvolvimento sensório-motor, e inventou métodos com o intuito de aperfeiçoar habilidades. Estava convencido de que a alegria do jogo levaria a criança a aceitar o trabalho de forma mais tranquila.

A fim de estimular os impulsos criadores na atividade lúdica, arquitetou um cuidadoso equipamento, utilizado de acordo com a fase de cada criança. As construções da primeira série foram por ele chamadas *dons*, como se fossem "dádivas divinas". Os dons são materiais destinados a despertar a representação da forma, da cor, do movimento e da matéria. O primeiro e mais universal "dom" é a bola; o segundo, a bola, o cubo e o cilindro; o terceiro é formado pela divisão de cubos desmontáveis.

Além dos dons, Froebel destaca as *ocupações*, de modo especial a tecelagem, a dobradura e o recorte. O canto e a poesia também são prestigiados, sobretudo para facilitar a educação moral e religiosa.

Embora a fundamentação teórica de sua psicologia tenha sido objeto de críticas severas, é inegável a influência da pedagogia de Froebel, expressa na difusão dos jardins de infância pelo mundo. Vale notar que essa expansão contou com um novo elemento, a saber, o interesse das mulheres como mestras e mesmo como fundadoras de escolas.

HERBART: O RIGOR DO MÉTODO

O alemão Johann F. Herbart (1776-1841) trouxe grande contribuição para a pedagogia, entendida como uma ciência e, portanto, sob a exigência de princípios e métodos. Segundo ele, a criança ainda não tem regras e, para atingir o objetivo de formação do indivíduo, necessita de governo e disciplina. Por isso as atenções dele estavam focadas nos aspectos psicológicos e éticos.

Pode-se ainda dizer que Herbart foi precursor da psicologia experimental aplicada à pedagogia. Mesmo que essa psicologia ainda apresentasse resquícios de metafísica e utilizasse uma matematização de valor discutível, constituiu um avanço sobre seus antecessores. Destacamos a teoria de educação da vontade e o método de instrução desse pensador que estava consciente de ter elaborado uma pedagogia como ciência da educação.

PSICOLOGIA HERBARTIANA

Herbart desenvolveu uma pedagogia social e ética com finalidade de formar o caráter moral por meio do esclarecimento da vontade, que se alcança pela instrução. Para ele, a educação moral (formação da vontade) não se separa da instrução (esclarecimento intelectual), o que pressupõe uma unidade das atividades mentais (querer e pensar). Por isso, é preciso examinar alguns aspectos de sua psicologia.

Rejeitando a clássica doutrina das faculdades isoladas da alma, Herbart compreende a vida psíquica como uma unidade nas suas operações básicas de conhecer, sentir e querer. Assume, porém, uma posição intelectualista, que privilegia o conhecimento, por considerar o sentir e o querer como funções secundárias e derivadas do processo ideativo.

Esse processo pode ser mais bem entendido se levarmos em conta a novidade introduzida por Herbart nos conceitos de *consciência, limiar da consciência* e *inconsciente*. Para ele, o fluxo da consciência é oscilante, já que várias representações dos objetos permanecem algum tempo na consciência, com intensidades diferentes, algumas no limiar, subindo para o foco de atenção ou desaparecendo depois, temporariamente, no inconsciente. A grande massa submersa não é esquecida, podendo voltar à consciência a qualquer momento e, aliás, está sempre tentando voltar. O esforço para retornar à consciência provoca sentimentos de prazer ou dor, que resultam do aparecimento daquelas representações na consciência ou da submersão no inconsciente.

Processa-se dessa forma o "círculo de pensamento": "dos pensamentos saem sentimentos e, destes, princípios e modos de ação". Assim o desejo é transformado em volição, isto é, em vontade que possibilita sua concretização. Ora, se os sentimentos e as volições derivam secundariamente do conflito entre as representações, torna-se enorme a importância do professor, que educa os sentimentos e os desejos dos alunos por meio do controle de suas ideias – veja adiante a noção de interesse. Daí a importância da instrução, caminho para a moralidade.

Herbart critica Rousseau e todos os pedagogos que desvalorizam a instrução, da mesma forma que recrimina a educação tradicional por ensinar muita coisa inútil à ação. Reconhece, porém, a importância de utilizar o rigor de um método para a educação da vontade.

EDUCAR À VONTADE

Segundo Herbart, a conduta pedagógica segue três procedimentos básicos: o *governo*, a *instrução* e a *disciplina*.

O *governo* é a forma de controle da agitação infantil, levado a efeito inicialmente pelos pais e depois também pelos mestres, a fim de submeter a criança às regras do mundo adulto e tornar possível o início da instrução. Além de vigilância constante, caso necessário, pode-se recorrer a proibições, ameaças e punições, evidentemente evitando excessos contraproducentes e com os cuidados de combinar autoridade e amor, além de manter a criança sempre ocupada.

A *instrução*, procedimento principal da educação, visa ao desenvolvimento dos interesses. O conceito de interesse adquire em Herbart um sentido básico e muito específico, com base na referida tendência íntima do indivíduo de poder trazer ou não um objeto de pensamento à tona. O movimento de retorno à consciência pode ser estimulado pelas leis de frequência e associação, que levam à formação do hábito. Por isso, o interesse é um poder ativo que determina quais ideias e experiências receberão atenção.

Assim explica Frederick Eby:

A suprema arte do educador é, por conseguinte, trazer constantemente para a atenção aquelas ideias que ele deseja que dominem a vida de seu aluno. Controlando, assim, a experiência da criança, o instrutor constrói massas de ideias que, por sua vez, se desenvolvem pela assimilação de novos materiais. Os interesses de um médico estão na medicina e na cirurgia; os de um banqueiro, no dinheiro; os de um teólogo, na religião. A diferença de conteúdo mental é devida ao fato de que, através dos anos, cada um vem construindo uma diferente massa de ideias.↓

Para Herbart, a instrução é compreendida como construção – aliás, é este o sentido etimológico do termo –, o que o leva a não separar instrução intelectual e moral, porque uma é condição da outra. Para formar moralmente uma criança, é preciso educar sua vontade e haver maior clarificação das representações e do crescimento das ideias. É assim que Herbart julga possível trazer à mente, com frequência, as representações mais adequadas, visando ao controle do interesse. Alerta ainda para estimular o aparecimento de interesses múltiplos que tornem a educação completa. É essa a finalidade dos cinco passos formais examinados mais adiante.

▶ EBY, Frederick. *História da educação moderna*: teoria, organização e prática educacionais. Porto Alegre: Globo, 1962. p. 412.

A *disciplina* é o terceiro procedimento básico da conduta pedagógica que mantém firme a vontade educada no propósito da virtude. Enquanto o governo permanece exterior e heterônomo – portanto, mais adequado a crianças pequenas –, a disciplina tem em vista a autodeterminação típica do amadurecimento moral, que atende melhor à proposta de formação do caráter.

MÉTODO DE INSTRUÇÃO

Herbart atribuía a precária assimilação do que se ensinava nas escolas à inadequada aplicação de métodos, incapazes de relacionar os conhecimentos adquiridos com a experiência do indivíduo, o que resultava em material inutilmente memorizado e logo esquecido. Para evitar novos insucessos e propiciar o desenvolvimento do aluno, Herbart propôs *cinco passos formais*:

- ▶ *preparação*: o mestre recorda o já sabido, para que o aluno traga à consciência a massa de ideias necessária para criar interesse pelos novos conteúdos;
- ▶ *apresentação*: do conhecimento novo, sem esquecer a clareza, que significa sempre partir do concreto;
- ▶ *assimilação* (ou associação ou comparação): capacidade de comparar o novo com o velho, percebendo semelhanças e diferenças;
- ▶ *generalização* (ou sistematização): além de experiências concretas, o aluno é capaz de abstrair, alcançando concepções gerais, passo importante sobretudo na adolescência;
- ▶ *aplicação*: por meio de exercícios, o aluno mostra que sabe aplicar o que aprendeu em exemplos novos; só assim a massa de ideias adquire sentido vital, deixando de ser mera acumulação inútil de informação.

AVALIAÇÃO DA PEDAGOGIA HERBARTIANA

Numa rápida avaliação da teoria de Herbart, é possível considerá-la a primeira a elaborar a pedagogia como uma *ciência da educação*. O caráter de objetividade de análise, a tentativa de psicometria, o rigor dos passos seguidos e a sistematização são aspectos que determinam sua grande influência no pensamento pedagógico.

Os cinco passos formais marcaram de maneira vigorosa o ensino expositivo da escola tradicional, que adquiriu um caráter de rigor por emprestar do método científico a indução, isto é, o caminho do raciocínio que vai do concreto ao abstrato. Os cinco passos revelam também os pressupostos epistemológicos do empirismo, subjacentes ao método de Herbart. Para ele, o conhecimento é oferecido pelo mestre ao aluno, que só posteriormente o aplica à experiência vivida.

Sua psicologia, no entanto, sofreu as restrições a que já nos referimos de início. Embora tenha corretamente refletido sobre a unidade da vida psíquica, exagerou ao admitir que impulsos e desejos pudessem nascer das ideias. O caráter excessivamente intelectualista de seu projeto, por admitir a intenção de controlar o sentir e o querer – o que denotava demasiado otimismo no poder da educação –, é o foco sobre o qual incidem as principais críticas de seus pósteros, sobretudo a Escola Nova. Esse mesmo poder significa, de certo ponto de vista, a diminuição do campo de atuação livre do educando, ou seja: o controle excessivo tornaria viável a passagem do governo para a disciplina? Veremos, mais adiante, como Nietzsche criticou esse tipo de educação.

FRANÇA: EM DEFESA DA EDUCAÇÃO PÚBLICA

Desde a Revolução de 1789, os franceses já defendiam a educação pública e gratuita. No começo do século XIX, porém, Napoleão adotou uma política autoritária e centralizadora, voltando sua atenção sobretudo para a universidade e o ensino secundário – os liceus –; o ensino elementar ficou, assim, a cargo de ordens religiosas e, portanto, sem a gratuidade tão defendida no século anterior.

Após a queda de Napoleão, e restabelecidas as relações com a Inglaterra, os franceses aproveitaram-se das técnicas do ensino mútuo, ou monitorial – já instalado na Inglaterra, como veremos adiante –, a fim de atender às reivindicações de educação para as crianças da classe trabalhadora. Essa experiência de ensino elementar de massa teve momentos de pleno sucesso – de 1815 a 1820, abriram-se mil escolas mútuas, reunindo 150 mil alunos. Depois de algum recesso e de novo florescimento, o projeto extinguiu-se por volta da década de 1870.

Após a derrota da França pela Prússia, no período conhecido como Terceira República, os franceses retomaram a discussão sobre a necessidade da escola pública e muito elogiaram a figura do mestre-escola alemão. Uma lei de 1882 instituiu novamente a escola laica, gratuita e obrigatória, tendo a Alemanha como modelo. Além da formação de professores, reorganizou-se o ensino técnico, diante da necessidade de formar "chefes de oficina e bons operários".

Naquele período, a universidade liberou-se do monopólio instaurado ainda no tempo de Napoleão e os cursos tornaram-se mais didáticos – abandonando o estilo de preleções para ouvintes, como era antes –, com sensíveis mudanças pedagógicas, que atraíram um número maior de estudantes.

Do ponto de vista de influências ideológicas, notam-se tendências opostas, como as tradicionalistas e espiritualistas, mas também as inovações do liberalismo, voltadas para a sociedade moderna e a valorização da liberdade individual, defendida por Benjamin Constant (1767-1830).→ Outra orientação bastante forte expressou-se pelos adeptos do positivismo, como veremos a seguir.

▶ Não confundir com o brasileiro Benjamin Constant Botelho de Magalhães (1833-1891), que aderiu ao positivismo.

POSITIVISMO E CIÊNCIA

O francês Auguste Comte (1798-1857), iniciador da corrente positivista, viveu no período em que ciência e técnica tornaram-se aliadas, provocando mudanças jamais suspeitadas. A exaltação diante dos novos saberes levou à concepção do *cientificismo*, que se caracteriza pela excessiva valorização da ciência, considerada o único conhecimento possível. Nascido nesse ambiente, o próprio filósofo ajudou a exacerbar a valorização da ciência. Em sua obra *Curso de filosofia positiva*, Comte examina como teria ocorrido o desenvolvimento da inteligência humana desde os primórdios, a fim de estabelecer diretrizes para melhor pensar, valendo-se do progresso da ciência.

Afirmou, então, ter descoberto uma grande lei fundamental, segundo a qual a humanidade – e o próprio indivíduo, em sua trajetória pessoal – passa por diversos estágios até alcançar o *estado positivo*, que se caracteriza pela maturidade do espírito humano. O termo *positivo* designa o real, em oposição às formas anteriores de explicação do mundo, predominantes até então na filosofia. Para Comte,

> Todos os bons espíritos repetem, desde Bacon, que somente são reais os conhecimentos que repousam sobre fatos observados. Essa máxima fundamental é evidentemente incontestável, se for aplicada, como convém, ao estado viril de nossa inteligência.↳

▶ COMTE, Auguste. *Curso de filosofia positiva*. São Paulo: Abril Cultural, 1972. p. 11. (Coleção Os Pensadores.)

O que o filósofo quis dizer significa que, por meio de observação e raciocínio, o indivíduo é capaz de descobrir relações invariáveis entre os fenômenos, ou seja, suas leis efetivas. E, desse modo, revolucionar o mundo com uma tecnologia cada vez mais eficaz: "Saber é poder". O método das ciências da natureza – com base em observação, experimentação e matematização – deveria ser estendido a todos os campos de indagação e a todas as atividades humanas.

Outra decorrência do positivismo é a concepção determinista, que atribui ao comportamento humano as mesmas relações invariáveis de causa e efeito que presidem as leis da natureza. Por exemplo, para Hypolite Taine (1828-1893), um dos seguidores de Comte, o ato humano não é livre, já que determinado por causas das quais não pode escapar, como a raça (determinismo biológico), o meio (determinismo geográfico) e o momento (determinismo histórico). Por considerar os princípios da experimentação e da matematização inerentes ao conceito de ciência, os positivistas concluíram que esses princípios também se aplicariam às ciências humanas, caso estas pretendessem ser reconhecidas como ciências. Ou seja, a sociologia, a psicologia e a economia deveriam usar um método semelhante, a fim de alcançar rigor e objetividade. Comte definia a sociologia como uma *física social*, aplicando-lhe os modelos da biologia para explicar a sociedade como um organismo coletivo. Submetido à consciência coletiva, resta ao indivíduo poucas possibilidades de intervenção nos fatos sociais. Na mesma linha, ao desenvolver o método sociológico, Émile Durkheim (1858-1917) – estudado no próximo capítulo – recomendava que os fatos sociais fossem observados como coisas.

Igual intenção orientou o método da psicologia – apesar de o próprio Comte admitir ser impossível contornar seu caráter subjetivo –, a psicologia experimental firmou-se no final do século XIX. Os primeiros psicólogos abandonaram as especulações de caráter filosófico – por exemplo, sobre a origem, o destino ou a natureza da alma ou do conhecimento – e, seguindo a tendência naturalista do positivismo, aplicaram o método experimental voltando-se para os aspectos do comportamento que podiam ser verificados exteriormente, como a percepção visual, por se tratar de fenômenos mensuráveis.

Apenas posteriormente surgiram teóricos de outra tendência – genericamente chamada de *humanista* –, que, ao criticar o positivismo, procurava garantir a especificidade do objeto das ciências humanas, distinguindo-as das ciências da natureza. Voltaremos à questão no próximo capítulo.

POSITIVISMO E EDUCAÇÃO

A ênfase positivista privilegiava o método científico restrito às ciências humanas como o único a deter o rigor necessário, e aos poucos estendeu-se também à compreensão de fatos pedagógicos. No empenho de construção de uma ciência da educação, os currículos passavam a se estruturar mediante um aporte das ciências biológicas e das humanidades.

Fiel às suas concepções, Comte convencera-se de que o educador deveria projetar, em cada indivíduo, as etapas que a humanidade percorrera: o pensamento fetichista da criança seria superado pela concepção metafísica, e esta, finalmente, pela positivista, no momento em que atingisse a idade madura.

O positivismo permeou de maneira eficaz a pedagogia, ora de maneira explícita, ora pressuposta. Entre os seguidores mais próximos, dois se interessaram especificamente pela educação: Herbert Spencer e John Stuart Mill, que assimilaram as ideias positivistas sob o crivo das teorias utilitaristas típicas do pensamento anglo-saxão, como examinaremos no próximo tópico. Do mesmo modo, trataremos no tópico "Ideias socialistas" as teorias e intervenções de pensadores franceses (Saint--Simon, Fourier e Proudhon), assim como as do britânico Owen, conhecidos como socialistas utópicos.

O positivismo atuou de forma marcante no ideário das escolas estatais, sobretudo na luta a favor do ensino laico das ciências e contra a escola tradicional humanista religiosa. No século XX, ainda permaneceu viva essa influência. No Brasil, o positivismo influenciou medidas governamentais no início da República e também na década de 1970, por ocasião da tentativa de implantação da escola tecnicista. Atualmente, ensaia--se um retorno dessa concepção na Medida Provisória Federal n. 746, de 2016, que trata da reforma do ensino médio.

INGLATERRA: CRIAÇÃO DE *PUBLIC SCHOOLS*

No século XIX, a Inglaterra era considerada o país mais poderoso do mundo, em virtude da expansão do império colonial britânico pelos diversos continentes. Vivia-se o apogeu da Revolução Industrial, que criou a ordem propriamente contemporânea, com novos parâmetros econômicos e sociais.

Do ponto de vista de medidas educacionais, a situação na Inglaterra foi um pouco diferente das demais nações, em decorrência da tradição britânica de pouca intervenção do Estado, por isso a educação continuou por um tempo como responsabilidade da sociedade civil, subvencionada por igrejas ou fundações particulares.

A partir de 1830, o Estado implantou uma série de medidas para exercer maior controle sobre o ensino público, criando então as *public schools*. De início, foram mais frequentadas por crianças de classes ricas, até que, em meados do século XIX, tornou-se mais clara a obrigatoriedade do ensino e a exigência de gratuidade, concedendo-se auxílio a essas escolas, mas restrito ao apoio econômico e à supervisão de atividades pedagógicas do Estado. Apenas em 1899 foi criado o Ministério da Educação (*Board of Education*).

Do ponto de vista do ideário daquele período, destacou-se a corrente do utilitarismo, que veremos na sequência.

UTILITARISMO: FELICIDADE PARA TODOS?

A Inglaterra sempre gozou de uma tradição filosófica em que prevalece o empirismo. Desde a Idade Média, a universidade de Oxford fora palco de estudos inovadores em que, à revelia de proibições da Igreja, eram realizados experimentos que de certo modo prenunciavam as ideias renascentistas sobre o método científico. Em virtude dessa tradição, o materialismo positivista de cunho social obteve acolhida, porém com modificações significativas que resultaram na corrente do *utilitarismo*.

Tal como Comte, os utilitaristas valorizam a ciência positiva, a ser estudada a partir dos fatos. Porém, enquanto o pensamento comtiano mantinha-se mais racionalista, com os utilitaristas prevaleceu o empirismo, no sentido de não aceitarem conclusões definitivas, já que para eles a compreensão dos fatos depende das finalidades civis e políticas de natureza liberal e democrática. Em linhas gerais, eles eram mais sensíveis às desigualdades sociais.

Os principais representantes do utilitarismo foram Jeremy Bentham (1748-1832) e John Stuart Mill (1806-1873). Na busca por um instrumento de renovação social, Bentham criticou as resoluções liberais que levam ao egoísmo e elaborou sua teoria de acordo com o "princípio de utilidade": o único critério para orientar o legislador é criar leis que promovam a felicidade para o maior número de cidadãos. Para favorecer a igualdade, Bentham afirmava ser importante garantir subsistência, abundância e segurança, assim como eleições periódicas, sufrágio livre e universal e liberdade de contrato.

Stuart Mill introduziu modificações, interpretando o liberalismo de acordo com uma aspiração mais democrática: defendeu a coparticipação de trabalhadores nos lucros da indústria, bem como a representação proporcional na política, a fim de permitir a expressão de opiniões minoritárias. Acirrado defensor da absoluta liberdade de expressão, do pluralismo e da diversidade, valorizava o debate de teorias conflitantes. Desse modo, o ideal utilitarista se configura na felicidade geral, e não se resume à felicidade pessoal. Sempre interessado em melhores condições de vida, destacou-se como batalhador pela emancipação das mulheres, tendo se casado com Harriet Taylor (1807-1858), que reivindicava o voto da mulher e defendia outras causas femininas.

Herbert Spencer (1820-1903), além da influência positivista, incorporou o evolucionismo de Charles Darwin (1809-1882), ao afirmar que a educação, como tudo no mundo, sofre um processo evolutivo em que o ser revela suas potencialidades. Essa convicção baseia-se na ideia de *progresso*, cara ao ideário positivista, que parte do pressuposto de que as coisas têm em germe aquilo que elas serão, bastando existir condições para serem desencadeadas.

Imbuído da concepção cientificista, Spencer escreveu a obra *Educação*, que obteve expressiva popularidade, na qual defende o ensino das ciências como centro da educação, não só em termos de transmissão de conhecimentos, como de formação efetiva do espírito científico. Entre as ciências, a física, a química e a biologia seriam as mais importantes.

Fiel às concepções do utilitarismo, Spencer critica o rigor da educação tradicional por ser autoritária e enfadonha e contrapõe a aprendizagem da autodisciplina às coações exteriores: é sempre melhor estar apto para governar-se do que ser governado por outros. Ao criticar a disciplina das *public schools* inglesas, destaca que castigos não educam, mas ressalta a satisfação que brota do interesse despertado em crianças e jovens; daí a importância dos jogos, capazes de expandir uma energia vital e propiciar a educação física.

ENSINO MÚTUO OU MONITORIAL

Vimos que as *public schools* foram criadas na década de 1830, de início recebendo mais alunos de famílias burguesas, mais abastadas. No entanto, diante da necessidade de ampliar a alfabetização em uma sociedade em pleno crescimento industrial, bem antes surgiram propostas as mais diversas.

Foi singular a experiência do ensino mútuo (ou sistema monitorial) aplicada pelo anglicano Andrew Bell (1753-1832), ao inaugurar o método em sua escola e publicar *Um experimento de educação*, em 1796. Atividade semelhante foi desenvolvida pelo *quaker*↪Joseph Lancaster (1778-1838) em sua escola, destinada a crianças pobres, que já contava com cerca de 700 alunos em 1804.

A divisa de Lancaster era: "Um só mestre para mil alunos", porque a preleção do professor não visava alcançar todos os alunos, mas preparar apenas os melhores, que por sua vez atenderiam grupos de colegas. De fato, o sistema de monitoria consistia em reunir grande número de alunos em um galpão, agrupados de acordo com seu adiantamento em leitura, ortografia e aritmética. Antes das aulas, o professor

> ▶ *Quakers* e anglicanos são membros de diferentes ramos da Igreja Protestante na Inglaterra; o anglicanismo é a religião oficial daquele país desde Henrique VIII, no século XVI, ao passo que os *quakers* surgiram no século XVII e propagaram sua crença também nos Estados Unidos.

ensinava os mais adiantados, que seriam monitores e se incumbiriam de diversos grupos de acordo com seu nível de conhecimento. À medida que cumpriam uma etapa, eram transferidos para o grupo de grau mais elevado e assim por diante. As "classes" não eram as mesmas para leitura e aritmética, porque um aluno podia estar mais adiantado em uma delas e não na outra.

Para que o sistema funcionasse, havia rígida disciplina. Os alunos entravam em fila organizada, após o toque do sino, e um apito chamava a atenção de indisciplinados. Falava-se baixo, havia cartazes e quadros bem como cartões de sinalização para indicar a sequência dos trabalhos, cumpridos por todos da mesma "classe" ao mesmo tempo. Do alto de um estrado, o único professor supervisionava o andamento das aulas e interferia quando necessário.

Esse processo barateava os custos e conseguia impor rígida disciplina, porém os resultados não eram dos melhores, como se pode imaginar, já que os monitores eram escolhidos entre os alunos. Assim comenta a professora Maria Helena Camara Bastos a esse respeito:

> As críticas formuladas ao método monitorial/mútuo centram-se na incompetência dos monitores, na maioria das vezes incapazes de fornecer explicações complementares, ou de adaptar-se ao nível de compreensão de seus colegas; no sistema *empírico e prático*, baseado em *procedimentos mecânicos*, portanto, desprovido de valor educativo; na inculcação de fórmulas e receitas; na transmissão de conhecimentos *superficiais e sem valor*, que não leva os alunos à reflexão e não desenvolve a inteligência. O aluno é a grande vítima da mecânica do ensino monitorial/mútuo: está preso a um verdadeiro sistema militar, que o leva a agir somente

mediante uma ordem e a submeter-se a um condicionamento destinado a torná-lo um cidadão dócil e obediente. O francês Michel Foucault considera o ensino mútuo uma máquina de quebrar os corpos e as inteligências.↪

> ▶ BASTOS, Maria Helena Camara. O ensino monitorial/mútuo no Brasil (1827-1854). In: STEPHANOU, Maria; BASTOS, Maria Helena Camara (Orgs.). *Histórias e memórias da educação no Brasil*. Petrópolis: Vozes, 2005. p. 40. v. 2.

Em todo caso, fora da Inglaterra, a ideia entusiasmou muita gente por algum tempo, como França e Estados Unidos. No Brasil, várias leis de diversos estados estimularam a adoção do método, durante o período monárquico.

Em outra linha de atuação, o socialista utópico Robert Owen (1771-1858), impressionado com as condições de vida de operários ingleses, fundou escolas para os filhos dos trabalhadores, como veremos no próximo tópico.

IDEIAS SOCIALISTAS

Vimos que o desenvolvimento do capitalismo provocou o crescimento da classe proletária, porém, sem dar-lhe acesso a benefícios da nova ordem econômica. Ao contrário, eram terríveis as condições de moradia de famílias amontoadas na periferia de grandes cidades, que, após extensas jornadas de trabalho mal pago, eram alojadas em locais insalubres.

No século XIX, foram criadas organizações de trabalhadores para defender seus interesses contra a exploração dos donos do capital.

SOCIALISMO UTÓPICO

Os socialistas utópicos foram pensadores que elaboraram teorias distintas propondo soluções para a desigualdade social e a pobreza do proletariado. O título de *utópicos* teve de início conotação pejorativa, ao ser atribuído a eles por Karl Marx (1818-1883) e Friedrich Engels (1820-1895), os quais, apesar de reconhecerem a importância dessas teorias como precursoras e por terem auxiliado a conscientização do proletariado, não lhe pouparam severas críticas, porque não viam nelas condição alguma de reverter o quadro de injustiça e exploração vigentes, já que as consideravam reduzidas a ações filantrópicas e paternalistas.

Os principais representantes foram os franceses Henri de Saint-Simon (1760-1825) e Pierre-Joseph Proudhon (1809-1865), que preconizou a autonomia da classe operária, expressando significativa desconfiança em relação ao Estado e a qualquer tipo de autoridade, como a Igreja – por isso, costuma-se considerá-lo inspirador do anarquismo.

Por sua vez, Charles Fourier (1772-1837) elaborou uma crítica arguta e impiedosa ao sistema capitalista e à cobiça de comerciantes, inspirando a criação de uma associação voluntária, o *falanstério* – pequena unidade social abrangendo de 1,2 mil a 5 mil pessoas vivendo em comunidade.

Em 1865, o industrial francês Jean-Baptiste André Godin (1817-1888), seguidor das ideias de Fourier, fundou uma escola ao lado de um núcleo habitacional, que denominou *familistério* ("lugar de reunião de famílias"), para alojar seus operários com cuidados de salubridade, iluminação e conforto. Essa experiência, exemplo raro de atendimento a filhos de operários, sofreu pesadas críticas de liberais, temerosos de influência socialista.

O britânico Robert Owen (1771-1858) tinha a convicção de que a instrução seria um meio para restituir a dignidade a operários. Já no seu tempo, criticou a divisão do trabalho, que começava a ser aplicada nas fábricas, acusando esse procedimento de causar fraqueza física e mental. Em contraposição a esse estado de coisas, propôs a instrução geral de todas as crianças, iniciativa que as tornaria "aptas para os fins da sociedade", uma vez que faria surgir "uma classe trabalhadora cheia de iniciativas de úteis conhecimentos".

Ele mesmo criou uma comunidade em uma fábrica de sua propriedade, na Escócia, onde instalou um armazém com preços acessíveis, e, em 1816, fundou uma escola maternal, a fim de tornar realidade o seu projeto. Em seguida, aliou-se ao filósofo utilitarista Jeremy Bentham para, juntos, criarem outra comunidade operária. Reconhecidos seus feitos, mudou-se para os Estados Unidos com o intuito de disseminar suas ideias e montou uma nova comunidade, que, após fracassar, empobreceu-o.

MARX E ENGELS: MATERIALISMO E DIALÉTICA

Os alemães Karl Marx e Friedrich Engels escreveram juntos algumas obras e sempre estiveram um ao lado do outro por convicções de pensamento e por amizade. Engels, rico industrial, muitas vezes atendeu Marx e a família em momentos de dificuldade financeira.

Atentos a seu tempo, observaram que o avanço técnico aumentara o poder humano sobre a natureza e fora responsável por gerar riquezas e engendrar progressos, mas com isso trouxera também, contraditoriamente, a escravização crescente da classe operária, cada vez mais empobrecida. Aproveitaram de Hegel o conceito de dialética, porém, perceberam que a teoria hegeliana do desenvolvimento geral do espírito humano não conseguia explicar a vida social. Dando sequência às críticas feitas por Ludwig Feuerbach (1804-1872) ao idealismo, Marx e Engels realizaram uma inversão, ao assentar as bases do *materialismo dialético*. Engels afirma que:

> [...] a dialética de Hegel foi colocada com a cabeça para cima ou, dizendo melhor, ela, que se tinha apoiado exclusivamente sobre sua cabeça, foi de novo reposta sobre seus pés. ↳

De acordo com o materialismo, o movimento é a propriedade fundamental da matéria e existe independentemente da consciência. Como dado primário, a matéria é a fonte da consciência, e esta é um dado secundário, derivado, pois é reflexo da matéria.

▶ ENGELS, Friedrich. Ludwig Feuerbach e o fim da filosofia clássica alemã. In: MARX, Karl; ENGELS, Friedrich. *Antologia filosófica*. Lisboa: Estampa, 1971. p. 136.

No contexto dialético, porém, a consciência humana, mesmo historicamente situada, não é pura passividade: o conhecimento das relações determinantes possibilita ao ser humano agir sobre o mundo, até mesmo no sentido de uma ação revolucionária.

O materialismo é dialético por reconhecer a estrutura contraditória do real, que no seu movimento constitutivo passa por três fases: a *tese*, a *antítese* e a *síntese*. Ou seja, explica-se o movimento da realidade pelo antagonismo entre o momento da tese e o da antítese, cuja contradição deve ser superada pela síntese. Desse modo, todos os fenômenos da natureza ou do pensamento encontram-se em constante relação recíproca, não podendo ser compreendidos isoladamente fora dos fenômenos que os rodeiam. Os fatos não são átomos, mas pertencem a um todo dialético e, como tal, fazem parte de uma estrutura.

MATERIALISMO HISTÓRICO

O *materialismo histórico* é a aplicação dos princípios do materialismo dialético ao campo da história. Como o próprio nome indica, é a explicação da história por meio de fatores materiais, ou seja, econômicos e técnicos. Para ele, portanto, a história não se explica pela ação dos indivíduos, como até então era admitido. Por exemplo, costuma-se explicar a história pela atuação das grandes figuras, como César, Carlos Magno, Luís XIV, ou das grandes ideias, como o helenismo, o positivismo, o cristianismo, ou, ainda, pela intervenção divina. Marx inverte esse processo: no lugar das ideias, estão os *fatos materiais*; no lugar dos heróis, a *luta de classes*.

Portanto, para Marx, a sociedade estrutura-se em dois níveis: a *infraestrutura* e a *superestrutura*.

- ▶ A **infraestrutura** constitui a *base econômica* e engloba as relações do ser humano com a natureza no esforço de produzir a própria existência. Assim, de acordo com o clima (árido ou chuvoso) e os instrumentos de trabalho (pedra, madeira, metal ou eletrônicos), desenvolvem-se certas técnicas que influenciam as relações de produção, ou seja, o modo pelo qual os seres humanos se organizam na divisão do trabalho social. É nesse sentido que, na história, encontramos relações de senhores e servos e de capitalistas e proletários.

- ▶ A **superestrutura** constitui o caráter *político-ideológico* de uma sociedade, isto é, a forma como os indivíduos se organizam por meio de crenças religiosas, leis, literatura, artes, filosofia, concepções de ciência etc. Para Marx, essas expressões culturais refletem as ideias e os valores da classe dominante e, desse modo, tornam-se instrumentos de dominação.

Se o marxismo explica a realidade valendo-se da estrutura material, a ideia é algo secundário, não no sentido de ser menos importante, mas por derivar de condições materiais. Em outras palavras, as ideias do direito, da literatura, da filosofia, das artes ou da moral estão diretamente ligadas ao modo de produção econômico.

Por exemplo: a moral medieval valorizava a coragem e a ociosidade da nobreza ocupada com a guerra, bem como a fidelidade, base do sistema de suserania e vassalagem. Do ponto de vista do direito, o empréstimo a juros era considerado ilegal e imoral em um mundo cuja riqueza era calculada de acordo com a posse de terras. Já na Idade

Moderna, com a ascensão da burguesia, o trabalho foi valorizado e, consequentemente, criticava-se a ociosidade. A legalização do sistema bancário, por sua vez, exigiu a revisão das restrições morais aos empréstimos.

Os exemplos dados dizem respeito à passagem do sistema feudal para o sistema capitalista, que determinou transformações da moral, do direito e das concepções religiosas. Portanto, para estudar a sociedade não se deve, segundo Marx, partir do que os indivíduos dizem, imaginam ou pensam, e sim do modo pelo qual produzem os bens materiais necessários à vida.

De acordo com Marx, da antítese entre os dois polos antagônicos da burguesia e do proletariado, surge a *luta de classes*, o confronto entre duas classes quando lutam por seus interesses.

Assim dizem Marx e Engels em *A ideologia alemã*:

> Não é a consciência que determina a vida, mas a vida que determina a consciência.→

▶ MARX, Karl; ENGELS, Friedrich. *A ideologia alemã*. 4. ed. São Paulo: Hucitec, 1984. p. 37.

E Marx, em *Teses sobre Feuerbach*:

> Os filósofos se limitaram a interpretar o mundo de diferentes maneiras; o que importa é transformá-lo.↪

▶ MARX, Karl. Teses sobre Feuerbach. In: MARX, Karl; ENGELS, Friedrich. *A ideologia alemã*. 4. ed. São Paulo: Hucitec, 1984. p. 14.

O que os dois filósofos querem nos dizer? Que não basta teorizar, se não partirmos da vida concreta e a ela voltarmos em busca de transformação. O movimento dialético entre teoria e prática chama-se *práxis*. Mas não se entenda a teoria uma atividade anterior à prática e que a determine, nem vice-versa, uma vez que ambas se encontram dialeticamente envolvidas.

Na mesma linha de crítica ao sistema capitalista e à exploração da classe proletária pela burguesia, destaca-se o anarquismo, movimento iniciado por Mikhail Bakunin (1814-1876). Os libertários, como são conhecidos os anarquistas, eram próximos a Marx, mas dele se distanciaram por divergências em pontos fundamentais, como o uso da violência. Repudiam toda forma de poder e autoridade e buscam fundar "a ordem na anarquia": criticam o Estado, a Igreja e todas as instituições hierárquicas, inclusive a escola autoritária.

Entre os anarquistas, podemos citar o inglês William Godwin (1756-1836) e o espanhol Francisco Ferrer Guardia (1859-1909), conhecido por fundar uma escola em moldes antiautoritários, equipada de biblioteca com livros especialmente escritos ou adaptados para a implantação de ideias libertárias.

SOCIALISMO E EDUCAÇÃO

As ideias socialistas provocaram grandes alterações nas concepções pedagógicas. Do ponto de vista epistemológico, rejeitaram os pressupostos idealistas, além de contraporem a dialética ao materialismo tradicional. Do ponto de vista político, denunciaram a exploração de uma classe por outra e defenderam a educação universal e politécnica, esta última entendida pela articulação entre o trabalho manual e o intelectual.

De acordo com o materialismo dialético, é ilusório pensar que a educação, por si só, seja capaz de transformar o mundo, porém existem tarefas para os educadores enquanto não se realiza a ação revolucionária. Por exemplo:

- ▶ luta pela democratização do ensino (universal) e pela escola única, isto é, não dualista, sem distinção entre formação geral e profissionalização;
- ▶ valorização do pensar e do fazer, em que o saber esteja voltado para a transformação do mundo e vice-versa;
- ▶ desmistificação da alienação e da ideologia, decorrente da conscientização da classe oprimida.

ESTADOS UNIDOS DA AMÉRICA

Diferentemente das *public schools* inglesas, nos Estados Unidos a designação de *common schools* visava distinguir-se daquelas, por estas serem mais abrangentes, destinadas que eram a todas as crianças, e gratuitas, já que havia imposto reservado para a educação, coletado pela comunidade local, independente, portanto, do governo central.

A instalação da escola pública estadunidense, bem no início do século XIX, atingiu inclusive o ensino universitário, com a fundação da primeira universidade estatal da Virgínia, em 1819, exemplo seguido por outros estados. Desde 1820 inúmeras instituições politécnicas destinadas ao ensino profissional orientado para a indústria, a agricultura e o comércio contribuíram rumo ao crescimento econômico do país. Na década seguinte, a atenção concentrou-se no ensino primário e, por volta de 1850, no secundário. Naquela época, vários estados possuíam departamentos para organizar e supervisionar a educação.

É bem verdade, as classes sociais privilegiadas preferiam que seus filhos frequentassem "escolas públicas particulares", financiadas pelo governo e destinadas a alunos que visavam cursar universidades. No extremo oposto, permaneciam as dificuldades para a educação de crianças negras, segregadas pelo *apartheid*, pois tanto o Ato de Emancipação assinado pelo presidente Abraham Lincoln, que entrou em vigor em 1863 declarando livres todos os escravos dos estados confederados, quanto a 13ª Emenda Constitucional, de 1865, que proibiu oficialmente a escravidão, não foram capazes de suplantar as assimetrias entre negros e brancos na sociedade estadunidense.

Horace Mann (1796-1859), ao se tornar superintendente de educação no estado de Massachusetts em 1837, criou escolas urbanas e rurais, escolas normais, bibliotecas e incentivou a expansão da educação pública para além das fronteiras de seu estado. Segundo Mann, a empreitada abriria horizontes otimistas para as classes oprimidas e se tornaria um eixo de equilíbrio na sociedade democrática. Como veremos, essas ideias divulgavam a crença na função equalizadora da educação, que mais tarde animaria os adeptos da Escola Nova. Com a criação de escolas normais estatais para a formação de mestres, delineava-se o quadro da educação estadunidense, já bem configurado em meados do século XIX.

Outro movimento importante foi o de aplicação do método intuitivo, herdado da Europa de segmentos diferentes como a influência alemã de Pestalozzi e a francesa de Célestin Hippeau (1808-1883) e Ferdinand Buisson (1841-1932). Aqui, nos abstemos de relatar aspectos do método, reservados para a Parte II, quando trataremos de sua aplicação em escolas brasileiras.

A divulgação mundial do método intuitivo se concretizou por meio de Conferências e Exposições Internacionais. A primeira delas ocorreu em Londres, em 1851, depois houve a de Viena, em 1873, e a de Paris, em 1878. No entanto, a de Filadélfia, intercalada em 1876, foi especialmente importante para o Brasil, pois entre outros representantes da pedagogia mundial, recebeu a comissão brasileira designada pelo Governo Imperial. A bibliografia estadunidense sobre o método era bastante substancial, na qual constavam várias obras de Norman Allison Calkins (1822-1885), que teve as *Primeiras lições de coisas* traduzidas para o português por Rui Barbosa, entusiasta do método intuitivo.↪

▶ Para saber mais sobre o método intuitivo, sugerimos consultar o artigo da professora Analete Regina Schelbauer, professora da Universidade Estadual de Maringá (UEM): SCHELBAUER, Analete Regina. Método intuitivo e lições de coisas: saberes em curso nas conferências pedagógicas do século XIX. Disponível em: <http://mod.lk/ayiec>. Acesso em: 16 nov. 2017.

EDUCAÇÃO E CULTURA: A CRÍTICA DE NIETZSCHE

Friedrich Nietzsche (1844-1900) usou em seus escritos o recurso de aforismos, cuja força se encontra no conteúdo questionador e provocativo. De forma contundente e crítica, o filósofo examina a cultura de seu tempo e lamenta o estilo de educação que prevalecia: em toda a sua obra condena a erudição vazia, a educação intelectualizada, separada da vida.

A obra *Assim falou Zaratustra*, de Nietzsche, é um poema que remete à vida do persa Zaratustra (século VII a.C.), profeta de uma religião que admitia o Bem e o Mal como princípios criadores e em luta entre si, no mundo e em cada um de nós. Esse dualismo seria rejeitado por Nietzsche em sua obra, na qual explicita os movimentos para reverter os falsos valores e alcançar a superação. No entanto, sua empreitada não tem sucesso diante de uma civilização que prefere a felicidade apoiada em conforto e segurança materiais. As passagens a seguir, extraídas para discussão, encontram-se na primeira parte da obra.

Vejamos alguns trechos de sua obra *Assim falou Zaratustra* que se referem a três metamorfoses. Nietzsche explicita as mudanças possíveis do espírito humano, que, de camelo, pode se fazer leão e, de leão, pode se transformar em criança.

Descrevendo o espírito como camelo, diz:

Há muitas coisas pesadas para o espírito, para o forte, resistente espírito em que habita a reverência: sua força requer o pesado, o mais pesado.

O que é o pesado? assim pergunta o espírito resistente, e se ajoelha, como um camelo, e quer ser bem carregado. [...]

Todas essas coisas mais que pesadas o espírito resistente toma sobre si: semelhante ao camelo que ruma carregado para o deserto, assim ruma ele para seu deserto. [...]

Mas no mais solitário deserto acontece a segunda metamorfose: o espírito se torna leão, quer capturar a liberdade e ser senhor em seu próprio deserto.↓

Adiante, diz:

▶ NIETZSCHE, Friedrich. *Assim falou Zaratustra*. São Paulo: Companhia das Letras, 2011. p. 27-28.

Qual é o grande dragão, que o espírito não deseja chamar de senhor e deus? "Não-farás" chama-se o grande dragão. Mas o espírito do leão diz "Eu quero".

"Não-farás" está no seu caminho, reluzindo em ouro, um animal de escamas, e em cada escama brilha um dourado "Não-farás!".

Valores milenares brilham nessas escamas, e assim fala o mais poderoso dos dragões: "Todo o valor das coisas brilha em mim".

"Todo o valor já foi criado, e todo o valor criado – sou eu. Em verdade, não deve mais haver *Eu quero*!". Assim fala o dragão.

Meus irmãos, para que é necessário o leão no espírito? Por que não basta o animal de carga, que renuncia e é reverente?

Criar novos valores – tampouco o leão pode fazer isso; mas criar a liberdade para nova criação – isso está no poder do leão.

Criar liberdade para si e um sagrado "Não" também ante o dever: para isso, meus irmãos, é necessário o leão.↪

▶ Idem, ibidem, p. 28.

Finalmente, completa:

Mas dizei-me, irmãos, que pode fazer a criança, que nem o leão pôde fazer? Por que o leão rapace ainda tem de se tornar criança?

Inocência é a criança, e esquecimento; um novo começo, um jogo, uma roda a girar por si mesma, um primeiro movimento, um sagrado dizer-sim.

Sim, para o jogo da criação, meus irmãos, é preciso um sagrado dizer-sim: o espírito quer agora sua vontade, o perdido para o mundo conquista seu mundo.↪

▶ Idem, ibidem, p. 28-29.

De que fala Nietzsche? Que a educação tem nos transformado em camelos obedientes, cheios de conhecimentos desligados da vida, prontos para negar nossos impulsos vitais. Agimos de acordo com o "você deve" e não com o "eu quero". A posição reativa do leão é intermediária porque ousada, mas negativa: o leão apenas conquista a liberdade de criação, continuando ressentido e niilista.↳ Quem pode criar, no entanto, é a criança.

Assumindo o tom profético de Zaratustra, Nietzsche quer destruir a antiga ordem que aprisiona o espírito, mas não sem apresentar a esperança da criação de novos valores que sejam "afirmativos da vida": a criança simboliza o começo, a possibilidade de recuperação das energias vitais abafadas pela longa trajetória da educação greco-judaico-cristã.

> ▶ Do latim *nihill*, "nada": Nietzsche entende o niilismo como negação dos valores dados, por serem decadentes; é a fase que leva a novos valores que sejam "afirmativos da vida".

Ao criticar os "homens cultos" da Alemanha, Nietzsche os vê imbuídos de uma cultura livresca – que não passa de um "verniz", de um adorno –, os quais acumulam conhecimentos alheios e imitam modelos de maneira artificial. Condena também a escola utilitária e profissionalizante, bem como os riscos de um ensino submetido à ideologia do Estado. Mais ainda, acusa de "filisteus da cultura" aqueles que a tornam venal, ou seja, que transformam toda produção cultural em mercadoria, objeto de venda, de consumo.

CONCLUSÃO

No decorrer do século XIX, com a expansão das escolas públicas, o Estado assumiu, cada vez mais, o encargo da escolarização. Outro fato importante foi a atenção à educação elementar, contrária à tendência até então voltada para o nível secundário e superior. O cuidado com o método de ensino, com base na compreensão da natureza infantil, identificava a intenção de aplicar a psicologia à educação.

Mesmo que tenha persistido a tendência individualista, própria do liberalismo, surgiram preocupações com os fins sociais da educação e com a necessidade de preparar a criança para a vida em sociedade. Enfatizou-se a relação entre educação e bem-estar social, estabilidade, progresso e capacidade de transformação. Daí o interesse pelo ensino técnico ou pela expansão das disciplinas científicas.

Além disso, ao se nacionalizar a educação, demonstrava-se o interesse de formar o cidadão. Pensadores socialistas, como Owen e Fourier, destacaram a necessidade de educação integral e politécnica e a de democratização do ensino, nem sempre alcançadas. No entanto, em pleno século de valorização das ciências, do progresso e da exaltação da técnica, vozes dissonantes, como a de Nietzsche, advertiam sobre o excesso de disciplina e os riscos de uma civilização excessivamente pragmática.

SUGESTÕES DE LEITURA

CAMBI, Franco. *História da pedagogia*. São Paulo: Editora Unesp, 1999. p. 420-421.

FOUCAULT, Michel. *Microfísica do poder*. Rio de Janeiro: Graal, 1979. p. 210-211; 217-218.

ATIVIDADES

1. Tendo em vista o crescimento industrial e o fenômeno da urbanização no século XIX, discorra sobre as novas necessidades da educação.

2. Leia a passagem a seguir, extraída da obra *Emílio*, de Rousseau, e explique em que medida "considerar o homem no homem e a criança na criança" está de acordo com a pedagogia proposta por Pestalozzi.

   Para não corrermos atrás de quimeras, não nos esqueçamos do que convém à nossa condição. A humanidade tem seu lugar na ordem das coisas, e a infância tem o seu na ordem da vida humana: é preciso considerar o homem no homem e a criança na criança. Determinar para cada qual o seu lugar e ali fixá-lo, ordenar as paixões humanas conforme a constituição do homem, é tudo o que podemos fazer pelo seu bem-estar.

   ROUSSEAU, Jean-Jacques. *Emílio, ou Da educação*. São Paulo: Martins Fontes, 2004. p. 73-74.

3. Froebel foi pioneiro ao pensar a educação da primeira infância. Vale mencionar que a fundação do primeiro *Kindergarten* data de 1840, na cidade alemã de Blankenburg. Passados, portanto, dois séculos, discuta a importância atual desse tema, comentando sobre as facilidades que temos hoje, embora fossem inexistentes naquela época.

4. Com base no texto a seguir, argumente se a implantação de escolas de ensino mútuo tem um objetivo mais qualitativo (pedagógico) do que quantitativo (econômico, social) ou vice-versa.

   Buscava-se, pois, no ensino mútuo proposto por Lancaster o equacionamento do método de ensino e de disciplinamento, correlacionados um ao outro. Com efeito, considerando-se que "a maior habilidade exigida e a ser desenvolvida no processo de ensino e aprendizagem, no plano pedagógico de Lancaster, era a memória e não a fluência verbal" (NEVES, 2003, p. 223), não se admitia a conversa. Esta era considerada um ato de indisciplina, já que no entendimento de Lancaster não era possível falar e aprender ao mesmo tempo. Ato contínuo, "o aluno falante havia de ser punido com severidade" (Idem, ibidem). Em suas obras, especialmente em *Sistema britânico de educação*, de 1823, Lancaster dá exemplos detalhados das punições a serem aplicadas aos alunos que, *grosso modo*, podem ser agrupadas em duas formas de castigos: "aqueles que constrangiam fisicamente, não por machucar mas pelo fato de ter pregado no corpo a marca de punição; ou que constrangiam moralmente" (Idem, p. 224).

   SAVIANI, Dermeval. *História das ideias pedagógicas no Brasil*. Campinas: Autores Associados, 2011. p. 128-129. (Coleção Memória da Educação)

5. Leia o trecho a seguir e comente os aspectos que o vinculam a uma concepção pedagógica herdeira do materialismo dialético. Ao mesmo tempo, faça uma leitura crítica do texto fundada nas conquistas sociais dos séculos XX e XXI.

Dos quatro aos sete anos, as crianças frequentam escolas maternais localizadas, bem como as escolas primárias, em edifícios especiais. Lá, os pequenos alunos, enquanto jogam com pequenos cubos ou tijolinhos que lhes servem também para fazer construções, aprendem as operações elementares da aritmética, de acordo com um método criado pela segunda mulher de [Jean-Baptiste André] Godin [...]; o ensino da leitura é feito por meio de letras móveis com as quais as crianças praticam reproduzir as palavras muito simples que o professor desenha no quadro. [...] Durante todos os anos de ensino, a classe é dividida em duas metades, uma das quais é ocupada pelas meninas e a outra, pelos meninos, uma disposição que oferece a vantagem de que todos os alunos assistam às mesmas lições e cresçam lado a lado, fraternalmente; mas, além dos cursos mistos, há aulas específicas para cada sexo: desenho industrial para os meninos; economia doméstica, corte e costura para as meninas. Além disso, todas as crianças aprendem, em lições adequadas à sua idade, sobre o mecanismo econômico da associação, os deveres de morali-

dade prática que ela comporta e os princípios que inspiraram seu fundador.

L'enfant. Revue mensuelle consacrée à l'étude de toutes questions relatives à la protection de l'enfance, n. 181, 20 dez. 1905. p. 225. Disponível em: <http://mod.lk/o0qgs>. Acesso em: 30 jan. 2019 (tradução nossa).

6. No corpo do capítulo, há o depoimento de um aluno de Pestalozzi que revela como a teoria do pedagogo é aplicada, passando do nível da abstração teórica para a prática pedagógica concreta. Compare a declaração mencionada com a frase de Pestalozzi transcrita a seguir.

Eu era inteiramente contrário a solicitar o julgamento das crianças aparentemente maduro antes do tempo, a respeito de qualquer assunto, mas preferia contê-lo ao máximo, até que elas tivessem realmente visto, com seus próprios olhos, o objeto sobre o qual deveriam se manifestar.

PESTALOZZI, J. H. How Gertrude teaches her children. In: EBY, Frederick. *História da educação moderna*: teoria, organização e prática educacionais. Rio de Janeiro; Porto Alegre; São Paulo: Globo, 1962. p. 387.

7. Herbert Spencer, autor do fragmento a seguir, discutiu sobre a educação imbuído de um ideal cientificista. Explique que programa de ensino esse tipo de concepção costuma estabelecer.

Realizações, belas-artes, *belles-lettres*, e todas estas coisas que, como nós dizemos, constituem o florescimento da civilização, deveriam estar totalmente subordinadas àquele conhecimento e disciplina sobre os quais a civilização repousa. Assim como ocupam a parte de lazer da vida, assim deveriam ocupar a parte de lazer da educação.

EBY, Frederick. *História da educação moderna*: teoria, organização e prática educacionais. Rio de Janeiro; Porto Alegre; São Paulo: Globo, 1962. p. 509-510.

8. Com base nas considerações que Nietzsche teceu a respeito da relação entre educação e afirmação da vida, comente o trecho a seguir.

A nós, filósofos, não nos é dado distinguir entre corpo e alma, como faz o povo, e menos ainda a diferenciar alma de espírito. Não somos batráquios pensantes, não somos aparelhos de objetivar e registrar, de entranhas congeladas – temos de continuamente parir nossos pensamentos em meio a nossa dor, dando-lhes maternalmente todo o sangue, coração, fogo, prazer, paixão, tormento, consciência, destino e fatalidade que há em nós. Viver – isto significa, para nós, transformar continuamente em luz e flama tudo o que somos, e também tudo o que nos atinge; *não podemos* agir de outro modo.

NIETZSCHE, Friedrich. *A gaia ciência*. São Paulo: Companhia das Letras, 2001. p. 12-13.

SUGESTÃO PARA SEMINÁRIOS

Esta sugestão consiste na elaboração de seminários. Pode-se escolher trabalhar exclusivamente um dos textos ou articulá-lo com os demais, ressaltando suas similaridades e divergências. Para a melhor compreensão de cada assunto, vale proceder com fichamento de texto, pesquisas e consulta a outras fontes, análise crítica e elaboração de uma pequena dissertação que sistematize a leitura e as conclusões obtidas.

Deve-se mencionar que esta proposta visa ampliar as ideias trabalhadas no tópico sobre a defesa da educação pública durante a Revolução Francesa, mostrando também os reflexos do legado revolucionário aqui no Brasil. Com isso, introduzimos uma discussão que será melhor explorada na segunda parte deste capítulo.

O primeiro dos textos listados a seguir, escrito pelo republicano Condorcet, foi publicado em quatro fragmentos consecutivos no jornal francês intitulado *Biblioteca do homem público* durante o ano de 1791, um pouco antes de, como deputado do Departamento de Paris e membro do Comitê de Instrução Pública, Condorcet apresentar à Assembleia Nacional francesa um plano completo de organização da instrução, abarcando do primário ao ensino superior. O segundo texto, do professor Dermeval Saviani, comenta brevemente sobre a maneira como as memórias de Condorcet foram resgatadas aqui no Brasil por Martim Francisco. Por fim, o terceiro texto consiste em uma análise do projeto apresentado por Martim Francisco para a reforma dos estudos na capitania de São Paulo, no início do século XIX.

1. CONDORCET. A educação pública deve limitar-se à instrução. In: *Cinco memórias sobre a instrução pública.* São Paulo: Editora Unesp, 2008. p. 41-58.

2. SAVIANI, Dermeval. Desenvolvimento das ideias pedagógicas leigas: ecletismo, liberalismo e positivismo (1827-1932). In: *História das ideias pedagógicas no Brasil.* 3. ed. Campinas: Autores Associados, 2011. p. 115-126. (Coleção Memória da Educação)

3. BONTEMPI JR., Bruno; BOTO, Carlota. O ensino público como projeto de nação: a *Memória* de Martim Francisco (1816-1823). Disponível em: <http://mod.lk/nzceu>. Acesso em: 30 jan. 2019.

PARTE II

Brasil: de colônia a Império

CONTEXTO HISTÓRICO

No boxe a seguir, sintetizamos uma breve cronologia que vai desde a vinda da família real para o Brasil, período ainda colonial, até a Proclamação da República, percorrendo, portanto, boa parte do século XIX.

BREVE CRONOLOGIA DO PERÍODO
- **1808:** Vinda da família real para o Brasil.
- **1817:** Insurreição Pernambucana.
- **1822:** Independência do Brasil.
- **1822–1831:** Primeiro Reinado (D. Pedro I).
- **1831–1840:** Período Regencial.
- **1840–1889:** Segundo Reinado (D. Pedro II).
- **1864–1870:** Guerra do Paraguai.
- **1888:** Lei Áurea (abolição da escravatura).
- **1889:** Proclamação da República.

A VINDA DA FAMÍLIA REAL

No ano de 1808, em decorrência das invasões Napoleônicas na Península Ibérica, a família real portuguesa transferiu-se para o Brasil com a ajuda britânica. A mudança da sede do império português para a América acarretou inúmeras transformações, principalmente na cidade do Rio de Janeiro, que precisou adaptar-se rapidamente ao grande número de cortesãos que invadiram suas casas e as ruas antes pacatas.

A vinda de D. João VI ao Brasil exigiu modificações consideráveis: a abertura dos portos e a revogação do alvará que proibia a instalação de manufaturas significaram, de certa forma, uma ruptura do pacto colonial. Eram alguns passos sugestivos em direção a um país independente, embora se tornasse mais nítida e direta a vinculação brasileira ao governo britânico, que se fizera presente desde o século XVII, como já vimos.

BRASIL IMPÉRIO: ESBOÇO INTRODUTÓRIO

Com o fim do domínio Napoleônico na Europa e a realização do Congresso de Viena (1815), que definiu os termos de pacificação no continente, as pressões pelo retorno do rei a Portugal aumentaram. Além disso, internamente, a tensão entre a aristocracia rural e os ricos comerciantes portugueses criavam um clima de instabilidade que culminaria na declaração de Independência do Brasil.

Em razão de turbulências em Portugal, D. João retornara à metrópole, deixando aqui o príncipe que, assessorado por José Bonifácio de Andrada e Silva, proclamou a Independência em 1822, assumindo o trono como D. Pedro I. Esse movimento significou a vitória do partido brasileiro, dos moderados, constituído pelos grandes proprietários de terra, defensores da manutenção do escravismo, bem como de liberais conservadores. Contudo, enquanto na Europa o liberalismo caminhava a passos largos para a industrialização, no Brasil a independência política não propiciou mudanças econômicas e sociais significativas, pois, com a manutenção do regime monárquico, o Estado brasileiro estava comprometido a garantir os privilégios de uma elite.

Em 1831, com a imagem desgastada por uma grave crise econômica e política, D. Pedro I abdicou para assumir a Coroa em Portugal, como Pedro IV. Em razão da menoridade de seu filho, o governo do Brasil ficou a cargo de regentes desde aquela data até 1840, quando iniciou o Segundo Império, com D. Pedro II. A Regência foi um período conturbado por revoltas em diversas províncias e críticas ao escravismo.

Na segunda metade do século XIX, a expansão da produção cafeeira no Oeste Paulista, atendendo ao aumento da demanda do mercado internacional, impulsionou a economia nacional. Por volta de 1880 o café correspondia a 61% das exportações do país. O desenvolvimento da economia cafeeira foi decisivo para o fomento das relações assalariadas e para o desenvolvimento industrial e urbano do país, pois parte do capital acumulado pela produção do café foi investido em outros setores. Dessa maneira, ao lado do *modelo agrário-exportador dependente*, teve início a consolidação do *modelo agrário-comercial-exportador dependente*.

Apesar da boa fase econômica, a partir da década de 1870, a crise do império brasileiro podia ser percebida por uma série de sintomas: o crescimento dos movimentos abolicionistas, atritos do monarca com o Exército e a Igreja e o surgimento do movimento republicano. Com a abolição da escravidão em 1888, a monarquia brasileira perdia o seu último apoio: o da oligarquia escravista cujas fortunas estavam em declínio. No ano posterior, a república viria a ser proclamada no Brasil.

A propósito do conservadorismo brasileiro, comentou o historiador Sérgio Buarque de Holanda:

> A democracia no Brasil foi sempre um lamentável mal-entendido. Uma aristocracia rural e semifeudal importou-a e tratou de acomodá-la, onde fosse possível, aos seus direitos ou privilégios, os mesmos privilégios que tinham sido, no Velho Mundo, o alvo da luta da burguesia contra os aristocratas. E assim puderam incorporar à situação tradicional, ao menos como fachada ou decoração externa, alguns lemas que pareciam os mais acertados para a época e eram exaltados nos livros e discursos.↳

▶ HOLANDA, Sérgio Buarque de. *Raízes do Brasil.* 23. ed. Rio de Janeiro: José Olympio, 1991. p. 119-120.

Em seguida, Buarque de Holanda destaca como os movimentos da Independência e da República partiram de cima para baixo, citando o testemunho de Aristides Lobo – um dos integrantes da conspiração que provocou a queda do Império – a respeito dos acontecimentos de 1889, segundo o qual o povo teria assistido a tudo "bestializado, atônito, surpreso", mesmo porque, naquele momento, "a cor do governo" era "puramente militar" e "a colaboração do elemento civil foi quase nula".

Embora a República tenha sido proclamada no final do século XIX, abordaremos a última década no Capítulo 9.

EDUCAÇÃO NO PERÍODO JOANINO

No período em que D. João VI ainda se encontrava no Brasil, as inovações no campo cultural foram as seguintes:

▶ Imprensa Régia (1808): até então as publicações eram proibidas; sob proteção oficial, surgiram: a *Gazeta do Rio de Janeiro* (1808) e, na Bahia, *A idade de ouro no Brasil* (1811); já o *Correio Braziliense*, impresso em Londres, era o único jornal de oposição à política de D. João VI.

▶ Real Biblioteca (1810), futura Biblioteca Nacional, composta por 60 mil volumes trazidos por D. João VI; franqueada ao público em 1814.

▶ Jardim Botânico do Rio (1810), para incentivar estudos de botânica e zoologia, fez o levantamento de variedades de plantas e animais e estimulou expedições científicas.

- Missão cultural francesa (1816), organizada por Joaquim Lebreton, com convite para os artistas franceses Jean-Baptiste Debret, Nicolas-Antoine Taunay, o arquiteto Grandjean de Montigny e outros, que influenciaram a criação da Escola Nacional de Belas Artes. Apesar do valor dessa obra, vale lembrar que a estética estrangeria neoclássica firmou-se à revelia do estilo barroco brasileiro, interrompendo a tradição da arte colonial.
- Museu Real (1818), depois Museu Nacional, inicialmente com material fornecido pelo rei, mais tarde recebeu a coleção mineralógica de José Bonifácio, além de várias coleções de zoologia doadas por naturalistas estrangeiros em viagem pelo Brasil.

A primeira medida referente à educação, tomada por D. João VI assim que chegou ao Brasil, em 1808, foi a criação de escolas de nível superior para atender às necessidades do momento, ou seja, formar oficiais do exército e da marinha para a defesa da colônia, bem como engenheiros militares, médicos, além de abrir cursos especiais de caráter pragmático. Vejamos algumas dessas realizações.

- Academia Real da Marinha (1808) e Academia Real Militar (1810): foram anexadas após 1832, compondo uma instituição de engenharia militar, naval e civil; com sucessivas junções e desmembramentos, a Escola Militar organizou-se em 1858 e a Escola Politécnica em 1874, como instituições que, respectivamente, preparavam para a carreira militar e para formar engenheiros civis.
- Cursos médico-cirúrgicos: a partir de 1808, na Bahia e no Rio; visavam à formação de médicos para a marinha e o exército.
- Diversos cursos avulsos de economia, química e agricultura, também na Bahia e no Rio.

As faculdades propriamente ditas, tais como as de ensino jurídico, foram criadas no período do Primeiro Império, como veremos adiante.

POLÍTICA EDUCACIONAL: PRIMEIRAS PROVIDÊNCIAS

No século XIX, ainda não havia uma política de educação sistemática e planejada. As primeiras resoluções tendiam a resolver problemas imediatos, sem encará-los como um todo. Quando a família real chegou ao Brasil, persistiam as aulas régias do tempo de Pombal, o que obrigou o rei a criar escolas, de início as superiores, como vimos, a fim de atender às necessidades do momento.

Examinando os dois primeiros níveis de ensino nos períodos do Primeiro e do Segundo Império, notam-se dificuldades de sistematização, mas a situação era mais caótica no ensino elementar. As dificuldades do ensino secundário decorriam do frequente prevalecimento do objetivo propedêutico, por se encontrar atrelado a interesses de ingresso em cursos superiores. Veremos, em cada um dos níveis – elementar, secundário e superior –, as respectivas medidas assumidas ou abandonadas e as esperanças depositadas em metodologias raramente aplicadas de fato.

Não existia o que se poderia chamar de *pedagogia brasileira*, no entanto, alguns intelectuais, influenciados por concepções europeias e estadunidenses, ensaiavam novos rumos para a educação, ao apresentarem projetos de leis e criarem escolas, além de debates abertos com a sociedade civil.

Tratava-se de uma atuação irregular, fragmentária e quase nunca com resultados satisfatórios, em virtude da distância entre a teoria e a prática efetiva, exemplificada por situações contraditórias, na lenta passagem de uma sociedade rural-agrícola para a urbano-comercial. Forças conservadoras de uma tradição agrária sustentada por escravos resistiam às ideias liberais implantadas na Europa, onde a economia capitalista se encontrava em expansão e as ideias iluministas já eram aplicadas.

Vejamos algumas dessas teorias e as tentativas de colocá-las em prática.

ECLETISMO ESPIRITUALISTA: A POLÍTICA DE CONCILIAÇÃO

O ecletismo foi um tipo de filosofia espiritualista que ressurgiu na França com Victor Cousin (1792-1867), professor da Universidade de Paris e da Escola Normal Superior. O termo ecletismo é aplicado, desde a Grécia antiga, às teorias que se caracterizam pela junção de diversas concepções, em que se escolhe o melhor de cada uma delas. Estudioso de Descartes, Kant e Hegel – tendo conhecido este pessoalmente –, Cousin buscou o que havia de verdade nos sistemas vigentes naquele período, como o sensualismo, o idealismo, o ceticismo e o misticismo.

Essas ideias foram disseminadas no Brasil por Silvestre Pinheiro Ferreira (1769--1846), lisboeta que, no período em que ainda se encontrava em Portugal, lecionou na Universidade de Coimbra, tendo sido obrigado a abandonar a cátedra abruptamente em virtude de dissidências atribuídas a suas ideias inovadoras, em que reinterpretava Aristóteles distanciado da tradição Escolástica medieval e conectado às concepções empiristas de John Locke e Condillac. Ocupou cargos importantes em diversas cidades europeias até retornar a Lisboa sem riscos de novas perseguições, ocasião em que se juntou à esquadra de D. João VI, como conselheiro do Rei.

Chegando ao Brasil, como filósofo e político exerceu vários cargos importantes ligados a economia, filologia, direito e pedagogia, além de produzir extensa bibliografia, apoiado em uma perspectiva liberal inovadora. No período de 1813 e 1821, instaurou significativo debate de ideias, em que defendia um liberalismo moderado e conservador, com base no ecletismo, tendência que favorecia a política de conciliação mantida até 1830, quando ocorreram revoltas nas províncias, desejosas não apenas de independência, além da reivindicação de bandeiras antiescravagistas. A reação do governo fortaleceu a orientação conservadora, encerrando a tendência da política de conciliação.

Mesmo que Silvestre Ferreira tenha retornado a Portugal em 1822, o ecletismo continuou influente entre intelectuais durante as décadas de 1830 a 1850. Adotado como filosofia oficial no Colégio Pedro II, por consequência, seu pensamento seguiu sendo modelo nas demais escolas de ensino secundário.

BRASIL IMPÉRIO: LEI DE 1827

Logo após a Independência, D. Pedro convocou a Assembleia Geral Constituinte e Legislativa, em cuja Comissão atuou Martim Francisco Ribeiro d'Andrada Machado↓, que apresentou um projeto de organização da instrução nacional pública, dividida nos três graus, elementar, secundário e superior. Na verdade, essas ideias tiveram inspiração em uma

▶ Martim Francisco era irmão de José Bonifácio de Andrada e Silva, o Patriarca da Independência.

obra do Marquês de Condorcet (1743-1794), apresentada no século anterior à Assembleia Legislativa da França, em pleno Iluminismo e a quem nos referimos na Parte I.

É interessante destacar a distinção feita por Condorcet entre *instrução pública* e *educação nacional*, esclarecida por ele na obra *Cinco memórias sobre a instrução pública*. Assim explana o professor Dermeval Saviani:

> Na primeira memória sobre a instrução pública, Condorcet apresenta três razões, em defesa da tese de que "a educação pública deve se limitar à instrução". À parte a segunda razão atinente aos direitos dos pais e a terceira, referida à independência de opiniões, a primeira razão apontada diz respeito à diferença necessária dos trabalhos e das posses que impede que se dê à educação pública a maior amplitude. Argumenta, então, que, embora sendo todos os homens livres e possuindo os mesmos direitos, uma grande parte dos filhos dos cidadãos é destinada a ocupações duras que tomarão todo o seu tempo; uma outra parte, cujos recursos dos pais permitem destinar mais tempo a uma educação mais extensa, tem acesso a profissões mais lucrativas; por fim os que, nascidos com uma fortuna independente, podem dedicar-se inteiramente a uma educação que lhes assegure os meios de uma vida feliz. Conclui, assim, que é "impossível submeter a uma educação rigorosamente idêntica homens cuja destinação é tão diferente". Portanto, a educação pública deve limitar-se à instrução, já que esta é passível de ser graduada, escalonada, ao passo que uma educação comum tem que ser completa; caso contrário, ela será nula e até mesmo prejudicial.↳

A distinção feita por Condorcet entre instrução pública e educação completa, levada a cabo na primeira das *Cinco memórias sobre a instrução pública*, destinou a primeira ao povo simples e a segunda à elite. Para esse entusiasta dos ideais da Revolução Francesa, nem tudo ocorreria, então, em pé de igualdade, chegando a declarar o contraditório enun-

▶ SAVIANI, Dermeval. *História das ideias pedagógicas no Brasil*. 3. ed. Campinas: Autores Associados, 2010. (Coleção Memória da Educação). O autor faz referências à seguinte edição: CONDORCET. *Cinq mémoires sur l'instruction publique*. Paris: Edilig, 1989. p. 56-72.

ciado segundo o qual a igualdade absoluta na educação poderia existir apenas em sociedades que têm seus trabalhos exercidos por escravos. Numa sociedade inteiramente composta de pessoas livres, as necessárias ocupações penosas – impostas aos desfavorecidos – impediriam que estes tivessem a mesma educação que os demais. Há, assim, sob essa perspectiva, uma diferenciação de tratamentos concedidos a pessoas com "destinações" distintas. Fazendo um paralelo com nossos dias, será que o tratamento dispensado a um jovem que conclui o ensino médio visando ao mundo do trabalho equivale àquele conferido a quem pretende fazer dessa etapa de estudo um caminho para cursar a faculdade? Ou teríamos aí uma confirmação da desigualdade, ao adequar os estudos conforme os recursos materiais dos estudantes?

As discussões na Assembleia Constituinte de 1823 voaram alto demais. Motivados pelos ideais iluministas da Revolução Francesa, os deputados brasileiros aspiravam a um sistema de educação que resultou em lei nunca cumprida, até porque a Assembleia Constituinte foi dissolvida por D. Pedro e a Constituição, outorgada↓ pela Coroa. Mantiveram-se o princípio de liberdade de ensino sem restrições e a intenção de "instrução primária gratuita a todos os cidadãos". Finalmente, foi instituída a lei de 1827, a primeira genuinamente brasileira.↳

> ▶ A Constituição é *aprovada* quando é submetida à avaliação dos deputados da Assembleia Constituinte; e é *outorgada* se elaborada por outros que não os deputados eleitos e imposta de forma autoritária à nação.

Conforme comenta Fernando de Azevedo:

> [...] a única [lei] que em mais de um século se promulgou sobre o assunto para todo o país e que determina a criação de escolas de primeiras letras em todas as cidades, vilas e lugarejos (art. I) e, no art. XI, "escolas de meninas nas cidades e vilas mais populosas". Os resultados, porém, dessa lei que fracassou por várias causas, econômicas, técnicas e políticas, não corresponderam aos intuitos do legislador; o governo mostrou-se incapaz de organizar a educação popular no país; poucas, as escolas que se criaram, sobretudo as de meninas, que, em todo o território, em 1832, não passavam de vinte, [...] e na esperança ilusória de se resolver o problema pela divulgação do método de Lancaster ou de ensino mútuo que quase dispensava o professor, transcorreram quinze anos (1823-1838) até que se dissipassem todas as ilusões...↓

> ▶ O fato de a primeira lei sobre educação ter sido aprovada em 15 de outubro de 1827 inspirou a escolha da data para a comemoração do Dia do Professor.

Sem a exigência de conclusão do curso primário para acesso a outros níveis, a elite educava seus filhos em casa, com preceptores. Outras vezes, os pais, em comum acordo, contratavam professores para aulas em algum lugar escolhido, portanto, sem vínculos com o Estado. Aos demais segmentos sociais, restava a oferta de poucas escolas cujas atividades se restringiam à instrução elementar: ler, escrever e contar.

> ▶ AZEVEDO, Fernando de. *A cultura brasileira*. 7. ed. São Paulo: Edusp, 2010. p. 606.

ENSINO SUPERIOR

No capítulo anterior, vimos que, para frequentar os cursos superiores, os jovens brasileiros atravessavam o Atlântico em direção a instituições europeias, sobretudo de Coimbra e de Évora, em Portugal, embora no Brasil já existissem cursos superiores, como os seminários, contudo destinados à formação de padres.

No início deste capítulo nos referimos a alguns cursos de nível superior criados no Brasil ainda no período joanino, cuja instalação ligava-se intimamente à defesa militar da colônia e ao atendimento dos interesses da família real aqui sediada. Apenas depois da Independência foram disponibilizados dois cursos jurídicos: um deles na cidade de

São Paulo (no Largo de São Francisco) e outro em Recife. Fundados em 1827, passaram a faculdades em 1854.

Mesmo quando transformados em faculdades, os cursos superiores permaneceram como institutos isolados e apenas no século XX surgiu o interesse de formação de universidades. De qualquer maneira, a atenção especial dada ao ensino superior reforçava o caráter elitista e aristocrático da educação brasileira, por privilegiar o acesso a nobres, proprietários de terras e a uma camada intermediária, decorrente da ampliação dos quadros administrativos e burocráticos.

Para Fernando de Azevedo, por se tratar de uma sociedade de economia apoiada no latifúndio e na escravidão, parecia evidente o descaso pela educação popular, frente ao interesse voltado para atividades públicas, administrativas e políticas, nas quais prevalecia a valorização de bacharéis e doutores. Os cursos jurídicos eram os que mais atraíam os jovens na segunda metade do século XIX, época de ouro do bacharel, cujo prestígio vinha sobretudo do uso da tribuna. Já a camada intermediária procurava esses cursos, não só para seguir a atividade jurídica, mas para ocupar funções administrativas e políticas ou dedicar-se ao jornalismo. Além disso, o diploma exercia uma função de "enobrecimento". Letrados e eruditos, com ênfase na formação humanística, cada vez mais se distanciavam do trabalho físico, "maculado" pelo sistema escravista.

MÉTODO MONITORIAL

Do ponto de vista pedagógico, o método de ensino mútuo ou monitorial, inspirado na obra do pedagogo inglês Lancaster – como vimos na primeira parte deste capítulo –, foi o primeiro a ser aplicado nas escolas, com o objetivo de instruir o maior número de alunos com o menor gasto possível. O método foi adotado por decreto em 1827 e arrastou-se sem muito sucesso provavelmente até 1854. Mesmo depois, ainda aparecia em alguns lugares geralmente mesclado a outros métodos ou em seu formato original.

O fracasso da experiência deveu-se a várias causas. A necessidade de salas bem amplas para abrigar grande número de alunos certamente não foi contemplada, porque os prédios escolhidos, sempre de improviso, não eram apropriados. Faltava, ainda, material adequado, tais como bancos, quadros, fichas, sinetas, compêndios etc. Apesar de criarem-se escolas normais em vários estados para a instrução do método mútuo, nem sempre os professores se sentiam bem preparados, além de descontentes com a remuneração. Os resultados da experiência, medíocres e artificiais, ancoravam-se na atividade de monitores, ou seja, dos próprios colegas de 10 ou 12 anos, incumbidos de repassar o aprendido aos demais.

É lamentável notar que, no texto de nossa primeira lei sobre instrução pública de 1827, houvesse a seguinte explicitação:

Art. 5º. Para as escolas do ensino mútuo se aplicarão os edifícios, que couberem com a suficiência nos lugares delas, arranjando-se com os utensílios necessários à custa da Fazenda Pública e os Professores que não tiverem a necessária instrução deste ensino, *irão instruir-se em curto prazo e à custa dos seus ordenados nas escolas das capitais.* [Grifo nosso]↪

▶ Lei de 15 de outubro de 1827. Disponível em: <http://mod.lk/7tmdg>. Acesso em: 30 jan. 2019.

DESCENTRALIZAÇÃO DO ENSINO

Pelo Ato Adicional de 1834, de emenda à Constituição, descentralizou-se o ensino elementar, o secundário e o de formação de professores, isto é, o governo federal passou a responsabilidade desses setores para a iniciativa das províncias, permanecendo apenas o curso superior a encargo do poder central. Desse modo, a educação do povo foi confiada às províncias, com suas múltiplas e precárias orientações.

Contudo, ocorreu uma *pseudodescentralização*, pois em 1837 foi fundado no Rio de Janeiro o Colégio D. Pedro II, que permaneceu sob a jurisdição da Coroa. Destinado a educar a elite intelectual e a servir de padrão de ensino para os demais liceus do país, esse colégio era o único autorizado a realizar exames parcelados para conferir grau de bacharel, indispensável para o acesso a cursos superiores. Essa distorção retirou do ensino secundário o foco da formação global dos alunos para tornar-se ainda mais propedêutico. Como agravante, os demais liceus provinciais precisavam adequar seus programas aos do colégio-padrão, inclusive recorrendo aos mesmos livros didáticos. Muitas vezes, sequer havia currículo nessas escolas, reduzidas a aulas avulsas de disciplinas que seriam objeto de exame. Além disso, muitos decretos e projetos de lei apresentados às câmaras legislativas transformavam-se rapidamente em letra morta.

REFORMA COUTO FERRAZ

Em 1854, a Reforma Couto Ferraz↪deu início a uma série de reformas sobre a organização do ensino a que se sucederam discussões sobre metodologia. O minucioso documento propôs a regulamentação da instrução primária e secundária do Município da Corte, com as seguintes iniciativas: adoção do princípio da obrigatoriedade do ensino, com multas para pais ou responsáveis por crianças de mais de 7 anos fora da escola; inspeção escolar não só do regime disciplinar de professores, como de diretores de escolas e criação de professores adjuntos. Esta última providência tinha por objetivo dispensar a criação de Escolas Normais, desativando-se a já existente em Niterói. Os adjuntos seriam docentes auxiliares escolhidos por concurso aberto para discípulos maiores de 12 anos de todas as escolas públicas a serem reavaliados a cada triênio. Para aqueles com mais de 18 anos haveria a possibilidade de passarem de adjuntos a professores.

▶ Reforma assinada pelo ministro Luiz Pedreira do Couto Ferraz.

Muitas das orientações não se cumpriram, inclusive a do fechamento de escolas normais, pois a de Niterói, inativada em 1849, foi reaberta 10 anos depois. Além disso, apesar da obrigatoriedade do ensino, segundo o relatório de Liberato Barroso de 1867, apoiado em dados oficiais, apenas 10% da população em idade escolar se matriculara em escolas primárias.

Por ocasião da mesma reforma, foram instituídas as *conferências pedagógicas*, com a intenção de difundir ideias novas para professores e público interessado. No entanto, as conferências se realizaram apenas a partir de 1873. Até 1886, apenas na Corte organizaram-se nove delas, enquanto diversas outras províncias ofereceram conferências a um público ávido de novidades vindas de países adiantados. Além de métodos possíveis de serem implantados, discutiam-se outros assuntos, como higiene escolar, castigos corporais, atuação do Estado na educação, formação de professores, escola popular etc.

Outras medidas, como o Congresso da Instrução, em 1883, decorreram de iniciativa do próprio imperador Pedro II. A abertura de debates já era comum em países mais adiantados, bem como de exposições pedagógicas, o que estimulou também aqui a instalação de museus de educação, não só para mestres, mas alguns para o público em geral. Bibliotecas, publicações diversas e livros propunham disseminar questões educacionais, enquanto a imprensa – sobretudo os jornais *A Província de S. Paulo* (fundado por Rangel Pestana e hoje *O Estado de S. Paulo*) e a *Gazeta de Campinas* – comprometeu-se com o objetivo de ampliar a instrução popular na divulgação das novas ideias.

Pouco antes, em 1882, o conselheiro Rodolfo Dantas apresentara ao parlamento um projeto de reforma, estudado por comissão especialmente nomeada, tendo como relator Rui Barbosa, famoso pela erudição e eloquência, e que elaborou extenso parecer de análise da situação do ensino no Brasil. Apesar do levantamento cuidadoso do ensino em países mais adiantados, resultou desse empenho "um plano ideal e teórico", distante da realidade brasileira – portanto, incapaz de soluções eficazes.

De qualquer maneira, a fermentação de ideias continuou alimentando durante muito tempo as esperanças de transformação da sociedade por meio da educação universal, no espírito que mais tarde iria caracterizar o otimismo da Escola Nova, confiante no caráter de democratização da educação.

Assim diz Maria Helena Camara Bastos, em um artigo que, não por acaso, se chama "A educação como espetáculo":

> As conferências populares, públicas, literárias, pedagógicas ou de professores são reconhecidas como fator relevante para o progresso e melhoramento da instrução primária. Têm caráter educativo e modernizante de vulgarização do conhecimento; têm uma perspectiva de atualização, de continuação dos estudos depois da formação, de vulgarização e aperfeiçoamento dos métodos de ensino das diferentes matérias, língua francesa, cálculo, métodos de leitura e escrita, métodos de geografia e história.→

▶ BASTOS, Maria Helena Camara. A educação como espetáculo. In: STEPHANOU, Maria; BASTOS, Maria Helena Camara (Orgs.). *Histórias e memórias da educação no Brasil*. Rio de Janeiro: Vozes, 2005. p. 117. v. 2.

REFORMA LEÔNCIO DE CARVALHO, 1879

No último quartel do século XIX ocorreram mudanças significativas no Brasil: surto industrial, fortalecimento da burguesia urbano-industrial, aceleração da política imigratória, abolição da escravatura e, por fim, queda da monarquia e proclamação da República.

No campo das ideias, o então dominante pensamento católico começava a enfrentar a oposição do positivismo e da ideologia liberal leiga, que exerceram forte influência na libertação dos escravos e na proclamação da República. Na esfera educacional, a orientação positivista do ensino intensificava a luta pela escola pública, leiga e gratuita, bem como pelo ensino das ciências. Não se pode negar, portanto, que nas últimas três décadas do século XIX tenha fermentado o debate sobre questões propriamente metodológicas.

Entre as reformas, destaca-se a de Leôncio de Carvalho, chamado por Fernando de Azevedo "o inovador de ensino mais audacioso e radical do período do Império", assim caracterizado por estabelecer normas para o ensino primário, secundário e superior na reforma de 1879. Nessa lei, defendeu a liberdade de ensino – inclusive sem a fiscalização do governo –, liberdade de frequência, de credo religioso (os não católicos estavam desobrigados de assistirem às aulas de religião), a criação de escolas normais e o fim da proibição de matrícula de escravos. Estimulou ainda a organização de colégios com propostas divergentes, como, por exemplo, os de tendência positivista, que, por valorizarem as ciências, talvez pudessem superar o ensino acadêmico e humanista da tradição colonial. Outra iniciativa sua foi sugerir a adoção do método intuitivo ou de lições de coisas, que veremos a seguir. Porém, nem todas essas propostas se efetivaram.

A reforma de Leôncio de Carvalho esteve em vigor por pouco tempo, embora a discussão sobre a interferência ou não do Estado continuasse acesa. Por exemplo, Rui Barbosa atribuía ao Estado a obrigação de tomar para si os cuidados com a educação, porque, entre outras coisas, as escolas particulares se orientavam pelas leis do mercado. Essas discussões repercutiriam de maneira mais efetiva nos primeiros anos da República.

MÉTODO INTUITIVO

Após o fracasso da implantação do método monitorial lancasteriano, na primeira metade do século XIX, a grande discussão pedagógica na sua segunda metade deu-se em torno do *método intuitivo* e *lições de coisas*. Essas ideias surgiram pela divulgação do pensamento dos franceses Célestin Hippeau (1808-1883) e Ferdinand Buisson (1841-1932) na América Latina e também nos Estados Unidos.

Ao participar da Exposição de Paris, em 1878, Buisson referiu-se aos antecessores desse método: os empiristas John Locke e Étiene Bonnot de Condillac; a defesa da "razão sensitiva" de Jean-Jacques Rousseau; a valorização da educação popular por Pestalozzi, defensor do desenvolvimento espontâneo do aluno, com base na intuição psicológica; o equipamento lúdico para o desenvolvimento sensório-motor das crianças na primeira infância inventado por Froebel. Contudo, Buisson reconheceu em Marie Pape-Carpantier (1815-1878) – pedagoga e feminista – a popularização mais recente do método e a criação de material didático, como a Caixa de Lição de Coisas e a Lanterna Mágica, aparelho para projetar figuras com forte apelo visual.

A ênfase do método está em reconhecer que os sentidos são a porta para todo conhecimento. Ao contrário da tradição, que valoriza o ensino discursivo, que atua por raciocínio lógico e, portanto, é abstrato, busca-se iniciar a instrução primária educando a sensibilidade, pela qual percebemos cores, formas, sons, luz etc. É ela que prepara e antecipa a intuição intelectual, quando então percebemos as relações (de igualdade, causalidade etc.) entre as coisas. Ou seja, rejeitando a educação livresca, a criança deveria aprender a ler o mundo visível, pela observação e percepção das relações entre os fenômenos.

Embora a expressão "lição de coisas" servisse para indicar o método intuitivo aplicado em todas as disciplinas, com frequência ela designava o ensino elementar de ciências da natureza, isto é, restringia-se a uma das disciplinas do currículo. Buisson mesmo reconhecera essas duas possibilidades, mas ressaltava ser importante compreender "lição de coisas" como método constituinte de todo programa de ensino. Rui Barbosa considerava importante a divulgação do método intuitivo entre os professores e, para tanto, traduziu *Primeiras lições de coisas*, do estadunidense Norman Calkins.

O método intuitivo contou com o entusiasmo de diversos intelectuais dedicados à educação, fossem eles fundadores de escolas, professores ou conferencistas. Além do próprio Leôncio de Carvalho, Américo Brasiliense e Rangel Pestana, vale citar João Köpke (1852-1926), intelectual reconhecidamente culto, de ideias positivistas e republicano ativo. Inicialmente formado em direito, exerceu por pouco tempo a função de magistrado, tornando-se educador. Em São Paulo, abriu em 1884 a Escola Primária Neutralidade, em que a escolha do nome indicava a orientação positivista que se pretende neutra, imparcial, sem compromisso com qualquer crença e focada no ensino da ciência. Posteriormente, mudou-se para o Rio de Janeiro, onde fundou um instituto de educação e uma associação de professores. Escreveu extensa obra com tratados de pedagogia e livros para crianças e jovens. A excelência de suas atividades no magistério foi oficialmente reconhecida por meio de declaração do governo imperial.

ESCOLAS PARTICULARES NO FINAL DO SÉCULO

Após a visão geral sobre os métodos de ensino e as reformas propostas pelo Estado, vejamos alguns temas específicos, como as escolas particulares, a formação de professores, o ensino técnico e a educação da mulher.

Na segunda metade do século XIX, discutiu-se acerca da necessidade de prédios adequados para o ensino, o que recebeu muitas críticas em jornais e assembleias a respeito das precárias instalações oferecidas aos alunos pelo Estado. Contudo, quando se fala de escolas particulares, é bem outra a realidade.

Como vimos na segunda parte do capítulo anterior, o Seminário de Olinda, Pernambuco, fundado ainda em 1798 pelo bispo Azeredo Coutinho, constituiu notável exceção à tradição humanista e literária. Sob a inspiração das ideias iluministas, que impregnavam as reformas pombalinas na Universidade de Coimbra, aquele colégio deu destaque ao ensino de ciências, línguas vivas e literatura moderna, sem se descuidar da aplicação de uma nova metodologia. No mesmo espírito inovador, Azeredo Coutinho fundou o primeiro colégio para as meninas de casa-grande e de sobrado, isto é, para as filhas de senhores de engenho e para as da elite urbana.

A partir de meados da década de 1860 novos debates tomaram conta das assembleias e da sociedade, no sentido de imprimir nas escolas o viés mais liberal de defesa das ideias de liberdade de ensino e de consciência, em implantação nos Estados Unidos, bem como das novidades pedagógicas que circulavam no exterior.

A tendência de criar escolas religiosas no Brasil do século XIX era oposta à do resto do mundo, em virtude da laicização que se tornava cada vez mais exigida. Entre nós, predominava ainda a ideologia religiosa, sobretudo a católica. No período de 1860 a 1890, a iniciativa particular organizou-se, criando importantes colégios, inclusive de jesuítas, que retornaram oitenta anos após sua expulsão. Um exemplo foi o Colégio São Luís, fundado na cidade de Itu, em 1867, e depois transferido para São Paulo, em 1917. Em Minas Gerais, o Colégio Caraça, fundado em 1820, passou em 1856 para a direção de padres franceses lazaristas, de metodologia avançada.

Também os protestantes trouxeram inovações da educação estadunidense para o Colégio Mackenzie (1870), em São Paulo, o Colégio Americano (1885), em Porto Alegre, o Colégio Internacional (1873), em Campinas (SP), entre outros.

Destacaram-se, no entanto, importantes iniciativas leigas, como é o caso da Sociedade Culto à Ciência, de Campinas, fundada por maçons. Com pressupostos de inspiração positivista, oferecia o estudo de ciências, menosprezado pela tradição humanística. No Rio de Janeiro e na Bahia, surgiram outras escolas leigas, criadas geralmente por iniciativa de médicos e engenheiros, com extremo cuidado na contratação de mestres competentes.

Os colégios leigos da época eram os mais progressistas e renovadores. Acrescentando-se a estes os já referidos colégios religiosos, percebe-se que grande parte da elite se dirigia às escolas particulares. Além disso, os poucos liceus provinciais fundados pela iniciativa pública enfrentavam dificuldades diversas, decorrentes da falta de organização e de recursos, corpo docente mal habilitado e até de insuficiente número de alunos, o que levou muitos a fecharem as portas.

No Capítulo 9, "Brasil: a educação contemporânea", retornaremos às questões relativas à educação positivista, no final do século XIX e no início do XX.

FORMAÇÃO DE PROFESSORES

Retomando a polêmica sobre as escolas para formação de mestres, vimos que a Escola Normal de Niterói, capital da província do Rio de Janeiro, fundada em 1835, fora fechada em 1849 por falta de alunos, para retornar às atividades somente 10 anos depois. Além das escolas normais de Minas Gerais (1836, instalada em 1840), Bahia (1836, instalada em 1841) e São Paulo (1846), por volta das décadas de 1860 e 1880 outras tantas foram criadas, no entanto, com duração instável, fechando e retornando às atividades.

O descaso pelo preparo do mestre fazia sentido em uma sociedade não comprometida em priorizar a educação elementar. Além disso, prevalecia a tradição pragmática de acolher professores sem formação, apoiada no pressuposto de ser desnecessária a escolha de um método pedagógico específico. Essa tendência, embora começasse a ser criticada pelo governo – a Escola Normal de Niterói fora fundada em 1835 para que os mestres aprendessem a aplicar o método lancasteriano do ensino mútuo –, iria predominar ainda por muito tempo, em decorrência da concepção "artesanal" da formação do próprio professor no dia a dia.

Além disso, era grande a distância entre o discurso de valorização da profissão docente e a sua prática efetiva, porque o próprio governo não oferecia adequado apoio didático às escolas e ainda selecionava os mestres em concursos e exames que dispensavam a formação profissional. Segundo Leonor Maria Tanuri, nesses exames – que por não terem efetiva publicidade eram pouco disputados –, o candidato deveria mostrar que:

> [...] lê correntemente, escreve com maior ou menor apuro caligráfico, efetua as quatro operações fundamentais da aritmética, às vezes com dificuldade e alguns erros; a parte teórica não é devidamente aprofundada. Em Religião, recita de cor as orações principais da Igreja: responde a uma ou outra pergunta, sem, contudo, dar provas de que cabalmente compreende os princípios e a doutrina.↓

Outra causa que agia contra a formação adequada de mestres era o costume de nomear funcionários públicos sem concurso, tendo em vista a troca de apoio, forma de clientelismo que sempre existiu – e continua existindo – no Brasil dos laços de família e dos favores que estimulam a prática de nepotismo e protecionismo.

▶ *Revista Brasileira de Educação.* Campinas: Autores Associados; Anped (Associação Nacional de Pós-Graduação e Pesquisa em Educação), n. 14, maio-ago. 2000. p. 65.

Geralmente as escolas normais ofereciam apenas dois a três anos de curso, muitas vezes de nível inferior ao secundário. Para ingressar, bastava saber ler e escrever, ser brasileiro, ter 18 anos de idade e "bons costumes". De início, atendiam apenas rapazes: a primeira escola normal de São Paulo, apenas trinta anos depois de fundada, passou a oferecer uma seção para mulheres, e, com o tempo, a clientela tornou-se predominantemente feminina. Essa feminização resultou em parte da lenta entrada da mulher na esfera pública, já que a profissão de magistério era uma das poucas que lhe permitiam conciliar com as obrigações domésticas e também por ser uma atividade socialmente aceita, geralmente ligada à experiência maternal das mulheres – de novo o aspecto artesanal da educação –, e, por fim, mas não por último, tratava-se de um ofício cuja baixa remuneração era aceita mais resignadamente por elas.

Por volta das décadas de 1860 e seguintes, quando o interesse pela educação recrudesceu nos debates da sociedade, a formação de professores adquiriu maior relevo, ao lado de inúmeras outras providências para melhorar o ensino. Segundo Tanuri, se daquelas escolas normais criadas nas décadas de 1830 e 1840 haviam restado apenas quatro em 1867, já em 1883 encontravam-se 22 delas funcionando em todo o Brasil.

Dessa feita, o que se propunha era preparar o professor para "saber se portar, saber o que ensinar e saber como ensinar". Por exemplo, após sua reativação, a Escola Normal de Niterói teve como diretor, no período de 1868 a 1876, o bacharel e jornalista Alambary Luz, que trabalhou com a intenção de tornar aquela instituição uma escola-modelo. Nesse período, o currículo foi ampliado e enriquecido, e a aprendizagem da metodologia pedagógica modernizou-se, acatando novidades da Europa e dos Estados Unidos, que enfatizavam o ensino intuitivo. Ainda com esse propósito, Alambary Luz importou material didático próprio para a aplicação do método.

CURSOS PROFISSIONALIZANTES

O ensino técnico no período do Império era bastante incipiente. O governo se desinteressava da educação popular e também da formação técnica, para privilegiar as profissões liberais destinadas à minoria. Da mesma forma, até pouco tempo a historiografia voltava as atenções para a formação das elites políticas e intelectuais, enquanto recebia menor atenção esse segmento da educação.

Nossa tradição humanística, retórica e literária, distanciada da realidade concreta vivida, não valorizava a educação voltada para problemas práticos e econômicos. Aliava-se a isso a mentalidade escravocrata, que desprezava o trabalho feito com as mãos, tendo-o como humilhante e inferior. É preciso ficar claro, porém, que a desvalorização dos ofícios com os quais os escravos se ocupavam – como carpinteiros, ferreiros, pedreiros, tecelões – decorria, não tanto do tipo de trabalho em si, mas do fato de esses ofícios estarem sempre relacionados à condição social inferior de quem os exercia.

Na segunda parte do capítulo anterior, vimos que, até a primeira metade do século XVIII, os jesuítas ofereciam oficinas para a formação de artífices, mas, ao serem expulsos, embora essa atividade continuasse precariamente por iniciativa particular ou de outras ordens religiosas, ela demorou a ser tratada com mais atenção pelo Estado. De fato, isso só ocorreu por ocasião da vinda da família real para o Brasil.

Já dissemos que as primeiras medidas de D. João VI privilegiaram cursos de formação superior, a não ser o Colégio das Fábricas, criado em 1809 e destinado a ensinar ofícios aos órfãos que aqui chegaram com a comitiva real e aprendiam com artífices, também trazidos de Portugal. A aprendizagem ocorria nos próprios locais de trabalho, como cais, hospitais, arsenais militares e da marinha, sem precisar de escolas. Apenas mais tarde é que cuidaram de ensinar as primeiras letras a esses jovens. Como os homens livres desprezassem esses ofícios, o governo usou de subterfúgios para conseguir formar artífices, confinando desocupados e miseráveis para aprendizagem compulsória em guarnições militares e navais.

Entre 1840 e 1856, as Casas de Educandos Artífices, caracterizadas pela disciplina militar, foram criadas em dez províncias. Em 1875, um desses estabelecimentos de destaque foi o Asilo dos Meninos Desvalidos, como explica Luiz Antônio Cunha:

> Os "meninos desvalidos" [do Asilo dos Meninos Desvalidos] eram os que, de idade entre 6 e 12 anos, fossem encontrados em tal estado de pobreza que, além da falta de roupa adequada para frequentar escolas comuns, vivessem na mendicância.

Esses meninos eram encaminhados pela autoridade policial ao asilo, onde recebiam instrução primária e aprendiam os ofícios de tipografia, encadernação, alfaiataria, carpintaria, marcenaria, tornearia, entalhe, funilaria, ferraria, serralheria, courearia ou sapataria. Concluída a aprendizagem, o artífice permanecia mais três anos no asilo, trabalhando nas oficinas, com o duplo fim de pagar sua aprendizagem e formar um pecúlio, que lhe era entregue ao fim desse período.↓

Organizações da sociedade civil estimulavam a aprendizagem de ofícios, geralmente com apoio do governo para tais empreendimentos. Foi o caso da fundação dos Liceus de Artes e Ofícios: o primeiro deles surgiu em 1858 no Rio de Janeiro, posteriormente o de Salvador (1872) e o de São Paulo (1882), até se completarem oito deles no país.

▶ CUNHA, Luiz Antônio. *O ensino de ofícios nos primórdios da industrialização.* São Paulo; Brasília: Editora Unesp; Flacso, 2000. p. 3-4.

Além de formação para o trabalho qualificado, essas escolas expressavam um cunho assistencialista que não se desvinculava do interesse em disciplinar os segmentos populares, em razão do temor da elite diante de movimentos de oposição à ordem política, então frequentes na Europa.

Veremos posteriormente como as ideias positivistas fortaleceram a importância da formação técnica, recrutando não apenas os "desvalidos", mas aqueles que se achavam vocacionados para essas atividades.

EDUCAÇÃO DA MULHER

A maioria das mulheres no Império vivia em situação de dependência e inferioridade, com pequena possibilidade de instrução. Em algumas famílias mais abastadas, às vezes elas recebiam noções de leitura, embora seu destino se restringisse sobretudo às prendas domésticas, à aprendizagem de boas maneiras e à formação moral e religiosa. O objetivo era sempre prepará-las para o casamento e, quando muito, procurava-se dar um "verniz" para o convívio social, daí o empenho em lhes ensinar piano e línguas estrangeiras, de preferência o francês.

Em 1825, D. Pedro I autorizou o funcionamento do Seminário de Educandas de São Paulo (ou Seminário da Glória), que diferia dos antigos asilos para meninas órfãs ou desamparadas pelo fato de que a iniciativa cabia ao Estado e não às ordens religiosas, como era costume. De início, na verdade, abrigava as filhas de militares em serviço, bem como as órfãs daqueles que haviam morrido nas lutas da Independência. Outra serventia estava na guarda de meninas que precisavam ser afastadas temporariamente de suas famílias, e que aí aprendiam a ler, escrever, contar, bordar, cozinhar e eram "protegidas dos vícios" e da "depravação dos costumes", como exigia a moralidade da época.

No entanto, apenas com a lei de 1827, pela primeira vez se determinaram aulas regulares para as meninas, embora ainda se justificasse que sua educação tinha por objetivo o melhor exercício das "funções maternais" que um dia haveriam de exercer. Essas aulas, ministradas por "senhoras honestas e prudentes", das quais não se exigiriam grandes conhecimentos, uma vez que, em aritmética, por exemplo, bastava ensinar as quatro operações. O problema, porém, decorria da impossibilidade de conseguir mulheres com um mínimo preparo, e, quando dispunham ao menos de um pouco, não seriam aceitas caso não tivessem as "artes da agulha". De acordo com dados de 1832, "por falta de professorado idôneo, não atraído pela remuneração parca", em todo o Império o número de escolas para meninas não chegava a vinte.

Com a criação da seção feminina na Escola Normal da Província, em 1875, as moças poderiam se profissionalizar na carreira do magistério. Contudo, diante da precariedade desses cursos que, conforme já vimos, ora abriam, ora fechavam, o resultado era ruim, insatisfatório, além de que apenas no final do século a classe docente começou a se tornar predominantemente feminina.

Na falta de ensino público secundário para as moças, elas frequentavam as aulas em escolas particulares confessionais protestantes ou católicas, caso pertencessem a família de posses. De qualquer modo, as mulheres continuavam excluídas do acesso a cursos superiores, mesmo quando preparadas adequadamente em escolas particulares ou com preceptores, porque, embora não fossem exigidos diplomas, os exames preparatórios aplicados pelo Colégio D. Pedro II destinavam-se exclusivamente ao público masculino.

Consta que a primeira mulher a se matricular na Faculdade de Medicina do Rio de Janeiro foi Ambrozina de Magalhães, em 1881. No ano seguinte, mais duas se matricularam – uma delas assistia às aulas acompanhada pelo pai e a outra por uma senhora idosa, o que demonstrava o temor provocado pela exposição pública da mulher e, enfim, pela emancipação feminina.

No entanto, a educação das mulheres esperou a fase pré-republicana do final do século para despertar maior interesse, quando então, no burburinho das ideias inovadoras, começou a se falar em coeducação, quando se passou a oferecer também a mulheres os estudos antes reservados a rapazes. Apesar disso, a controvérsia era grande: os mais conservadores, temendo o desmonte do sistema patriarcal e a dissolução da família, usavam como argumentos a "natureza" inferior da inteligência feminina e seu destino doméstico; outros, mais liberais, destacavam a importância da sua educação para o exercício das funções de esposa e mãe; os mais avançados, como Tobias Barreto e Tito Lívio de Castro, porém, percebiam que a educação da mulher exercia papel central de um programa de reformas sociais, imbuídos de que

> [...] a crença inabalável do poder da educação como fator de mudança social, de um lado, e, de outro, como fator de justiça social, constituía, por assim dizer, a questão-chave de cuja solução dependia o progresso da sociedade brasileira.↓

Aos poucos surgiram escolas voltadas para a educação feminina, sobretudo por instituições de religiosas francesas. Se em 1832 havia vinte escolas primárias femininas em todo o Império, em 1873 apenas a província de São Paulo contava com 174 unidades. Merece destaque o Colégio Piracicabano, internato feminino fundado em 1881 no interior da província de São Paulo e dirigido por Marta Watts, missionária estadu-

▶ SAFFIOTI, Heleieth. *A mulher na sociedade de classes*: mito e realidade. São Paulo: Quatro Artes, 1969. p. 223.

nidense que implantou um ensino avançado. De origem leiga, destaca-se também o Colégio para Meninas, em São Paulo, sob a direção de Rangel Pestana, que ali imprimiu o ensino de lições de coisas.

CONCLUSÃO

Eram muitas as contradições sociais e políticas de um país cuja economia consolidava o modelo agrário-comercial e fazia as primeiras tentativas de industrialização. Debatiam-se, por um lado, os segmentos renovadores – que aspiravam aos ideais liberais e positivistas da burguesia europeia – e, por outro, as forças retrógradas da tradição agrária escravocrata.

Como vimos, o poder da reação manteve o privilégio de classe ao valorizar o ensino superior em detrimento dos demais níveis, como o elementar e o técnico, sem falar evidentemente da desprezada educação da mulher.

Ainda que no final do Império surgissem algumas esperanças de mudança no quadro educacional, em virtude de intenso debate sobre a educação, a situação do ensino continuava muito precária. Deixaremos a análise da educação da Primeira República para o Capítulo 9, "Brasil: a educação contemporânea".

SUGESTÃO DE LEITURA

FARIA FILHO, Luciano Mendes de; VIDAL, Diana Gonçalves. Os tempos e os espaços escolares no processo de institucionalização da escola primária no Brasil. In: *Revista Brasileira de Educação*. Campinas: Autores Associados; Anped (Associação Nacional de Pós-Graduação e Pesquisa em Educação), n. 14, maio a ago. 2000. p. 22-24.

ATIVIDADES

1. Leia a passagem a seguir, extraída do livro *A cultura brasileira*, de Fernando de Azevedo, e comente-a partindo dos aspectos apontados.

   A mulher, essa, tratada geralmente com superioridade pelo homem, quase um senhor em relação à própria esposa (e ela mesma frequentemente assim o chamava); enclausurada nas casas-grandes e nos sobrados e sufocada na sua personalidade, consagrava-se aos misteres da casa e aos cuidados dos filhos. Não tendo em geral mais que uma educação doméstica, cercada de escravas para todos os serviços e ocupada com o lar, o piano e a agulha, "contentou-se com a sorte medíocre que lhe estava reservada, não procurando alargar o seu horizonte nem melhorar a sua condição". A escravatura que desonrou o trabalho nas suas formas rudes, enobreceu o ócio e estimulou o parasitismo, contribuiu para acentuar, entre nós, a repulsa pelas atividades manuais e mecânicas, e fazer-nos considerar como profissões vis as artes e os ofícios. Segundo a opinião corrente, "trabalhar, submeter-se a uma regra qualquer, era coisa de escravos". Nessa sociedade, de economia baseada no latifúndio e na escravidão, e à qual, por isso, não interessava a educação popular, era para os ginásios e as escolas superiores que afluíam os rapazes do tempo com possibilidades de fazer os estudos. As atividades públicas, administrativas e políticas, postas em grande realce pela vida da corte e pelo regime parlamentar e os títulos concedidos pelo Imperador, contribuíam ainda mais para valorizar o letrado, o bacharel e o doutor, constituindo com as profissões liberais, o principal consumidor das elites intelectuais forjadas nas escolas superiores do país. Esse contraste entre a quase ausência de educação popular e o desenvolvimento de formação de elites tinha de forçosamente estabelecer, como estabeleceu, uma enorme desigualdade entre a cultura da classe dirigida, de nível extremamente baixo, e a da classe dirigente, elevando sobre uma grande massa de analfabetos [...] uma pequena elite em que figuravam homens de cultura requintada [...].

AZEVEDO, Fernando de. *A cultura brasileira.* 7. ed. São Paulo: Edusp, 2010. p. 616.

a) Apesar da intenção, o projeto inicial de valorizar o ensino elementar não se cumpriu no Brasil da primeira metade do século XIX. Analise as dificuldades alegadas e discuta quais foram as causas econômicas e sociais que prevaleceram para o abandono daquele projeto e a priorização das faculdades jurídicas.

b) A educação da mulher sempre foi preterida, em virtude da concepção que as sociedades tradicionais sempre tiveram a respeito do papel feminino. Trace um paralelo com as mudanças no final do século XIX.

2. Podemos dizer que até hoje prevalece a tendência do ensino secundário propedêutico? Em caso afirmativo, justifique sob que aspectos haveria prejuízos para a educação integral do aluno.

3. No século XIX, ampliou-se o atendimento escolar para a educação de ofícios. Explique por que e comente como podemos reconhecer nessas iniciativas um cunho assistencialista e disciplinador.

4. Na última "fala do trono", proferida na abertura solene do parlamento alguns meses antes de a República ser proclamada, D. Pedro II se referia às necessidades de um ministério destinado à instrução pública, escolas técnicas, duas universidades, uma ao norte e outra ao sul do país, e de difundir a instrução primária e secundária. Em que sentido podemos analisar essa "fala derradeira" como a aspiração não realizada da educação no Império?

5. Analise algumas diferenças entre a educação no resto do mundo e no Brasil durante o século XIX.

6. "Lição de coisas" e "método intuitivo": conceitos sinônimos ou há diferenças entre eles?

7. No fim do século XIX, com Leôncio de Carvalho, foi fomentada, conforme a ideologia liberal da época, a ideia de que os ensinos

primário e secundário deveriam ser completamente livres, indo ao encontro da tendência iluminista segundo a qual a difusão das luzes da instrução curaria a sociedade da ignorância e da pobreza. Alguns anos após o decreto que ficou conhecido como Reforma Leôncio de Carvalho, de 19 de abril de 1879, ocorrera a abolição da escravatura e, um ano mais tarde, a República foi proclamada. Leia o texto a seguir e comente até que ponto essa tendência libertadora da educação se manteve no Brasil.

A ideia central que perpassa as discussões que se travaram no período que vai de 1868 até a Abolição e a Proclamação da República se expressa na ligação entre emancipação e instrução. O objetivo buscado era transformar a infância abandonada, em especial os *ingênuos*, nome dado às crianças libertas em consequência da Lei do Ventre Livre, em trabalhadores úteis, evitando que caíssem na "natural indolência" de que eram acusados os adultos livres das classes subalternas. E o meio principal aventado para atingir esse objetivo era a criação de escolas agrícolas, às vezes também chamadas de fazendas-escolas ou colônias agrícolas, aparecendo, ainda, a expressão "colônias orfanológicas". Tavares Bastos [...], escrevendo em 1870, traduziu de forma clara essa concepção ao considerar que a emancipação do escravo exigia a difusão da instrução de modo que, diminuindo o "abis-

mo da ignorância", fosse afastado o "instinto da ociosidade".

Como destacou Analete Schelbauer, difundiu-se a crença de que a libertação gradativa dos escravos deveria ser acompanhada da presença da escola para transformar "os ingênuos e os homens livres, parasitas da grande propriedade e da natureza pródiga, em trabalhadores submetidos às regras do capital" (SCHELBAUEER, 1998, p. 52). Mas acrescenta: "Apesar dessa crença, a escola voltada para o treinamento da mão de obra assalariada não se efetivou e, surpreendentemente, essas discussões desaparecem, de maneira simultânea à abolição definitiva (idem, ibidem).

SAVIANI, Dermeval. *História das ideias pedagógicas no Brasil.* Campinas: Autores Associados, 2011. p. 163. (Coleção Memória da Educação.)

8. O fragmento a seguir, de janeiro de 1884, foi extraído de um jornal paranaense publicado um mês após uma lei de ensino obrigatório ser sancionada no estado. A obrigatoriedade do ensino primário, nesse caso, estendia-se também aos ingênuos, filhos livres de mulheres escravas. Analise criticamente a função da escolarização compulsória dos ingênuos, sabendo que, de acordo com as representações da época, o negro era visto como "uma criança que não pode se ajustar facilmente às condições da vida civilizada". É aconselhável que se pesquise na *web* artigos que contribuam para essa análise.

O socialismo, que na Velha Europa corrói o organismo social, será dentro em pouco uma realidade terrível no Brasil, se o pauperismo receber o grandioso auxílio que lhe está preparando a indiferença de todos nós por um assunto que nos devia preocupar seriamente: a educação dos ingênuos. Se demoradas forem as providências para transformar essas máquinas automáticas em cidadãos conscientes de seus deveres e direitos, dando-lhes, pela instrução, a consciência do seu eu e por ela despertando-lhes o amor ao trabalho e respeito às leis, será terrível a hora do acordamento (sic), pelos horrores da convulsão que abalará o país inteiro, inundando-o de sangue e calamidades tantas que é impossível prevê-las. [...] Educai o ingênuo e tereis consolidado a ordem social, garantindo o futuro e a grandeza da pátria. [...] Cada dia de protelação é um passo larguíssimo de avanço para o grande abismo, pois conservar os ingênuos no estado que até agora os temos conservado, é fabricarmos conscientemente o pauperismo, o proletarismo, com o apanágio de suas calamidades.

Jornal Dezenove de Dezembro, 3 jan. 1884. In: FONSECA, Marcus Vinícius; BARROS, Surya Aaronovich Pombo de. *A história da educação dos negros no Brasil*. Niterói: Eduff, 2016. p. 253-254.

SUGESTÃO PARA SEMINÁRIOS

Esta sugestão consiste na elaboração de seminários. Pode-se escolher trabalhar exclusivamente um dos textos ou articulá-lo com os demais, ressaltando suas similaridades e divergências. Para a melhor compreensão de cada assunto, vale proceder com fichamento de texto, pesquisas e consulta a outras fontes, análise crítica e elaboração de uma pequena dissertação que sistematize a leitura e as conclusões obtidas.

Mais à frente, são indicados três artigos para seminários (ou trabalhos em grupo), com base na seguinte obra: STEPHANOU, Maria; BASTOS, Maria Helena Camara (Orgs.). *Histórias e memórias da educação no Brasil*. Petrópolis: Vozes, 2005. v. 2. Além destes, há a sugestão de um quarto artigo, disponível na internet.

Vale observar que a consulta à bibliografia listada no final de cada artigo é importante para identificar as referências; eventualmente, pode-se usá-la para orientar a escolha de outras obras que ampliem a pesquisa sobre o tema.

1. BASTOS, Maria Helena Camara. O ensino monitorial/mútuo no Brasil (1827-1854). p. 34-51.

2. Sobre o mesmo tema, do método intuitivo, sugerimos dois artigos, um do referido livro e outro encontrado em *link* da *web*:

   a) SCHELBAUER, Analete Regina Schelbauer. O método intuitivo e lições de coisas no Brasil do século XIX. p. 132-149.

   b) MORTATTI, Maria do Rosário Longo. João Köpke (1852-1926) na história do ensino de leitura e escrita no Brasil. Disponível em: <http://mod.lk/0y959>. Acesso em: 30 jan. 2019.

3. TAMBARA, Elomar. Educação e positivismo no Brasil. p. 166-178.

CAP. 8
Educação para a democracia

Fotografia de Maria Montessori, 1931.

Apresentando o capítulo

O período que pretendemos abordar compreende o século XX e as duas primeiras décadas do século XXI, que, por terem adquirido grande complexidade, dificultam a breve análise dos inúmeros vetores que os caracterizam. Por esse motivo, diferentemente dos procedimentos anteriores, preferimos abrir um capítulo exclusivo para analisar a educação no Brasil, dada a amplitude que também entre nós assumiu a questão educacional. Bem ou mal, esses projetos foram implementados no século XX pelo sufrágio universal, ao estender a mulheres e analfabetos o direito de voto nas sociedades democráticas. Aliás, nesse século intensificou-se a defesa dos direitos do cidadão, da mulher, da criança, do trabalhador, das etnias, das minorias, dos animais e da natureza.

O século XX foi a época das revoluções socialistas – ainda que muitos dos projetos tenham fracassado quase na última década, por exemplo, com a desagregação da União Soviética. Foi o tempo que sofreu os horrores do totalitarismo e o holocausto de judeus, ciganos e homossexuais e que, mesmo vencido na metade do século, tem dado sinais de retorno com manifestações neonazistas, recrudescidas com a crise de migrações de populações empobrecidas ou que fogem de guerras civis e buscam os centros mais desenvolvidos, acirrando a intolerância xenófoba daqueles grupos.

Esse foi o século da luta contra o *apartheid*, com inúmeras conquistas de direitos por negros e indígenas, ao passo que se presencia também o recrudescimento de ódios étnicos, seja de radicais islâmicos responsáveis pelo terrorismo, seja de nações ocidentais ditas "civilizadas", que respondem com a violência da guerra e a ameaça de desrespeito a direitos humanos fundamentais. Por outro lado, ocorreram avanços científicos e tecnológicos, em que progresso e conforto se expressaram pelo refinamento da racionalidade técnica. Ao mesmo tempo, de uma racionalidade que despreza valores vitais, quando permite o prevalecimento do interesse econômico e a visão estritamente utilitarista e consumista.

O século XX e as duas décadas do XXI produziram as massas, tanto nos projetos de reivindicação como nos de lazer, como protagonistas dos movimentos de rebeldia ou de fruição hedonista. No entanto, como diz Franco Cambi:.

> [...] a contemporaneidade produz as massas, mas também os mecanismos para o seu controle, desde as ideologias até as associações, a propaganda, o uso do tempo livre, os meios de comunicação; e neste binômio dinâmico de massificação e de regulamentação das massas se exprime uma das características mais profundas, mais constantes do tempo presente.↪

▶ CAMBI, Franco. *História da pedagogia*. São Paulo: Editora Unesp, 1999. p. 380.

Veremos como essas ambiguidades têm mobilizado e desafiado os estudiosos da educação.

CONTEXTO HISTÓRICO

> **BREVE CRONOLOGIA DO PERÍODO**
>
> - **1914-1918:** Primeira Guerra Mundial.
> - **1917:** Revolução Russa: União Soviética.
> - **1922-1945:** Fascismo na Itália.
> - **1929:** Quebra da Bolsa de Nova York.
> - **1932-1968:** Portugal: ditadura de Salazar.
> - **1933-1945:** Nazismo na Alemanha.
> - **1939-1945:** Segunda Guerra Mundial.
> - **1939-1975:** Espanha: ditadura de Franco.
> - **1945:** Bomba atômica – Hiroshima e Nagasaki.
> - **1945:** Criação da ONU.
> - **1949:** República Popular da China.
> - **1959:** Revolução Cubana.
> - Descolonização da África e da Ásia.
> - **1955-1975:** Guerra do Vietnã.
> - **1989:** Queda do Muro de Berlim.
> - **2001:** Atentado terrorista em Nova York.
> - **2003:** Guerra contra o terror: invasão do Iraque.
> - **2008:** Primavera árabe.
> - **2008:** Crise econômica.
> - **2011:** Guerra civil na Síria.

Ao analisar a história do século XIX, vimos que a colonização da África e da Ásia decorreu da política imperialista do capitalismo. No continente europeu, no início do século XX, a livre concorrência foi substituída pelo capitalismo de monopólios, acentuando a concentração de renda e as disparidades sociais. Choques entre potências imperialistas culminaram no conflito armado da Primeira Guerra (1914-1918), ao mesmo tempo que outro fato importante abalava o mundo: a Revolução Russa, de 1917, responsável por instaurar o primeiro governo socialista, após a deposição e morte do czar Nicolau II.

Em 1929, a quebra da Bolsa de Nova York provocou falências, retração de mercado e desemprego em massa, bem como a pauperização da classe média e uma severa degradação do proletariado, além de gerar impacto mundial. A gravidade da depressão econômica da década de 1930 obrigou o Estado a intervir na economia e substituir o capitalismo liberal pelo capitalismo de organização. Para evitar tanto o perigo do nazismo como a tentação do comunismo, os Estados Unidos criaram o *Estado de bem-estar social* (*Welfare State*), pelo qual o *Estado benfeitor* implantou medidas de controle da economia, de estímulo à produção, garantindo a distribuição de bens e serviços sociais.

Em alguns países, o clima de insegurança e insatisfação auxiliou a expansão de ideologias de extrema direita: na Itália, o fascismo triunfou em 1922 com Benito Mussolini, e em 1933 Adolf Hitler fortaleceu o nazismo na Alemanha. A partir de 1936, a guerra civil na Espanha resultou na imposição da ditadura de Francisco Franco, ao passo que Portugal sofreu sob a ditadura de Antônio Salazar. Vale lembrar que a Alemanha foi responsável pelo holocausto, com a instalação de campos de extermínio que culminaram com a morte de judeus, ciganos e homossexuais, durante a Segunda Guerra (1939-1945). Ao seu término, foi criada a Organização das Nações Unidas (ONU) com esperança de garantia da paz mundial e dos direitos humanos. Dentre seus diversos órgãos especializados, destaca-se a Organização das Nações Unidas para a Educação, Ciência e Cultura (Unesco), por ter um dos seus focos na educação.

Os Estados Unidos assumiram posição hegemônica na economia mundial no pós-guerra, reforçada pelo poderio atômico – demonstrado no lançamento da bomba atômica sobre as cidades de Hiroshima e Nagasaki, em 1945 – e pelo crescimento da indústria bélica, que desencadeou a corrida armamentista. No outro polo, a União Soviética expandia sua zona de influência, com o poder bélico e atômico, instaurando o confronto das duas potências, o que gerou a Guerra Fria, deixando em suspenso a ameaça constante à paz mundial. A tensão entre as duas potências aumentou com a adesão ao comunismo de países orientais como o Vietnã do Norte (1945), Coreia do Norte (1948), a China de Mao Tsé-Tung (1949), o Laos e o Camboja (Campuchea). Em 1959 foi a vez de Cuba, com Fidel Castro, país que a partir de 2018 tem ensaiado os primeiros passos para aderir à economia capitalista.

A queda do Muro de Berlim, em 1989, levou à paulatina desintegração da União Soviética, incapaz de manter unidas as Repúblicas constituídas por diferentes nacionalidades. Países de economia capitalista, como Estados Unidos e Inglaterra, lentamente retomaram as práticas do neoliberalismo, que se expandiu por meio da economia globalizada, favorecendo acordos entre nações: um exemplo foi a União Europeia, que instituiu o euro como moeda única, procedimento que se encontra em crise no final da segunda década do século XXI, com a saída da Inglaterra do bloco. Por outro lado, por privilegiar interesses dos países hegemônicos, a globalização recebeu críticas de grupos da sociedade civil, na defesa de uma solução alternativa, mais democrática, que não se cumprisse à custa dos países periféricos, como costuma ocorrer. Essas alianças não prevalecem apenas no campo da economia, mas também da política, valendo para a resolução comum de problemas que afetam a todos, bem como para o combate articulado de crimes como narcotráfico, lavagem de dinheiro, atentados a direitos humanos, crime internacional organizado, terrorismo etc.

A crescente globalização acelerou movimentos migratórios de países pobres em direção aos mais ricos, acirrando sentimentos de xenofobia. Filhos e netos de imigrantes árabes e africanos, mesmo quando nascidos e considerados cidadãos dos países de adoção, ocupam funções de trabalho inferiores, vivendo em subúrbios muitas vezes esquecidos pelo Estado. Outro fato que revela xenofobia é a pouca aceitação de costumes trazidos pela cultura imigrante, como religião e vestimenta. Buscam abrigo também refugiados de guerras civis da Síria e do Afeganistão, além de alguns países africanos, o que fortaleceu movimentos neonazistas e de outros grupos que rejeitam a chamada "islamização" da Europa, confundindo-a com os desdobramentos trágicos de novas formas de terrorismo protagonizadas por fundamentalistas *jihadistas*, como as levadas a efeito pelo Estado Islâmico e outros extremistas.

Após conquistas de emancipação de gênero, sexualidade e etnia iniciadas na década de 1960, seria hora de pensar no reconhecimento de diferentes identidades culturais em uma sociedade cada vez mais globalizada. Basta lembrar que nas décadas de 1970 e 1980 consolidaram-se diversos movimentos de minorias – mulheres, negros, homossexuais, indígenas – que aspiravam à universalização dos direitos individuais, embora muitos esforços devam ainda ser mobilizados para assegurá-los e ampliá-los, face às formas de violência ainda ativas.

Além da preocupação com o modo como as sociedades se organizam, é iminente a necessidade de posturas efetivas para conter a ação humana irresponsável sobre a natureza, apesar de advertências nesse sentido existirem há décadas. Como contraponto da evolução tecnológica, a destruição do ambiente ameaça a qualidade de vida no planeta, revelando a lógica da economia, em que o interesse privado geralmente não coincide com o bem coletivo.

Do ponto de vista da ciência e da tecnologia ocorreram notáveis transformações até os séculos XX e começo do XXI: novas fontes de energia (elétrica, petrolífera, nuclear); crescente processo de urbanização; automação nas fábricas e no campo; desenvolvimento da medicina avançada, sobretudo bioengenharia (sequenciamento do genoma, experiências com clonagem e células-tronco); revolução nos transportes e nas comunicações – telégrafo, telefone, rádio, cinema, televisão, *laptop*, *tablet*, internet, *smartphone*; e o impacto dos meios de comunicação de massa. Vivemos a época da sociedade de informação.

Com relação ao crescimento industrial, no final do século, surgiram as novidades da robotização. Sob os efeitos da cibernética, a sociedade industrial encontra-se em transformação para a pós-industrial, caracterizada pela predominância das atividades do setor de serviços. O incremento do setor de entretenimento e lazer, ainda que em contradição com o desemprego estrutural, os bolsões de pobreza nos países ricos e a miséria em países periféricos. Na virada do século, as diferenças sociais se acentuaram no mundo capitalista, com aumento da desigualdade e o recrudescimento do problema.

O fenômeno da globalização e da sociedade da informação, estimulado por avanços tecnológicos, mudou a face do mundo, provocando alterações no trabalho, na família e, consequentemente, exigindo um novo tipo de escola.

A PROPÓSITO DE CIÊNCIAS E PEDAGOGIA

A produção pedagógica contemporânea, especialmente no final do século XIX e início do século XX, sofreu forte influência das ciências humanas, ênfase que continuou na sequência das pesquisas nesse setor. O interesse pela natureza da criança, pelos processos de aprendizagem e pela busca de métodos adequados encontrou na psicologia uma preciosa auxiliar. Evidentemente, a abordagem tem sido feita de acordo com as tendências naturalista ou humanista, que os psicopedagogos imprimem em suas pesquisas, aspecto que explica a diferença de orientação de pedagogias centradas na contribuição, seja do behaviorismo, seja da *Gestalt* e da psicanálise, entre outras ciências, como veremos no decorrer do capítulo.

Do mesmo modo, a sociologia ajudou a compreender melhor a educação como instrumento de desenvolvimento da sociedade, tanto para formar bons cidadãos e prepará-los para participar produtivamente das atividades sociais como para discutir outros modos de recusa do conformismo. Decorre dessa última orientação não só o interesse pelo ensino sobre tecnologias, como também pela educação para o trabalho, o que pressupõe inclusive a crítica à escola dualista. Do mesmo modo, é variável a maneira pela qual os pedagogos se valem da vertente sociológica, conforme se apoiem na perspectiva positivista de Durkheim, na dialética de Marx, na teoria crítica dos pensadores da Escola de Frankfurt, no neokantismo, na linha crítico-reprodutivista e assim por diante.

Além de ser tributária da psicologia, da sociologia e de outras ciências, como a economia, a linguística, a antropologia etc., a pedagogia tem acentuado a exigência que vem desde a Idade Moderna, qual seja, a de inclusão da cultura científica como parte do conteúdo a ser transmitido às novas gerações. Do mesmo modo, a sociologia ajuda a compreender melhor a educação como instrumento de desenvolvimento da sociedade, quer para formar bons cidadãos e prepará-los para a participação produtiva nas atividades sociais, quer para discutir outros modos de recusa do conformismo.

Vejamos então o percurso das ciências humanas desde seus primeiros momentos. Desde muito cedo, assuntos referentes ao comportamento humano foram objeto de estudo da filosofia, até que no final do século XIX as ciências humanas começaram a buscar seu próprio método e um objeto que as diferenciasse entre si, além de distingui-las das ciências da natureza. O caráter relativamente tardio de sua constituição atribui-se a diversos fatores. Um deles, decorrente de transformações ocorridas no século XIX em diversos setores, tais como o fortalecimento do capitalismo industrial e a consolidação da burguesia no poder. O crescente êxodo rural e a urbanização acelerada decorrentes do novo modo de produção instaurado pelas atividades fabris criaram a figura do operário, ao passo que, em outras frentes, o capitalismo expandia o mercado, dando início ao novo processo da colonização europeia – o chamado *neocolonialismo*, o colonialismo anterior havia ocorrido no século XVI –, em extensas regiões dos continentes africano e asiático.

Os contatos entre burgueses e operários, de um lado, e povos colonizadores e colonizados, de outro, sinalizavam o confronto latente, prestes a eclodir, entre interesses opostos. A intenção de expandir o capitalismo entrava em choque com as culturas subjugadas, que relutavam diante das condições impostas. Nesse contexto, surgiram as ciências humanas, como expressão da necessidade de compreender não só as relações entre os indivíduos, mas também entre as diferentes culturas, como foi o caso da etnologia e da antropologia científica.

TENDÊNCIAS NATURALISTA E HUMANISTA DAS CIÊNCIAS

Para que as ciências humanas se constituíssem, seria preciso definir com rigor o método e o objeto específico de cada uma delas. Nas primeiras tentativas, notou-se profunda influência do método utilizado pelas ciências da natureza, aproximação compreensível, visto que a aliança entre ciências da natureza e técnica rapidamente apresentara resultados surpreendentes. Contudo, como aplicar o método da física ao elemento humano, considerando tratar-se de procedimentos subjetivos, tanto do ponto de vista do sujeito investigado como do investigador? E não só: os experimentos com humanos exigem cautelas de natureza moral, em razão de restrições àqueles que eventualmente causariam danos ao sujeito investigado; por se tratar de seres livres, os resultados teriam mais chances de serem falseados, visto não se apoiarem no determinismo da natureza; pelo caráter qualitativo de seus comportamentos, dificultariam a matematização; além de se tratar de fenômenos extremamente complexos.

Apesar dessas dificuldades, as ciências humanas foram constituindo seus métodos de acordo com tendências diferentes. De um modo geral destacam-se dois tipos de orientação: a *naturalista* e a *humanista*, embora essa divisão não signifique uma dicotomia rígida.

TENDÊNCIA NATURALISTA

A *tendência naturalista* foi influenciada pelo positivismo, teoria criada por Auguste Comte (1798-1857) – examinado no capítulo anterior –, cujas ideias repercutiram inicialmente na sociologia e na psicologia, ao enfatizar a experimentação e a medida com o objetivo de estabelecer leis e rejeitar aspectos qualitativos comprometidos com a subjetividade. A intenção do método seria a de *explanar* sobre eventos, considerando-os sempre previsíveis e resultantes de "leis causais", recuperando, portanto, o suporte determinista das ciências da natureza, apoiado em fenômenos que se repetem de maneira necessária e constante.

Como resgatar então a ideia de ser humano livre, já que pelo determinismo tudo resultaria de causas que antecedem as ações? Os representantes dessa corrente recorrem a resultados probabilísticos estabelecidos por meio de estatísticas, a fim de quantificar os fenômenos, o que ocorre, por exemplo, ao tentar identificar os motivos que levam um segmento social a votar em X e não em Y.

TENDÊNCIA HUMANISTA

A *tendência humanista* busca um método distanciado das preocupações de exatidão, por reconhecer o caráter complexo da realidade humana, o que pede uma *compreensão interpretativa*, em razão de seu objeto – a natureza humana – ser constituído de individualidade, consciência e liberdade. Por isso, o filósofo Wilhelm Dilthey (1833-1911) vale-se do conceito de *significado*, entendido como "categoria peculiar à vida e ao mundo histórico", ambas as instâncias compreensíveis apenas pela aplicação de conceitos como *finalidade* e *valor*, ausentes no mundo físico.

Para exemplificar, o professor britânico Martin Hollis afirma que a maneira mais nítida de tornar o significado algo central é propor o problema da mente alheia. Como saber o que se passa na mente dos outros? Hollis explica que esse desafio implica uma "dupla **hermenêutica**↪, uma para identificar o comportamento e outra para atribuir significado à ação. E completa:

> Considere-se, por exemplo, pestanejar e piscar. Não há uma diferença física óbvia ou imediata. No entanto, o pestanejar pertence inteiramente a um gênero de resposta fisiológica a estímulos, ao passo que o ato de piscar constitui um veículo de informação – insinuações, ressalvas, conspiração, avisos; eles são, em suma, atos de fala. Como distinguimos um pestanejar de uma piscada, e como identificamos exatamente o que uma piscada transmite?↪

▶ **Hermenêutica:** do grego *hermeneus*, "arte de interpretar" textos e o sentido das palavras.

▶ HOLLIS, Martin. Filosofia das ciências sociais. In: BUNNIN, Nicholas; TSUI-JAMES, E. P. (Orgs.). *Compêndio de filosofia*. 2. ed. São Paulo: Loyola, 2007. p. 412-413.

A CIÊNCIA SOCIOLÓGICA

Os principais responsáveis pelo nascimento das ciências sociais na segunda metade do século XIX e no início do século XX foram Émile Durkheim (1858-1917), Karl Marx (1818-1883) e Max Weber (1864-1920). Esses pensadores, sem exceção, dedicaram grande esforço às novas metodologias. De início, destacou-se a influência positivista, lembrando que foi Comte o responsável por dar o nome de *sociologia* a uma nova ciência que ele próprio caracterizou inicialmente como "física social", pois, à semelhança da física, a nova ciência deveria se apoiar em leis comprovadas por fatos concretos. Do ponto de vista social, se queremos entender os problemas da sociedade, precisamos ter como modelo o método das ciências naturais, isto é, descobrir suas leis, o que só é possível por meio da observação, do experimento e do método comparativo.

Veremos a seguir um exemplo de tendência naturalista, expressa no positivismo da sociologia de Émile Durkheim.

ÉMILE DURKHEIM

O sociólogo francês Émile Durkheim iniciou suas reflexões inspirando-se no pensamento de Comte, convicto de que um método realmente adequado exigiria o contato com os fatos sociais por meio de observação e experimentação indireta, isto é, pela comparação. Dessa maneira, o método constituiria a prática efetiva do pesquisador.

Por exemplo, às vezes ele recorre ao método estatístico, outras vezes manipula dados etnográficos e da história para estudar as "relações necessárias" que se estabelecem entre grupos diferentes a fim de alcançar generalizações seguras. A etnografia é utilizada, sobretudo, por antropólogos, mas Durkheim também aproveitou esse fecundo recurso.

O caráter naturalista do método sociológico ficou claro na proposta de estudar a sociologia como ciência objetiva que examinasse os fatos sociais como "coisas", afirmação que causou polêmica. Durkheim argumentou, porém, que não se tratava de reduzir fatos sociais a coisas materiais, mas que, na sociologia que se quer científica, os fatos sociais devem ser abordados com os mesmos procedimentos das ciências da natureza. E completa:

> Em que consiste, então, uma coisa? A coisa opõe-se à ideia como o que conhecemos do exterior se opõe ao que conhecemos do interior.
> É coisa todo objeto de conhecimento que não é naturalmente compenetrável pela inteligência, tudo aquilo de que não podemos ter uma noção adequada por um simples procedimento de análise mental, tudo o que o espírito só consegue compreender na condição de se extroverter por meio de observações e de experimentações [...]. Tratar certos fatos como coisas [...] é ter para com eles uma certa atitude mental; é abordar o seu estudo partindo do princípio de que se desconhecem por completo e que as suas propriedades características, tal como as causas de que dependem, não podem ser descobertas pela **introspecção**↓ , por mais atenta que seja.↳

▶ **Introspecção:** observação e descrição do conteúdo da própria mente, como pensamentos e sentimentos.

Por exemplo, em seu livro *O suicídio*, apesar de se descrever um fato marcado por elementos psicológicos, Durkheim preferiu enfatizar aspectos de pressões sociais, o que tornaria o fenômeno sociologicamente determinado. E em suas reflexões sobre educação, prevaleceu do mesmo modo a concepção determinista pela qual a sociedade impõe padrões de comportamento.

▶ DURKHEIM, Émile. Prefácio da segunda edição. *As regras do método sociológico*. São Paulo: Abril Cultural, 1973. p. 378. (Coleção Os Pensadores.)

DURKHEIM E A EDUCAÇÃO

Além de desenvolver a ciência da sociologia sob diversos aspectos, Durkheim inovou em sua obra *Educação e sociologia*. Antes dele, a teoria da educação assumia orientação predominantemente intelectualista, por demais presa à visão filosófica idealista e individualista. Durkheim introduziu a atitude *descritiva*, voltada para o exame dos elementos do fato da educação, aos quais aplicou o método científico. Como sociólogo, enfatizou a origem social da educação, daí a sua clássica definição:

> A educação é a ação exercida pelas gerações adultas sobre as gerações que não se encontram ainda preparadas para a vida social; tem por objeto suscitar e desen-

volver, na criança, certo número de estados físicos, intelectuais e morais, reclamados pela sociedade política no seu conjunto e pelo meio especial a que a criança, particularmente, se destine.↪

Durkheim continua: "a educação satisfaz, antes de tudo, as necessidades sociais", e "toda educação consiste num esforço contínuo para impor à criança maneiras de ver, de sentir e de agir às quais a criança não teria espontaneamente chegado". A vantagem da perspectiva durkheimiana encontra-se no mérito de ter acentuado o caráter social dos fins da educação, além de instituir

▶ DURKHEIM, Émile. *Educação e sociologia*. Apud: PEREIRA, Luiz; FORACCHI, Marialice M. (Orgs.). *Educação e sociedade*: leituras de sociologia da educação. 12. ed. São Paulo: Nacional, 1985. p. 42.

a pedagogia como disciplina autônoma, desligada da filosofia, da moral e da teologia. Os limites dessa abordagem encontram-se na sua parcialidade. Ao enfatizar a origem social da educação, Durkheim desenvolveu uma concepção determinista, segundo a qual a sociedade impõe padrões de comportamento. E, por fim, ele situa a escola não apenas em determinado contexto social, mas a vê como um grupo social complexo, cuja estrutura interna precisa ser estudada.

Desde Durkheim até hoje, tem sido grande a contribuição da sociologia, não só à análise das relações entre escola e meio social, como também à melhor compreensão dos problemas educacionais. Além disso, comprometida com a crítica à ideologia, a sociologia pode auxiliar a pedagogia a teorizar sobre caminhos alternativos, que não sejam apenas os de adaptação e conformidade.

PSICOLOGIA EXPERIMENTAL

Como as demais ciências humanas, a psicologia como ciência surgiu no final do século XIX. Seu berço foi a Alemanha, com o trabalho de diversos médicos empenhados em questões relativas ao fenômeno da percepção. Os métodos da nova ciência configuraram-se de acordo com a influência positivista, predominante naquele período, por isso se tratava propriamente de uma *psicofísica*, cujo método quantificava e generalizava a relação entre mudanças de estímulo a fim de verificar os efeitos sensoriais correspondentes.

Entre os pesquisadores destacou-se Wilhelm Wundt (1832-1920), fundador do primeiro laboratório de psicologia na cidade de Leipzig, em 1879, onde realizou processos de controle experimental. No livro *Elementos de psicologia fisiológica*, Wundt expôs o conceito de método, no qual a psicologia imita claramente a fisiologia, por isso ele não se aventura na investigação de processos mais complexos do pensamento, por serem inacessíveis ao controle experimental. Volta-se para a observação da percepção sensorial, principalmente a visão, estabelecendo relações entre fenômenos psíquicos e seu substrato orgânico, sobretudo cerebral.

De maneira diferente, mas com resultado semelhante, o médico russo Ivan Pavlov (1849-1936) encontrava-se mais interessado no funcionamento dos fenômenos de digestão e salivação, quando suas experiências com cães o levaram à descoberta de um fenômeno psicológico que ele reconheceu posteriormente como *reflexo condicionado*.

Pavlov sabia que a visão ou o aroma do alimento provoca salivação, do mesmo modo que o som de uma campainha faz o cão ficar com as orelhas em pé: em ambos os casos, trata-se de *reflexo simples*, portanto *incondicionado*, porque não aprendido. Por acaso, percebeu que a salivação também ocorria em situações que antes não provocavam salivação, o que o levou a realizar experimentos controlados em laboratório. Resolveu então associar o alimento ao som de uma campainha sempre que o cão fosse alimentado, e, após algumas repetições, observou que bastava soar a campainha para o cão salivar, concluindo que o som, antes um estímulo *neutro* para a salivação, tornou-se um estímulo eficaz: criou-se o *reflexo condicionado* clássico, depois denominado *respondente* por resultar da associação entre um estímulo externo ao qual se segue uma resposta.

O estímulo alimento é chamado *reforço positivo*, pois é ele que torna a reação mais frequente, garantindo a manutenção da resposta. Se o reforço não for mais apresentado, a tendência será a *extinção* da resposta, isto é, o reflexo condicionado se desfaz.

PSICOLOGIA COMPORTAMENTAL: SKINNER

No início do século XX, ampliaram-se os estudos de psicologia nos Estados Unidos, sobretudo com a psicologia comportamental ou behaviorismo, denominação escolhida pelo precursor John B. Watson (1878-1958). A fim de atingir o ideal positivista de objetividade focado no comportamento, Watson abandonou discussões a respeito da *consciência*, conceito filosófico considerado impróprio para uso científico, por ser inatingível mediante observação e experimento. Rejeitou igualmente os dados recolhidos por introspecção. O método dessa corrente de psicologia privilegia os procedimentos que levam em conta a exterioridade do comportamento, o único considerado capaz de ser submetido a controle e experimentação objetivos.

A teoria behaviorista alcançou novo impulso com Burrhus Frederic Skinner (1904--1990), que escreveu *Ciência e comportamento humano* e, entre outras obras científicas, o romance *Walden II*, em que descreve uma sociedade utópica na qual as pessoas seriam educadas cientificamente, por meio de reflexos condicionados.

Skinner continuou a aceitar como objeto de investigação apenas dados comportamentais, apoiando-se inicialmente na experiência sobre *reflexo condicionado* realizada por Pavlov, embora tenha ampliado a técnica com pesquisas sobre o *reflexo condicionado operante*, mais complexo que o respondente. Trata-se do *condicionamento instrumental*, também chamado *skinneriano* ou *operante*, por ser determinado por suas consequências – e não por um estímulo que o precede. Exemplificando: um animal faminto é colocado na "caixa de Skinner" e, após esbarrar casualmente diversas vezes em uma alavanca, percebe que, sempre que a aciona, o alimento aparece, o que o leva a associar alavanca e alimento. Apertar a alavanca é a resposta dada *antes* do estímulo, que é o alimento. Skinner criou inúmeras variantes dessas caixas, inclusive aquelas em que o animal age visando evitar uma punição, como saltar para outro local depois de "avisado" por um sinal luminoso ou sonoro, antes que um choque elétrico seja acionado.

A contribuição skinneriana influenciou fortemente a pedagogia. Com base na teoria do reforço (positivo e negativo), desenvolveu-se a técnica de instrução programada, pela qual, no texto apresentado ao aluno, uma série de espaços em branco devem ser preenchidos, em crescente grau de dificuldade. Se o aluno receber um reforço a cada passo do processo, imediatamente após o ato, poderá conferir o erro ou acerto de sua resposta. O processo foi aperfeiçoado para criar a "máquina de ensinar".

As suas descobertas foram amplamente utilizadas nos Estados Unidos em diversos campos da atividade humana, em especial a instrução programada, que, em tese, ele esperava substituir o professor em várias etapas da aprendizagem. Técnicas skinnerianas também podem ser utilizadas na educação infantil, visando criar bons hábitos e corrigir comportamentos inadequados; por exemplo, no tratamento psicológico de certos distúrbios, a terapia comportamental ou reflexologia tem por objetivo descondicionar maus hábitos. Processos semelhantes podem ajudar pessoas que têm medo de voar de avião ou dirigir veículos; ou um alcoólatra pode ser levado a deixar de ingerir bebida alcoólica. Quando utilizados em empresas, sua aplicação tem o intuito de estimular o aumento da produção, ao atribuir pontos ao funcionário em cada meta atingida, de modo a transformar os pontos acumulados em benefícios.

Assim afirma Skinner:

> Treinar um soldado é em parte condicionar respostas emocionais. Se retratos do inimigo, sua bandeira etc. forem associados a histórias ou fotografias de atrocidades, uma reação agressiva semelhante provavelmente ocorrerá quando o inimigo for encontrado. As razões favoráveis são obtidas em geral da mesma maneira. Respostas a alimentos apetecíveis são facilmente transferidas para outros objetos. [...] O vendedor bem-sucedido é aquele que convida [seu cliente] para jantar. O vendedor não está apenas interessado nas reações gástricas, mas sim na predisposição favorável do cliente a seu respeito e com relação ao seu produto.↓

▶ SKINNER, Burrhus F. *Ciência e comportamento humano*. São Paulo: Martins Fontes, 1985. p. 62.

Muitas foram as controvérsias, sobretudo em razão do caráter mecanicista desse processo e da programação excessivamente rígida, geralmente motivadores de críticas de psicólogos que destacavam a função globalizante da aprendizagem e, por isso, recusavam a explicação associacionista do comportamento levada a efeito pelo behaviorismo. Vários filósofos se opuseram ao positivismo, que, por ser reducionista e cientificista ao eleger o método das ciências da natureza como modelo de cientificidade, reduz o ser humano, objeto próprio das ciências, à realidade observável, ao fato positivo. Além disso, a defesa do comportamento condicionado pressupõe admitir que o indivíduo deva adquirir conhecimentos e competências para se adaptar ao meio social em que vive.

TECNICISMO: TECNOCRACIA NA ORGANIZAÇÃO ESCOLAR

O longo processo de adaptação do liberalismo aos novos tempos implicou aspectos bastante específicos, sobretudo em busca de maior produtividade e consumo. Por exemplo, o engenheiro estadunidense Frederick Taylor (1856-1915) criou um método de organização do trabalho conhecido como *taylorismo*, que visava a um controle científico de medição por meio de cronômetros para tornar a produção fabril cada vez mais simples e rápida.

A mesma intenção de aumentar a produtividade por meios científicos levou o também estadunidense Henry Ford (1863-1947) a introduzir o uso de esteira na linha de montagem e a padronização da produção em série na sua fábrica de automóveis. A divisão de tarefas reduz as atividades a gestos mínimos, aumentando a produção de maneira notável, o que causou grande impacto para a época. No trabalho "em migalhas", porém, cada operário passa a produzir cada vez mais apenas uma parte do produto. Um dos problemas desse processo é a fragmentação do conhecimento, além da monotonia existente no fato de reduzir a ação a operações simples. O antigo artesão cuidava de todas as etapas da confecção de um produto, ao passo que o operário perde a noção do todo e, com isso, o conhecimento prático da fabricação de um objeto.

A aparente neutralidade desse processo mascara o conteúdo ideológico eminentemente político: trata-se, na verdade, de uma *técnica social de dominação*. Com o taylorismo, a coação visível de um chefe é substituída por maneiras mais sutis de constrangimento que facilitam a submissão do operário, pois tornam impessoais as orientações vindas do setor de planejamento. Ao retirar o poder de iniciativa do operário, esse modelo controla seu corpo segundo critérios exteriores, "científicos", fazendo que o dominado interiorize a norma. A chamada *racionalização do processo de trabalho* desvaloriza o ritmo do corpo, o sentimento, a imaginação, a inventividade. O taylorismo obteve aceitação em diversos países, independentemente de ideologia, inclusive por Lênin, na União Soviética, ao recorrer ao modelo capitalista da grande indústria mecânica, o que representou uma contradição diante da teoria marxista, ainda que se alegasse ter em vista acelerar a industrialização do país e, portanto, se tratar de uma forma transitória de preparação ao socialismo.

Conforme opinião do sociólogo estadunidense James Burnham, no início da década de 1940 já se podia falar em uma "era dos gerentes", ao se estabelecer uma nova hierarquia social decorrente da capacidade de coordenar o conjunto e dirigir o todo, já que "os seres humanos são instrumentos de produção tão importantes quanto as máquinas e é preciso saber manejá-los"[⮡] Essa tendência baseia-se em pressupostos positivistas, e, em nome de um saber científico pretensamente neutro e objetivo, exerce uma função de controle e oculta o caráter político de dominação, o que se torna evidente ao se dar conta de que uma minoria controla e o restante é controlado.

> ▶ BURNHAM, James. Apud: CHÂTELET, François et al. *História das ideias políticas*. Rio de Janeiro: Jorge Zahar, 1985. p. 336.

O processo organizacional, típico de empresas de indústria e serviços, acabou por se estender à escola quando, por volta da metade do século, a Escola Nova frustrou as esperanças nela depositadas. Então, a partir das décadas de 1960 e 1970, começou a se esboçar a *tendência tecnicista*, de influência estadunidense, cuja proposta tinha o intuito de tornar a aprendizagem "mais objetiva": planejamento e organização racional da atividade pedagógica; operacionalização dos objetivos; parcelamento do trabalho, com a especialização das funções; incentivo a várias técnicas e instrumentos, como instrução programada, ensino por computador, máquinas de ensinar, telensino por televisão. No Brasil, a tendência tecnicista foi imposta no período da ditadura civil-militar, como veremos no próximo capítulo.

Outra influência da tendência tecnicista aplicada à educação encontra-se na Teoria do Capital Humano (TCH), divulgada sobretudo pelo economista estadunidense Theodore Schultz (1902-1998), autor de *O valor econômico da educação*. Para ele, "as escolas podem ser consideradas empresas" especializadas em produzir instrução. A adaptação do ensino à mentalidade empresarial tecnocrática exige planejamento e organização racional do trabalho pedagógico, operacionalização dos objetivos, parcelamento do trabalho com a devida especialização de funções e burocratização, com o intuito de alcançar mais eficiência e produtividade.

Como todo processo em que predominam práticas administrativas, a tendência tecnicista privilegia as funções de planejar, organizar, dirigir e controlar, intensificando a burocratização que leva à divisão do trabalho: os técnicos tornam-se responsáveis pelo planejamento e controle, o diretor da escola é intermediário entre eles e os professores reduzem-se a simples executores. Com isso, o plano pedagógico submete-se ao administrativo. Veremos no próximo capítulo como também essa orientação foi implantada na escola pública no final da década de 1960 e início de 1970, no período da ditadura civil-militar iniciada com o golpe de 1964.

Entretanto, não convém situar essa tendência apenas restrita à década de 1970, porque o fortalecimento do ideário liberal tende a encarar a educação como uma técnica de adaptação humana ao mundo do mercado.

> Para teóricos da Escola de Frankfurt, as inovações tecnológicas em curso na primeira metade do século XX chegaram a um impasse diante da supremacia da ciência e da técnica que, apresentadas de início como libertadoras, converteram-se em artífices de uma ordem tecnocrática opressora. Quando a técnica é fator preponderante nas ações em sociedade, a pessoa deixa de ser fim para se tornar meio de qualquer coisa que se encontre fora dela, perdendo o exercício de suas características propriamente humanas.

TENDÊNCIAS HUMANISTAS:
INFLUÊNCIA DA FENOMENOLOGIA

A fenomenologia é uma filosofia e um método que surgiram no final do século XIX, tendo sido o filósofo alemão Edmund Husserl (1859-1938) o responsável pela formulação de suas principais linhas, abrindo caminho para filósofos como os alemães Martin Heidegger e Karl Jaspers, os franceses Jean-Paul Sartre e Maurice Merleau-Ponty e o austríaco Martin Buber.

Vimos que os primeiros estudiosos da psicologia comportamental se restringiram aos fenômenos concretos, por serem mensuráveis. Os adeptos da corrente humanista seguiram em outra direção, especialmente aqueles influenciados por pensadores da teoria fenomenológica, para os quais não há fatos objetivos, pois não percebemos o mundo como um dado bruto, desprovido de significados. Ao contrário, o que cada um percebe é um mundo para ele, daí a importância do sentido, da rede de significações que envolve os objetos percebidos: a consciência "vive" imediatamente como doadora de sentido.

Para a fenomenologia, não há pura consciência, separada do mundo, porque *toda consciência é intencional*, isto é, visa ao mundo. Do mesmo modo, não há objeto em si, independente da consciência que o percebe, porque o objeto é um *fenômeno* – etimologicamente, "algo que aparece" para uma consciência.

Por exemplo, os fenomenólogos criticam o uso da terapia reflexológica na reeducação de uma criança manhosa porque a manha *não é*, ela *significa*, ou seja, é pela emoção que a criança se exprime na totalidade de seu ser. Ela quer dizer coisas com o choro, e esse choro precisa ser interpretado. Do mesmo modo, sabemos que certos estímulos externos produzem respostas que nem sempre são as mesmas para todas as pessoas. Em cada uma, exercem influência de maneira singular. À relação mecânica estímulo-resposta, estabelecida pelo comportamentalismo, a fenomenologia contrapõe o sinal e o símbolo. Enquanto o sinal faz parte do mundo físico do ser, o símbolo é parte do mundo humano do sentido.

Como doadora de sentido, como fonte de significado para o mundo, a consciência não se restringe ao conhecimento intelectual, mas é geradora de intencionalidades não só cognitivas como afetivas e práticas. O olhar sobre o mundo é o ato pelo qual o experienciamos, percebendo, imaginando, julgando, amando, temendo.

Entre as expressões da tendência humanista, destacaremos na sequência a psicologia da forma, ou *Gestalt*, e a psicanálise, esta última com os dois tipos de influência. *Gestalt* é uma palavra alemã que significa "forma", "configuração", termo que, no contexto, identifica a teoria que considera os fenômenos psicológicos como totalidades organizadas, ou seja, como configurações.

PSICOLOGIA DA FORMA: *GESTALT*

Teóricos da psicologia da forma, ou *Gestalt*, foram explicitamente influenciados pela fenomenologia e, como tal, opuseram-se às psicologias de tendência positivista. Entre os principais representantes destacam-se os alemães Wolfgang Köhler (1887-1967) e Kurt Koffka (1886-1941). Vejamos como a *Gestalt* descreve a *percepção* e o *comportamento*.

De acordo com algumas teorias empiristas anteriores, o mundo percebido seria inicialmente uma grande confusão de *sensações*, cujos fragmentos se organizariam pelo processo de *associação*, por meio da qual resultam as *percepções* e depois as ideias. Contrapondo-se a essa interpretação, o gestaltismo afirma que não há excitação sensorial isolada, já que não se percebe o objeto em suas partes para depois organizá-lo mentalmente, uma vez que ele se apresenta primeiramente na sua totalidade e configuração, para só depois perceber os detalhes. No dia a dia encontramos inúmeros exemplos de tendência à configuração: sempre vemos formas nas nuvens (rosto, gato, colinas); as constelações representam a cruz, o escorpião.

Para a teoria da forma, o conjunto é mais que a soma das partes e cada elemento depende da estrutura a que pertence. Por exemplo, ao ouvirmos uma melodia, não percebemos inicialmente as notas que a compõem, no entanto, se uma só nota for alterada, altera-se o todo, ao passo que em casos de transposição para outro tom, será fácil reconhecê-la caso a estrutura da melodia permaneça a mesma. A *Gestalt* estudou figuras ambíguas nas quais, dependendo da função dada às linhas, altera-se a relação entre figura e fundo, o que depende da *pregnância* – a estabilidade de uma percepção – ou seja, em cada momento nosso olhar dá destaque a uma figura. Por exemplo, quando observamos uma sala repleta de gente, o ambiente é percebido como uma unidade, mas alguns aspectos sobressaem, enquanto outros ficam em segundo plano, ocorrendo o que explicamos como figura e fundo. Essa perspectiva pode ser alterada se outros aspectos passarem a ser pregnantes, situação em que a forma do ambiente se altera, dependendo do interesse despertado em nós.

Toda abordagem sobre percepção vale para o comportamento de animais e pessoas. A ação depende da correlação entre organismo e meio, de tal modo que o ambiente se apresenta como um campo total, mas um mesmo espaço estrutura-se de modo diferente se a pessoa o percorre como faminta, fugitiva ou artista. Assim, entre diversas experiências realizadas por Köhler e Koffka com chimpanzés, o desafio de alcançar uma banana inacessível é resolvido pelo chimpanzé quando ele sobe em um caixote para pegar a fruta, ou quando usa um bambu para derrubá-la. Segundo Köhler, o chimpanzé percebe como um todo o campo onde se situa, ou seja, ele só tem o ***insight*** ↪ quando estabelece a relação fruta-caixote ou fruta-bambu. Dá-se então o "fechamento", ou seja, a predominância de determinada forma sobre outras.

> ▶ **Insight:** termo inglês que significa "iluminação súbita", "clarão".

GESTALT TERAPIA

A psicologia da forma foi adaptada pelo alemão Friederich Perls (1893-1970), mais conhecido como Fritz Perls, ao criar a *Gestalt* terapia, por volta dos anos 1940-1950, ao lado de sua mulher Laura Perls e de outros teóricos de diversas tendências. Reuniram-se inicialmente na Alemanha e depois nos Estados Unidos, em Nova York e na

Califórnia, para desenvolver a nova terapia, influenciada por diversas teorias como a fenomenologia, o existencialismo, além da psicologia da forma.

O próprio Fritz Perls já atuara como psicanalista, mas rompeu com essa prática, por estar mais atento em privilegiar o que acontece "aqui e agora", e não a um retorno à história passada, como era valorizado por Sigmund Freud, que veremos a seguir. Perls focou na experiência de viver no presente, porque a ação humana é entendida como uma totalidade, em que ações mentais e físicas se entrelaçam, assim como o organismo e o ambiente que o circunda. O ser humano é, portanto, um ser de relação. Ciente de que o neurótico não se sente como uma pessoa total, a terapia visa recuperar seu sentido de totalidade, já que o equilíbrio psíquico é quebrado pela neurose, impedindo que o indivíduo se autorregule. O tratamento gestáltico consiste em encaminhá-lo à integração com os outros e o ambiente, restabelecendo a sua capacidade de discriminar, ao facilitar que *Gestalts* inacabadas emerjam à consciência e possam ser completadas. No Brasil, um dos importantes representantes da *Gestalt* terapia foi o psiquiatra e escritor Roberto Freire (1927-2008). A técnica ainda tem seguidores em várias partes do mundo.

O russo Hilarion Petzold, radicado na Alemanha, começou suas atividades como terapeuta da *Gestalt*, ao lado de Perls, e posteriormente criou a Gestaltpedagogia, em 1977, na tentativa de aplicar suas experiências e seus conhecimentos no contexto da educação, sobretudo tendo em mente as noções de totalidade, das inter-relações humanas e destas com o ambiente em que se vive.

FREUD: FUNDADOR DA PSICANÁLISE

O médico austríaco Sigmund Freud (1856-1939) viveu em Viena e trabalhou inicialmente como neurologista. Posteriormente, aperfeiçoou sua compreensão a respeito de doenças psíquicas até criar a *teoria psicanalítica* com base na *hipótese do inconsciente*. Para a psicanálise, todos os nossos atos têm uma realidade exterior representada na conduta externa, mas também carregam significados ocultos que podem ser interpretados. Usando de uma metáfora, pode-se dizer que a vida consciente é apenas a ponta de um *iceberg*, cuja parte submersa (de maior volume) simboliza o inconsciente.

Outra inovação da psicanálise encontra-se na compreensão da *natureza sexual da conduta humana*. A energia que preside os atos humanos é de natureza **pulsional↓**, que Freud denomina **libido↳** embora a sexualidade não se reduza à genitalidade – isto é, aos atos que se referem de modo explícito à atividade sexual propriamente dita –, porque seu significado é muito mais amplo, abarcando toda e qualquer forma de gratificação ou busca do prazer.

▶ **Pulsional:** relativo à pulsão; no contexto, pulsões são forças internas que provocam tensões, como as de natureza sexual e a de autoconservação.

Em virtude de sua formação médica, encontramos nas primeiras obras de Freud elementos que denotam influências das tendências naturalistas na constituição da nova ciência, sobretudo pela proximidade conceitual com a biologia e a fisiologia.

▶ **Libido:** "desejo", "vontade"; na psicanálise, entendida como manifestação dinâmica da pulsão sexual na vida psíquica.

Conceitos de aparelho psíquico semelhantes a aparelhos fisiológicos e ideias de força, atração e repulsão, inspiradas pelo princípio da conservação da energia, bem como pela busca de causas que comprovassem certas reações psíquicas, são elementos indicativos desse alinhamento às ciências naturais, como ocorria em outros estudos da psicologia. Além disso, Freud cercou-se de estudiosos de outras áreas (por exemplo, cientistas da natureza e neurologistas) e sabemos como ideias positivistas permeavam o ambiente intelectual do final do século XIX, o que orientou a adequação da nova ciência à metodologia das ciências da natureza, condição várias vezes explicitada – e desejada – pelo fundador da psicanálise como maneira de aceitação da cientificidade de sua teoria.

Existem, porém, elementos destoantes da orientação naturalista de Freud que aparecem de modo evidente com a publicação de *A interpretação dos sonhos*, em que o termo *interpretação* já configura o elemento hermenêutico da psicanálise, centrada na busca do "sentido" do sonho. O mesmo ocorre quando Freud desenvolve o conceito de sintoma neurótico, cujo sentido será preciso interpretar, bem como nas referências à sexualidade, em nenhum momento entendida como puramente biológica.

Ao descrever o aparelho psíquico, Freud delimita três instâncias diferenciadas: id, ego e superego. O *id* (do latim, "isto") constitui o polo pulsional da personalidade, o reservatório primitivo da energia psíquica; seus conteúdos são inconscientes, alguns inatos e outros recalcados. O *ego* (do latim, "eu") é a instância que age como intermediária entre o id e o mundo externo. Em contraste com o id, que contém as pulsões, o ego enfrenta conflitos para adequá-las pela razão às circunstâncias, por isso o ego é também a sede do superego. O *superego* (ou "supereu") é o que resulta da internalização das proibições impostas pela educação, de acordo com os padrões da sociedade em que se vive.

As forças antagônicas que agem no ego exigem do indivíduo um ajuste regulador, o *princípio de realidade*, pelo qual equaciona a satisfação imediata dos desejos, adequando o *princípio do prazer* às condições impostas pelo mundo exterior. Assim, quando o conflito é muito grande e o ego não suporta a consciência do desejo, este é rejeitado, o que provoca o *recalque* (ou recalcamento), processo que ocorre inconscientemente e não se confunde com a repressão, que é consciente, como veremos adiante. No entanto, o que foi recalcado não permanece no inconsciente, pois, sendo energia, precisa ser expandido, reaparecendo na forma de sintomas, que podem ser decifrados em sua linguagem simbólica. Caso os sintomas permaneçam obscurecidos pelo desconhecimento das causas, as consequências são as neuroses ou até desordens psíquicas mais graves. Caberia à prática psicanalítica aplicar seu método para que o próprio paciente faça essa descoberta por meio da associação livre.

Freud delineou ainda outros mecanismos de reação quando o ego se defronta com conflitos. Um deles é a *sublimação*, que consiste na busca de modos socialmente aceitáveis de realização das pulsões do id, ou de pelo menos parte delas. É o que ocorre quando o indivíduo realiza desejos que não visam explicitamente a sexualidade, mas que podem lhe dar prazer, como a criação artística, a investigação intelectual ou quando se dedica a atividades valorizadas pela cultura em que vive, seja no trabalho, seja na religião etc.

Já a *repressão* não se confunde com o *recalque*, apesar de esses conceitos serem muitas vezes usados como sinônimos. No entanto, vimos que o recalque é um processo inconsciente, ao passo que a repressão resulta de um ato consciente, seja do próprio indivíduo – quando reprime seus desejos por considerá-los contrários a seus valores ou simplesmente impróprios –, seja o ato de uma autoridade externa, como pais, professores, polícia etc. Como ser consciente, é o sujeito que de modo autônomo "censura" o desejo em razão de motivações morais, é ele que obedece a agentes externos "repressores".

Outro exemplo revelador da aproximação freudiana das ciências humanas encontra-se na relação estabelecida entre psicanálise e cultura na obra *O mal-estar na cultura* – que alguns traduzem como *O mal-estar na civilização* –, na qual Freud reflete sobre o efeito da repressão dos instintos agressivos e sexuais e seus resultados na cultura, capazes de provocar perigoso estado de frustração. Ao observar que as forças agressivas e egoístas precisam ser controladas para permitir o convívio humano e a vida moral, Freud se pergunta em que medida essa renúncia pode ser autodestrutiva a ponto de comprometer a felicidade. Conclui com pessimismo que é alto o preço pago pelo indivíduo para tornar-se civilizado. Mas pondera:

> O programa que o princípio do prazer nos impõe, o de sermos felizes, não é realizável, mas não nos é permitido – ou melhor, não nos é possível – renunciar aos esforços de tentar realizá-lo de alguma maneira. Para tanto, pode-se escolher caminhos muito diversos, colocando em primeiro lugar o conteúdo positivo da meta, o ganho de prazer, ou o negativo, o de evitar o desprazer.↪

▶ FREUD, Sigmund. *O mal-estar na cultura*. Porto Alegre: L&PM, 2010. p. 76. (Coleção L&PM Pocket.)

PSICANÁLISE E EDUCAÇÃO

É verdade que Freud não escreveu especificamente sobre educação, embora tenha feito referências pontuais, chegando a criticá-la como causadora de neuroses. No entanto, é possível encontrar elementos importantes para orientar as relações entre professores e alunos, uma vez que esse encontro se reveste de afetos conflitantes de amor e ódio, muitas vezes reproduzindo frustrações e desejos de lado a lado, que remetem a confrontos já existentes da vida familiar e nas condições sociais vividas.

Se observarmos as instâncias do aparelho psíquico e o desalento de Freud diante do "mal-estar na cultura" por constatar as dificuldades do controle de forças agressivas e egoístas que muitas vezes impedem o convívio humano e a vida moral, vale pensar que a educação, quando bem orientada, tem condições de exercer importante papel no sentido de oferecer condições mínimas que atenuem esse impasse. A educação pode ser um momento de tomada de consciência, de maneira autônoma, a respeito do que realmente precisa permanecer sob controle. O próprio Freud se refere à *sublimação* da libido associada à pulsão de saber, por meio da qual é possível alcançar o prazer em diversos setores da vida, e a educação pode muito bem ser o instrumento para ampliar e tornar viável essas realizações pessoais. Outro aspecto é o da *transferência*, processo que, segundo Freud, ocorre durante o tratamento, quando o analisando dirige ao psicanalista afetos antigos de amor e hostilidade não percebidos como tais, o que permite a vivência de novas experiências fecundas para a elucidação do que foi ocultado. Do mesmo modo, poderíamos pensar nesse conceito aplicado na relação professor-aluno, quando este último desenvolve afetos de admiração ou de recusa diante do professor. É comum alunos terem lembranças afetuosas de professores que foram importantes em suas vidas, reorientando-as de algum modo, seja por palavras ou por textos significativos.

Todos esses procedimentos são de mão dupla, porque o professor que tenha sido psicanalizado talvez seja capaz de demonstrar mais maturidade para lidar com conflitos em sala de aula. Aliás, em circunstâncias diferentes, o psicólogo Lawrence Kohlberg – que veremos em tópico adiante –, ao implantar um curso sobre educação de valores, também percebeu que precisaria começar pela instrução dos professores.

SARTRE E O EXISTENCIALISMO

A fenomenologia também se encontra na base do existencialismo francês, que teve Jean-Paul Sartre (1905-1980) como o mais conhecido intérprete e que sofreu forte influência de Edmund Husserl e da filosofia de Martin Heidegger (1889-1976). A teoria sartriana gerou uma "moda existencialista" pelo fato de ter se tornado renomado romancista e teatrólogo, além de sua atuação política como cidadão.

Durante a Segunda Guerra, a Resistência Francesa inspirou sua concepção política de "engajamento", termo que significa a necessidade de se voltar para a análise da situação concreta, como responsável pelas mudanças sociais e políticas de seu tempo. A respeito desse aspecto, a liberdade deixaria de ser apenas imaginária porque o indivíduo compromete-se na ação. Em suas obras, Sartre ocupa-se com a questão crucial da liberdade, justamente o que distingue o ser humano dos animais.

Para melhor entendermos a concepção sartriana de liberdade, comecemos pela análise das concepções tradicionais que qualificam o ser humano como possuidor de uma essência, uma natureza humana universal, do mesmo modo que todas as coisas teriam igualmente uma essência. Por exemplo, a essência de uma mesa é aquilo que faz que ela seja mesa e não cadeira, ou seja, é o *ser* mesmo da mesa, não importa que ela seja de madeira, fórmica ou vidro, grande ou pequena, mas que tenha as características que nos permitam reconhecê-la e usá-la como mesa. Sartre destaca uma situação radicalmente diferente, porque, para ele, no caso do ser humano, *a existência precede a essência*, ao contrário do que ocorre com as coisas e os animais.

Qual é a diferença entre o ser humano e as coisas? É a liberdade, porque o ser humano nada mais é do que seu projeto, ou seja, o ser que age tendo em vista o que virá. Portanto, só o ser humano existe – *ex-siste*, do latim *exsistere*, no sentido primitivo de "elevar-se para fora de". Por ser consciente, é um ser-para-si, já que a consciência é autorreflexiva, pensa sobre si mesma, é capaz de pôr-se *fora* de si. É a consciência que distingue o ser humano das coisas e dos animais, que são em-si, ou seja, não são capazes de se colocar *do lado de fora* para se autoexaminarem.

O que acontece ao indivíduo quando se percebe para-si, aberto à possibilidade de construir ele próprio sua existência? Descobre que não há essência ou modelo para orientar seu caminho e, por isso, seu futuro encontra-se disponível e aberto; ou seja, ele está irremediavelmente "condenado a ser livre". Eis que, ao experimentar a liberdade e ao sentir-se como um vazio – a consciência é nada –, o indivíduo vive a angústia da escolha. Muitas pessoas não suportam essa angústia, fogem dela e fingem escolher, sem na verdade escolher. Trata-se de uma forma de "autoengano" daquele que imagina já ter seu destino traçado, que aceita as verdades exteriores, "mente" para si mesmo e simula ser ele próprio o autor de seus atos, já que aceitou sem críticas os valores dados.

O indivíduo não pode negar o impulso pelo qual ele próprio constrói a existência, sob pena de tornar sua vida inautêntica, o que ocorre quando vive de acordo com valores dados e não escolhidos. Ao contrário, deve enfrentar o desafio de construir seu próprio destino. Aquele que recusa a liberdade, porém, torna-se desonesto, desprezível, pois nesse processo recusa a dimensão do para-si e torna-se em-si, semelhante às coisas. Sartre chama de *espírito de seriedade* o comportamento de recusa da liberdade para viver o conformismo e a "respeitabilidade" da ordem estabelecida e da tradição. Vale lembrar que Sartre não reduzia o existencialismo ao individualismo, pois toda decisão pressupõe responsabilidade, o que significa "responder" por todas as pessoas.

O método fenomenológico e a filosofia existencialista muito auxiliaram a discussão contemporânea sobre a metodologia das ciências humanas. Colocando-se contra a tendência positivista, esses pensadores interferiram diretamente em diversas concepções pedagógicas. Por reconhecerem o educando como criador de sua própria essência, cabe ao educador despertá-lo para assumir sua liberdade, contra as forças alienantes da cultura que o desumanizam e o encaminham para a vida inautêntica. A marca fenomenológica e existencialista na pedagogia contemporânea encontra-se, portanto, em questões antropológicas decorrentes da concepção de que cada pessoa é única, deve se fazer a si mesma em comunicação com as outras, com as quais estabelece a intersubjetividade.

PRAGMATISMO: REPRESENTANTES

Pragmatismo é um termo que veio do grego *prágma*, "ato", "ação", donde *pragmatikós*, "relativo aos fatos, aos negócios". Na linguagem comum, pragmático é o que é suscetível de aplicação prática, o que visa ao útil; não é este, porém, o sentido do pragmatismo filosófico. Como teoria, o pragmatismo desenvolveu-se principalmente nos Estados Unidos, seguindo a tradição empirista da Grã-Bretanha, que valoriza a experiência, embora essa tradição primeira tenha passado por revisões no final do século XIX e no século XX com o pragmatismo estadunidense. Apresentando pontos de convergência com diversas outras correntes contemporâneas, trata-se de uma teoria que se opõe a toda filosofia idealista e ao conhecimento contemplativo, puramente teórico, por ser anti-intelectualista e privilegiar a prática e a experiência.

Do ponto de vista filosófico, a noção de *experiência* pode ser entendida como um conjunto de relações que os seres humanos estabelecem entre si e com o entorno. A experiência seria então uma atividade conceptual capaz de guiar as ações futuras na nossa relação com o ambiente e que estabelece o critério para distinguir o que é verdadeiro, apresentando uma visão de conhecimento em que os conceitos não são ideias abstratas, mas instrumentos que orientam a ação. A definição de experiência, embora varie entre os pragmatistas, teria algo em comum, como diz o historiador da filosofia Nicola Abbagnano:

> Para o pragmatismo, a experiência é substancialmente abertura para o futuro: uma característica básica será a possibilidade de fundamentar uma previsão. [...] Nesse sentido, a tese fundamental do pragmatismo é a de que toda a verdade é uma regra de ação, uma norma para a conduta futura.↪

▶ ABBAGNANO, Nicola. *História de filosofia*. Lisboa: Editorial Presença, 1976. p. 7. v. 11.

Charles Sanders Peirce (1839-1914), estudioso de lógica simbólica e semiótica (teoria dos signos), foi o iniciador do pragmatismo. Para sua teoria, ele propôs o conceito de *falibilismo*. Observe que o termo indica em sua raiz a noção de algo "falível" – característica do que é incerto, que pode "falhar". Portanto, segundo o falibilismo, não podemos estar absolutamente certos de nada. Como saber algo, então? Ao analisar a linguagem, Peirce observa que o pensamento produz "hábitos de ação" e estes derivam de crenças, as quais, por sua vez, tranquilizam nossas dúvidas. Mas como saber se essas crenças são válidas?

Nem todas as crenças nos levam a bons resultados, mas apenas aquelas que conduzem à ação de forma eficaz. Entre estas, as mais sólidas são as que se originam da ciência e podem ser confirmadas pela experiência. Mesmo assim, nenhuma prova científica é "para sempre", porque a qualquer momento poderá ser contestada por algum "fato surpreendente", ou seja, por um fato problemático que exigirá novas experiências. Não por acaso, Pierce define sua filosofia como "uma filosofia da pesquisa e da experimentação continuada".

O principal divulgador do pragmatismo, William James (1842-1910), disse em uma de suas conferências:

> O pragmatista volta as costas resolutamente e de uma vez por todas a uma série de hábitos inveterados, caros aos filósofos profissionais. Afasta-se da abstração e da insuficiência, das soluções verbais, das más razões *a priori*, dos princípios firmados, dos sistemas fechados, com pretensões ao absoluto e às origens. Volta-se para o concreto e o adequado, para os fatos, a ação e o poder. [...]
> Ao mesmo tempo não pretende quaisquer resultados especiais. É somente um método. [...] Desdobra-se, então [o método pragmático] menos como uma solução do que como um programa para mais trabalho, e mais particularmente como uma

indicação dos caminhos pelos quais as realidades existentes podem ser *modifica-das. As teorias, assim, tornam-se instrumentos, e não respostas aos enigmas, sobre as quais podemos descansar.*↪

Em outras palavras, uma proposição é verdadeira quando "funciona", isto é, permite que nos orientemos na realidade, levando-nos de uma experiência a outra. A verdade não é, desse modo, rigidamente estabelecida de uma vez por todas, mas está sempre se fazendo. E, como tudo se baseia na experiência, nada é estável, mas está em constante movimento. Quando o pragmatista reduz o verdadeiro ao útil, compreende a utilidade em sentido amplo. Não só a utilidade como satisfação das necessidades materiais, mas como tudo quanto sirva para o desenvolvimento do ser humano e da sociedade. Nesse sentido, a religião é verdadeira: William James, espírito religioso, desenvolveu o pragmatismo para aplicá-lo à religião.

> ▶ JAMES, William. *Pragmatismo*. São Paulo: Abril Cultural, 1974. p. 12. (Coleção Os Pensadores.)

Mesmo que as crenças não se fundem em bases lógicas e racionais, ninguém duvida da sua utilidade na vida prática, como guia da ação. No campo moral das relações humanas são valiosas as forças da simpatia, do amor e, ao contrário da tradição racionalista da filosofia, para William James é normal e benéfica a manifestação do desejo e da vontade, por determinar escolhas conforme as exigências da vida prática.

DEWEY E A ESCOLA PROGRESSIVA

O filósofo e pedagogo John Dewey (1859-1952), influenciado pelo pragmatismo de William James, preferia usar as expressões *instrumentalismo* ou *funcionalismo* para identificar a sua teoria. Defendia que as ideias estão ligadas à prática, elas são propriamente instrumentos para resolver problemas, portanto a relevância (ou não) e a eficácia para alcançar este fim garantem sua validade. Por decorrência, as ideias não são verdades ou falsidades absolutas, podendo ser corrigidas ou aperfeiçoadas. Para Dewey, o conhecimento é uma atividade dirigida que não tem um fim em si mesmo, mas está voltado para a experiência. As ideias são hipóteses de ação e, como tal, são verdadeiras à medida que funcionam como orientadoras da ação, portanto, têm valor instrumental para resolver os problemas colocados pela experiência humana.

Tornou-se um dos maiores pedagogos estadunidenses e contribuiu de forma marcante para a divulgação dos princípios da Escola Nova. Para divulgar essa pedagogia, entre os anos de 1920 e 1940 visitou vários países proferindo palestras ou permanecendo em longas estadas, como na China, em que viveu mais de dois anos. Esteve também no México, na Turquia, no Japão, na União Soviética, em vários países europeus, além de que sua obra foi bastante traduzida, fecundando as mais diversas aplicações práticas de seus princípios. Vários desses seguidores iniciaram os estudos com a pedagogia diferencial – que tem por objeto crianças com algum tipo de deficiência –, e só depois estenderam suas descobertas para um universo maior da educação. Como pedagogo, escreveu *Meu credo pedagógico*, *A escola e a criança* e *Democracia e educação*.

Ao fundar uma escola experimental na Universidade de Chicago, no final do século XIX, Dewey desenvolveu curta experiência concreta, pela qual pretendia estimular a atividade dos alunos para que eles aprendessem fazendo. Enfatizou então o trabalho, dando realce especial a atividades manuais por apresentarem problemas concretos, tais como cozinhar ou ocupar-se com tecelagem, fiação e carpintaria, ofícios que, além de favorecer o espírito de comunidade e a divisão das tarefas, estimulam a cooperação e o espírito social.

Dewey criticou severamente a educação tradicional, sobretudo em razão da predominância do intelectualismo e da memorização. Nesse sentido, rejeitou a educação pela instrução defendida por Johann Herbart, opondo-lhe a educação pela ação. O fim da educação não é formar a criança de acordo com modelos nem orientá-la para uma ação futura, mas dar condições para que resolva por si mesma os problemas enfrentados. Apoiado na noção central de *experiência*, Dewey conclui que a escola não pode ser uma preparação para a vida, mas é a própria vida, por isso, vida-experiência-aprendizagem não se separam, e a função da escola está em possibilitar a reconstrução continuada que a criança faz da experiência. A educação *progressiva* consiste justamente no crescimento constante da vida, à medida que ampliamos o conteúdo da experiência e o controle que exercemos sobre ela.

As reflexões de Dewey a respeito do interesse, na tentativa de superar a velha oposição entre interesse/esforço e interesse/disciplina são também valiosas, já que para ele o esforço e a disciplina são produtos do interesse. Por isso é importante para o educador a descoberta dos reais interesses da criança e só avançar na ampliação de seus poderes apoiando-se nesses interesses, já que apenas assim a experiência adquire valor educativo e não se reduz a um artificialismo inócuo. Nesse contexto, as ciências humanas tornam-se valiosas auxiliares da pedagogia, para que se possa melhor compreender o mundo infantil, tão diverso do mundo adulto.

Para ele, a escola deve ter a criança como centro – lembrar a "revolução copernicana" preconizada pela educação ativa desde Rousseau – e, portanto, oferecer espaço para o desenvolvimento dos principais interesses da criança: "conversação ou comunicação", "pesquisa ou a descoberta das coisas", "fabricação ou a construção das coisas" e "expressão artística". Desse modo, também muda o papel do professor, que deixa de ser central para acompanhar o trabalho dos alunos e animar as atividades escolares. Ao contrário da educação tradicional, que valoriza a obediência, Dewey destaca o espírito de iniciativa e independência, que leva à autonomia e ao autogoverno, virtudes de uma sociedade democrática. Nesse sentido, a democracia não é apenas um regime de governo, mas uma forma de vida, em que, pela educação, criamos significados coletivos, em um processo que nunca termina. Marcado pelos efeitos da Revolução Industrial e pelo ideal da democracia, Dewey queria preparar o aluno para a sociedade do desenvolvimento tecnológico e formar o cidadão para a convivência democrática. A escola seria o instrumento ideal para estender esses benefícios a todos, indistintamente, caracterizando a função democratizante da educação de equalizar as oportunidades.

Veremos adiante como aí se encontra o germe da "ilusão liberal" ou o "otimismo pedagógico" da Escola Nova. Nesse sentido, o projeto de Dewey seria utópico ao imaginar a escola como um território neutro, quando na verdade ele está permeado por todas as contradições sociais e políticas de seu contexto. De certo modo, sua pedagogia reforça a adaptação do aluno à sociedade, que, como tal, não é questionada em momento algum. Trata-se de uma teoria que representa plenamente os ideais liberais, sem colocar em xeque os valores burgueses. Por exemplo, sua noção de trabalho não apresenta as características fundamentais que aparecem nas pedagogias socialistas.

Apesar disso, a pedagogia de Dewey é rica em aspectos inovadores, e sua principal marca encontra-se na oposição à escola tradicional, na relação estreita entre teoria e prática, na valorização das ciências experimentais, não apenas para fundamentar a psicologia infantil, mas como conteúdo cognitivo importante para as atividades escolares. Dewey desempenhou ainda um papel notável como pedagogo e educador incansável e até sua morte, aos 92 anos, continuava a receber discípulos em sua residência. Para William Kilpatrick (1871-1965), um dos seus mais importantes seguidores, o principal foco da educação encontra-se na formação para a democracia em uma sociedade em constante mutação.

Mais adiante, no tópico "Neopragmatismo: Richard Rorty", veremos as ressonâncias atualizadas do pensamento de Dewey na reflexão de Richard Rorty, principal representante dessa tendência.

PEDAGOGIA DA ESCOLA NOVA

Desde a Revolução Industrial a burguesia precisava de uma escola mais realista, que se adequasse ao mundo em constante transformação. O escolanovismo representou a tentativa de superação da escola tradicional excessivamente rígida, magistrocêntrica, voltada para a memorização de conteúdos. Pedagogos como Feltre, Basedow e Pestalozzi, de certo modo podem ser vistos como precursores da Escola Nova, por preconizarem métodos ativos de educação, também voltados para a participação mais efetiva do aluno. No entanto, cuida-se não propriamente de ensinar a democracia, mas de reconstruir processos democráticos em sala de aula para que se possa exercitar a forma democrática de vida. Assim, a escola tradicional privilegia as aulas expositivas, ao passo que a Escola Nova desfoca a ideia de *ensino* para a de *aprendizado*, o que faz com que nenhum conteúdo seja transmitido de fora para dentro do aluno, mas que ele mesmo seja livre para começar pelas suas experiências.

Vimos no tópico anterior que a pedagogia do pragmatista estadunidense John Dewey foi significativa para divulgar ideias da Escola Nova e que várias cidades de seu país realizaram igualmente experiências importantes nessa direção. Na Europa, o movimento escolanovista configurou-se definitivamente no final do século XIX e início do XX, tendo como pioneira a escola de Abbotsholme, na Escócia, Reino Unido, em 1889, para em seguida replicar pela França, Alemanha, Bélgica, Itália e Estados Unidos. Escolas públicas adotaram os novos métodos, por exemplo, os de Roger Cousinet e Célestin Freinet, na França, e o de Georg Kerschensteiner, na Alemanha.

Em 1899, por iniciativa de Adolphe Ferrière (1879-1961), foi fundado o Bureau Internacional das Escolas Novas, sediado em Genebra, tendo em vista a criação de inúmeras escolas novas com tendências diferentes, o que exigia normatizar suas características fundamentais. Em 1919 foram aprovados trinta itens básicos da nova pedagogia, de modo que, para pertencer ao movimento, uma escola deveria cumprir pelo menos dois terços deles. De acordo com esse padrão, resumimos as principais características da Escola Nova: educação integral (intelectual, moral, física); educação ativa; educação prática, com obrigatoriedade de trabalhos manuais; exercício de autonomia; vida no campo; internato; coeducação; ensino individualizado.

Esse projeto exige métodos ativos, com mais ênfase nos processos do conhecimento do que propriamente no produto. Para tanto, as atividades, centradas nos alunos, tendo em vista a estimulação da iniciativa, exigia a criação de laboratórios, oficinas, hortas ou até imprensa, conforme a linha a ser seguida. Para superar o viés intelectualista da escola tradicional, valorizaram-se os jogos, os exercícios físicos, as práticas de desenvolvimento de motricidade e de percepção, a fim de aperfeiçoar as mais diversas habilidades. Voltam-se também para a compreensão da natureza psicológica da criança, a fim de orientar a busca de métodos que estimulassem o interesse sem cercear a espontaneidade.

MONTESSORI E DECROLY

A italiana Maria Montessori (1870-1952), primeira mulher formada em medicina pela Universidade de Roma, tornou-se assistente na clínica neuropsiquiátrica daquela instituição, o que lhe permitiu fazer observações importantes sobre psicologia infantil, experiência que resultou em grande interesse para a educação de crianças com deficiência. Conciliando espírito científico e misticismo – era católica fervorosa –, escreveu extensa obra, o que facilitou a difusão de seu método no mundo inteiro. Em 1907 abriu em Roma a primeira *Casa dei Bambini* (Casa das Crianças), destinada a filhos de operários.

Empenhada na individualização do ensino, Montessori estimulava a atividade livre concentrada, apoiada no princípio da autoeducação. Nesse método marcantemente ativo, o aluno usa o material na ordem que escolher, cabendo ao professor dirigir a atividade, e não propriamente ensinar. As crianças cuidam da higiene pessoal e da limpeza das salas, recolocando em ordem todo o material usado. A atenção ao ritmo de cada um, no entanto, não prejudica a socialização, antes facilita a integração no grupo.

A pedagogia montessoriana leva em conta o ambiente (mesas, estantes, quadros, banheiros etc.), para adequá-lo ao tamanho das crianças. O rico e abundante material didático acha-se voltado para a estimulação sensório-motora: cores, formas, sons, qualidades táteis, dimensões, experiências térmicas, sensações musculares, movimentos, ginástica rítmica com a clara intenção de alcançar maior domínio do corpo e percepção das coisas.

Além disso, Montessori prioriza a escrita, que, segundo ela, deveria preceder a leitura, já que esta última exige maior abstração, ao passo que a escrita começa com a preparação da mão e dos sentidos em geral, permitindo que o desenvolvimento da psicomotricidade evite qualquer aprendizagem mecânica. A educadora recebeu algumas críticas de quem considerava exagerada a atenção dada a esses aspectos, o que teria tornado a teoria montessoriana fundamentada em uma concepção sensualista, atomística e associacionista da aprendizagem, já que, ao privilegiar a educação dos sentidos, teria criado materiais que isolavam as sensações, o mesmo acontecendo com a aprendizagem da escrita, ao partir de letras isoladas, ou ainda da aritmética, que requeria o uso de pauzinhos de diversas cores.

O médico belga Jean-Ovide Decroly (1871-1932), auxiliado por sua mulher, fundou em 1907 a Escola da rua Ermitage, em Bruxelas, inicialmente interessando-se por crianças com deficiências intelectuais. Em suas observações percebeu, de maneira pertinente, que, se o adulto é capaz de analisar, separar o todo em partes, a criança tende para representações globais, de conjunto, isto é, percebe os fatos e as coisas como um todo. Além disso, o indivíduo aprende como uma totalidade que percebe, pensa e age conjuntamente. Tais ideias mantêm afinidade com a teoria da *Gestalt* e se contrapõem às tendências associacionistas da aprendizagem, inclusive a montessoriana.

Era comum naquela época o ensino da leitura ser realizado inicialmente com letras isoladas, depois reunidas na formação de palavras e, após isso, na construção de frases, mas Decroly inverte o processo, sugerindo a iniciação à leitura por frases inteiras. O mesmo procedimento acompanha a escolha da programação montada em torno de centros de interesses, que visam à apreensão globalizadora: a criança e a família, a criança e a escola, a criança e o mundo animal e assim por diante.

ESCOLA DO TRABALHO: KERSCHENSTEINER E FREINET

Uma das características da Escola Nova foi a preocupação com o trabalho, aspecto enfatizado por alguns educadores, como o alemão Georg Kerschensteiner (1854-1932) e o francês Célestin Freinet (1896-1966), cujas experiências seriam aproveitadas também na escola pública de seus países.

Kerschensteiner sofreu a influência de Pestalozzi e de Dewey e criticou severamente a escola tradicional por ser livresca e voltada para a memorização, contrapondo a ela a escola ativa, cujos pilares são o trabalho, a cooperação e o autogoverno. Para ele, como para Dewey, a educação é um produto da sociedade e tem função social, embora se deva começar pelo desenvolvimento da individualidade e do cultivo dos valores espirituais que caracterizam o ser humano. Propõe então um método de acordo com os estágios do desenvolvimento do interesse, por meio da aquisição de técnicas elementares de ler, escrever e calcular, desde que se destaque a atividade manual em primeiro plano. Critica as abordagens diletantes do trabalho, por considerá-lo fundamental para o autocontrole e o autoexame de quem o exerce com seriedade. O trabalho na escola, no entanto, não se reduz a simples profissionalização, porque está inserido na proposta de formação humana mais abrangente, voltada para valores individuais e, sobretudo, sociais. Para Kerschensteiner, as três tarefas da escola são: educação profissional, moralização da profissão e, consequentemente, moralização da sociedade.

Célestin Freinet escreveu *A educação pelo trabalho*, enfatizando que a verdadeira fraternidade é a que nasce do trabalho que, por sua vez, valoriza a atividade manual e a de grupo, a fim de estimular a cooperação, a iniciativa e a participação. Na longa atividade como professor primário, lutou contra práticas tradicionais do ensino público francês, uma preocupação com a educação popular que bem poderia colocá-lo ao lado de pedagogos socialistas. O fato de não ter conseguido melhores resultados com seu método deve-se especialmente às limitações do ambiente em que suas experiências eram levadas a efeito.

A aprendizagem da gramática e dos conteúdos a serem pesquisados era feita de maneira original, porque seu método estava centrado no projeto de imprensa na escola. Eliminados os manuais escolares, aprende-se a composição para a imprensa e cultiva-se a expressão por meio do texto livre. Supondo que o conhecimento verdadeiro é sempre recriação, Freinet estimula a exploração da curiosidade, a coleta de informações – por alunos e professores –, valoriza o debate e, por fim, a expressão escrita. Além disso, as comunicações diversas, trocadas entre alunos de classes diferentes a propósito das pesquisas, estimulam a correspondência interescolar. Para a montagem do texto a ser impresso, os alunos se responsabilizam pelos cálculos necessários e pelas ilustrações.

AVALIAÇÃO DO ESCOLANOVISMO

A Escola Nova foi objeto de críticas de diferentes naturezas, tanto positivas como negativas. Veremos adiante como os teóricos das tendências crítico-reprodutivistas revelaram o caráter excessivamente otimista do projeto escolanovista. Resta lembrar outros riscos dessa proposta: se a escola tradicional era magistrocêntrica, por valorizar demais o papel do professor, o escolanovismo minimizava esse papel – quase nulo nas formas mais radicais do não diretivismo –, para tender ao puerilismo (ou pedocentrismo), que supervalorizava a criança; a atenção excessiva voltada a aspectos psicológicos da aprendizagem intensificaria o individualismo; e, se a oposição ao autoritarismo da escola tradicional resultara em ausência de disciplina, a ênfase no processo da autonomia do aluno descuidava da transmissão de conteúdo.

Na obra *Entre o passado e o futuro*, Hannah Arendt (1906-1975), filósofa alemã radicada nos Estados Unidos, critica severamente a pedagogia renovada, sobretudo em seus princípios. Para ela, os escolanovistas imaginam o mundo infantil como autônomo em relação ao mundo adulto e, desse modo, ao retirar a autoridade do adulto, esquecem que persiste a autoridade do grupo de crianças, com todos os riscos de tirania. Quanto ao aspecto de descuidar do conteúdo, Arendt adverte que a crise da autoridade na educação tem conexão com a crise da tradição, ou seja, com a crise de nossa atitude diante do passado, que tem sido de rejeição. Apesar disso, seria ofício do professor "servir como mediador entre o velho e o novo, de tal modo que sua própria profissão lhe exige um respeito extraordinário pelo passado". E mais adiante completa:

> A educação é o ponto em que decidimos se amamos o mundo o bastante para assumirmos a responsabilidade por ele e, com tal gesto, salvá-lo da ruína que seria inevitável não fosse a renovação e a vinda dos novos e dos jovens. A educação não é, também, onde decidimos se amamos nossas crianças o bastante para não as expulsar de nosso mundo e abandoná-las a seus próprios recursos e tampouco arrancar de suas mãos a oportunidade de empreender alguma coisa nova e imprevista para nós, preparando-as em vez disso com antecedência para a tarefa de renovar um mundo comum.↳

> ▶ ARENDT, Hannah. *Entre o passado e o futuro*. São Paulo: Perspectiva. p. 247.

No próximo capítulo, será avaliada a implantação do escolanovismo no Brasil, que sem dúvida estimulou fortemente as primeiras reflexões mais sistemáticas em pedagogia, desde as décadas de 1920 e 1930. Veremos também as críticas à Escola Nova desenvolvidas por Dermeval Saviani, para quem se tratou de um modismo que retardou a discussão mais efetiva de outros métodos, além de ter erradamente avaliado a escola tradicional como anticientífica e até medieval. Ao contrário – afirma Saviani –, a escola tradicional, como a conhecemos, constituiu-se após a Revolução Industrial e a criação das redes de escolas oficiais criadas por volta de meados do século XIX, que se apoiaram na metodologia de ensino de base científica exposta por Herbart. Além disso, a intenção dos escolanovistas de promover a democracia pela equalização social na escola mostrou-se um fracasso, porque, entre outros motivos, montar uma instituição de ensino de acordo com os parâmetros estabelecidos por aquela metodologia seria demasiadamente dispendioso, tanto é que as "escolas experimentais" foram raras, em razão da impossibilidade de se expandirem e muito menos de atingirem as camadas populares.

Vale destacar, porém, que a posição de Saviani não se representa pela escola tradicional, também objeto de seus reparos, para enfim elaborar "um método pedagógico que se situa para além dos métodos novos e tradicionais"↳, como será analisado no próximo capítulo.

> ▶ SAVIANI, Dermeval. *Escola e democracia*. Campinas: Autores Associados, 2008. p. 39. (Coleção Educação Contemporânea.)

EDUCAÇÃO SOCIALISTA NA UNIÃO SOVIÉTICA

Os teóricos que repensaram Marx e Engels no século XX o fizeram a partir da experiência concreta da Revolução Russa de 1917, quando não mais se tratava de elaborar um projeto de revolução, mas de enfrentamento dos problemas decorrentes da implantação do posteriormente denominado "socialismo real". Nesse processo, destacou-se a contribuição de Lênin (1870-1924), pseudônimo de Vladimir Ilyich Ulyanov, revolucionário que não separava o ativismo exercido como líder da facção bolchevique do trabalho propriamente teórico. Contrapondo-se às teses revisionistas, Lênin restabeleceu a ortodoxia da concepção de Marx e Engels, configurando a doutrina oficial conhecida como *marxismo-leninismo*.

A União Soviética passava por um momento decisivo na sua história, em que predominou o entusiasmo pela educação diante da necessidade de formar o novo cidadão da sociedade revolucionária. Lênin ligou a pedagogia a uma estratégia política revolucionária que, se por um lado defendia a importância de não se desprezar a cultura do passado burguês, especialmente as conquistas da ciência e da tecnologia, por outro lado visava reforçar a consciência da luta de classes e priorizar a instrução politécnica, voltada para o trabalho.

Nessa fase, destacaram-se o ministro da educação Anatoli Vasilevitch Lunatcharski, junto com a pedagoga Nadeshda K. Krupskaya, companheira de Lênin. Mais tarde, os educadores Anton Makarenko e Moisei Pistrak introduziram profundas alterações nas concepções pedagógicas, a fim de enfrentar o desafio de uma nação com 80% de analfabetos. Durante a implantação da política educacional, prevaleceu a orientação voltada exclusivamente para a doutrinação do marxismo-leninismo, com exclusão radical do ensino religioso. Por outro lado, Lênin criou a política secreta, a Tcheka, responsável pela violência contra dissidentes. Após o sucesso da revolução, ocupou o poder até a doença que o acometeu dois anos antes de sua morte precoce em 1924.

Josef Stálin (1878-1953) venceu a disputa com Leon Trótsky para se tornar líder da União Soviética e transformá-la em uma superpotência industrializada, tendo antes resolvido problemas sociais como moradia, saúde e educação. Sem nos esquecermos das condições semifeudais da Rússia pré-revolução, é surpreendente constatar como se conseguiu erradicar o analfabetismo. No entanto, o partido único impedia o pluralismo, impossibilitando a crítica ao sistema, tendo sido responsável por massacres, expurgos, execuções sumárias e a criação de *gulags*, campos de trabalhos forçados nos quais, em sua grande maioria, os prisioneiros eram dissidentes da política implantada.

Em qualquer um dos países alinhados à revolução socialista, o interesse pela educação popular mostrou-se prioritário, tanto em termos de elaboração de teorias fundadas no marxismo, como pela garantia da universalização da escola elementar, gratuita e obrigatória. Logo de início, arregimentou-se toda a sociedade no esforço comum de alfabetização e no estímulo ao trabalho coletivo, à auto-organização dos estudantes, à ligação entre escola e vida e entre trabalho intelectual e manual.

Na época de Stálin ocorreram mudanças significativas. A prioridade dada à formação cultural e científica provocou o afastamento do ideal da relação estreita entre trabalho e educação, descuido que fez a escola voltar a ser intelectualista, adequando-se ao modelo tradicional com horários, programas, provas, disciplina, manuais e, mais ainda, com prevalecimento do dualismo escolar, com a criação de escolas profissionais separadas das escolas de formação. Mais tarde, na era Kruchev, desencadeou-se o processo de "desestalinização", caracterizada pela crítica ao culto do personalismo stalinista, além de se tentar a retomada da união entre trabalho intelectual e manual.

OUTROS PAÍSES SOCIALISTAS

Os países socialistas do Leste Europeu – Hungria, Albânia, Alemanha Oriental, Romênia, Bulgária, Tchecoslováquia, Iugoslávia – seguiram de início as orientações da União Soviética, para depois passarem por diversificações, conforme as necessidades de cada um deles. Após a revolução de 1949 liderada por Mao Tsé-Tung, a China dedicou especial atenção à educação, radicalizando o processo após a chamada "revolução cultural", na década de 1960, a qual, segundo eles, repudiava a influência burguesa desagregadora da nova sociedade revolucionária, ao mesmo tempo que expurgos de intelectuais acusados de traição eram levados a efeito pela Guarda Vermelha.

Em Cuba, após a revolução de Fidel Castro em 1959, responsável por introduzir o socialismo, o Estado passou a oferecer a todos condições de acesso à escola. De início, em razão de problemas econômicos, 20 mil estudantes secundaristas, professores e funcionários foram deslocados para a colheita da cana-de-açúcar, ao mesmo tempo que se intensificavam as atividades escolares. Com a universalização da escola elementar, foram abertas mais de 10 mil salas de aula, para atender 90% das crianças de 6 a 12 anos, o que modificou significativamente a realidade de Cuba da época do ditador Fulgêncio Batista, quando metade da população de crianças em idade escolar permanecia fora da escola.

O Estado construiu instalações escolares, além de converter quase setenta quartéis militares em escolas. A educação foi levada a lugares mais distantes, o que reduziu a taxa de analfabetismo a 1,9%, mediante a arregimentação de professores voluntários, com a divisa do movimento: "Si sabes, enseña; si no sabes, aprende". Foram criados semi-internatos com bolsas e alojamentos, ensino técnico e profissional, creches para acolher crianças de mães trabalhadoras, escolas para pessoas com deficiência, tudo isso acompanhado do esforço de formação de professores em todas as províncias, além do barateamento de livros e demais materiais didáticos. A reformulação dos currículos apoiou-se na discussão entre grupos de professores e em função da perspectiva socialista.

Na África, na década de 1970, ao mesmo tempo que vários países se descolonizavam, aderiam ao socialismo e introduziam processos semelhantes de reformulação da educação. Sofreram, porém, dificuldades decorrentes da extrema miséria, da variedade de dialetos e das diferenças culturais entre as etnias que compunham cada nação. O pedagogo brasileiro Paulo Freire e sua equipe viveram essa experiência na ex-colônia portuguesa da Guiné-Bissau, onde o projeto de alfabetização foi precedido por intenso trabalho de conscientização e elaboração crítica do fazer dos trabalhadores.

Em 1989, com a queda do Muro de Berlim, o socialismo real entrou em colapso, acelerando-se o processo de desagregação das repúblicas socialistas, que pouco a pouco aderiram à economia de mercado.

PEDAGOGOS SOCIALISTAS

De modo geral, as teorias socialistas relacionam dialeticamente educação e sociedade, isto é, não separam a educação do indivíduo de sua inserção na sociedade. Reconhecem ainda a estreita ligação entre educação e política, não só para incentivar a crítica à alienação e à ideologia, como também para encorajar a práxis revolucionária nos países em que o socialismo teria chances de ser implantado, ou ainda para mantê-la ativa naqueles que já haviam passado pela revolução. Outro aspecto é a centralidade do trabalho, elemento fundamental para a formação humana, não apenas como atividade em classe, para desenvolver a habilidade manual do estudante, mas no sentido de trabalho real, em oficinas, desde que, obviamente, seja uma atividade produtiva conjugada com formação cultural.

PISTRAK E MAKARENKO

Moisei Pistrak (1888-1940) realizou atividade pioneira na Escola P. N. Lepechinsky, uma escola-comuna dirigida por ele. Essa instituição de ensino era um tipo de internato igual a outras criadas entre 1918 e 1925 para elaborar uma escola do trabalho. Apoiado nessa experiência, escreveu *Fundamentos da escola do trabalho*, obra em que apresenta sua teoria pedagógica social, cuja contribuição se destaca no contexto da Revolução de 1917 na União Soviética. Para melhor desempenhar o papel destinado ao mestre, buscava o engajamento dos alunos e o estudo da atualidade. Defendia a escola dinâmica, ativa, que prepara para a ação, apoiada na auto-organização de estudantes, sem que isso significasse, no entanto, desvalorizar o papel do professor.

Nesse processo, a educação para o trabalho aparece como fundamental. A proposta de superação da dicotomia entre atividade intelectual e manual, no entanto, só se torna possível com a teoria pedagógica social, que acompanha dialeticamente a prática educativa. Em outras palavras, essa teoria ainda não estava escrita, e, segundo Pistrak, apenas naquele momento começava a surgir, guiada pelo marxismo. Ao contrário de muitas escolas que se utilizavam do trabalho para fins pedagógicos, ele adverte que o trabalho deve ser real, e não simbólico, por não se tratar de qualquer trabalho, mas daquele socialmente útil, objetivado nas mercadorias produzidas e pelo qual se estabelecem relações humanas. Sugere vários tipos de trabalho, como o doméstico, o das oficinas, o agrícola e o chamado trabalho improdutivo (atividades burocráticas), conforme a condição explícita de que tudo esteja a serviço do estudo sobre o trabalho e, ao mesmo tempo, útil e necessário.

Anton Makarenko (1888-1939), outro importante pedagogo soviético, foi encarregado, em 1920, de dirigir a Colônia de Trabalho Gorki, instituto de reabilitação de adolescentes delinquentes, que abrigava órfãos de guerra, toxicômanos e desempregados. Entre outros escritos, defendeu suas ideias na obra mais famosa, *Poema pedagógico*. Embora sua pedagogia estivesse centrada em uma proposta democrática, de início Makarenko exerceu uma autoridade não vacilante, às vezes enfrentando alunos corpo a corpo e não raro recorrendo a castigos físicos. Justificava o caráter momentâneo da violência por entender que o choque entre as individualidades gerava conflitos nos quais imperava a lei do mais forte, porém, antevendo que essa violência poderia ser superada, pois a intenção explícita era levar o grupo a formar uma comunidade. Para tanto, a autoridade do professor deveria ser firme e não arbitrária, reeducando para a vida em coletividade, na qual os principais valores eram o trabalho, a disciplina e o sentimento do dever.

Nas condições históricas revolucionárias vividas por Makarenko, a educação exercia importante papel de politização, especialmente diante do imperativo de industrialização do país, que valorizava a formação politécnica, não como estreita profissionalização, mas na tentativa de unir o pensar e o agir. Ou seja, à medida que trabalhavam, os alunos teriam condições de conhecer as bases científicas das principais atividades produtivas. Apesar do controle externo aparentemente severo, o projeto de Makarenko visava promover a autogestão educativa e assim foi reconhecida sua atuação. Segundo o sociólogo francês Georges Lapassade, o pedagogo soviético foi um exemplo do que se poderia chamar paradoxalmente de "autogestão autoritária", pois, embora os modelos fossem impostos, eram dadas condições de agir à própria coletividade.

De fato, nas colônias criadas por Makarenko, os alunos trabalhavam quatro horas diárias e dedicavam cinco horas às atividades escolares. Por conta disso, as instituições por ele dirigidas tornavam-se autossuficientes, porque o produto do trabalho efetivo era vendido e o que sobrava era encaminhado para os cofres do Estado, como ocorria em uma das comunas em que foi montada uma fábrica de furadoras elétricas e outra de câmeras fotográficas Leika. Vale notar que a pedagogia de Makarenko seguia na contramão das ideias escolanovistas, em virtude do rigor militar imposto ao ritmo dos trabalhos e às exigências com a disciplina, o que o distanciava da educação centrada no educando.

Mais adiante, no segmento sobre teorias construtivistas, trataremos da importância das teorias de Vygotski e Luria, também marxistas.

GRAMSCI: OS INTELECTUAIS ORGÂNICOS

No campo teórico, como crítico do marxismo oficial, o italiano Antonio Gramsci (1891-1937), um dos fundadores do Partido Comunista Italiano em 1921, desenvolveu importantes reflexões para compreender o papel do intelectual na cultura em geral e especificamente na educação. Preso por onze anos durante a ditadura fascista de Mussolini, escreveu muito mesmo no cárcere e até sua morte, que ocorreu pouco tempo após ter sido libertado. Entre outras obras, escreveu: *Cadernos do cárcere, Concepção dialética da história, Os intelectuais e a organização da cultura* e *Literatura e vida nacional*.

Uma de suas contribuições originais destaca-se com o conceito de *hegemonia* – etimologicamente, dirigir, guiar, conduzir. De acordo com Gramsci, uma classe é hegemônica não só quando exerce a dominação pelo poder coercitivo, mas também quando o faz pelo consenso, pela persuasão, tarefa de intelectuais que elaboram um convincente sistema de ideias pelo qual se conquista a adesão até da classe dominada. Basta constatar como a escola burguesa é classista, pois, além de preparar seus intelectuais, infiltra-se nas classes populares para cooptar os melhores elementos, que, assimilados, passam a aderir a valores burgueses.

A classe dominada, por sua vez, sem conseguir organizar sua própria visão de mundo, permanece desestruturada e passiva, motivo pelo qual eventuais rebeliões tornam-se ineficazes. Gramsci convenceu-se da necessidade de os operários continuarem organicamente ligados à sua origem social, de maneira a elaborarem a experiência proletária, coerente e criticamente. De fato, os conflitos entre burgueses e proletários exigem destes últimos a elaboração intelectual de seus próprios valores – diferentes, portanto, dos que lhe são impostos –, uma vez que a ideologia vigente reflete os interesses da classe dominante. Enquanto intelectuais tradicionais geralmente pertencem à burguesia, o proletariado precisará de *intelectuais orgânicos*, assim chamados porque surgem "organicamente" de suas próprias fileiras. São eles que podem constituir coerentemente a concepção de mundo dos dominados e assumir "a consciência de sua missão histórica".

Nesse processo, Gramsci avalia que a consciência de classe elaborada pelo intelectual orgânico seria mais bem desenvolvida entre grupos de pressão formados na sociedade civil, como sindicatos e partido dos trabalhadores, que, capazes de criar uma contra-hegemonia, resistem à inculcação ideológica da escola e podem atrair intelectuais até então comprometidos com o sistema.

Tudo que foi dito, porém, não desconsidera o importante papel da escola no projeto de democratização da cultura e do saber. A educação proposta por Gramsci está centrada no valor do trabalho e na tarefa de superar as dicotomias entre o fazer e o pensar, entre cultura erudita e cultura popular. Para tanto, a escola classista burguesa precisaria ser substituída pela escola unitária, oferecendo a mesma educação para todas as crianças, a fim de desenvolver nelas a capacidade de trabalhar manual e intelectualmente. Nesse caso, entrar em contato com a técnica de seu tempo não significa deixar de lado a cultura geral, humanista, formativa.

Sob esse aspecto, Gramsci avalia criticamente as teses marxistas: concorda que o trabalho constitui fator central na educação, o que não significa, porém, tornar a escola uma fábrica, mas o local privilegiado da atividade pedagógica. Preparar o homem novo, portanto, pressupõe a construção da hegemonia cultural e só depois a hegemonia política, e não vice-versa. A hegemonia cultural se constrói por meio de instituições educativas, que transmitem criticamente a herança da cultura histórica e científica, a fim de preparar o intelectual hegemônico. A ênfase nos conteúdos delineia o novo humanismo socialista, diferente do humanismo greco-latino tradicional, na medida em que a escola unitária visa à formação, ao mesmo tempo que desenvolve a capacidade de trabalho manual e intelectual.

O historiador italiano Manacorda, um de seus estudiosos, explica:

> Ele [Gramsci] pode assim falar de "unificação cultural do gênero humano", onde a unificação ou o "conformismo" (termo usado intencionalmente para provocar) não é massificação, mas é a elevação comum de cada indivíduo ao mais alto nível

de consciência crítica e de capacidade produtiva atingido pela humanidade na sua história. Para ele, a personalidade humana livre e plena não pode ser absolutamente obtida pelo "desenrolamento" espontâneo de qualidades inatas, mas é sempre o resultado de um processo "histórico", penosamente conseguido através da participação na história e na vida de todos os homens.↳

▶ MANACORDA, Mario Alighiero. *História da educação*: da Antiguidade aos nossos dias. 11. ed. São Paulo: Cortez, 2004. p. 334.

Até hoje Gramsci exerce influência na pedagogia e, como veremos adiante, a teoria progressista deve a ele seus fundamentos.

TOTALITARISMO: UM DESVIO DE PODER

A democracia não dispõe de um modelo a ser seguido por ser construída pelo enfrentamento de opiniões divergentes, com base em situações concretas e tendo em vista o bem comum. Em razão disso, o equilíbrio das forças políticas é sempre instável, o que exige atenção constante para evitar os riscos de desvio de poder. Além disso, a democracia está sempre "por se fazer" e justamente por isso é frágil, fragilidade essa que não é propriamente "fraqueza", porque ela não se move pela imposição e pelo autoritarismo, mas está aberta à discussão, ao pluralismo, ao conflito não violento, o que representa sua maturidade política.

Ao mesmo tempo, encontra-se com frequência ameaçada pela intolerância dos que desejam se impor pela força. Sempre haverá aqueles que pretendem homogeneizar pensamentos e ações, favorecendo determinados grupos que se propõem a "restabelecer a ordem" e a hierarquia, o que ocorreu em meados do século XX quando surgiram formas de poder que não se confundem com expressões tradicionais de despotismo e de tirania, por apresentarem características especiais. São os casos das experiências de totalitarismo que representaram um fenômeno político responsável por mobilizar grande parte da sociedade de alguns países, de início no período das décadas de 1920 e de 1930, para depois se estenderem por mais tempo.

Fascismo na Itália, nazismo na Alemanha, stalinismo na União Soviética (totalitarismo de esquerda), ao passo que na Península Ibérica as ideias nazifascistas inspiraram a ditadura de Salazar, em Portugal, o governo do general Franco, na Espanha, além do maoísmo chinês.

Esses movimentos apresentavam algumas características principais em comum:

- ▶ Interferência do Estado em todos os setores: na vida familiar, econômica, intelectual, religiosa e no lazer. Com a intenção de difundir a ideologia oficial, nada restava de privado e autônomo.
- ▶ Partido único: rigidamente organizado e burocratizado, promovia a identificação entre o poder e o povo, recusando o pluralismo partidário, característica básica da democracia liberal.
- ▶ Criação de organismos de massa sob a tutela do Estado: sindicatos de todos os tipos, agrupamentos de auxílio mútuo, associações culturais de trabalhadores

- Concentração pelo Estado de todos os meios de propaganda: com o objetivo de veicular a ideologia oficial às massas, forjava convicções inabaláveis, manipulando a opinião pública para garantir a base de apoio popular.
- Formação da polícia política, que controlava enorme aparelho repressivo: Gestapo, na Alemanha; Organização para a Vigilância e a Repressão ao Antifascismo (Ovra), na Itália; e a Tcheka, na União Soviética.
- Inúmeros campos de concentração (de trabalho forçado), como o de Dachau, na Alemanha, e os campos de extermínio, como Treblinka e Auschwitz, na Polônia; na União Soviética, havia os de trabalho forçado, como os *gulags*.
- Censura de notícias e da produção artística e cultural.
- Valorização de disciplinas de moral e cívica, visando à educação de crianças e jovens: estímulos à força de vontade, à disciplina, ao amor à pátria.
- O nazismo alemão teve conotação fortemente racista, fundamentada em teorias supostamente científicas para valorizar a "raça" ariana: pessoas brancas, altas, fortes e inteligentes constituiriam um grupo "mais puro" e superior. Desse modo, justificaram-se a perseguição e o genocídio de judeus e ciganos, considerados "raças" inferiores, e de homossexuais, adjetivados como "degenerados".

É importante ressaltar que o nazismo nasceu de uma concepção extremada de nacionalismo, decorrente do desejo de revanche da humilhação sofrida com a derrota alemã na Primeira Guerra. Hitler tinha o propósito de construir a "Grande Alemanha" por meio de um Estado forte: "Um Povo, um Império, um Guia".

Nazismo e fascismo são avessos à teoria, e se vangloriam de um anti-intelectualismo fundado no primado da ação. Mais do que ideias, a eles interessam a retórica e seus efeitos de doutrinação, que levam à obediência e à disciplina. É possível, no entanto, encontrar a influência de alguns teóricos, como a do jurista alemão Carl Schmitt, que em 1928 acusava o liberalismo como incapaz de evitar a fragmentação da sociedade civil causada por conflitos individualistas, por isso, em contrapartida, ele procurava justificar a preeminência do todo sobre o indivíduo. Para ele, o Estado não se funda no direito, mas, ao contrário, o direito procede do Estado, cuja vontade política se expressa no chefe, a alma do todo, o que de certo modo se reflete nos epítetos de Hitler e de Mussolini, respectivamente *Führer* e *Duce*, ambos os termos com o mesmo significado de "condutor", "guia". Ainda que mais tarde os nazistas recusassem a teoria de Schmitt, ela serviu para colocar o Estado como instância hierarquicamente superior à comunidade, sem precisar de nenhuma legitimação para exercer sua soberania absoluta.

Na Itália, Giovanni Gentile (1875-1944), nomeado por Mussolini ministro da instrução pública de 1922 a 1925, procedeu a uma reforma do ensino que acentuou o dualismo escolar, um retrocesso tendo em vista a tendência em outros países de universalização da escola pública de qualidade. Ainda mais, com a instituição do exame de Estado para avaliar os alunos ao final do curso, tornou o ensino secundário cada vez mais seletivo, o que correspondia à intenção de criar "poucas escolas, mas boas". Essas medidas faziam sentido no contexto mais geral, apoiado na concepção aristocrática de privilegiar a formação da classe dirigente.

Além disso, Gentile participou de um grupo de estudiosos neo-hegelianos, que acabaram por fazer uma apropriação indevida e apressada dos conceitos do idealismo hegeliano, com a exacerbação da ideia de Estado como a suprema e mais perfeita realidade. Como vimos no capítulo anterior, Hegel desenvolveu a dialética idealista, pela qual o Estado realizaria a síntese da totalidade dos interesses contraditórios entre os indivíduos em uma realidade coletiva, ou seja, o Estado representaria a unidade final e mais perfeita que superava a contradição entre o privado e o público. Gentile, ao se dar conta dos caminhos tomados por Mussolini, afastou-se do governo que apoiara de início.

Escolas de governos totalitários representaram um desvio e um retrocesso, além de evidente violência simbólica. As disciplinas de moral e cívica visavam formar o caráter, a força de vontade, a disciplina e o amor à pátria. Especial atenção dedicada à educação física tinha em vista atender ao ideal de corpos sadios e rígidos (o endurecimento do corpo exige rigor militar), ao mesmo tempo que prevalecia evidente desprezo por atividades intelectuais e por qualquer teoria, lembrando que o primado da ação consistia na meta explícita de Mussolini. O totalitarismo de direita fazia a crítica ao comunismo e ao caráter individualista do liberalismo, desprezava a democracia, valorizando, ao contrário, o papel do mais forte, da elite dirigente. A educação assumiu caráter privilegiado de controle e difusão da ideologia oficial. Vimos, no tópico sobre educação socialista, que no totalitarismo de esquerda de Stálin, além do abandono dos ideais socialistas da educação politécnica, tanto a escola como o controle do tempo livre encaminhavam as crianças e os jovens para a formação do "cidadão comunista", o que significava a imposição da ideologia a fim de impedir dissidências.

Nada disso pode ser considerado educação propriamente dita, no sentido pleno da palavra, mas sim doutrinação e adestramento, cujos efeitos nefastos atingiram o movimento da Escola Nova, que tinha por ideal educar para a liberdade, no sentido de possibilitar a autogestão do educando e a construção da sociedade democrática. O governo italiano determinou o fechamento de escolas montessorianas; na Espanha do general Franco, exigiu-se maior rigidez no ensino; e na França do general Pétain, sob a ocupação alemã, suprimiram-se a escola única e a gratuidade do curso secundário. A valorização da cultura física em detrimento da intelectual, com maior imposição das ideias de hierarquia e obediência, completava a nova receita desse período. Ao findar a guerra, em 1945, depois de tão rigoroso adestramento, ocorreu um lento processo de descondicionamento, não só de alunos, como também de professores.

Fora da escola, procedeu-se à manipulação das consciências, buscando enquadrar a juventude na ideologia do regime, por meio da adesão a organizações extraescolares, que administravam o tempo livre de jovens e os condicionavam à obediência e à hierarquia. Em todas as atividades da comunidade predominavam técnicas de psicologia coletiva que promoviam a manipulação das massas: *slogans*, símbolos, repetição, discursos eloquentes e inflamados, violência sensorial – grandes paradas militares, símbolos do regime reproduzidos em enormes painéis, músicas do partido. Exacerbadas ao máximo, as emoções facilitavam a adesão quase física aos "ideais coletivos".

A BANALIDADE DO MAL

Desde a publicação de sua obra *Origens do totalitarismo* (1951), a filósofa Hannah Arendt se debruçou sobre esse fenômeno na tentativa de compreendê-lo. Em 1961, foi a Jerusalém para assistir ao julgamento do carrasco alemão Adolf Eichmann, que durante o governo nazista tivera participação ativa no extermínio de judeus. Suas impressões e reflexões sobre o caso, registradas no livro *Eichmann em Jerusalém, um relato sobre a banalidade do mal*, publicado em 1963, dividiu opiniões e indispôs contra ela os que a acusavam de ter renegado a própria origem judaica. No entanto, suas ideias amadureciam desde mais tempo, pois os alemães já haviam vivenciado o totalitarismo de Hitler e constatado que a sua veracidade se cumprira no horror do Holocausto.

O que ela interrogava, no entanto, era o contraste entre aquela figura de Eichmann, aparentemente apagada e equilibrada de um homem comum que, no entanto, fora capaz de tantas atrocidades. O que levaria pessoas sem qualquer predileção para o atroz a se engajarem em uma política que exige obediência absoluta? O que as faz cumprir essas ordens? Arendt acredita que elas pertencem às massas politicamente neutras e indiferentes que constituem a maioria, fato que, por si só, não seria causa suficiente para desencadear o totalitarismo. A situação modifica-se, porém, quando elas se sentem pressionadas por crises econômicas, como inflação e desemprego. Nesse caso, mesmo não comprometidas com a política, tornam-se insatisfeitas e caem na desesperança quanto ao futuro. Para Hannah Arendt, é fundamental compreender essa condição do aparecimento do "homem de massa" na Europa (e acrescentamos que inclusive até hoje):

> As massas não se unem pela consciência de um interesse comum e falta-lhes aquela específica articulação de classes que se expressa em objetivos determinados, limitados e atingíveis. O termo massa só se aplica quando lidamos com pessoas que, simplesmente devido ao seu número, ou à sua indiferença, ou a uma mistura de ambos, não se podem integrar numa organização baseada no interesse comum, seja partido político, organização profissional ou sindicato de trabalhadores. Potencialmente, as massas existem em qualquer país e constituem a maioria das pessoas neutras e politicamente indiferentes, que nunca se filiam a um partido e raramente exercem o poder de voto.
>
> [...] Essa massa de homens insatisfeitos e desesperados aumentou rapidamente na Alemanha e na Áustria após a Primeira Guerra Mundial, quando a inflação e o desemprego agravaram as consequências desastrosas da derrota militar, despontou em todos os Estados sucessórios e apoiou os movimentos extremistas da França e da Itália desde a Segunda Guerra Mundial.
>
> [...] Os movimentos totalitários são organizações massivas de indivíduos atomizados

e isolados. Distinguem-se dos outros partidos e movimentos pela exigência de lealdade total, irrestrita, incondicional e inalterável de cada membro individual.↓

Hannah Arendt criou o conceito de "banalidade do mal" não para negar o horror do Holocausto ou formas institucionalizadas do terror – pois nenhum mal é banal –, mas para expor que o mal cometido pode aparecer como se fosse banal. Eichmann cumpria ordens como funcionário dedicado, com total submissão a valores externos, não questionados. Ou seja, quanto menos politizados e críticos forem os indivíduos, mais completamente se deixarão sujeitar às regras cujos fundamentos não buscam conhecer.

> ▶ ARENDT, Hannah. *Origens do totalitarismo*: antissemitismo, imperialismo e totalitarismo. São Paulo: Companhia das Letras, 1989. p. 361; 365; 373.

Além de Hannah Arendt, filósofos da Escola de Frankfurt, entre outros, refletiram sobre as causas do totalitarismo, na tentativa de compreender e evitar que a humanidade passasse de novo por esse horror, como Theodor Adorno afirma:

> A exigência de que Auschwitz não se repita é a primeira de todas para a educação. [...] É preciso reconhecer os mecanismos que tornam as pessoas capazes de cometer tais atos [genocídio em campos de extermínio], é preciso revelar tais mecanismos a elas próprias, procurando impedir que se tornem novamente capazes de tais atos, na medida em que se desperta uma consciência geral acerca desses mecanismos. [...] A educação tem sentido unicamente como educação dirigida a uma autorreflexão crítica. Contudo, na medida em que, conforme os ensinamentos da psicologia profunda, todo caráter, inclusive daqueles que mais tarde praticam crimes, forma-se na primeira infância, a educação que tem por objetivo evitar a repetição precisa se concentrar na primeira infância.↪

Em linhas gerais, precisamos estar atentos aos destinos de uma sociedade burocratizada e hierarquizada, que a fim de manter a ordem está sempre pronta para aderir a um "pai forte", bem como atentos à sociedade injusta na qual predomina a exclusão, relegando seus membros à impotência e, portanto, ao conformismo. Não por acaso, nacionalismo e racismo têm ressurgido em movimentos neonazistas críticos de migrantes que, movidos pela fome ou fugindo de guerras civis, buscam uma vida melhor em países adiantados e são duramente repelidos, seja por racismo ou por temor ao terrorismo. Esse fenômeno recrudesceu na Europa e nos Estados Unidos, nas duas primeiras décadas do século XXI. O enfrentamento desses e de outros problemas exige providências no plano político, econômico e educacional, a fim de evitar que continuem existindo causas sociais e pretensas soluções que levam à barbárie.

> ▶ ADORNO, Theodor W. Educação após Auschwitz. In: *Educação e emancipação*. Rio de Janeiro: Paz e Terra, 1995. p. 119; 121-122.

CONFRONTO DE IDEOLOGIAS

Durante a Guerra Fria defrontaram-se duas potências, Estados Unidos e União Soviética, desde o final da Segunda Guerra até o colapso soviético. Enquanto durou, disputaram a hegemonia política, econômica e militar, estabelecendo, de ambos os lados, um viés maniqueísta no esforço de difundir um modelo de sociedade e, portanto, de humanidade. A esse respeito, diz Franco Cambi:

> Na luta entre civilizações que mantinham a Guerra Fria (dada como luta mortal, pelo menos no curso dos anos 1950) opunham-se Oeste e Leste, democracia e socialismo, liberdade e totalitarismo (ou alienação e emancipação, segundo a frente marxista), capitalismo e economia planejada; opunham-se o verdadeiro e o falso, o bem e o mal, segundo um dualismo testemunha de uma ideologia elementar e propagandística.↪

> ▶ CAMBI, Franco. *História da pedagogia*. São Paulo: Editora Unesp, 1999. p. 601.

Essas duas visões de mundo antagônicas orientaram de maneira significativa a pedagogia dos diferentes blocos, conforme estivessem alinhados ao capitalismo liberal ou ao socialismo. Se à Leste a doutrinação da juventude adquirira forte caráter de adesão a valores socialistas, ao Ocidente, em que pese a influência da Escola Nova, com seu ideal de autonomia e individualidade, os países capitalistas se ressentiram do impacto da ideologia anticomunista, que teve seu auge durante o período do macartismo. O termo *macartismo* remete a Joseph McCarthy, senador estadunidense que deu início ao movimento de perseguição a supostos comunistas infiltrados na década de 1950, inaugurando uma época cinzenta de intimidações, delações, verdadeira "caça às bruxas" visando funcionários públicos, artistas e intelectuais. Ainda que o termo macartismo se restrinja àquele período, nada impede recorrer ao termo para nos referirmos a momentos em que recrudesce a paranoia diante da "ameaça do inimigo", com cerceamento de liberdades e instauração da censura.

O temor à difusão do comunismo levou os Estados Unidos a apoiarem diversos golpes militares na América Latina, incluindo o Brasil, com posterior orientação pedagógica com base na tendência tecnicista, como veremos.

PARIS: MAIO DE 1968

A partir da Segunda Guerra, a universidade europeia enfrentou problemas decorrentes do processo de massificação, que fizera crescer enormemente a população estudantil. A situação tornou-se mais aguda na década de 1950, entre outros motivos, porque o maior acesso à universidade não significou verdadeira democratização, já que o mercado de trabalho não conseguia assimilar adequadamente os diplomados.

A "revolução" de maio de 1968, acontecimento marcante do século XX, teve início na Universidade de Nanterre, em Paris, e em parte foi reflexo dessa crise. De cunho anárquico e, portanto, antiautoritário, esse movimento espontâneo provavelmente teria começado com questões internas de crítica ao sistema de exames, estendeu-se em razão da punição de alguns alunos e recrudesceu com os protestos contra a separação dos alojamentos femininos, o que significava também reivindicação de liberdade sexual e crítica à moralidade burguesa. Ao se ampliar, o conflito atingiu a Sorbonne e, em seguida, o famoso Quartier Latin, onde os estudantes enfrentaram a polícia com barricadas de carros tombados, árvores, paralelepípedos, caixotes incendiados.

Os estudantes reivindicavam maior participação na educação e nos diversos setores da política. Denunciavam o afastamento do cidadão comum dos centros de decisão, daí as palavras-chave serem autonomia, autogestão e diálogo. O movimento recebeu a adesão de operários, e os sindicatos deflagraram uma greve que paralisou a França, o que tomou grandes proporções, atingindo a maior parte dos países, inclusive o Brasil, em um momento de agudização das forças da ditadura militar que atuavam também contra manifestações estudantis.

As alterações realizadas nas universidades em razão dessa crise, no entanto, não ocultavam uma rachadura mais funda, enraizada nos alicerces da nossa sociedade industrial, porque não eram exigidas apenas reformas momentâneas, antes, questionava-se a própria estrutura escolar. Não por acaso, na década de 1970 apareceram as mais virulentas análises, desde a de Ivan Illich, que propôs a desescolarização da sociedade, passando por outras propostas alternativas, até a dos teóricos crítico-reprodutivistas, ao destacarem o caráter ideológico da educação, como veremos um pouco adiante.

Alguns intérpretes da famosa "revolução" recusam reduzir as explicações à exigência de educação menos arcaica e de melhor adequação do ensino à oferta de empregos, mesmo que inúmeras críticas tenham sido dirigidas à educação, afirmando que a revolta contestava profundamente a civilização do bem-estar e do consumo, alicerces da vida moderna. As acusações orientavam-se para a sociedade produtivista, aparentemente racional, mas que exigia um trabalho embrutecedor, alienante e que se sustenta na repressão dos desejos. É possível perceber tal inconformismo nos inúmeros grafites por toda a Paris: "É proibido proibir", "A felicidade é o poder estudantil", "A imaginação no poder".

Mais do que uma "revolta juvenil", maio de 1968 significou uma "revolução cultural". Basta lembrar que, concomitantemente a esses eventos, se desenvolvia a contracultura juvenil, em que uma de suas expressões era o movimento *hippie*, na defesa de "paz e amor", na divulgação da cultura da não violência e na recuperação do erótico na vida cotidiana.

Diversos intelectuais e artistas apoiaram o movimento. O filósofo Herbert Marcuse (1898-1979), egresso da Escola de Frankfurt e radicado nos Estados Unidos, elaborara dura crítica à sociedade burguesa em obras como *Eros e civilização* e *A ideologia da sociedade industrial*, a partir da revisão do pensamento de Marx e de Freud e da aproximação desses dois tipos de teorias. Em outra obra, *O homem unidimensional*, criticou a sociedade industrial avançada em seu caráter repressivo por usar de persuasão para manipular as massas ao estimular "falsas necessidades em função dos interesses do capital". Traduzida para o francês um mês antes da revolta dos estudantes, foram vendidos cerca de mil exemplares por semana, o que demonstra a influência de tal pensador naquele momento histórico. O próprio Marcuse interessou-se pelo movimento, avaliando que a consciência dos problemas da sociedade seria um feito dos estudantes das universidades, e não dos operários, que, já contando com o benefício de bens materiais, não se arriscariam a iniciar um protesto, embora tenham posteriormente aderido ao processo.

Aliás, vale destacar a conexão anterior de Marcuse com estudantes, lembrando o exemplo da afrodescendente Angela Davis (1944), uma de suas alunas, também filósofa, professora, ativista do movimento Panteras Negras e militante pelos direitos das mulheres contra a discriminação social e racial. Ela já havia se envolvido em atividades anteriores nos Estados Unidos, nas quais conhecera Marcuse, continuando a atuar intensamente na década de 1970, o que demonstra o aspecto fervilhante do período em termos globais.

Em Paris, o filósofo francês Jean-Paul Sartre esteve presente naqueles acontecimentos e conversou com estudantes, mas confessou mais tarde não ter entendido muito bem o que eles de fato queriam, o que não significa desprezar o movimento, mas reconhecer a complexidade e a múltipla potencialidade dele. Outros membros da intelectualidade daquele período apoiaram as ideias que circulavam, por exemplo, expoentes da Nouvelle Vague francesa como os cineastas Jean-Luc Godard e François Truffaut, além de todos que valorizavam a riqueza de reivindicações que tinham por base a democracia, a emancipação de mulheres e homossexuais e, portanto, a aceitação da diversidade, temas que atravessaram os debates do período.

TENDÊNCIAS PEDAGÓGICAS NÃO DIRETIVAS

A primeira metade do século XX viu desabrocharem inúmeras teorias pedagógicas não diretivas, que levaram às últimas consequências a crítica ao autoritarismo da escola tradicional, exacerbado, nesse mesmo período, pela experiência nazifascista e do totalitarismo soviético. Já comentamos que Rousseau foi o primeiro a promover a "revolução copernicana", pela qual a criança foi deslocada para o centro da aprendizagem, antes fixado no professor. Ao admitir a bondade original do ser humano, o filósofo genebrino via o ensino tradicional como degeneração da natureza por ser inibidor da espontaneidade infantil. Da mesma maneira, as teorias não diretivas rejeitam o autoritarismo, por temer o risco sempre presente de doutrinação, que assalta até o professor compreensivo e leva-o a persuadir a criança a agir como ele quer, sem deixar espaços para a iniciativa do aluno.

De acordo com as teorias não diretivas, o professor acompanha o aluno sem dirigi-lo, o que significa oferecer condições para que o estudante desenvolva sua experiência e se estruture por conta própria. A função docente é, portanto, a de facilitar a aprendizagem: usando a linguagem da química, o mestre seria um catalisador do processo. Teorias antiautoritárias, sejam liberais, sejam anarquistas, fornecem vasto material de reflexão a respeito dos desvios do poder. Denunciam também as formas camufladas pelas quais uma autoridade anônima, dissimulada, se introduz nas relações humanas do mundo contemporâneo.

Seguem representantes da tendência antiautoritária em diversos países.

CARL ROGERS

Nos Estados Unidos foi importante a contribuição de Carl Rogers (1902-1987), psicólogo que transplantou para a pedagogia técnicas utilizadas em terapia. Suas observações se baseiam na dinâmica de grupo do *T-group* (*training group*), em que dez a quinze pessoas interagem sob a observação de um auxiliar do professor, com a função de intervir o menos possível, dissolvendo as relações de autoridade que decorrem da compulsão de mandar ou obedecer.

Segundo Rogers, o ato educativo é essencialmente relacional e não individual, portanto é a própria interação entre pessoas que promove o crescimento de cada uma delas. O intercâmbio enriquece as experiências, e o grupo, incluído aí o professor, transforma-se em uma "comunidade de aprendizagem".

NEILL: A ESCOLA SUMMERHILL

Na Inglaterra, destacou-se a longa e polêmica experiência do escocês Alexander S. Neill (1883-1973). Pedagogo sensível à temática socialista, mais propriamente libertária, Neill reconhecia o viés autoritário da escola inserida no sistema capitalista. Sofreu influência de Wilhelm Reich (1897-1957), psicanalista alemão que concilia Freud e Marx para criticar formas atuantes de repressão da vida sexual.

Em 1921, Neill fundou a escola Summerhill, na costa sul da Inglaterra, onde recebia crianças do mundo inteiro, experiência relatada em seu livro *Liberdade sem medo*, seguido posteriormente por outro, *Liberdade sem excessos*, a fim de explicar que a sua escola não era uma comunidade sem regras. Ao contrário, ele confiava na possibilidade de desenvolver a capacidade de autorregulação individual e de autogoverno coletivo. Seus livros foram traduzidos em vários idiomas, e entre as décadas de 1960 e 1970 a fama de Neill foi tão grande que houve época em que chegou a solicitar que não se visitasse Summerhill, tal era o número de pessoas que desejavam conhecer aquele experimento ímpar e alternativo.

Ao todo, a escola reunia cerca de setenta alunos, na época de sua fundação. Esse número variou pouco no correr dos anos e até hoje essa instituição encontra-se sob a direção de Zoë Redhead, filha de Neill. Muitos alunos vivem em sistema de internato, poucos moram nas redondezas, e o motivo principal da procura dessa escola deve-se ao fato de os pais admirarem a orientação pedagógica de Neill. Os exames e a obrigatoriedade de assistir às aulas foram suprimidos, e não se dá ênfase à instrução. As questões de disciplina são resolvidas pela Assembleia Geral da Escola, em que os próprios alunos decidem sobre as regras da comunidade. Algumas vezes a escola enfrentou dificuldades com o governo inglês, em razão da ausência de parâmetros exigidos pela lei.

Avesso às maneiras de sufocar os instintos e as emoções, Neill ocupou-se mais "com o coração do que com a cabeça", o que justifica a pouca atenção dada ao conteúdo das informações e a consequente valorização dos processos que encaminham as crianças para a vida mais livre e mais feliz. Suas ideias se espalharam por inúmeras escolas da Europa.

IVAN ILLICH: SOCIEDADE SEM ESCOLAS

Ivan Illich (1926-2002) nasceu em Viena, Áustria. Autodidata e escritor fecundo, interessou-se pelos mais diversos assuntos, sempre de modo apaixonado e libertário. Estudou História e Teologia no Vaticano e exerceu a função de padre, inicialmente em Nova York. Já em Cuernavaca, no México, fundou o Centro Intercultural de Documentação (CIDOC), onde durante dez anos realizou pesquisas sobre educação e cursos para missionários, tendo recebido como colaborador o brasileiro Paulo Freire, de quem sofreu significativa influência. Após divergências com o Vaticano em razão de críticas feitas à Igreja, abandonou o sacerdócio e, conforme discussão com interessados no projeto, o Centro foi fechado em 1976. Na década seguinte, viajou muito para várias cidades dos Estados Unidos, México e Europa como professor e também com o intuito de estabelecer contatos para ampliar a análise das instituições, inclusive sobre a escola.

Em meio a críticas, Illich publicou em 1970 o livro *Sociedade sem escolas*, no qual se pergunta por que não "desescolarizar" a sociedade, pois cada vez mais os indivíduos perdem a capacidade de decidir por si próprios, nesse mundo institucionalizado em que saúde, nutrição, educação, transporte, comunicação etc. encontram-se nas mãos de especialistas e tecnocratas para "proteger" e "orientar". Illich não confiava na possibilidade de crianças aprenderem qualquer coisa de valor na escola, instituição que cria expectativas prejudiciais, por prometer o que não é capaz de cumprir. Afastada da realidade da produção, a escola vive o paradoxo de querer preparar para o mundo ao mesmo tempo que corta os contatos com ele.

Embora reconheça que a vida em sociedade seria impossível sem as instituições, Illich faz uma distinção entre as instituições *manipulativas* e as *conviviais*. As primeiras são as que merecem suas críticas, por não estarem a serviço das pessoas, mas contra elas, voltadas para interesses econômicos de alguns privilegiados, ao passo que as segundas seriam interativas, permitindo o intercâmbio entre indivíduos, com a condição de todos manterem sua autonomia. Por ter convivido com os primeiros passos da internet, Illich chama de *convivialidade* a criação de "redes de comunicações culturais" que facilitariam o encontro de pessoas interessadas no mesmo assunto. Então, o contrário da escola seria possível, pois essas redes não teriam programas preestabelecidos como numa instituição nem a figura do professor, servindo para proporcionar apenas a troca de experiências, com base na aprendizagem automotivada, como explica:

> Desescolarizar significa abolir o poder de uma pessoa de obrigar outra a frequentar uma reunião. Também significa o direito de qualquer pessoa, de qualquer idade ou sexo, de convocar uma reunião. Esse direito foi drasticamente diminuído pela institucionalização das reuniões. "Reunião" significa originalmente o ato individual de juntar-se. Agora, significa o produto institucional de alguma agência. ↓

O indispensável recurso ao computador facilitaria o encontro de parceiros de acordo com interesses comuns, inclusive com acesso a bibliotecas ou consulta a educadores em geral, então des-

▶ ILLICH, Ivan. *Sociedade sem escolas*. 2. ed. Petrópolis: Vozes, 1973. p. 153.

pojados de seu autoritarismo e limitados ao importante papel de aconselhamento e orientação. Haveria também o auxílio do sistema de correios, bem como de uma rede de boletins informativos ou anúncios classificados de jornais.

EDUCAÇÃO ANARQUISTA

É comum as pessoas identificarem *anarquismo* com "caos", "bagunça". Na verdade, não se trata disso, pois o princípio que rege o anarquismo é a preferência pela organização voluntária do poder em oposição ao Estado, para eles, nocivo e desnecessário. O Estado e a propriedade podem ter contribuído em determinado momento histórico para o desenvolvimento humano, mas depois passaram a restringir sua emancipação. Além do Estado, os anarquistas repudiam a estrutura hierárquica da Igreja, defendendo o ateísmo como condição de autonomia moral do ser humano, liberto dos dogmas e da noção de pecado.

Por se tratar de organização não coercitiva, regida pela cooperação, pela aceitação dos membros da comunidade e pela ausência de instituições autoritárias, os libertários previam que as tendências cooperativas humanas teriam condições de excelência para florescer, desenvolver-se e realizar a ordem social. Na sociedade estatal, ao contrário, a ordem social é artificial, já que estabelecida sobre uma pirâmide de poder, cuja estrutura da sociedade se apoia em decisões hierárquicas, impostas de cima para baixo, ao passo que na sociedade anarquista, com autodisciplina e cooperação voluntária, a ordem social expressa-se naturalmente. Repudiam, portanto, a criação de partidos, por prejudicarem a espontaneidade de ação, pois tendem a se burocratizar e a centralizar o poder, assim como temem estruturas teóricas, por isso seus representantes apreciam o movimento vivo, e não tanto a doutrina.

A intenção dos movimentos anarquistas está focada na inversão da pirâmide de poder do Estado por meio do princípio de *descentralização*, possível nas formas mais diretas de relação, como o contato "cara a cara", pois a responsabilidade surge nos núcleos vitais das relações sociais, como locais de trabalho, bairros e escolas antiautoritárias, sempre com o objetivo de manter a participação, a colaboração e a consulta direta entre pessoas envolvidas. Contemporâneos de Marx, dele se distanciaram por recusarem a teoria da ditadura do proletariado, que, segundo eles, criaria uma rígida oligarquia de funcionários públicos e tecnocratas perpetuados no poder – o que, na história posterior do "socialismo real" soviético, confirmou-se.

Entre teóricos anarquistas, destacaram-se Piotr Kropotkin (1842-1921) e, antes, Mikhail Bakunin (1814-1876), o mais conhecido deles. Filho de ricos aristocratas russos, tornou-se revolucionário graças à influência do francês Pierre-Joseph Proudhon, um dos chamados socialistas utópicos. Participou de rebeliões e esteve preso por um tempo na Sibéria. Produziu uma obra vigorosa e apaixonada, porém mal organizada, por ser especialmente um ativista. O anarquismo ressurgiu timidamente após a Segunda Guerra Mundial e recrudesceu na década de 1960 com jovens de vários países da Europa e da América, inclusive no movimento estudantil de 1968, em Paris.

Os teóricos mais significativos da tendência anarquista na educação foram os franceses Michel Lobrot, Fernand Oury e Paul Robin, a venezuelana Aïda Vasquez e o catalão Francisco Ferrer y Guàrdia. A principal diferença entre eles e os pedagogos liberais enraizava-se na convicção de que a escola antiautoritária requer uma ação revolucionária mais ampla, capaz de implantar a nova ordem política, motivo pelo qual o espanhol Ferrer y Guàrdia (1859-1909), depois de fundar a Escola Moderna de Barcelona, enfrentou dificuldades com setores reacionários, culminando com seu fuzilamento.

Significativo foi o trabalho de Paul Robin (1837-1912), na direção de um orfanato nos arredores de Paris, transformado em escola libertária. Seus preceitos de educação integral englobavam as três dimensões da educação: intelectual, moral e física. O primeiro aspecto sustentava-se no processo de indagação e confronto com o saber já socializado, a educação moral se voltava para o estímulo à cooperação e à vivência coletiva responsável, ao passo que a educação física não se restringia apenas a jogos e recreação, estendendo-se a atividades manuais, inclusive com instalação de oficinas voltadas para a educação profissional politécnica. Seus livros tiveram repercussões no Brasil e, junto de Ferrer y Guàrdia, Robin influenciou a formação de professores em escolas voltadas para esse ideário.

Para esses teóricos, a temática da autogestão torna-se fundamental, não propriamente como costuma ser pensada entre pedagogos da não diretividade, em que o professor se afasta para que o aluno por si mesmo desabroche as faculdades que lhe seriam naturais. Ao contrário, no conceito anarquista, a liberdade é a meta a ser aprendida e construída por meio de relações entre indivíduos, portanto, nesse caso, o professor intervém para alcançar esse propósito, uma vez que a criança é um ser inacabado, em formação e, mesmo que a escola não seja uma função do Estado, ela dependerá sempre da responsabilidade da comunidade.

AVALIAÇÃO DA EDUCAÇÃO NÃO DIRETIVA

Para críticos das teorias antiautoritárias, de certa forma elas seriam ingênuas e românticas, por sonhar com uma "ordem natural" em que tudo seguiria seu curso espontâneo, como se fosse possível deixar as crianças livres de qualquer constrangimento. Nesse sentido, o pedagogo francês Georges Snyders critica a proposta de Ivan Illich de desescolarizar a sociedade, por duvidar que a criança, livre diante de seus desejos, seja capaz de enfrentar sozinha preconceitos e condicionamentos ideológicos da cultura a que pertence e admite tratar-se de uma visão estreita do conceito de liberdade, por conduzir a uma percepção muito individualista do mundo e das relações humanas.

O ideal de convivialidade, segundo o qual a desigualdade existente no nosso sistema de escolarização seria substituída pelo ensino em rede igualitária, repousa na ingenuidade de supor que o sistema de redes escaparia à pressão e às contradições dos interesses estabelecidos. O grande risco do não diretivismo e do ideal de convivialidade decorre do abandono dos alunos a formas de pensar e viver impregnadas da ideologia dominante. Para evitar isso, apenas um corpo docente crítico e experiente teria condições de provocar um questionamento radical, ainda que mais demorado. As tendências não diretivas, ao descuidar intencionalmente da transmissão da cultura, provocam sérios problemas que carecem de avaliação mais cuidadosa. Um dos riscos é abandonar à sua própria sorte segmentos populares e de excluídos, sem condições de superar a situação de dependência em que se encontram.

Se para muitos as pedagogias não autoritárias não teriam mesmo condições de serem aplicadas como foram pensadas, não resta dúvida de que elas nos trouxeram elementos preciosos para discutir questões como autoritarismo, doutrinação, individualismo, que frequentemente prevalecem na herança da escola tradicional, impedindo a democratização da escola, não só na ampliação de seu alcance (uma educação igual para todos) como na sua própria gestão (uma autogestão pedagógica). Destacam-se nesta avaliação da educação não diretiva elementos que já tinham sido levantados por críticos da Escola Nova.

ESCOLA DE FRANKFURT: TEORIA CRÍTICA

A Escola de Frankfurt surgiu na Alemanha em 1925, tendo como principais representantes Max Horkheimer, Theodor Adorno, Herbert Marcuse, Walter Benjamin, Erich Fromm e Jürgen Habermas, este último pertencente à "segunda geração" da Escola. Eles trataram de temas de natureza sociológico-filosófica, como autoridade, autoritarismo, totalitarismo, família, cultura de massa, liberdade, o papel da ciência e da técnica na vida contemporânea.

A filosofia dos frankfurtianos é conhecida como *teoria crítica*, em oposição à *teoria tradicional*. Nela, incluem a herança marxista e diversas interpretações desse pensamento, que criticam tanto o dogmatismo de leninistas e stalinistas como a concepção naturalista da história, por serem teorias deterministas e evolucionistas, posição típica do positivismo predominante no final do século XIX. Eles criticam a visão marxista determinista, segundo a qual, em dado momento o capitalismo produziria de maneira irreversível a alienação e a pauperização crescente da classe operária, até que explodiria a revolução e a vitória inevitável do socialismo. Desse modo, a violência seria elemento necessário e constitutivo do progresso, com a qual passaríamos de um estágio "inferior" para outro necessariamente "melhor", o do socialismo e depois o do comunismo.

No entanto, os frankfurtianos criticam a noção de progresso e condenam a violência. Analisando as sociedades tecnocráticas, altamente tecnicizadas e racionalizadas, denunciam a perda da autonomia do sujeito, docilizado tanto pela sociedade industrial totalmente administrada como pelas extremas regressões à barbárie representada pelos Estados totalitários na Alemanha e na União Soviética. Sob esse aspecto, vale lembrar que foi essa a pressão vivida por muitos dos frankfurtianos, que, por serem judeus, precisaram exilar-se para escapar do totalitarismo nazista, ameaça que ainda hoje não pode ser descartada.

No processo de recuperação da razão, os frankfurtianos reformulam o conceito de indivíduo e reivindicam a autonomia e o direito à felicidade. Nesse sentido, dizem "não" ao sacrifício individual das gerações presentes e criticam o revolucionário que exalta o sofrimento do povo ao mesmo tempo que o submete à mais cruel opressão, como é o caso de Robespierre – durante o período de Terror por ele instaurado entre 1793 e 1794 na Revolução Francesa – e de todos os revolucionários que, contraditoriamente, se dizem "democráticos".

Retomando o conceito de *sociedade administrada*, vejamos como Max Horkheimer (1895-1973) distingue dois tipos de razão, a *cognitiva* e a *instrumental*, em sua obra *Eclipse da razão*.

- ▸ A razão cognitiva busca conhecer a verdade. Diz respeito ao saber viver, aos fins propriamente humanos, à sabedoria. Essa razão regula as relações entre as pessoas e entre as pessoas e a natureza.
- ▸ A razão instrumental propõe agir sobre a natureza e transformá-la, por isso visa à eficácia, à produtividade e à competitividade.

Para Horkheimer, os dois tipos de racionalidade coexistem, embora o desenvolvimento das ciências e sua aplicação à técnica tenha levado o progresso da tecnologia a patamares jamais alcançados, de maneira que a razão instrumental tomou tal vulto que se sobrepôs à razão cognitiva. Para os frankfurtianos, a origem do irracional deve-se ao predomínio da razão instrumental e ao descaso pela razão cognitiva. Em última análise, a proposta desse tipo de racionalidade é a dominação da natureza para fins lucrativos, colocando a ciência e a técnica a serviço do capital, como vimos no tópico "Tecnicismo: tecnocracia na organização escolar".

HABERMAS: RACIONALIDADE E AÇÃO COMUNICATIVA

Já sabemos que Jürgen Habermas (1929) é um dos principais representantes daquela que ficou conhecida como segunda geração da Escola de Frankfurt. Assistente de Adorno antes de trilhar os próprios caminhos de investigação filosófica, escreveu *Conhecimento e interesse*, *A teoria do agir comunicativo*, *O discurso filosófico da modernidade*, entre outros. Habermas continuou a discussão a respeito da razão instrumental, iniciada pelos frankfurtianos. Vivendo em época posterior a eles, encontrou diante de si uma realidade diferente, representada pela sociedade industrial do capitalismo tardio – o capitalismo contemporâneo de tecnologia avançada, produção em escala e consumo em massa. Esse novo contexto o levou a elaborar uma teoria social com base no conceito de *racionalidade comunicativa*, para se contrapor à razão instrumental. Vejamos como Habermas distingue o agir instrumental da ação comunicativa.

O *agir instrumental* diz respeito ao *mundo do trabalho*, setor em que aprendemos a desenvolver habilidades baseadas em regras, segundo o que Habermas chama de "agir racional-com-respeito-a-fins", ou seja, um saber empírico que visa a objetivos específicos e bem definidos, orientados para o sucesso e a eficácia da ação. Desse modo, na economia, o valor é o dinheiro; na política, o poder; na técnica, a eficácia.

O *agir comunicativo* diz respeito ao *mundo da vida* e se baseia nas regras de sociabilidade. As tarefas e as habilidades repousam principalmente sobre regras morais de interação. Por meio da comunicação isenta de dominação, as pessoas buscam o consenso, o entendimento mútuo (diálogo), expressando sentimentos, expectativas, concordâncias e discordâncias e visando ao bem-estar de cada um. Trata-se do modo que deveria reger as relações em esferas como família, comunidades, organizações artísticas, científicas, culturais etc.

Essa "pluralidade de vozes" não paralisa a razão no relativismo, uma vez que, por meio do procedimento argumentativo, o grupo busca o consenso em princípios que visam assegurar sua validade. Portanto, a verdade não resulta da reflexão isolada, no interior de uma consciência solitária, mas é exercida por meio do diálogo orientado por regras estabelecidas pelos membros do grupo, numa situação dialógica ideal. A *situação ideal de fala* consiste em evitar a coerção e dar condições para todos os participantes do discurso exercerem os atos de fala. Interlocutor ativo dos teóricos da filosofia analítica da linguagem, para Habermas, o critério da verdade não se fundamenta na correspondência do enunciado com os fatos, mas no *consenso discursivo*. Essa postura o encaminha para elaborar a *ética do discurso*, tendência da qual também fazem parte Karl-Otto Apel (1922-2017) e Ernst Tugendhat (1930), com os quais desenvolveu a "ética do discurso".

Para eles, o problema surge quando a racionalidade instrumental se estende para outros domínios da vida pessoal nos quais deveria prevalecer a ação comunicativa. Nesses casos, ocorre o empobrecimento da subjetividade humana e das relações afetivas, porque a razão instrumental não avalia as ações por serem justas ou injustas, mas pela sua eficácia. As ações orientam-se pela competição, pelo individualismo, pela obtenção de rendimento máximo. A saída, porém, não está em recusar a ciência e a técnica, mas em recuperar o agir comunicativo naqueles espaços em que ele foi "colonizado" pelo agir instrumental. Do ponto de vista político isso significa, para Habermas, que a emancipação não mais depende da revolução violenta, como propôs Marx, mas do aperfeiçoamento dos instrumentos de participação dentro da sociedade, respeitando-se o estado de direito.

Oponentes da teoria habermasiana denunciam a impossibilidade de se alcançar esse ideal, mesmo que o tenham como horizonte do discurso. No entanto, se pensarmos nas discussões atuais sobre ética aplicada, diante dos problemas comuns a todos os que habitam este planeta, é possível compreender cada vez mais a necessidade de rever comportamentos e buscar soluções, ainda que as conclusões exijam reavaliações frequentes.

> A ética aplicada é um ramo contemporâneo da filosofia que tem por objetivo deliberar eticamente sobre problemas práticos que exigem justificação racional tendo em vista decisões morais. A possibilidade da manipulação genética, propiciada pelos avanços da biologia e da engenharia genética, apresenta questões éticas inéditas. Problemas como degradação do ambiente, pobreza, injustiça social e exploração do trabalho também estimularam o debate público e as polêmicas entre conservadores e radicais.

Os frankfurtianos criticam a exaltação ao progresso e desmistificam esse conceito por nos dar a ilusão de aperfeiçoamento espontâneo, quando, na verdade, em situações nas quais a ideia de progresso é fator principal, os fins propriamente humanos são substituídos por outros que excluem a compaixão e levam ao ódio primitivo e à violência. No mundo "desencantado" – por ser regido pelo cálculo, pelo lucro, pelos negócios –, impera a razão instrumental sem lugar para afetos, paixões, imaginação, enfim, para a subjetividade. Afinal, não se pode conceber uma civilização da opulência, tão desenvolvida nas suas expressões da ciência e da técnica, que permita a coexistência de tantos excluídos, condenados à fome, à ignorância e submetidos à violência de toda sorte. Do mesmo modo é difícil explicar que o nazismo se fez totalitário na Alemanha, tão culta e educada. Para os frankfurtianos, no entanto, criticar a razão não significa enveredar pelos caminhos do irracional, mas recuperá-la a serviço da emancipação humana.

Essas discussões interessam à reflexão pedagógica e muito contribuem para a avaliação do papel da educação na sociedade contemporânea, justamente porque é preciso recuperar o indivíduo autônomo, consciente dos fins a que se propõe, o que será possível apenas se for resolvido o conflito entre a autonomia da razão e as forças obscuras que invadem essa mesma razão, como vimos no tópico "Totalitarismo: um desvio de poder".

TEORIAS CRÍTICO-REPRODUTIVISTAS

Os diversos teóricos da tendência crítico-reprodutivista têm em comum a análise dos efeitos sobre a educação nas sociedades marcadas pela desigualdade. Ao mesmo tempo, de maneira igual, essas teorias não apresentam propostas pedagógicas propriamente ditas, pois durante as décadas de 1960 e 1970, por diferentes caminhos, eles chegaram à seguinte conclusão: a escola está de tal forma condicionada pela sociedade dividida que, em vez de democratizar, reproduz as diferenças sociais, perpetuando o *status quo*.

Essas teorias são conhecidas como *crítico-reprodutivistas*, justamente por denunciar a ingenuidade das concepções vigentes segundo as quais ampliar oportunidades de escolarização seria a esperança de democratizar a sociedade. Longe desse otimismo, a escola não democratiza, pois estatísticas de qualquer país, mesmo dos mais adiantados, confirmavam a persistência de altos índices de exclusão, evasão e repetência, reproduzindo a desigualdade.

Os sociólogos franceses Pierre Bourdieu (1930-2002) e Jean-Claude Passeron (1930) escreveram juntos *Os herdeiros* e *A reprodução* e analisaram o conceito de *violência simbólica*, pela qual o sistema de ensino institucionalizado e burocratizado permite que a ação pedagógica, sustentada pela autoridade pedagógica, continue impondo a cultura da classe dominante a todos os segmentos sociais, o que se faz pelos *habitus*, inculcados desde a infância, interiorizando em cada indivíduo as normas de conduta desejadas pela sociedade. Como as escolas trabalham com os hábitos típicos de famílias burguesas, as crianças vindas de segmentos desfavorecidos enfrentam dificuldades que as levam ao insucesso. Essas desigualdades, no entanto, são dissimuladas pela autoridade pedagógica, que, em última análise, aplica sanções e obriga o reconhecimento da pretensa "universalidade" dos valores da cultura dominante.

Em 1969, o filósofo francês Louis Althusser (1918-1990) publicou *Ideologia e aparelhos ideológicos de Estado*, apoiado na teoria marxista, para demonstrar a exploração de uma classe por outra mascarada pela ideologia, por meio da qual os valores da classe dominante são universalizados e assimilados pelo proletariado. Para ele, o Estado, além de criar um aparelho repressivo que assegura a ordem capitalista por meio da violência (exército, política, tribunais, prisões etc.), dispõe de *aparelhos ideológicos*, constituídos por instituições da sociedade civil que impõem os valores vigentes, por meio de igreja, escola, família, sistema jurídico, político, sindical, de informação e cultural. Dentre estes, Althusser destaca a escola, por desempenhar o papel de inculcar a ideologia e impedir iguais chances a todos, reproduzindo a divisão social.

Ainda na França, Christian Baudelot (1938) e Roger Establet (1938), marxistas de linha maoísta, escreveram, em 1971, *A escola capitalista na França*, obra na qual afirmam que "escola única" é, na verdade, uma escola dualista. Para eles, há duas grandes redes de escolaridade chamadas SS (secundária superior) e PP (primária profissional), que correspondem à divisão da sociedade em burguesia e proletariado, uma vez que burgueses alcançam a escolarização completa, incluindo a formação superior, ao passo que o proletariado é encaminhado para a profissionalização precoce. O principal argumento destes autores justifica-se pelo fato de que a divisão das duas redes já vem determinada desde o início da escolarização. Isto é, a escola impede que os filhos dos proletários continuem os estudos, já que eles se destinam a compor a força de trabalho. Vale lembrar que a teoria defendida pelos autores vai além dessa conclusão, porque admite também existir a *ideologia do proletariado*, criada fora da escola, no seio das massas operárias e em suas organizações.

Mesmo assim, para Baudelot-Establet, não há como negar a importância dessas teorias para a compreensão dos mecanismos da escola na sociedade dividida em classes, constatação que poderia orientar professores para uma atuação mais crítica dentro do sistema, porém, a radicalização dessa crítica traz o risco de levar a um pessimismo imobilista, por retirar da escola qualquer potencial transformador. Segundo Georges Snyders, se o operário não consegue de imediato uma consciência inteiramente lúcida da realidade social, nem por isso estará reduzido a ser um joguete passivo de mistificação, do mesmo modo que conhecimentos adquiridos na escola, por mais dirigidos que sejam, também poderão ser reelaborados à luz de outras experiências. Caso contrário, a luta de classes resultaria impossível. Geralmente essa retomada crítica torna-se possível nos segmentos mais progressistas da sociedade civil, cuja ação dinamizaria a escola e outras instituições.

TEORIAS PROGRESSISTAS

O italiano Gramsci e os (então) soviéticos Makarenko e Pistrak foram precursores da teoria progressista a que, posteriormente, acrescentou-se a contribuição do francês Georges Snyders, do polonês Bogdan Suchodolski e de outros como os franceses Bernard Charlot e Michel Lobrot, do estadunidense Henry Giroux, bem como do italiano Mario A. Manacorda. Não é fácil estabelecer as linhas de força desse movimento, que apresentou as mais diversas nuances. A própria denominação *progressista*, inspirada em um dos livros de Georges Snyders, não foi assumida por todos os que, porventura, se aproximaram dessa tendência. No próximo capítulo, veremos a fecunda repercussão dessa teoria no Brasil.

Georges Snyders (1917-1911), filósofo e educador francês, escreveu *Pedagogia progressista*, *Escola, classe e luta de classes* e *Para onde vão as pedagogias não diretivas?*, obras em que critica a escola contemporânea e constrói uma pedagogia social e crítica, com realce para a conquista pelo aluno da alegria de aprender. Contra as pedagogias não diretivas, defende o papel do professor, a quem atribui função política, e condena também a proposta de desescolarização de Ivan Illich, demonstrando que a escola e os mestres têm importante tarefa a cumprir. Na mesma linha, embora reconheça a crítica apresentada pelos teóricos reprodutivistas, ressalta que a escola possui um caráter contraditório que, dependendo de sua orientação, pode implementar a contraeducação, evitando assim a reprodução inevitável do sistema. Ele critica a Escola Nova, em razão do excessivo interesse pelo processo da aprendizagem, atitude responsável por descuidar do conteúdo, uma vez que não se pode esquecer da transmissão da cultura dominante, já que a emancipação das crianças do povo passa pela apropriação do saber burguês.

Por esses motivos, um dos pontos de destaque da teoria progressista revela-se na ênfase aos conteúdos do ensino, o que resgata a dimensão da escola tradicional mais criticada pela Escola Nova. No entanto, Snyders ressalva o caráter socialista dessa recuperação, que recusa o ensino de todo saber abstrato, desvinculado do vivido. Ao contrário, a decisão sobre o que saber, o que fazer e para quê depende do reconhecimento das necessidades sociais, analisadas sempre de acordo com a situação histórica vivida.

Segundo Snyders, diante da força da ideologia não convém abandonar alunos à mercê de sua espontaneidade, mas cabe ao mestre encaminhá-los "a noções, a formas de ação e a atitudes às quais eles não chegariam por si mesmos".

Outro desafio proposto pela teoria progressista destaca-se pela superação da clássica dicotomia entre trabalho manual e intelectual, buscando não só maneiras de ensinar as técnicas de seu tempo, mas também a compreensão mais ampla desses procedimentos.

TEORIAS CONSTRUTIVISTAS

As teorias construtivistas representam um esforço na busca de caminhos que deem conta da complexidade do processo de conhecimento. Apoiam-se em pesquisas científicas – da psicologia, da psicologia social, da psicanálise, da medicina, da biologia, da cibernética, da linguística, entre outras – para melhor compreender o funcionamento da mente infantil e do desenvolvimento cognitivo. Embora os construtivistas tenham atuado em locais e épocas diferentes, percorrendo caminhos originais, é possível estabelecer algumas linhas comuns, sobretudo se examinarmos os pressupostos filosóficos de suas teorias.

Do ponto de vista antropológico, para os construtivistas o ser humano tem uma existência histórico-social que determina a maneira de se situar no mundo, por meio de um processo dinâmico que se expressa de modos diferentes no decorrer do tempo e dos diferentes espaços. A história é entendida como a experiência da pessoa ou do grupo de modo que, ao surgirem fatores novos, as antigas estruturas lógicas se desfazem lentamente, para depois alcançar nova equilibração. Em outras palavras, os construtivistas recusam a concepção de uma natureza humana universal, essencial e estática, herança da metafísica tradicional, já que o ser humano se faz e se refaz pela interação social e por sua ação sobre o mundo.

Do ponto de vista epistemológico, para os construtivistas o conhecimento resulta de uma construção contínua, entremeada pela invenção e descoberta. Essa explicação supera as duas tendências que marcaram a modernidade, o racionalismo e o empirismo (vistos no capítulo 5), no momento em que filósofos da Idade Moderna discutiam sobre a origem, a natureza e os limites do conhecimento humano. Assim, segundo a tendência racionalista, herdada de Descartes, prevalece o inatismo, pelo qual o sujeito que conhece seria o polo mais importante no processo do conhecimento, ao passo que, de acordo com a tendência empirista, iniciada com Bacon e Locke, o sujeito que conhece é passivo, recebendo de fora – da experiência – os elementos para a elaboração do conteúdo mental.

Os construtivistas superam essa dicotomia ao admitir que o conhecimento não é inato nem apenas dado pelo objeto, mas antes se forma e se transforma pela interação entre ambos, ou seja, o construtivismo também pode ser visto como uma *concepção interacionista* da aprendizagem. Como consequência para a educação, a criança não é vista como um ser passivo nem o professor se reduz a simples transmissor de conhecimento. Outra característica desse modelo epistemológico decorre da constatação de que o conhecimento se produz a partir de um desenvolvimento por etapas ou estágios sucessivos, nos quais a criança organiza e reorganiza o pensamento e a afetividade.

Essa nova atitude recusa o *objetivismo*, porque o mundo conhecido não aparece para nós tal como é, mas depende de como nós o vemos; recusa o *realismo* (o pensamento não é o espelho do mundo); aceita o princípio da *auto-organização*: todo conhecimento resulta de organizações e reorganizações sucessivas em níveis de complexidade cada vez maiores. O construtivismo realça justamente a capacidade adaptativa da inteligência e da afetividade, dando condições para que o processo de amadurecimento não seja ilusório, o que acontece quando resulta de pressões externas sem a "gestação" por parte do sujeito.

Dentre os representantes clássicos dessa tendência, destacamos Jean Piaget, Emilia Ferreiro, Lev Vygotski. Inúmeros outros fazem parte dessa orientação, como o francês Henri Wallon, os russos Alexander Luria e Alexei Leontiev, estes últimos divulgadores do socioconstrutivismo, colaboradores e continuadores de Vygotski. Posteriormente, embora por caminhos diferentes, destacam-se Lawrence Kohlberg, Edgar Morin, Phillippe Perrenoud. Já em uma linha pós-construtivista, o francês Gérard Vergnaud parte das concepções de Piaget, Wallon e Vygotski, mas vai além deles, para enfatizar a aprendizagem como fenômeno de grupo.

PIAGET: EPISTEMOLOGIA GENÉTICA

O psicólogo suíço (e também filósofo) Jean Piaget (1896-1980) elaborou a teoria conhecida como *psicologia genética*, que trata do estudo do desenvolvimento individual, da gênese da lógica, das percepções, das normas, que não são inatas, mas resultam de uma construção progressiva, base para a aplicação de fecundas práticas pedagógicas. De acordo com essa teoria, a razão, a afetividade e a moral avançam progressivamente em estágios sucessivos nos quais a criança organiza o pensamento e o julgamento, por isso sua teoria e as que dela derivam são chamadas de *construtivistas*, já que o saber é construído pela criança. Entre as obras mais significativas, destacam-se *Introdução à epistemologia genética*, *O juízo moral na criança*, *A construção do real na criança* e *Seis estudos de psicologia*.

O *desenvolvimento mental* é estudado sob três pontos de vista: da inteligência (lógica), da afetividade e da moral, processo que ocorre em quatro estágios, classificados por idades. Vale lembrar, no entanto, que as referências às idades se basearam em padrões de Genebra, cidade suíça onde Piaget realizou suas observações e experiências. Deve-se ter em mente que, dependendo do grupo social a que pertença a criança, é provável que variem as faixas etárias, e pode ser que as últimas etapas nem sejam atingidas na fase adulta.

Segundo Piaget, o processo dinâmico da inteligência e da afetividade depende de uma estrutura concebida como uma totalidade em equilíbrio. À medida que a influência do meio altera esse equilíbrio, a inteligência, que exerce função adaptativa por excelência, restabelece a autorregulação. As mudanças mais significativas ocorrem na passagem de um estágio para outro, o que Piaget analisa ao descrever a construção do real na criança nas fases do processo do desenvolvimento mental, processo possível pelo mecanismo de *organização* e de *adaptação*. A adaptação, por sua vez, inclui dois processos interligados, a *assimilação* e a *acomodação*. Pela assimilação, a realidade externa é interpretada por meio de algum tipo de significado já existente na organização cognitiva do indivíduo, ao mesmo tempo que a acomodação realiza a alteração desses significados já existentes.

Vejamos os quatro estágios do desenvolvimento mental.

ESTÁGIO SENSÓRIO-MOTOR (DE 0 A 2 ANOS)

Nesse estágio predomina o desenvolvimento das *percepções sensoriais* e dos *movimentos*.

- ▶ Do ponto de vista da inteligência, não se pode ainda dizer que a criança pensa, mas a inteligência do bebê evolui à medida que aprende a coordenar as sensações e os movimentos.
- ▶ Quanto à afetividade, prevalece a indiferenciação porque a relação do bebê com as pessoas ainda não é percebida como de separação entre ele e o mundo. Quando ele começa a olhar com atenção a própria mão, tem início a descoberta gradativa de seu corpo.
- ▶ Do ponto de vista moral, a vida do bebê é pré-moral e, portanto, nele predomina a anomia, isto é, a ausência de lei, de normas.

ESTÁGIO INTUITIVO OU SIMBÓLICO (DE 2 A 7 ANOS)

O segundo momento tem início quando a lógica infantil realiza um salto com a descoberta do *símbolo* e a *aprendizagem da fala*.

- ▶ Nesse estágio, a inteligência é intuitiva porque ela não se separa da experiência vivida, isto é, a criança não transpõe abstratamente o que foi vivenciado pela percepção. Por exemplo: mesmo sabendo ir até a casa da avó, a criança ainda é incapaz de representar o caminho em um esquema ou pequeno mapa. Isso acontece porque suas lembranças são motoras, e a representação implica descentralização da experiência, ainda centrada no próprio corpo da criança quando ela caminha de fato em direção à casa da avó. Trata-se de uma forma de *inteligência egocêntrica*, entendida não como um defeito, mas decorrente da própria condição humana nesse estágio, pois a criança é seu próprio ponto de referência.
- ▶ O egocentrismo também está presente nas relações afetivas. A criança percebe o mundo girando em torno dela, consequentemente ela exige mais atenção, não sabe dividir brinquedos, deseja a satisfação de todos os seus desejos. Nas conversas não interage propriamente, tem dificuldade de discutir e de ouvir o outro e isso é perfeitamente perceptível nos encontros entre crianças, em que ocorrem verdadeiros "monólogos coletivos".

▶ Do ponto de vista moral, não se pode dizer de início que as regras de convívio social já estejam introjetadas, havendo relutância em sua aceitação. É interessante observar como a criança ainda não está pronta para os jogos com regras. Após os 3 ou 4 anos, é que começa propriamente a fase heteronômica, de aceitação da norma, tornando-se mais sociável. Mesmo quando desobedece, sabe que transgride as normas, e por isso tem receio de ser descoberta e sofrer punição. Embora a heteronomia seja típica do mundo infantil, ela persiste em muitos adultos, quando se submetem aos valores da tradição e obedecem passivamente aos costumes por conformismo ou por temor à reprovação da sociedade.

ESTÁGIO DAS OPERAÇÕES CONCRETAS (DE 7 A 12 ANOS)

O terceiro estágio é mais longo e representa o grande salto da ação por meio de *operações mentais concretas*, que se baseiam diretamente nos objetos e não em hipóteses, habilidade que só será conquistada no estágio final.

▶ A lógica deixa de ser puramente intuitiva e passa a *operatória*. A criança *interioriza a ação* – o que não ocorria no exemplo da visita à casa da avó. Desse modo, aprende as operações matemáticas, a consultar um mapa, percebe a relação lógica do sistema de parentesco, faz classificações, torna as intuições reversíveis.

▶ A percepção é reversível quando a criança é capaz de operacionalizá-la. Por exemplo, se estamos frente a frente com a criança e levantamos a mão direita, pedindo a ela que faça o mesmo, se ela já for capaz de reversibilidade, levantará a mão direita, o que significa inverter mentalmente a nossa posição. A operacionalização no terceiro estágio, porém, ainda é concreta, por depender de certa maneira das percepções intuitivas e da experiência vivida. Mesmo assim, o pensamento já se organiza de modo mais coerente e permite construções lógicas mais aprimoradas. A força do egocentrismo diminui, porque o discurso lógico tende a ser mais objetivo, por estabelecer o confronto com a realidade e com os outros discursos, além de alicerçar-se em provas que se afastam das explicações mitológicas da fase anterior.

▶ Do ponto de vista afetivo, os progressos na sociabilidade são percebidos na formação de grupos: se no estágio anterior prevalecia a contiguidade – ou seja, as crianças apenas encontram-se lado a lado –, agora os laços expressam companheirismo ou antipatia. A nova organização é coesa sob a ação de líderes e em confronto com grupos antagônicos.

▶ Sob o aspecto moral afirma-se a heteronomia, com a introjeção das normas da família e da sociedade. Nos jogos, essa tendência revela-se na aceitação das regras: no basquete ou no futebol as normas são seguidas rigorosamente; em lutas como as do judô, aprendem-se regras que valem inclusive para fora do tatame: as habilidades são usadas apenas para a defesa, e não para a agressão.

ESTÁGIO DAS OPERAÇÕES FORMAIS (NA ADOLESCÊNCIA)

Finalmente, o último estágio é o da adolescência, quando amadurecem as *características da vida adulta*.

▶ O pensamento lógico atinge o nível das *operações formais* ou *abstratas*. Além de interiorizar a ação vivida, como ocorria na fase anterior das operações concretas, o adolescente é capaz de distanciar-se da experiência: é o amadurecimento do *pensamento formal* ou *hipotético-dedutivo*. A reflexão torna possível o pensamento científico, matemático e filosófico. Exemplificando: as discussões entabuladas pelos jovens a respeito da família podem surgir das experiências pessoais, mas se orientam para a generalização e a abstração da família como instituição. A teorização leva à crítica da própria vivência e à elaboração de projetos de mudança – o plano de vida. Os debates organizam-se por meio da argumentação apoiada em conceitos. O processo de desprendimento da própria subjetividade é sinal de que o egocentrismo intelectual está em vias de ser superado.

▶ Afetivamente, a superação do egocentrismo realiza-se pela aprendizagem da *cooperação* e da *reciprocidade*. Os grupos do terceiro estágio, que se organizavam em torno de uma liderança, são substituídos por outros, que acolhem a discussão e o consenso.

▶ A capacidade de reflexão dá condições para o amadurecimento moral, pela *organização autônoma das regras* e pela livre deliberação. Enquanto no estágio anterior prevalece o respeito unilateral, fundado em uma moral de coação, heteronômica, ao entrar na vida adulta torna-se possível o exercício do respeito mútuo, não hierárquico, típico de relações autônomas. A autonomia, porém, não nega a influência externa, mas destaca no indivíduo a capacidade de refletir sobre as limitações que lhe são impostas, com base nas quais reorienta a ação para superar os condicionamentos. Portanto, quando decide por cumprir uma norma, o centro da decisão é ele mesmo, sua própria consciência moral. Autonomia é autodeterminação.

▶ Reflexão (inteligência), reciprocidade (afetividade) e autonomia (moral) são termos do desenvolvimento mental que aqui se encontram enlaçados. *Refletir* é desdobrar o pensamento, pensar duas vezes: ao refletirmos, trazemos o outro para dentro de nós, por isso, refletir é discutir interiormente. Essa atitude é possível porque de fato descobrimos o outro como um *alter ego* – um outro eu – exterior a nós, capaz de argumentação, que aprendemos a respeitar. A *discussão* é a exteriorização da reflexão e pressupõe *reciprocidade*: disponibilidade para ouvir o outro, mas também preservação de individualidade e *autonomia*.

VYGOTSKI: PENSAMENTO E LINGUAGEM

O psicólogo Lev Semenovich Vygotski (1896-1934) nasceu na Rússia czarista e com Alexander Luria (1902-1977) e Alexei Leontiev (1903-1979) desenvolveu uma teoria original e fecunda. Intelectual de ampla formação, além do curso de direito e de psicologia, realizou estudos de filosofia, filologia, literatura e pedagogia. Atento às anomalias físicas e mentais, assistiu a aulas de medicina, acabando por se dedicar ao ensino, à pesquisa e a organizar o Laboratório de Psicologia para Crianças Deficientes. Apesar da morte precoce, aos 37 anos, produziu volumosa obra escrita, além de ter se aplicado a múltiplas atividades. Os acontecimentos políticos da Revolução Russa de 1917 repercutiram em seu pensamento por meio da influência marxista do método dialético. Tomou conhecimento das experiências da psicologia da *Gestalt* e foi crítico da tendência naturalista das ciências humanas, principalmente do behaviorismo.

Desejando ir além na discussão das características da inteligência humana, privilegiou o estudo das operações superiores, como pensamento abstrato, atenção voluntária, memorização ativa e ações intencionais. Para Vygotski, o nível superior da reflexão, do conhecimento abstrato do mundo, tem início nas interações sociais cotidianas, desde as atividades práticas da criança até adquirir a capacidade de formular conceitos. Analisou fenômenos da linguagem e do pensamento, buscando compreendê-los dentro do processo sócio-histórico como "internalização das atividades socialmente enraizadas e historicamente desenvolvidas".

Para explicar as operações superiores, Vygotski recorre ao conceito de *mediação*, segundo o qual a relação do indivíduo com o mundo não é direta, mas mediada por instrumentos técnicos (por exemplo, as ferramentas desde as mais simples até as mais refinadas) e por sistemas simbólicos, como a linguagem, na qual se espelha a cultura a que se pertence. No processo de internalização é fundamental a interferência do outro – a mãe, os companheiros de brincadeira e estudo, os professores – para que os conceitos sejam construídos e passem por constantes transformações. Por esses motivos, o construtivismo de Vygotski é mais conhecido como *socioconstrutivismo* ou *sociointeracionismo*. A mediação também é importante no que se refere ao pensamento e à linguagem. O entendimento entre as mentes é impossível sem a expressão mediadora da fala humana, cujo componente essencial é o significado, que pressupõe a generalização. Por exemplo, a palavra *casa* não é um som vazio que se identifica apenas a uma determinada casa concreta, mas se aplica à noção de casa em geral.

Geralmente costumamos avaliar as crianças pelo seu *desenvolvimento real*, porém, existe um estágio anterior a esse nível, chamado por Vygotski de *zona de desenvolvimento potencial* (*próximo* ou *proximal*, conforme o tradutor), caracterizado pela capacidade de resolver problemas sob a estimulação de um adulto ou em colaboração com os colegas. A ênfase nesse estado potencial, em que uma função ainda não amadureceu, mas se encontra em processo, é de grande valia para o educador, porque o auxilia a enfrentar mais eficazmente os desafios da aprendizagem do aluno. Além disso, a fase de colaboração traz a vantagem de estimular o trabalho coletivo, necessário para transformar uma ação interpessoal – portanto social – em um processo intrapessoal, isto é, de internalização. A importância dessa passagem é alcançar a independência intelectual e afetiva, já que a discussão constitui uma etapa para o desenvolvimento da reflexão.

Outro teórico marxista foi o médico neurologista e psicólogo francês Henri Wallon (1879-1962), que orientou suas observações sobre as anomalias psicomotoras de crianças doentes. Desenvolveu uma teoria para explicar o processo realizado desde os movimentos mais simples até o ato mental, desde o mais automático reflexo, passando pelos gestos de apelo dirigidos às pessoas, pela mimese, até chegar à ideia.

EMILIA FERREIRO: A PSICOGÊNESE DA ESCRITA

Emilia Ferreiro (1937), argentina radicada no México, estudou na Suíça com Piaget. Assim como o mestre, evitava o "adultocentrismo", que erroneamente compreende a criança à semelhança do adulto. Analisou a construção do conhecimento, destacando-se seus valiosos estudos de linguística para observar como se realiza a construção da linguagem escrita.

Muitos educadores explicam as dificuldades e insucessos da alfabetização pela ineficiência dos próprios mestres, pela ineficácia dos métodos ou do material didático. Emilia Ferreiro, no entanto, desloca a questão para outro campo. Primeiramente, se a invenção da escrita alfabética resultou de um processo histórico que envolveu a humanidade por longo tempo, isso nos faz reconhecer como é difícil para a criança perceber com rapidez a natureza da escrita. A alfabetização levanta, antes de tudo, um problema epistemológico fundamental: "Qual é a natureza da relação entre o real e a sua representação?". Essa questão provocou a revolução conceitual da alfabetização.

Realizou diversas experiências com crianças a fim de investigar a psicogênese da escrita, quando percebeu que elas de fato reinventam a escrita, no sentido de que precisam inicialmente compreender seu processo de construção e suas regras de produção. Mesmo antes do ensino formal, a criança já construiu interpretações, elaborações internas, que não dependem da interferência do adulto e não devem ser entendidas como confusões perceptivas. As garatujas nunca são simples rabiscos sem nexo, por isso cabe ao professor observar o que o aluno já sabe, atento para o modo como ele interpreta os sinais ao seu redor, e não para aquilo que a escola pensa que ele deve saber.

Diz Emilia Ferreiro:

> É necessária imaginação pedagógica para dar às crianças oportunidades ricas e variadas de interagir com a linguagem escrita. É necessária formação psicológica para compreender as respostas e as perguntas das crianças. É necessário entender que a aprendizagem da linguagem escrita é muito mais que a aprendizagem de um código de transcrição: é a construção de um sistema de representação. ↪

As teorias de Emilia Ferreiro foram desenvolvidas em conjunto com Ana Teberosky, pedagoga da Universidade de Barcelona, e produziram um efeito revolucionário nas propostas de superação das dificuldades enfrentadas por crianças com problemas de aprendizagem.

▶ FERREIRO, Emilia. *Reflexões sobre alfabetização*. São Paulo: Cortez, 1988. p. 102.

KOHLBERG E A EDUCAÇÃO DE VALORES

Lawrence Kohlberg (1927-1987), psicólogo e filósofo estadunidense, lecionou na Universidade de Harvard e dedicou-se ao estudo da teoria piagetiana, centrando suas atenções na questão moral. Suas principais obras foram *O desenvolvimento dos modos de pensamento e opção moral entre dez e dezesseis anos* (tese de doutorado defendida na Universidade de Chicago), *Do é para o dever ser, Ensaios sobre o desenvolvimento moral*, além de outros livros, artigos e conferências, até onde sabemos sem tradução para o português. Ao fazer a explicitação dos fundamentos filosóficos de suas atividades, dialogou com Jürgen Habermas e Karl-Otto Apel, filósofos da ética do discurso que dedicaram amplos capítulos ao exame de aspectos filosóficos de sua teoria.

Kohlberg investigou o desenvolvimento do comportamento moral de grupos os mais diversos, em escolas de diferentes segmentos sociais, como prisões, quartéis e *kibutz* (colônias coletivas em Israel). Acompanhou por vários anos diversos grupos entrevistados em que aplicava seus *dilemas morais*, além de participar, em escolas alternativas, da experiência das "comunidades justas", que visavam promover a participação democrática e a maturidade moral de seus membros. Essa intensa atividade de pesquisa o levou por vários anos a diversas partes do mundo, como cidades dos Estados Unidos, Turquia, Israel e Taiwan, a fim de contatar grupos entrevistados em que aplicava seus *dilemas morais*.

Uma das diferenças do trabalho de Kohlberg em relação ao de seu mestre é que ele rejeita a teoria do paralelismo entre o amadurecimento do pensamento lógico e o da moralidade, preconizada por Piaget. Para Kohlberg, o desenvolvimento lógico não provoca automaticamente o amadurecimento moral, pois o pensamento lógico formal é condição *necessária* para a vida moral plena, mas não *suficiente*. Suas observações e experimentações comprovaram que a maturidade moral geralmente só pode ser alcançada pelo adulto, cerca de dez anos depois da adolescência e, mesmo assim, dependendo de determinadas condições que serão examinadas pouco mais adiante. Seus experimentos levaram à conclusão de que o nível mais alto de moralidade exige estruturas lógicas novas e mais complexas do que aquelas do pensamento formal, o que o obrigou a reformular a teoria dos estágios morais piagetianos para distinguir três grandes níveis de moralidade: o *pré-convencional*, o *convencional* e o *pós-convencional*, cada um deles composto de dois estágios.

NÍVEIS DA MORALIDADE SEGUNDO KOHLBERG

O eixo do processo é o *convencional*, isto é, o conjunto de normas aceitas e desejáveis de uma sociedade. No período *pré-convencional* – que o antecede – a criança adentra lentamente o mundo das normas morais. O último estágio, o *pós-convencional*, depende de crescente maturidade moral, que eventualmente admite transgredir certas normas, em nome de princípios fundamentais, como a justiça ou a integridade da vida humana.

- O *nível pré-convencional* caracteriza-se pela moralidade heterônoma. No primeiro estágio desse nível, as regras morais são dadas pela autoridade e aceitas de modo incondicional; a criança obedece a fim de evitar castigo ou para merecer recompensa. Sob a perspectiva sociomoral, predomina o ponto de vista egocêntrico. No segundo estágio desse mesmo nível, inicia-se o processo de descentração, com o reconhecimento de que, ao lado do interesse próprio, outras pessoas também têm interesses que devem ser respeitados. Mas, como a moral ainda é individualista, busca-se estabelecer trocas e acordos.

- O *nível convencional* supera a fase anterior, ao valorizar-se o reconhecimento do outro. Pertencem a esse nível o terceiro e o quarto estágios. No terceiro estágio, predominam as expectativas interpessoais e a identificação com o grupo a que se pertence, expressando confiança e lealdade aos parceiros. O grupo tem prioridade sobre o indivíduo e as regras são seguidas para garantir o desempenho do papel de "bom menino" e de "boa menina", pois há preocupação com as outras pessoas e seus sentimentos. Nesse estágio, prevalece a "regra de ouro" segundo a qual devemos ser bons porque gostaríamos que o outro agisse do mesmo modo se estivesse em nosso lugar. No quarto estágio, as relações individuais organizam-se do ponto de vista do sistema, das instituições, da manutenção da ordem social e da sociedade concreta, com suas regras, papéis e leis que garantem seu funcionamento, tendo em vista o bem-estar da sociedade ou de grupos.

- O *nível pós-convencional* é o mais alto da moralidade e compreende o quinto e o sexto estágios. Chama-se *pós-convencional* porque nele a pessoa começa a perceber os conflitos entre as regras e o sistema. No quinto estágio, ainda prevalece a perspectiva do sistema, típica do nível convencional, em virtude da forte incorporação do contrato social que apela à obediência, às regras e às leis. No entanto, é reconhecida a enorme variedade de valores e opiniões e, muitas vezes, ocorrem conflitos inconciliáveis entre o legal e o moral – em especial sobre valores e direitos como vida e liberdade –, em contraposição às normas estabelecidas. No sexto e último estágio, os comportamentos morais regulam-se finalmente por princípios. Os valores independem dos grupos ou das pessoas que os sustentam, porque são princípios racionais e universais de justiça: igualdade de direitos humanos, respeito à dignidade das pessoas, reconhecimento de que elas são fins em si e precisam ser tratadas como tal. Não se trata de recusar leis ou contratos, mas de reconhecer que eles são válidos porque se apoiam em princípios.

Com as pesquisas empíricas, Kohlberg constatou que um percentual baixíssimo de cidadãos atinge o nível de moralidade pós-convencional, o que se deve a inúmeros motivos. Em primeiro lugar, partindo do pressuposto de que não nascemos morais, mas que o comportamento moral evolui por etapas, precisamos ter oportunidade de conviver de modo solidário, porque esse exercício facilita que ocorra a superação do egocentrismo. Também se espera que pais e professores já estejam maduros moralmente para auxiliar as crianças nesse processo e, mais ainda, que a atmosfera moral do ambiente em que elas vivem propicie condições de mobilidade de um estágio a outro. Kohlberg admitiu, porém, serem muitas as dificuldades em encontrar professores que o auxiliassem nessa tarefa. Por isso, ocupava-se primeiro com a formação deles, antes de aplicar seu projeto a crianças e adolescentes. De fato, se examinarmos o comportamento dos adultos à luz dos três níveis de moralidade, encontramos alguns deles no nível convencional e outros até no pré-convencional, tipicamente infantil.

Por exemplo, espera-se que alguém não transgrida o sinal de trânsito por respeito à própria vida e à vida alheia, além de participar de regras coletivas, mas há motoristas que agem como se estivessem no primeiro estágio, quando obedecem ao sinal apenas por temor à multa; ou transgridem a lei na ausência de vigilância, seja de policial, seja de radar eletrônico. E quantos outros agem apoiados no critério do "toma lá, dá cá"? Se faço o bem a quem me faz o bem e o mal a quem me faz o mal, permaneço no estágio 2, de trocas e acordos. E o que dizer do corporativismo daqueles que protegem seus pares de maneira benevolente e permanecem indiferentes aos que não pertencem a seu grupo, à sua família, à sua religião, à sua pátria? De acordo com esses exemplos, se os próprios adultos nem sempre atingem os níveis mais altos da moralidade, como se empenhariam adequadamente na educação moral dos jovens?

As teorias de Piaget e Kohlberg sofreram influência de vários filósofos, embora encontre-se em Immanuel Kant o fundamento do conceito de justiça que orienta as práticas educativas desses pensadores. Quando Kohlberg definiu o estágio 6, explicitou os princípios universais de justiça: a igualdade de direitos e o respeito pela dignidade dos seres humanos como indivíduos. Também compreendeu a passagem de um estágio para outro como aprendizagem e, portanto, um aperfeiçoamento moral.

Em palestra proferida em Tóquio, Japão, em 1985, Kohlberg fez um levantamento de seus questionamentos sobre os princípios que fundamentam a moral, e concluiu:

> A afirmação de Kant, do princípio básico do imperativo categórico "trate todo ser humano como um fim em si mesmo, não apenas como um meio", parecia extremamente fundamental. Respeito igual pela dignidade humana parecia-me ser a essência da justiça.↪

A ética kantiana, porém, resulta numa concepção *monológica* da racionalidade, que é formalista, porque fundada na razão universal, abstrata. Kohlberg vai além de Kant com a concepção ética *dialógica*. De fato, vimos que para Kohlberg a maturidade moral é alcançada pelo diálogo, pela argumentação, pelo levantamento de razões que justifiquem

▶ KOHLBERG, Lawrence. Minha busca pessoal pela moralidade universal. In: BIAGGIO, Angela Maria Brasil. *Lawrence Kohlberg*: ética e educação moral. São Paulo: Moderna, 2002. p. 93. (Coleção Logos.)

a ação mais justa. Por se tratar de uma teoria que tem por base a autonomia da razão – a sua herança kantiana –, a proposta de Kohlberg é conhecida por sua natureza cognitivista, ao privilegiar a argumentação racional para justificar uma ação e condenar outra. As tendências cognitivas de educação em valores sofreram críticas por parte daqueles que as consideram excessivamente racionalistas, além de buscarem uma duvidosa universalização dos princípios morais, embora existam muitas discordâncias no terreno da ética contemporânea.

MORIN E O PENSAMENTO COMPLEXO

Não é fácil inscrever em grandes linhagens o pensamento do francês Edgar Morin (1921), intelectual que não se enquadra em uma só linha teórica, em razão da multiplicidade de interesses que orientam suas pesquisas e atuações. Ainda jovem, matriculou-se na Sorbonne simultaneamente nos cursos de história, geografia e direito, tendo frequentado também as disciplinas de ciências políticas, sociologia e filosofia. Na época da Segunda Guerra, participou da Resistência na França ocupada pelos alemães, fez parte durante um tempo do Partido Comunista Francês e, de 1973 a 1989, participou de trabalhos do Centro de Estudos Transdisciplinares (sociologia, antropologia e política) da École de Hautes Études de Sciences Sociales (Escola de Altos Estudos de Ciências Sociais).

A introdução serve para apresentar essa figura multifacetada, cuja *teoria do pensamento complexo* deixa entrever o caminho singular por ele percorrido. Além de inúmeras conferências (muitas delas no Brasil), entrevistas e artigos, escreveu vários livros, dentre os quais destacamos *O enigma do homem: para uma nova antropologia, Ciência com consciência, A cabeça bem-feita: repensar a reforma, reformar o pensamento* e sua obra principal, *O método*, em quatro volumes.

Morin encontra-se atento às características do final do século XX, em que se percebe o questionamento do pensamento racionalista, cientificista e, portanto, redutor, típico do paradigma que surgiu na Idade Moderna, aspectos criticados pela nova epistemologia, a qual descarta certezas absolutas, para viver as contradições, a imprevisibilidade e os elementos de incerteza como parte de um outro modelo de concepção de mundo. Nesse sentido, Morin se refere a uma *crise planetária* que nos coloca diante de perigos que exigem nossa atuação, não no sentido de negar a incerteza, o caos, a desordem, mas para incorporá-los como elementos constituintes do conhecimento.

Sabemos que o conceito de *crise* vem do grego *krísis*, "ação ou faculdade de distinguir, decisão"; portanto, toda crise exige de nós criticar, escolher, para que as transformações iminentes sejam contornadas ou impulsionadas por nós. Todo momento crítico exige sabedoria e é o que recomenda Morin ao constatar que o progresso conquistado pela nossa civilização tecnológica, com o desenvolvimento da ciência, da razão e da técnica, trouxe benefícios incalculáveis, ao mesmo tempo que prejuízos que exigem nossa atenção consciente e determinada para superar essa "agonia planetária", que nos mergulha na atomização de indivíduos que perderam as solidariedades antigas.

No que se refere à educação, Morin observa o risco do conhecimento compartimentalizado, cuja expressão mais clara é a divisão do currículo em disciplinas estanques e incomunicáveis. Assim, explica:

> As crianças aprendem a história, a geografia, a química e a física dentro de categorias isoladas, sem saber, ao mesmo tempo, que a história sempre se situa dentro de espaços geográficos e que cada paisagem geográfica é fruto de uma história

terrestre; sem saber que a química e a microfísica têm o mesmo objeto, porém, em escalas diferentes. As crianças aprendem a conhecer os objetos isolando-os, quando seria preciso, também, recolocá-los em seu meio ambiente para melhor conhecê-los, sabendo que todo ser vivo só pode ser conhecido na sua relação com o meio que o cerca, onde vai buscar energia e organização.↪

Diante dessa crítica, Morin preconiza não a recusa das disciplinas, mas um outro olhar do educador e do educando: é preciso "ecologizar" as disciplinas, "levar em conta tudo que lhes é contextual, inclusive as condições culturais e sociais, ou seja, ver em que meio elas nascem, levantam problemas, ficam esclerosadas e transformam-se. [...] É preciso que uma disciplina seja, ao mesmo tempo, aberta e fechada".→

▶ MORIN, Edgard. *Le doigt dans l'Emile*: notes éparses pour um Emile contemporain (O dedo no Emílio: notas esparsas para um Emílio contemporâneo). Apud: PETRAGLIA, Izabel Cristina. *Edgar Morin*: a educação e a complexidade do ser e do saber. Petrópolis: Vozes, 1995. p. 68-69.

▶ MORIN, Edgard. *A cabeça bem-feita*: repensar a reforma, reformar o pensamento. 7. ed. Rio de Janeiro: Bertrand Brasil, 2002. p. 115.

Romper com a ideia do saber parcelado nos coloca diante da relação entre o *todo* e a *parte*, que pode ser compreendida na noção de *complexidade*. Em latim, *complexus* é o que abrange muitos elementos ou várias partes: o todo é uma unidade complexa, o que não quer dizer que o todo seja a simples soma das partes. Por outro lado, também as partes, se reconhecermos nelas a sua singularidade e especificidade, modificam-se na relação com o todo. Um exemplo simples é a música, cuja complexidade não se reduz a um amontoado de notas distintas, mas resulta da combinação feita entre os sons a partir do ritmo, da melodia e da harmonia.

O mesmo ocorre com o sujeito: cada indivíduo tem sua singularidade, como também as semelhanças com sua etnia, a sociedade e a cultura em que vive; portanto, a concepção do "eu" é complexa, porque para se constituir ele precisa do "tu", assim como "nós" pertencemos ao mundo. Dizendo de outro modo, as qualidades das partes, inicialmente virtuais, apenas se atualizam por meio das inter-relações com outras pessoas e com o ambiente. A professora Izabel Petraglia explica que o ser humano constrói a própria identidade para se tornar um sujeito livre e autônomo, mas alcança esse ideal a partir das dependências da família, da escola, da linguagem, da cultura, da sociedade.

Retomando a ideia de que vivemos uma "crise planetária", Morin explica que essa agonia não decorre apenas da soma de conflitos tradicionais, mas "é um todo que se nutre desses ingredientes conflituosos, de crise e de problemas, englobando-os, ultrapassando-os e, por sua vez, alimentando-os". Se o desenvolvimento da ciência e da tecnologia nos propiciou conforto e bem-estar, por outro lado, as pessoas se tornaram egocêntricas, individualistas, perdendo a capacidade de solidariedade. É nesse sentido que a educação surge como importante processo de reflexão sobre a complexidade da realidade que vivemos. Complexa, por admitir que "o todo tem suas qualidades próprias", que "o todo está também em cada parte", que "distinguir e associar" não é o mesmo que "disjuntar e reduzir" e que "enriquecer-se pelo sistema" não significa "ser reduzido ao sistema". Em todo momento, Morin lembra a importância da ética, para que não se percam as preocupações consigo mesmo, com o outro e com o meio.

É bem verdade que a atuação dos professores, no momento de crise em que vivemos, exige o enfrentamento do desafio de mudar a mentalidade da escola, quando eles próprios ainda sofrem o impacto das contradições do modelo antigo.

PERRENOUD E A CONSTRUÇÃO DE COMPETÊNCIAS

O sociólogo suíço Philippe Perrenoud (1944) interessou-se pela pedagogia na tentativa de entender por que a escola mantém a desigualdade e é responsável pelo fracasso, constatado por altos índices de evasão e de repetência. Do mesmo modo que Morin, Perrenoud retoma a expressão do filósofo Montaigne, que já no longínquo século XVI comentava em seus *Ensaios*: "mais vale uma cabeça benfeita do que uma cabeça bem-cheia". O mesmo filósofo refletia também que ao avaliar as pessoas "cumpre indagar quem sabe melhor e não quem sabe mais". Portanto, Perrenoud se pergunta: "para que serve ir à escola, se não se adquire nela os meios para *agir no e sobre o mundo?*".

A partir desse impasse, Perrenoud afirma que a melhoria do sistema educacional se fará pelo desenvolvimento mais metódico de competências desde a escola. E explica o conceito de *competência* como a capacidade de mobilizar diversos recursos cognitivos para enfrentar situações novas. Não se trata, portanto, de saberes ou atitudes, porque as competências "mobilizam, integram e orquestram tais recursos". Para evitar mal-entendidos, Perrenoud lembra, em *Construir as competências desde a escola*, que desenvolver competências não significa desistir de transmitir informações, mas trabalhá-las a fim de privilegiar um *"pequeno número de situações fortes e fecundas* que produzem aprendizados e giram em torno de importantes conhecimentos".

Assim, um bom médico identifica e mobiliza conhecimentos científicos em uma situação concreta: se, por um lado, os conhecimentos adquiridos – de física, biologia, anatomia, fisiologia, farmacologia etc. – são importantes, por outro, são insuficientes para que se faça um diagnóstico diante de situações singulares, envolvendo aquele doente concreto e não outro. O médico deve "fazer relacionamentos, interpretações, interpolações, inferências, invenções, em suma, complexas operações mentais cuja orquestração só pode construir-se *ao vivo*, em função tanto de seu saber e de sua perícia quanto de sua visão da situação". Dizendo de outra maneira, para desenvolvermos as competências na escola, é preciso construí-las à medida que as exercitamos em situações complexas, ou seja, não se trata de propor aos alunos problemas artificiais e descontextualizados e tampouco de insistir no sistema de séries anuais, em que as avaliações são feitas muito rapidamente. Perrenoud propõe a criação de ciclos plurianuais de aprendizado: "trabalhar uma competência requer visar a uma continuidade do processo durante, no mínimo, três anos".

Adverte que trabalhar com situações-problema pressupõe mudar o sistema de aula professoral e instigar atividades em grupo e realizar projetos, a fim de superar de alguma maneira a tradição das disciplinas que fragmentam o currículo escolar e buscar formas de inter-relaciná-las, atenuando as divisões rígidas que costumam existir entre elas. Do mesmo modo, desenvolver competências não é um objetivo apenas para alunos, mas é de supor que também professores desenvolvam "competências para ensinar", inventário que Perrenoud faz em seu livro *Dez novas competências para ensinar*, no qual pretende "orientar a formação contínua [para o ofício de professor] para torná-la coerente com as renovações em andamento no sistema educativo".

Resta dizer que as ideias de Perrenoud tiveram ampla divulgação no Brasil, tendo influenciado sobremaneira a elaboração dos Parâmetros Curriculares Nacionais. Apesar disso, alguns críticos veem a adaptação de suas ideias nos Parâmetros como uma aproximação da noção de competência aos princípios do mercado, estabelecidos na atualidade em países que assumem políticas neoliberais. Ou seja, estimula-se uma "orientação que desconsidera o entendimento do currículo como política cultural e ainda reduz seus princípios à inserção social e ao atendimento às demandas do mercado de trabalho".↪

Ao comentar a conferência proferida por Perrenoud na Fundação Calouste Gulbenkian, em Lisboa, em novembro de 2001, Isabel Alarcão refere-se a um aspecto inovador:

> [Perrenoud] Idealizou uma nova organização do trabalho na escola, baseada em objetivos (e não tanto em programas), em ciclos de aprendizagem plurianuais (em vez de ciclos anuais), em grupos flexíveis (em vez de turmas imutáveis), em módulos intensivos (em vez de grelhas horárias do tipo *zapping*), em projetos pluridisciplinares (em vez de capelinhas disciplinares), em tarefas escolares à base de problemas e de projetos (em vez dos exercícios clássicos).
>
> Eu afirmei que Perrenoud idealizou, porque o autor, ele próprio, reconheceu as dificuldades de implementar essas novas formas de organização sem romper com o paradigma vigente e, muito realisticamente, apontou as dificuldades de se romper com esse paradigma. Concordo com o sentido de realidade que o autor imprimiu ao seu discurso e acho que poderia ser perigoso para o sistema educativo e para a educação em geral uma ruptura brusca com o *status quo*. Mas considero inevitável um afastamento progressivo do *status quo* se efetivamente queremos mudar a cara da escola.↪

▶ LOPES, Alice Casimiro. Os Parâmetros Curriculares Nacionais para o ensino médio e a submissão ao mundo produtivo: o caso do conceito de contextualização. *Revista Educação e Sociedade*, Campinas, v. 23, n. 80, p. 399, set. 2002.

▶ ALARCÃO, Isabel. *Professores reflexivos em uma escola reflexiva*. 2. ed. São Paulo: Cortez, 2003. p. 90.

NEOPRAGMATISMO: RICHARD RORTY

No século XX, o neopragmatismo teve seu principal expoente no estadunidense Richard Rorty (1931-2007), que construiu suas teorias a partir de John Dewey, Martin

Heidegger e Ludwig Wittgenstein, além de ter debatido com filósofos de diversas tendências nas quais predomina a problemática epistemológica, tais como Donald Davidson e Jürgen Habermas.

A trajetória de Rorty distingue-se por duas fases, separadas por um divisor de águas, a sua obra *A filosofia e o espelho da natureza*, publicada em 1979, embora a separação entre as duas fases não represente propriamente ruptura, porque, em seus livros e artigos, transitam conceitos tanto de um período como de outro. Na primeira fase, o filósofo alinha-se à tradição analítica de Wittgenstein e, na segunda, assume uma filosofia própria, ao integrar conceitos dos filósofos com os quais dialogou para desenvolver as ideias mais importantes de sua teoria. Escreveu neste período as obras *Contingência, ironia e solidariedade, Objetividade, relativismo e verdade, Filosofia e esperança social*, entre outras.

A filosofia rortiana continua a tradição de crítica à epistemologia ao recusar a busca da "verdade objetiva" típica da teoria do conhecimento tradicional, segundo a qual a mente humana teria a capacidade de espelhar a natureza e atingir sua representação precisa. Como os demais pragmatistas, rejeitou o fundacionismo. Denomina-se *fundacionismo* ou *fundacionalismo* a tendência epistemológica que entende a verdade como "crença justificada", ou seja, o conhecimento é compreendido como uma estrutura e a base dessa estrutura é constituída de fundamentos certos e seguros, como ocorre nas teorias da metafísica tradicional, que justificam uma crença com base em outra, em outra e mais outra, até chegar a uma que constitua o ponto de partida capaz de sustentar as demais, ou seja, algo que funciona como uma "fundação". Se usarmos a metáfora de um edifício, todas as colunas se sustentam pela fundação. Portanto, ao contrário, Rorty propôs uma nova concepção de filosofia, não essencialista, sem verdades absolutas.

Enquanto a "experiência" era a principal referência para os pragmatistas clássicos, os contemporâneos deslocaram sua atenção para a *linguagem*, mas não se trata da linguagem que, na concepção tradicional, é um véu que se interpõe entre nós e o objeto, ocultando o que as coisas são em si, mas a linguagem como um meio de ligar objetos uns aos outros. Por exemplo: não podemos saber o que é uma mesa sem ligá-la a conceitos, como ser de madeira, castanha, velha ou dura (esbarrar nela pode nos machucar); do mesmo modo, o número 10 só tem sentido na sua relação com outros: está entre o 9 e o 11, é a soma de 6 e 4, é divisível por 2.

A tentativa de atribuir à noção de verdade um papel explicativo foi abandonada de vez por Rorty porque, para ele, a racionalidade aperfeiçoa-se na comunidade, pela troca de versões e de crenças, e o significado está sempre em aberto, mantendo-se por meio da reflexão que não dispensa o diálogo permanente, da "grande conversação" capaz de buscar novas crenças e novas descrições de um mundo em constante mutação. Um exemplo de que não se pode jamais "colocar fim" na conversação humana está na ciência, que não dá espaço para fatos objetivos "indiscutíveis". De fato, a ciência pode ser vista como uma prática cultural ou social semelhante a outros acordos entre os homens, ou seja, também no caso dela, trata-se de um jogo de linguagem. Aliás, sabemos hoje que a "verdade" científica é uma construção, desde que a comunidade científica aceite as alterações de paradigmas científicos.

Para Rorty, a disposição para a conversação que nunca tem fim é tão importante que o filósofo chega a criticar a tentação de "sair da linguagem", de colocar-se "fora de debate", pois esse comportamento sempre visou encontrar enunciados "indiscutíveis", "verdadeiros", independentes de discussão anterior, o que resulta em posturas dogmáticas, totalitárias e repressivas. Em última análise, "sair da linguagem" seria o mesmo que "sair da condição humana", isto é, como um ser de conversação.

RORTY E A PEDAGOGIA

Quais as consequências desses posicionamentos para a pedagogia? Segundo o filósofo Paulo Ghiraldelli Júnior, tradutor e divulgador das ideias de Rorty no Brasil, podemos entender o seu pensamento "como uma filosofia da educação", concordando com autores que situam essa teoria numa transição de paradigmas, como "a passagem de um paradigma epistemológico – a filosofia como fundamentação do conhecimento – para um paradigma pedagógico – a filosofia como conversação contínua e plural visando à edificação das pessoas".↪

Ao pensar a educação, Rorty enfatiza a socialização e a individualização, que, para ele, são ambas importantes, como duas forças igualmente valiosas, uma que visa à integração e outra à crítica, posição que se distingue de teóricos para os quais esses dois

▶ GHIRALDELLI JÚNIOR, Paulo. *Richard Rorty*: a filosofia do Novo Mundo em busca de mundos novos. Petrópolis: Vozes, 1999. p. 67.

movimentos estariam separados dependendo da faixa etária. De acordo com essa convicção, caberia ao educador da escola fundamental proceder à socialização do aluno a partir das verdades que devem ser inculcadas nas novas gerações, ao passo que o papel do educador universitário seria estimular o processo de crítica do sistema, para garantir a individualização.

Diferentemente, Rorty reconhece como indissociáveis os dois polos da educação – socialização e individualização, ou seja, integração e crítica –, devendo o tempo todo animar a ação de qualquer professor, desde o ensino básico. Desse modo, um professor de história, por exemplo, pode mostrar às crianças que os fatos ocorrem em um processo não acabado, sempre deixando um espaço pessoal de interferência e possibilidade de esperança. Usando expressões de Rorty, Ghiraldelli diz que a educação deve transmitir "mais a esperança que a verdade", porque ele acredita que na sociedade liberal é "razoavelmente fácil reunir o ensino dos fatos históricos com o ensino da esperança social". Assim, os professores podem conciliar socialização e individualização, ao acenarem para o desejo de mudanças e de aperfeiçoamento moral e social. Aliás, essa ideia serve para toda a vida do indivíduo, já que, ao se considerar o ser humano fundamentalmente plástico, a educação é um processo contínuo, que nunca termina.

Um aspecto importante destacado por Rorty em *Contigência, ironia e solidariedade* é a valorização do comportamento humano de solidariedade, que não será "ensinada" por meio de inculcação de regras morais teóricas e distantes das realidades vividas, porque a solidariedade não se aprende por teoria ou simples reflexão, mas pela imaginação. Nesse sentido, o romance, o filme, a reportagem jornalística, a história em quadrinhos, o teatro-verdade e o programa televisivo substituíram o "sermão" porque "nos fazem conhecer de modo detalhado diversas formas de sofrimento sentidas por pessoas às quais antes não havíamos prestado atenção". Do ponto de vista do educador, identificamos nessa advertência o reconhecimento de instrumentos que facilitem o acesso à cultura, nem sempre suficientemente realçado em programas escolares.

Como herdeiro do pragmatismo, Rorty não busca a pretensa "objetividade" da verdade, mas para ele o ser humano está sempre aberto à intersubjetividade, pela qual encontramos soluções para problemas, mesmo que em seguida nos coloquemos diante de novos problemas que aguardam outras soluções.

PÓS-MODERNIDADE

Após a rápida referência à pós-modernidade feita no final do capítulo introdutório, "História e história da educação", retomamos essa temática, reforçando não ser fácil a definição do conceito de pós-modernidade, pois há diferentes explicações para o fenômeno. Geralmente, trata-se de pensadores que se destacaram no debate a partir de meados do século XX, abrangendo vários campos do saber. De comum entre eles, há o estado de espírito que desconfia da herança do Século das Luzes: não existe mais a esperança depositada no progresso, tampouco faz sentido a ilusão de que a razão haveria de nos orientar em direção a uma sociedade mais harmônica. Tudo parece envelhecido e ultrapassado, cada vez mais distante do sonho iluminista da libertação humana pelo conhecimento.

Os motivos da descrença na razão iluminista encontram-se em exemplos como os da Alemanha letrada, de onde emergiu o Holocausto, e na constatação de que o mais alto conhecimento da física contemporânea foi capaz de gestar a bomba que destruiu Hiroshima e Nagasaki; ou, ainda, na constatação de como os princípios morais absolutos e universais se dissolveram na diversidade de valores relativos e subjetivos. O pós-modernismo também promoveu mudanças no campo da arte: as vanguardas artísticas perderam sua força de escândalo. Na filosofia, o pensamento "pós-moderno" sofreu influência do perspectivismo de Friedrich Nietzsche (1844-1900) e de vários filósofos que desvendaram as ilusões do conhecimento, denunciaram a razão emancipadora, incapaz de ocultar sua face de dominação, e questionaram a possibilidade de alcançar a verdade. No entanto, desde a década de 1980, outros expressaram de maneira significativa essas rupturas, por meio de um processo de "desconstrução" da metafísica tradicional, principalmente do conceito de sujeito e de sua pretensa autonomia.

> O filósofo francês Paul Ricoeur (1913-2005) criou a expressão "mestres da suspeita" para designar a repercussão do pensamento de Karl Marx, Friedrich Nietzsche e Sigmund Freud. Para Ricoeur, com esses três pensadores, a dúvida especulativa, em vez de focalizar as coisas, dirigiu-se à própria consciência, que deixou de ser domínio de um saber cristalino e autofundante para tornar-se terreno de múltiplas interpretações, muitas vezes colocadas em conflito. Em outras palavras, o conceito de luta de classes criado por Marx, o perspectivismo nietzschiano e o inconsciente freudiano teriam destituído o poder esclarecedor da razão para evidenciar um lado conflitante da existência, em que não há saber absoluto.

Será preciso, porém, advertir não ser tranquila a inserção de filósofos contemporâneos como pós-modernos, uma vez que ainda não há distanciamento suficiente para conclusões mais seguras, mesmo porque alguns deles não são propriamente pós-modernos, embora se ocupem de analisar as características desse novo modo de pensar e agir. Há ainda os que recusam explicitamente a concepção de pós-modernidade, como Jürgen Habermas, que, em *A modernidade, um projeto inacabado*, colocou-se contra o movimento pós-moderno, já que, para ele, a tarefa iniciada por Immanuel Kant – de superação da incapacidade humana de se servir de seu próprio entendimento e ousar servir-se da própria razão – ainda deverá ser completada como tarefa a ser refeita a cada momento, com base no exercício da *razão crítica*.

Já o francês Jean-François Lyotard (1924-1998) tematizou a questão da pós-modernidade na obra *A condição pós-moderna* (1979). Para ele, o pós-moderno representa a incredulidade diante das grandes narrativas, que se dizem capazes de explicar a realidade de modo absoluto e universal. Tinha sido esse o sonho de Descartes e de todas as teorias radicais, globalizantes, como as construídas por Friedrich Hegel e até pelas grandes religiões. Contrariando-os, a pós-modernidade aceita o fragmentário, o descontínuo, o caótico. Entre pensadores que, de certa maneira, representam as perplexidades desse período se destacam Michel Foucault, Jacques Derrida, Gilles Deleuze, Gianni Vattimo, Giorgio Agamben, Jean Baudrillard, Gilles Lipovetsky e Slavoj Žižek. Na sequência, trataremos de Foucault e Deleuze, pois, embora não tenham elaborado uma pedagogia, suas teorias oferecem subsídios para reflexões sobre escola e educação.

FOUCAULT: VERDADE E PODER

O filósofo francês Michel Foucault (1926-1984) desenvolveu um método de investigação histórica e filosófica em que o ponto de partida de sua pesquisa se encontra na mudança de comportamentos ocorrida na Idade Moderna, desde a segunda metade do século XVII, sobretudo em instituições prisionais e hospícios. Suas principais obras são *Arqueologia do saber, História da loucura na era clássica, As palavras e as coisas, Vigiar e punir, História da sexualidade* e *Microfísica do poder.*

Foucault pretendia entender como as ideias de loucura, disciplina e sexualidade foram construídas historicamente em um período que se estende do século XVII ao XIX. Suas reflexões o levaram a apresentar uma teoria em que estabelece um nexo entre saber e poder, que inverte a explicação tradicional da modernidade, segundo a qual o saber antecede o poder, porque primeiro buscar-se-ia a verdade essencial, da qual decorre a ação. Para Foucault, porém, o saber não se encontra separado do poder e é justamente o poder que gera o que se passa a considerar como verdade. Para justificar seu ponto de vista, pesquisou historicamente o período em que ocorreram mudanças na maneira de pensar e nas regras de conduta que constituem um "sistema de pensamento". Em seguida, completou a investigação para tentar explicar as mudanças ocorridas, a fim de saber como a verdade foi produzida no âmbito das relações de poder.

Por exemplo, Foucault examinou as condições do nascimento da psiquiatria e levantou a hipótese de que o saber psiquiátrico não se constituiu para entender o que é a loucura, mas como instrumento de poder que propiciou a dominação do louco e seu confinamento em instituições fechadas. Não por acaso, também os mendigos eram recolhidos em asilos, o que representou uma tática de "exclusão que separa o louco do não louco, o perigoso do inofensivo, o normal do anormal". Segundo o filósofo, a mudança resultou da ascensão da burguesia que, ao se constituir como classe dominante, precisou de uma disciplina que excluísse os "incapazes" e "inúteis para o trabalho" (loucos e mendigos, entre outros).

Com o desenvolvimento do processo de produção industrial, a nova classe interessou-se por mecanismos de controle mais eficazes, a fim de tornar os corpos dóceis e os comportamentos e sentimentos adequados ao novo modo de produção. Em *História da loucura*, Foucault relata que, entre os séculos XV e XVI, uma das mais recorrentes expressões literárias e pictóricas sobre a loucura foi a da "nau dos loucos" (ou "nau dos insensatos"), em que eles eram transportados para lugares distantes ou deixados à deriva, assombrando a imaginação das pessoas. No entanto, na Idade Moderna, aos poucos a loucura foi reduzida ao silêncio, para não mais comprometer as relações entre a subjetividade e a verdade. Além de expulsa por uma razão dominadora, a loucura passou a ser vista como doença a ser controlada em instituições fechadas que se espalharam pela Europa nos séculos XVII e XVIII: a nau transformara-se em hospício. O mesmo tratamento foi dado a pobres e desocupados.

Nos séculos XVII e XVIII, os processos disciplinares assumiram a fórmula geral de dominação exercida em diferentes espaços além do hospício, como colégios, hospitais, quartéis, oficinas, família. O controle do espaço, do tempo e dos movimentos, submetido ao olhar vigilante, por sua vez, introjetou-se no próprio indivíduo, complementado pela extensão progressiva de dispositivos de disciplina ao longo daqueles séculos, incluindo o controle da sexualidade. Sua multiplicação no corpo social configurou o que se chama *sociedade disciplinar*, exercida conforme uma "microfísica do poder", conceito usado por Foucault para identificar o poder disseminado em uma rede de instituições disciplinares e não mais exercido de um ponto central como qualquer instância do Estado: pois são as próprias pessoas, nas relações recíprocas (pai, professor, médico), que fazem o poder circular. Cabe à **genealogia** do saber investigar como e por que esses discursos se constituíram, que poderes estão na origem deles, ou seja, *como o poder produz o saber*.

▶ **Genealogia:** do grego *genea*, "origem", e *logos*, "estudo"; no contexto, estudo das origens dos discursos de poder.

Em *História da sexualidade*, Foucault destacou que na civilização contemporânea fala-se muito sobre sexualidade, sobretudo para proibi-la, o que o filósofo caracteriza como *biopoder*, que ocorre nas instâncias da família, da religião e da comunidade. Quanto à ciência, são estabelecidos padrões de normalidade e patologia, bem como classificações de tipos de comportamento. A palavra do "especialista competente" aprisiona os indivíduos, submetendo-os à vigilância e à regulação do sexo. Desse modo, o discurso científico naturaliza o sexo, isto é, apresenta-o como algo natural – e não cultural –, reduzindo-o a uma visão biologizante. Por exemplo, durante muito tempo a mulher esteve reduzida em sua sexualidade: ora submetida ao desejo masculino, ora, no polo oposto, como aquela que gera filhos, presa a um destino biológico. Outro caso é o da homossexualidade, que Foucault comenta:

> Foi por volta de 1870 que os psiquiatras começaram a constituí-la [a homossexualidade] como objeto de análise médica: ponto de partida, certamente de toda uma série de intervenções e de controles novos. É o início tanto do internamento dos homossexuais nos asilos quanto da determinação de curá-los. Antes eles eram percebidos como libertinos e às vezes como delinquentes (daí as condenações que podiam ser bastante severas – às vezes o fogo, ainda no século XVIII –, mas eram inevitavelmente raras). A partir de então, todos serão percebidos no interior de um parentesco global com os loucos, como doentes do instinto sexual.

Como dissemos, a noção de verdade para Foucault encontra-se ligada a práticas de poder disseminadas no tecido social (os micropoderes). Esse poder não é exercido pela violência aparente nem pela força física, mas pelo adestramento do corpo e do comportamento, com a finalidade de "fabricar" o indivíduo normatizado ou o tipo de trabalhador adequado para a sociedade industrial capitalista. É ainda Foucault que afirma em outra obra:

▶ FOUCAULT, Michel. *Microfísica do poder*. Rio de Janeiro: Edições Graal, 1979. p. 233-234.

> A disciplina fabrica assim corpos submissos e exercitados, corpos "dóceis". A disciplina aumenta as forças do corpo (em termos econômicos de utilidade) e diminui essas mesmas forças (em termos políticos de obediência).

GILLES DELEUZE: A EDUCAÇÃO E A DIFERENÇA

O filósofo francês Gilles Deleuze (1925-1995) foi professor em diversas universidades, inclusive na Sorbonne, em Paris. Escreveu

▶ FOUCAULT, Michel. *Vigiar e punir*: história da violência nas prisões. Petrópolis: Vozes, 1987. p. 127.

monografias sobre filósofos como Espinosa, Nietzsche e Bergson, nas quais identifica-mos suas preferências e reinterpretações. São de sua autoria as obras *Lógica do senti-do*, *Diferença e repetição* e, em parceria com o psicanalista Félix Guattari: *Anti-Édipo, Capitalismo e esquizofrenia*, *O que é a filosofia?* e *Mil platôs*.

Para Deleuze, a vida e o mundo encontram-se em constante processo de criação do novo: a vida é acontecimento, devir, um fazer-se contínuo. Por isso ele critica a noção metafísica de *conceito* e recusa as definições tradicionais de filosofia como contempla-ção, reflexão, diálogo ou comunicação para considerá-la "a arte de formar, de inventar, de *criar* conceitos". Aos filósofos não interessam modelos estáticos nem o comporta-mento passivo de seguidores. Compreende-se, com essas afirmações, que os conceitos mudam e recebem constantes reinterpretações, pois, ao escrever sobre determinado filósofo, Deleuze identifica e clarifica os conceitos criados e explicita o problema que o levou a inventar aquele conceito.

A influência de Espinosa e de Nietzsche pode ser notada em análises pontuais de Deleuze sobre educação. De fato, atualmente há todo um movimento de descoberta da "pedagogia" deleuziana, o que contradiria o pensamento do filósofo caso fosse apre-sentada como um "modelo" a ser seguido. Suas observações esparsas, mas incisivas, denotam a prevalência da vida, da alegria, da invenção, ou seja, a defesa de uma edu-cação capaz de desenvolver as forças afirmativas sem sucumbir a um poder externo, como na escola tradicional, pois esse poder emanaria dos modelos de "bom professor" e de "bom aluno", que instauram uma identidade e anulam as diferenças. Ao contrário, em sua filosofia da *diferença*, Deleuze aponta para a multiplicidade.

A professora Sandra Mara Corazza, estudiosa de Deleuze, qualifica o verbo "artis-tar" para designar o fazer didático:

> Para artistar a infância e sua educação, é necessário fazer uma docência à altura, isto é, uma docência artística. Modificar a formação do intelectual da educação, constituindo-o menos como pedagogo, e mais como analista da cultura, como um artista cultural, que já tem condições de pensar, dizer e fazer algo diferente [...]. Docência que, ao exercer-se, inventa. Reescreve os roteiros rotineiros de outras épocas. [...] Dispersa a mesmice e faz diferença ao educar as diferenças infantis.↳

É a constatação da diferença que nos leva a estabelecer a relação entre o sentir e o pensar, pois é a experiência do *en-contro* que força a pensar a diferença: "O pensamento nada é sem algo que force a pensar, que faça violência ao pensa-mento". O encontro se dá com algo que vem de fora do pen-samento, a que Deleuze designa como *intercessor*: por exem-plo, o conceito de outro filósofo, um artista (cinema, teatro,

▶ CORAZZA, Sandra Mara. Pis-tas em repentes: pela reinvenção artística da educação, da infância e da docência. In: GALLO, Silvio; SOUZA, Regina Maria de (Orgs.). *Educação do preconceito*: ensaios sobre poder e resistência. Campi-nas: Alínea, 2004. p. 184.

pintura, música), um cientista. Muitos foram seus intercessores: na literatura, Proust, Kafka; na pintura, Francis Bacon; no cinema, Jean-Luc Godard. Todos esses encontros liberam a criação de conceitos.

REFLEXÕES SOBRE O SÉCULO XXI: NOVOS TEMAS PARA A PEDAGOGIA

A educação e a pedagogia no mundo contemporâneo precisarão se reinventar diante de intensas transformações em que não faltam ambiguidades, contradições e perplexidades. No início deste capítulo, já fizemos um resumo de significativas mudanças econômicas, políticas e éticas que sacodiram nosso tempo. Revoluções implantaram o socialismo e também sua derrocada, sem que pudéssemos, ao mesmo tempo, aplaudir o liberalismo como mentor de um plano capaz de democratizar a sociedade, incluindo a educação. Mais ainda, o capitalismo fortaleceu-se com o recrudescimento do ideário neoliberal e o processo de globalização, ao passo que promessas do século XIX para implantar a escola pública, única e universal não se cumpriram de fato. Ao contrário, persiste o risco de a educação permanecer atrelada a interesses do capital, preparando indivíduos pouco críticos para o mercado de trabalho. Após duas guerras mundiais, governos totalitários assombraram a Europa, ao passo que ditaduras grassaram na América Latina nas décadas de 1960 a 1980. Para completar, o modelo da escola tradicional passou por inúmeras críticas, sem que teorias mais contemporâneas tenham conseguido superá-las. Além de tentativas infrutíferas na aplicação de novas metodologias, é a própria instituição escolar que se acha em crise, mesmo porque, neste século XXI que caminha para a terceira década, está sendo questionado o nosso modo de pensar, sentir e agir, o que exige uma revisão da pedagogia e de formas de educar. Significativas alterações sociais e culturais já se faziam sentir desde a década de 1980, aceleradas nas duas primeiras décadas do presente século por "novas emergências", como sintetiza Franco Cambi:

> O primeiro fenômeno foi o do feminismo, o segundo foi aquele ligado à emergência do problema ecológico, produzido pela industrialização descontrolada e pela ideologia do domínio/exploração da natureza, o terceiro liga-se ao crescimento de etnias presentes nos países desenvolvidos e aos problemas multiculturais que tal presença provoca. A esses deveria ser acrescentado também aquele ligado à terceira idade, surgido nestes anos como problema social e pedagógico, capaz de redescrever o papel e o território social da pedagogia. Todas essas emergências transformaram as conotações sociais da pedagogia, recolocando-a de maneira nova no âmbito da sociedade e enfatizando os aspectos sociológicos (e políticos) do seu saber.↳

▶ CAMBI, Franco. *História da pedagogia*. São Paulo: Editora Unesp, 1999. p. 638.

Cada um desses fenômenos provocou respectivos desdobramentos, como o conceito de gênero, que, ao colocar em questão o modelo tradicional do "masculino" e "feminino", trouxe à tona reações homofóbicas; a urgência do respeito à natureza confrontou-se com a recusa de implementação de soluções necessárias de sustentabilidade; a temática da tolerância à diversidade, que repudia o racismo e o etnocentrismo, vê-se violentada por crescente xenofobia; além de a requalificação da velhice como período da vida ainda ativo em seus vários aspectos não encontrar eco nem reconhecimento em muitas partes do globo.

Entremeando essas contradições, suficientes para levantar inúmeras temáticas que serviriam para a reflexão pedagógica e o empenho em novo tipo de educação, acrescenta-se a cultura do medo despertada por ameaças e realizações efetivas de atos terroristas que, se já se apresentavam de tempos em tempos, passaram a ser frequentes após a destruição das torres gêmeas em Nova York, em 2001, sobretudo com a atuação sempre midiática do Estado Islâmico.

NOVOS TEMPOS, NOVA ESCOLA?

Partindo do pressuposto de que a educação só pode ser compreendida em determinado contexto histórico, torna-se evidente a atenção aos novos rumos a serem perseguidos daqui em diante. Percebe-se não se tratar de simples desvios de percurso ou de pequenas reformas, como acontece em crises menores, porque o momento exige invenção, ousadia de imaginação para criar o novo. O modelo da escola tradicional há muito tempo se mostrou anacrônico, percepção acentuada à medida que novas tecnologias alteraram a face do mundo e, portanto, exigiram propostas inéditas para ensino e aprendizagem, capazes de um aproveitamento mais efetivo, universal e democrático, sem desprezar aspectos imprescindíveis para a formação humana integral.

Não custa lembrar que um dos paradoxos da educação para o século XXI encontra-se, de um lado, na discussão sobre as tecnologias de ponta que exigem a mudança de paradigma da escola tradicional e, de outro, na constatação de que muitos nem sequer tiveram acesso às primeiras letras.

SUGESTÕES DE LEITURA

DEWEY, John. *Democracia e educação*: introdução à filosofia da educação. 4. ed. São Paulo: Nacional, 1979. p. 149-150.

DUSSEL, Inés; CARUSO, Marcelo. *A invenção da sala de aula*: uma genealogia das formas de ensinar. São Paulo: Moderna, 2003. p. 235-238.

ATIVIDADES

1. Aponte quais são as críticas feitas pela Escola Nova à escola tradicional e compare as diversas tendências do movimento escolanovista, selecionando o que há de comum entre elas. Em seguida, analise a característica desse movimento que você julga mais importante.

2. Que relações John Dewey estabeleceu entre educação e sociedade? Qual é a importância da contribuição de sua teoria? Quais são seus limites?

3. O texto a seguir revela o equívoco por trás da patologização de alunos imigrantes. Comente-o com base nas ideias trabalhadas no tópico referente à pós-modernidade.

A menina síria H., de 11 anos, vivia em São Paulo havia quatro meses quando recebeu da professora um papel cheio de palavras que ainda não entendia – "dislexia", "déficit de atenção" e "deficiência de aprendizagem", vocabulário que àquela altura nem ela e nem os pais, recém-chegados ao Brasil por causa da guerra em seu país, conseguiam decifrar. O documento indicava procurar uma unidade de saúde para avaliação psicológica. A mãe entendeu essa última palavra e se preocupou. Em casa H. era falante e risonha, queria ser bailarina e havia sido alfabetizada, anos antes, em árabe. O que mudou ao chegar ao Brasil? [...]

Na Unidade Básica de Saúde mais próxima, o caso de H. não foi novidade. Era 2015 e vigorava a "chuva de papeizinhos"", nas palavras de quem trabalha na UBS, referindo-se à quantidade incomum de pedidos de avaliação psicológica a imigrantes – uma situação que se intensificou com o aumento do fluxo migratório ao país. Nos últimos cinco anos, o número de estudantes estrangeiros aumentou 71% na rede municipal (de 2.419 alunos matriculados em 2012 para 4.136 alunos em 2016) e 20% na estadual (de 4.513 em 2012 para 5.429 no ano passado). Já a formação de professores e funcionários das escolas não teve o mesmo incremento. [...] [H.] Abandonou a quinta série no meio do ano letivo. Sentada à mesa da sala da quitinete, comendo um doce de abóbora feito pela mãe, a menina interrompe um sorriso e relembra: "Fiquei triste, não conseguia fazer a lição de casa, nem escrever, nem falar direito e achei que não ia saber nunca", conta. "Mas falei 'não sou burra, eu só não sei a língua!' Vou aprender, porque ninguém nasce ensinado tudo. Só porque eu sou quietinha acham que eu tenho que ir num médico? Aí eu falei: vou fazer tudo o que posso e eles vão fechar essa boca". H. passou o resto do ano estudando português em uma ONG – "se preparando" para voltar à escola, dizia, o que mais tarde ocorreu.

BRANDALISE, Vitor Hugo. Autista, não: imigrante. *O Estado de S. Paulo*, São Paulo, 19 mar. 2017. Disponível em: <http://mod.lk/hmimp>. Acesso em: 30 jan. 2019.

4. Comente o dado a seguir, extraído do Censo Escolar da Educação Básica 2018, à luz do pensamento de Foucault sobre as instituições.

Entre 2010 e 2017, houve aumento de 85% das matrículas de alunos com deficiências, transtorno global do desenvolvimento (TGD/TEA) e/ou altas habilidades/superdotação nas classes comuns da educação básica e queda de 22% nas classes especiais.

DIRETORIA DE ESTATÍSTICAS EDUCACIONAIS. *Censo escolar da educação básica 2018*. Brasília: Inep/MEC, 2018. p. 52.

5. Explique a extensão do significado da frase de Emilia Ferreiro, em face das dificuldades da criança quando começa a aprender a ler (lembre-se

do caso da menina síria que precisava aprender o português após ter sido alfabetizada em árabe, caso abordado na atividade 3):

É necessário entender que a aprendizagem da linguagem escrita é muito mais que a aprendizagem de um código de transcrição: é a construção de um sistema de representação.

FERREIRO, Emilia. Reflexões sobre alfabetização. São Paulo: Cortez, 1994. p. 102.

6. Aplique o argumento de Georges Snyders, transcrito a seguir, para problematizar as pedagogias não diretivas.

[...] nada de mais desigual do que as inclinações naturais, pois não são absolutamente espontâneas, visto refletirem a posição do indivíduo na sociedade e cuja tendência é mantê-los nessa posição A inclinação natural do filho de um profissional especializado leva-o, pelo menos, à esperança de chegar a contramestre.

SNYDERS, Georges. *Escola, classe e luta de classes*. São Paulo: Centauro, 2005. p. 243.

7. Com base no trecho a seguir, comente a relação, do ponto de vista educativo, entre a criança, sua família e sua comunidade.

O homem a quem perguntaram a que idade deveria começar a educação de uma criança, teve razão ao afirmar: "desde o momento em que nasce seu avô". Não se pode qualificar de exagero, já que desde que nascemos nos são inculcados

atávicos preconceitos e erros, os quais, se desejamos rastrear sua origem, teremos de remontar ao menos duas gerações.

GUÀRDIA, Ferrer y. Carta a Soledad Villafranca, 11 out. de 1909. Apud: ARCHER, Willian. Vida, processo y muerte de Francisco Ferrer Guàrdia. Barcelona: Tusquets, 2010. p. 258. (Tradução nossa)

SUGESTÃO PARA SEMINÁRIOS

Esta sugestão consiste na elaboração de seminários. Pode-se escolher trabalhar exclusivamente um dos textos ou articulá-lo com os demais, ressaltando suas similaridades e divergências. Para a melhor compreensão de cada assunto, vale proceder com fichamento de texto, pesquisas e consulta a outras fontes, análise crítica e elaboração de uma pequena dissertação que sistematize a leitura e as conclusões obtidas.

O primeiro dos textos listados a seguir é um livro de Ivan Illich que pode ser lido integralmente, a fim de reconhecer uma tópica central: a formação de redes educativas que favoreçam o aprendizado e o interesse do aluno. No segundo texto, o crítico literário alemão Hans Gumbrecht analisa os efeitos da globalização sobre o tráfego informacional, destacando que as novas formas de socialização eletrônica libertam nossas experiências cotidianas da dependência de um espaço (ou lugar físico) específico. Já o terceiro texto, extraído de uma publicação volumosa que reúne artigos de vários especialistas em educação a distância (EAD), traça um panorama do ensino não presencial no mundo, ressaltando a importância das tecnologias de comunicação para os rumos da EAD. Os três textos podem ser lidos em uma mesma chave (o desenvolvimento do interesse dos alunos), aglutinando, ainda, dois temas: a função da escola e os avanços tecnológicos e suas implicações quanto ao espaço e à presença no âmbito educacional.

1. ILLICH, Ivan. *Sociedade sem escolas*. 2. ed. Petrópolis: Vozes, 1973.

2. GUMBRECHT, Hans. Uma antropologia negativa da globalização. In: *Nosso amplo presente*: o tempo e a cultura contemporânea. São Paulo: Editora Unesp, 2015. p. 33-58.

3. NUNES, Ivônio Barros. A história da EAD no mundo. In: LITTO, Fredric Michael; FORMIGA, Manuel Marcos Maciel (Orgs.). *Educação a distância*: o estado da arte. São Paulo: Pearson, 2009.

CAP. 9
Brasil: a educação contemporânea

Fotografia de Paulo Freire, 1993.

Apresentando o capítulo

Neste capítulo, abordaremos os desafios da educação no Brasil contemporâneo, bem como a extensa elaboração teórica a respeito do assunto, às vezes sob a influência direta de pedagogias europeias e estadunidenses, mas não raro com reflexões originais apoiadas em nosso contexto histórico e no enfrentamento de dificuldades de um país periférico. Como vimos no capítulo anterior, o século XX foi marcado por transformações cruciais em todos os pontos de vista – social, político, econômico, cultural –, além das novidades tecnológicas que nos introduziram na sociedade da informação e do conhecimento. Essas novidades ampliaram-se significativamente nas duas décadas do século XXI.

Talvez o principal desafio pedagógico ainda seja o de criar um sistema educacional brasileiro para que se tenha condições de estender a educação unitária e leiga a toda a população.

CONTEXTO HISTÓRICO

> Breve cronologia do período
> - **1889:** Proclamação da República.
> - **1889–1930:** Primeira República.
> - **1930–1945:** Era Vargas.
> - Revolução de 1930.
> - **1932:** Revolução Constitucionalista.
> - **1937–1945:** Estado Novo.
> - República liberal **(1945–1964)**.
> - **1964–1985:** Ditadura militar.
> - **1985:** Redemocratização – Nova República.
> - **1988:** Promulgação da Constituição Federal.

Com a queda da monarquia em 1889, teve início no Brasil a Primeira República, estendida até 1930. A Constituição de 1891 instaurou o governo representativo, federal e presidencial. Após a Primeira Guerra Mundial (1914-1918), o modelo econômico agrário-exportador sofreu uma lenta mudança quando um surto industrial deu início à nacionalização da economia, com redução de importações, fazendo nascer uma burguesia industrial urbana, ao passo que o operariado, recrutado sobretudo entre imigrantes italianos e espanhóis, organizava os sindicatos sob influência da ideologia anarquista.

Em 1929, a quebra da Bolsa de Nova York afetou o mundo inteiro, desencadeando no Brasil a crise do café, com consequências que, de certo modo, foram benéficas ao abrir oportunidades para a indústria brasileira por meio do estímulo ao crescimento do mercado interno e da queda de exportações. A Revolução de 1930 instalou Getúlio Vargas no Governo Provisório (1930-1934), estendido até o início do Estado Novo (1937--1945), já no final da Segunda Guerra Mundial.

Após a queda de Vargas, teve início o período da República liberal (1945-1964) com o governo do Marechal Dutra, seguido por Getúlio, eleito pelo voto democrático (1951--1954), porém, pressionado por integrantes da UDN (União Democrática Nacional) e denúncias de corrupção por parte de pessoas de seu entorno, o presidente Vargas optou pelo suicídio. Após período tumultuado, novas eleições democráticas deram o poder a Juscelino Kubitschek, que realizou a mudança da capital do país do Rio de Janeiro para o interior de Goiás, com a construção de Brasília, obra realizada por Lúcio Costa e Oscar Niemeyer. Com a supremacia da economia internacionalizada dos Estados Unidos, instalou-se no Brasil a indústria automobilística.

Na sequência, o curto mandato de Jânio Quadros e a ascensão do vice João Goulart, que focou seu governo nas reformas de base visando atenuar as desigualdades sociais, culminaram na crise que abriu espaço para o conservadorismo e para a ditadura militar (1964-1985), com uma sequência de presidentes que governaram mediante Atos Institucionais, cujas ações arbitrárias atingiram o máximo no governo do General Médici. No final da década de 1970, começaram as campanhas das "diretas-já", conclamando o retorno ao estado de legalidade.

A redemocratização só ocorreu em 1985, dando início à Nova República, com o governo de José Sarney e a promulgação da Constituição Federal de 1988. Na sequência, o país aplicou o *impeachment* por corrupção ao presidente Fernando Collor de Mello (1990-1992). Assumiu o vice-presidente Itamar Franco, encontrando uma situação de alta concentração de renda e hiperinflação. Esta última foi debelada a partir de 1994, com o Plano Real, que criou a nova moeda.

O governo de Fernando Henrique Cardoso deu início a reformas estruturais de gestão pública visando garantir a estabilidade econômica, o que se sustentou com diversas privatizações de setores estatais. Conseguindo instituir um segundo mandato, Cardoso continuou (1999-2003) enfrentando problemas de desemprego e endividamento externo do país. Na educação, foi implantado o modelo de livro didático fornecido gratuitamente para escolas públicas, o Programa Nacional do Livro Didático (PNLD), em que os programas de material didático se tornaram políticas de Estado e não de governos. Por outro lado, recebeu críticas dos que viram um condicionamento aos interesses empresariais nas propostas pedagógicas vinculadas ao mercado.

De 2003 a 2011, assumiu a presidência Luiz Inácio Lula da Silva, um dos fundadores do Partido dos Trabalhadores (PT). O foco maior do seu governo foi o "Fome Zero" e o "Bolsa Família", para atender famílias em situação de extrema pobreza. Terminou o governo com índice superior a 80% de aprovação. Deu continuidade a programas educacionais anteriores e criou outros que ampliaram o acesso a cursos técnicos de nível médio e à universidade.

Na sequência, elegeu-se Dilma Rousseff em 2010, obtendo aprovação de 59% no primeiro mandato; embora eleita para o segundo mandato, enfrentou movimentos de rua que culminaram com seu *impeachment* em 2016.

Foi substituída pelo vice-presidente Michel Temer, até as eleições de 2018, que levaram à presidência Jair Bolsonaro, até então deputado federal. Apesar de no momento encontrar-se no início dos trabalhos, já se pode saber, pela escolha de seus ministros e por outras orientações, que se trata de um governo de ultradireita. Para a educação, nota-se o predomínio de uma visão religiosa do mundo que se choca com o caráter laico do Estado, além da afinidade com o projeto Escola sem Partido, que interfere de modo excessivo na autonomia dos professores e das escolas, assunto de que trataremos no final deste livro.

PERÍODO DA PRIMEIRA REPÚBLICA

Ao estudarmos os acontecimentos da Primeira República, convém recuar um pouco no tempo, lembrando que a República foi proclamada no final do século XIX, em 1889.

Ainda no final do século XIX, a divulgação das ideias positivistas exerceu influência na educação, como veremos adiante. Nas primeiras décadas do século seguinte, difundiram-se ideias anarquistas e comunistas criticando a injusta repartição de benefícios culturais reservados a um pequeno núcleo de privilegiados, defendendo-se, em contrapartida, a escola única e universal. Importante acentuar que, ao dar autonomia aos estados, o federalismo da Primeira República criou distorções como a de crescimento desigual, responsável por favorecer São Paulo, Rio de Janeiro e Minas Gerais, em detrimento das demais províncias do país.

Por esse motivo, o período da Primeira República costuma ser designado como *República Velha, República dos Coronéis, República do Café, República Oligárquica.* O termo *oligarquia* significa "governo de poucos", indicando que a escolha dos governantes não era propriamente democrática, mas controlada por uma elite que, dependendo da situação e do lugar, fazia prevalecer a influência dos **"coronéis"**↓ ou os interesses de fazendeiros de café e de criadores de gado. Deriva daí a chamada política café com leite, que assinala a alternância de poder entre líderes paulistas (com seus cafezais) e mineiros (com a criação de gado).

▶ Os chamados coronéis da antiga Guarda Nacional, em sua maioria, eram proprietários rurais com base local de poder, especialmente no interior do Nordeste. Com o tempo, o termo *coronel* estendeu-se a qualquer proprietário rural importante.

De 1917 a 1920, uma onda de greves do operariado pressionou o governo, a fim de obter algumas esparsas leis que protegessem minimamente seus interesses. A década de 1920 continuou fértil em movimentos de contestação sob influência de greves locais. Externamente, a Revolução Russa de 1917 repercutiu entre nós com a fundação do Partido Comunista do Brasil em 1922, embora este tenha atuado apenas com breves períodos de legalidade. Representando o descontentamento de segmentos médios urbanos com relação à oligarquia dominante, ocorreram revoltas tenentistas, das quais saiu a Coluna Prestes, numa marcha que percorreu o território brasileiro de 1924 a 1927, sob o comando de Luís Carlos Prestes, posteriormente reconhecido como líder comunista brasileiro.

No campo cultural, a Semana de Arte Moderna de 1922 reuniu representantes da pintura, escultura, música, arquitetura e literatura. Os modernistas não só ansiavam por uma estética nacional, desligada de influências europeias, como teciam críticas à velha ordem social e política. Alguns desses movimentos eram bem-vistos pela burguesia urbana, desejosa de mudança política e econômica, e, portanto, em conflito com o conservadorismo da oligarquia agrária.

No que diz respeito à pedagogia, as discussões intensificaram-se após a proclamação da República, momento no qual chegaram novas ideias vindas da Europa e, posteriormente, dos Estados Unidos. Houve a divulgação do método intuitivo e assistiu-se ao embate entre a pedagogia tradicional – sobretudo a ministrada por escolas cristãs – e o ideário positivista, que, entre outras coisas, defendia a laicidade e o ensino de ciências.

EDUCAÇÃO E PEDAGOGIA NA PRIMEIRA REPÚBLICA

No início da República, além da tendência mais antiga da "filosofia cristã", herdeira do tomismo, alguns intelectuais sofreram influência do ecletismo, forma de pensar resultante da reunião de diversas teorias filosóficas, entre as quais se privilegiam os meios de interpretar a realidade e agir sobre ela, como foi o caso do jurista Rui Barbosa e do médico Caetano de Campos, administrador que empreendeu a reforma da Escola Normal de São Paulo, em 1890. Nesse mesmo final do século XIX, outras influências identificavam o colonialismo intelectual brasileiro, retomadas de matrizes europeias, como analisa o filósofo brasileiro João Cruz Costa (1904-1978):

> [...] até 1922, esta foi, mais ou menos, a situação da filosofia no Brasil. Não existindo universidades, centros informadores que funcionassem como aferidores de qualidade para as ideias, as portas da alfândega continuavam abertas a todas as doutrinas, a todos os autores, colocando-se umas e outras, para os autodidatas, em um só plano. Existiam, na época, apenas as escolas de Direito, de Engenharia e de Medicina e quase toda a produção filosófica – nem sempre de boa qualidade – delas derivava. ↳

▶ CRUZ COSTA, João. *Panorama da filosofia no Brasil*. São Paulo: Cultrix, 1960. p. 68.

Veremos a seguir a teoria positivista e as de tendências anarquistas mais significativas para a educação do período em questão.

PROJETO POSITIVISTA

Retomamos aqui alguns tópicos já tratados no capítulo 7, referentes à concepção positivista sobre a pedagogia do século XIX, bem como a repercussão dessas ideias entre nós. Não há como negar a influência paulatina do positivismo em diversos segmentos sociais que de certo modo se opunham à monarquia e desejavam uma nova ordem social, assentada no ideal do progresso. Embora as ideias positivistas não chegassem a penetrar no ideário da população, elas foram disseminadas pelos *clubes republicanos* e pela Sociedade Positivista do Rio de Janeiro (fundada em 1878), alcançando intelectuais e professores que lecionaram em diversas instituições do Rio de Janeiro, como o Colégio Pedro II, a Escola Militar, a Escola Naval, a Escola de Medicina e também escolas secundárias que seguiram de perto os parâmetros positivistas, como a Sociedade Culto à Ciência, de Campinas.

As gerações mais novas de oficiais formados pela Escola Militar, fundada em 1874, foram as principais simpatizantes da tendência positivista no Brasil, uma vez que o currículo da academia, voltado para ciências exatas e engenharia, distanciava-se da tradição humanista e acadêmica. Além disso, os oficiais sentiam-se atraídos pela moral severa e a disciplina típicas das teorias de Auguste Comte. Não por acaso, os dizeres de nossa bandeira republicana, "Ordem e Progresso", resultaram de inspiração positivista.

Benjamin Constant, um dos ilustres professores da Escola Militar, embora inicialmente desinteressado de assuntos políticos, envolveu-se no movimento que culminou com a proclamação da República. Escolhido ministro da Instrução, Correios e Telégrafos do novo governo, empreendeu a reforma educacional de 1890. Abrangendo estranhamente assuntos tão díspares, esse ministério durou apenas dois anos, ao fim dos quais a educação passou para a pasta do Interior e da Justiça. Somente em 1930 seria criado o Ministério da Educação e Saúde.

Além de Benjamin Constant, outros adeptos do positivismo, como Miguel Lemos e Teixeira Mendes, influenciaram o pensamento pedagógico. Tobias Barreto (1839-1889), da Escola de Recife, aderiu por pouco tempo ao positivismo, para depois se encaminhar para o pensamento da bem-sucedida escola alemã, sobretudo com Hegel. Divulgou autores alemães no campo jurídico e pedagógico, com esperança de aplicar aqui as novas ideias, mas sem sucesso.

Contudo, na Europa, o positivismo de Augusto Comte, coerente com a exaltação à tecnologia, privilegiou a ciência como forma superior de conhecimento, ao passo que, no Brasil, a tentativa de superar a predominância do ensino de caráter humanístico e literário não alcançou seus objetivos. Resta ressaltar que mesmo os positivistas divergiam entre si, além de não haver opinião unânime sobre o tipo de educação a ser implementada. Por exemplo, embora estivessem de acordo com a separação entre Estado e Igreja – o que pressupõe o ensino laico –, havia os que defendiam a prevalência da escola pública sustentada pelo Estado, enquanto outros, como Miguel Lemos, preconizavam o ensino livre, de iniciativa particular e sem privilégios acadêmicos, como a exigência de diploma, não cabendo, portanto, ao governo a missão de educar.

Assim comenta Elomar Tambara:

> Na prática, [os positivistas] defendiam que nem ao governo estadual cabia competência para agir sobre a esfera da educação, uma vez que isto seria interferir na 'liberdade espiritual', na liberdade de consciência. Cabia, portanto, à iniciativa particular agir de forma que melhor lhe conviesse nesta área. Era a assunção da máxima positivista, tão cara aos republicanos positivistas: "ensine quem quiser, onde quiser e como puder". ↵

▶ TAMBARA, Elomar. Educação e positivismo no Brasil. In: STEPHANOU, Maria; BASTOS, Maria Helena Camara (Orgs.). *Histórias e memórias da educação no Brasil*. Petrópolis: Vozes, 2004. p. 177. v. 2.

É bem verdade que Miguel Lemos reconhecia a dificuldade de implantar o ensino livre, embora advertisse que esse ideal deveria permanecer como horizonte constante. Os efeitos da influência positivista da Primeira República no plano educacional foram passageiros, além de vários projetos nem sequer terem sido implantados. Alguns intelectuais, como Rui Barbosa, acusavam os positivistas de conhecerem superficialmente as teorias pedagógicas de Comte. De fato, por introduzir as ciências físicas e naturais nas escolas de nível elementar e secundário, a reforma contrariava a orientação comtista, que as recomendava apenas para maiores de 14 anos. A propósito, o educador Fernando de Azevedo afirma que, ao sobrecarregar o ensino normal e secundário de disciplinas como matemática, astronomia, física, química e biologia,

[...] rompeu o reformador com a tradição do ensino literário e clássico e, pretendendo estabelecer o primado dos estudos científicos, não fez mais do que instalar um ensino enciclopédico nos cursos secundários, com o sacrifício dos estudos de línguas e literaturas antigas e modernas. ↪

▶ AZEVEDO, Fernando de. *A cultura brasileira*. 7. ed. São Paulo: Edusp, 2010. p. 658.

EXPERIÊNCIAS ANARQUISTAS

Nas primeiras décadas da República ocorreram diversas tentativas para implantar uma educação não atrelada a interesses capitalistas, mas articulada a trabalhadores em geral e a seus filhos, numa tentativa de afastar-se da ideologia burguesa. Ainda na Primeira República, ideias socialistas e anarquistas influenciaram a organização de grupos de defesa dos direitos dos trabalhadores, desde a formação de sindicatos, de partidos políticos, até a realização de reuniões e congressos, fomentando greves e reivindicações.

Ao passo que os socialistas demandavam maior empenho do Estado para estender a educação a todos, os anarquistas, conhecidos críticos das instituições, rejeitavam os sistemas públicos por vê-los como ideológicos, divulgadores de preconceitos e comprometidos com os interesses da classe dominante. Portanto, a tarefa de educar cabia à comunidade anarquista, atribuindo-se a cada grupo social a responsabilidade pela organização da educação. As ideias anarquistas, trazidas por imigrantes italianos e espanhóis, deram força intelectual para as primeiras greves operárias, além de desenvolverem um intenso trabalho de conscientização por meio de panfletos, jornais, bibliotecas, centros de estudos, peças de teatro e festas, ao longo das décadas de 1910 e 1920. Foram criadas também Ligas Operárias de assistência e colônias comunitárias, entre as quais a precursora Colônia Cecília, instalada no interior do estado do Paraná, que teve curta duração.

Em quase todos os estados brasileiros, os anarquistas fundaram várias "escolas operárias" reconhecidas como *escolas modernas* ou *escolas racionalistas*, títulos de referência explícita às denominações usadas pelo pedagogo catalão Ferrer y Guàrdia, como visto no capítulo anterior. Ao introduzirem a coeducação, buscavam reafirmar o saudável convívio entre meninos e meninas, além de misturarem crianças de diversos segmentos sociais, para estimular a convivência entre diferentes. Defendiam a instrução científica e racional, a educação integral, a ênfase no ensino laico e o combate a toda expressão de religiosidade, além de atuarem para a ampla politização do trabalhador. Em geral, essas escolas duravam pouco tempo por serem fechadas pela polícia sob a acusação de propagarem ideologia "exótica" e "perturbadora da ordem".

Evidentemente, a ação desses grupos de esquerda ficou sujeita à repressão legal e policial, até a aprovação, em 1907, da lei que determinou a expulsão de estrangeiros acusados de pôr em risco a segurança do país. Na ótica do poder, ideologias de inspiração socialista e libertária eram vistas como subversivas, o que explica igualmente o fato de o Partido Comunista ter desfrutado de poucos e breves períodos de legalidade.

Entre teóricos e ativistas, destacou-se José Oiticica (1882-1957), punido com a expulsão do Rio de Janeiro em decorrência de intenso ativismo político e por ter organizado um levante anarquista. Professor universitário, também lecionou no Colégio Pedro II, no Rio de Janeiro. Além de obra de cunho libertário, escreveu poesias, contos, teatro e ocupou-se com importantes questões linguístico-filológicas. Em 1925, numa obra escrita para difundir o anarquismo entre os trabalhadores, José Oiticica afirmou:

> A chave dessa educação burguesa é o preconceito. O Estado, exatamente pelo mesmo processo usado com os soldados, vai gravando, à força de repetições, sem demonstrações ou com argumentos falsos, certas ideias capitais, favoráveis ao regime burguês, no cérebro das crianças, dos adolescentes, dos adultos. Essas ideias, preconceitos, vão se tornando, pouco a pouco, verdadeiros dogmas indiscutíveis, perfeitos ídolos subjetivos. [...] Essa idolatria embute no espírito infantil os chamados deveres cívicos: obediência às instituições, obediência às leis, obediência aos superiores hierárquicos, reconhecimento da propriedade particular, intangibilidade dos direitos adquiridos, amor da pátria até o sacrifício da vida, culto à bandeira, exercício do voto, necessidade dos parlamentos, tribunais, força armada etc., etc." ↪

▶ OITICICA. José. *Doutrina anarquista ao alcance de todos*. 2. ed. São Paulo: Econômica, 1983. p. 30.

De acordo com o professor Sílvio Gallo, estudioso da educação anarquista, recrudesceu na década de 1980 o interesse acadêmico pelas pesquisas sobre o anarquismo, revitalizando as ideias pedagógicas anarquistas, embora admita ser difícil repetir-se, no âmbito da educação básica, experiências tão intensas semelhantes às ocorridas na Primeira República.

> Hélio Oiticica (1937–1980), neto do anarquista José Oiticica, teve sua formação fortemente influenciada pelo avô. Por opção da família, não frequentou escola até os 10 anos, para ser educado pela mãe. Como pintor, escultor, artista plástico e *performer*, obteve reconhecimento internacional. Participou do Grupo Frente, marco da arte concreta no Brasil.

ORGANIZAÇÃO DA ESCOLA REPUBLICANA

Uma das características da atuação do Estado na educação teve início no final do século XIX, tomando força nas primeiras décadas do século seguinte, em que se esboçou um modelo de escolarização apoiada na escola seriada, com normas, procedimentos, métodos e instalações adequadas em prédios monumentais para os estabelecimentos, sobretudo os de *grupos escolares*.

Evidentemente, essas edificações visavam atestar o interesse do governo pelo ensino público, embora representassem um desvio substancial na aplicação das minguadas verbas para o ensino efetivo. Ao mesmo tempo, os novos espaços organizados representavam o esforço de implantar a ordem e a disciplina. Assim relatam Faria Filho e Gonçalves Vidal:

> Se novos espaços escolares foram necessários para acolher o ensino seriado, permitir o respeito aos ditames higiênicos do fim do século XIX, facilitar a inspeção escolar, favorecer a introdução do método intuitivo e disseminar a ideologia republicana, novos tempos escolares também se impunham. Num meio onde a escola até então era instituição que se adaptava à vida das pessoas – daí as escolas isoladas insistirem em ter seus espaços e horários próprios organizados de acordo com a conveniência da professora, dos(as) alunos(as) e levando em conta os costumes locais –, era preciso mais que produzir e legitimar um novo espaço para a educação. Era preciso também que novas referências de tempos e novos ritmos fossem construídos e legitimados. ↳

A par dessas iniciativas, cresceu o interesse pela formação de professores. Em virtude da descentralização do ensino fundamental, a criação das escolas normais dependia da iniciativa pioneira de alguns estados, como a da Escola Normal criada por Caetano de Campos em 1890, na cidade de São Paulo. Aliás,

▶ FARIA FILHO, Luciano Mendes de; VIDAL, Diana Gonçalves. Os tempos e os espaços escolares no processo de institucionalização da escola primária no Brasil. *Revista Brasileira de Educação*, Campinas: Autores Associados/Anped (Associação de Pós-Graduação e Pesquisa em Educação), n. 14, p. 25, maio-ago. 2000.

essa escola – e também a do Rio de Janeiro, então Distrito Federal – serviu de modelo para a instalação dos cursos nos demais estados, graças à participação de paulistas no governo federal, naquele momento.

O projeto político republicano visava implantar a educação escolarizada, com ensino para todos. É bem verdade que se tratava ainda de uma escola dualista, por reservar para a elite a continuidade dos estudos, sobretudo o ensino focado nas ciências – já que os republicanos recusavam a educação tradicional humanista –, ao passo que a educação para o povo se restringia ao ensino elementar e profissional.

A Constituição republicana de 1891 reafirmou a descentralização do ensino, atribuindo à União a incumbência da educação superior e secundária. Por outro lado, reservou o ensino fundamental e profissional aos estados, reforçando, desse modo, o viés elitista, já que a educação elementar tradicionalmente recebia menor atenção. O ensino secundário, privilégio das elites, permanecia acadêmico, propedêutico – voltado para a preparação ao curso superior – e humanístico, apesar dos esforços de pensadores positivistas no sentido da reversão desse quadro. Persistia, portanto, o sistema dualista e tradicional de ensino.

As reformas propostas não se implantaram, em grande parte, em razão da ausência de infraestrutura adequada, apesar do esforço citado de construção de prédios e da intenção de formar professores. Além disso, a Igreja Católica reagia de forma negativa às novidades positivistas atribuídas ao governo republicano, por estabelecer na Constituição a separação entre Igreja e Estado e a laicização do ensino em estabelecimentos públicos.

Como vimos a respeito da educação durante o Império, desde a década de 1870 o jornalista Rangel Pestana vinha atuando na criação de cursos voltados para a educação popular e na implantação de escolas femininas, além de cursos profissionalizantes. Essas iniciativas influenciaram outras que repercutiram nas primeiras reformas realizadas no período republicano. Assim comenta Hilsdorf:

> [...] a rigor, ao longo dos anos 1890-1900, os republicanos cafeicultores redesenham, recriam e reproduzem *todo* o sistema de ensino público paulista, realizando a escola ideal para todas as camadas sociais, pois criam ou reformam as *instituições*, da escola infantil ao ensino superior (jardins de infância, grupos escolares, escolas reunidas, escolas isoladas, escolas complementares, escolas normais, ginásios, escolas superiores de medicina, engenharia e agricultura e escolas profissionais), e definem a *pedagogia* que nelas será praticada (a pedagogia moderna em confronto com a pedagogia tradicional). ↪

▶ HILSDORF, Maria Lucia Spedo. *História da educação brasileira*: leituras. São Paulo: Pioneira Thomson Learning, 2005. p. 66.

Não se deve pensar, porém, que o país estaria em vias de democratizar o ensino, pois as poucas vagas das escolas eram disputadas pela classe média – e não pelos mais pobres –, ao passo que os filhos da elite continuavam a ser educados em casa, com preceptores. Acrescente-se também que a rede escolar brasileira apresentava variações, entre as quais destacava-se o estado de São Paulo como o mais favorecido.

Após a Primeira Grande Guerra, formou-se uma nova burguesia urbana decorrente da industrialização e da recente urbanização, em que estratos emergentes de uma pequena burguesia exigiam acesso à educação. Retomando, porém, valores da oligarquia, esses segmentos desprezavam a formação técnica, vista como inferior, e aspiravam à educação acadêmica e elitista. Por outro lado, o operariado precisava de um mínimo de escolarização e pressionava no sentido da expansão da oferta de ensino. A situação era grave, já que na década de 1920 o índice de analfabetismo entre pessoas com 15 anos ou mais era de 65%. O conflito dessas forças emergentes foi responsável por muitos movimentos políticos e culturais, ao mesmo tempo que, na educação, a efervescência da discussão pedagógica era ímpar.

A ERA VARGAS

A fim de contextualizar as próximas discussões sobre pedagogia e educação no período de 1930 a 1945, estenderemos a exposição sobre os fatos históricos daquele período. A oposição às forças conservadoras da aristocracia rural recrudesceu com a Revolução de 1930, que aglutinou grupos de diferentes segmentos sociais e econômicos e de diversas tendências ideológicas: intelectuais, militares, políticos, burguesia industrial e comercial, além de segmentos da classe média, até ocorrer o golpe do Exército que destituiu o presidente Washington Luís.

Desta situação valeu-se Getúlio Vargas para se tornar chefe do Governo Provisório, aproveitando para centralizar o poder com o fechamento do Legislativo e com a substituição de governadores por militares interventores, tendo em vista o enfraquecimento das oligarquias e dos coronéis. O clima de tensão alcançou elevados níveis na província de São Paulo, desejosa de autonomia política e de uma nova Assembleia Constituinte, o que desencadeou a chamada Revolução Constitucionalista de 1932, finalizada com o fracasso dos paulistas. Uma nova Carta promulgada em 1934, apesar de fortalecer o poder Executivo, trouxe ganhos com a instituição do voto secreto e do voto feminino.

Para entender os confrontos ideológicos do período, vale lembrar que em 1932 foi fundada em São Paulo a Ação Integralista Brasileira (AIB), que se colocava contra o liberalismo e o socialismo, além de criticar o capitalismo financeiro internacional em mãos de judeus. Exaltavam, por outro lado, os princípios unificadores "Deus, Pátria e Família", o lema do movimento, atraindo significativo número de adeptos. Assim comenta o historiador Boris Fausto:

> Integralistas e comunistas se enfrentaram mortalmente ao longo dos anos 30. Os dois movimentos tinham entretanto pontos em comum: a crítica ao Estado liberal, a valorização do partido único, o culto da personalidade do líder. Não por acaso houve certa circulação de militantes que passaram de uma organização para outra. Seria errôneo, porém, pensar que a guerra entre os dois grupos resultou de um mal-entendido. Na realidade, eles mobilizaram sentimentos muito diversos. Os integralistas baseavam seu movimento em temas conservadores, como a família, a tradição do país, a Igreja Católica. Os comunistas apelavam para concepções e programas que eram revolucionários, em sua origem: a luta de classes, a crítica às religiões e aos preconceitos, a emancipação nacional obtida através da luta contra o imperialismo e a reforma agrária. [...] Além disso, eles refletiam a oposição existente na Europa entre seus inspiradores: o fascismo de um lado e o comunismo soviético de outro. ↵

▶ FAUSTO, Boris. *História do Brasil*. 2. ed. São Paulo: Edusp; Fundação do Desenvolvimento da Educação, 1995. p. 356.

A fecundidade dos debates no início da década arrefeceu com o golpe do Estado Novo, que durou de 1937 a 1945 e deu início ao período autoritário de Vargas, com a centralização do governo e marcante influência das doutrinas totalitárias vigentes na Europa: o nazismo alemão, o fascismo italiano e o stalinismo soviético. O forte controle estatal no Brasil favoreceu o crescimento da indústria nacional, com incremento da política de substituição de importações pela produção interna e implantação de uma indústria de base, como a siderurgia. Conhecido como "protetor dos trabalhadores", "pai dos pobres", Getúlio, coerente com a tendência autoritária do seu governo, na verdade controlava a estrutura sindical, subordinando-a ao Estado, terreno fértil para o populismo.

> O *populismo*, fenômeno típico da América Latina, surgiu no período entreguerras, com a emergência das classes populares urbanas resultantes da industrialização, no momento em que o modelo agrário-exportador era substituído aos poucos pelo nacional-desenvolvimentismo. Confrontado por operários insatisfeitos com suas condições de vida e trabalho, o governo revelava-se ambíguo: se por um lado reconhecia os anseios populares e reagia sensivelmente às pressões, por outro desenvolvia uma "política de massa", procurando manipular e dirigir essas aspirações.

Vargas orientou sua política trabalhista com a instituição da Justiça do Trabalho, a criação da CLT (Consolidação das Leis do Trabalho), da Carteira de Trabalho, do salário mínimo e do descanso semanal remunerado. Manipulava a opinião pública pela propaganda do governo e pela censura, ao mesmo tempo que sufocava a oposição com prisões, tortura e exílio. Após a Segunda Guerra Mundial (1939-1945) terminar com a derrota do nazifascismo, o Estado Novo chegou ao seu final.

PRINCIPAIS REPERCUSSÕES DO ESTADO NOVO NA EDUCAÇÃO

Veremos a seguir as principais medidas com objetivos educacionais, não só do ponto de vista do governo, mas também do esforço de educadores que movimentaram o debate pedagógico e foram responsáveis por realizações de envergadura em benefício da educação brasileira.

REFORMA FRANCISCO CAMPOS

A partir da década de 1930, a educação despertara maior atenção, graças aos movimentos de educadores, de iniciativas governamentais ou ainda pelos resultados concretos efetivamente alcançados. É possível compreender essas mudanças analisando o contexto político, social e econômico a que já nos referimos. Com a crise do modelo oligárquico agroexportador e o delineamento do modelo nacional-desenvolvimentista com base na industrialização, exigia-se escolarização mais abrangente, sobretudo para segmentos urbanos – tecnocratas, militares e empresários industriais.

Em 1930, o governo provisório de Getúlio Vargas criou o Ministério da Educação e Saúde, órgão importante para o planejamento das reformas em âmbito nacional e para a estruturação da universidade. Escolhido para o cargo de ministro, Francisco Campos já era conhecido pela sua atuação no estado de Minas Gerais como adepto da Escola Nova, conseguindo imprimir uma orientação renovadora em diversos decretos de 1931 e 1932, embora, por ser um conciliador, tivesse atendido também a interesses que não correspondiam a anseios escolanovistas, como veremos adiante.

Pode-se dizer que, pela primeira vez, uma ação planejada visava à organização nacional, já que reformas anteriores haviam se restringido ao âmbito estadual. Decretos que efetivaram a reforma Francisco Campos, além dos que dispunham sobre o regime universitário, trataram da organização da Universidade do Rio de Janeiro, da criação do Conselho Nacional de Educação, do ensino secundário e do comercial. O novo estatuto das universidades brasileiras propôs a incorporação de pelo menos três institutos de ensino superior, "incluídos os de Direito, de Medicina e de Engenharia ou, ao invés de um deles, a Faculdade de Educação, Ciências e Letras". Esta última, evidentemente, voltava-se para a premente necessidade de formação do magistério secundário. Voltaremos a esse assunto no próximo tópico.

O ensino secundário passou a ter dois ciclos: um fundamental, de cinco anos, e outro complementar, de dois anos, este último visando à preparação para o curso superior. Pretendia-se, assim, evitar a permanência do ensino secundário meramente propedêutico e descuidado da formação geral do aluno. Todas as escolas se equipararam ao Colégio Pedro II, até então aceito como modelo, além de serem estabelecidas normas de admissão de professores e de inspeção do ensino ministrado.

Apesar de algum avanço, restavam críticas procedentes ao total descaso pela educação fundamental, além de a proposta de formação de professores não ser concretizada, fatos esses que representaram um empecilho para a real democratização do ensino. No ensino profissionalizante foi regulamentada a atividade de contador, ao passo que o curso comercial mereceu maior atenção do que o industrial, este sim, de premente necessidade na conjuntura econômica então delineada.

Por fim, a falta de articulação entre o curso secundário e o comercial evidenciava a rigidez do sistema, acrescida pelo enciclopedismo dos programas de estudo e da rigorosa avaliação, elementos que mantinham o ensino altamente seletivo e elitizante.

AS PRIMEIRAS UNIVERSIDADES

Sabemos que as universidades surgiram na Europa ainda na Idade Média e que muitas delas foram reformuladas na época contemporânea, nos moldes dos interesses da economia industrial capitalista e das novidades científicas. No entanto, se por um lado a Espanha permitira a criação de universidades em suas colônias na América Latina, constatamos que no Brasil colônia os brasileiros encaminhavam-se a Portugal e França para diplomação universitária. Mesmo admitindo que colégios jesuítas e seminários do país fossem vistos como instituições similares a cursos superiores estrangeiros, o certo é que eles se destinavam estritamente para formação de padres.

A partir da vinda da família real portuguesa para o Brasil, criaram-se vários cursos superiores, tais como Escola Politécnica (engenharia civil), Academia Militar, cursos médico-cirúrgicos, de química, de agricultura, de economia, além de cursos avulsos, como matemática superior, retórica e filosofia, desenho e história etc. Embora na época do Primeiro Império, em 1827, tenham sido instalados cursos jurídicos em Recife e São Paulo, ao longo daquele período, vários projetos de formação de universidades foram sempre recusados.

Em que pesem as dificuldades, na década de 1930 destacou-se o empenho do Estado na organização das universidades. Os decretos de Francisco Campos imprimiram nova orientação, tendo em vista maior autonomia didática e administrativa, ênfase na pesquisa, difusão da cultura, e ainda o benefício da comunidade. É verdade que já existiam algumas universidades, mas elas não passavam de simples agregação de faculdades, permanecendo cada uma delas isoladas e autônomas em questões de ensino, como era o caso da Universidade do Rio de Janeiro (1920) e da Universidade Federal de Minas Gerais (1927). Já a Universidade de São Paulo (USP) resultou da incorporação de diversas faculdades, a Faculdade de Direito do Largo São Francisco, a Escola Politécnica, a Faculdade de Medicina, a Faculdade de Farmácia e Odontologia, o Instituto de Educação e a Escola Superior de Agricultura Luiz de Queiroz, de Piracicaba, e a Faculdade de Filosofia, Ciências e Letras da USP, na rua Maria Antônia. Implementada pelo governo de São Paulo em 1934, tornou-se a primeira universidade com o novo tipo de organização, de acordo com o decreto federal. Professores estrangeiros convidados ocuparam vagas para os cursos da Faculdade de Filosofia, Ciências e Letras da USP. Eram trezes docentes ao todo, dos quais seis franceses, quatro italianos e três alemães.

No ano seguinte, instalou-se no Rio de Janeiro a Universidade do Distrito Federal – naquela época, a capital federal era o Rio de Janeiro –, tendo à frente o incansável pedagogo Anísio Teixeira, responsável pela aglutinação de cinco faculdades e pela contratação de professores estrangeiros. Em 1936, o governo federal reconheceu a Faculdade de Filosofia S. Bento, em São Paulo, fundada em 1908 pela Ordem Beneditina e que desde 1911 se agregara à Universidade Católica de Louvain (Bélgica).

Merece registro o impulso no campo de formação do magistério, com a reorganização de algumas escolas secundárias existentes. Também na recém-fundada Faculdade de Filosofia de São Paulo, os alunos formados obtinham complementação pedagógica no Instituto de Educação. Em 1937 diplomaram-se no Brasil os primeiros professores licenciados para o ensino secundário. Diz Fernando de Azevedo:

> Com esse acontecimento inaugurou-se, de fato, uma nova era do ensino secundário, cujos quadros docentes, constituídos até então de egressos de outras profissões, autodidatas ou práticos experimentados no magistério, começaram a renovar e a enriquecer-se, ainda que lentamente, com especialistas formados nas faculdades de filosofia que, além do encargo da preparação cultural e científica, receberam por acréscimo o da formação pedagógica dos candidatos ao professorado do ensino secundário. →

▶ AZEVEDO, Fernando de. *A cultura brasileira*. 7. ed. São Paulo: Edusp, 2010. p. 818.

REFORMA CAPANEMA

Na vigência do Estado Novo (1937-1945), durante a ditadura de Vargas, o ministro Gustavo Capanema empreendeu outras reformas do ensino, regulamentadas por diversos decretos-leis assinados de 1942 a 1946 e denominados Leis Orgânicas do Ensino. Em 1942, foram criados o Serviço Nacional de Aprendizagem Industrial (Senai), a Lei Orgânica do Ensino Industrial e a Lei Orgânica do Ensino Secundário. Em 1943, assinou-se a Lei Orgânica do Ensino Comercial e, em 1946, após a queda de Vargas, a Lei Orgânica do Ensino Primário, a Lei Orgânica do Ensino Normal, a Lei Orgânica do Ensino Agrícola e foi criado o Serviço Nacional de Aprendizagem Comercial (Senac).

A reforma do ensino primário só seria regulamentada após o Estado Novo, em 1946, com a introdução de diversas modificações. A criação do ensino supletivo de dois anos, por exemplo, foi importante para a diminuição do analfabetismo, atendendo adolescentes e adultos que não conseguiram se escolarizar no tempo normal. Nos termos da lei, a influência do movimento renovador se fez presente, estipulando o planejamento escolar, além de propor a previsão de recursos para implantar a reforma. Do mesmo modo, cuidou-se da estruturação da carreira docente, bem como da melhoria da remuneração do professor.

Se a lei despertava otimismo, os fatos, nem tanto. Inúmeras dificuldades para sua aplicação decorriam, muitas vezes, da inadequação à nossa realidade, bastando ver que, apesar da expansão das escolas normais, continuava alto o número de professores não formados, e o índice de professores leigos continuou aumentando de 1940 em diante. A Lei Orgânica também regulamentou o curso de formação de professores. Embora as escolas normais existissem desde o século XIX, elas pertenciam à alçada dos estados, ao passo que a nova lei propunha a centralização nacional das diretrizes. Persistia, no entanto, a predominância de matérias de cultura geral em detrimento das de formação

> ▶ Conferir o estudo de Maria José Garcia Werebe. Apud ROMANELLI, Otaíza de Oliveira. *História da educação no Brasil*: 1930/1973. 9. ed. Petrópolis: Vozes, 1987. p. 162.

profissional, bem como um rígido critério de avaliação. Com o tempo, as escolas normais se tornaram reduto de moças de classe média em busca da "profissão feminina".

O curso secundário, reestruturado, passou a ter quatro anos de ginásio e três anos de colegial, por sua vez dividido em curso clássico (com predominância de humanidades) e curso científico (com foco nas matemáticas e ciências da natureza). A lei do ensino secundário, em seu artigo 1º, especificava que as finalidades desse ensino eram "formar a personalidade integral dos adolescentes", "acentuar e elevar a consciência patriótica e a consciência humanística", "dar preparação intelectual geral que possa servir de base a estudos mais elevados de formação especial" e, ainda, segundo o artigo 25, "formar as individualidades condutoras". A esse respeito, diz Otaíza Romanelli:

> Em síntese, a julgar pelo texto da lei, o ensino secundário deveria: a) proporcionar cultura geral e humanística; b) alimentar uma ideologia política definida em termos de patriotismo e nacionalismo de caráter fascista; c) proporcionar condições para o ingresso no curso superior; d) possibilitar a formação de lideranças. Na ver-

dade, com exceção do item b, constituído de um objetivo novo e bem característico do momento histórico em que vivíamos, a lei nada mais fazia do que acentuar a velha tradição do ensino secundário acadêmico, propedêutico e aristocrático. ↓

Em pleno processo de industrialização do país, persistia a escola acadêmica, tanto é que os cursos mantidos pelo sistema oficial não acompanhavam o ritmo do desenvolvimento tecnológico da indústria em expansão e as escolas oficiais eram mais procuradas pelas camadas médias desejosas de ascensão social, e que, por isso mesmo, preferiam os "cursos de formação", desprezando os profissionalizantes. Acrescente-se o fato de continuarem existindo exames e provas, que mantinham o ensino cada vez mais seletivo e, portanto, não democrático. Outro aspecto discriminador, que contrariava a bandeira de coeducação dos escolanovistas, estava na recomendação explícita na lei de encaminhar mulheres para "estabelecimentos de ensino de exclusiva frequência feminina".

> ▶ ROMANELLI, Otaíza de Oliveira. *História da educação no Brasil*: 1930/1973. 9. ed. Petrópolis: Vozes, 1987. p. 157.

ENSINO PROFISSIONAL

No início do período republicano ainda havia poucas iniciativas voltadas para o ensino profissional; quando muito, a necessidade da ampliação desse tipo de educação dependia de justificativas ideológicas, como preparar jovens para o trabalho a fim de evitar a ociosidade nos segmentos mais pobres, bem como a desordem pública, sobretudo em razão da influência de "agitadores" – referência aos anarcossindicalistas. Outras vezes, argumentava-se sobre a importância de adequar o Brasil ao progresso que, em outras nações, decorria do desenvolvimento industrial.

Em 1909, o governo federal criou dezenove escolas de aprendizes e artífices, uma em cada estado, porém, por prevalecerem interesses políticos, a dispersão das escolas não resultou da escolha de locais adequados, uma vez que as indústrias estavam se concentrando no centro-sul, sobretudo em São Paulo. Além disso, na maioria delas eram ensinados ofícios artesanais – marcenaria, alfaiataria e sapataria – e não os manufatureiros, requeridos pelo surto industrial que se iniciava. O Liceu de Artes e Ofícios de São Paulo era uma das poucas escolas que procuravam atender às exigências da produção fabril, oferecendo ensino de tornearia, de mecânica e de eletricidade.

A sistematização desse ensino, porém, só ocorreria em 1942, com a reforma educacional do ministro Capanema, quando definiu, pela Lei Orgânica, a criação de dois tipos de ensino profissional. Um deles, mantido pelo sistema oficial, e o outro, paralelo, pelas empresas, embora supervisionado pelo Estado. Assim, em 1942 foi criado o Serviço Nacional de Aprendizagem Industrial (Senai), organizado e mantido pela Confederação Nacional das Indústrias, oferecendo cursos para aprendizagem, aperfeiçoamento e especialização, além de programas de atualização profissional. Pelo mesmo procedimento, em 1946 – já após o Estado Novo – surgiu o Serviço Nacional de Aprendizagem Comercial (Senac). A população de baixa renda, desejosa de se profissionalizar, encontrou boas condições de estudo nesses cursos, mesmo porque os alunos eram pagos para aprender, o que justifica o atrativo do empreendimento particular paralelo para as classes populares. Mesmo reconhecendo o êxito do Senai e do Senac, é preciso identificar nesse sistema a manutenção do sistema dual de ensino. Assim conclui Otaíza Romanelli:

> A nosso ver a legislação em questão nada mais fez do que tratar separadamente de cada ramo do ensino, com o que se dava continuidade à tradição de não se visualizar o sistema educacional como um todo que deve possuir diretrizes gerais comuns a todos os ramos e níveis de ensino.
>
> Com o manter e acentuar o dualismo que separava a educação escolar das elites da educação escolar das camadas populares, a legislação acabou criando condições para que a demanda social da educação se diversificasse apenas em dois tipos de componentes: os componentes dos estratos médios e altos, que continuaram a fazer opção pelas escolas que "classificavam" socialmente, e os componentes dos estratos populares, que passaram a fazer opção pelas escolas que preparavam mais rapidamente para o trabalho. Isso, evidentemente, transformava o sistema educacional, de modo geral, em um sistema de discriminação social. ↓

▶ ROMANELLI, Otaíza de Oliveira. *História da educação no Brasil*: 1930/1973. 9. ed. Petrópolis: Vozes, 1987. p. 169.

PEDAGOGIA NO ESTADO NOVO: O ESCOLANOVISMO

A principal tendência pedagógica iniciada no Estado Novo foi o escolanovismo. Vimos no capítulo anterior que o ideário da Escola Nova nasceu na Europa e nos Estados Unidos, em busca de alternativas para a escola tradicional. No Brasil, recuando um pouco no tempo, sobretudo na década de 1920 da Primeira República, constatamos que diversos interesses se opunham, sobretudo entre liberais e conservadores, entre grupos da esquerda socialista e anarquista e outros da direita, como os integralistas, sem nos esquecermos dos interesses dos militares na educação. Veremos adiante que os conservadores eram representados por católicos defensores da pedagogia tradicional. Em meio a esse debate, muitas vezes áspero, o governo estruturava suas reformas, nem sempre tão democráticas e igualitárias quanto desejado.

Era possível notar-se a participação dos chamados "profissionais do ensino" nas discussões do período, em sua maioria com formação pedagógica, que escreviam artigos de jornais e publicavam livros sobre educação, além de participar de movimentos em defesa da última, ocupar cargos públicos e realizar reformas de ensino. Vale lembrar o caráter científico das novas técnicas, amparadas no conhecimento de sociologia, psicologia, biologia e pedagogia moderna. Muitos deles, como liberais democráticos, simpatizavam com a Escola Nova, imbuídos da esperança de democratizar e de transformar a sociedade por meio da escola. Para tanto, tentavam reagir ao individualismo e ao academicismo da educação tradicional, propondo a renovação das técnicas e a exigência da escola única (não dualista), obrigatória e gratuita.

Antes mesmo que o ideário da Escola Nova se tornasse bem conhecido, diversos estados empreenderam reformas pedagógicas calcadas nas propostas daqueles que seriam os expoentes do movimento escolanovista na década seguinte. Foram as reformas de Lourenço Filho (Ceará, 1923), Anísio Teixeira (Bahia, 1925), Francisco Campos e Mário Casassanta (Minas Gerais, 1927), Fernando de Azevedo (Distrito Federal, 1928) e Carneiro Leão (Pernambuco, 1928). Além dessas, em 1920 Sampaio Dória tentou implementar em São Paulo uma reforma mais ampla, na esperança de que também se estendesse a todos. Ele instituiu uma primeira etapa, de dois anos, gratuita e obrigatória, a fim de garantir a universalização da alfabetização de todas as crianças; no entanto, o projeto sofreu solução de continuidade.

Entre outras contribuições, destacou-se a do filósofo e pedagogo Anísio Teixeira (1900-1971), que, após uma viagem aos Estados Unidos, voltou entusiasmado com o pensamento de John Dewey, a ponto de se tornar responsável pela disseminação das ideias do pragmatismo no Brasil. Outro nome importante foi o de Fernando de Azevedo (1894-1974), sociólogo influenciado por Émile Durkheim, intelectual francês responsável por criar a metodologia da sociologia científica. Azevedo, Anísio Teixeira e Lourenço Filho (1897-1970) participaram dos movimentos de reforma do ensino e encabeçaram os documentos em favor da escola pública de 1932 e, posteriormente, os de 1959.

No conflito acirrado entre católicos e escolanovistas, com frequência estes últimos eram acusados de "ateus e comunistas". No entanto, com exceção de Paschoal Lemme e Hermes Lima, talvez nenhum deles fosse comunista, mas, bem ao contrário, representavam o liberalismo democrático e os anseios da burguesia capitalista urbana em ascensão. Embora fizessem oposição aos valores ultrapassados da velha oligarquia, não questionavam o sistema capitalista como tal.

De acordo com Jorge Nagle, em *Educação e sociedade na Primeira República*, as características dos anos 1920 foram o "entusiasmo pela educação" e o "otimismo pedagógico", promovidos por aqueles intelectuais e educadores que empreenderam debates e planos de reforma para recuperar o atraso brasileiro e que gestaram os movimentos similares nas décadas seguintes.

ATUAÇÃO DA ALA CATÓLICA

Em oposição aos escolanovistas, os representantes da ala católica expressavam-se na revista *A Ordem*, fundada em 1921 pelo filósofo Jackson de Figueiredo, no Centro de Estudos D. Vital (1922) e, posteriormente, na Liga Eleitoral Católica (LEC) e na Confederação Católica de Educação. Suas diretrizes tinham por base princípios da chamada "filosofia perene" de Tomás de Aquino, monge dominicano que no século XIII adaptou o pensamento aristotélico à teologia cristã.↪Esta filosofia ressurgira no final do século XIX, com o movimento neotomista, por iniciativa do papa Leão XIII. Entre nós, o pensador Alceu Amoroso Lima – também conhecido como Tristão de Athayde, seu nome literário – exerceu forte influência na defesa dessas ideias.

▶ Consultar capítulo 3, "Idade Média: a educação mediada pela fé".

Os pensadores católicos criticavam a tendência laica instalada pela República e preconizavam a reintrodução do ensino religioso nas escolas, convencidos de que a verdadeira educação está atrelada à orientação moral cristã e, por isso, as escolas leigas "só instruem, não educam". Além de politicamente representarem uma força conservadora, comprometida com a antiga oligarquia, eles expressavam ferrenho anticomunismo. Convém lembrar que, no final do século XIX, muitas das mais conceituadas escolas pertenciam a religiosos e ofereciam um ensino humanístico restrito às elites, situação que continuou semelhante no século seguinte.

MANIFESTO DOS PIONEIROS DA EDUCAÇÃO NOVA

Entre os movimentos da década de 1920, encontramos a criação da Associação Brasileira de Educação (ABE), em 1924, entidade da qual participavam vários grupos e que promoveu importantes debates. Em sua primeira fase, a ABE sofreu forte influência da militância católica, e só após 1932 os escolanovistas fizeram prevalecer sua presença naquela entidade. De fato, na IV Conferência Nacional de Educação, realizada no final de 1931, foi anunciado o projeto de publicação para o ano seguinte de um manifesto que apresentaria diretrizes para a educação brasileira.

Em 1932, o Manifesto dos Pioneiros da Educação Nova, assinado por 26 educadores, entre eles Fernando de Azevedo e Anísio Teixeira, defendia a educação obrigatória, pública, gratuita e leiga como dever do Estado, a ser implantada em programa de âmbito nacional. Um dos objetivos fundamentais expressos no Manifesto – que certamente fora redigido sob a inspiração de Anísio Teixeira – era a superação do caráter discriminatório e antidemocrático do ensino brasileiro, por destinar a escola profissional para os pobres e o ensino acadêmico para a elite. Portanto, propunha a escola secundária unitária, com uma base comum de cultura geral para todos, em três anos, e só depois, entre os 15 e 18 anos, o jovem seria encaminhado para a formação acadêmica e a profissional. Este propósito, entre outras reivindicações, não foi acolhido na nova Constituição de 1934.

Os escolanovistas realçavam o fato de que, passadas quatro décadas da proclamação da República, não tínhamos ainda uma escola republicana, aberta a todos. Receavam, porém, que o governo – começava a era getulista –, embora pedisse sugestão de diretrizes para a melhoria do ensino, talvez até já tivesse definido de fato o teor da reforma. Além disso, temiam a força da militância católica, que insistia em instituir o ensino religioso nas escolas, convicta de que a verdadeira educação seria apenas aquela apoiada em princípios cristãos. Também nesse quesito os escolanovistas foram derrotados na Constituição, que instituiu o ensino religioso, embora facultativo.

Dessa maneira, os escolanovistas queriam fixar seu Manifesto como um "divisor de águas", reiterando a necessidade de o Estado assumir a responsabilidade da educação, que se achava em defasagem com as exigências do desenvolvimento nacional.

EXPANSÃO DO ENSINO

Como constatamos, a educação na Primeira República sofreu transformações, muitas delas decorrentes das necessidades da configuração social e econômica do país. Apesar de os assuntos sobre educação terem merecido posteriormente atenção incomparavelmente maior, sobretudo com os debates instigados pelos escolanovistas, nem todas as reformas se concretizaram, persistindo o dualismo escolar e o descuido com o ensino fundamental. Como se não bastasse, a Constituição de 1937, refletindo as tendências fascistas do Estado Novo, atenuou o impacto de algumas conquistas, principalmente das relacionadas com o dever do Estado como educador, deslocando a ênfase para a sugestão da liberdade da iniciativa privada. No período da ditadura do Estado Novo, o movimento renovador entrou em recesso.

Em *Escola, Estado e sociedade*, Barbara Freitag explica:

> A política educacional do Estado Novo não se limita à simples legislação e sua implantação. Essa política visa, acima de tudo, transformar o sistema educacional em um instrumento mais eficaz de manipulação das classes subalternas. Outrora totalmente excluídas do acesso ao sistema educacional, agora se lhes abre generosamente uma *chance*. São criadas as escolas técnicas profissionalizantes [...]. A verdadeira razão dessa *abertura* se encontra, porém, nas mutações ocorridas na infraestrutura econômica, com a diversificação da produção. [...] Essa medida é tomada no interesse do desenvolvimento das forças produtivas (veja-se o pronunciamento do então Ministro Capanema de querer "criar um exército de trabalho para o bem da nação"), mas beneficiando diretamente os diferentes setores privados da indústria.
>
> [...] Assim, as escolas técnicas vão ser "a escola para os filhos dos outros", ou melhor, a única via de ascensão permitida ao operariado. Que essa via é falsa e se revela um beco sem saída, está implícito na especificidade dessa escola. Sendo de nível médio, ela não habilita seus egressos a cursarem escolas de nível superior.↓

Na sequência, Barbara Freitag cita, em nota de rodapé, uma tabela apresentada por Lourenço Filho na *Revista Brasileira de Estudos Pedagógicos*, na qual se registra que em 1933 havia somente 133 estabelecimentos de ensino técnico industrial, ao passo que em 1945 atingiu-se o número de 65.485.

▶ FREITAG, Barbara. *Escola, Estado e sociedade*. 5. ed. São Paulo: Moraes, 1984. p. 52-53.

PEDAGOGO E EDUCADOR: ANÍSIO TEIXEIRA

Entre os escolanovistas, é notável a contribuição do pedagogo, filósofo e educador Anísio Spínola Teixeira (1900-1971), responsável pela difusão das ideias pragmatistas de John Dewey (1859-1952) no Brasil. Com atuação sempre marcante desde a década de 1920, enfrentou duas ditaduras, a do Estado Novo, de Vargas, e a civil-militar de 1964.

Suas principais obras publicadas são: *Aspectos americanos da educação* (1928); *Educação progressiva*: uma introdução à filosofia da educação (1932)↓ ; *Em marcha para a democracia* (1934); *Educação para a democracia*: introdução à administração escolar (1936); *Pequena introdução à filosofia da educação*: a escola progressiva ou a transformação da escola (1967); *Educação é um direito* (1967); *Educação no Brasil* (1969) e *Educação e o mundo moderno* (1969). Em edição póstuma, foi publicado *Ensino superior no Brasil*: análise e interpretação de sua evolução até 1969.

▶ Ao ser publicada pela primeira vez, em 1932, a obra saiu com esse título, porém mais tarde, já que a expressão "escola progressiva", preferida pelo autor, tornara-se menos conhecida, ao reeditá-la em 1967, Anísio trocou o título por *Pequena introdução à filosofia da educação*: a escola progressiva ou a transformação da escola.

TRAJETÓRIA DE ANÍSIO TEIXEIRA

Nascido na Bahia, Anísio Teixeira formou-se em direito no Rio de Janeiro e fez pós-graduação em educação em Nova York, quando teve contato com a obra de John Dewey e familiarizou-se com a sua teoria pedagógica. Retornou aos Estados Unidos e visitou vários países da Europa para conhecer diversos sistemas escolares. De inteligência brilhante e apaixonado pelo tema da educação, começou cedo sua atuação efetiva. Em 1924 – portanto com apenas 24 anos – ocupou o cargo de inspetor geral de ensino do governo da Bahia e realizou a reforma educacional daquele estado.

Como signatário do Manifesto dos Pioneiros da Educação Nova, em 1932, participou ativamente da discussão sobre educação, tendo sido perseguido pela ala conservadora das escolas privadas confessionais e acusado de comunista por partidários de Vargas, num momento em que o governo já se encaminhava para a ditadura do Estado Novo.

Ainda em 1931, nomeado diretor da Instrução Pública do Distrito Federal (então Rio de Janeiro), teve a oportunidade de concretizar os planos teóricos de integração da escola primária, do secundário e do ensino de adultos, culminando com a criação da universidade municipal daquela cidade, a Universidade do Distrito Federal (UDF), em 1935. Essa reforma de ensino projetou-o nacionalmente. Assim comenta Clarice Nunes no verbete "Anísio Spínola Teixeira", que faz parte do *Dicionário de educadores no Brasil*:

> A grande novidade na concepção da UDF, criada em 1935, é que ela se apresentava como *locus* de aglutinação de professores. Pela primeira vez no país, através do Instituto de Educação, que se situava ao lado das escolas de Ciências, de Economia e Direito e Escola de Filosofia e Letras, além do Instituto de Artes, o magistério alcançava uma formação em nível superior. A concepção de que o profissional da educação era um intelectual e de que a Escola de Educação tinha relevância no interior do projeto universitário justificou-a e evidenciou o ponto alto de um processo que, já nos anos 1920, levara a antiga Escola Normal do Rio de Janeiro a ser transformada em Instituto de Educação. *O que estava no cerne da concepção de*

universidade em Anísio Teixeira era a melhoria da qualificação docente, cuja prática viu como um misto de ciência e arte e cujo papel reuniu a investigação e a transmissão dos conhecimentos produzidos. ↪

No entanto, não tardou a incorporação da UDF à Universidade do Brasil, em 1939, por influência de Gustavo Capanema, representante da posição do governo federal. Anísio Teixeira abdicou da presidência da ABE (Associação Brasileira de Educação), em 1935, demitindo-se do cargo ocupado no município do Rio de Janeiro. Afastou-se então da vida pública, ocasião em que se dedicou à tradução de livros para a Companhia Editora Nacional, entre outros afazeres.

▶ FÁVERO, Maria de Lourdes de Albuquerque; BRITTO, Jader de Medeiros (Orgs.). *Dicionário de educadores no Brasil*: da colônia aos dias atuais. 2. ed. aumentada. Rio de Janeiro: Editora UFRJ; MEC/Inep/Comped, 2002. (Destaques nossos.)

Após a queda de Getúlio e a redemocratização do país, voltou à vida pública para ocupar a Secretaria de Educação e Saúde do Estado da Bahia, onde permaneceu até o início da década de 1950, quando foi responsável por outra reforma, ao criar em Salvador o Centro Popular de Educação Carneiro Ribeiro, depois também conhecido como Escola-Parque. O plano inicial visava atender 4 mil alunos, oferecendo uma educação integral, que incluía alimentação, higiene, socialização, preparação para o trabalho e para a cidadania. Projetou, para tanto, o funcionamento de cinco escolas: quatro delas, chamadas Escolas-Classe, acolheriam cada uma mil alunos, para o ensino do currículo escolar, e a quinta seria a Escola-Parque, onde se revezariam, em turnos, os 4 mil alunos das Escolas-Classe para aulas de educação física, atividades sociais e artísticas, cursos profissionalizantes e envolvimento com a comunidade. Desse ambicioso projeto resultou a instalação de apenas três Escolas-Classe, embora a ideia pioneira de democratização do ensino tenha fertilizado outras iniciativas na década de 1980, como os Cieps (Centros Integrados de Educação Pública), tema que será retomado adiante no tópico "Iniciativas oficiais pós-ditadura".

De retorno ao Rio de Janeiro, em 1951, Anísio Teixeira ocupou diversos cargos, pronunciou conferências e assinou o Manifesto dos Educadores Mais uma Vez Convocados, de 1959, além de participar da discussão da LDB (Lei de Diretrizes e Bases) de 1961. No entanto, na continuidade dos ataques de segmentos conservadores às ideias do pedagogo, em 1958 um memorial dos bispos católicos o acusava de "extremista", solicitando sua demissão do cargo público federal por ele ocupado. A imediata reação de intelectuais, em um documento de defesa assinado por 529 educadores, cientistas e professores, impediu que a ameaça de demissão se concretizasse.

Em 1961, Anísio Teixeira e Darcy Ribeiro foram os idealizadores da Universidade de Brasília (UnB), da qual Anísio foi nomeado reitor. Finalmente, em 1964, por ocasião do golpe da ditadura militar, foi afastado e aposentado compulsoriamente. Seguiu então para os Estados Unidos, onde lecionou como professor visitante nas Universidades de Columbia, em Nova York, e na Universidade da Califórnia, em Los Angeles. De volta ao país, continuou ativo no debate sobre a educação e envolvido com a publicação de novos livros, tendo assumido em 1966 o cargo de consultor de Educação da Fundação

Getúlio Vargas. No ano seguinte participou da conferência sobre "A crise mundial da educação" nos Estados Unidos.

Em 1971, desapareceu por uns dias para ser encontrado no fosso do edifício onde morava Aurélio Buarque de Holanda, justamente o endereço do amigo para onde o educador se dirigira a fim de angariar voto por ter sido indicado para a Academia Brasileira de Letras. Era um momento de recrudescimento da ditadura militar e, embora a morte tenha sido avaliada como acidente, investigações posteriores confirmaram a hipótese de assassinato ocorrido em outro local com a posterior remoção do corpo para o fosso do elevador.↳

ESCOLA PROGRESSIVA: OPORTUNIDADE PARA A PRÁTICA DA DEMOCRACIA

Além de atuar em inúmeras reformas educacionais, Anísio Teixeira destacou-se como pensador fecundo, com amplo conhecimento da história brasileira e ancorado numa rigorosa filosofia da educação. Começando cedo sua produção intelectual, sempre escreveu nos intervalos das atividades de sua vida pública, tendo publicado

▶ Informações apoiadas em textos produzidos principalmente pelo professor João Augusto de Lima Rocha, da Escola Politécnica da Universidade Federal da Bahia (UFBA), membro do Conselho Curador da Fundação Anísio Teixeira e da Comissão da Verdade da UFBA, autor do livro *Anísio em movimento* e, também, na consulta ao Memorial enviado à Comissão Nacional da Verdade e à Comissão da Memória e Verdade Anísio Teixeira, da UnB.

Aspectos americanos da educação (1928), para a divulgação do pensamento de Dewey no Brasil, e em 1936 traduziu *Democracia e educação*, principal obra daquele educador.

Influenciado por Dewey, Anísio Teixeira preferia usar a expressão "escola progressiva" e não Escola Nova, termo consagrado no movimento escolanovista, assim justificando a preferência:

> E progressiva por quê? Porque se destina a ser a escola de uma civilização em mudança permanente (Kilpatrick) e porque, ela mesma, como essa civilização, está trabalhada pelos instrumentos de uma ciência que ininterruptamente se refaz. Com efeito, o que chamamos de *Escola Nova* não é mais do que a escola transformada, como se transformam todas as instituições humanas à medida que lhes podemos aplicar conhecimentos mais precisos dos fins e meios a que se destinam.↓

Vale lembrar a posição de Anísio Teixeira sobre o ensino tradicional, cujos princípios precisariam ser reformulados pela didática da escola progressiva. Se para ele é positiva a necessidade de nos apropriarmos dos co-

▶ TEIXEIRA, Anísio. *Pequena introdução à filosofia da educação*: escola progressiva ou a transformação da escola. 6. ed. Rio de Janeiro: DP&A, 2000. p. 24.

nhecimentos científicos e dos valores construídos pela sociedade, critica, porém, a maneira pela qual esse processo ocorre na escola tradicional, por meio de memorização e repetição de um saber acabado, ao passo que seria preciso oferecer condições para o aluno desenvolver uma atitude científica e aprender por si mesmo, o que não tem sido possível pela distribuição de disciplinas separadas ministradas por professores em compartimentos estanques. A escola deveria ser o lugar da elaboração de projetos, que exigem reflexão, intensa atividade participativa e que levam à conquista progressiva da autonomia e da responsabilidade do educando.

Na mesma obra citada, Anísio Teixeira lembra que a educação tradicional separou escola e vida, quando, na verdade, a escola deve ser uma parte integrada da própria vida. E completa:

> A reorganização [da escola] importa em nada menos do que trazer a vida para a escola. A escola deve vir a ser o lugar aonde a criança venha a viver plena e integralmente. Só vivendo, a criança poderá ganhar os hábitos morais e sociais de que precisa, para ter uma vida feliz e integrada, em um meio dinâmico e flexível tal qual o de hoje.↪

Assim como Dewey, ele tem como meta a democratização do ensino, sobretudo em um país como o nosso, de escolarização tardia e alto índice de analfabetismo. Lembrando títulos de dois de seus livros, a educação é um *direito* e, portanto, não pode continuar como *privilégio* da elite. Para democratizar a sociedade, Teixeira defende a instalação da *escola pública, universal, leiga, gratuita* e *unitária*. Por isso, crianças e jovens – na sua totalidade, sem excluir os segmentos populares – deveriam frequentar a escola primária e secundária com finalidades culturais e científicas. No ensino secundário, todos, indistintamente, continuariam recebendo formação integral, complementada com práticas de diversas profissões, de maneira flexível e variada, a fim de atender aos diversos interesses e capacidades dos alunos. Seria essa a maneira de superar a tradição do dualismo escolar, que sempre destinou à elite a educação acadêmica e aos pobres o ensino profissional, geralmente de modo precoce, antes que as crianças desse último segmento tivessem acesso aos bens simbólicos de sua cultura, distorção essa que garante a reprodução de desigualdades sociais.

▶ TEIXEIRA, Anísio. *Pequena introdução à filosofia da educação*: escola progressiva ou a transformação da escola. 6. ed. Rio de Janeiro: DP&A, 2000. p. 40.

Seu interesse pela universidade segue o mesmo ideal de instituições criativas, voltadas para os problemas do país, garantidas pela mentalidade científica de incentivo à pesquisa e ao aperfeiçoamento docente, além de batalhar pela ampliação dos recursos que a elas deveriam ser destinados. Subjacente a essas diretrizes, encontramos a convicção segundo a qual a sociedade justa e democrática depende da renovação cultural de todos os seus segmentos, o que seria alcançado por meio da educação unitária.

REPÚBLICA LIBERAL (1945-1964)

A República liberal foi assim denominada em razão de o país retornar ao estado de direito, com governos eleitos pelo povo, após o autoritarismo do Estado Novo. No entanto, recebeu também outras denominações, como de República democrática (por suceder a um período autoritário) e de República populista (porque, à semelhança do populismo anterior, teve alguns governantes carismáticos que cativavam a confiança popular como instrumento político de ampliação do poder, como Vargas em seu segundo governo, Juscelino Kubitschek e Jânio Quadros).

O novo período, de quase 20 anos, teve como primeiro presidente o Marechal Eurico Gaspar Dutra, sucedido por Getúlio Vargas, que retornava ao poder pelo voto popular, de 1951 a 1954. Em seu segundo governo, Vargas estabeleceu o monopólio estatal do petróleo com a criação da Petrobras, de acordo com o espírito nacionalista da época, que reconhecia o papel regulador da economia investindo em áreas estratégicas como siderurgia, transportes e comunicações. Contudo, desagradou parcela do empresariado brasileiro contrária à estatização. Após outras medidas e acontecimentos políticos diversos, sob denúncias de atuações corruptas de pessoas do seu entorno, não resistiu à pressão de forças conservadoras, optando pelo suicídio.

No período do pós-guerra, cristalizou-se a supremacia econômica dos Estados Unidos, com seus interesses imperialistas chocando-se com nosso modelo nacionalista. De fato, nosso desenvolvimentismo, até então caracterizado pelo nacionalismo, começou a entrar em contradição com o processo de internacionalização da economia, por ocasião de se instalarem aqui as empresas multinacionais – entre elas, a automobilística – no governo Juscelino Kubitschek (1956-1961).

O crescimento decorrente da entrada do capital estrangeiro foi multifacetado, pois ampliou e diversificou o parque industrial, ao mesmo tempo que cresceram disparidades regionais, centros urbanos começaram a inchar, deu-se a alta da inflação e a pobreza se agravou, face às distorções da concentração de renda. Além da construção de Brasília, que atraiu mão de obra de outras regiões do país, o período foi fértil em significativas contribuições culturais, como o Cinema Novo, a Bossa Nova e a conquista da Copa de Futebol em 1958.

Após Juscelino, a tendência populista expressou-se na liderança de Jânio Quadros (1961), eleito mediante discursos anticorrupção e de moralização do serviço público. No governo, assumiu condutas polêmicas tanto na política interna (proibições esdrúxulas de uso de biquínis na praia ou de brigas de galo), como na política externa, com gestos de aproximação de países comunistas, até renunciar antes de completar o primeiro ano de mandato, alegando que "forças terríveis" o levaram ao ato. Segundo alguns intérpretes, a renúncia acenava com a esperança de voltar ao poder fortalecido, o que não ocorreu.

O vice de Jânio era o herdeiro político de Vargas, João Goulart – conhecido como Jango –, no entanto, essa origem provocava rejeições de diversos setores, o que trouxe empecilhos para que ele assumisse, enfrentando tentativas de diminuição do poder presidencialista, inclusive com um breve período em que o Brasil tornou-se parlamentarista. Ao recuperar o presidencialismo, Jango tentou introduzir reformas de base (agrária, fiscal, universitária, bancária, administrativa) que atenuassem as desigualdades sociais, mas seu empenho de implementar a reforma agrária foi o que repercutiu negativamente na oligarquia latifundiária, provocando forte reação.

Forças conservadoras e anticomunistas influenciaram segmentos sociais temerosos da instauração de uma "nova Cuba" ou uma "nova China", facilitando a deposição de Jango para se estabelecer a ditadura militar com o golpe civil-militar de 1964. Hoje, documentos à disposição da historiografia brasileira nos oferecem provas da participação dos Estados Unidos, que deram apoio logístico e financeiro ao golpe, na mesma linha realizada em países latino-americanos como Chile, Argentina e Uruguai, cujos governos democráticos foram substituídos por ditaduras durante pelo menos duas décadas.

IMPORTÂNCIA DO ISEB

Desde as décadas de 1930 e 1940, teóricos da Comissão Econômica para a América Latina (Cepal) tentavam explicar as causas do atraso da América Latina. Em 1955 foi fundado o Instituto Superior de Estudos Brasileiros (ISEB), responsável por fecunda contribuição teórica nos seus dez anos de duração, até ser extinto pelo golpe militar de 1964. O Instituto propôs-se a tarefa de repensar a cultura brasileira autônoma, não alienada, rompendo a tradição colonial de transplante cultural, questão que havia algum tempo desafiava os países da "periferia" do desenvolvimento industrial capitalista.

Dentre os intelectuais participantes, estabelecidos em São Paulo e Rio de Janeiro, destacam-se Roland Corbisier, Hélio Jaguaribe, Álvaro Vieira Pinto, Cândido Mendes, Celso Furtado e Nelson Werneck Sodré, que, além de algumas concordâncias fundamentais, assumiram posições ideológicas diversificadas. Até então, em consonância com o intervencionismo proposto pelo economista britânico John Maynard Keynes (1883-1946), esperava-se que o Estado regulamentasse as forças do mercado a fim de proteger a população desfavorecida. No entanto, de acordo com aqueles intelectuais brasileiros que muito influenciaram os pensadores do ISEB, o liberalismo seria incapaz de evitar o crescimento da pobreza, bem como disparidades sociais internas e entre nações.

Embora não fossem hostis ao capital estrangeiro, os isebianos recomendavam a utilização de critérios que não trouxessem prejuízo em nome do desenvolvimento nacional. É bem verdade que nem sempre prevaleceu a aceitação irrestrita dessa orientação, pois alguns teóricos colocaram-se em franca oposição à entrada de indústrias estrangeiras no país. Em linhas gerais, portanto, o ISEB não se mostrou contrário ao capitalismo, apenas cuidadoso com a regulamentação das forças que atuavam em seu interior. Por exemplo, até intelectuais de esquerda, como Nelson Werneck Sodré, mesmo sem negar a contradição entre capital e trabalho, admitiam que o desenvolvimento do país constituía meta primordial.

Tornava-se urgente descobrir o país e seus problemas e, para tanto, seria necessário relacionar cultura e economia. Desse modo, o ISEB defendia em economia e política a produção e a indústria nacionais, o que caracterizou o nacional-desenvolvimentismo marcante de sua orientação. As bases teóricas do Instituto eram as mais diversas: marxismo, existencialismo (especialmente do personalismo francês de Emmanuel Mounier) e pensamento cristão, como é o caso de Álvaro Vieira Pinto. Com respeito à influência cristã, é preciso fazer uma ressalva, em razão de se distinguir daquela dos católicos conservadores a que já nos referimos, já que, desde o Concílio Vaticano II (1962-1965), a Igreja Católica imprimira uma orientação voltada preferencialmente para os pobres. A repercussão desse pensamento progressista na América Latina foi intensa, inclusive com o emprego do método dialético marxista, sem, contudo, representar adesão integral ao marxismo como teoria.

A crítica da contribuição do ISEB mostrou-se muito complexa. Se, por um lado, o governo militar pressupôs o comprometimento "subversivo" com a ideologia marxista para justificar seu fechamento, por outro lado, não lhe foram poupadas acusações de veicular uma ideologia de direita, mais direcionada para a defesa nacional contra os estrangeiros do que contra o capitalismo. De acordo com esses críticos, o ISEB teria ainda supervalorizado o papel da consciência e da ideologia para incrementar o desenvolvimento brasileiro. De qualquer modo, convém analisar a contribuição isebiana no contexto histórico e econômico daquela época, sem se esquecer do esforço que visava sobretudo a compreensão da cultura e da identidade brasileiras.

A intensa produção teórica do período repercutiu em diversos movimentos pedagógicos, com a explícita intenção de transformar o processo mental, despertando as massas para a reflexão crítica a respeito da situação de exploração a que foram relegadas, reflexão essa que acarretou acentuado interesse pela educação popular, manifestado nos Movimentos de Educação de Base (MEB) e na obra do educador Paulo Freire, como veremos adiante.

LEI DE DIRETRIZES E BASES DE 1961

O ano de 1945 representou não só o final da Segunda Grande Guerra, o rearranjo entre as nações, mas também o fim do Estado Novo no Brasil e o avanço de uma expectativa com relação à educação, voltada para a defesa da escola pública, movimento criticado pelas escolas particulares, muitas delas de orientação religiosa.

A Constituição de 1946 refletia o processo de redemocratização do país, após a queda da ditadura de Vargas. Em oposição à Constituição outorgada de 1937, os "pioneiros da educação nova" retomaram a luta pelos valores defendidos anteriormente. Em 1948, o ministro Clemente Mariani apresentou o anteprojeto da Lei de Diretrizes e Bases, apoiado em um trabalho de que participaram educadores, sob a orientação de Manuel B. Lourenço Filho. Além dos escolanovistas, participaram católicos tradicionalistas como o padre Leonel Franca e Alceu Amoroso Lima.

O percurso do projeto foi longo e tumultuado, estendendo-se até 1961, data da sua promulgação. As primeiras divergências surgiram com a crítica dos escolanovistas à descentralização do ensino, porém, o auge do acirramento dos ânimos ocorreu quando o deputado Carlos Lacerda, político de discurso inflamado e representante dos interesses conservadores, deslocou a discussão para o aspecto da "liberdade de ensino", ao apresentar, em 1959, um substitutivo em defesa da iniciativa privada, por considerar competência do Estado o suprimento de recursos técnicos e financeiros e a igualdade de condições das escolas oficiais e particulares.

No entanto, a maioria das escolas particulares de grau secundário pertencia tradicionalmente a congregações religiosas em que o ensino ministrado sempre favorecera segmentos privilegiados. Por isso, os religiosos católicos assumiram o debate, retomando o argumento de que a escola leiga não educava, apenas instruía. Opondo-se a um pretenso monopólio do Estado – já que este nunca tivera condições de assumir a educação de fato –, defendiam a "liberdade" das famílias de escolher a melhor educação para seus filhos. O que os católicos criticavam era o tema republicano da laicidade do ensino e, desse modo, representavam as forças conservadoras, por defenderem uma posição elitista: sob a temática da liberdade de ensino, de fato retardavam a democratização da educação.

Do outro lado dessa tendência conservadora, posicionaram-se os "pioneiros da educação nova", que, apoiados por intelectuais, estudantes e líderes sindicais, deram início à **Campanha em Defesa da Escola Pública**↳ O movimento culminou com o "Manifesto dos Educadores Mais uma Vez Convocados" (1959), assinado por Fernando de Azevedo e mais 189 pessoas, o qual diferia do anterior Manifesto dos Pioneiros da Educação Nova, de 1932, por enfatizar questões de política educacional. Seus signatários continuavam defendendo as mesmas diretrizes pedagógicas, porém queriam esclarecer que concordavam com a existência das duas redes de ensino – a particular e a oficial –, desde que as verbas públicas fossem exclusivas da educação popular.

▶ Fizeram parte da Campanha em Defesa da Escola Pública: Florestan Fernandes, Fernando de Azevedo, Almeida Júnior, Carlos Mascaro, João Villa Lobos, Fernando Henrique Cardoso, Laerte Ramos de Carvalho, Roque Spencer Maciel de Barros, Wilson Cantoni, Moisés Brejon, Maria José Garcia Werebe, Luiz Carranca, Anísio Teixeira, Jayme Abreu, Lourenço Filho, Raul Bittencourt, Carneiro Leão, Abgar Renault e outros.

Por todos esses percalços, quando a Lei n. 4.024 (LDB) foi publicada em 1961, já se encontrava ultrapassada. Nesse meio tempo, o país não muito urbanizado e de economia predominantemente agrícola, passara a ter exigências diferentes, decorrentes da industrialização. Embora o anteprojeto da lei fosse avançado na época da apresentação, envelhecera no correr dos debates e do confronto de interesses. Vejamos alguns desses aspectos.

De certo modo, não houve alteração na estrutura do ensino, conservando-se a reforma Capanema, com a vantagem de permitir a equivalência dos cursos, o que quebrou a rigidez do sistema ao facilitar a mobilidade entre eles. Outros avanços notaram-se no ensino secundário menos enciclopédico, com significativa redução do número de disciplinas, ao passo que, atenuada a padronização, permitiu-se a pluralidade de currículos em termos federais.

Todavia, inúmeras desvantagens decorriam da nova lei. Apesar das pressões sobre o Estado para destinar recursos apenas para a educação pública, a lei atendia também escolas privadas. Dizia o artigo 95, no item c:

A União dispensará a sua cooperação financeira ao ensino sob a forma de:
[...] c) financiamento a estabelecimentos mantidos pelos estados, municípios ou *particulares*, para compra, construção ou reforma de prédios escolares e respectivas instalações e equipamentos de acordo com as leis especiais em vigor. ↓

> ▶ BRASIL. Lei n. 4.024, de 20 de dezembro de 1961. Fixa as diretrizes e bases da educação nacional. Disponível em: <http://www2.camara.leg.br/legin/fed/lei/1960-1969/lei-4024-20-dezembro-1961-353722-publicacaooriginal-1-pl.html>. Acesso em: 30 jan. 2019. (Destaque nosso)

Em decorrência da LDB, Anísio Teixeira participou da criação do Conselho Federal de Educação (CFE) e dos Conselhos Estaduais de Educação (CEE). Estes últimos, além de serem responsáveis pelas instituições de ensino primário, médio e superior do estado, ficam igualmente encarregados de normatizar e fiscalizar as escolas municipais quando as cidades não possuem um órgão próprio. O educador esteve atuante em 1962 na elaboração do Plano Nacional da Educação (PNE), referente aos Fundos Nacionais de Ensino Primário, Médio e Superior, que definia metas quantitativas e qualitativas para cada nível de ensino no período de 1963-1970, mas que foi interrompido com o golpe militar de 1964.

O ensino técnico continuou sem merecer atenção especial, tanto no setor industrial como no comercial, e muito menos no agrícola. Diz a educadora Maria José Garcia Werebe:

> Como o número de escolas existentes no país era insuficiente, a procura de mão de obra especializada excedia de muito o número de operários e técnicos diplomados. No estado de São Paulo, o mais industrializado do país, entre 1951 e 1953 o número de trabalhadores cresceu de 50%, enquanto o número de trabalhadores qualificados, em apenas 5%. Eis por que grandes empresas, em que as exigências de mão de obra qualificada eram urgentes, passaram a instituir o sistema de treinamento em serviço, oferecendo aos operários mais capazes oportunidades de, sob a direção de técnicos, completarem sua formação. ↪

Todos esses desencontros aumentaram o descompasso entre a estrutura educacional e o sistema econômico. De resto, observamos como a legislação sempre reflete os interesses apenas das classes representadas no poder.

> ▶ WEREBE, Maria José Garcia. *Grandezas e misérias do ensino no Brasil*. São Paulo: Ática, 1994. p. 70.

RETOMADA DO ESCOLANOVISMO

Após as dificuldades enfrentadas durante a década de 1930, os educadores comprometidos com a pedagogia nova voltaram a conquistar aceitação vinte anos depois, como afirma Dermeval Saviani:

> E [os escolanovistas] foram bem acolhidos pelas autoridades governamentais em função de seu empenho na modernização do aparato técnico das escolas e da administração pública, de modo geral. Passo importante nesse processo foi a fundação, em 1938, do Instituto Nacional de Estudos e Pesquisas Educacionais Anísio

Teixeira (Inep), concebido e estruturado por Lourenço Filho e por ele dirigido até 1947. No âmbito do Inep criou-se, em 1944, a *Revista Brasileira de Estudos Pedagógicos*. Numa análise dos primeiros 140 números dessa revista, publicados entre 1944 e 1976 [...], constata-se que apenas dois artigos se situam nitidamente no interior da concepção humanista tradicional, ambos do padre Leonel Franca.↓

Na sequência dessa informação, Saviani constata a predominância significativa de artigos "introduzidos ou realçados pela concepção pedagógica renovadora". O exemplo serviu para notar que, ao mesmo tempo, modificava-se a relação com a pedagogia católica, até porque

▶ SAVIANI, Dermeval. *História das ideias pedagógicas no Brasil.* 3. ed. revista. Campinas: Autores Associados, 2010. p. 299. (Coleção Memória da Educação.)

estava em vias de ocorrer uma adesão dela ao novo ideário. De fato, a Associação de Educadores Católicos (AEC) organizou as Semanas Pedagógicas realizadas em 1955 e 1956 para divulgar as ideias de Maria Montessori e Hélène Lubienska, fazendo surgir uma espécie de "Escola Nova Católica". O jesuíta francês Pierre Faure palestrou em São Paulo no Colégio Sion e depois nos Colégios Santa Cruz e Madre Alix e também no Rio de Janeiro, no Colégio Sacré Coeur, fazendo ampliar em todo o Brasil a rede particular de escolas confessionais católicas que aderiram à nova orientação pedagógica, até porque esta passava a ser do interesse de famílias da elite econômica e cultural, bem como da classe média.

Vejamos um pouco a respeito da crise do escolanovismo e algumas das críticas que foram dirigidas aos seus procedimentos. Lembramos que a proposta inicial da Escola Nova era de um método que alcançasse a todos, com base em uma orientação democrática da educação, ao mesmo tempo que valorizava uma visão centrada no aluno. Ou seja, em razão de ter se envolvido fortemente com a contribuição das ciências na educação, o escolanovismo se interessou pelo estudo sobre diferenças individuais, no sentido de estender a educação de modo que ninguém permanecesse marginalizado.

A análise que se pode fazer é a de que esses dois polos resultaram em consequências negativas porque, ao mesmo tempo que a Escola Nova persistia na "ilusão liberal" de uma escola para todos, não percebia que, ao contrário, eram os filhos da elite e da classe média que procuravam essas escolas, ao passo que a escola popular não acolhia os conteúdos da Escola Nova por não dispor dos materiais que se fariam necessários, nem continuava com o ensino tradicional em virtude das críticas a respeito de suas deficiências.

Essa crítica não visa desconsiderar a importância do esforço realizado pelos escolanovistas ou desprezar suas conquistas, que foram muitas, mas refletir sobre o fato de que não se cumpriu a democratização da sociedade porque, ao contrário, se deu continuidade à escola seletiva, confinada em pequenos núcleos bem equipados ou em escolas experimentais. Além disso, houve interesse maior pelos aspectos técnicos do novo método, desviando-se do foco principal, que seria a universalização da educação popular. Outra crítica à Escola Nova encontra-se na valorização excessiva da pesquisa, do debate em sala de aula e o destaque dado para o "aprender a aprender", às vezes descuidando da transmissão de conteúdo, como se este fosse um ranço da escola tradicional. Na verdade, o saber acumulado é uma herança que também precisa ser levada às novas gerações.

Como essas críticas podem levar a mal-entendidos, convém consultar o tópico "Objeções e dicotomias", no qual aborda-se o argumento de Dermeval Saviani a respeito dessa polêmica, defendendo-se da interpretação dos que o viram como antiescolanovista. Ao contrário, o que ele procurava era uma proposta que não fosse nem tradicional nem escolanovista. Afinal, como as pedagogias são históricas e construídas no seu tempo, é preciso compreender quando precisarão ser alteradas e por quê.

OUTRAS TENTATIVAS DE RENOVAÇÃO DO ENSINO PÚBLICO

No período que antecedeu ao golpe militar e também antes do recrudescimento da ditadura, destacaram-se diversos projetos de renovação do ensino público, sob o ideário escolanovista: os ginásios e colégios vocacionais, os pluricurriculares, o Grupo Experimental da Lapa (na cidade de São Paulo). Dentre as experiências feitas pelo governo do estado de São Paulo, destacamos o Colégio de Aplicação da Universidade de São Paulo, que estabeleceu o primeiro convênio com a USP em 1957 visando desenvolver um trabalho pioneiro de renovação pedagógica do curso secundário. Essa experiência tornou-se possível com a adoção de algumas medidas:

- ▶ cuidado na formação e atualização de professores;
- ▶ remuneração das horas extras de trabalho docente;
- ▶ acompanhamento de orientação educacional e pedagógica;
- ▶ instalação de classes de alunos cada vez mais reduzidas.

A intenção inicial de transferir a experiência para escolas comuns da rede de ensino não se concretizou por diversos motivos. Com o tempo, o Colégio de Aplicação atraía cada vez mais a clientela privilegiada – a elite econômica e a intelectual –, desejosa de oferecer a seus filhos uma educação de qualidade. Além disso, com a ditadura, o Colégio tornou-se alvo de suspeita de subversão, até ser extinto em 1970.

Outra experiência, decorrente dos ginásios e colégios vocacionais, iniciou-se em 1961, quando a professora Maria Nilde Mascellani (1931-1999) participou como membro da Comissão Especial da Secretaria de Educação do Estado de São Paulo na elaboração de anteprojeto de lei para a criação dos Ginásios Estaduais Vocacionais (GVs), com a instalação de escolas-piloto no interior do estado de São Paulo e na capital. Em linhas gerais, o objetivo dos GVs era o de inserir o aluno no mundo do trabalho, além de estimular a consciência crítica da realidade nacional. Os GVs também ofereciam ensino em período integral, aplicando uma proposta pedagógica inovadora, com integração curricular, estudos do meio, projetos de intervenção na comunidade. Contudo, eles sofreram com a crônica falta de verbas e de pessoal, até que se deu a interrupção abrupta dos trabalhos por denúncia de subversão.

Mascellani permaneceu no cargo de Coordenadora-Geral até junho de 1969, quando, já em plena ditadura, foi atingida pelo Ato Institucional nº 5 do governo Costa e Silva, presa e aposentada compulsoriamente do serviço público, além de cassados seus direitos políticos em 1969. Alguns professores, funcionários e alunos sofreram vistorias em suas casas, outros foram detidos, indiciados em inquéritos ou arbitrariamente aposentados. Sobre esse tema, diz Maria José Garcia Werebe:

> Essas experiências foram interrompidas pelo governo, por terem sido consideradas "politicamente perigosas". De fato a adoção de uma pedagogia que visava a despertar o espírito crítico e criador dos alunos, levando-os a pesquisar e a não aceitar passivamente o conhecimento recebido, não poderia ter sido tolerada num regime militar autoritário, como o que vigorava no país, na época. ↓

▶ WEREBE, Maria José Garcia. *Grandezas e misérias do ensino no Brasil*. São Paulo: Ática, 1994. p. 221.

Apesar da truculência do regime, logo na década seguinte Maria Nilde empenhou-se em atividades voltadas para a educação como professora universitária, assessorando grupos de projetos educacionais diversos, elaborando artigos para jornais e revistas e escrevendo livros. Em 1974 foi presa com seus companheiros sob acusação de produzir material subversivo, ao elaborar o relatório "Educação Moral e Cívica e escalada fascista no Brasil", documento encomendado pelo Conselho Mundial de Igrejas, de Genebra, Suíça. Em 1984 voltou a lecionar e, pouco antes de sua morte, em 1999, defendeu tese de doutoramento na área de História e Filosofia da Educação da USP, com o título: *Uma pedagogia para o trabalhador*: o ensino vocacional como base para uma proposta de capacitação profissional de trabalhadores desempregados.

MOVIMENTOS DE EDUCAÇÃO POPULAR

O final da década de 1950 e a primeira metade da década de 1960 foi um período de profunda efervescência ideológica, apesar do desalento dos intelectuais que lutaram por uma LDB mais democrática. A ânsia em definir nossa identidade nacional expressou-se na abundante produção teórica do Instituto Superior de Estudos Brasileiros (ISEB), mas também na atuação efetiva de movimentos de educação e de cultura popular, empenhados em promover a alfabetização, o enriquecimento cultural e a conscientização política popular.

O modo de atuação desses grupos e movimentos se dava por meios diversos: peças de teatro (às vezes apresentadas na rua); atividades em sindicatos e universidades; promoção de cursos, exposições e publicações; exibição de filmes e documentários; alfabetização da população rural ou da urbana marginalizada e animação cultural nas comunidades com treinamento de líderes locais tendo em vista melhor participação política.

Citamos aqui os principais Centros e Movimentos:

- ▶ Centros Populares de Cultura (CPC). O primeiro surgiu em 1961, por iniciativa da União Nacional dos Estudantes (UNE), espalhados entre 1962 e 1964.

- ▶ Movimentos de Cultura Popular (MCP). O primeiro deles, ligado à prefeitura de Recife, Pernambuco, data de 1960. A este grupo pertenceu o educador Paulo Freire, figura importante da educação brasileira e mundial, criador da pedagogia libertadora, como veremos adiante. Depois, esses MCP multiplicaram-se pelo Brasil, funcionando com financiamento público.

- ▶ Movimentos de Educação de Base (MEB). Criados em 1961 pela Conferência Nacional dos Bispos do Brasil (CNBB), diretamente ligados à Igreja Católica e mantidos pelo governo federal (governo Jânio Quadros). Dedicavam-se de início à alfabetização das populações de zona rural, mas, à medida que se expandiu a chamada ala progressista da Igreja, os movimentos se tornaram mais conscientizadores e voltados para a conquista de bens sociais de que o povo se achava excluído.

- ▶ Teoria da Teologia da Libertação. No início dos anos 1960, o papa João XXIII reformulou a doutrina social-cristã, ensejando aos católicos outro tipo de ação, não mais passiva diante das desigualdades e conivente com as elites, mas orientada no sentido de resgatar a dignidade de segmentos populares excluídos. A teoria cristã emancipadora da Teologia da Libertação estendeu-se na América Latina, repercutindo no Brasil de forma mais intensa. Jovens estudantes cristãos e sacerdotes atuaram criticamente, desenvolvendo programas de conscientização, ao lado de comunistas e socialistas, todos voltados para a "construção de um novo país".

Todos esses movimentos provocaram polêmicas em torno do significado de suas atuações. Por exemplo, foram acusados de populismo e de serem paternalistas e, portanto, autoritários, já que os intelectuais teriam a intenção de "orientar" o povo na direção do que eles pensavam ser o "melhor" caminho. Mesmo que, em alguns momentos e sob alguns aspectos, certas críticas procedessem, a generalização parece injusta diante da inegável importância e originalidade desses movimentos, bem como da fecundidade de reflexões desencadeadas a respeito da cultura nacional.

Para compreender melhor esses movimentos, convém analisar a ideologia nacional-desenvolvimentista reinante e o anseio de resolver o dramático e sempre desprezado problema do ensino brasileiro: o da premência de uma educação universal. Além disso, aqueles grupos representaram um modo de atuação que não exigia apenas providências do Estado, pois procuravam eles mesmos refletir sobre os prováveis caminhos de mudança como participantes da sociedade civil.

Variava a composição ideológica desses grupos, com influência de diversas tendências, como pragmatismo, cristianismo, marxismo, bem como os inspirados no personalismo cristão e na fenomenologia existencial. Assim comenta Saviani:

É lícito, portanto, afirmar que sob a égide da concepção humanista moderna de filosofia da educação acabou por surgir também uma espécie de "Escola Nova Popular", como um outro aspecto do processo mais amplo de renovação da pedagogia católica que manteve afinidades com a corrente denominada "teologia da libertação".↪

O golpe militar de 1964 desativou esses movimentos de educação e conscientização popular por considerá-los subversivos, penalizando seus líderes. Os únicos que permaneceram foram os MEB, mas com mudança de orientação e retraimento de atividades.

▶ SAVIANI, Dermeval. *História das ideias pedagógicas no Brasil*. 3. ed. revista. Campinas: Autores Associados, 2010. p. 303. (Coleção Memória da Educação.)

PAULO FREIRE: A TRAJETÓRIA DE UM EDUCADOR

Podemos dizer, sem risco de errar, que Paulo Freire (1921-1997) foi um dos grandes pedagogos da atualidade, respeitado no Brasil e no mundo. Mesmo que suas ideias e práticas tenham sofrido críticas as mais diversas, é impossível desprezar sua fecunda contribuição à educação popular. Antes de tudo, Paulo Freire teve formação cristã. Seu cristianismo, porém, embasava-se em uma teologia libertadora, preocupada com o contraste entre pobreza e riqueza resultante de privilégios sociais.

Mantida a fé, sua formação intelectual alterou-se com o tempo, influenciada inicialmente pelo neotomismo, para percorrer em seguida os caminhos da fenomenologia, do existencialismo e do neomarxismo. Seu primeiro livro, *Educação como prática da liberdade* (1965), apresenta ainda a visão idealista marcada pelo pensamento católico, ao passo que em *Pedagogia do oprimido* (1970) realiza uma abordagem dialética da realidade, com determinantes apoiados em fatores econômicos, políticos e sociais. Escreveu também *Cartas à Guiné-Bissau* e *Vivendo e aprendendo*. Passou um período encarcerado durante a ditadura militar, partindo depois para o exílio. Posteriormente, ao retornar ao país em 1980, publicou, entre uma vasta produção intelectual, *A importância do ato de ler*, *A educação na cidade*, *Pedagogia da esperança* e *Pedagogia da autonomia*. A maioria de seus livros mereceu tradução e comentários em vários países.

Ao voltar do exílio, Paulo Freire retomou as atividades de escritor e debatedor, assumiu cargos nas universidades e foi secretário municipal da Educação em São Paulo (1989-1991). Conferencista respeitado em vários países, também teve suas obras traduzidas em diversas línguas. Em *Pedagogia da esperança*: um reencontro com a pedagogia do oprimido, obra publicada em 1992, Paulo Freire faz um relato de sua caminhada intelectual e retoma os temas da democratização da educação como modo de consciência crítica do contexto vivido, reforçando a necessidade da esperança e do sonho para melhor enfrentar os obstáculos. Nesse sentido, faz sérias críticas aos empecilhos antepostos pelo neoliberalismo.

Paulo Freire nasceu em Recife em 1921 e morreu na cidade de São Paulo em 1997. As primeiras experiências educacionais começaram em 1962 em Angicos, no Rio Grande do Norte, onde trezentos trabalhadores do campo se alfabetizaram em apenas 45 dias, mediante aplicação de seu método. Tão grande impacto desse resultado estimulou Miguel Arraes, então governador de Pernambuco, a autorizar atuação semelhante em favelas de Recife e, em seguida, em todo o estado. Interessado no projeto, o governo federal (João Goulart) pretendia organizar 20 mil "círculos de cultura", procedimento de seu método de alfabetização, a fim de alcançar cerca de 2 milhões de adultos por ano. Freire participou do Movimento de Cultura Popular (MCP) de Recife, até que, em 1964, o governo militar interrompeu suas atividades determinando a prisão do educador. Viveu exilado alguns anos no Chile e posteriormente como cidadão do mundo.

A fértil produção de Freire o tornava conhecido em toda parte. Em decorrência de seu trabalho, o Chile recebeu uma distinção da Organização das Nações Unidas para a Educação, a Ciência e a Cultura (Unesco) – antes da ditadura do general Augusto Pinochet – como um dos cinco países que mais contribuíram para superar o analfabetismo. Em Genebra, Suíça, com outros exilados brasileiros, fundou em 1970 o Idac (Instituto de Ação Cultural), para prestar assessoria a movimentos bem diversos, como operários de sindicatos italianos; de mulheres, ao lado do movimento feminista da Suíça; de alfabetização de adultos na Guiné-Bissau (ex-colônia portuguesa); de atividades similares em outras jovens nações africanas como Cabo Verde, Angola, São Tomé e Príncipe, bem como na Nicarágua, na América Central.

Enquanto isso, no Brasil, em 1967 o governo militar criava o Movimento Brasileiro de Alfabetização (Mobral), numa pretensa campanha nacional, aplicando o método Paulo Freire, mas, por vê-lo como subversivo, usavam apenas as fichas de leitura, excluindo o processo inicial de conscientização, sem perceber tratar-se de passo fundamental do método. Aplicado como mera técnica de alfabetização, os resultados foram incipientes, como veremos no tópico "Reforma do 1º e 2º graus de 1971".

PEDAGOGIA DO OPRIMIDO

Paulo Freire seguia o princípio de que vivemos em uma sociedade dividida em classes, na qual os privilégios de uns impedem a maioria de usufruir os bens produzidos no país. No entanto, convicto de que a realização humana só se concretiza pelo acesso aos bens culturais, argumenta que ela passa a ser

> [...] negada na injustiça, na exploração, na opressão, na violência dos opressores, mas afirmada no anseio de liberdade, de justiça, de luta dos oprimidos, pela recuperação de sua humanidade roubada. ↵

▶ FREIRE, Paulo. *Pedagogia do oprimido*. 8. ed. Rio de Janeiro: Paz e Terra, 1980. p. 30.

Um desses bens necessários é a educação, da qual tem sido excluída grande parte da população dos países periféricos; por isso, ele se refere a dois tipos de pedagogia: a pedagogia dos dominantes, em que a educação existe como prática da dominação, e a pedagogia do oprimido – tarefa a ser realizada –, na qual a educação surge como prática da liberdade. Não é simples instaurar a nova pedagogia, pois com frequência o oprimido "hospeda" o opressor dentro de si, e, ainda quando se reconhece oprimido, assume atitude fatalista de aceitação de "sua sina". Há quem se desvalorize, justificando a "natural superioridade" do opressor; ao passo que outro, inseguro, teme a liberdade que não ousa assumir, aumentando assim a irresistível atração pelo opressor. Há, ainda, os que aspiram a ocupar uma posição entre os "superiores", renegando suas raízes para se tornar também um opressor.

Por outro lado, não convém olhar os dominantes de modo maniqueísta, como aqueles que se reconhecem opressores, pois é mais comum que considerem natural sua superioridade, justificando a pobreza pelos vícios inerentes aos próprios indivíduos, "os outros". Não se perguntam também por que os pobres estão excluídos da cultura formal, explicando a ignorância das massas de maneira mais fácil como resultado da incapacidade pessoal de estudar. Ainda mais, os dominantes se veem como generosos quando pretendem ajudar o pobre a sair da miséria e reagem violentamente a qualquer tentativa de alterar o que admitem ser "a ordem natural" da sociedade.

O movimento de libertação deve partir dos próprios oprimidos, cuja pedagogia será "aquela que tem de ser forjada com ele e não para ele, enquanto homens ou povos, na luta incessante de recuperação de sua humanidade", processo em que se instaura um trabalho de conscientização e de politização. Não basta que o oprimido tenha consciência crítica da opressão, mas que se disponha a transformar essa realidade e agir em seguida para superar a contradição opressor-oprimidos.

CONCEPÇÃO PROBLEMATIZADORA DA EDUCAÇÃO

A pedagogia do dominante apoia-se em uma concepção "bancária", centrada predominantemente na narração. Paulo Freire afirma:

> A narração, de que o educador é o sujeito, conduz os educandos à memorização mecânica do conteúdo narrado. Mais ainda, a narração os transforma em "vasilhas", em recipientes a serem "enchidos" pelo educador. [...] Em lugar de comunicar-se, o educador faz "comunicados" e depósitos, que os educandos, meras incidências, recebem pacientemente, memorizam e repetem. Eis aí a concepção "bancária" da educação, em que a única margem de ação que se oferece aos educandos é a de receberem os depósitos, guardá-los e arquivá-los. ↪

As práticas derivadas dessa concepção são verbalistas, voltadas para a transmissão e avaliação de conhecimentos abstratos, na qual o professor "deposita" o saber e o "saca" por meio

▶ FREIRE, Paulo. *Pedagogia do oprimido*. 8. ed. Rio de Janeiro: Paz e Terra, 1980. p. 66 e 68.

do exame, o que define uma relação de verticalidade (o saber doado de cima para baixo) e de autoritarismo (quem sabe manda). Fica assim caracterizada a passividade do educando, tornado objeto, e o paternalismo do educador, único sujeito do processo. Essa educação parte do pressuposto da existência de um mundo estático e harmônico, isto é, sem contradições, de modo a garantir a concepção "bancária" de educação, que mantém a ingenuidade do oprimido e o acomoda em seu mundo de opressão: eis a educação como prática da dominação.

A concepção problematizadora da educação, ao contrário, enraíza-se em outra compreensão da consciência e do mundo, típica da fenomenologia – conferir o capítulo 8, "Educação para a democracia" – ao admitir que o conhecimento não pode ser o ato de uma "doação" do educador ao educando, mas um processo que se estabelece no contato da pessoa com o mundo vivido, sem esquecer que este não é estático, mas dinâmico, em contínua transformação. A educação mais fecunda supera a relação vertical entre educador e educando e instaura uma relação dialógica: o diálogo pressupõe troca, não imposição. Afirma Freire:

> Desta maneira, o educador já não é o que apenas educa, mas o que, enquanto educa, é educado, em diálogo com o educando, que, ao ser educado, também educa. [...] Já agora ninguém educa ninguém, como tampouco ninguém se educa a si mesmo: os homens se educam em comunhão, mediatizados pelo mundo. Mediatizados pelos objetos cognoscíveis, que na prática "bancária" são possuídos pelo educador, que os descreve ou os deposita nos educandos passivos. ↪

É crítico o conhecimento que resulta desse processo, porque autenticamente reflexivo, e implica o ato do constante desvelar a realidade e nela se posicionar. Esse saber, que se acha entrelaçado com a esperança de transformar o mundo, faz com que os indivíduos se descubram como seres históricos, inacabados e inseridos em uma realidade também histórica e inacabada. Por isso mesmo a educação é um "quefazer permanente". Também por esse motivo, nas sociedades em que prevalecem privilégios costuma-se ver a pedagogia como "perigosa", na medida em que nenhuma "ordem" opressora suporta que os oprimidos se tornem capazes de pensamento crítico.

▶ FREIRE, Paulo. *Pedagogia do oprimido*. 8. ed. Rio de Janeiro: Paz e Terra, 1980. p. 78-79.

MÉTODO PAULO FREIRE

Coerente com seu posicionamento filosófico, o método de Paulo Freire não poderia se reduzir a mera técnica de alfabetização nem os educadores seriam os "sabidos", de antemão preparados sobre o que deve ser impingido ao educando. Para ele, em um Brasil tão grande, naquela época ainda com nítida cisão entre cidade e campo e composto por diferentes culturas regionais, seria impossível saber antecipadamente o que interessa e motiva o educando. Por isso, rejeita as cartilhas que tratam de temas distantes da realidade vivida, como "roupa de tamanho único, que serve pra todo mundo e pra ninguém". Imbuídos desse espírito novo, os educadores superam a postura autoritária e, abertos ao diálogo, procuram ouvir o próprio povo.

Vejamos, a seguir, as etapas do procedimento do método.

Inicialmente, Paulo Freire recomenda levantar o universo vocabular dos grupos, a fim de escolher *palavras geradoras*, variáveis conforme o local. Por exemplo, em uma região de Pernambuco as palavras escolhidas foram: tijolo, voto, siri, palha, biscate, cinza, doença, chafariz, máquina, emprego, engenho, mangue, terra, enxada, classe, ao passo que em favelas do Rio de Janeiro, elas foram outras: favela, chuva, arado, terreno, comida, batuque, poço, bicicleta, trabalho, salário, profissão, governo, mangue, engenho, enxada, tijolo, riqueza.

Na sequência, são organizados os *círculos de cultura*, constituídos de grupos pequenos sob a coordenação de um animador, que tanto pode ser um professor ou um companheiro já alfabetizado. Diante da representação de uma favela, por exemplo, é estimulado o debate, do qual emerge o problema da habitação, da alimentação, do vestuário, da saúde, da educação, descobrindo-a como uma situação problemática. Em seguida, passa-se à *visualização da palavra* favela. Conforme Paulo Freire, para que a alfabetização de adultos não resulte de um ato mecânico e memorizado, é preciso fazer com que os alunos se conscientizem para que se alfabetizem.

Outras atividades desenvolvem-se no processo de pós-alfabetização, pela análise de textos simples, porém sem abandonar a problematização da situação enfocada. Como Paulo Freire defende a autogestão pedagógica, o professor se configura como animador do processo, a fim de evitar o autoritarismo que costuma minar a relação pedagógica. Ao dar mais valor à aprendizagem por meio das discussões de grupos, Paulo Freire recusa a transmissão de conhecimentos vindos de fora e quando surge a necessidade de textos, prefere que os próprios alunos os redijam. Nesse sentido, sua pedagogia representa não só um esforço, mas um trabalho efetivo em direção à democratização do ensino.

Ao longo das mais diversas experiências de Paulo Freire pelo mundo, o resultado, sempre gratificante, mostrou-se muitas vezes comovente: a pessoa iletrada chega humilde e culpada, para aos poucos se descobrir com orgulho como um "fazedor de cultura" e, mais ainda, ciente de que a condição de inferioridade não resulta de sua incompetência, mas de sua humanidade roubada.

O método de Paulo Freire pretende superar a dicotomia entre teoria e prática: no processo da aplicação do método, quando o indivíduo descobre que sua *prática* pressupõe um *saber*, conclui que, de certa maneira, conhecer é interferir na realidade. Percebendo-se como sujeito da história, toma a palavra daqueles que até então detinham seu monopólio. Alfabetizar é, em última instância, ensinar o uso da palavra. A palavra readquire, portanto, as duas dimensões:

> [...] ação e reflexão, de tal forma solidárias, em uma interação tão radical que, sacrificada, ainda que em parte uma delas, se ressente, imediatamente, a outra. Não há palavra verdadeira que não seja práxis. Daí que dizer a palavra verdadeira seja transformar o mundo.↪

▶ FREIRE, Paulo. *Pedagogia do oprimido*. 8. ed. Rio de Janeiro: Paz e Terra, 1980. p. 91.

CONTRIBUIÇÃO ORIGINAL DO EDUCADOR À PEDAGOGIA

O reconhecimento do trabalho de Paulo Freire não esteve isento de críticas, muitas vezes apaixonadas. Se, por um lado, foi recriminado por católicos conservadores pelo uso de categorias marxistas em seu discurso pedagógico – o que não significaria adesão ao marxismo –, para alguns intelectuais de esquerda, Freire não teria ultrapassado o pensamento cristão idealista e liberal. Claramente influenciado por intelectuais do ISEB, foi acusado de sucumbir, como aqueles, ao nacional-desenvolvimentismo, ao passo que outros criticam a não diretividade e o espontaneísmo, que supervalorizariam a contribuição do educando. Sob esse aspecto, afirmam ser impossível o diálogo entre educador e educando, em razão da assimetria entre esses dois polos.

Examinando essas críticas, pertinentes ou não, é necessário reconhecer a contribuição de Paulo Freire, não apenas para a educação de adultos, pois os fundamentos da sua pedagogia permitem a aplicação dos conceitos analisados em maior amplitude, ou seja, na própria concepção libertadora de educação. Paulo Freire liga-se às tendências da moderna concepção a ser examinada adiante, para a qual, descoberto o caráter político da educação, é necessário torná-la acessível às camadas populares. Ainda mais, torná-la o espaço de discussão e de problematização que visa transformar a realidade social.

De acordo com levantamento de Elliot Green, da Escola de Economia de Londres, a obra *Pedagogia do oprimido* é o terceiro texto mais citado mundialmente nas ciências sociais e humanas, como referência e objeto de estudo de universidades. Pela sua importância, a obra é considerada patrimônio da humanidade pela Unesco. Paulo Freire tem seu nome ligado à denominação de escolas e centros de pedagogia de diversos países, o que se pode constatar na lista a seguir: Instituto Paulo Freire, Áustria; Paulo Freire Kooperation, Oldenburg, Alemanha; Centro Paulo Freire, Vrije Universiteit Amsterdam, Holanda; Instituto Paulo Freire, Portugal; Paulo Freire Project, University of KwaZulu-Natal, África do Sul; Freire Institute, University of Central Lancashire, Reino Unido; Paulo Freire Democratic Project, Chapman University, Estados Unidos; The Freire Project, Canadá.

DITADURA MILITAR

Durante as décadas de 1960 e 1970, estabeleceram-se **ditaduras militares** na América do Sul: Brasil (1964-1985), Uruguai (1973-1985), Chile (1973-1990) e Argentina (1976-1983). Vários fatores explicam esses movimentos, que surgiram em função da situação política e econômica mundial. Vivia-se em plena Guerra Fria, período que teve início no final da Segunda Guerra Mundial, quando se configuraram as duas principais forças, a dos Estados Unidos e a da União Soviética, representantes do liberalismo capitalista de um lado e do comunismo soviético do outro.

▶ Diversos historiadores optam pela expressão ditadura civil-militar para referir-se ao período de 1964 a 1985 no Brasil, pois argumentam que a ditadura teve um apoio importante de setores da sociedade civil, como empresários e parte da classe média, que lhe deu sustentáculo. Contudo, outros estudiosos discordam dessa leitura.

As demais nações se alinharam como puderam, mas, à medida que ocorreu a Revolução Cubana, com Fidel Castro, e o comunismo se instalava em outros países da África e da Ásia, os Estados Unidos procuravam combater o que designavam como o "perigo vermelho", atuando no próprio território estadunidense e fora dele. Com o tempo, essa vigilância tomou corpo, levan-

do Washington a instituir a Aliança para o Progresso, a fim de promover o desenvolvimento econômico dos países latino-americanos, no esforço de evitar a adesão deles ao ideário socialista. Ainda que esses programas tivessem fortalecido a economia, os índices sociais não obtiveram o mesmo sucesso.

Vimos que, no início da década de 1960, o Brasil atravessava um período de séria contradição entre ideologia política e modelo econômico: se por um lado o nacionalismo populista buscava a identidade do povo brasileiro e sua independência, por outro tendia a ceder à internacionalização, submetendo-se ao controle estrangeiro. Quando o presidente João Goulart assumiu o poder e empenhava-se nas reformas de base para enfrentar a desigualdade social, foi deflagrado o golpe militar de 1964. A ditadura optou pelo aproveitamento do capital estrangeiro e liquidou de vez o nacional-desenvolvimentismo. Uma sucessão de presidentes militares fortaleceu o Executivo ao passo que fragilizava o Legislativo. Diversas medidas de exceção acentuaram o caráter autoritário do governo: Lei de Segurança Nacional, Serviço Nacional de Informações, prisões políticas, inquéritos policiais militares, proibição do direito de greve, censura dos meios de comunicação e de expressões culturais, cassação de direitos políticos, exílio etc.

O primeiro presidente militar foi o Marechal Humberto de Alencar Castelo Branco, responsável por baixar o primeiro Ato Institucional que, entre outras providências, emudeceu as assembleias, após expurgos e a dissolução de partidos políticos, para recriar dois, a Aliança Renovadora Nacional (Arena) e o Movimento Democrático Brasileiro (MDB). O primeiro representando o governo e o segundo a "oposição", embora este último fosse manipulado pelo poder centralizado. Extinto o **estado de direito**↳ fortaleceu-se o Executivo que, doravante, governaria apoiado em atos institucionais, que transformavam em leis impostas as decisões não previstas na Constituição, chegando ao ponto de contrariá-la.

> ▶ Estado de direito é o conceito segundo o qual todo julgamento só pode ser realizado de acordo com as leis vigentes, e todos, inclusive os mandatários, estão submetidos à legislação.

Em 1968, período do governo do General Costa e Silva, foi decretado o Ato Institucional número 5, inaugurando o período mais duro do poder de exceção. No ano de 2018, cinquenta anos após o AI-5, lemos no jornal *O Estado de São Paulo*:

> O que tornava o AI-5 diferente dos Atos anteriores não era a licença para cassar mandatos e direitos políticos ou para aposentar compulsoriamente magistrados, professores, militares, mas a suspensão de garantias, como a do *habeas corpus*, para acusados de delitos políticos e econômicos, além de retirar da Justiça a possibilidade de apreciar quaisquer atos do governo baseados no AI-5. Dezesseis ministros assinaram o documento, além do presidente Costa e Silva. Era a reação de um governo acuado por protestos estudantis, greves operárias e críticas da imprensa. ↓

A repressão recrudesceu, com torturas e mortes, além de "desaparecimentos" e "suicídios", tornando arriscada qualquer oposição ao regime.

> ▶ GODOY, Marcelo; PEREIRA, Pablo. Reação ao AI-5 leva à democracia e à Constituição. *O Estado de S. Paulo*, 9 dez. 2018. Política, A12.

A recuperação econômica proposta usou o modelo concentrador de renda, que favoreceu uma camada restrita da população e submeteu os trabalhadores ao arrocho salarial. Com o êxodo rural, as grandes cidades não tinham como acolher a todos decentemente, fazendo surgir sérios problemas decorrentes da situação de empobrecimento, com altos índices de miserabilidade. A vinculação ao capitalismo internacional beneficiou as multinacionais, ao passo que pequenas e médias empresas sofreram prejuízos, mais ainda em virtude de recessão, endividamento externo e inflação. Esse modelo econômico, conhecido como "industrialização excludente", garantia o desenvolvimento, embora com distorções de arrocho salarial e perversa concentração de renda, criando uma situação adversa que não tardou a provocar tensões sociais, sempre sufocadas por repressão policial.

A partir de 1978, movimentos populares organizados por diversos segmentos da sociedade civil cada vez mais exigiam abertura política e retorno ao estado de legalidade. As campanhas das chamadas *diretas-já*, clamando por eleições civis diretas, encheram as praças no país, reunindo em abril de 1984 cerca de 1,5 milhão de pessoas no Vale do Anhangabaú, em São Paulo.

Durante vinte e um anos (de 1964 a 1985) os brasileiros viveram o medo gerado pelo governo do arbítrio e pela ausência do estado de direito. Esses anos de chumbo mostraram-se desastrosos para a cultura e a educação, além de provocarem prejuízos econômicos e políticos ao país.

CONTROLE DA DITADURA SOBRE A EDUCAÇÃO

A repercussão imediata do governo autoritário na educação se fez sentir na representação estudantil. Em 1967 foram postas fora da lei as organizações consideradas subversivas, como a União Nacional dos Estudantes (UNE), a fim de evitar sua representação em âmbito nacional, permitindo, porém, a atuação do Diretório Acadêmico (DA), restrito a cada curso, e do Diretório Central dos Estudantes (DCE), para cada universidade. Mesmo assim, estava vetada qualquer tentativa de ação política, como explicita o mote "Estudante é para estudar; trabalhador para trabalhar".

A intenção explícita da ditadura em "educar" politicamente a juventude revelou-se no decreto-lei baixado pela Junta Militar em 1969, que tornou obrigatório o ensino de Educação Moral e Cívica nas escolas em todos os graus e modalidades de ensino. No ensino secundário, aquela denominação era alterada para Organização Social e Política Brasileira (OSPB) e, no curso superior, para Estudos de Problemas Brasileiros (EPB). Nas propostas curriculares do governo transparecia o caráter ideológico e manipulador dessas disciplinas.

As escolas do grau médio sofreram controle, com seus grêmios transformados em *centros cívicos*, submetidos à orientação de um professor de Educação Moral e Cívica, cargo ocupado por pessoa de confiança da direção, o que, em outras palavras, significava a comprovação de não ter passagem pelo Departamento Estadual de Ordem Política e Social (Deops). Este organismo controlava a participação das pessoas em movimentos de protesto, fichando como comunistas as consideradas subversivas.

A extinta UNE, no entanto, continuou a agir clandestinamente e em outubro de 1968 ↳realizou um congresso em Ibiúna, no interior do estado de São Paulo, ocasião em que cerca de novecentos estudantes de várias partes do país foram presos e interrogados. A situação explosiva e a repressão provocaram a radicalização do movimento estudantil, que reivindicava urgente reforma universitária. Estudantes da Faculdade de Filosofia da USP, na época situada à rua Maria Antônia, no centro da cidade de São Paulo, entraram em confronto com os alunos da Universidade Mackenzie, de tradição conservadora e berço do Comando de Caça aos Comunistas (CCC). Após violento conflito, o prédio da USP foi depredado e em seguida desativado.

> ▶ Vale pontuar que o ano de 1968 foi marcado mundialmente pela revolta estudantil iniciada em maio, em Paris. Para mais informações, consultar o capítulo anterior.

A reação da ditadura recrudesceu diante desses movimentos. Em dezembro de 1968, o Ato Institucional nº 5 (AI-5) retirou todas as garantias individuais, públicas ou privadas e concedeu ao presidente da República poderes para atuar como Executivo e Legislativo. Em fevereiro de 1969, o Decreto-lei n. 477 proibia toda e qualquer manifestação de caráter político a professores, alunos e funcionários das escolas. Como se vê, os conflitos eram "resolvidos" pelo expediente do decreto-lei, solução autoritária típica de ditaduras. Com o pretexto de averiguar atividades subversivas, instalou-se o terrorismo nas universidades, por meio de processos sumários e arbitrários que demitiam ou aposentavam professores. Muitos se exilaram em países latino-americanos, na Europa e nos Estados Unidos. Além desse êxodo, os profissionais remanescentes trabalhavam sob o risco de censura e delação, o que sem dúvida prejudicou, e muito, a vida cultural e o ensino no Brasil.

Em virtude da ampliação do mercado de trabalho – uma decorrência da implantação das empresas multinacionais –, ampliou-se a demanda de escolarização, embora a antiga universidade não apresentasse condições de atender à procura, o que criou o sério problema de alunos excedentes dos exames vestibulares. Sem acesso à faculdade, depois de aprovados em exame vestibular, os estudantes pressionavam o governo por mais vagas. O Decreto n. 68.908/71 pôs fim à crise dos excedentes, criando o vestibular classificatório, em que o critério deixava de ser a nota de aprovação, para ser aceito apenas o número de candidatos condizente com as vagas disponíveis, mediante classificação.

REFORMA TECNICISTA E ACORDOS ENTRE ESTADOS UNIDOS E BRASIL

A tendência tecnicista em educação resultou da tentativa de aplicar na escola o modelo empresarial, com base na "racionalização" própria do sistema de produção capitalista, como foi analisado no capítulo anterior. Um dos objetivos de teóricos dessa linha era, portanto, adequar a educação às exigências da sociedade industrial e tecnológica, com economia de tempo, esforços e custos. Em outras palavras, para inserir o Brasil no sistema do capitalismo internacional, seria preciso tratar a educação como *capital humano*. Ou seja, investimentos em educação significariam possibilidade de crescimento econômico.

No Brasil, introduzida no período da ditadura militar, nas décadas de 1960 e 1970, a tendência tecnicista prejudicou sobretudo as escolas públicas, uma vez que as boas escolas particulares "contornaram" essas exigências, mantendo o currículo tradicional. Uma das consequências funestas foi a excessiva burocratização do ensino, porque, para controlar as atividades escolares, havia inúmeras exigências de preenchimento de papéis. Evidentemente, o tecnicismo ignorava o processo pedagógico em sua própria especificidade de jamais permitir a separação rígida entre concepção e execução do trabalho. O professor não deveria ser reduzido a mero executor de tarefas organizadas pelo setor de planejamento, tampouco seria possível imaginar que a excelência dos meios técnicos pudesse tornar secundária a sua função de ensinar.

Citando o escritor belga Armand Mattelart, o professor Dermeval Saviani concluiu a respeito das decisões educacionais no período:

> [...] [o prejuízo atingiu principalmente a América Latina], já que desviou das atividades-fim para as atividades-meio parcela considerável dos recursos sabidamente escassos destinados à educação. Sabe-se ainda que boa parte dos programas internacionais de implantação de tecnologias de ensino nesses países tinha atrás de si outros interesses como, por exemplo, a venda de artefatos tecnológicos obsoletos aos países subdesenvolvidos.↵

▶ SAVIANI, Dermeval. *Escola e democracia*. Edição comemorativa. Campinas, SP: Autores Associados, 2008. p. 12-13. (Coleção educação contemporânea.)

Para instalar o projeto de educação proposto, o governo militar não revogou a LDB de 1961 (Lei n. 4.024), mas introduziu alterações e atualizações. Vimos que aquela lei fora antecedida por amplo debate na sociedade civil, diferentemente do que aconteceu com a Lei n. 5.540/68 (para o ensino universitário) e a Lei n. 5.692/71 (para o 1º e 2º graus), impostas por militares e tecnocratas. O que não se sabia era que, desde o golpe de 1964, militares já estabeleciam acordos com o governo dos Estados Unidos que só vieram a público em novembro de 1966. Tratava-se dos acordos MEC-Usaid (Ministério da Educação e Cultura e *United States Agency for International Development*), pelos quais o Brasil receberia assistência técnica e cooperação financeira para a implantação da reforma.

A partir dessa situação, desenvolveu-se uma reforma autoritária, vertical, domesticadora, que visava atrelar o sistema educacional ao modelo econômico dependente, imposto pela política estadunidense para a América Latina. Vale lembrar que os militares atuaram no interior das universidades, silenciando o debate e intervindo de forma violenta nos *campi*, ao cassar professores e desarticular movimentos estudantis.

A reforma assentava-se em três pilares:

- ▶ educação e desenvolvimento – formação de profissionais para atender às necessidades urgentes de mão de obra especializada no mercado em expansão;
- ▶ educação e segurança – formação do cidadão consciente, relacionada às disciplinas sobre civismo e problemas brasileiros (Educação Moral e Cívica, Organização Social e Política do Brasil e Estudos de Problemas Brasileiros);
- ▶ educação e comunidade – criação de conselhos de empresários e mestres para estabelecer a relação entre escola e comunidade.

PRESSUPOSTOS TEÓRICOS DO TECNICISMO

Examinamos no capítulo anterior, no tópico "Tecnicismo: tecnocracia na organização escolar", como os pressupostos teóricos do tecnicismo estão fundamentados na filosofia positivista e na psicologia behaviorista. Essas teorias valorizam a ciência como uma modalidade de conhecimento objetivo, portanto, passível de verificação rigorosa por meio de observação e experimentação. Aplicadas à educação, restringem-se ao estudo do comportamento, em seus aspectos observáveis e mensuráveis. Coerente com esse princípio, o ensino tecnicista busca a mudança do comportamento do aluno mediante treinamento, a fim de desenvolver suas habilidades. Por isso, privilegiava recursos de tecnologia educacional, encontrando no behaviorismo referências às técnicas de condicionamento.

O taylorismo, igualmente inspirado pelo positivismo, foi uma maneira pela qual as indústrias do começo do século XX conseguiam tornar mais ágil a produção em série, ao passo que o processo taylorista separou a concepção da execução do trabalho e criou o setor de planejamento, submetendo o operário ao parcelamento das tarefas. Não por acaso, os novos gestores do projeto de educação também se orientavam pelas teorias de Frederick Taylor e Henri Fayol, mestres da Teoria Geral de Administração de Empresas. Além dessa influência, a tendência tecnicista aplicada à educação derivou de economistas que na década de 1960 desenvolveram a Teoria do Capital Humano (TCH), divulgada pela Escola de Chicago, sobretudo por Theodore Schultz, autor de *O valor econômico da educação*. Para ele, "as escolas podem ser consideradas empresas" especializadas em produzir instrução.

Desse modo, a educação tecnicista encontrava-se imbuída dos ideais de racionalidade, organização, objetividade, eficiência e produtividade. As reuniões de planejamento deveriam definir objetivos instrucionais e operacionais rigorosamente esmiuçados, estabelecendo o ordenamento sequencial das metas a serem atingidas a fim de evitar "objetivos vagos", que dessem margem a interpretações diversas. Nessa perspectiva, o professor seria um técnico que, assessorado por outros técnicos e intermediado por recursos técnicos, transmitiria um conhecimento técnico e objetivo. A adaptação do ensino à concepção taylorista típica da mentalidade empresarial tecnocrática exigia, portanto, o planejamento e a organização racional do trabalho pedagógico, a operacionalização dos objetivos, o parcelamento do trabalho com a devida especialização das funções e a burocratização. Tudo para alcançar mais eficiência e produtividade.

Convém ressaltar que, apesar dos esforços, o tecnicismo não conseguiu implantar-se de fato. Os professores permaneceram imbuídos da tendência tradicional ou das ideias escolanovistas, embora obrigados a se desincumbir de inúmeros procedimentos burocráticos. No entanto, ainda hoje, diante do ideário do neoliberalismo, o risco continua sendo o de encarar a educação como uma técnica de adaptação humana ao mundo do mercado.

REFORMA UNIVERSITÁRIA DE 1968

A Lei n. 5.540/68, que tratava do ensino de 3º grau, introduziu diversas modificações na LDB de 1961. Em tempo recorde, o Grupo de Trabalho da Reforma Universitária (GTRU), formado por pessoas especialmente designadas pelo presidente general Artur da Costa e Silva, definiu as diretrizes da reforma. O projeto apoiava-se nos estudos do Relatório Atcon (Rudolph Atcon, teórico estadunidense) e do Relatório Meira Matos (do coronel Carlos Meira Matos, da Escola Superior de Guerra). O Congresso não ofereceu dificuldades para aprová-lo: depois de cassações de mandatos, intimidações, tornou-se difícil esboçar qualquer tipo de oposição ao governo autoritário.

A reforma extinguiu a cátedra (cargo de professor universitário, titular em determinada disciplina), unificou o vestibular e aglutinou as faculdades em universidades para a melhor concentração de recursos materiais e humanos, tendo em vista maior eficácia e produtividade. Instituiu o curso básico nas faculdades para suprir as deficiências do 2º grau e, no ciclo profissional, estabeleceu cursos de curta e longa duração, tendo desenvolvido ainda um programa de pós-graduação, que analisaremos no próximo tópico.

A reestruturação completa da administração visava racionalizar e modernizar o modelo, com a integração de cursos, áreas e disciplinas. Uma nova composição curricular permitia a matrícula por disciplina, instituindo-se o sistema de créditos. A nomeação de reitores e diretores de unidade dispensava a exigência de pessoas ligadas ao corpo docente universitário, bastando possuir "alto tirocínio da vida pública ou empresarial". Tudo como convinha a uma reforma em que o viés tecnocrático se sobrepunha ao pedagógico.

Vale lembrar que a definitiva implantação do programa de pós-graduação, com cursos de mestrado e doutorado, recebeu significativo apoio a partir da década de 1970, no sentido de fundamentar a concepção de desenvolvimento nos governos militares. Apesar desse propósito inicial, esses cursos expandiram-se, permitindo garantir o desenvolvimento da pesquisa e a melhoria da qualificação de professores universitários. Aliás, na década seguinte os professores se organizaram em entidades representativas de âmbito nacional, retomando a discussão sobre o papel da universidade, sobretudo no período do início da redemocratização do país.

No tempo em que durou a ditadura, porém, o controle externo de várias decisões – como seleção e nomeação de pessoal – provocou a perda da autonomia da universidade. A divisão em departamentos fragmentou a antiga unidade, instaurando um processo de burocratização nunca visto. Da mesma forma, se até então os alunos se reuniam em classes compondo uma turma, o sistema de matrícula por disciplina desfez grupos relativamente estáveis. A técnica de romper a interação entre pessoas e grupos parecia ter em vista atenuar a crescente politização dos estudantes.

REFORMA DO 1º E DO 2º GRAUS DE 1971

A reforma do ensino fundamental e médio realizou-se durante o período mais violento da ditadura, no governo do general Emílio Garrastazu Médici. Dela participaram membros do grupo de estudos escolhidos pelo coronel Jarbas Passarinho, então ministro da Educação. Dizia o artigo 1º da Lei n. 5.692/71:

> O ensino de 1º e 2º graus tem por objetivo geral proporcionar ao educando a formação necessária ao desenvolvimento de suas potencialidades como elemento de autorrealização, qualificação para o trabalho e preparo para o exercício consciente da cidadania. ↪

▶ BRASIL. Lei n. 5.692, de 11 de agosto de 1971. Fixa diretrizes e bases para o ensino de 1º e 2º graus, e dá outras providências. Disponível em: <http://www2.camara.leg.br/legin/fed/lei/1970-1979/lei-5692-11-agosto-1971-357752-publicacaooriginal-1-pl.html>. Acesso em: 30 jan. 2019.

Para levar a efeito esse objetivo, a lei reestruturou o ensino, ampliando a obrigatoriedade escolar de quatro para oito anos, de modo a aglutinar o antigo primário com o ginasial e suprimir os exames de admissão, responsáveis por seletividade e desistências. A criação da escola única profissionalizante representou a tentativa de extinguir a separação entre escola secundária e técnica, uma vez que, terminado o 2º grau, o aluno poderia ter uma profissão. Para aqueles que não conseguiam concluir os estudos regulares foi reestruturado o curso supletivo.

As integrações de primário e ginásio, secundário e técnico obedeceram aos princípios da continuidade e da terminalidade. A continuidade garantia a passagem de uma série para outra, desde o 1º até o 2º grau, ao passo que, pelo princípio da terminalidade, após concluir cada um dos níveis, o aluno estaria capacitado para ingressar no mercado como força de trabalho, caso necessário.

Diversos pareceres regulamentaram o currículo, composto de uma parte de educação geral e outra de formação especial da habilitação profissional, esta última, em tese, devia ser programada conforme a região, a fim de oferecer sugestões de habilitações correspondentes às três áreas econômicas: primária (agropecuária), secundária (indústria) e terciária (serviços). Para se ter uma ideia, apenas para o 2º grau havia uma lista de 130 habilitações. Como matérias obrigatórias foram incluídas Educação Física, Educação Moral e Cívica, Educação Artística, Programa de Saúde e Religião, esta última obrigatória para o estabelecimento e optativa para o aluno.

Em decorrência das alterações curriculares, algumas disciplinas desapareceram "por falta de espaço", como Filosofia, no 2º grau, ou foram aglutinadas, como História e Geografia, que constituíram os Estudos Sociais, no 1º grau. Outro prejuízo inestimável deveu-se à desativação da antiga Escola Normal, destinada à formação de professores para o ensino fundamental. Com a nova denominação "Habilitação magistério", e incluída no rol de profissões esdrúxulas, perdeu sua identidade e os recursos humanos e materiais necessários à especificidade de sua função. Elencamos algumas críticas dos professores Carlos Luiz Gonçalves e Selma Garrido Pimenta↳ à nova habilitação de magistério:

> ▶ apresentou-se esvaziada de conteúdo, pois não propiciava a formação geral adequada nem a formação pedagógica consistente;

> ▶ de "segunda categoria", por receber os alunos com menor possibilidade de acesso a cursos de maior *status*;

> ▶ sem articulação didática de conteúdo entre as disciplinas do núcleo comum e da parte profissionalizante;

> ▶ conforme definida na lei, não permitia a formação do professor e menos ainda do especialista (4º ano). A formação era toda fragmentada.

▶ GONÇALVES, Carlos Luiz; PIMENTA, Selma Garrido. *Revendo o ensino de 2º grau*: propondo a formação de professores. São Paulo: Cortez, 1990, p. 108.

A EXPERIÊNCIA DO MOBRAL

Em 1967, a fim de minimizar o problema dos precários índices de alfabetização, foi criado Movimento Brasileiro de Alfabetização (Mobral), que começou a funcionar de fato em 1970, época em que a taxa de analfabetismo de pessoas de mais de 15 anos chegou a 33%, caindo para 28,51% em 1972. O programa de alfabetização utilizava o consagrado método Paulo Freire, exposto no tópico "Paulo Freire: trajetória de um educador", apesar de esvaziado do conteúdo ideológico visto como subversivo pela ditadura. Havia, pois, uma adulteração indevida do método, impensável sem o processo de conscientização.

Se levarmos em conta o grande número de inscritos no Mobral, estudos mostraram o baixo rendimento alcançado pelo programa, avaliação essa que se torna ainda menos otimista ao revelar que nem sempre a aprovação significava desempenho de leitura, pois muitos dos "alfabetizados" permaneciam *analfabetos funcionais*, sem desenvoltura para ler e mal sabendo escrever o próprio nome.

REFORMAS DE ENSINO DA DITADURA: AVALIAÇÃO

Os efeitos das reformas de ensino no período da ditadura foram desastrosos para a educação brasileira. Trataremos primeiro das aparentes vantagens da Lei n. 5.692, relativa aos 1º e 2º graus:

> ▶ extensão da obrigatoriedade do 1º grau (1ª a 8ª séries);

> ▶ escola única – superação da seletividade com a eliminação do dualismo escolar, já que não mais haveria separação entre o ensino secundário e o técnico;

- profissionalização de nível médio para todos: superação do ensino secundário propedêutico, pois passou a existir a terminalidade;
- integração geral do sistema educacional do nível primário ao superior (continuidade);
- cooperação das empresas na educação.

A situação, porém, não era bem essa, e hoje podemos dizer que a reforma não foi apenas um fracasso, como provocou prejuízos inestimáveis. Vejamos alguns aspectos do que realmente ocorreu. A obrigatoriedade de oito anos tornou-se letra morta, por não dispor de recursos materiais e humanos para atender à demanda. A profissionalização não se efetivou, em razão da ausência de professores especializados e da falta de infraestrutura adequada aos cursos (oficinas, laboratórios, material), sobretudo nas áreas de agricultura e indústria. Dessas dificuldades surgiu o subterfúgio de recorrer ao setor terciário (de serviços e comércio de produtos), cuja instalação era menos onerosa.

Sem adequada preparação para o trabalho, lançava-se no mercado um "exército de reserva" de mão de obra desqualificada e barata, o que manteve nossa dependência em relação aos países desenvolvidos. Além disso, a introdução de disciplinas sobre civismo impostas pela ideologia da ditadura, atitude reforçada pela extinção da Filosofia e pela diminuição da carga horária de História e Geografia, foram responsáveis por exercer a diminuição do senso crítico e da consciência política da situação vivida naquele momento histórico.

Por outro lado, escolas particulares, sobretudo as destinadas à formação da elite, apresentaram um "programa oficial" que atendia apenas formalmente às exigências legais, sem se submeterem à letra da lei, para dar continuidade ao trabalho efetivo voltado para a formação geral e preparação para o vestibular. Portanto, a escola da elite continuava propedêutica, ao passo que as oficiais aligeiravam seus programas com disciplinas mal ministradas, descuidando-se da formação geral. Dessa maneira, continuava a seletividade, já que a elite, bem preparada, ocupava as vagas das melhores universidades, sobretudo das públicas. Como consequência, a reforma não desfez o dualismo escolar, antes o aprofundou.

Com relação à reforma universitária, é importante lembrar que nesse período ocorreu um processo sem precedentes de privatização do ensino. Grande parte dos cursos, nos moldes do sistema empresarial, nem sempre oferecia igual qualidade pedagógica, por criar cursos superiores de maneira indiscriminada, com preponderância dos que exigiam poucos recursos materiais e humanos e permitiam a superlotação das classes. O que de fato ocorria: os alunos mais pobres e mal preparados para a disputa pelas vagas eram excluídos das melhores faculdades, geralmente de universidades públicas, e se encaminhavam para faculdades particulares pagas e de nível mais baixo. A relação entre escola e comunidade reduziu-se a captar mão de obra para o mercado e à intenção de adaptar ao ensino o modelo da estrutura organizacional das empresas burocratizadas e hierarquizadas.

Sem desconsiderar as críticas precedentes, todas graves, destaca-se o caráter tecnocrático da reforma, segundo o qual valores de eficiência e produtividade se sobrepuseram aos pedagógicos. Ao invés da alegada neutralidade técnica, que asseguraria a administração e o planejamento despolitizados, na verdade fortaleciam-se estruturas de poder por meio da substituição da participação democrática – fundamental em qualquer projeto humano, sobretudo pedagógico – pela decisão de poucos. Portanto, essa reforma, embora aparentemente técnica, neutra, apolítica foi, de fato, política e interessada no exercício do poder autoritário.

OUTRAS TENDÊNCIAS PEDAGÓGICAS DURANTE A DITADURA

Apesar das dificuldades impostas pela censura durante a ditadura, alguns intelectuais continuaram repensando nossa educação.

Vejamos alguns deles, a começar por trabalhos de Lauro Oliveira Lima (1921--2013), que atuou em vários segmentos da educação e da pedagogia. Na segunda metade da década de 1950, como inspetor seccional do Ceará, desenvolveu atividades com uma equipe da Campanha de Aperfeiçoamento e Difusão do Ensino Secundário (Cades), criada em 1953 para elevar o nível do ensino secundário. Suas atividades com o grupo e os trabalhos redigidos na época deram elementos para a redação do livro *A escola secundária moderna*, publicado em 1962.

Oliveira Lima também foi importante divulgador da teoria psicogenética de Jean Piaget – ver capítulo 8, "Educação para a democracia" –, psicólogo suíço que influenciou de modo significativo a pedagogia contemporânea, possibilitando uma melhor compreensão dos estágios do desenvolvimento mental desde a infância até a adolescência. Naquela época, a teoria piagetiana era estudada sobretudo em seus aspectos psicológicos – nem tanto os epistemológicos –, tendo sido bem incorporada às tendências da Escola Nova, vigente no período.

O escolanovismo piagetiano de Lauro Oliveira Lima se apresentou, no entanto, multifacetado. Ao fazer a crítica à escola tradicional, divulgou as ideias de desescolarização de Ivan Illich, introduziu certas características do não diretivismo, de técnicas de dinâmica de grupo e mostrou afinidades com o tecnicismo pedagógico em via de implantação. Participou a vida toda de atividades educacionais em locais como o Ceará, seu estado natal, passando também por Rio de Janeiro e São Paulo. Fundou escola, trabalhou em instituições públicas de educação e publicou extensa bibliografia. Perseguido pela ditadura, desestabilizou-se várias vezes, até tornar-se nos últimos anos de vida diretor de pesquisas do Centro Educacional Jean Piaget, circunstância em que podia aplicar o método de dinâmica de grupo criado por ele próprio no treinamento de professores, técnicos e empresários.

Na década de 1970 fizeram sucesso no Brasil as traduções de obras pedagógicas de educadores não diretivistas, dentre elas *Sociedade sem escolas*, de Ivan Illich, e *Liberda-*

de sem medo, de Alexander Neill, fundador de Summerhill, ambas contrastando com o tecnicismo implantando em nossas escolas pela ditadura. Neste mesmo período, a produção teórica dos crítico-reprodutivistas de Pierre Bourdieu e Jean-Claude Passeron, que contestavam as ilusões da escola como veículo da democratização, nos ajudavam a repensar o nosso fracasso escolar.

Muitos outros enriqueceram o debate: Barbara Freitag analisou a educação de 1964 a 1975 com base nas teorias de Louis Althusser e Antonio Gramsci; Maria de Lourdes Deiró Nosella elencou livros didáticos para investigar a ideologia a eles subjacente; Luiz Antônio Cunha criticou a escola liberal, sobretudo a Escola Nova, denunciando a política que leva à discriminação e à falência educacional no Brasil. Veremos adiante a contribuição de Dermeval Saviani, educador responsável por elaborar os fundamentos da pedagogia histórico-crítica.

Com o incremento dos cursos de pós-graduação na década de 1970, vários trabalhos de pesquisa histórica sobre educação brasileira supriram algumas lacunas da escassa produção anterior. Dentre os antigos, destacam-se os citados pedagogos da Escola Nova, Laerte Ramos de Carvalho e Jorge Nagle. Posteriormente, autores como Otaíza de Oliveira Romanelli, Casemiro dos Reis Filho, Maria Luísa Santos Ribeiro, além de outros, investigaram períodos específicos. Nos estudos sobre educação popular destacaram-se Celso Rui Beisiegel, Vanilda Pereira Paiva e Carlos Rodrigues Brandão. Especial foi a contribuição de Paulo Freire, a que já dedicamos atenção. Voltado para a educação popular e em defesa da escola do trabalho, Maurício Tragtenberg sofreu influência do pensamento antiautoritário de Michel Lobrot para denunciar formas de poder na escola.

O sociólogo e educador Florestan Fernandes, ante a pressão das escolas particulares, sempre lutou pela destinação exclusiva das verbas públicas para a educação pública, expondo suas ideias em livros e jornais, além de participar ativamente como deputado da Assembleia Nacional Constituinte de 1987/88, defendendo a democratização do ensino. Crítico da escola liberal, Moacir Gadotti desenvolveu a pedagogia do oprimido, inspirando-se em Paulo Freire, e, ao incorporar a dialética marxista, destacou o papel crítico e revolucionário do professor, que mostrou as contradições – entre opressor e oprimido, por exemplo – em vez de camuflá-las.

Mais adiante daremos atenção a Dermeval Saviani, principal representante da tendência histórico-crítica. Muitos desses pedagogos, embora tenham iniciado seus trabalhos no período da ditadura militar, continuaram posteriormente com sua produção intelectual.

TRANSIÇÃO DEMOCRÁTICA

Retomemos aqui as análises sobre as ações do regime militar que, na proximidade da década de 1980, dava sinais de enfraquecimento e iniciava lento processo de democratização. A sociedade civil, a classe política, as organizações estudantis posicionavam-se de modo mais contundente contra o autoritarismo, na tentativa de recuperar espaços perdidos.

A Lei da Anistia Política, promulgada em 1979, durante o governo do presidente João Baptista Figueiredo, o último militar a governar o Brasil, reverteu punições a cidadãos considerados criminosos políticos pelo regime militar, permitindo que exilados políticos anistiados retornassem ao Brasil. No entanto, pela Lei da Anistia o Brasil aceitou a cláusula pela qual os autores das violências cometidas também fossem anistiados, diferentemente de outros países sul-americanos que sofreram com ditaduras militares, como Chile, Argentina e Uruguai, que julgaram e prenderam militares acusados de assassinato, tortura e ocultamento de cadáveres, com a alegação de tratar-se de "terrorismo de Estado".

Posteriormente, instaurada a Comissão Nacional da Verdade (2011-2014) para analisar o período de 1946 a 1988, que incluía a ditadura militar, tentou-se investigar as violações cometidas contra os Direitos Humanos, ocasião em que foram revelados muitos acontecimentos de nossa história, até então desconhecidos, e que facilitou a localização de restos mortais de assassinados, embora muitas outras buscas ainda permaneçam inconclusas.

No plano da educação, na década de 1980 já se reconhecia o fracasso da implantação da reforma da LDB, e a Lei n. 7.044/82 dispensava as escolas da obrigatoriedade da profissionalização, orientando para a retomada da ênfase na formação geral. Nos debates intensificou-se a luta pelo retorno da Filosofia ao currículo, até que no Parecer n. 342/82 o Conselho Federal da Educação acenou com um tímido recomeço, em que a Filosofia ressurgiu como disciplina optativa. Nesse processo todo, nada foi alcançado sem esforço, mas com trabalho intenso, publicações e pressão da sociedade civil.

Em 1985 chegamos ao primeiro governo civil depois da ditadura, ainda com inúmeros políticos remanescentes da fase autoritária. À revelia dos movimentos populares, especialmente da campanha das diretas-já, foi mantida a eleição indireta para a presidência da República. Naquele momento crucial, ocorreu o infortunado falecimento do presidente eleito, Tancredo Neves, abrindo espaço para o vice-presidente José Sarney, que começou o governo civil como um político imposto pela aliança que tornara possível sua vitória. Saído das fileiras do Partido Democrático Social (PDS) – e fiel à ditadura –, no ano anterior (1984) Sarney votara contra a emenda que propunha restabelecer as eleições diretas.

Com a abertura política, partidos extintos voltaram à legalidade, bem como os organismos de representação estudantil (UNE, União Estadual dos Estudantes etc.). Abrandada a censura, com algumas recaídas, é bem verdade, o debate político retornou à cena, não só na "praça pública" como nas salas de aula. Fortaleciam-se diversos grupos representativos da sociedade civil: a Conferência Nacional dos Bispos do Brasil (CNBB), a Associação Brasileira de Imprensa (ABI), a Ordem dos Advogados do Brasil (OAB), a Sociedade Brasileira para o Progresso da Ciência (SBPC), o Partido do Movimento Democrático Brasileiro (PMDB), da oposição, e os sindicatos, sobretudo o dos metalúrgicos do **ABCD**↪paulista, responsável por importante greve geral em 1978, ocasião em que foram apresentadas as bases para a criação do PT, oficializado em 1980.

No ano de 1978, os professores intensificaram a mobilização em diversos estados, a fim de recuperar perdas salariais, que haviam atingido índices inéditos, agravando a pauperização da profissão. Apenas como exemplo, na rede estadual de São Paulo, a greve foi deflagrada por uma liderança paralela à dos órgãos oficiais de representação, porque até então, diretorias da Associação dos Professores do Ensino Oficial do Estado de São Paulo (Apeoesp) e o sindicato dos professores da rede particular tinham pouco comprometimento com os interesses da categoria.↪

▶ ABCD é uma sigla para designar cidades de uma região tradicionalmente industrial do estado de São Paulo e que compõem a Região Metropolitana de São Paulo: Santo **A**ndré, São **B**ernardo do Campo, São **C**aetano do Sul e **D**iadema.

O esforço da oposição para tornar esses organismos de classe realmente representativos e integrados foi longo e espinhoso, além da difícil tarefa para promover a consciência política de professores de todas as etapas do ensino. Naquele momento, lutava-se também pela regulamentação da carreira do magistério e por condições mais dignas para exercê-la, inclusive pela imediata reposição das perdas salariais.

▶ Para mais detalhes, consultar RIBEIRO, Maria Luísa Santos. *A formação política do professor de 1º e 2º graus*. 2. ed. São Paulo: Cortez, 1987.

Após a análise do período da ditadura, apresentava-se como urgente não só a valorização do magistério, mas a necessária recuperação da escola pública, aviltada e empobrecida naqueles anos todos. O debate propriamente pedagógico foi bastante reativado em cinco Conferências Brasileiras de Educação (realizadas de 1980 a 1988), pela circulação de cerca de sessenta revistas especializadas em educação – as primeiras delas *Educação & Sociedade* e *Ande* – e por uma fecunda produção de teses universitárias voltadas para a investigação dos problemas da área.

REDEMOCRATIZAÇÃO: A NOVA REPÚBLICA

Em 1985, após 21 anos, terminou o governo militar e iniciou-se a chamada *Nova República*, o que se deu por eleição indireta, por meio de um colégio eleitoral que escolheu Tancredo Neves, advogado e político opositor do governo, com boa margem de votos. Às vésperas da posse, porém, ele não resistiu a uma cirurgia de urgência, que culminou com sua morte, acontecimento que alçou o vice José Sarney à posição de primeiro presidente civil desde 1964.

No entanto, era pesada a herança da ditadura. A crise política e econômica desafiava soluções frente à inflação, à enorme dívida externa – sob o controle do Fundo Monetário Internacional (FMI) –, ao arrocho salarial e à crescente pauperização da classe média. Na sequência, vários planos de estabilização econômica tentaram, sem sucesso, mudar a moeda e congelar preços. A pobreza e a violência recrudesceram no campo, atingindo níveis preocupantes nas cidades. Após inúmeras dificuldades diante do choque entre forças conservadoras expresso em diversos momentos, principalmente sobre questões sociais e reforma agrária, em 1988 foi promulgada a nova Constituição, conhecida como Constituição Cidadã, graças a inúmeras leis voltadas para a área social. No entanto, os avanços alcançados estavam muito aquém das esperanças nela depositadas por setores mais progressistas.

Fernando Collor de Mello, o primeiro presidente civil eleito pelo voto popular, com a promessa de "combater os marajás" – entendam-se os enriquecidos ilicitamente – governou apenas por dois anos (1990-1992). Um dia após a posse, confiscaram-se os depósitos bancários e até de cadernetas de poupança, ato que representou evidente desrespeito às reservas econômicas de todos os cidadãos. Entre outras ineficazes medidas econômicas que levaram o país à hiperinflação e a inúmeros escândalos, o governo sofreu denúncias de corrupção, o que provocou intensa mobilização popular até seu *impeachment*.

Abrimos aqui parênteses para registrar um evento já relatado no capítulo anterior, sobre a queda do Muro de Berlim em 1989, seguida pela derrocada do Leste Europeu, constituído por diversos países até então dominados pela União Soviética, e o fracasso do chamado "socialismo real". Em decorrência, o ideário neoliberal que se impunha desde a década de 1970 adquiriu mais força com reflexos no Brasil, tendência que se mostrou perniciosa pelo fato de não usufruirmos ainda sequer das vantagens sociais já alcançadas em países capitalistas mais desenvolvidos. Em 1995, atingimos o lamentável recorde de mais alta concentração de renda do mundo, situação que persistia de acordo com dados divulgados em 2017 na Pesquisa Desigualdade Mundial, segundo a qual 1% dos brasileiros mais ricos detêm 28,3% da renda total do país.↓

Após a queda de Fernando Collor, assumiu o vice-presidente Itamar Franco (1992-1994), que enfrentou altas taxas de desemprego e hiperinflação, esta última debelada a partir de 1994 com o Plano Real, que, entre diversas medidas econômicas, criou a moeda do *real*. A reunião de diversos economistas no período em que o sociólogo Fernando Henrique Cardoso, do Partido da Social Democracia Brasileira

▶ WORLD Inequality Database. *Top 1% national income share.* Disponível em: <https://wid.world/world#sptinc_p99p100_z/US;FR;CN;ZA/last/eu/k/p/yearly/s/false/5.487/30/curve/false/country>. Acesso em: 30 jan. 2019.

(PSDB), era Ministro da Fazenda fez com que ele se elegesse presidente da República para o mandato de 1995-1998. Na sequência, Cardoso deu início a reformas estruturais de gestão pública para garantir a estabilidade econômica, recorrendo a privatizações de setores estatais, como Vale do Rio Doce, Embratel e Companhia Siderúrgica Nacional, à venda de bancos de diversos estados e à permissão da entrada de capital estrangeiro no país, medidas que representaram para alguns segmentos sua adesão ao neoliberalismo. Após o Congresso aprovar o dispositivo de reeleição, Cardoso assumiu um segundo mandato (1999-2002) enfrentando, porém, problemas de altos índices de desemprego e endividamento externo do país, o que provocou sua impopularidade e a multiplicação de movimentos sociais contra a pauperização das camadas de baixa renda.

Luiz Inácio Lula da Silva, um dos fundadores do PT, elegeu-se para assumir a presidência em 2003, tendo sofrido forte oposição em razão de sua origem operária e pelo fato de grande parte de militantes de seu partido ter participado de movimentos de esquerda durante a ditadura. Ao contrário das expectativas de muitos, no plano econômico apresentado foi de certo modo mantido o programa do governo anterior, continuando as altas as taxas de juros e elevados os índices de desemprego. O foco inicial do seu mandato foram os projetos "Fome Zero" e "Bolsa Família", que visavam atender famílias em situação de extrema pobreza. No seu segundo mandato a inflação foi controlada e houve diminuição dos índices de desemprego, além da redução da pobreza e da desigualdade social. Seu governo manteve a estabilidade econômica e a retomada do crescimento, terminando com aprovação superior a 80%.

Na sequência elegeu-se Dilma Rousseff em 2010, obtendo aprovação de 59% no final do primeiro mandato. Eleita para o segundo mandato, enfrentou movimentos de rua em 2013, iniciados por grupos que se reuniam para criticar o preço de transporte coletivo, a que outros aderiram no sentido de reivindicar pautas políticas de diversos teores. O índice inicial de aprovação da presidente foi diluído pela significativa adesão às manifestações, que culminaram com o seu *impeachment*, em 2016, sob acusação de ter ferido a Lei de Diretrizes Orçamentárias e a Lei de Responsabilidade Fiscal. Esse evento político provocou polêmica no país em virtude da oposição entre aqueles que apoiavam o impedimento e outros que o viam como alegação frágil, forjada para destituir a presidente eleita.

Durante o governo do presidente Michel Temer, vice de Dilma, foram aprovadas várias pautas, como a da Proposta de Emenda Constitucional (PEC) que suspendeu os gastos públicos dos três poderes por 20 anos, o que de certo modo tem representado dificuldades maiores a serem enfrentadas na Saúde, na Educação e também na Cultura, essa pasta que com frequência deixa de merecer um ministério exclusivo e chega a ser diluída em outro, descuidando-se de sua importância. Do ponto de vista da educação, vale destacar a Medida Provisória da Reforma do Ensino Médio, tema a ser tratado no tópico "Transição para o novo governo".

Em 2018, chegou à presidência o capitão Jair Bolsonaro, deputado federal havia quase 30 anos. Filiado ao Partido Social Liberal (PSL), partido até então com pouca representatividade, conseguiu se eleger mediante divulgação nas redes sociais e aplicativos de troca de mensagens. Embora o governo de Jair Bolsonaro esteja ainda muito incipiente, ele se autoproclama neoliberal na economia e tradicional nos costumes.

Para a Educação, a pauta da Escola sem Partido, que vinha sendo gestada no país havia 14 anos, tem sofrido forte reação da sociedade civil e de professores, em virtude do comprometimento pela educação centrada na diversidade e na autonomia de pensamento dos estudantes e de seus professores. Outra questão de intranquilidade encontra-se na Reforma do Ensino Médio, como veremos no tópico "Transição para o novo governo", na última parte deste livro.

INICIATIVAS OFICIAIS PÓS-DITADURA

Destacamos aqui algumas das inúmeras iniciativas oficiais voltadas para resolver a questão premente do ensino público, reconhecendo a necessidade de buscar soluções corajosas e não meramente paliativas ou eleitoreiras. Havia muito tempo as escolas públicas recorriam a expedientes – como quermesses e Associações de Pais e Mestres – a fim de arrecadar dinheiro para reformas ou atendimento de outras necessidades. A remuneração do professor continuava ínfima e aviltante.

Após o fracasso do Plano Cruzado (1986), durante o governo de José Sarney, o congelamento forçado da mensalidade na escola particular, seguido por uma explosão de preços, provocou maior elitização do ensino, sobretudo porque a escola paga se tornava inacessível também à clientela habitual de determinados segmentos da classe média. O que salta à vista é a continuada elitização da educação, com a escola de qualidade cada vez mais restrita a poucos, ao passo que a pública é reduzida a condições lamentáveis.

FORMAÇÃO PARA O MAGISTÉRIO: OS CEFAMS

Diante do estrago provocado pela lei do ensino profissionalizante (5.692/1971), os debates se concentraram na reestruturação dos cursos de formação de professores de grau superior (Pedagogia e Licenciatura), bem como do secundário (Habilitação Magistério). Nesse sentido, foi significativo o esforço para reformular a habilitação específica de 2º grau para o magistério, a começar pelo governo estadual de Minas Gerais. Conforme orientação do Plano Mineiro de Educação (1984/87), 31 escolas normais foram transformadas em Centros Específicos de Formação e Aperfeiçoamento do Magistério (Cefams). O primeiro grupo de professores desses centros frequentou cursos de especialização promovidos pela Universidade Federal de Minas Gerais, a fim de "tomar contato com o que havia de mais atualizado em sua respectiva área de atuação, [e] pudesse disseminar os novos conhecimentos e práticas pelos colegas".↵

▶ CUNHA, Luiz Antônio. *Educação, Estado e democracia no Brasil*. 2. ed. São Paulo: Cortez, 1995. p. 183.

No estado de São Paulo, desde 1988 implantaram-se Cefams que ofereciam cursos em período integral, com direito a bolsas de estudos para alunos, que também recebiam salários durante os quatro anos de frequência na escola. Os professores eram remunerados não só pelas aulas dadas, mas pelas horas-aulas reservadas para correção de provas, preparação de aulas e reuniões pedagógicas. Veremos no tópico "A nova LDB de 1996" uma modificação mais radical, orientada para a lenta desativação dos cursos de magistério de nível médio, na expectativa de serem substituídos paulatinamente pela formação superior de Pedagogia com licenciatura plena.

O término do programa de formação de professores foi lamentado por aqueles que reconheceram o esforço que atingiu em alguns momentos uma educação de qualidade tanto na teoria como na prática. Para outros, porém, apesar de bem-intencionada, a proposta não atingiu o Brasil como um todo, por não levar em consideração as especificidades de cada região.

A EXPERIÊNCIA DOS CIEPS

No estado de São Paulo, foi instituído em 1988 o Programa de Formação Integral da Criança (Profic), que buscava oferecer jornada de tempo integral para as classes de 1º grau com a finalidade de resolver problemas de evasão e de repetência. Ante a situação de abandono das crianças e dos riscos de violência nas ruas, a escola "protetora" funcionaria como local de segurança, fornecendo também alimentação e atendimento médico. Depois de inúmeras dificuldades, o projeto foi desativado pelo governo seguinte e mantida apenas a proposta de aumento da jornada nas primeiras séries. A principal crítica decorreu da ausência de estrutura adequada à implantação, já que 40% das escolas funcionavam em regime de quatro turnos, engano que denota o caráter precário de "reformas de gabinete", que descuidam das reais condições de implantação dos projetos.

Outra solução para o problema teve o apoio de Darcy Ribeiro (1922-1997), antropólogo indianista e defensor da escola pública. Como secretário da educação do governador do estado do Rio de Janeiro, Leonel Brizola, implementou os Centros Integrados de Educação Pública (Cieps) durante a década de 1980. Concebidos pelo arquiteto Oscar Niemeyer e construídos com blocos pré-fabricados, os prédios poderiam acomodar mil crianças em horário integral de dois turnos. Implementadas com intenção de ministrar ensino de boa qualidade, as escolas, espalhadas por todo o estado, ofereciam infraestrutura composta de bibliotecas, quadras de esporte, refeitório, vestiário, gabinete médico e odontológico.

Esse projeto, envolto em ampla propaganda, provocou reações contraditórias de aplausos e rejeição. Pelo fato de existirem inegáveis intenções eleitoreiras, nem sempre as críticas eram desapaixonadas. Posteriormente, distante daqueles acontecimentos, pôde-se avaliar a iniciativa de forma mais isenta, percebendo que os frutos do empreendimento não condizem com a agitação de 1985, no momento em que foi inaugurado o primeiro Ciep. Resumimos a seguir as principais críticas, elencadas por Luiz Antônio Cunha.↵

Os prédios escolares, em que pese a notoriedade de Niemeyer, tiveram a construção encarecida em razão de exigências de adaptação aos terrenos. A pressa em concretizar o projeto antes das eleições de 1986 – nas quais Darcy Ribeiro era candidato a governador – acarretou problemas posteriores como afundamentos, vazamentos, rachaduras e isolamento acústico precário. Embora o objetivo declarado fosse atender às necessidades de áreas carentes, alguns prédios, construídos à margem de rodovias ou em cruzamentos, pareciam ter a intenção de facilitar sua visibilidade.

> ▶ CUNHA, Luiz Antônio. *Educação, Estado e democracia no Brasil*. 2. ed. São Paulo: Cortez, 1995. p. 129-162.

Sem muita clareza de metodologia e de pressupostos teóricos, além da dificuldade de preparar professores para a consecução efetiva do projeto, criticava-se ainda o assistencialismo da proposta, que atribuía à escola o papel de resolver problemas sociais, como a infância abandonada, a carência de alimentação e o tratamento de saúde. Em fins de 1987, apesar da intenção de oferecer aos pobres uma "escola de ricos", dos 500 Cieps prometidos apenas 117 entraram em funcionamento, atendendo à ínfima porcentagem de 3% do alunado estadual e municipal, e não ao mínimo de 20% anunciado. Mais ainda, o alto investimento requerido provocara uma distorção, ao concentrar recursos para poucos, desqualificando o ensino da maioria. De novo, a dualidade no ensino público contrariava a meta de democratizar a educação.

Projetos arquitetônicos e pedagógicos desse porte seduziram a administração da prefeita Marta Suplicy, na cidade de São Paulo, por ocasião da implantação do Centro Educacional Unificado (CEU) em diversos bairros da periferia a partir de 2003, programa posteriormente replicado por outros prefeitos, mas com outras denominações. Aliás, esse tipo de projeto fora apresentado pela primeira vez por Anísio Teixeira, na Bahia, embora a Escola-Classe e a Escola-Parque tivessem propostas diferentes, como vimos no tópico sobre aquele educador, "Pedagogo e educador: Anísio Teixeira". O problema desses investimentos é o de serem onerosos, não atenderem a totalidade do alunado e geralmente sofrerem solução de continuidade, sobretudo do ponto de vista pedagógico, quando muda a gestão do governo.

A propósito da última crítica, lembramos a reflexão de Luiz Antônio Cunha a respeito da dificuldade de implantar e manter diretrizes pedagógicas no Brasil:

> Os padrões de gestão da rede pública que prevalecem são os que, à falta de melhor denominação, chamo de administração "zigue-zague": as mais diferentes razões fazem com que cada secretário de Educação tenha o seu plano de carreira, a sua proposta curricular, o seu tipo de arquitetura escolar, as suas prioridades. Assim os planos de carreira, as propostas curriculares, a arquitetura escolar e as prioridades mudam a cada quatro anos, frequentemente até mais rápido, já que nem todos permanecem à frente da secretaria durante todo o mandato do governador ou do prefeito. ↪

▶ CUNHA, Luiz Antônio. *Educação, Estado e democracia no Brasil*. 2. ed. São Paulo: Cortez, 1995. p. 474-475.

CONSTITUIÇÃO DE 1988

A questão da escola pública acirrou discussões no decorrer dos trabalhos da Constituinte de 1987/88. Muitos foram os confrontos e pressões, inclusive de escolas particulares, desejosas de manter o acesso às verbas públicas garantidas pela Constituição anterior.

A seguir, alguns pontos importantes da nova Constituição:

- ▶ gratuidade do ensino público em estabelecimentos oficiais;
- ▶ ensino fundamental obrigatório e gratuito;
- ▶ extensão do ensino obrigatório e gratuito, progressivamente, ao ensino médio;
- ▶ atendimento em creches e pré-escolas a crianças de zero a seis anos;
- ▶ acesso ao ensino obrigatório e gratuito como direito público subjetivo, ou seja, o seu não oferecimento pelo poder público, ou sua oferta irregular, importa responsabilidade da autoridade competente, sujeita a sofrer processo;
- ▶ valorização dos profissionais do ensino, com planos de carreira para o magistério público;
- ▶ autonomia universitária;

- aplicação anual pela União de nunca menos de 18%, e pelos estados, Distrito Federal e municípios de 25%, no mínimo, da receita resultante de impostos na manutenção e desenvolvimento do ensino;
- distribuição dos recursos públicos assegurando prioridade no atendimento das necessidades do ensino obrigatório nos termos do Plano Nacional de Educação;
- recursos públicos destinados às escolas públicas podem ser dirigidos a escolas comunitárias confessionais ou filantrópicas, desde que comprovada finalidade não lucrativa;
- Plano Nacional de Educação visando à articulação e ao desenvolvimento do ensino em seus diversos níveis e à integração das ações do poder público que conduzam à erradicação do analfabetismo, universalização do atendimento escolar, melhoria da qualidade do ensino, formação para o trabalho, promoção humanística, científica e tecnológica.

A nova Lei de Diretrizes e Bases da Educação Nacional (LDBEN) foi estabelecida a partir das linhas mestras dessa Lei Magna.

1996: A NOVA LDB

Aprovada a Constituição em 1988, restava elaborar a lei complementar para tratar das Diretrizes e Bases da Educação Nacional. Havia motivos de preocupação a respeito de sua regulamentação, se lembrarmos que a LDB anterior levara treze anos para ser aprovada (de 1948 a 1961), oferecendo no final um texto já envelhecido. No entanto, em dezembro de1996 foi publicada a Lei n. 9.394.

O primeiro projeto da nova LDB resultou de amplo debate por 8 anos, não só na Câmara, mas na sociedade civil, sobretudo no Fórum Nacional em Defesa da Escola Pública, composto de várias entidades sindicais, científicas, estudantis e de segmentos organizados da educação. O projeto original exigiu do relator Jorge Hage – que deu nome ao substitutivo – um trabalho de finalização importante, já que, pela primeira vez, uma lei não resultaria de exclusiva iniciativa do Executivo, e sim do debate democrático da comunidade educacional.

Porém, com apoio do governo e do ministro da Educação, o senador Darcy Ribeiro propôs outro projeto, que começou a ser discutido paralelamente e terminou por ser aprovado em 1996. Defensores deste segundo projeto, viam defeitos no substitutivo apresentado, como muito detalhista, em seus 172 artigos, e corporativista, porque interessado em defender determinados setores. Em contraposição, o projeto aprovado foi criticado por ser vago demais, omisso em pontos fundamentais e autoritário, não só por não ter sido precedido por debates, mas por privilegiar o Poder Executivo, dispensando as funções deliberativas de um Conselho Nacional composto por representantes do governo e da sociedade.

COMENTÁRIOS SOBRE A LDB

Vejamos alguns pontos que mereceram maiores críticas, tanto positivas como negativas, a respeito da LDB. Recordemos que, apesar de sancionada em 1996, ela passou por reformas ao longo do tempo.

Acusada de neoliberal, de modo geral, a lei não garantia a esperada democratização da educação, especialmente porque o Estado delegara ao setor privado grande parte de suas obrigações. Por exemplo, a educação profissional não se encontra obrigatoriamente vinculada à escola regular. No parágrafo único do artigo 36-A, lemos:

▶ Para a ampliação do debate, sugerimos consultar SAVIANI, Dermeval. **A nova lei da educação**: trajetória, limites e perspectivas. Campinas: Autores Associados, 1997; e DEMO, Pedro. **A nova LDB**: ranços e avanços. 17. ed. Campinas: Papirus, 1997.

> A preparação geral para o trabalho e, facultativamente, a habilitação profissional poderão ser desenvolvidas nos próprios estabelecimentos de ensino médio ou em cooperação com instituições especializadas em educação profissional.

Em seguida, diz o artigo 40:

> A educação profissional será desenvolvida em articulação com o ensino regular ou por diferentes estratégias de educação continuada, em instituições especializadas ou no ambiente de trabalho.

▶ BRASIL. Lei n. 9.394, de 20 de dezembro de 1996. Estabelece as diretrizes e bases da educação nacional. Disponível em: <http://www.planalto.gov.br/ccivil_03/LEIS/L9394.htm>. Acesso em: 30 jan. 2019.

▶ BRASIL. Lei n. 9.394, de 20 de dezembro de 1996. Estabelece as diretrizes e bases da educação nacional. Disponível em: <http://www.planalto.gov.br/ccivil_03/LEIS/L9394.htm>. Acesso em: 30 jan. 2019.

Desse modo, proliferam as "escolas técnicas" geralmente privadas e interessadas em atender às demandas do mercado e, por isso mesmo, mais voltadas para o adestramento, ao contrário do primeiro projeto encaminhado à Câmara, em que a educação profissional estava articulada à formação geral e humanística.

Questão discutida desde longa data, a destinação de recursos públicos já alcançara avanços em relação à lei anterior – que oferecia subvenção, assistência técnica e financeira, inclusive para a iniciativa privada "para compra, construção ou reforma de prédios escolares e respectivas instalações e equipamento". A lei atual, porém, restringiu essa destinação apenas às escolas públicas, embora pudesse atender a escolas comunitárias, confessionais ou filantrópicas, desde que comprovada a finalidade não lucrativa (art. 77). É bem verdade que ela destina recursos de bolsas de estudo para alunos da educação básica, em caso de falta de vagas na rede pública, desde que demonstrem insuficiência de recursos, proposta criticada por educadores para os quais seria coerente aplicar as verbas para ampliar a rede pública. Uma vantagem da nova lei, ainda nesse quesito, é ter esclarecido sobre o que *não* constitui despesa de manutenção do ensino, evitando assim o desvio de recursos para construção de pontes e pavimentação de ruas, sob a alegação de facilitarem acesso para alguma escola.

Ainda com relação ao ensino privado, o *lobby* dos empresários do ensino superior conseguiu alterar a exigência que constava do projeto de um corpo docente formado na sua maioria por mestres e doutores, reduzindo essa cota para um terço "pelo menos".

Com respeito ao ensino religioso em escolas públicas, novamente permanecia a pressão para sua inserção no currículo, afinal aprovada no artigo 33, com a ressalva da matrícula facultativa.

A educação infantil (artigos 29 a 31), sem obrigatoriedade, não é assegurada a todas as crianças, que muitas vezes sofrem com a carência de creches.

Em janeiro de 2006, o Senado aprovou projeto de lei que amplia a duração do ensino fundamental de oito para nove anos, garantindo o acesso de crianças a partir de 6 anos de idade.

No artigo 36, §1º, inciso III, que estabelece para o ensino médio o domínio dos conhecimentos de filosofia e sociologia necessários ao exercício da cidadania, depara-se com uma incoerência, já que essas disciplinas não eram obrigatórias, continuando como optativas, na expectativa de retorno às grades curriculares: que profissionais, portanto, seriam responsáveis pelo cumprimento da lei? Porém, este artigo foi alterado em 2008 pela Lei n. 11.684/2008, que incluiu a Filosofia e a Sociologia como disciplinas obrigatórias nos currículos do ensino médio. Com a aprovação da Base Nacional Comum Curricular (Lei n. 13.415/2017), a lei de 2008 foi revogada, e estabeleceu-se que "estudos e práticas" de filosofia e sociologia devem estar presentes nos currículos de ensino médio.

A formação de professores para a educação básica mereceu um avanço, ao se determinar, nos artigos 62 e 63, a exigência de curso de nível superior, de graduação plena em universidades e institutos superiores de educação, para substituir o curso de magistério de nível médio. Constituiu também um avanço a proposta de programas de educação continuada e procedimentos para a valorização dos profissionais da educação. Resta saber como serão realizados, ainda mais que no artigo 62 há a ressalva de se admitir, "como formação mínima para o exercício do magistério na educação infantil e nos cinco primeiros anos do ensino fundamental, a oferecida em nível médio, na modalidade Normal". Ou seja, como não fica claro que essa exceção seria permitida apenas nos locais que ainda não oferecem institutos superiores de educação, os cursos de magistério continuam existindo em diversos estados brasileiros. Essa questão foi discutida no tópico "Formação para o magistério: os Cefams".

Um elemento de flexibilidade da lei ocorre no artigo 23, que permite a organização da educação básica em séries anuais, períodos semestrais, ciclos, alternância regular de períodos de estudos etc., o que pressupõe ampla autonomia de cada escola, desde que se tenha em vista a avaliação da aprendizagem. Enfim, essa foi a lei possível de ser aprovada, sobretudo se considerarmos o aspecto conservador que ainda persiste nos quadros de nosso Legislativo. Segundo o professor Dermeval Saviani, "embora [a lei] não tenha incorporado dispositivos que claramente apontassem na direção da necessária transformação da deficiente estrutura educacional brasileira, ela, de si, não impede que isso venha a ocorrer". E completa:

> A abertura de perspectivas para a efetivação dessa possibilidade depende da nossa capacidade de forjar uma coesa vontade política capaz de transpor os limites que marcam a conjuntura presente. Enquanto prevalecer na política educacional

a orientação de caráter neoliberal, a estratégia da resistência ativa será a nossa arma de luta. Com ela nos empenharemos em construir uma nova relação hegemônica que viabilize as transformações indispensáveis para adequar a educação às necessidades e aspirações da população brasileira. ↪

▶ SAVIANI, Dermeval. *A nova lei da educação*: trajetória, limites e perspectivas. Campinas: Autores Associados, 1997. p. 238.

PEDAGOGIA HISTÓRICO-CRÍTICA: DERMEVAL SAVIANI

Um grupo de filósofos e pedagogos voltado para a educação popular propôs revisitar a educação brasileira apoiado inicialmente na teoria da *escola progressiva* de Anísio Teixeira. No final da década de 1970, esse grupo elaborou uma teoria pedagógica que teve inicialmente diversas denominações, entre as quais *pedagogia crítico-social dos conteúdos* (proposta formulada por José Carlos Libâneo), *pedagogia dialética* e, finalmente, *pedagogia histórico-crítica*. Embora essas ideias tenham germinado no período da ditadura, repercutiram no período posterior.

Os principais representantes da pedagogia histórico-crítica são o seu iniciador Dermeval Saviani e, ainda, José Carlos Libâneo, Guiomar Namo de Mello, Carlos Roberto Jamil Cury e outros. Apoiaram-se no materialismo dialético de Karl Marx, em Anton Makarenko e Antonio Gramsci, na teoria progressista de Georges Snyders e também em Bernard Charlot e Bogdan Suchodolski (conferir capítulo 8). Atentos à ação educacional concreta, reelaboraram essas influências analisando a realidade brasileira.

Dermeval Saviani nasceu em 1944, formou-se em filosofia pela Pontifícia Universidade Católica de São Paulo (PUC-SP) em 1966, é doutor em educação e livre-docente em história da educação na Universidade de Campinas (Unicamp), onde é coordenador geral do Grupo Nacional de Estudos e Pesquisas "História, Sociedade e Educação no Brasil" (Histedbr). Estudioso da LDB de 1961, Dermeval Saviani publicou, em 1973, *Educação brasileira*: estrutura e sistema, obra em que concluiu pela inexistência de um sistema educacional brasileiro, uma vez que nossas leis não resultam de intencionalidade e planejamento, deixando prevalecer a importação e a improvisação de teorias. Por isso, não podemos falar propriamente em sistema, mas apenas em estrutura, com as incoerências internas e externas que tornam as nossas leis inadequadas à realidade brasileira e, portanto, inoperantes, incapazes de propiciar as transformações de que tanto necessitamos.

Tem produzido obra abundante, com livros publicados e revistos, além de coautoria em outras obras, artigos em revistas de educação, participação em congressos e seminários, dos quais muitas vezes faz parte da preparação. Entre suas obras destacam-se: *Escola e democracia*, *Pedagogia histórico-crítica*: primeiras aproximações, *Em Aberto*, *A nova lei da educação (LDB)*: trajetória, limites e perspectivas de análise, objetos e fontes, *Educação*: do senso comum à consciência filosófica, *Política e educação no Brasil*: o papel do Congresso Nacional na legislação do ensino, *História das ideias pedagógicas no Brasil*, obra que recebeu o Prêmio Jabuti em 2008.

A tarefa da pedagogia histórico-crítica insere-se na tentativa de reverter o quadro de desorganização que gera a escola excludente, com altos índices de analfabetismo, evasão, repetência e, portanto, de seletividade.

APROPRIAÇÃO DO SABER ELABORADO

Para os teóricos da pedagogia histórico-crítica, influenciados pela dialética marxista, não existe uma natureza humana dada de uma vez por todas, porque o ser humano se constrói pelo trabalho, inserido na cultura em que vive. Ora, todo trabalho tem como resultado um produto material, que ao mesmo tempo exige a produção de um saber, ou seja, o fazer não se separa da ideação, que consiste no trabalho não material de elaboração de conceitos e valores. Como a produção espiritual varia conforme os povos, cada pessoa, para se humanizar, precisa se inteirar desses saberes. Por isso, pensar, sentir, querer, agir, avaliar pressupõem a apropriação individual do saber socialmente elaborado.

Considerando que "o trabalho educativo é o ato de produzir, direta e intencionalmente, em cada indivíduo singular, a humanidade que é produzida histórica e coletivamente pelo conjunto dos homens", Saviani conclui que, para a educação escolar, a pedagogia histórico-crítica se propõe a tarefa de:

a) Identificação das formas mais desenvolvidas em que se expressa o saber objetivo produzido historicamente, reconhecendo as condições de sua produção e compreendendo as suas principais manifestações, bem como as tendências atuais de transformação.

b) Conversão do saber objetivo em saber escolar de modo que se torne assimilável pelos alunos no espaço e tempo escolares.

c) Provimento dos meios necessários para que os alunos não apenas assimilem o saber objetivo enquanto resultado, mas apreendam o processo de sua produção, bem como as tendências de sua transformação.↪

▶ SAVIANI, Dermeval. *Pedagogia histórico-crítica*: primeiras aproximações. 11. ed. Campinas: Autores Associados, 2013. p. 8 e 9.

A atividade nuclear da escola é, portanto, a transmissão dos instrumentos que permitam a todos a apropriação do saber elaborado socialmente. Como mediadora entre o aluno e a realidade, a escola se ocupa com a aquisição de conteúdos, formação de habilidades, hábitos e convicções.

A ESCOLA NA SOCIEDADE DE CLASSES

Na sociedade dividida em classes, a posse dos instrumentos de sistematização do saber não se dá de maneira homogênea, mas excludente, privilegiando alguns poucos, portanto, conforme argumenta Saviani:

Daí a importância da escola: se a escola não permite o acesso a esses instrumentos, os trabalhadores ficam bloqueados e impedidos de ascenderem ao nível da elaboração do saber, embora continuem, pela sua atividade prática real, a contribuir para a produção do saber. O saber sistematizado continua a ser propriedade privada a serviço do grupo dominante. ↪

▸ SAVIANI, Dermeval. *Pedagogia histórico-crítica*: primeiras aproximações. 11.ed. Campinas: Autores Associados, 2013. p. 67.

É bem verdade que essa exclusão não se faz de modo absoluto, já que o trabalho manual, desde o mais simples, exige um mínimo de saber adquirido. Por isso, no início da industrialização capitalista, no século XVIII, o economista Adam Smith recomendava aos trabalhadores o acesso à educação, mas com a ressalva de ser em "doses homeopáticas", oferecendo-se apenas o necessário para se tornarem produtivos e fazer crescer o capital. A posição de Adam Smith não constitui exceção, por fazer parte de uma das características da sociedade de classes, na qual os bens – incluída aí a educação – não se distribuem de forma homogênea entre seus membros. Apesar disso, a maior parte dos teóricos liberais profere o discurso que designa a escola como um degrau para a equalização social, ilusão, conforme vimos, já presente na teoria de pedagogos do século XVII, como Comênio, tendo se intensificado nos séculos XIX e XX. Enraizada desde muito tempo, essa ilusão descreve a escola como uma ilha, à parte das desigualdades sociais, mantendo seus teóricos confiantes no poder democratizante da educação.

Para Saviani, tanto as pedagogias tradicionais como a Escola Nova e a pedagogia tecnicista são teorias não críticas, no sentido de não perceberem o comprometimento político e ideológico que a escola sempre teve com a classe dominante. Já a partir da década de 1970, começam a ser discutidos os determinantes sociais, isto é, a maneira pela qual a estrutura socioeconômica condiciona a educação. No extremo dessa constatação, Saviani analisa as chamadas teorias crítico-reprodutivistas, que contribuíram para disseminar um clima de pessimismo e de desânimo.

A proposta histórico-crítica, tentando superar tanto a ingenuidade como o pessimismo, conclui que a pedagogia realmente democrática deveria ser formulada do ponto de vista dos interesses dos dominados. Coerente com o caráter histórico da educação, cabe ao pedagogo discernir, entre o saber produzido, os conteúdos essenciais a serem elaborados e apropriados pelo estudante. Mais ainda, conforme o contexto econômico, social e político, o saber erudito precisa ser apropriado pela classe trabalhadora, que o colocará a serviço de seus interesses. Só assim seria possível alcançar, de acordo com o pensador:

> [...] uma cultura popular elaborada, sistematizada. Isso aponta na direção da superação dessa dicotomia [saber erudito *versus* saber popular], porque se o povo tem acesso ao saber erudito, o saber erudito não é mais sinal distintivo de elites, quer dizer, ele torna-se popular. A cultura popular, entendida como aquela cultura que o povo domina, pode ser a cultura erudita, que passou a ser dominada pela população. →

▸ SAVIANI, Dermeval. *Pedagogia histórico-crítica*: primeiras aproximações. Campinas: Autores Associados, 2013. p. 69.

Por esses motivos, Saviani critica as medidas tomadas pela chamada "educação compensatória", que visa suprir necessidades trazidas de casa por alunos de classes desfavorecidas, especialmente as deficiências de alimentação e saúde, como a ênfase na merenda escolar, no atendimento médico e odontológico. Sem desconsiderar a magnitude dessas carências, o principal projeto da escola tem de ser o educativo, sob pena de continuar reproduzindo diferenças sociais, ou seja, a única possibilidade de ser superada a marginalização está no esforço de as classes populares assimilarem os conteúdos até então reservados à elite.

OBJEÇÕES E DICOTOMIAS

À medida que se configuraram as linhas mestras da pedagogia histórico-crítica, surgiram objeções de outros teóricos, tanto de linhas conservadoras como progressistas. Por exemplo, os que não aceitam restrições ao escolanovismo acusam a pedagogia histórico-crítica de ressuscitar a escola tradicional, porque, segundo eles, a ênfase na transmissão dos conteúdos desprezaria as conquistas da Escola Nova, que tão bem soube valorizar os métodos de ensino e descobrir na educação a importância do processo, e não do produto.

Saviani atribui essas objeções a "falsas dicotomias". Ao responder à primeira delas, referente à dicotomia forma e conteúdo, argumenta que em nenhum momento rejeita a contribuição da Escola Nova, mas busca outra proposta pedagógica de superação, assim como não privilegia conteúdos, à revelia de métodos e de processos, porque justamente estes constituem a questão central da pedagogia.

Outra dicotomia – saber acabado *versus* saber em processo – é também refutada por Saviani: não se trata de transmitir um saber acabado, à semelhança da escola tradicional. Coerente com a concepção dialética, se a produção social do saber é histórica – e, portanto, a criança recebe da geração anterior o patrimônio da humanidade –, significa que o saber existente é suscetível de mudança. Para transformar essa herança, no entanto, é preciso começar pelo acesso a ela.

TEÓRICOS DO CONSTRUTIVISMO

A teoria de Piaget, que embasa o construtivismo, já era conhecida pelos escolanovistas, principalmente em seus aspectos psicológicos, desde a divulgação de Lauro Oliveira Lima, como vimos no tópico "Outras tendências pedagógicas durante a ditadura". Na década de 1980, passaram a ser enfatizados também os pressupostos epistemológicos do construtivismo, acrescentando-se a esses estudos a contribuição do russo Lev Vygotski e da argentina Emilia Ferreiro, todos eles já examinados no capítulo 8.

Teorias construtivistas influenciaram a elaboração dos Parâmetros Curriculares Nacionais, aprovados após a LDB de 1996, no sentido de recomendar que a formação do aluno não se reduzisse à acumulação de conhecimentos, objetivo comum da pedagogia tradicional, advertindo igualmente sobre os enganos da assimilação inadequada do construtivismo, no caso de descuidar dos conteúdos, já que o compromisso da instituição escolar é "garantir o acesso aos saberes elaborados socialmente" e "estar em consonância com as questões sociais que marcam cada momento histórico".

Ainda nos Parâmetros, destacou-se a questão dos temas transversais – especificados como Ética, Pluralidade Cultural, Meio Ambiente, Saúde, Orientação Sexual e temas sociais locais – que não constituem disciplinas inseridas na grade curricular, mas "atravessam" os diferentes campos do conhecimento a fim de facilitar o trabalho de modo contínuo e integrado às diversas áreas do saber:

> Por exemplo, a questão ambiental não é compreensível apenas a partir de Geografia. Necessita de conhecimentos históricos, das Ciências Naturais, da Sociologia, da Demografia, da Economia, entre outros.↪

Naquele período tornou-se abundante a indicação bibliográfica de teóricos que, mesmo não sendo propriamente construtivistas, tinham afinidades com essa tendência, como o filósofo Jürgen Habermas, remanescente da Escola de Frankfurt e representante da "ética do discurso", que dialogou explicitamente com o psicólogo Lawrence Kohlberg. Essa fecunda interação foi registrada no Brasil por Barbara Freitag, que apresentou a trajetória intelectual e a prática de Kohlberg, também examinada por Angela Biaggio→. Nessa linha destacaram-se igualmente psicólogos e pedagogos catalães, como Josep Puig, Maria Dolors Busquets, Montserrat Moreno e outros.

▶ BRASIL. *Parâmetros Curriculares Nacionais*: apresentação dos temas transversais, Ética. Brasília: MEC/SEF, 1997.

▶ BIAGGIO, Angela Maria Brasil. *Lawrence Kohlberg*: ética e educação moral. São Paulo: Moderna, 2002. (Coleção Logos.)

A partir dos anos 1990, a discussão direcionou-se para o *construtivismo pós-piagetiano* e, posteriormente, o *pós-construtivismo*. De fato, se antes a ênfase do estudo do construtivismo focava na *psicogênese do conhecimento*, isto é, na maneira pela qual a criança constrói o conhecimento, foi preciso acrescentar a essas teorias epistemológicas as descobertas realizadas durante a atividade mesma da *aprendizagem* infantil. A questão principal passou a ser, portanto, a didática: como fazer com que a criança aprenda? Este enfoque decorreu de estudos da brasileira Esther Pillar Grossi e de Gérard Vergnaud, psicólogo e educador que visitou o Brasil algumas vezes para dar cursos e conferências sobre pós-construtivismo, teoria que não desconsidera tópicos importantes da concepção piagetiana, sobretudo seus aspectos psicológicos, reconhecendo que Piaget, por não ser educador, não tivera a vivência de sala de aula, na qual o professor enfrenta o desafio de alcançar bons resultados na aprendizagem dos seus alunos.

Vergnaud inicialmente acompanhou a orientação de Vygotsky e Wallon, que destacaram a importância do outro no processo educativo, mas foi além dos mestres: o pós-construtivismo, amparado nos estudos de antropologia, psicanálise, ciências políticas e filosofia, alcançou uma visão mais abrangente da aprendizagem, entendida então como fenômeno grupal: não observa apenas o desenvolvimento mental (da inteligência e da afetividade) do sujeito que aprende, mas, para enfatizar sua interação com o outro, examina o educando como sujeito-em-situação, inserido em determinado contexto histórico e cultural, uma vez que a aprendizagem só progride quando leva em conta aspectos da realidade concreta.

EDUCAÇÃO E NEOLIBERALISMO

Aproveitando a advertência do professor Saviani no final do subtópico "Comentários sobre a LDB", passamos a examinar como a orientação neoliberal tem interferido na educação brasileira. No capítulo anterior vimos que, a partir da década de 1970, recrudesceram as ideias neoliberais, que combatiam as orientações keynesianas do Estado intervencionista, protecionista, retomando os princípios do liberalismo que fundamentam o Estado mínimo. Embora o capitalismo tenha passado por diversas crises que precisaram ser contornadas, os neoliberais culpam o Estado intervencionista e os sindicatos pelos problemas atuais da economia de mercado: os sindicatos, por pressionarem as empresas por aumento de salário e benefícios, e o Estado por ceder a pressões sociais, aumentando seus gastos.

As metas do Estado neoliberal que visam antes de tudo à estabilidade econômica e à disciplina orçamentária foram estabelecidas no chamado Consenso de Washington (1990), cujas decisões repercutiram na política dos países periféricos, inclusive o Brasil, no período do governo Fernando Henrique Cardoso. Isso porque, ao pedirem empréstimos ao FMI, esses países obrigavam-se a seguir severas normas impostas pelo Banco Mundial (Bird) para o controle das políticas domésticas – inclusive na educação –, além, evidentemente, de acelerarem o processo de endividamento que, por sua vez, tem reforçado a dependência.

Segundo a professora Angélica Maria Pinheiro Ramos, dentre as recomendações do Banco Mundial para o Brasil, destaca-se o financiamento diversificado, que supõe a destinação dos recursos de acordo com a qualidade das escolas, ou seja, conforme sua situação no *ranking* do sistema de avaliação dos diversos níveis de ensino pelo MEC, o que estimula a "concorrência" entre os estabelecimentos. Essa orientação pressupõe a procura de "fontes alternativas" (ou seja, particulares) para o financiamento da educação, incentivando a política do ensino pago, sobretudo o superior, bem como a privatização do ensino de pós-graduação ou o fomento a convênios com diversas empresas, no intuito de captar recursos para projetos de pesquisa e extensão. A exigência de contenção dos gastos reflete-se nos salários congelados dos professores e na retirada de vantagens adquiridas.

Nessa linha, fica claro o reducionismo do papel da educação, pelo seu atrelamento a interesses estranhos a ele. Mais adiante, Ramos completa:

> Não é demais reafirmar que a implementação de muitas dessas ações está embasada – em geral – numa compreensão de educação enquanto mercadoria e de investimento em educação como uma inversão em "capital humano", já presentes em Friedman e na TCH [Teoria do Capital Humano]. Conforme Nereide Saviani,

esse conjunto de medidas adotadas tem "por eixo um *novo* conceito de público", que estaria "desvinculado do estatal e gratuito", com a transferência da responsabilidade para a sociedade civil, a comunidade, a família, embora se admitindo subsídios para os necessitados – tal como já recomendava Friedman.↓

Após o período em que o Brasil conseguiu superar a dependência do FMI, durante o governo Lula, e passar incólume à crise financeira de 2008, nos encontramos novamente sob a influência do neoliberalismo de caráter financeiro, uma vez que no governo do presidente Jair Bolsonaro, eleito em 2018, o Ministro escolhido para a pasta da Economia, Paulo Guedes, é formado pela Escola de Chicago, conhecida pela orientação liberal bastante conservadora e voltada para o mundo financeiro.

▶ RAMOS, Angélica Maria Pinheiro. *O financiamento da educação brasileira no contexto das mudanças político-econômicas pós-90*. Brasília: Plano Editora, 2003. p. 131. A autora se refere ao artigo de SOARES, Maria Clara. Banco Mundial: políticas e reformas. In: *O Banco Mundial e as políticas educacionais*. 2. ed. São Paulo: Cortez, 1998; e ao artigo de SAVIANI, Nereide. Educação brasileira em tempos neoliberais. *Revista Princípios*, São Paulo, n. 45, maio/julho de 1997.

TRANSIÇÃO PARA O NOVO GOVERNO BOLSONARO

Escrevemos este tópico na expectativa das mudanças prometidas pela equipe do presidente do Brasil, Jair Bolsonaro, eleito em 2018. A pasta da Educação recebeu do MEC a Reforma do Ensino Médio, homologada pela Lei n. 13.405/2017, por meio de Medida Provisória ainda no governo Michel Temer, o que provocou críticas de segmentos da Educação por se tratar de decisão que exigiria acompanhamento de educadores e de instituições educacionais, e não de um ato unilateral do Poder Executivo. No final de 2018, ocorreu a atualização das Diretrizes Curriculares Nacionais para o Ensino Médio e a aprovação da Base Nacional Comum Curricular do Ensino Médio (BNCC-EM). Ainda em 2017, foram aprovadas as BNCC do Ensino Infantil e do Ensino Fundamental.

A BNCC é um conjunto de normas previsto na Constituição de 1988, na LDB de 1996 e no Plano Nacional de Educação de 2014. Trata-se de um "documento de caráter normativo que define o conjunto orgânico e progressivo de aprendizagens essenciais que todos os alunos devem desenvolver ao longo das etapas e modalidades da Educação Básica, de modo a que tenham assegurados seus direitos de aprendizagem e desenvolvimento, em conformidade com o que preceitua o Plano Nacional de Educação (PNE)"↓. Com esse documento, pretende-se oferecer a todos os alunos a mesma oportunidade de aprender o que é fundamental, a fim de diminuir desigualdades de aprendizado.

▶ BRASIL. *Base Nacional Comum Curricular*. Brasília: MEC, 2017.

A fase de implementação nas escolas deverá ter início em seguida, envolvendo várias ações de que se encarregariam estados e municípios, como a adequação dos currículos das redes e dos projetos políticos pedagógicos das escolas, a formação de professores e a adequação dos materiais didáticos. O MEC calcula que essa fase final dure cerca de dois anos a partir da homologação. O mesmo ocorre para a elaboração do material didático. Vale dizer que não foi tranquilo o período de formulação da Base, sobretudo por ocasião em que as primeiras versões chegavam ao conhecimento do público e especificamente dos docentes, o que exigiu várias revisões. Alguns assuntos suscitaram debates exacerbados, como as propostas de história africana e indígena e as relativas a questões de gênero.

No último momento do governo Temer, o ministro da educação Rossieli Soares da Silva encaminhou ao MEC, para avaliação do CNE (Conselho Nacional de Educação), a "base nacional de professores", para que as discussões sobre o conteúdo ocorressem de modo a permitir sua implementação em 2023. O propósito dessa base é sua inserção nos currículos de cursos de Pedagogia e nas licenciaturas das universidades públicas, o que foi criticado pelos que defendem a autonomia pedagógica das universidades, que poderia estar em risco diante da obrigação de seguir determinações do CNE.

REFORMA DO ENSINO MÉDIO E OUTRAS CRÍTICAS

O fato de a reforma do Ensino Médio ter sido aprovada por medida provisória, desprezando a discussão com educadores e entidades do campo educacional, não deixa de ser um procedimento atípico que pode levar a consequências graves. Várias foram as decisões unilaterais que rebaixaram a formação dos alunos, por exemplo, ao reservar a possibilidade de uma carga horária de até 80% para a modalidade EAD (ensino a distância) para a educação de jovens e adultos, de até 30% no ensino médio noturno e de até 20% no diurno, levando a pensar que essa medida pode significar uma possível solução de barateamento do ensino – em um momento no qual jovens alunos se enriquecem no contato com colegas e professores. Além disso, a proposta de contratar pessoas para ocupar vagas de professores com base em "notório saber" descuida da importância da boa formação do corpo docente. A exclusão de várias propostas focadas na diversidade denota o conservadorismo e o descompromisso com a escola democrática.

O desmanche da escola pública segue na nova reforma do Ensino Médio em direção oposta ao esforço de longa data para tornar a educação pública universal e unitária: ao contrário, a reforma não só fragmenta as disciplinas – quebrando o leque de ofertas em um período no qual os jovens ainda não têm condições de escolha e no qual, ao contrário, deveriam ter acesso à herança cultural –, como também introduz a "opção" de habilitação técnica profissional, que, nessas circunstâncias, significa "baratear" a formação do aluno, fortalecendo o dualismo escolar que toda reforma educacional vinha tentando evitar.

A propósito, o sociólogo e consultor educacional Cesar Callegari, com longa experiência na área de educação pública, participou da elaboração da BNCC, mas chegou à conclusão de que a Lei do Novo Ensino Médio apresentava discrepâncias em relação à proposta da BNCC no conjunto da Educação Básica e deveria ser, portanto, revista. Por isso, em carta ao Conselho Nacional de Educação, renunciou à presidência da Comissão da BNCC e expôs seus motivos, entre eles o seguinte:

[...] como falar de opções diante das baixas condições de funcionamento das escolas brasileiras? Hoje, na maioria das unidades, pouco pode ser assegurado. A precariedade é generalizada. Em muitos colégios não há professores suficientes, não há laboratórios, não há internet e sobram alunos por sala de aula. Mais da metade dos municípios brasileiros tem apenas uma escola de ensino médio e nessa escola é comum não haver condições adequadas de funcionamento. Pergunto: como uma proposta de reforma do ensino médio pode ser apresentada sem levar em consideração seus limites e possibilidades? Onde está o necessário plano de ação para enfrentar esses problemas? Pois tanto no âmbito da Lei como no que se refere à BNCC, nada se diz sobre isso. Portanto, sem conteúdo e sem condições, não é honesto dizer que os jovens terão opções. Seria bom que tivessem. Infelizmente, para a maioria, esta miragem poderá significar ainda mais frustração e mais exclusão. Provavelmente, um maior aprofundamento das nossas atuais desigualdades. ↪

▶ CALLEGARI, Cesar. Carta aos conselheiros do Conselho Nacional de Educação. Disponível em: <https://avaliacaoeducacional. files.wordpress.com/2018/06/ carta-aos-conselheiros-do-cne. pdf>. Acesso em: 30 jan. 2019.

PROJETO ESCOLA SEM PARTIDO

Bastante grave, também, é a mobilização de determinados setores da sociedade, em consonância com propostas do projeto Escola sem Partido, para instalar o confronto entre alunos e professores em plena sala de aula, o que tem culminado em censura e criminalização do magistério, na contramão de tudo que já se pensou na pedagogia sobre essa relação, fundada na autonomia da escola e na liberdade de ensinar do professor, bem como no critério de educar a consciência crítica dos alunos. Entre diversas propostas, destaca-se a tentativa de "fazer que a escola seja a extensão dos valores e normas construídos no âmbito familiar", questão a que respondem os professores Almeida Neto e Machado da Silva em artigo que compõe, ao lado de outros, uma ampla exposição dos resultados de debates promovidos pelo Grupo de Trabalho (GT) de Ensino de História e Educação da Associação Nacional de História – seção São Paulo (Anpuh-SP):

Primeiramente, cabe perguntar se não parece evidente que a defesa da contiguidade entre valores da família e da escola fere, uma vez mais, o próprio princípio de pluralidade que o movimento alega defender? Como conciliar a defesa da pluralidade – ou seja, do valor político da diferença, da multiplicidade de formas de ser e estar no mundo – com a proposta de homogeneização de valores presente na afirmação do "respeito ao direito dos pais de dar aos seus filhos a educação moral que esteja de acordo com suas próprias convicções"? Sendo a família o *locus* por excelência da vida privada, como tornar seus valores os parâmetros para a esfera pública sem recair em dogmatismo?

Com essa afirmação, desconsidera-se, ainda, o direito de o "filho" tornar-se "aluno" e, por meio dessa condição, experimentar o contato com um universo de pessoas, linguagens, práticas e valores de que é constituída uma escola. Em outras palavras, é apenas a condição de aluno que permite às crianças suspenderem o tempo da reprodução da *vida*, representada principalmente pela família, para vivenciar a pluralidade do mundo público via escola.↳

▶ ALMEIDA NETO, Antonio Simplicio de; SILVA, Diana Mendes Machado da. A Escola sem Partido ou sem autonomia? O cerco ao sentido público da educação. In: MACHADO, André Roberto de A.; TOLEDO, Maria Rita de Almeida (Orgs.). *Golpes na História e na Escola*: o Brasil e a América Latina nos séculos XX e XXI. São Paulo: Cortez; Anpuh-SP, 2017. p. 266-267.

DEMOCRACIA E INCLUSÃO

Ao percorrer a história da educação, constata-se, em todas as épocas, uma escola seletiva, como privilégio de poucos. Ainda que, no século XVII, Comênio já defendesse "ensinar tudo a todos" e, no século XIX, muitas nações começassem a implantar a escola pública, gratuita e laica, o Brasil está longe de atingir a universalização efetiva desse propósito. Basta verificar que segmentos mais pobres da sociedade têm sido excluídos da escola e, quando muito, dependendo das necessidades econômicas, tem-lhes sido permitido frequentar cursos profissionalizantes, o que reforça o dualismo escolar. Mas não só. Lembramos que em grande parte da história da humanidade as mulheres foram excluídas da educação ou encaminhadas para atividades condizentes com sua "natureza feminina" de esposas e mães, confinadas no espaço doméstico. Apenas a partir do final do século XIX a coeducação deu os primeiros passos, embora o acesso da mulher a cursos superiores permanecesse muito restrito por algum tempo. Paralelamente, a conquista da cidadania pelo direito de votar só ocorreu para as mulheres na primeira metade do século XX. No Brasil, isso se deu em 1934.

Além da exclusão de pobres e mulheres, as sociedades sempre viram como "inferiores" os deficientes (físicos e mentais) e imigrantes, sem contar o eterno descuido com os negros e indígenas. São excluídos também aqueles que abandonam cedo a escola, por apresentarem dificuldades em acompanhar o modelo de escola implantado, por serem indisciplinados ou por necessidade de trabalhar para ajudar no sustento da família. O que se verifica, afinal, é uma escola excludente e, portanto, não democrática.

Apenas muito recentemente tem havido maior empenho em universalizar a educação, inicialmente pela defesa da *integração* dos diferentes e, mais recentemente, pela sua *inclusão*. Embora esses dois conceitos eventualmente possam ser aceitos como sinônimos, a professora Maria Teresa Eglér Mantoan os distingue, atribuindo ao primeiro um tipo de inserção que mantém o diferente segregado, ou seja, criam-se salas especiais, separadas das aulas regulares destinadas aos alunos "normais". E completa:

> [...] o radicalismo da inclusão vem do fato de exigir uma mudança de paradigma educacional [...]. Na perspectiva inclusiva, suprime-se a subdivisão dos sistemas escolares em modalidades de ensino especial e de ensino regular. As escolas

atendem às diferenças sem discriminar, sem trabalhar à parte com alguns alunos, sem estabelecer regras específicas para se planejar, para aprender, para avaliar.↪

Vimos que, de acordo com a mentalidade quinhentista, tanto o reino português como a Igreja Católica atuavam no sentido de *homogeneizar as diferenças*, nivelando a todos pelo que se considerava verdadeiro e superior: a cultura cristã europeia. A catequese, então, constituiu um esforço para acentuar a semelhança e apagar as diferenças, pela qual os jesuítas buscavam transformar o "selvagem" em "civilizado" e o não cristão em cristão, para que todos fossem o mais iguais possível. Nessa linha de pensamento, o objetivo era silenciar a cultura indígena, abrangendo religião, língua e costumes.

> ▶ MANTOAN, Maria Teresa Eglér. *Inclusão escolar*: O que é? Por quê? Como fazer? São Paulo: Moderna, 2003. p. 25.

Atualmente, porém, conforme estudos atuais de etnologia e antropologia, a tendência tem sido a de valorizar as diferenças e aceitar a presença múltipla das diversas etnias. Desse modo, a pluralidade cultural não constitui deficiência, mas riqueza a ser preservada, não no sentido de um multiculturalismo em que cada cultura "permaneça intocada", mas com a possibilidade de discussão *intercultural*, de defesa das identidades linguísticas e étnicas, sem que os grupos percam de vista a conexão entre si.

Nas últimas décadas do século XX, várias foram as medidas de cunho jurídico, político e institucional visando reverter aquela visão antiga, ancorada na hierarquização de poderes que se reduzia à incorporação do diferente ou à sua exclusão. Em 1953 a Unesco iniciou os trabalhos de mudança desse paradigma, ressaltando, entre outras providências, a preservação das línguas maternas, ou seja, a alfabetização bilíngue desses povos. Existem hoje no Brasil mais de 200 etnias indígenas, além de 55 grupos indígenas isolados, que falam pelo menos 180 línguas (na época da descoberta, estima-se que eram cerca de 1.300 línguas), pertencentes a mais de 30 famílias linguísticas diferentes.

No Brasil, perdurou ainda um bom tempo a visão do indígena como alguém a ser tutelado pelo Estado, tendo em vista a sua lenta aculturação, tal como explicitava o Estatuto do Índio (Lei n. 5.371 de 1967). No entanto, a Constituição de 1988 inovou no sentido de garantir as especificidades de cada sociedade, como consta no artigo 231:

São reconhecidos aos índios sua organização social, costumes, línguas, crenças e tradições, e os direitos originários sobre as terras que tradicionalmente ocupam, competindo à União demarcá-las, proteger e fazer respeitar todos os seus bens.→

> ▶ BRASIL. Constituição da República Federativa do Brasil de 1988. Disponível em: <http://www.planalto.gov.br/ccivil_03/constituicao/constituicao.htm>. Acesso em: 30 jan. 2019.

No parágrafo 2º do artigo 210, lemos:

O ensino fundamental regular será ministrado em língua portuguesa, assegurada às comunidades indígenas também a utilização de suas línguas maternas e processos próprios de aprendizagem.→

> ▶ BRASIL. Constituição da República Federativa do Brasil de 1988. Disponível em: <http://www.planalto.gov.br/ccivil_03/constituicao/constituicao.htm>. Acesso em 30 jan. 2019.

As disposições, detalhadas nos artigos 78 e 79 da LDB de 1996, ao mesmo tempo que destacam os objetivos de recuperar suas memórias históricas, reafirmar suas identidades étnicas, valorizar suas línguas e ciências, garantem também o acesso às informações e aos conhecimentos técnicos e científicos da sociedade nacional e demais sociedades indígenas e não indígenas. Além disso, há intenção expressa, entre outras, de formar pessoal especializado para a educação escolar nas comunidades indígenas, bem como de utilizar material didático específico elaborado pelos próprios indígenas.

Podemos admitir tratar-se de uma mudança de paradigma, embora seja preciso constatar que nem sempre tem sido fácil transformar a teoria em prática. Além do preconceito e da discriminação arraigados na tradição hierarquizante da nossa sociedade, acentuados pela degradação a que se viram compelidos esses povos, o Estado tem dificuldades para colocar em funcionamento o que já foi estabelecido por lei. Conforme dados do Censo Escolar Indígena realizado pelo Inep em 2005, existem 2.323 escolas indígenas, com 163.693 alunos. Por motivos diversos, poucos deles têm acesso à educação superior, o que já vem acontecendo em algumas universidades que abriram vagas para indígenas por meio de cotas. Universidades como UnB e Unicamp apresentam um processo seletivo específico para indígenas, com um modelo de prova que considera as suas particularidades culturais e escolares.

"PEDAGOGIA DA ESCRAVIDÃO"

Sabemos que, no início da colonização brasileira, os portugueses escravizavam os indígenas, apesar das dificuldades decorrentes do confronto direto com os religiosos, que os confinavam em missões, e também da resistência dos nativos ao trabalho servil, inadequado à sua cultura. Com o tempo, preponderou a escravidão negra africana, seja nas plantações de cana no Nordeste, seja na mineração e depois na cultura do café, ocasião em que imigrantes substituíram a mão de obra escrava.

Diferentemente dos indígenas, que, desde o início da colonização, tiveram a atenção de missionários empenhados na catequização e, muitas vezes, na sua proteção, os negros que para cá vieram nunca mereceram atenção especial dos padres ou de qualquer outro grupo. Ao contrário, eles os tinham em pouca conta. Basta lembrar o incidente ocorrido no século XVII, conhecido como "questão dos moços pardos", quando alguns destes tiveram suas matrículas recusadas nos colégios dos jesuítas "por serem muitos e provocarem arruaças", decisão discriminatória a que os padres tiveram de renunciar, em razão dos subsídios que recebiam da Coroa. De qualquer modo, os jesuítas estavam entre as pessoas, como fazendeiros, advogados, médicos, que produziram a ideologia de depreciação do negro como indivíduo semi-humano e destinado ao trabalho servil. Por isso, faz parte da mentalidade do escravizador justificar os maus-tratos pela inferiorização da capacidade de compreender e de comportar-se desses seres, vistos de forma pejorativa como primários.

O professor Mário Maestri trabalha com o conceito de *pedagogia da escravidão* para abordar essa atitude do escravizador. De acordo com ele, tal pedagogia envolveria:

> as práticas empreendidas direta e indiretamente pelos escravizadores para enquadrar, condicionar e preparar o cativo à vida sob a escravidão. Ou seja, para submetê-lo, da forma mais plena e com o menor esforço possível, a sua função de viver para produzir a maior quantidade de bens, com o menor gasto.↓

O processo de "educar para a submissão" começava já na África, onde muitas vezes os jovens prisioneiros, pertencentes às mais diversas etnias, conviviam por um tempo em tribos que não eram as suas de origem, sem entenderem a língua uns dos outros. Depois, viajavam nos porões dos navios negreiros, em situações precárias de higiene e alimentação, amontoados e sujeitos a epidemias, muitos deles morrendo pelo caminho. Ao serem introduzidos no trabalho – a maioria no campo e em número menor nas cidades –, os escravos tinham o feitor como intermediário entre eles e o senhor, em um duro embate para conformar o corpo e a mente às longas jornadas e ao castigo físico exemplar, em local que fosse visto por todos. Como nenhum interesse havia em ensinar ao cativo a língua portuguesa, muitos a aprendiam precariamente; além disso, diversas vezes tinham de conviver com negros de etnias diferentes que não falavam a mesma língua.

> ▶ MAESTRI, Mário. A pedagogia do medo: disciplina, aprendizado e trabalho na escravidão brasileira. In: STEPHANOU, Maria; BASTOS, Maria Helena Camara (Orgs.). *Histórias e memórias da educação no Brasil.* Petrópolis: Vozes, 2004. p. 192. v. 1.

A inserção nas atividades agrícolas não merecia treinamento específico, graças à simplicidade delas, realizadas por imitação, evidentemente sob ameaça frequente de castigo físico. Alguns deles, chamados de *negros ladinos*, por demonstrarem mais facilidade em aprender, eram encaminhados para trabalhar em ofícios de carreteiro, pedreiro ou charqueador, que exigiam maior habilidade e treino mais prolongado. Pouquíssimos aprendiam a ler e a escrever, embora houvesse os que alcançassem bons resultados, com destaque para escravos domésticos e os que residiam nas cidades, destinados a realizar atividades mais complexas e que exigiam treinamento intenso.

Assim comenta o professor Mário Maestri, ao finalizar seu artigo:

> Em todos os momentos da escravidão imperou incontente a visão do castigo físico como recurso pedagógico imprescindível ao aprendizado e à manutenção da qualidade do ato produtivo. Pilar das visões de mundo das classes escravizadoras, a ideia do *castigo físico justo*, como recurso pedagógico excelente, penetrou nas classes subalternizadas da época, tornando-se, a seguir, uma das mais arraigadas visões pedagógicas *informais* da civilização brasileira.→

> ▶ MAESTRI, Mário. A pedagogia do medo: disciplina, aprendizado e trabalho na escravidão brasileira. In: STEPHANOU, Maria; BASTOS, Maria Helena Camara (Orgs.). *Histórias e memórias da educação no Brasil.* Petrópolis: Vozes, 2004. p. 197. v. 1.

REFLEXÕES FINAIS

No final da década de 2010, vivemos tempos difíceis diante de ameaças à democracia e à Declaração Universal dos Direitos Humanos – que no ano de 2018 comemorou os setenta anos de sua assinatura. Não só no Brasil, mas no mundo, recrudescem expressões políticas de ultradireita, ao mesmo tempo que a grande onda de migrantes em busca de melhores condições de vida, de trabalho ou fugindo de guerras em seus territórios, enfrenta recusas de acolhimento em meio a manifestações de xenofobia.

Por outro lado, o século XXI vive uma mudança de paradigma em função da revolução tecnológica, com evidentes consequências na cultura e na educação. No entanto, o Brasil ainda se encontra diante de problemas como o analfabetismo, já resolvido no século XIX por diversos países. De acordo com dados divulgados pela Pesquisa Nacional por Amostra de Domicílios Contínua (Pnad Contínua), divulgada em 2017 pelo Instituto Brasileiro de Geografia e Estatística (IBGE), ainda existem no Brasil cerca de 11,8 milhões de analfabetos com 15 anos ou mais. Além disso, persistem o analfabetismo funcional e a evasão escolar, tendo como pano de fundo a desigualdade social e problemas sociais como a gravidez na adolescência, que obrigam muitos jovens a trocar a escola pelo trabalho ou pelo cuidado dos filhos.

Sem a intenção de apresentar uma lista exaustiva dos tópicos mais importantes para a implantação da escola pública, universal, gratuita, democrática e de qualidade, destacamos alguns pontos que merecem nossa reflexão:

- ▶ instaurar uma política educacional que destine as verbas públicas para o ensino público, com diretrizes educacionais coerentes e continuidade de implantação, evitando os desencontros das políticas governamentais;
- ▶ valorizar o professor (salário, concurso de ingresso, carreira, formação continuada), o que certamente manteria na ativa os profissionais de qualidade e haveria de atrair outros;
- ▶ instituir escola para todos, resguardando a qualidade de ensino, rede escolar suprida de bibliotecas (sejam elas de livros físicos e/ou digitais), obras de referência, instalações adequadas, condições reais de reuniões educacionais e pedagógicas.

Seria ainda mais simples dizer que, para atingir esses fins, necessitaríamos desenvolver uma *ação educativa intencional*, possível apenas quando se dispõe de um *sistema de educação em âmbito nacional*, como explica Dermeval Saviani:

> Assim, a educação sistematizada, para ser tal, deverá preencher os requisitos apontados em relação à atividade sistematizadora em geral. Portanto, o homem é capaz de educar de modo sistematizado quando toma consciência da situação (estrutura) educacional (a), capta seus problemas (b), reflete sobre eles (c), formula-os em termos de objetivos realizáveis (d), organiza meios para alcançar os objetivos (e), instaura um processo concreto que os realiza (f) e mantém ininterrupto o movimento dialético ação-reflexão-ação (g).→

▶ SAVIANI, Dermeval. *Educação brasileira*: estrutura e sistema. 8. ed. Campinas: Autores Associados, 2000. p. 84.

SUGESTÕES DE LEITURA

SAVIANI, Dermeval. *Pedagogia histórico-crítica*: primeiras aproximações. 11. ed. Campinas: Autores Associados, 2013. p. 92-94.

O desprestígio dos professores. *O Estado de S. Paulo*, 10 nov. 2018. Notas e informações, A3.

ATIVIDADES

1. A partir deste texto de Otaíza Romanelli, responda às questões a seguir:

A Primeira República teve [...] um quadro de demanda educacional que caracterizou bem as necessidades sentidas pela população e, até certo ponto, representou as exigências educacionais de uma sociedade cujo índice de urbanização e de industrialização era baixo. A permanência, portanto, da velha educação acadêmica e aristocrática e a pouca importância dada à educação popular fundavam-se na estrutura e organização da sociedade. Foi somente quando essa estrutura começou a dar sinais de ruptura que a situação educacional principiou a tomar rumos diferentes. De um lado, no campo das ideias, as coisas começaram a mudar com os movimentos culturais e pedagógicos em favor de reformas mais profundas; de outro, no campo das aspirações sociais, as mudanças vieram com o aumento da demanda escolar impulsionada pelo ritmo mais acelerado do processo de urbanização ocasionado pelo impulso dado à industrialização após a Primeira Guerra e acentuado depois de 1930.

ROMANELLI, Otaíza de Oliveira. *História da educação no Brasil*: 1930/1970. 9. ed. Petrópolis: Vozes, 1987. p. 45.

a) Qual é a relação entre industrialização e urbanização?

b) Por que a situação educacional muda com o início da industrialização?

c) Quais são os movimentos culturais e pedagógicos a que a autora se refere?

2. Leia este trecho extraído do *Manifesto dos pioneiros da Escola Nova* e responda às questões a seguir:

A educação superior ou universitária, a partir dos 18 anos, inteiramente gratuita como as demais, deve tender, de fato, não somente à formação profissional e técnica, no seu máximo desenvolvimento, como à formação de pesquisadores, em todos os ramos de conhecimentos humanos. Ela deve ser organizada de maneira que possa desempenhar a tríplice função que lhe cabe de elaboradora ou criadora de ciência (investigação), docente ou transmissora de conhecimentos (ciência feita) e de vulgarizadora ou popularizadora, pelas instituições de extensão universitária, das ciências e das artes.

AZEVEDO, Fernando de. *Manifesto dos pioneiros da Escola Nova (1932) e dos educadores (1959)*. Recife: Editora Massangana, 2010. p. 55-56.

a) Identifique alguns dos autores do Manifesto, a época de sua divulgação e destaque sua importância.

b) Qual é a crítica que o Manifesto dirige à educação superior?

c) Explique de que maneira essas ideias reaparecem na implantação da reforma da universidade ainda na década de 1930.

3. Explique por que o método Paulo Freire era considerado subversivo pelo governo militar, indicando também de que maneira o Mobral descaracterizava a pedagogia do educador.

4. Quais são os pressupostos da educação tecnicista? Que crítica pode ser feita à sua relatada neutralidade?

5. Leia o artigo da Constituição Brasileira de 1988 e responda às questões seguintes:

Art. 213. Os recursos públicos serão destinados às escolas públicas, podendo ser dirigidos a escolas comunitárias, confessionais ou filantrópicas, definidas em lei, que:

I – comprovem finalidade não lucrativa e apliquem seus excedentes financeiros em educação;

II – assegurem a destinação de seu patrimônio a outra escola comunitária, filantrópica ou confessional, ou ao Poder Público, no caso de encerramento de suas atividades.

BRASIL. Constituição da República Federativa do Brasil de 1988. Disponível em: <http://www.planalto.gov.br/ccivil_03/constituicao/constituicao.htm>. Acesso em: 30 jan. 2019.

a) Explique o teor da polêmica que antecedeu a aprovação deste artigo no Congresso Constituinte.

b) Faça referências a fatos da história da educação brasileira que justifiquem como esta questão da destinação das verbas públicas é bastante antiga.

6. Leia a citação de Anísio Teixeira e responda às questões a seguir:

As democracias, sendo regimes de igualdade social e povos unificados, isto é, com igualdade de direitos individuais e sistema de governo de sufrágio universal, não podem prescindir de uma sólida educação comum, a ser dada na escola primária, de currículo completo e dia letivo integral, destinada a preparar o cidadão nacional e o trabalhador ainda não qualificado, e, além disso, estabelecer a base igualitária de oportunidades, de onde irão partir todos, sem limitações hereditárias ou quaisquer outras, para múltiplos e diversos tipos de educação semiespecializada e especializada, ulteriores à educação primária.

TEIXEIRA, Anísio. *Educação não é privilégio*. São Paulo: Companhia Editora Nacional, 1971. p. 78.

a) Relate quais foram as medidas efetivamente implantadas por Anísio Teixeira, no Rio de Janeiro ou em Salvador.

b) Quais intenções do autor até hoje não foram cumpridas?

c) Que ideia de Anísio Teixeira foi incorporada por Darcy Ribeiro no estado do Rio de Janeiro?

d) Por que a implantação desses projetos sofre solução de continuidade?

7. Leia a citação de Dermeval Saviani e responda às questões a seguir:

Do ponto de vista prático, trata-se de retomar vigorosamente a luta contra a seletividade, a discriminação e o rebaixamento do ensino das camadas populares. Lutar contra a marginalidade por meio da escola significa engajar-se no esforço para garantir aos trabalhadores um ensino da melhor qualidade possível nas condições históricas atuais. O papel de uma teoria crítica da educação é dar substância concreta a essa bandeira de luta, de modo a evitar que ela seja apropriada e articulada com os interesses dominantes.

SAVIANI, Dermeval. *Escola e democracia*. Campinas: Autores Associados, 2008. p. 25-26. (Coleção Educação Contemporânea.)

a) Identifique no texto a influência marxista do autor.

b) Justifique a escolha da denominação de pedagogia histórico-crítica de acordo com a indicação feita na citação sobre o que seria a função da escola.

c) O que é para o autor uma pedagogia não crítica?

8. Examine que aspectos dos Parâmetros Curriculares Nacionais indicam a influência da teoria construtivista.

9. Especifique a mudança de mentalidade que separa as duas épocas da história do Brasil: a catequese dos índios durante a colonização e as atuais políticas de inclusão desses povos.

10. Durante o período escravagista no Brasil, em que sentido podemos falar em "educação dos escravos"?

11. Segundo dados do Censo Escolar 2018, em relação à infraestrutura, 38,1% das escolas municipais de educação infantil têm banheiro adequado aos alunos. Para o ensino fundamental, os dados revelam que o principal gargalo relacionado à disponibilidade de recursos de saneamento e abastecimento básico (água, esgoto e energia) consiste na ausência de esgoto sanitário, sobretudo na região Norte; quanto à destinação de lixo pelas escolas, a queima (26,7%) ainda é a segunda forma mais comum de destinação de resíduos; com relação aos espaços pedagógicos, 59,9% das escolas da rede municipal não possuem biblioteca ou sala de leitura e 96,6% não têm laboratório de ciências. Os dados relativos à presença de recursos tecnológicos também não são muito animadores: 65% das escolas municipais de ensino fundamental não possuem laboratório de informática e apenas 55,9% dessas escolas dispõem de acesso à internet. Para o ensino médio, os dados mostram uma situação um pouco melhor: bibliotecas ou salas de leitura estão presentes em 85,4% das escolas estaduais; laboratórios de informática em 81,8% e internet em 93,5% destas. Desviar a atenção de problemas concretos vivenciados pelas escolas, que rondam o contexto social dos alunos, e concentrar-se em pautas secundárias para resolver o problema da educação no

Brasil é uma forma antipedagógica de separar conhecimento escolar e contexto de vida. Com base nisso, atenda às questões.

a) Por que as pautas de movimentos como o Escola sem Partido, que apontam uma suposta doutrinação na escola como determinante para os baixos índices da educação brasileira, podem ser lidas como um falso problema no contexto brasileiro?

b) Discuta por que a separação entre o conhecimento escolar e o contexto de vida do aluno seria "antipedagógica".

SUGESTÃO PARA SEMINÁRIOS

Esta sugestão consiste na elaboração de seminários. Pode-se escolher trabalhar exclusivamente um dos textos ou articulá-lo com os demais, ressaltando suas similaridades e divergências. Para a melhor compreensão de cada assunto, vale proceder com fichamento de texto, pesquisas e consulta a outras fontes, análise crítica e elaboração de uma pequena dissertação que sistematize a leitura e as conclusões obtidas.

O primeiro dos textos sugeridos é um trecho da obra *A reprodução*, dos sociólogos Pierre Bourdieu e Jean-Claude Passeron, mais especificamente o tópico "A função ideológica do sistema de ensino". Os autores argumentam que a escola, assim como outras instituições,

reproduz os meios de dominação e reforça a desigualdade social. Essa temática, assim como os problemas que ela levanta, trazem um importante questionamento para o contexto brasileiro: é possível uma escola justa em um ambiente profundamente injusto? É a partir de tal inquietação que a pedagoga e socióloga Flávia Schilling desenvolve a obra *Educação e direitos humanos*, também listada aqui, na qual investiga práticas e maneiras para implementar uma escola mais justa. A preocupação com uma escola que não reafirme desigualdades e preconceitos, sejam eles étnico-raciais ou contra pessoas com necessidades especiais, está presente nos artigos que compõem a terceira obra sugerida, *Desafios à democratização da educação no Brasil contemporâneo*, organizado por José Luis Sanfelice e Sônia Aparecida Siquelli.

1. BOURDIEU, Pierre; PASSERON, Jean-Claude. *A reprodução*: elementos para uma teoria do sistema de ensino. 3. ed. Rio de Janeiro: Francisco Alves, 1992. p. 204-218.

2. SCHILLING, Flávia. *Educação e direitos humanos*: percepções sobre a escola justa. São Paulo: Cortez Editora, 2014. p. 15-30; p. 69-122.

3. SANFELICE, José Luis; SIQUELLI, Sônia Aparecida (Orgs.). *Desafios à democratização da educação no Brasil contemporâneo*. Uberlândia: Navegando Publicações, 2016.

ORIENTAÇÃO BIBLIOGRÁFICA

Bibliografia básica

História da educação e da pedagogia

ABBAGNANO, N.; VISALBERGHI, A. *História da pedagogia*. Lisboa: Livros Horizonte, 1981--1982.

CAMBI, Franco. *História da pedagogia*. São Paulo: Editora Unesp, 1999.

DEBESSE, Maurice; MIALARET, Gaston (Orgs.). *Tratado das ciências pedagógicas*. São Paulo: Nacional, 1974. v. 2.

EBY, Frederick. *História da educação moderna*: teoria, organização e prática educacionais. Porto Alegre: Globo, 1962.

GADOTTI, Moacir. *Pensamento pedagógico brasileiro*. São Paulo: Ática, 1995.

HILSDORF, Maria Lucia Spedo. *História da educação brasileira*: leituras. São Paulo: Pioneira Thomson Learning, 2005.

HUBERT, René. *História da pedagogia*. 3. ed. São Paulo: Nacional, 1976.

LARROYO, Francisco. *História geral da pedagogia*. São Paulo: Mestre Jou. v. 1: 2. ed., 1982; v. 2: 4. ed., 1974 (com apêndice de Célio Cunha, "A educação no Brasil").

LOMBARDI, José Claudinei; SAVIANI, Dermeval; NASCIMENTO, Maria Isabel Moura (Orgs.). *A escola pública no Brasil*: História e historiografia. 2. ed. Campinas: Autores Associados; HISTEDBR, 2014. (Coleção Memória da Educação)

LUZURIAGA, Lorenzo. *História da educação e da pedagogia*. 19. ed. São Paulo: Nacional, 2001.

MANACORDA, Mario Alighiero. *História da educação*: da Antiguidade aos nossos dias. 11. ed. São Paulo: Cortez, 2003.

MARROU, Henri-Irénée. *História da educação na Antiguidade*. São Paulo: EPU; Edusp, 1973.

MONROE, Paul. *História da educação*. 16. ed. São Paulo: Nacional, 1984.

PONCE, Aníbal. *Educação e luta de classes*. 15. ed. São Paulo: Cortez, 1996.

RIBEIRO, Maria Luísa Santos. *História da educação brasileira*: a organização escolar. 17. ed. Campinas: Autores Associados, 2001.

ROMANELLI, Otaíza de Oliveira. *História da educação no Brasil*: 1930/1973. 25. ed. Petrópolis: Vozes, 2001.

ROSA, Maria da Glória de. *A história da educação através dos textos*. 16. ed. São Paulo: Cultrix, 1995.

SAVIANI, Dermeval. *História das ideias pedagógicas no Brasil*. 3. ed. Campinas: Autores Associados, 2010.

SAVIANI, Dermeval; LOMBARDI, José Claudinei; SANFELICE, José Luís (Orgs.). *História e história da educação*: o debate teórico-metodológico atual. São Paulo: Autores Associados; HISTEDBR, 2000. (Coleção Educação Contemporânea)

_____. *O legado educacional do século XX no Brasil*. Campinas: Autores Associados, 2004.

SOCIEDADE BRASILEIRA DE HISTÓRIA DA EDUCAÇÃO (Org.). *Educação no Brasil*: história e historiografia. Campinas; São Paulo: Autores Associados; SBHE, 2001.

STEPHANOU, Maria; CAMARA BASTOS, Maria Helena (Orgs.). *Histórias e memórias da educação no Brasil*. Petrópolis: Vozes. v. 1: *Séculos XVI-XVIII*, 2004; v. 2: *Século XIX;* e v. 3: *Século XX*, 2005.

VIDAL, Diana Gonçalves; HILSDORF, Maria Lucia Spedo. *Brasil, 500 anos*: tópicos em história da educação. São Paulo: Edusp, 2000.

Dicionários (pedagogia, filosofia, história e outros)

ABBAGNANO, Nicola. *Dicionário de filosofia*. 4. ed. São Paulo: Martins Fontes, 2000.

BURGUIÈRE, André (Org.). *Dicionário das ciências históricas*. Rio de Janeiro: Imago, 1993.

FÁVERO, Maria de Lourdes de Albuquerque; BRITTO, Jader de Medeiros (Orgs.). *Dicionário de educadores no Brasil*: da colônia aos dias atuais. 2. ed. Rio de Janeiro: UFRJ; MEC-Inep-Comped, 2002.

JAPIASSÚ, Hilton; MARCONDES, Danilo. *Dicionário básico de filosofia*. Rio de Janeiro: Jorge Zahar, 1990.

MORA, José Ferrater. *Dicionário de filosofia*. São Paulo: Martins Fontes, 2001.

Revistas

ANDE. Revista da Associação Nacional de Educação.

CADERNOS CEDES (Centro de Estudos de Educação e Sociedade). Campinas; São Paulo: Unicamp; Fundação Carlos Chagas; Autores Associados.

CADERNOS DE PESQUISAS. São Paulo: Fundação Carlos Chagas; Autores Associados (quadrimestral).

EDUCAÇÃO. São Paulo: Editora Segmento.

EDUCAÇÃO EM REVISTA. Belo Horizonte: UFMG.

EDUCAÇÃO & SOCIEDADE. Revista de Ciência da Educação. Campinas: Unicamp.

FÓRUM EDUCACIONAL. Rio de Janeiro: Fundação Getúlio Vargas.

PRO-POSIÇÕES. Campinas: Unicamp (quadrimestral).

REVISTA BRASILEIRA DE EDUCAÇÃO (RBE). Publicação da Anped (Associação Nacional de Pós-Graduação e Pesquisa em Educação).

REVISTA BRASILEIRA DE HISTÓRIA DA EDUCAÇÃO. SBHE; Autores Associados.

REVISTA NOVA ESCOLA. São Paulo: Fundação Lemann.

Organizações do campo educacional

A seguir, indicamos não propriamente livros, mas entidades e grupos criados a partir da década de 1970 com o objetivo de debater, pesquisar e divulgar trabalhos do campo da história da educação.

CEDES (Centro de Estudos "Educação e Sociedade"), fundado em 1979 em Campinas e responsável pela revista *Educação & Sociedade*.

ANPED (Associação Nacional de Pesquisa e Pós-Graduação em Educação), fundada em 1978 e responsável pela *Revista Brasileira de Educação*.

ANDE (Associação Nacional de Educação), fundada em 1981 e responsável por revista homônima.

Ao lado dessas entidades pioneiras, seguem os grupos formados em diversos estados do Brasil↓

Grupo de Pesquisa da Pontifícia Universidade Católica do Rio de Janeiro (PUC-RJ), reestruturado em 1992 e transformado em "História das ideias e instituições educacionais" em 2000.

Grupo de Estudos e Pesquisas "História, Sociedade e Educação no Brasil" (HISTE-DBR), constituído em 1986 na Universidade de Campinas (Unicamp) e institucionalizado em 1991, quando se articulou com grupos de trabalho em diferentes estados brasileiros.

Centro de Memória da Educação, da Universidade de São Paulo (USP), criado em 1993.

Núcleo de Estudos e Pesquisas em História e Historiografia da Educação, da Univer-

▶ Informações apoiadas em: SAVIANI, Dermeval. *Aberturas para a História da Educação*. Campinas: Autores Associados, 2013. p. 235-236.

sidade Federal de Uberlândia (UFU), constituído em 1992.

"Escola e cultura", da Pontifícia Universidade Católica De São Paulo (PUC-SP), surgido em 1999, a partir do Núcleo de Historiografia e História da Educação, constituído em 1996.

Grupo de Pesquisa em História da Educação de Mato Grosso, sediado na Universidade Federal de Mato Grosso (UFMT), surgido em 1996.

Na Universidade Federal do Rio Grande do Norte (UFRN) existem quatro modalidades: "Cultura, política e educação", em 1991; "Educação, história e práticas culturais" em 1996; "Gênero e práticas culturais: abordagens históricas, educativas e literárias", em 1998; e Estudos histórico-educacionais", em 1998.

Grupo de Estudos e Pesquisas em História da Educação (GEPHE), da Universidade Federal de Minas Gerais (UFMG), criado nos anos 1990.

Orientação para trabalhos

SEVERINO, Antonio Joaquim. *Metodologia do trabalho científico*. 22. ed. São Paulo: Cortez, 2002.

Bibliografia geral

ALARCÃO, Isabel. *Professores reflexivos em uma escola reflexiva* (Org.). 2. ed. São Paulo: Cortez, 2003.

ALTHUSSER, Louis. *Aparelhos ideológicos de Estado*: nota sobre os aparelhos ideológicos de Estado. 8. ed. Rio de Janeiro: Graal, 2001.

ARIÈS, Philippe. *História social da criança e da família*. 2. ed. Rio de Janeiro: Zahar, 1981.

AZEVEDO, Fernando de. *A cultura brasileira*. São Paulo: Edusp, 2010.

BOURDIEU, Pierre; PASSERON, Jean-Claude. *A reprodução*: elementos para uma teoria do sistema de ensino. Lisboa: Vega, s.d. (Universidade, 1). São Paulo: Francisco Alves, 1975.

CARVALHO, Laerte Ramos de. *As reformas pombalinas da instrução pública*. São Paulo: Edusp; Saraiva, 1978.

CHARLOT, Bernard. *A mistificação pedagógica*: realidades sociais e processos ideológicos na teoria da educação. 2. ed. Rio de Janeiro: Jorge Zahar, 1983.

CUNHA, Luiz Antônio. *Educação e desenvolvimento social no Brasil*. 8. ed. Rio de Janeiro: Francisco Alves, 1985.

___. *Educação, Estado e democracia no Brasil*. 4. ed. São Paulo: Cortez, 2001.

____. *O ensino de ofícios artesanais e manufatureiros no Brasil escravocrata.* São Paulo; Brasília: Unesp; Flacso, 2000.

____. *O ensino de ofícios nos primórdios da industrialização.* São Paulo; Brasília: Unesp; Flacso, 2000.

____. *O ensino profissional na irradiação do industrialismo.* São Paulo; Brasília: Unesp; Flacso, 2000.

____ (Org.). *Escola pública, escola particular e a democratização do ensino.* São Paulo: Cortez; Autores Associados, 1985.

CURY, Carlos R. Jamil. *Ideologia e educação brasileira:* católicos e liberais. 3. ed. São Paulo: Cortez; Autores Associados, 1986.

DEBESSE, Maurice; MIALARET, Gaston (Orgs.). *Tratado das ciências pedagógicas.* São Paulo: Nacional. v. 1: *Introdução,* 1974; v. 2: *História da pedagogia,* 1974; v. 3: *Pedagogia comparada,* 1977; v. 4: *Psicologia da educação,* 1974; v. 5: *Psicologia pedagógica,* 1974.

DEMO, Pedro. *A nova LDB:* ranços e avanços. 17. ed. Campinas: Papirus, 1997.

DEWEY, John. *Democracia e educação:* introdução à filosofia da educação. 4. ed. São Paulo: Nacional, 1979.

____. *Vida e educação.* São Paulo: Abril Cultural, 1980. (Coleção Os Pensadores)

DURKHEIM, Émile. *Educação e sociologia.* Lisboa: Editora 70, 2001.

FERNANDES, Florestan. *Educação e sociedade no Brasil.* São Paulo: Dominus; Edusp, 1966.

FOUCAULT, Michel. *Microfísica do poder.* 18. ed. Rio de Janeiro: Graal, 2003.

FRANCA, Leonel. *O método pedagógico dos jesuítas:* o *Ratio Studiorum.* Trad. e introd. Leonel Franca. Rio de Janeiro: Agir, 1952.

FREIRE, Paulo. *A importância do ato de ler.* 2. ed. São Paulo: Cortez, 1982.

____. *Educação como prática da liberdade.* 33. ed. Rio de Janeiro: Paz e Terra, 1999.

____. *Pedagogia do oprimido.* 41. ed. Rio de Janeiro: Paz e Terra, 2002.

FREITAG, Barbara. *Escola, Estado e sociedade.* 6. ed. São Paulo: Moraes, 1986

____. *Itinerários de Antígona:* a questão da moralidade. Campinas: Papirus, 1992.

FREYRE, Gilberto. *Casa-grande e senzala.* 47. ed. Rio de Janeiro: Global, 2003.

GRAMSCI, Antonio. *Concepção dialética da história.* 10. ed. Rio de Janeiro: Civilização Brasileira, 1995.

____. *Os intelectuais e a organização da cultura.* 5. ed. Rio de Janeiro: Civilização Brasileira, 1985.

HOLANDA, Sérgio Buarque de. *Raízes do Brasil.* 3. ed. São Paulo: Companhia das Letras, 1997.

JAEGER, Werner. *Paideia.* São Paulo: Martins Fontes, 2001.

LA TAILLE, Yves de et al. *Piaget, Vygotsky, Wallon:* teorias psicogenéticas em discussão. São Paulo: Summus, 1992.

LE GOFF, Jacques. *Mercadores e banqueiros da Idade Média.* São Paulo: Martins Fontes, 1991. (Universidade hoje)

LIBÂNEO, José Carlos. *Democratização da escola pública:* a pedagogia crítico-social dos conteúdos. São Paulo: Loyola, 1985.

MACHADO, André Roberto de A.; TOLEDO, Maria Rita de Almeida (Orgs.). *Golpes na História e na Escola:* o Brasil e a América Latina nos séculos XX e XXI. São Paulo: Cortez; Anpuh-SP, 2017.

MANFREDI, Silvia Maria. *Educação profissional no Brasil.* São Paulo: Cortez, 2002.

MATTOS, Luiz Alves de. *Primórdios da educação no Brasil:* o período heroico (1549 a 1570). Rio de Janeiro: Gráfica Editora Aurora, 1958.

MORIN, Edgar. *A cabeça bem-feita:* repensar a reforma, reformar o pensamento. 7. ed. Rio de Janeiro: Bertrand Brasil, 2002.

____. *Os sete saberes necessários à educação do futuro.* 3. ed. São Paulo: Cortez, 2001.

NAGLE, Jorge. *Educação e sociedade na Primeira República.* São Paulo: EPU; Edusp, 1974.

NEVES, Luiz Felipe Baêta. *O combate dos soldados de Cristo na Terra dos papagaios:* colonialismo e repressão cultural. Rio de Janeiro: Forense-Universitária, 1978.

OLIVEIRA, Marta Kohl de. *Vygotsky:* aprendizado e desenvolvimento; um processo sócio-histórico. São Paulo: Scipione, 1993.

PAIVA, Vanilda Pereira. *Educação popular e educação de adultos.* 6. ed. São Paulo: Loyola, 2003.

PISTRAK, M. M. *Fundamentos da escola do trabalho.* Introd. Maurício Tragtenberg. São Paulo: Brasiliense, 1981.

PUIG, Josep Maria. *A construção da personalidade moral.* São Paulo: Ática, 1998.

RAMOS, Angélica Maria Pinheiro. *O financiamento da educação brasileira no contexto das mudanças político-econômicas pós-90.* Brasília: Plano, 2003.

REIS FILHO, Casemiro dos. *A educação e a ilusão liberal.* São Paulo: Corte; Autores Associados, 1981.

RIBEIRO, Maria Luísa Santos. *A formação política do professor de 1ª e 2ª graus.* 4. ed. Campinas: Autores Associados, 1995.

ROSSI, Wagner Gonçalves. *Capitalismo e educação:* contribuição ao estudo crítico da economia da educação capitalista. São Paulo: Cortez e Moraes, 1978.

___. *Pedagogia do trabalho*: caminhos da educação socialista. São Paulo: Moraes, 1982.

ROUSSEAU, Jean-Jacques. *Emílio ou da educação*. 4. ed. São Paulo: Martins Fontes, 2004.

SANTOS, Boaventura de Sousa. *Pela mão de Alice*: o social e o político na pós-modernidade. São Paulo: Cortez, 1995.

SAVIANI, Dermeval. *Aberturas para a história da educação*: do debate teórico-metodológico ao debate sobre a construção do sistema nacional de educação no Brasil. Campinas: Autores Associados, 2013.

___. *A nova lei da educação*: trajetória, limites e perspectivas. Campinas: Autores Associados, 1997.

___. *Da nova LDB ao novo plano nacional de educação*: por uma outra política educacional. Campinas: Autores Associados, 1998.

___. *Educação brasileira*: estrutura e sistema. 19. ed. Campinas: Autores Associados, 2013.

___. *Educação*: do senso comum à consciência filosófica. 12. ed. Campinas: Autores Associados, 1996.

___. *Escola e democracia*. Edição Comemorativa. Campinas: Autores Associados, 2008.

___. *Pedagogia histórico-crítica*: primeiras aproximações. 11. ed. Campinas: Autores Associados, 2013.

___. Tendências e correntes da educação brasileira. In: MENDES, Trigueiro. *Filosofia da educação brasileira*. Rio de Janeiro: Civilização Brasileira, 1983.

SCHAFF, Adam. *A sociedade informática*: as consequências sociais da segunda revolução industrial. São Paulo: Editora Unesp; Brasiliense, 1996.

SNYDERS, Georges. A pedagogia em França nos séculos XVII e XVIII. In: DEBESSE, M.;

MIALARET, G. (Orgs.). *Tratado das ciências pedagógicas*. São Paulo: Nacional, 1974. v. 2.

___. *Escola, classe e luta de classes*. São Paulo: Centauro, 2005.

___. *Pedagogia progressista*. Coimbra: Almedina, 1974.

___. *Pedagogias não diretivas*. São Paulo: Centauro, 2002.

SUCHODOLSKI, Bogdan. *A pedagogia e as grandes correntes filosóficas*. 3. ed. Lisboa: Livros Horizonte, 1984.

TEIXEIRA, Anísio. *Educação no Brasil*. Rio de Janeiro: UFRJ, 1999.

___. *Educação não é privilégio*. 4. ed. Rio de Janeiro: UFRJ, 1994.

___. *Pequena introdução à filosofia da educação*: a escola progressiva ou a transformação da escola. 6. ed. Rio de Janeiro: DP&A, 2000.

VERNANT, Jean-Pierre. *Mito e pensamento entre os gregos*. Rio de Janeiro: Paz e Terra, 2002.

___. *As origens do pensamento grego*. São Paulo: Difel, 2002.

VYGOTSKY, L. S. *A formação social da mente*. 8. ed. São Paulo: Martins Fontes, 2000.

WEREBE, Maria José Garcia. *Grandezas e misérias do ensino no Brasil*. São Paulo: Ática, 1997.

XAVIER, Maria Elizabete S. Prado. *Capitalismo e escola no Brasil*: a constituição do liberalismo em ideologia educacional e as reformas do ensino (1931-1961). Campinas: Papirus, 1990.

___. *Poder político e educação de elite*. 3. ed. São Paulo: Cortez; Autores Associados, 1992.

ZEQUERA, Luz Helena Toro. *História da educação em debate*: as tendências teórico-metodológicas na América Latina. Campinas: Alínea, 2002.